国家社会科学基金项目,批准号：13BZX037，2013 年。

国家社科基金丛书
GUOJIA SHEKE JIJIN CONGSHU

中国古代哲学经典诠释方法论研究

Study on the Methodology of Classical interpretation of
Ancient Chinese Philosophy

周光庆 著

人民出版社

责任编辑：陈寒节

封面设计：石笑梦

版式设计：胡欣欣

图书在版编目(CIP)数据

中国古代哲学经典诠释方法论研究/周光庆著.—北京：人民出版社，
    2022.1

ISBN 978-7-01-023898-2

Ⅰ.①中…　Ⅱ.①周…　Ⅲ.①古代哲学-阐释学-研究-中国
    Ⅳ.①B210.5

中国版本图书馆 CIP 数据核字(2021)第 217257 号

中国古代哲学经典诠释方法论研究

ZHONGGUO GUDAI ZHEXUE JINGDIAN QUANSHI FANGFALUN YANJIU

周光庆　著

人 民 出 版 社 出版发行

(100706　北京市东城区隆福寺街 99 号)

环球东方（北京）印务有限公司印刷　新华书店经销

2022 年 1 月第 1 版　2022 年 1 月北京第 1 次印刷

开本：710 毫米×1000 毫米 1/16　印张：37

字数：567 千字

ISBN 978-7-01-023898-2　定价：150.00 元

邮购地址：100706　北京市东城区隆福寺街 99 号

人民东方图书销售中心　电话(010)65250042　65289539

目　录

绪　言 ……………………………………………………………………… 001

引论篇｜中国古代哲学经典与哲学诠释的生成之路

第一章　中国古代哲学观念和哲学诠释观念的发生 ………… 011

　　第一节　中国古代哲学观念的发生 ……………………………… 011

　　第二节　中国古代哲学诠释观念的发生 ………………………… 021

第二章　中国古代哲学经典的形成及其基本特征 ………… 038

　　第一节　中华古代文化经典的初创 ……………………………… 039

　　第二节　中国式的"哲学突破"及其效应 ……………………… 046

　　第三节　中国古代哲学经典的生成 ……………………………… 055

　　第四节　中国古代哲学经典的基本特征 ………………………… 064

第三章　中国古代哲学诠释的生成发展与基本特征 ……… 087

　　第一节　中国古代哲学经典诠释形成发展概述 ………………… 087

　　第二节　中国古代哲学经典诠释的基本特征 …………………… 093

考论篇｜中国古代哲学经典诠释方法论范例考察

第四章 老子开创的对"道"之诠释方式 ················ 109

第一节 老子对"道"的体悟方式 ················ 109

第二节 老子对"道"的诠释方式 ················ 113

第三节 老子对"道"的诠释效应 ················ 118

第五章 孔子创立的儒学诠释学之核心精神 ········ 124

第一节 孔子创立儒学诠释学的时代背景 ········ 124

第二节 以"经"为寄的使命精神 ················ 128

第三节 以"述"为作的创造精神 ················ 133

第四节 以"人"为本的人文精神 ················ 138

第六章 孟子"以意逆志"说考论 ················ 144

第一节 "以意逆志"说的诗学背景 ················ 144

第二节 "以意逆志"说的理论基础 ················ 148

第三节 "以意逆志"说的理论内涵 ················ 151

第四节 "以意逆志"说的开创意义 ················ 157

第七章 孟子"知人论世"说考论 ················ 160

第一节 "知人论世"说的文化背景 ················ 161

第二节 "知人论世"说的理论逻辑 ················ 164

第三节 "知人论世"说的开创意义 ················ 168

第八章 诠 释——中国卜筮之书的哲学化道路 ········ 174

第一节 建构全新的《易经》文本观念 ················ 175

　　第二节　创立卦爻象哲学化的诠释方法 ……………………… 179
　　第三节　创立卦爻辞哲学化的诠释方法 ……………………… 186

第九章　《象传》诠释对《易经》的哲学突破 ……………………… 193
　　第一节　《象传》创建的诠释方法 …………………………… 193
　　第二节　《象传》实现的哲学突破 …………………………… 201

第十章　荀子儒学经典诠释方法论 ………………………………… 211
　　第一节　诠释儒学经典的新型目标 …………………………… 212
　　第二节　关于儒学经典的文本观念 …………………………… 215
　　第三节　诠释儒家经典的主要方法 …………………………… 219

第十一章　韩非《老子》诠释目标与方法 ………………………… 225
　　第一节　融合趋势下的自觉选择 ……………………………… 225
　　第二节　自觉选择中的"参伍之验" ………………………… 229

第十二章　董仲舒建构的《春秋》诠释方法论 …………………… 238
　　第一节　对于时代课题的深切感应 …………………………… 238
　　第二节　创建名号论 …………………………………………… 242
　　第三节　创建辞指论 …………………………………………… 246
　　第四节　创建事例论 …………………………………………… 250

第十三章　《老子》文本与王弼诠释的互动共建 ………………… 255
　　第一节　《老子》的召唤力量与王弼的哲学追求 ………… 255
　　第二节　诠释与经典互动共建的基本方式 ………………… 261
　　第三节　诠释与经典互动共建的主要成果 ………………… 270

第十四章　郭象《庄子注》诠释方法论……………………… 278

　　第一节　要其会归而遗其所寄……………………………… 279

　　第二节　顺其章法以探微索隐……………………………… 285

　　第三节　参与论辩以阐发义理……………………………… 291

第十五章　朱熹《四书集注》语言诠释方法论……………… 297

　　第一节　探讨语言诠释的根本性…………………………… 298

　　第二节　揭示语言诠释的指向性…………………………… 301

　　第三节　建构语言诠释的详密有序法……………………… 303

　　第四节　建构语言诠释的立足语境法……………………… 306

　　第五节　建构语言诠释的循环反复法……………………… 310

第十六章　朱熹《四书集注》体验诠释方法论……………… 315

　　第一节　感应新的时代召唤,探寻新的理论依据………… 315

　　第二节　激发体验诠释的切己精神………………………… 319

　　第三节　开拓体验诠释的上透进程………………………… 323

　　第四节　实现体验诠释的多重效应………………………… 327

第十七章　朱熹《四书集注》类推诠释方法论……………… 332

　　第一节　对儒学"格物致知"理论的拓展………………… 332

　　第二节　开创拓展以理类推诠释方法论…………………… 337

　　第三节　开创拓展以情类推诠释方法论…………………… 341

第十八章　朱熹《四书集注》贯通诠释方法论……………… 347

　　第一节　"理一分殊"与"一以贯之"…………………… 347

　　第二节　对于同类经典相关理论的贯通诠释……………… 351

　　第三节　对于史上各家相关注解的贯通诠释……………… 356

第十九章　朱熹"四书"诠释中的理学建构　·········　361

　　第一节　方法促进经典诠释,诠释实现理论建构　·········　362

　　第二节　在诠释中实现理气论的建构　·········　365

　　第三节　在诠释中实现心性论的建构　·········　368

　　第四节　在诠释中实现工夫论的建构　·········　372

第二十章　王夫之《张子正蒙注》诠释方法论　·········　376

　　第一节　使命意识中的文本观念　·········　377

　　第二节　重建目标下的诠释方法　·········　382

第二十一章　戴震《孟子》诠释方法论　·········　393

　　第一节　挑战性的诠释目的　·········　394

　　第二节　创造性的诠释体例　·········　397

　　第三节　纠偏性的诠释方法　·········　401

综论篇｜中国古代哲学经典诠释方法论的基本特性与历史意义

第二十二章　论争中的哲学经典诠释方法论透视　·········　411

　　第一节　今古文经学诠释方法论之争　·········　412

　　第二节　朱熹陆九渊诠释方法论之争　·········　419

　　第三节　戴震在争议中赢来哲学建树　·········　424

第二十三章　中国古代哲学经典诠释的对话模式　·········　431

　　第一节　领悟哲学经典诠释的对话模式　·········　431

　　第二节　探析哲学经典诠释对话模式的基本结构　·········　436

　　第三节　感受哲学经典诠释对话模式的方法之光　·········　443

第二十四章　中国古代哲学经典诠释方法论的本质属性 ⋯⋯ 449

第一节　考察哲学经典诠释方法论本质属性的基本视角 ⋯⋯ 449

第二节　既是诠释文本的方法,又是诠释大道的方法 ⋯⋯ 453

第三节　既是传承理论的方法,又是创建理论的方法 ⋯⋯ 458

第四节　既是为生民立命的方法,又是实现自我的方法 ⋯⋯ 462

第二十五章　中国古代哲学经典诠释方法论的系统特性 ⋯⋯ 467

第一节　哲学经典诠释方法论系统特性的形成 ⋯⋯ 467

第二节　系统中语言诠释方法的特质与效应 ⋯⋯ 472

第三节　系统中体验诠释方法的特质与效应 ⋯⋯ 477

第四节　系统中类推、贯通诠释方法的特质与效应 ⋯⋯ 482

第二十六章　古代哲学经典诠释方法创造特性的形成之路 ⋯ 489

第一节　创造特性形成于经典诠释的基本原理 ⋯⋯ 489

第二节　创造特性来源于中华先哲的自觉追求 ⋯⋯ 494

第三节　创造特性成长于诠释方法的独特贡献 ⋯⋯ 499

第二十七章　古代哲学经典诠释方法创造特性的最高效应 ⋯ 507

第一节　在诠释中实现对于哲学理论的再创造 ⋯⋯ 507

第二节　在诠释中实现对于文化传统的再创造 ⋯⋯ 513

第三节　在诠释中实现对于诠释主体的再提高 ⋯⋯ 521

申论篇 | 中国古代哲学经典诠释方法论发展特例探究

第二十八章　梁启超《墨经》诠释方法论之转折意义 ⋯⋯ 529

第一节　感受时代精神以确立新的诠释目标 ⋯⋯ 530

第二节　会通中西学术以创建新的诠释方法 ⋯⋯ 536

第二十九章　胡适《墨子·小取》诠释方法论之开创意义 …… 543

第一节　以推进中国哲学发展为诠释目标 ……………… 544

第二节　别具新文化眼光的文本观念 …………………… 549

第三节　富有创造精神的诠释方法论 …………………… 554

第三十章　中国训诂学本是中国特色的经典诠释学

　　　　——中国训诂学起源与特质考察 ……………… 560

第一节　中华先民的原初解释活动 ……………………… 562

第二节　中华先民的经典解释活动 ……………………… 565

第三节　中华先民解释活动的提升 ……………………… 568

第四节　从训诂学的形成看其特质 ……………………… 572

结语:中国古代哲学经典诠释方法论未来之断想 ……………… 577

参考书目 …………………………………………………… 580

绪　言

人类的自觉行为，主要都建立在理解事物意义的基础之上；人类最基本的生存经验就是理解；世界存在的意义正是通过人的理解得以彰显的。因此，理解也就逐渐被视为人之此在的基本结构，自然也就成为哲学的核心。由此一来，诠释学自然就具有最为普遍的意义，正如哲学诠释学大师伽达默尔强调指出的："只要在任何地方表现出一种真正的理解艺术，我们就承认存在诠释学。"① 正因为如此，诠释学总在召唤着有志于此的哲人学者。

随着中国社会文化改革开放的一步步实现，随着中西文化交流的一步步深入，中国许多哲人学者在新的时代氛围中，不断地拓展学术视野，开始了对于诠释学、哲学诠释学的深切关注、重新认识和发端性研究，并且取得了一些引人瞩目的成绩。逐步地，首先是中国诠释学，进而是中国哲学诠释学的发生发展及其规律，接着是中国历代哲人学者的经典诠释能力与成就，也开始成为中国有关学者关注和研究的重要课题。越来越多的学者们相信：中国古代早已自有诞生于中国社会文化土壤的诠释学理论和诠释学传统，中国历代哲人学者大都有其出类拔萃的经典诠释能力；而在当今的时代，要想建设好具有中国特色的中国诠释学，不仅应该借鉴西方诠释学的精华，而且更

---

① ［德］伽达默尔：《哲学解释学》，夏镇平、宋建平译，上海译文出版社 1994 年版，第 23 页。

加必须发掘和阐扬中国古代诠释学的精神、法则与效应，发掘并弘扬中国历代哲人学者经典诠释的观念与能力，使之相互阐发、相互补充、相互融合、共同发展。这一新兴的学术气象，令人倍觉欣慰与鼓舞！

然而，随着这一领域的研究开始走向深入，学者们又渐渐有了更新的发现与感受：要想深入探讨中国诠释学尤其是中国哲学诠释学发生发展的真正规律并阐扬其精神、法则与效应，要想切实发掘并弘扬中国历代哲人学者的经典诠释能力与成就，首先还必须重点考察中国诠释学尤其是中国哲学诠释学之诠释方法论的创造、运用、效应与基本特性。这是因为，中华历代哲人学者诠释文化经典、哲学经典之能力的主要标志，正是相关的诠释方法系统及其效应；诠释方法系统本身作为一种关于经典诠释之目的、途径、策略及其操作程序的选择系统，总是开启着、引导着同时也制约着诠释学尤其是哲学诠释学的发生发展。因此，如果不去深入探讨中国诠释学尤其是中国哲学诠释学诠释方法论的创造、运用、效应与基本特性，却急于去分析中国诠释学尤其是中国哲学诠释学发生发展的真正规律并阐扬其精神、法则与效应，那就很容易流于空洞或肤浅。所以，研究中国古代哲学经典诠释方法论，应当成为当今时代中国哲学人文科学最为重要、最为紧迫的课题之一。

其实，历史事实早已表明，无论在世界的东方还是西方，广大民众尤其是哲人学者，在进行生存诠释、文化诠释、哲学诠释活动的历史进程中，在推动诠释学尤其是哲学诠释学发生发展的历史进程中，都总是建构着、运用着、改进着、传播着诠释的方法和方法论以及相应的能力，并因此而形成了相应的历史效应。其事例是不胜枚举的。即如，在中国春秋战国时代，为了更好地理解《诗经》，孔子就提出了"述而不作"的诠释方法（《论语·述而》），孟子就建构了"知人论世"（《孟子·万章下》）和"以意逆志"（《孟子·万章上》）的诠释方法论；在德国近代，施莱尔马赫在促使诠释学突破《圣经》解释领域而成为诠释一切文本的学问之后，就提出了语法解释、心理解释等重要的系统性诠释方法论。由此可见，要研究诠释学，乃至要深入研究民族哲学、民族文化的发展，都必然要着重研究其诠释方法论，尤其是要深入考察其形成契机、本质特征、演进规律及其多方效应。

　　然而在此需要特别说明的是，进入 20 世纪以后，西方诠释学在哲学家海德格尔的引领之下，发生了本体论转向，强调理解和解释是人亦即此在区别于其他任何存在者的根本特征，构成了人亦即此在的生存状态或存在方式，而人对存在意义的探寻与理解，正是诠释学的本义，由此而成就了本体论诠释学。在此基础上，哲学家伽达默尔又进而创建起了新的哲学诠释学，并且特别申言："像古老的诠释学那样作为一门关于理解的'技艺学'，并不是我的目的。我并不想炮制一套规则体系来描述或指导精神科学的方法论程序。"① 对于诠释学而言，这一本体论转向有着十分重大的历史意义，然而却又使得一些学者认为：传统诠释学进行的是方法论和认识论性质的研究，是方法论诠释学；哲学诠释学进行的是本体论性质的研究，是本体论诠释学。那么，哲学诠释学是否还要着重研究并发展其诠释方法论呢？这似乎倒成了一个严重而模糊的问题。

　　法国哲学家利科尔清醒地认识到了这一问题的严重性，毅然以海德格尔为起点而另辟蹊径，将诠释学的本体论、认识论和方法论重新统一起来，从而为它找到一个更加合理、更有前途的发展方向。稍后，美国哲学家麦迪逊特著《后现代解释学》一书，进一步发挥利科尔的观点，力主在诠释学领域里，统一本体论和方法论。② 现在已经有越来越多的学者终于认定：诠释学作为一门理解和解释的学问，由于它研讨理解和解释的基础与本质问题，因而它与本体论相关；由于它研讨理解和解释的具体过程与方式，因而它又与认识论（方法论）相关。正是由于具有这种普遍性，诠释学在今天已经深入到各种人文科学之中。③ 由此可见，按照当代学者们新的共识，真正的现代

---

　　① ［德］伽达默尔：《真理与方法》第 2 版序言，洪汉鼎译，上海译文出版社 1992 年版，第 4、6 页。
　　② 参见何卫平：《解释学之维—问题与研究》，人民出版社 2009 年版，第 235 页。
　　③ 参见洪汉鼎主编：《理解与解释——诠释学经典文选》编者引言，东方出版社 2001 年版，第 14 页。

诠释学，应该将本体论、认识论和方法论重新统一起来，应该重新大力研究诠释方法论的起源、运用、效应与基本特性。这正是现代诠释学的基本精神之所在。

中国古代的哲学经典，表达了中华民族的生存方式、世界观念和人生观念；而凭借对哲学经典的诠释形式进行思想理论的传承与创造，则既是中国哲学发展的主要方式，又是中华民族的生存方式、世界观念和人生观念不断发展的重要方式。而自春秋战国时代以来，中国历代哲人学者就注重努力创建哲学经典诠释方法论，并将其转化为经典诠释能力，由此留下了辉煌的诠释学业绩。因此，研究中国古代哲学经典诠释方法论，对于探究中国古代哲学经典诠释的发展历程，对于探究中国古代哲学思想理论的创造、传承和特质，对于探究中华文化发展的深层规律，对于探究中华民族的生存方式，对于进一步提升广大学人的经典诠释能力，对于丰富世界哲学诠释学理论，全都有着不可替代的重要作用。

中国哲学经典诠释方法论的研究，已逐步取得可喜的成绩，开始朝着纵深方向发展。

早在1986年，《哲学译丛》编辑部就推出了"德国哲学解释学专辑"，张汝伦先生就出版了《意义的探究——当代西方释义学》，殷鼎先生也出版了《理解的命运——解释学初论》，都以其前瞻性为中国哲学经典诠释方法论研究提供了有益的借鉴。而1998年，汤一介先生率先发表《能否创建中国的"解释学"?》一文，提出了重大的问题，激励了学者的思考，推动了诠释学研讨的进程。此后，潘德荣先生著有《诠释学导论》，直接对诠释学做了多方面尝试性的探讨。俞吾金先生著有《实践诠释学》，提出将实践概念引入诠释学，发挥理解的历史性、语言的实践功能以进入诠释学的循环。李清良先生著有《中国阐释学》，试图为发展中国阐释学拓展新路。洪汉鼎先生在翻译伽达默尔《真理与方法》的同时，著有《理解的真理》，联系中国实际以解读《真理与方法》，努力为会通中西诠释学理论与方法铺路；他还主编有《理解与解释——诠释学经典文选》和《诠释学与人文社会科学》

丛书，从诸多方面较为深入地研究了诠释学方法论的种种问题。周光庆著有《中国古典解释学导论》，提出了中国古典解释学的三种解释方法论，即语言解释方法论、历史解释方法论、心理解释方法论，强调这三种解释方法论之间相互贯通、相互发明，富有鲜明的民族特色。周裕锴先生著有《中国古代阐释学研究》，努力演绎中国古代经学、玄学、佛学、禅学、理学、诗学中蕴藏的阐释学理论论述，由此显示出中国古代阐释学理论与方法发展的内在逻辑和独特价值。陈来先生著有《诠释与重建——王船山的哲学精神》，深入探究了王夫之诠释哲学经典的宗旨、方法与效应，彰显出王夫之诠释学的独特风格。刘笑敢先生著有《诠释与定向》，概括出中国古代经典诠释中历史的、文本的取向和现实的、自我表达的取向，并由此出发分析了中国古代哲学经典的几种诠释方法论。章权才先生著有《宋明经学史》，较为全面地探讨了宋明哲人学者对于儒家经典的诠释背景、诠释方法及其诠释效应。姜广辉先生著有《义理与考据》，细致地发掘了"义理学"与"考据学"对哲学经典诠释的不同取向、不同方法、不同效应，留下了许多启示。余敦康先生在《魏晋玄学史》《何晏王弼玄学新探》中开拓性地研究了王弼、郭象的经典诠释方法论，许多地方都是言人之所未言。何卫平先生在其所著《解释学之维——问题与研究》中，特别考察了西方诠释学在中国的传播及其效应。蔡方鹿先生则在其所著《朱熹经学与中国经学》里，就朱熹的经典诠释方法进行了集中的考察。朱汉民、肖永明先生著有《宋代四书学与理学》，其中专门就朱熹四书学的诠释方法进行了颇有特色的探讨。曹海东著有《朱熹经典解释学研究》，初步发掘和整理出了朱熹经典解释学的理论框架。杨立华先生著有《郭象〈庄子注〉研究》，从其诠释方法入手，着力于其诠释特色的揭示。杨乃乔先生主编了《中国经学诠释学与西方诠释学》，意在促进中国经学诠释学与西方诠释学的整合与汇通，由此生成新的具有国际普适性的第三种诠释学。

在海外，傅伟勋先生率先将诠释学理论引入中国哲学研究领域，并在其学术自传《哲学探求的荆棘之路》里，立足"中西互为体用"的开放立场，构想了"创造的解释学"的五个辩证性的步骤；成中英先生主编了《本体与诠释》，总结并提倡"基于本体的诠释"和"寻找本体的诠释"；黄俊杰先生主编了《中国经典诠释传统》丛书，探讨了中国经典诠释诸多重要问题，并且强调"中国诠释学，是指中国学术史上源远流长的经典注疏传统中所呈现的、具有中国文化特质的诠释学"①；李明辉先生主编了《儒家经典诠释方法》；林维杰先生著有《朱熹与经典诠释》；美国学者桂思卓先生著有《从编年史到经典——董仲舒的春秋诠释学》。所有这些著作，在中国哲学经典诠释方法论研究方面，都各有其学术构想、理论建设和启示意义。

应该说，无论年辈大小，学者们的这些努力，各有创获，各有特色，虽然成就有异，新的问题依然产生，却都从不同的角度表现出了当代中国哲学经典诠释方法论研究的新趋向、新进展，也因此而具有各自的开拓意义和启示意义。

然而，面对这一领域欣欣向荣的学术景象，我们却又必须冷静地正视，直到目前为止，由于相关研究还刚刚兴起，由于其问题本身极为深邃复杂，中国当今学人似乎尚未形成关于中国古代哲学经典基本诠释方法论的全面分析、明确共识和系统理论，更谈不上推动其共识与理论的发展与提升；所以，这项研究还需要有一种新的开拓，尤其有必要从历史实际出发，予以有力的发掘和总结，进而探察其形成发展的真正规律、追寻其真实可信的历史效应、阐释其对于当代应有的历史启示。我们深信，这项研究确实有益于中国哲学经典的永远新生，有益于中国自己的哲学理论的不断发展，有益于中国文化的不断革新，有益于中国学人经典诠释能力的进一步提升，有益于中国乃至世界诠释学理论的不断丰富发展，故而值得有志于此的哲人学者付出进一步的艰苦努力。

为了争取能够有效进行这一拓展性的研究，收获具体而可信的研究成果，本课题的研究方法与基本思路为：第一，以历史观察为引导，考察历史

---

① 黄俊杰：《孟学思想史论》卷二，台北中研院文哲所筹备处1997年版，第470页。

上一些诠释学大家所处的时代背景和思想派别，追溯其诠释目的、诠释思想的历史渊源，尽可能还原中国古代各种诠释方法论创立发展的历史文化环境；第二，以个案考察为重点，分析一些中国历史上成就卓著的诠释者对于经典文本词句、段落、篇章、语意、思想的诠释，体察诠释者与原作者的互动，发掘诠释者对新思想的建构，尽可能从实际出发总结出古代哲人学者创建和运用的诠释方法论；第三，以古今比较为参照，以中西比较为参照，以相互比较为参照，尽可能揭示出中国古代哲人学者创建的各种诠释方法论固有的本质属性与主要特色及其形成缘由；第四，以综合分析为归向，在个案考察的基础之上，通过贯通性研究，尽可能揭示出中国古代哲学经典各种诠释方法论的成长历程、真实特性与历史意义。为此，本书在总体上设立了四论："引论篇——中国古代哲学经典与哲学诠释生成之路""考论篇——中国古代哲学经典诠释方法论范例考察""综论篇——中国古代哲学经典诠释方法论的基本特性与历史意义""申论篇——中国古代哲学经典诠释方法论发展特例探究"；力图使上述研究方法与基本思路逐步发挥效用，从而较为实在地彰显出中国古代哲学经典诠释方法论的历史风貌，并且试图在此基础上开启对于中国古代哲学经典诠释方法论发展的延伸考察与探讨。

中国古代哲学经典与哲学诠释的生成之路

引论篇

我们的目标是要集中研究中国古代哲学经典诠释方法论，但是在对其进行考察与分析的过程中却又渐渐体会到，为了能使这一项新的研究尽可能地全面、深入一些，从而多少真正具有一点开拓的意义，首先又很有必要以历史观察为引导，追随先学的脚步，上溯中国古代哲学观念和哲学诠释观念的发生，考察中国古代哲学经典的生成之路，探寻中国古代哲学经典诠释的历史进程，发掘哲学诠释与中国古代哲学经典的互动共建关系。以上的方方面面，与中国古代哲学经典诠释方法论的形成、发展与效应，存在着深厚而有力的内在关联和相互作用，因而极为重要；只有考察并发掘出了以上的方方面面，使之成为坚实的基础与凭借，才能真正开展好对于中国古代哲学经典诠释方法论的全面而深入的研究，并尽可能进行立体式的描写。

第一章　中国古代哲学观念和哲学诠释观念的发生

就我们的视野所及，直到目前为止，在现当代学者的中国哲学史著作中，早已肯定中国哲学"发生学的源头就是中国古代连续性的宗教文化，其实质性的内涵与总体特征是由三代宗教特别是周代的天命神学所规定的"[①]；然而，以专题方式考察中国古代哲学观念和哲学诠释观念的发生，似乎还不多见。可是依据我们的认识，从一个角度看，中国古代哲学观念的发生，既与中国古代哲学活动的发生相伴随，也与中国古代哲学诠释观念的发生相关联，是一个意义重大、影响深远的历史过程；从另一角度看，中国古代哲学诠释观念的发生，既与中国古代哲学诠释活动的发生相伴随，也与中国古代哲学观念的发生相关联，同样是一个意义重大、影响深远的历史过程。

第一节　中国古代哲学观念的发生

中国古代哲人学者的哲学观念，固然是在对于哲学活动有了自觉之后逐步形成的对其基本属性的理性认识，主要回答"哲学是什么"和"哲学做

---

① 余敦康：《夏商周三代宗教——中国哲学思想发生的源头》，见姜广辉主编：《经学今诠三编》，辽宁教育出版社 2002 年版，第 3 页。

什么"的问题；但是必须注意到，中华文明已有三千多年的辉煌历史，对于中华先民特别是其哲人学者而言，是首先有了漫长的前哲学思考活动的渐次发生，接着有了哲学思考活动的渐次发生，然后才能有哲学观念的渐次发生；只有正确地了解了前者，才能更好地认识后者。这就正如哲学大家费尔巴哈指出的："哲学不应从自身开始，而应从它的反面，从非哲学开始。"①因此，我们的追溯也有必要沿着这一轨迹一步一步地向前推进。

一、中华先民前哲学活动的发生

中华先民的前哲学活动，范围自然十分广泛；但是为条件所限，我们在这里主要是追寻中华先民三千年前的生活反思和历史反思，以期举一反三。

关于中华先民的生活反思。我们所谓的生活反思，是指三千多年以前，中华先民在不断进化的历程中，逐渐开始了对于自己现有的生活方式、生存状态、行为成败、事物利害、个人命运等具体问题的回顾性思考，在思考中做出一系列具体而独特的解释，并且由此产生了一定的认识、愿望与追求，乃至渐次形成生活的自觉和思想的自觉。对此，在中华民族极为丰富的传世文献与地下文献中，可以寻找到许多清晰可辨的踪迹。

譬如，在李圃先生选注的《甲骨文选注》中就记有这样一些事例②：（1）"己未卜，亘贞：逐豕，隻（获）？"（李圃译曰："己未日占卜，亘问道：追逐野猪，能捉到吗？"）这里记事虽然简单，却表现出对于行为成败的急切关注。（2）"癸巳卜，殻贞：今载王德土方，受又？"（李圃译曰："癸巳占卜，殻问道：今载王向土方施德，将得到福佑吧？"）这里前后不过十三字，可是既有对于商王"施德"行为的反思，又有对于商王"施德"效果的预测，还隐含着对于商王"施德"举措的解释。（3）"丁丑卜，宾

---

① ［德］费尔巴哈：《费尔巴哈哲学著作选集》上，荣震华、李金山译，商务印书馆1984年版，第111页。

② 所引卜辞与译文均引自李圃选注：《甲骨文选注》，上海古籍出版社1989年版，第112、211、244页。

贞：父乙允术（述）多子？贞：父乙弗术（述）多子？"（李圃译曰："丁丑日占卜，宾问道：父乙答应使诸子的行为有所遵循吗？又问道：父乙不允许使诸子的行为有所遵循吗？"）这一则记述，就是中华先人之比较成熟的生活反思！他们所反思的乃是：面对复杂多变的现实生活，诸子的行为，乃至所有人的行为，是否应该有所遵循呢？进而言之，应该遵循什么样的规则呢？这清楚地表明，那时的中华先民，已经渐次形成了对于生活的理解，已经逐渐萌发了对于礼制的呼唤。这就是中华先民最早的生活反思。

又如，《诗经·魏风·伐檀》有云："坎坎伐檀兮，寘之河之干兮，河水清且涟漪。不稼不穑，胡取禾三百廛兮？不狩不猎，胡瞻尔庭有县貆兮？彼君子兮，不素餐兮！"这一首著名的诗歌，就是中华先民的典型的生活反思！诗人反思了自己的劳动生活，反思了官吏的剥削生活，在鲜明的对比中产生了对于现实生活制度的质疑和改变这种社会现实的愿望，并且还敏锐地提出了"不稼不穑，胡取禾三百廛兮"的重大社会问题。《诗经·小雅·正月》有云："瞻彼中林，侯薪侯蒸。民今方殆，视天梦梦。既克有定，靡人弗胜。"这一首诗歌特别深沉，诗人反思了国家的衰败和民生的凋敝，对其原因做出了自己的独特解释，并且认识到对于上天不能再抱幻想，只能将改变社会的希望寄托于"人"，故而在觉醒之后发出了"靡人弗胜"的伟大呐喊！

再如，《周易·乾》有云："君子终日乾乾，夕惕若，厉无咎。"这更是中华先民的生活反思，而且在反思中有所觉悟，成为对于君子行为规律的总结！无论现实的生活之路多么坎坷，如果能够白天勤勉于事，夜晚惕惧自省，即使遇上危机，也能安全无害。这就说明，不一定需要叩问上天，不一定必须仰仗他人，关键是有了自省的觉悟和终日的勤勉，自己就可以把握好命运。

仔细体察以上历史记载可以感知，中华先民的这类生活反思，不仅在三千多年前就已经清清楚楚地发生，而且涉及一些普遍性的问题，具有了可贵的思想深度和启示意义。从这里，我们看到了哲学思想的萌生。

关于中华先民的历史反思。我们所谓的历史反思，是指三千多年以前，中华先民在进化的历程中，逐渐开始了对于自己个人的历史、部族的历史、国家的历史的回顾性思考，在思考中对于一些重大事件与重大问题做出了一系列独特的解释，由此产生了一定的认识和愿望，滋生出以历史作鉴戒的观念，乃至逐步形成深刻的历史自觉。

譬如，《尚书·汤誓》记载了商汤在讨伐夏桀前所作的战斗动员报告，其中有云："夏王率遏众力，率割夏邑。有众率怠弗协，曰：'时日曷丧，予及汝皆亡！'夏德若兹，今朕必往！"在这里，商汤对于夏朝后期历史进行了反思，对于"夏王率遏众力"做出了批判，可谓观察准确、分析深刻、解释明白，而且激情满怀，既抒发了克敌制胜的信心，又表达了以史为鉴的观念，至今为人广泛引用。又如，据于省吾先生、顾颉刚先生考证，周公在平定武庚之乱以后，迁移殷遗多士于洛邑，并对他们发表讲话，其中有云："我不可不鉴于有夏，亦不可不鉴于有殷。我不敢知曰有夏服天命惟有历年，我不敢知曰不其延，惟不敬厥德乃早坠厥命。我不敢知曰有殷服天命惟有历年，我不敢知曰不其延，惟不敬厥德乃早坠厥命。今王嗣受厥命我亦惟兹二国命，嗣若功。"（《尚书·召诰》）① 周公是在教导人们：夏朝末年的统治者，商朝末年的统治者，"惟不敬厥德乃早坠厥命"，这就留下了惨痛的历史教训；尽管周朝刚刚兴盛，也一定要将他们的惨痛历史教训转化为我们的宝贵历史经验。这里有两点特别值得注意：第一，这番话的直接听众是殷遗多士，间接听众是广大臣民，因而有助于对民众进行广泛交流以消除隔阂、统一认识；第二，周公是这么说的，也是这么做的，他自觉地与一些哲人智者一起，以夏商历史为借鉴，建构起一种核心为"以德配天"理论的天命神学，并努力实践，在周朝的思想建设特别是"制礼作乐"的过程中发挥了巨大的作用。这是多么难能可贵的历史反思！

再如，《诗经·大雅·文王》有云："宜鉴于殷，骏命不易"；《诗经·

---

① 参见顾颉刚、刘起釪：《尚书校释译论》，中华书局2005年版，第1431页。

大雅·荡》亦谓："殷鉴不远，在夏后之世"。这些哲言妙语，都是西周初年的一些哲人智者们，在不同的时间、不同的语境中，反复强调以史为鉴，从而表现出来的正确而深刻的历史反思。其中"殷鉴不远"一语，还逐渐凝为成语，广为流传。

中华先民的前哲学活动特别是生活反思和历史反思，日渐普遍、日渐主动、日渐深入，逐步涉及一些普遍性的问题，终于促使中华先民形成了生活的自觉和历史的自觉，确立了中华文化经典形成的深厚基础，并且开始孕育、萌生最初的哲学活动。

二、中华先民哲学活动的发生

英国现代哲学大家罗素在《西方的智慧》一书中曾经指出："提出普遍性问题就是哲学和科学的开始。"[①] 由此以进，我们可以认识到，哲学活动是指在社会文化变革的推动下，在前哲学活动的基础上，哲人智者开始提出并思考人的生存方式、生存空间、生命意义等最大、最高的普遍性问题。进行这种根本性的思考，不一定具有了明晰的哲学自觉，也不一定产生了成熟的哲学理论，然而却是热爱智慧、追求哲理、进入了"天人合一"之高远境界的，因而萌生了哲学的风采，是一种哲学的思考活动。[②] 而根据我们的考察，大量的史料已经表明，中华先民哲学思考的显著发生，是在商周之际的大变革时代，其形态当然是初级的，突出表现在对于"天命"与"敬德"问题的思考上。

关于"天命"的思考。早在商代，中华先民就盛行着天神崇拜。在这种宗教信仰里，"天"亦即"帝"，不仅掌管着天体天象的运行，而且主宰着人间王朝帝王的命运，其最高意志名曰"天命"。这就表明，中华先民关注的目标和思考的对象，已经开始超越忙忙碌碌之现实生活中的各种具体问

---

① ［英］罗素：《西方的智慧》上，崔权醴译，文化艺术出版社 1956 年版，第 14 页。

② 参见张世英：《哲学导论》导言中的有关论述，北京大学出版社 2002 年版。

题，而逐步转向大自然的运行规律，转向国家的命运、王朝的命运和自己的命运，然后由此想象出一位具有自己意志、能够主宰一切的人格神亦即天帝，去崇拜他、借重他，尽力体认他所发出的最高"天命"，并以"天命"的名义筹划和进行重大的社会行动。所以，商王成汤在讨伐夏桀的誓词中振振有词："有夏多罪，天命殛之"（《尚书·汤誓》）；商王盘庚在动员迁徙的报告中娓娓道来："先王有服，恪谨天命，兹犹不常宁"（《尚书·盘庚》）。

然而，自诩肩负"天命"的商王朝彻底腐败、灭亡了，取代商王朝的是周王朝。周代初期的政治精英们没有被胜利冲昏头脑，他们渐次提出并思考着一系列问题：曾经盛极一时的商王朝为什么会灭亡？它留下了哪些重大教训？王朝更替的原因究竟何在？新的王朝如何才能以历史为鉴而永葆"天命"与江山？其中有无规律与法则可寻？这些问题，很深远，很重大，不仅超越忙忙碌碌之现实生活中的各种具体问题，而且超越了一个国家的命运、一个王朝的命运和一个群体的命运，它们是一些根本性的问题，普遍性的问题，历史规律性的问题。在当时人们的心目中，它们甚至还是终极性的问题。在社会文化急剧变革的时候，周代初年政治精英们找到了自己的答案，并且由此而将"天"理性化、德性化，对"天命"进行了新的改造，建构起"天命转移""以德配天"等具有深远意义的新型理论。按照他们的说法：作为百神之长的"天"是满怀善良意志、无限关怀人世的，其最高表现就是"天惟时求民主"（《尚书·多方》）；谁的德行高而堪当"民主"，它就将"天命"托付给谁。"天命转移"是有原则的、可认识的，关键是看人世之王是否真正能够约束自己而遵循最高规则以"作民主"。人间之王只有修养德性、"惠于庶民""明德慎罚""以德配天""宅天命，作新民""制礼作乐"以建构起适宜的体制，才能永葆"天命"与王朝。经过周代初期的政治精英们这样一番改造，"天命"不再只是"天"的最高意志而高深莫测，而且还是政权转移和维护政权的最大根据，其中隐含着重大的规律与规则，不仅可以认识，并且可以把握，可以将其转化为大经大法，因而富有浓郁的哲学意味。由此可见，周代初期政治精英们对于"天命"，已经开始了一种初步的然而也是成功的哲学思考，并努力将其付诸实践。

关于"敬德"的思考。从较为可靠的《尚书》材料来看，早在商代，中华先民就已经开始了对于"德"的思考。《尚书·汤誓》有云："夏王率遏众力，率割夏邑，有众率怠弗协……夏德若兹，今朕必往。"《尚书·盘庚》有云："曷不暨朕幼孙有比！故有爽德。"但在这里，"德"指人的行为意向或意向性的行为，是中性词。然而，经历了一番王朝更替、社会变革之后，周代初期的政治精英们特别是周公，对"德"进行了重新的思考。《尚书·召诰》云："我不可不鉴于有夏，亦不可不鉴于有殷。我不敢知曰有夏服天命惟有历年，我不敢知曰不其延，惟不敬厥德乃早坠厥命。我不敢知曰有殷服天命惟有历年，我不敢知曰不其延，惟不敬厥德乃早坠厥命。今王嗣受厥命我亦惟兹二国命，嗣若功……宅新邑，肆惟王其疾敬德！王其德之，用祈天永命！"很明显，周公对"德"的含义进行了新的改造与充实，其中有三点特别值得关注：第一，"德"开始指称具有良好道德意义与效应的行为和心意，由原来的中性词进化为褒义词；第二，"德"的具备与否，已与"天命"息息相关，是上天托付"天命"的主要依据，周王要想"祈天永命"，就必须"疾敬德"而"以德配天"；第三，作为人的一种道德规范，作为上天托付"天命"的主要依据，"德"是可以通过修养而增进的，是必须严肃实践的，是需要时时反省的，这就是真正的"敬德"。所以，周公在《召诰》里用激动的语气反复地申言："呜呼，天亦哀于四方民，其眷命用懋！王其疾敬德""王敬所作，不可不敬德！"与此相关，他们又倡导"明德"，即在实践中彰明德性与德行，要求王公大臣"明德慎罚"（《尚书·康诰》）、"克慎明德"（《尚书·文侯之命》）。而到了春秋战国时期，这一"敬德""明德"思想，又被儒家的哲人学者继承下来，并且做出了更新的改造与充实，终于逐渐上升为中华民族道德哲学的最高范畴之一。应该说，周代初期政治精英们特别是周公，对于"德""敬德""明德"，已经开始了一种初步的然而也是成功的哲学思考，并且在思想上有所建构。

三、中华先民哲学观念的发生

在商周之际的大变革时代，中华先民哲学思考活动显著地发生了，然而却又受到了天命神学的束缚与困扰。直到到春秋战国时代，礼崩乐坏，变法不断，学术下移，士人崛起，中国历史发生了转折性的变化，产生了许多新的时代课题，发生了一种意义特别重大的"哲学突破"。中国式的"哲学突破"，主要就是对于西周天命神学的突破。正是在这一伟大"突破"的进程中，许多先知先觉者的思想逐渐解放了；他们虽然也在整理和阐释古代文化典籍，却在其过程中找到了观察自然、社会和人的全新视角，自觉担负起对于人的生存方式、生存空间、生命意义进行新思考的历史责任，自觉担负起探求"至道"以便为平治天下设计新方案的历史责任。于是，中华先民的哲学思考发展了，哲学活动增强了，哲学观念也开始逐步地、显著地发生。

一般说来，较为明确而深刻的哲学观念，是在对于哲学活动有了自觉之后而形成的对于哲学活动基本属性的理性认识，主要回答"哲学是什么"和"哲学做什么"的问题。而中国春秋战国时期生发哲学观念的主要标志，则是文化精英由体认"天命"而转变为探求"至道"，在观念上，在行为上，逐渐有了"观乎天文，以察时变；观乎人文，以化成天下"（《易传·彖辞》）的自觉，有了追问"道"是什么、"道"能何为的自觉，有了探求"至道"、阐释"至道"、实施"至道"并且据此以"立言"的自觉。在他们的思想深处，探求"至道"、阐释"至道"便是最高并且必须实践的学问，用现代的话来说便是"哲学"。对此，《周易·说卦》有明白的阐述："昔者圣人之作《易》也，将以顺性命之理。是以立天之道，曰阴曰阳；立地之道，曰柔曰刚；立人之道，曰仁曰义。"它强调圣人为了探寻"性命之理"，所以致力于探讨"立天之道""立地之道""立人之道"，真可谓从一个角度探入下去而深得中国哲学之要。在这一意义上，中国哲学又可以说是关于"道"的学问。这就是周代哲人学者表述出来的清晰而深厚的主要哲学观念。

所以金岳霖先生强调：就世界古代哲学之最崇高的概念和最基本的原动力而言，中国哲学是"道"，希腊哲学是"逻各斯"，印度哲学是"如如"。①

　　从词源的角度看，"首""道"（"道"的语源词为"首"）、"导"三词同源；从字源的角度看，"首""道"（"道"字从行从首，首亦声）、"导"三字同源。准确地说，"道"的本义不是一般的道路，而是首向之行，亦即具有特定方向、可以达到特定目的地的道路，也就是《说文解字》解释的"一达谓之道"；引申而指人们运行的必由之路。后来，基于隐喻的认知模式，中华先民在"人们运行的必由之路"连同其名称语词"道"的基础上，逐步有了三类重要发现：不仅一切人的运行总有其必由之路，而且一切事物的运行同样也总有其必由之路，而且一切人达到特定目的、解决特定问题同样也总有其必由之路，而且一切人和事物的本质联系、发展趋势也总有其必由之路。于是，中华先民豁然贯通，就以前者为参照来认知后者，使其相似性相互映射，进而由此概括其特征，解释其意义，建构其概念，同样也将其都称之为"道"，从而使名词"道"在引申出多个新的意义之后，终于引申出"规律""法则"的意义。请看《尚书·洪范》中的确实用例："无偏无党，王道荡荡；无党无偏，王道平平；无反无侧，王道正直。"由此可见，人们对于"道"的认识与运用，已经是相当成熟了。考察至此，稍加综合就不难感知，在"道"的词义形成与引申的进程中，中华先民已经提出并思考了几个诸如事物的规律、行为的法则等普遍性的问题，已经在进行着哲学的思考；而且，正是中华先民的哲学思考活动，才使"道"的词义发生了这样富有重大意义与鲜明特色的引申运动。②

　　到了春秋战国时期，在社会变革、"哲学突破"的进程中，中华先民尤其是其先知先觉者，基于对生存困境和社会变革的深切感受，基于对"礼崩乐坏"和不断"变法"的深切期待，进而多方思考着生存处境、生存方式、

----

① 参见金岳霖：《论道》，商务印书馆1985年版，第18页。
② 参见周光庆：《道：从普通词到终极词的演进机制》，《人文论丛》2008年。

生命意义乃至天地宇宙等一系列重大问题，并且由此形成了一系列前所未有的理性认识，仍然总起来名之曰"道"，名词"道"也就因此而开拓出了一条更为深远、更为辉煌的演进之路，终于升华成为中国古代哲学的最高范畴。

老子是中国历史上率先以"道"为最高理论范畴的哲学家。他所建构的"道"，既是天地万物演变的总规律，又是人类社会建设的最高准则，还是"先天地生"的宇宙本原，亦即形而上的天人本体。可是，面对如此玄妙的概念、如此广博的意蕴、如此无形无色的对象，他在当初怎么就会选用一个"道"字来加以概括、予以表征呢？王弼《老子指略》对此早已有所指点："夫'道'也者，取乎万物之所由也。"循此以进，可以想见，当老子在思考天地来源与规律、思考人类处境及意义的过程中体会出天人本体，而意欲概括其特征、创制其名称时，他联想到了自己早有体验的名词"道"及其指称对象"一切人与物运行的必由之路"，从中发现了它们之间一系列的相似性：它们都是人与事物之所从来的，都是人与事物之所由去的，都有特定的方向性和必由性；并且引导和制约着人与事物，与人和事物具有一定的同一性。有见于此，老子运用隐喻思维，将其"字之曰'道'"，并且自觉地将揭示"道"、坚守"道"、运用"道"视为自己的生命价值和最高使命！不难理解，作为春秋后期中华智者的代表，老子建构"道"、论说"道"、传播"道"的过程，就是他进行哲学思考、生发哲学观念、并且形成哲学自觉的持久过程。

在老子的带动与启发下，或与老子同时，或在老子之后，春秋战国时期儒家、道家、墨家、法家、名家、农家、阴阳家等诸子百家都争相言"道"，以"道"自期，纷纷建构起各家学说之"道"的范畴；都从各自的角度、用各自的眼光体察"天文之道"，探究"人文之道"，寻求"天人合一之道"，并自觉地由此追求不朽之"道"，并以此实现自己的人生价值。孔子自谓"吾道一以贯之""朝闻道，夕死可矣"（《论语·里仁》）；《墨子·耕柱》标举"天下之所以生者，以先王之道教也"；《管子·心术上》论述

"道在天地之间，其大无外，其小无内"；《庄子·天地》感叹"夫道，覆载万物者也，洋洋乎大哉"；《易传·系辞上》证明"一阴一阳之谓道""形而上者谓之道，形而下者谓之器"；《荀子·哀公》强调"大道者，所以变化遂成万物也"；《韩非子·解老》概括"道者，万物之所然也，万理之所稽也"。与此相适应、相发明，"上天之道""阴阳之道""先王之道""王者之道""圣人之道""治国之道""化民之道""为政之道""成人之道""夫妇之道""言说之道""道器""道理""道德""道心""道化""兵道""农道""商道""修道"等语词更是大为流行、人人能言。所有这些，都非常有力地表明，在那个"哲学突破"的进程中，中华先民特别是其哲人智者，在对于哲学（"道"之学）活动有了自觉之后，逐渐形成的对于哲学活动基本属性的理性认识，逐渐觉悟到"哲学是什么"和"哲学做什么"，并且以此开展联系实际、相互争鸣、深入探讨。由此可见，在两千多年以前，中华哲人学者之哲学观念的发生是何其引人瞩目、何其意义重大！

第二节　中国古代哲学诠释观念的发生

如果说，哲学活动是哲人学者对其生存方式、生存空间、生命意义等最大、最高的普遍性问题进行根本性思考与探究的活动，哲学观念是哲人学者在对于哲学活动有了自觉之后而形成的对于哲学活动基本属性的理性认识，那么哲学诠释活动，则是指在"哲学突破"的进程中、在"哲学突破"成功以后，哲人学者立足新的时代，为传承前人哲学思想、思考新的哲学问题、建构新的哲学理论而对文化经典和哲学经典进行的诠释活动；而哲学诠释观念，则是哲人学者在对于哲学诠释活动有了自觉之后而形成的对于哲学诠释活动基本属性的理性认识，主要回答"哲学诠释是什么"和"哲学诠释做什么"的问题。同样，对于中华哲人学者而言，是首先有了前哲学诠释活动的发生，接着有了哲学诠释活动的发生，然后才能有哲学诠释观念的逐步发生。

一、先秦时期前哲学诠释活动的发生

哲学研究已经表明：理解与诠释源于人的生存，是人的生命的存在特质；整个人类的行为，主要都建立在理解与诠释事物的意义上；理解与诠释是人的此在的生存结构。无论上古的先民还是当代的学人，无论西方的智者还是东方的哲人，都莫不如此。我们所谓前哲学诠释活动，是最根本意义上的理解与诠释活动，是人为了改进生存状态而对生存世界中各种事物与文本进行认知并形成了一定认识的活动。为了深入研究的需要，可以将中华先民的理解与诠释活动大致分为生存诠释活动和文化诠释活动两种类型，然后分别进行具体考察。

所谓生存诠释，是指人在其生存活动中，对于生存环境和生存方式中的事事物物进行的诠释活动。它是整个人类的行为的基础。生存诠释的发生，伴随着人类或民族形成与进化的初期历程，现在不可能——考察清楚；然而幸运的是，"能被理解的存在就是语言"及其文字，语言文字的主要功能就是"指出某物"和"说明某物"，而这种"指出"和"说明"正是一种最为基本的解释活动。"真实的语词，即说出事物本身怎样的语词。"[①] 中华先民生存诠释的发生，在甲骨文字的形体结构和商代卜辞的字里行间留有大量遗迹，从而使我们在今天得以进行初步的考察。

中华先民创造的甲骨文字，是人类文明的珍奇，大约产生于公元前 1800 年至 1000 年之间，常以象物、象事或象意的方式记录上古汉语的词汇，由此表现出中华先民对于其词所指事物之显著特征的观察、认识与交流，其形体结构中保存了许多中华先民生存诠释发生的遗迹。譬如：

"春"：会意字，从日从屯，描绘出春日照临植物幼芽的情景，烘托出催

[①] 〔德〕伽达默尔：《真理与方法》下，洪汉鼎译，上海译文出版社 1999 年版，第 537、606 页。

发万物初生之季节的无限美好。本来，作为一大段时间，季节是难以把握的，但是以农业生产为主要生存方式的中华先民，却敏锐地观察到春季最本质的特征，就是春日催发和抚育万物初生，因而就构拟出这如画如歌的字形结构，生动地表达出自己对于"春"季本质特征的诠释和热爱。

"牧"：会意字，从牛从攴，或从羊从攴，象人手执棍鞭以放养牛羊。在那个时代的华夏大地，放养牛羊的方式很多，而本字字形所表现的，是一种在当时乃至以后两千多年来都富有典型性的畜牧生产方式。这样，其字形也就通过富有生活气息的画面表达了中华先民对于一种畜牧方式及其意义的反思与诠释。作为一名儿时曾为牧童的学人，笔者每每看到如此生动的"牧"字，心中总有一种亲切的感受与回忆。

"劦"：会意字，象三耒并耕于田。三人手执三耒协力并耕于田，是中华先民为克服地块坚硬之困难而创造出来的一种开垦方式，它既要协同动作，又能提高效益。"劦"字字形的构思，呈现出一幅画面，有力地表达出了中华先民对于这种耕作方式及其意义的诠释和重视。更加值得关注的是，以"劦"字为母体，以认识为根据，以联想为机制，后来还孳乳出了"协"（同众之和）、"协"（同心之和）、"勰"（同思之和）等字，组成了一个同源字族，较为系统地表达了中华先民对于一系列在诸多方面同心协力工作的方式及其意义的深刻诠释，显示出基于一种生产方式的体验而高度重视协和的可贵精神，特别富有文化意义，格外能够启人神思。

"男"：会意字，从力从田，表示致力于农田的耕作者为男子。这既是男子在社会大分工之后的操业方式，也是那个时代男子的生命价值之所在；而"男"字的字形则宛若特写镜头，生动地勾勒出了那个时代"男子汉"的形象，表达出了中华先民对于社会大分工之后男子的这种生存方式及其意义的诠释与认同。

"美"：就一般人而言，抒写对于美的感受是大不容易的。三千年前的"美"字乃会意字，从羊从大，其字形象人戴着羊头之类的饰物而翩翩起舞。不难想象，在仪式中，在娱乐时，面对这样的动人情景，中华先民心中总会涌起一股强烈的美感。这种源于生活、源于生存方式的美感，就是他们创造"美"字的依据与动力，也是他们对于"美"的生动诠释和表现。

以上虽然只是举例分析，仍能使我们通过对甲骨文字形体结构的考察，看到中华先民生存诠释发生的种种情景，并且显得如此具有穿透力。

在商代，人们之所以频繁地进行占卜，主要是由于他们深深地、持久地感受到，在不断演变的现实生活中，对生存环境和生存方式中一些事事物物的特性与效应，亟须进行诠释与把握，并且还要以其诠释作为行动的依据；应该说，其中是蕴含着一些理性要素的。可是在当时，进行这样的诠释并使之能够作为行动的依据，又是极为艰难的，于是只得通过占卜的方式向上天请求教益。这就意味着：进行一次占卜，实际就是想要诠释某种事物——尽管是寄希望于上天。因此，我们从卜辞的字里行间，就可以发掘出中华先民生存诠释发生的遗迹。例如：

甲辰卜，永贞：西土其有降堇（馑）？二月。

可以想见，这是当时西部疆域发生了灾害，朝廷想要知道灾害的后果到底会有多么严重，是否会因此而发生饥馑，于是就通过占卜的方式向上天求教，希望得到正确的解释，作为采取相应行动的依据。

庚午卜，丙贞：王乍（作）邑，帝若？八月。

商王武丁想要有所作为，于是筹划兴建城邑，这自然是一项十分重大的举措，他不知道是否能够成功，于是通过占卜向上天求教，希望得到明确的释说，以便做出具体的规划。

丁丑卜，宾贞：父乙允术（述）多子？贞：父乙弗术（述）多子？

商王武丁已经初步认识到，从种种迹象来看，对于诸子应该开始予以引导和约束，使其重要行为能够遵循一定的原则。此事关系到诸子将来能否顺利继位，关系到国家局面是否能够依然稳定，同时也关系到人的重要行为是否应该遵循一定原则的普遍性问题，自然十分重要，于是他让人反复占卜。这则卜辞其实是那个时代生存诠释的一种较为高级的形态。

关于文化诠释活动的发生。所谓文化诠释活动，主要是指人在文化活动中，对于多种形式言语作品进行的诠释活动。从根本上说，语言是文化的符号，是人的存在方式，人的存在以语言为基础，人的诠释只能是语言的诠释；而语言存在的意义，就在于创造言语作品，言语是语言存在的形式，是人的存在方式的写照，是人类文化的创造与表达。因此，对于言语作品进行的诠释，就是文化诠释的典型与代表。限于篇幅，这里主要考察中华先民对于谚语、格言和文化典籍的诠释。

谚语是在民众中广泛流传并且凝聚着哲理而又通俗易懂的固定语，格言是饱含人生经验和历史经验因而具有教育意义的精炼话语。它们作为言语作品，既是对于特定事物进行诠释的成果，既是特定领域文化的结晶，又是更大范围文化的种子，而不断被广泛传播、不断被反复诠释，则是它们的生命形态。譬如：

> 迟任有言曰："人惟求旧；器非求旧，惟新。"古我先王暨乃祖乃父胥及逸勤，予敢动用非罚？世选尔劳，予不掩尔善。（《尚书·盘庚》）

这是商代第十九任国王盘庚为了顺利迁都而对臣民发表的讲话。为增强说服力和宣传力，他引用了前辈智者迟任留下的著名格言"人惟求旧；器非求旧，惟新"——这一格言，既是对于用人原则的诠释，又是对于用人经验的总结。而在盘庚看来，"予敢动用非罚""予不掩尔善"，就是对这一格言的最好诠释和真正落实：你们这些旧臣就应该跟我同心同德。历史事实证明，盘庚的讲话以及他对格言的诠释，得到了听众们的由衷认同，获得了历史性的成功。

> 初，虞叔有玉，虞公求旃，弗献。既而悔之曰："周谚有之曰：'匹夫无罪，怀璧其罪'，吾焉用此其以贾害也。"乃献之。（《左

传·桓公十年》)

在虞公公然索求的情况下，虞叔起初不肯献玉，继而后悔而献之。促使他思想转变的，是周代的一条谚语，因为它凝聚了许多冷峻的诠释和血淋淋的历史经验，所以得以流传；而虞叔又做了新的诠释和适合的回应，终于使自己全身免祸。

> 七年春，齐人伐郑。孔叔言于郑伯曰："谚有之曰：'心则不竞，何惮于病？'既不能强，又不能弱，所以毙也。国危矣，请下齐以救国。"（《左传·僖公七年》）

强齐汹汹来伐，郑国危在旦夕，孔叔毅然站出来建言。他一开口就引用了谚语，并且做出了深刻的再诠释："既不能强，又不能弱，所以毙也。"然后又以此为依据，提出了"请下齐以救国"的建议。在那个时代，无论讲述大道理还是讲述小道理，引用并诠释谚语，是容易引起重视、得到认同的。由此可以看到中华先民文化诠释发生的一个侧面。

关于中华文化典籍诠释的发生，事例众多，早已为中国学人所高度关注，因此这里仅仅分析一例以为说明。西周初年，周公平定管蔡之乱，立武王的同母幼弟康叔封为卫君，镇守殷商故地，但又忧虑康叔年轻，容易沾染殷人经常"群饮""崇饮"的恶习而重蹈覆辙，于是发布《酒诰》，对他提出严格要求。为了增强告诫的引导力，周公进行了文化典籍的诠释：

> 封，我闻惟曰：在昔殷先哲王，迪畏天显小民，经德秉哲。自成汤咸至于帝乙，成王畏相。惟御事厥棐有恭，不敢自暇自逸，矧曰其敢崇饮……在今后嗣王酗身厥命，罔显于民祗，保越怨不易。诞惟厥纵淫泆于非彝，用燕丧威仪，民罔不盡伤心。惟荒腆于酒，不惟自息乃逸……故天降丧于殷，罔爱于殷，惟逸。天非虐，惟民自速辜！

周公在诠释相关文化典籍的过程中特别强调，殷先哲王所以兴盛，在于他们

"不敢自暇自逸，矧曰其敢崇饮"；殷后嗣王所以衰败，在于他们"惟荒腆于酒，不惟自息乃逸"。这是普遍性的历史法则！老天是公正的，"天非虐，惟民自速辜！"这就是活生生的经验教训，也是带有普遍性的问题，它就在文化典籍的记载之中，只待人们去重新学习与诠释。周公等人还在此正确诠释的基础上，建构起以"天命转移""天惟时求民主""以德配天"等新观念为核心的新型天命神学理论，并使之成为西周王朝的主流意识形态，发挥了深远的历史作用。

上述种种生存诠释、文化诠释，都是前哲学诠释，都是中华先民为了改进生存状态而对生存世界中的具体事物与特定文本进行的诠释活动，其中蕴含着对于具体问题和带有普遍性的问题的思考；这样的诠释活动，推动着人们在诠释活动中进行对最高普遍性问题的思考，而中华先民一当能够自觉如此，也就开始跨入哲学诠释的领域。

二、先秦时期哲学诠释活动的发生

如果说在中华先民那里，前哲学诠释活动是人们为了改进生存状态而对生存世界中的事物与文本进行认知并获得了一定认识的活动；那么对于先秦哲人学者而言，哲学诠释活动则是他们在"哲学突破"的进程中，为思考普遍性问题、建构哲学理论、传承哲学思想而对文化经典和哲学经典进行的诠释活动。哲学诠释既源于前哲学诠释，又是前哲学诠释的升华，因此，它大致包括两种类型的诠释活动：一种是人们为思考普遍性问题、建构哲学理论而对文化经典进行的诠释活动，可以称为文化经典哲学诠释；一种是人们为思考普遍性问题、建构哲学理论、传承哲学思想而对哲学经典进行的诠释活动，可以称为哲学经典哲学诠释。而要全面考察中国哲学诠释的发生，需对这两种哲学诠释活动的发生都进行考察，以便能从其起源处较为全面地发现一些规律性的东西。

关于文化经典哲学诠释活动的发生。春秋战国时期，社会、文化剧烈变革，全面转型；中华古文化具有浓厚的维新特质，哲人学者对改造古昔传统一往情深。立足现实以诠释文化经典，从中探寻到那些能够超越时代的生命体验和历史经验，从中阐发出那些能够带来生命启示和历史借鉴的思想与方略，进而思考最高普遍性问题、建构哲学理论，在一些哲人学者那里，是至关重要的，是心所向往的，是行所凭借的。这就有力促进了文化经典哲学诠释活动的发生。

譬如《周易》，就其基本性质而言，原本是一部形成于西周初年的蕴含着某些哲理的筮占之书。可是，孔子在论述学习它的意义时，却提倡"不占而已"（《论语·子路》）。根据马王堆帛书《要》的记载，孔子还进而强调："《易》，我后其祝卜矣，我观其德义耳也。幽赞而数，明数而达乎德，又仁（守）者而义行之耳……吾与史巫同涂尔殊归者也。"观点如此鲜明，态度如此坚决，使命感如此强烈，有力地表现出了春秋末期文化经典哲学诠释活动发生的态势。孔子的这一观念与态度，赢得了广泛的认同，为后来的哲人学者所继承，从而为《周易》诠释开拓出了一条新的路径。且看《易传·文言》对于《周易》乾卦卦辞"乾：元亨，利贞"的一番诠释：

> 元者善之长也，亨者嘉之会也，利者义之和也，贞中事之干
> 也。君子体仁足以长人，嘉会足以合礼，利物足以和义，贞固足以
> 干事。君子行此四德者，故曰"乾元亨利贞"。

《文言》原以解释《周易》乾、坤两卦之卦爻辞作为诠释全部《周易》之范式，体现出了它诠释《周易》的主导思想和基本方法。本来，仅就乾卦卦辞而言，它无非是要告知人们，筮得乾卦，则大为通顺，占问有利。然而《文言》对它却是"不占而已""观其德义"，在逐词逐字地进行解释的过程中，巧妙地融进许多新的生命体验和新的社会观念，建构起伦理哲学的一种关于"四德"的理论。这样一来，它就将原本是筮占之书中一则近乎套语的卦辞，改造和提升为伦理哲学之书的一项理论，具体而微地显示了文化经典哲学诠释活动发生的状态与作用。

在战国后期，这种文化经典哲学诠释活动已经有所发展，其重要而可靠的标志，就是《礼记·经解》借孔子的论述做出的经典性总结：

> 孔子曰："入其国，其教可知也。其为人也，温柔敦厚，《诗》教也；疏通知远，《书》教也；广博易良，《乐》教也；絜静精微，《易》教也；恭俭庄敬，《礼》教也；属辞比事，《春秋》教也。故《诗》之失愚，《书》之失诬，《乐》之失奢，《易》之失贼，《礼》之失烦，《春秋》之失乱。其为人也，温柔敦厚而不愚，则深于《诗》者也；疏通知远而不诬，则深于《书》者也；广博易良而不奢，则深于《乐》者也；絜静精微而不贼，则深于《易》者也；恭俭庄敬而不烦，则深于《礼》者也；属辞比事而不乱，则深于《春秋》者也。"

《诗》《书》《礼》《乐》《易》《春秋》，本来都是文化经典，可是诠释者带着在新时代对于人的生存状态、生存意义的哲学思考，从中阐发出了一些相当完整、深厚的人生哲学理论。在很大程度上，这正是春秋战国时期从事文化经典哲学诠释活动之哲人学者的追求与贡献。由此，我们从一个侧面清晰地看到了那个时期文化经典哲学诠释活动的盛况。

关于哲学经典哲学诠释活动的发生。在春秋战国时期"礼崩乐坏""哲学突破"的进程中，许多哲人学者逐步具有了生命的自觉，形成了浓厚的从道热情、自主的立言意识和难能可贵的理性精神，对于人的生存状态、生命意义以及构成人类处境之宇宙的本质特性，产生了前所未有的探究意识和理性认识，显示出了巨大的人格力量和创造力量。这就激发他们笑傲诸侯，平视权威，既虚心学习，又相互辩难，既勇于尊奉一些哲学书籍为经典，开展对于哲学经典的哲学诠释，又勇于在诠释中提出最高普遍性问题，进行新的哲学思想的建构，不仅促进了哲学经典哲学诠释活动的发生，而且反过来促使一些文化典籍向哲学典籍升华，加速了"哲学突破"的进程，从而为中国哲学理论的创建与发展做出了伟大的历史贡献。

这种哲学经典哲学诠释活动的发生，在《墨子》之《经上》《经下》《经说上》《经说下》中，有着较为典型的表现。请看三则例证：

> 知，材也。(《经上》)
> 知材。知也者，所以知也，而不必知。若明。(《经说上》)
>
> 知，接也。(《经上》)
> 知。知也者，以其知遇物，而能貌之。若见。(《经说上》)
>
> 智，明也。(《经上》)
> 智。智也者，以其知论物，而其知之也著，若明。(《经说上》)

《经上》已经比较系统地论述了：智能，是人们认识事物的官能和材质；感性认识，来源于人们之感官同事物的接触；理性认识，是人们对于事物更加明彻的理解。而《经说上》则对此进行了创造性的诠释，使其理论更为完整而深刻。它率先强调：智能这种材质必须勤于运用在认识世界的实践之中；感觉和表象，是人们的感官感知事物并在大脑中得到反映的结果；概念和判断，是人们以其智能对于所反映之事物进行归纳或演绎而得到的结果。[1] 由此，我们具体而清晰地看到了此学派内部哲学经典哲学诠释活动的成功范例。

再以智者庄子而论，他发展了老子"道可道，非常道；名可名，非常名"(《老子》第一章)的思想，强调"至则不论，论则不至；明见无值，辩不若默"(《庄子·知北游》)，甚至视传世的典籍为"古人之糟粕"(《庄子·天道》)，似乎不太注重经典的诠释，然而对于那些新鲜活泼的哲学经典尤其是《老子》，他是常常以自己的方式进行着精心诠释并在诠释过

---

① 参见姜宝昌《墨经训释》(齐鲁书社 2009 年版)中的相关解释。

程中巧妙论辩的。譬如,《老子》第四章有云:"道冲而用之或不盈,渊兮似万物之宗";第二十一章有云:"道之为物,惟恍惟惚。惚兮恍兮,其中有象;恍兮惚兮,其中有物"。反复阅读之后,人们能够领悟到"道"为万物之宗而无所不在,但是不免仍然有些"恍兮惚兮"。而《庄子·知北游》则对此做出了形象、生动而又明确的诠释:

> 东郭子问于庄子曰:"所谓道,恶乎在?"庄子曰:"无所不在。"东郭子曰:"期而后可。"庄子曰:"在蝼蚁。"曰:"何其下邪?"曰:"在稊稗。"曰:"何其愈下邪?"曰:"在瓦甓。"曰:"何其愈甚邪?"曰:"在屎溺。"东郭子不应。庄子曰:"夫子之问也,固不及质。正获之问于监市履狶也,每下愈况。汝唯莫必,无乎逃物。至道若是,大言亦然。周、遍、咸三者,异名同实,其指一也。"

本来,"道无所不在",一语中的,是最为正确的诠释。无奈东郭子一定要"期而后可",于是庄子借机做出了一连串令人意外的回答:"在蝼蚁""在稊稗""在瓦甓""在屎溺"。他之所举虽然"每下愈况",但是确实生动地揭示出"道无所不在""无乎逃物"的根本特性,使人感悟深刻,而且对老子的这一理论也是有所发展的。由此,可以深切地感受到哲学经典哲学诠释活动发生时的高妙状态。

伴随着"哲学突破"进程的不断拓宽,春秋战国时代哲学经典哲学诠释活动也很快进入不断发展的状态,并且出现了"自为经传"和"以文为传"两种专篇诠释的体式。"自为经传",当以《墨经》《管子》为代表,前文已经有所考察;"以文为传",当以《韩非子》一书中的《解老》《喻老》为典型。譬如《韩非子·喻老》有云:

> 赵襄主学御于王於期,俄而与於期逐,三易马而三后。襄主曰:"子之教我御,术未尽也?"对曰:"术已尽,用之则过也。凡御之所贵,马体安于事,人心调于马,而后可以进速致远。今君后

则欲逮臣，先则恐逮于臣。夫诱道争远，非先则后也，而先后心皆在于臣，上（尚）何以调于马？此君之所以后也。"……随时以举事，因资而立功，用万物之能而获利其上，故曰："不为而成"。

老子最早揭示出了事物无不向其对立面转化的基本规律，非常难能可贵；但又常常忽视了事物转化的条件，轻看了人的主体作用，"不为而成"的命题就是一个典型。在诠释这一命题时，韩非子既没有训释词语，也未曾就题议论，而是引用了一则情节生动、内涵丰富的历史事实，充分发挥其隐喻作用，不动声色地补充进了事物转化必须具有的"随时""因资"等条件，将"不为而成"诠释为"用万物之能而获利其上"，从而在诠释中巧妙地改造了原有的这一命题，进而建构起自己的思想理论。这一诠释范例，不仅使人看到了韩非子别具一格的思想风格和诠释方法，看到了韩非子"喜刑名法术之学，而归本于黄老"（司马迁《史记·老庄申韩列传》）的趋向，而且能从一个角度看到战国后期哲学经典哲学诠释活动发生发展的巅峰状态和巨大功用。

考察至此可以看到，在春秋战国时期"哲学突破"的历史进程中，以前哲学诠释为根基，哲学诠释活动发生了，开始发展了，并且产生了显著而又微妙的效应。于是，它引起了哲人学者高度的关注与重视，促使他们开始反思它，积极改进它，努力提高它，这就逐渐促成了哲学诠释观念的发生发展。

三、先秦时期哲学诠释观念的发生

事实上，春秋战国时期，哲学诠释观念的发生发展，已经有声有色了。当然，我们又必须注意：一般说来，哲学诠释观念是哲人学者在对于哲学诠释活动有了自觉之后而形成的对于其基本属性的理性认识，主要回答"哲学诠释是什么"和"哲学诠释做什么"的问题，乃是更高境界的"对认识的认识""对思想的思想"。但是，春秋战国时期逐渐发生的哲学诠释观念，由于先民理论思维习惯的影响，却往往是意已至而言未至，尚未有这般理论化的周详表述。尽管如此，那个时期哲学诠释观念的发生，其重大的意义，其深远的效应，绝对不应因此而被低估，恰恰相反，它非常值得我们去发掘与探讨。为了使这一探讨在有限篇幅内不至流于空洞的泛泛而谈，我们应该尝试从一些具有开创意义和转折意义的关键之处着手进行具体的考察分析。

首先应该进行具体考察分析的，当然是孔子哲学诠释观念的发生。作为中国"哲学突破"的先行者之一，孔子是卓越的思想家，他自云"我非生而知之者，好古，敏以求之者也"（《论语·述而》），对于凝聚着"周公之道"和民族文化传统的历史典籍，有着异乎常人的感受和追求；孔子是伟大的教育家，在率先打破"官学"桎梏、开创私人讲学、促进学术下移的过程中，他为学生选定《诗》《书》《礼》《乐》作为基础教材，选取《周易》《春秋》作为高级教材，使弟子"身通六艺者七十有二"。应该特别注意的是，在当时的情况下，孔子整理与传授古代典籍，实际上有着明确而深远的致用目的，那就是：从当今的剧烈变化的现实出发，予以重新诠释，既借鉴往古的历史经验，又阐发出新的哲学理论，以教导学生、感化世人、促进社会秩序的重建和社会道德的提升。孔子的哲学诠释活动和哲学诠释观念，正是在这样的背景下逐步发生发展的。

孔子曾经夫子自道："述而不作，信而好古，窃比于我老彭"（《论语·述而》），透露出自我总结的意味，其中"述而不作"一语大有讲究。"述"自然是对古代经典的诠释与传播，"作"自然是对新型思想的创造与建构；但是，讲到"述"而归于"作"，讲到"作"而联系"述"，二者对举，虽有谦逊之意，但是其间的必然性关联已昭然若揭。这就表明，在孔子的思想深处："述"是指向"作"的，"作"是植根"述"的。正是从这里，生发出了孔子哲学诠释观念之纲领。基于这一哲学诠释观念，孔子进而又生发出了具有典型意义的《诗经》诠释观念和《周易》诠释观念。其《诗经》诠释观念的要点在于：解读的根本目的应该是"兴、观、群、怨"；解读的正确态度应该是"思无邪"；解读的基本方法应该是体验与联想。其《周易》

诠释观念的要点在于：解读的正确角度应该是"不占而已"；解读的根本目的应该是"观其德义"；解读的主要方法应该是撇开象数，紧扣辞义，发掘和引申其中的义理。所有这些，在他的那个时代，都是具有开创意义和建设意义的。

在孔子哲学诠释观念发生之后，其次必须进行具体考察分析的，是战国时期哲人学者尊"经"历程彰显出来的哲学诠释观念发生之路。

如所周知，从商周时代到春秋时代，无论对于何种书籍，中华先民及其哲人学者都并不称之为"经"，而是称之为"书""籍"或"典""典籍"。按照《说文解字》的解释："书，箸（著）也"，"著于竹帛谓之书"；"籍，簿书也"；"典，五帝之书也。从册在丌上，尊阁之也"。这就意味着，"书""籍"是一般的简策，如《左传·襄公十年》"乃焚书于仓门之外"；"典"是重要的简策，如《左传·昭公十五年》"数典而忘其祖"。而将重要的、经典性的书籍尊称为"经"，使之与一般书籍明显地区别开来，则是开始于战国时代中期。如《墨子》之书就有《经》篇与《经说》篇的分别，《庄子·天运》更有所谓"夫六经，先王之陈迹也"等。

哲人学者何以要将经典性的书籍特别尊称为"经"，而使其高居于一般书籍之上呢？考察其原因，主要有二。第一，圣人崇拜之风兴起。在那个时代，一方面，战乱频仍，社会动荡，文化转型，广大民众普遍期盼有一种伟大的人物亦即"圣人"出现，来安定局面、播种希望、引导前行；另一方面，士人崛起，诸子并作，其杰出人物如孔子者，既有"哲学突破"、创建理论的勇气，又有收拾天下、游说诸侯的雄心，勇于以"圣人"自期或自贤；另外，在诸侯方面，也大都相信"天下厌然犹一也，非圣人莫之能为"，甚至还有过"尊圣者王，贵贤者霸"的梦想（《荀子·君子》）。纵观这三个方面的情势，可以知道圣人崇拜之风是那个时代的产物。而"所谓圣人者，知通乎大道，应变而不穷，能测万物之情者也"（《大戴礼记·哀公问》），他们留下的著作自然是"知通乎大道"而远远超出一般人的著作，所以需要特别的尊重和特别的称谓。第二，与此相应，战国时代的人们特别是哲人学者，在"哲学突破"的历程中，已经增长了理性精神和致用观念，认识到历史上留下的许许多多的书籍，价值并不相同，地位不应相等，其中只有那些"知通乎大道"的圣人，"欲传其道于后世，是故书之竹帛，镂之金石"的部分书籍，其作用特别突出（《墨子·贵义》）。这部分书籍具体是哪些呢？诸子百家的看法自然并不相同，而按照《礼记·经解》的经典性总结则是六种："其为人也，温柔敦厚，《诗》教也；疏通知远，《书》教也；广博易良，《乐》教也；絜静精微，《易》教也；恭俭庄敬，《礼》教也；属辞比事，《春秋》教也。"既然这些书籍的作用特别突出而远远超出一般的著作，自然需要特别的尊重和特别的称谓，使人们都能知道它们与一般著作的差别。

　　接下来的问题是，为了表达特别的尊重，对于"知通乎大道"的圣人"欲传其道于后世，是故书之竹帛"的那些书籍，应该予以何种特别称谓呢？当时的哲人学者选取了"经"这个名称。"经"与"纲"为同源词族，"经"的本义是"织从（纵）丝"，"纲"的本义是"网之索"，二者的作用都是特别关键的，在织则"必先有经而后有纬"，在网则"必纲能张众目"。① 所以"经"在后来逐渐引申出"法""常""常法""理""道""经营"等意义，引申出"常道"和表述"常道"的"纲纪之言"的意义。故而《左传·昭公十五年》有云："礼，王之大经也……言以考典，典以志经。忘经而多言，举典，将焉用之？"正如孔颖达疏解的："经者，纲纪之言也"。这就说明，春秋后期的哲人学者已经认为，典籍是应该记录表述"常道"的"纲纪之言"的，如果忘记了这最为重要的一点，即使遍举典籍又有何用呢？而战国时代的哲人学者则又进一步认为，既然名词"经"已经具有"常道"和表述"常道"的"纲纪之言"的意义，那么直接启用它来称呼那些圣人"欲传其道于后世，是故书之竹帛"的著作，表明它们就是揭示了"常道"的著作，不就名副其实并能体现出它们所特别具有的特征与作用吗？于是，他

---

① 参见王力：《同源字典》，商务印书馆 1982 年版，第 320 页。

们就将那些圣人"欲传其道于后世"的著作特别尊称为"经",既有其独特的理据,又彰显了尊崇之意。

综观以上分析不难理解,战国时代的哲人学者将那些圣人"欲传其道于后世"的著作特别尊称为"经",就在实际上已经开始了中华传统文化的尊"经"历程。而在这一历程的开始处,我们就能清晰地看到,一种通过深刻反思而初步建构起来的经典性哲学诠释观念已经在发生发展,其核心内容乃是:能够被尊称为"经"的著作,绝非一般著作,而是那些"知通乎大道"的圣人,"欲传其道于后世,是故书之竹帛,镂之金石"的;后世之人诠释这些经典著作,应该怀有特别的态度、角度和法则,那就是阐发出其中蕴含的"大道",并且将其"大道"运用于修身、齐家、治国、平天下的崇高实践。而用荀子之带有总结性的话来说则是:"圣人也者,道之管也。天下之道管是矣,百王之道一是矣,故《诗》《书》《礼》《乐》之归是矣。《诗》言是其志也,《书》言是其事也,《礼》言是其行也,《乐》言是其和也,《春秋》言是其微也……天下之道毕是矣"(《荀子·儒效》)。对此认真体会就能深切地感知到,在那个时代,这种经典性哲学诠释观念的全面性、深刻性、可实践性,已经彰明较著了!由此可见,在战国时代中后期,中国哲人学者的哲学诠释观念,就已经有所发展、有所丰富,并在中国两千年哲学诠释观念不断进步的历程中具有转折性意义。

这里需要指出的是,上述哲学诠释观念虽然在儒家那里最为显著,却又并非儒家所独有,而是多家哲人学者的共识。只是,墨家更为尊崇《诗》《书》,道家特别尊崇《易》,名家特别尊崇《礼》,阴阳家特别尊崇《春秋》。再请看中国最早的学术思想史名篇《庄子·天下》的论述:"古之人其备乎!配神明,醇天地,育万物,和天下,泽及百姓,明于本数,系于末度,六通四辟,小大精粗,其运无乎不在。其明而在数度者,旧法世传之史,尚多有之。其在于《诗》《书》《礼》《乐》者,邹鲁之士搢绅先生,多能明之。其数散于天下而设于中国者,百家之学时或称而道之。"透过这一论述可以看到,道家学者对于"古之所谓道术""在于《诗》《书》《礼》

《乐》”的看法给予了充分的肯定与发展，并且已经由此而形成了自己的哲学诠释观念。由此，我们对于先秦时期之经典性哲学诠释观念的发生发展，就会形成更加清晰而全面的认识。

第二章 中国古代哲学经典的
形成及其基本特征

　　生活在某一社会的特定民族，都有其特定的生活方式、进化历程、人生焦虑以及由此而滋生的宗教信仰、价值体系、伦理观念和审美意识；它们通过哲人智者以文字形式提炼并表现出来，在群体精神上形成了一定的权威性，具有了对于人、对于社会的较强主导作用和规范作用，便逐渐成为该民族的经典文献以及蕴含于其中的经典型文化。环顾世界文明的历史进程可以看到，许多上古时期的文明民族都有其作为精神信仰的经典文献，它们独立产生的历史时期与文化背景还大体接近：印度的《吠陀本集》，初撰于公元前1400年前后，阐释它的《奥义书》，形成于公元前500年左右；波斯的《阿维斯陀》，在公元前9世纪至公元前3世纪渐次编成；希腊的《荷马史诗》，酝酿于公元前10世纪至公元前7世纪之间，编定于公元前6世纪至公元前5世纪；希伯来的《圣经》，酝酿于公元前900年初兴的"先知运动"，其《旧约全书》成书于公元前6世纪至公元前2世纪之间。

　　各民族的经典文献大致可分为两大类：文化经典与哲学经典。哲学经典是对人的生存方式、生存空间、生命意义以及人与世界融为一体之高远境界等最大、最高的普遍性问题进行最为根本、最为系统思考的经典，其他未能系统地探究最大、最高的普遍性问题的经典则是文化经典。在各民族的历史进程中，往往是先有文化经典，哲学经典一般都是在文化经典的基础上创建的。因此，要切实考察中国古代哲学经典的形成之路，首先必须了解中华古代文化经典的初创，然后逐步了解中国古代哲学经典形成的时代背景和特定条件。

第一节　中华古代文化经典的初创

中华古代文化经典的初创，根源于中华先民生活反思、历史反思、生存诠释、文化诠释的渐次发生，以及由此而来的生活自觉、历史自觉、诠释观念的逐步形成，有其可以追溯的形成轨迹，有其值得关注的基本特征。

一、中华古代文化经典的初步形成

我们在前面已经初步考察过，早在三千多年以前，中华先民就开始了生活的反思和历史的反思以及生存诠释与文化诠释。这些反思与诠释，不仅已经具有了难能可贵的思想深度和启示意义，在他们的社会实践中产生了难以估量的影响，促使他们形成了生活的自觉、历史的自觉和诠释的自觉，而且也引起了他们自己高度的重视和珍惜。他们本着这种生活的自觉、历史的自觉和诠释的自觉，提炼、记载了这些反思与诠释，建构起一些观念，分门别类，著作成一部部重要典籍，并且使之在社会实践中得到应用，在民族群体中得到流传，这就初步形成了相应的文化典籍。如果没有这些文化典籍，他们的后人，乃至今天的我们，就难以知悉先民的这些生活反思、历史反思以及生存诠释与文化诠释的真实状况。

应该强调的是，中华先民对于自己的生活反思和历史反思的记载与提炼，是自觉的，是郑重的，并且还时常对这些记载加以引用或论说，从而不断激发其生命活力。譬如，"庚午卜，丙贞：王乍（作）邑，帝若？八月。"

（李圃译曰："庚午日占卜，丙问道：时王兴建城邑，上帝认为顺吧？八月。"）① 从历史看，从环境看，时王兴建城邑的举措是否适时、恰当？这就引起了人们的认真反思，于是他们虔诚地向上天请教，并且将问题郑重地记录下来，留作历史档案，也就成为文化典籍。又如，《尚书》中的经典著作《盘庚》三篇，就是商朝中兴之君盘庚为了顺利迁都，并由此革新社会管理，对臣下进行三次演讲的告诫之语，充满了生活反思和历史反思之后的至理名言，而由史臣详细记录下来的。又据《史记·殷本纪》记载，《尚书》中的名篇《高宗肜日》，就是商王武丁的大臣祖己对武丁的劝勉之语，并且提出了"天既孚命正厥德（上天发出明命规范人们的德行）"的观点，而由祖己记录下来的。再如，《尚书》中的经典《洛诰》明确记载："王命周公后，作册逸诰。"对此，王国维先生的《洛诰解》做了清晰的解释："成王既命周公，因命史佚书王与周公问答之语，并命周公时之典礼，以诰天下，故此篇名《洛诰》。"更加具有典型意义的是，周朝建国之初，周公在平定叛乱、营建洛邑之后，又以周王的名义发表了对庶殷的一篇重要讲话，就是《尚书》中的名篇《多士》，其中有云："惟尔知：惟殷先人有册有典，殷革夏命。"这里所谓的"有册有典"，所指就是商朝时期记录并提炼先民生活反思、历史反思的文字，如《汤誓》《盘庚》等。周公在这种场合里郑重提出"惟殷先人有册有典"，既是为了显示自己讲话有着可靠历史根据，也是为了唤起庶殷之新的历史反思，从而取得特殊语境中的特殊的效果。而他对殷先人册典的成功引用、阐释和论说，则留下了深远的历史启示。

由于以典籍的形式记载中华先民生活反思和历史反思的活动，在各阶层的社会生活实践中都日益显现出重大而深远的意义，因而越来越受到先民特别是其文化精英的高度关注和重视。发展到西周中期，朝廷在此基础上，还专门设立了史官等种类繁多的文化职官和"王官之学"以及相应的档案制度，一方面大力收集夏代、商代遗留下来的训典诰誓，如《甘誓》《盘庚》

① 李圃选注：《甲骨文选注》，上海古籍出版社 1989 年版，第 121 页。

等，加以辑补乃至改写，使之渐成系统；另一方面从多方面记录并保存当下君王、诸侯言行，以便更好地进行反思与检验。这就是《礼记·礼运》所说的"王前巫而后史，卜筮瞽侑，皆在左右"、《礼记·玉藻》所说的"动则左史书之，言则右史书之"；也就是《左传·昭公二年》所记的"观书于大史氏"。对此，清代史学家章学诚有过很好的论述："古者政教不分，官私合一，有官斯有法，故法具于官；有官斯有书，故官守其书；有书斯有学，故师传其学；有学斯有业，故弟子习其业。"（《校雠通义·原道第一》）这些大量记载中华先民生活反思和历史反思的典籍，在长期流传的过程中，经过时间的检验与选择，经过阐释的融合与提升，有的便逐渐升华而成为民族古代的文化经典，对于民族精神发挥着不同侧面、不同程度的引导作用和激励作用。为了对此能有深切的了解，请看《国语·楚语上》记载的一则发生于公元前 7 世纪的史实：

> 庄王使士亹傅太子箴，辞曰："臣不才，无能益焉。"……王卒使傅之。问于申叔时，叔时曰："教之《春秋》，而为之耸善而抑恶焉，以戒劝其心；教之《世》，而为之昭明德而废幽昏焉，以休惧其动；教之《诗》，而为之导广显德，以耀明其志；教之《礼》，使知上下之则；教之《乐》，以疏其秽而镇其浮；教之《令》，使访物官；教之《语》，使明其德，而知先王务用德于民也；教之《故志》，使知废兴者而戒惧焉；教之《训典》，使知族类，行比义焉……"

如何教育太子，关系到将来国家的兴衰和政权的命运，历来都是王室、诸侯的头等大事。为此，庄王执意延请士亹，士亹诚恳请教叔时，叔时坦然发布主张。其主张的基本精神就是，以民族的文化经典为基本教材，拓展太子的视野，培育太子的品德，陶冶太子的性情，增进太子的知识，使之将来堪担大任。而叔时所列举的文化经典，主要是《春秋》《世》《诗》《礼》《乐》《令》《语》《故志》《训典》。显然，叔时的主张，既是历代经验的总结，又是个人心得的提炼，正确而深刻，很快赢得了包括楚庄王和士燮在内的广泛认同，形成了坚定的共识与实践的决心。从这里，我们不难领悟到民族文化经典在那个时代的崇高地位与巨大功用。

在中华文化的历史进程中，又经过大约两百多年的发展，所谓"五经"亦即《易》《书》《诗》《礼》《春秋》，又渐次形成定本与系统，并逐渐取代了上述经典以及传说中的《三坟》《五典》《八索》《九丘》的地位，成为中华民族历史上最为主要、最为权威、影响最为深远的文化经典。

二、中华古代文化经典的基本特征

"五经"中产生最早、神秘色彩最浓的经典是《易》，亦即《周易》，原本是一部占筮之书。在新石器时代晚期，相当于传说中的伏羲时期，中华先民走出了原始的蒙昧，开始急切地关怀自己命运的好坏和行动的成败，乃至以为对神灵顶礼膜拜，并以某种神秘的方式与之沟通，就能获得神灵的庇佑和启示，于是就有了占筮活动。用人类学家列维-布留尔《原始思维》中的话来说，就先民而言，"占筮乃是附加的知觉"，"是（原始）思维所必须的"。[①] 大约到了殷周之际，王室巫史人员又将占筮活动发展到一个新的阶段，由筮而数，由数而卦，既发明了"—""-"符号，又配上了相应的卦爻辞，并且凭借朝廷之力编辑成书，于是诞生了《周易》文本。东汉儒学大师郑玄在其《易赞》中对他心目中的《周易》精神做了这样的概括："《易》一名而含三义：易简，一也；变易，二也；不易，三也。"也就是说，《周易》是用简易的方法（相对于龟卜之法而言），推问世界各种事物的变易之理，进而显示出周普不易的种种规律。他的这番话虽然有些拔高，在当时却也不是没有根据的。仅以《坤卦》之初六、六二、六三的爻辞而论："履霜，坚冰至"（踏在秋霜上，知道冰封大地的冬季就要到来）；"直方大，不习无不利"（正直、端方、大气，虽不熟悉也无所不利）；"含章，可贞。或

---

① ［法］列维-布留尔：《原始思维》，丁山译，商务印书馆1987年版，第280页。

从王事，无成有终"（怀有美德，宜于占问。如果追随君王做事，即使未立功业，也能有好的结果）。细细品味这些卦爻辞，人们就能感受到其中对于人之命运的深切关怀，对于生存环境的细致考察，对于人生哲理的深刻揭示，对于美好未来的殷切期待。所有这些，正是《周易》能够成为中华民族文化经典所具有的最为基本的特征。

"五经"中最为"政事之纪"的经典是《书》，亦即《尚书》。《尚书》是我国第一部官方政治文件总集，分记事、记言两种，其主体为商、周两代的国家大事纪略（如《泰誓》《武成》），战争讨伐宣言（如《甘誓》《费誓》），政府重要文告（如《盘庚》《大诰》），政治精英伟论（如《微子》《无逸》），重要文史著述（如《禹贡》《洪范》）。《尚书》最为基本的特征，是广泛、深刻而又生动地记录了商周时代中华政治精英、思想精英对于民族生存方式、生存环境与国家大事、部族关系的历史反思和现实筹划，其中还萌发了对于天人关系这一最高问题的思考。人们浏览《尚书》，很多变革的主张、深刻的政见、新颖的思想都会奔赴眼底，即使是到了 21 世纪，当中国思想史家们读到《禹贡》中"东渐于海，西被于流沙，朔南暨，声教讫于四海"的描写，读到《盘庚》中"生生自庸，式敷民德"的勉励，读到《君奭》中"天不可信"的议论，读到《康诰》中"惟命不于常""以德配天""明德慎罚"的主张，读到《多士》中对于"殷革夏命"的肯定与赞扬，读到《洪范》中"五行相生相胜"观点的萌生，其慧眼也还会不断发亮。

"五经"中最富于"原版性"的经典是《诗》，亦即《诗经》，我国第一部诗歌总集，大约编次于春秋中叶，少量为商代诗歌，主要为西周和东周前期的诗歌。作为中华民族的文化经典，《诗经》最为基本的特征，是广泛、深刻而又生动地反映了公元前 12 世纪至公元前 6 世纪中华先民的社会生活与生活反思、历史反思。其中有农夫的愤怒，有士兵的呐喊，有小吏的呻吟，有贵族的吟唱，有君主的祷告，有情人的思念，有恋人的追求，有离妇的怨声，展现了各种社会生活的画卷，表达了各种社会生活的追求。"硕鼠硕鼠，无食我黍！三岁贯女，莫我肯顾。逝将去女，适彼乐土。乐土乐土，爰得我所！"（《魏风·硕鼠》）这是对贪残统治者的弃绝，对另一种社会的向往。"黾勉从事，不敢告劳。无罪无辜，谗口嚣嚣。下民之孽，匪降自天！"（《小雅·十月之交》）这是对社会黑暗的憎恨，对黑暗根源的探寻。"有女仳离，嘅其叹矣！嘅其叹矣，遇人之艰难矣。"（《王风·中谷有蓷》）这是对于弃妇生活的深切同情。正因为《诗经》反映社会生活、描述历史画卷是真实的、生动的，表现生活反思、历史反思是尖锐的、深刻的，形成了重要的历史启示，孔子才反复告诫弟子们："《诗》，可以兴，可以观，可以群，可以怨！"（《论语·阳货》）

"五经"中最为复杂的经典是《礼》，包括《周礼》《仪礼》《礼记》。《左传·文公十八年》曾记鲁国太史克之言曰："先君周公制《周礼》。"《礼记·明堂位》有言曰："周公践天子之位，以治天下。六年，朝诸侯于明堂，制礼作乐，颁度量，而天下服。"所以历代多数学者都相信：周公摄政七年，第六年时在损益殷礼的基础上制成《周礼》；第七年还政成王，成王即位，开始颁行《周礼》。到了战国时期，一些哲人学者又对《周礼》加以修改增饰，用以寄托自己的政治理想。《仪礼》是对朝聘礼、成年礼、婚礼、祭礼等各种礼仪的具体规定，《礼记》是对于礼治精神的理论阐发和哲学思考。"三礼"最为基本的特征，是在生活反思、历史反思的基础上，进行的风俗习惯、社会制度、生活法则的思考与筹划，其中有历史担当，也有政治理想，最能彰显中华古代社会、文化的根本性质，是探讨中华上古文化模式的重要凭借。

"五经"中最为跌宕起伏的经典是《春秋》。《春秋》原本是西周末期至东周前期周室和各诸侯国编年国史的通称；《墨子·明鬼》就曾征引"周之《春秋》""燕之《春秋》""宋之《春秋》""齐之《春秋》"。可是到后来，由于种种原因，多数诸侯国编年国史渐渐亡佚了，只有鲁国的《春秋》较好地保存下来。根据《孟子·滕文公下》和《史记·十二诸侯年表》的说法：孔子对鲁国《春秋》大为赞赏，不仅用为教材，而且加以修订，"约其文辞，去其烦重，以制义法"，使之充满着"春秋笔法"和"微言大义"，乃至"王道备，人事浃"。譬如：晋文公曾经召见周天子，《春秋》却记为"天王狩于河阳"。看上去是记录了史实，却运用曲笔，既遮盖了周天子的屈辱，又责备了晋文公的违礼，从而达到了"守礼义""正名分"目的。然而，《春秋》记事过于简约，"笔法"过于隐晦，"大义"过于复杂，一般人很难理解，于是，后来就有《春秋左氏传》《春秋公羊传》《春秋谷梁传》，从不同的角度、用不同的方法对它进行阐释，融入新的精神。《春秋》最为基本的特征，是以历史反思为先导，以历史自觉为引力，创立编年记事的方法，书写了一个时期的历史，并由此委婉地表达了对于历史事件的分析与评判，力图以此启发后人的历史思考和人生思考。后人若能认真阅读，一定可以从中领悟到作者和修订者的历史观念、价值观念以及政治理想。

当然，即使是在春秋中期以前，中华民族的文化经典也不仅只是《周易》《尚书》《诗经》《周礼》《春秋》五种，但是在中华文化的历史进程中，这五种文化经典却是最有代表性、最有影响力因而最具崇高地位的。虽然用哲学的眼光来看，它们尚未充分地表现出对于人的生存方式、生存空间、生命意义等最大、最高的普遍性问题进行的最为根本的系统性思考，但是却已有了初步的尝试，并为此奠定了深厚的基础。所以，在春秋战国时期，它们就已经成为诸子百家共同尊崇与信奉的"古之道术"之载体，成为诸子百家思想、学术的共同渊薮，而并非仅为儒家所专尊、专有。而根据我们在考察中形成的认识，作为中华民族最早的文化经典，它们最为基本、最为显著的共同特征大致是：从不同的角度、不同的高度，以不同的方式、不同的体裁，表现出了中华先民的生活反思和历史反思，以及由此而形成对于人之命运的深切关怀、对于生存环境的细致考察、对于天人关系的初步探究、对于生存方式的不断筹划；由此，它们也就具有了较强的"四性"：以天道自然为起点的人文性，以"因民""从时"为趋归的世俗性，似乎永远针对后世说话的超时性，意义模式、表达方式与文本结构造就的诠释召唤性。正因为如此，它们的形成、传播与深广，也就造就了中华经典文化的光辉起点。

第二节　中国式的"哲学突破"及其效应

就一个国家或民族的文化进程而论，其哲学经典一般都是在文化经典的基础上逐步建构起来的。然而，有了文化经典的基础，并非就能自然而然地建构起哲学经典，其间还必须具有时代、人文等诸多方面的条件。

中国历史演进到春秋战国时代，社会、文化发生了转折性的变化，与古代文明较为发达的印度、中东、希腊的同一时代，共同构成了雅斯贝尔斯在其《历史的起源与目标》和《智慧之路》里所揭示的世界"轴心时代"。在这个社会文化剧烈变革并闪烁着奇光异彩的"轴心时代"里，古代文明较为发达的印度、中东、希腊和中国，先后都产生了许多新的时代课题，激发了许多哲人学者对于一些最根本问题的深沉思考，形成了一种由韦伯和帕森斯所相继考论的"哲学突破"。就中国的历史实际而言，其"轴心时代"的"哲学突破"，不仅是中国上古史乃至中国整个历史的亮点，而且开拓出了中国古代哲学经典的形成之路；要考察中国古代哲学经典的形成之路，进而开展对于中国古代哲学经典诠释方法论的深入研究，就必须全面而深入地了解中国"轴心时代"里的"哲学突破"及其效应。

一、中国"轴心时代"的形成与"哲学突破"的发生

在中国春秋战国时代，由于铁器的广泛使用，牛耕的普遍推广，行业性市肆的逐渐形成，促成农牧业的显著性进步和手工业的大幅度发展，促使一些人从旧宗族中游离出来而成为自耕农和小私有者，促使社会生产力迅速提高，社会形态日渐转型：在农业领域里，旧的"井田"瓦解，新的"私田"大增，生产关系不断转化；在工商领域里，"工商食官"的体制破碎，独立的手工业者和商人成批涌现，出现了"以富兼人"的局面；在政治领域里，

王权跌落，制度变易，权力下移，"变法"相继发生，世袭制渐渐转变为官僚制，分封制渐渐转变为郡县制；在文化领域里，远古的文化传统遇到了种种严峻的挑战，天命神学也因为失去许多人的信仰而发生崩溃。

这种种剧烈变革形成的合力，开拓出中华民族新的发展道路，造就了中国特色的"轴心时代"。其中对于中国古代"哲学突破"影响最为直接、最为深远的社会文化现象则是士的崛起，亦即士人数量激增，力量壮大，成为一个拥有独立社会地位、掌管专门文化知识的脑力劳动者群体，成为"哲学突破"的骨干力量；学的转移，亦即"天子失官"，"私学"兴起，培育出许多具有新思想、新追求、新风格的士人，促使"学在官府"演进为"学在家人"；百家争鸣，亦即怀有各种思想和主张的士人群体，民主地讨论学术，自由地批评时政，激烈地辩论问题，对于社会文化的剧烈演变竞相做出各自的独特解释。而这种种社会文化现象，又是互相依存、互相促进的，其最为重要的结果，是革新了时代的精神，养成了士人的独立人格和智者风采，促成了社会的舆论自由和学术竞争，于是诸子九流得以各创其学说，令后世学人神往不已。所以，在战国时代二百五十多年的历史上，很难找到曲学阿世、卖论取官的哲人学者和取缔舆论、禁锢思想的君主公卿！所有这些，正是春秋战国时代能够成为"轴心时代"的主要动因，正是"哲学突破""百家争鸣"得以形成的重要动因，正是中华文化由原始阶段跃升至高级阶段的有力动因。

中国"轴心时代"里的"哲学突破"，主要是对西周四百多年来天命神学的突破。周代政治精英们建构的天命神学，以天命转移的历史观、王权神授的国家观、"以德配天"的政治观、宗法等级的伦理观为基本内容。它不是依靠理性认识和逻辑论证建立起来的，因而需要调动传统的天神崇拜和祖先崇拜的习惯力量以及政治权威的势力、"学在官府"的体制予以维护。然而，到了春秋中期以后，社会何以会出现如此动荡的局面以及如何才能从中走出等重大问题前所未有地凸显出来，社会秩序的变化使得过去显得天经地义的"思想"和"知识"，不再拥有不言自明的权威性，这就促使许多先知先觉者的思想观念逐渐解放，使命意识逐渐增强，终于找到了重新观察自然、社会和人的新视角，自觉承担起探求"至道"而为治国平天下设计新方案的历史责任。于是，作为上一个时代学术总汇的天命神学，失去了它原有的社会基础和政治凭借，失去了它原有的神秘光环和权威地位，并且逐渐被人们从各自的角度进行新的解释而改变其本质特性。中国古代思想学术由此而发生了第一次最为深刻的裂变，这就是"哲学突破"。对此，《庄子·天下》早已有了深切感受和具体分析：

> 古之人其备乎？配神明，醇天地，育万物，和天下，泽及百姓。明于本数，系于末度，六通四辟，小大精粗，其运无乎不在。其明而在数度者，旧法世传之史尚多有之。其在于《诗》《书》《礼》《乐》者，邹鲁之士缙绅先生，多能明之。其数散于天下而设于中国者，百家之学时或称而道之。天下大乱，圣贤不明，道德不一，天下多得一察焉以自好。……判天地之美，析万物之理，察古人之全，寡能备于天地之美，称神明之容。是故内圣外王之道，暗而不明，郁而不发，天下之人各为其所欲焉以自为方。悲夫！百家往而不返，必不合矣！后世之学者，不幸不见天地之纯，古人之大体，道术将为天下裂。

在这里，作者分析了那个时代的基本特征，那就是"天下大乱（旧有的秩序解体），圣贤不明（原有的圣贤淡出），道德不一（价值观念分裂，道德观念分歧）"；作者观察到哲人学者的根本变化，那就是开始重新认识天地宇宙，开始重新思考社会人生，"各为其所欲焉以自为方（根据各自的需要而各自创建其理论与方略）"；作者把握到了中国"哲学突破"的主要方式，那就是哲人学者对于初民原创的宇宙意识亦即终极之"道"，各执一端，得一以察，往而不返，因而对天地宇宙、社会人生的种种问题形成了新的理解和解释，进而派生出多种各具特色的哲学思想理论；作者还预想到"哲学突破"将会带来的最大成果，那就是"道术将为天下裂"。就是这样，一个波澜壮阔的"哲学突破"运动已经初步呈现在他们的笔下，直到两千多年以后的今天，还能给中国学人以深刻的启示与巨大的激励。

二、中国"哲学突破"的主要特征

除了"人"的发现以外，除了表现温和以外，中国"哲学突破"的主要特征有三：

第一，在继承中实现"突破"。一方面，春秋战国时代的人们总在努力突破西周思想学术的总体框架；可是另一方面，人们对西周的文化经典又是那么尊崇流连，时刻不忘继承。即以墨子而论，他就反复强调："古之圣王，欲传其道于后世，是故书之竹帛，镂之金石，传遗后世子孙，欲后世子孙法之也。"（《墨子·贵义》）在实质上，他这就是从较高的角度，论述了圣王、大道、经典三者的关系，为在继承传统中实现"哲学突破"确立了理论依据。

在一般情况下，珍爱文化的传统，尊崇原创性经典，"以复古为解放"，其实是人类共有的一种品性。就是在希腊、意大利，也不难看到这一品性的表现。而在由农业-宗法社会培育出来的中华先民心灵上，这一品性自然就更为突出。更何况，这些原创性经典所蕴含的集体的生命体验和历史经验，本来就丰富多彩，许多还具有某种超越时代的性质，因而赢得了普遍性的尊崇。所以，即使是那些勇敢的社会改革者和深沉的思想革新者，往往也不忘援引受到普遍尊崇的文化经典，然后加以自己的独特诠释，形成话语权的优势，以便开拓新的思想园地，从某一角度实现"哲学突破"。老子、孔子、墨子等诸子其实就是这样的伟大思想家。

第二，在诠释中实现"突破"。对于那些勇敢的社会改革者和深沉的思想革新者来说，他们尊崇文化经典、继承文化传统的根本目的在于：诠释文化经典、弘扬文化传统，实现某种"突破"，从中探寻到那些超越时代的生命体验和历史经验，从中阐发出那些能够给予新时代以生命启示和历史借鉴的思想理论，从而创造出新的富有筹划人生之意义的思想理论与实践方略。在一定意义上，中国的"哲学突破"，正是那些勇敢的社会改革者和深沉的思想革新者感应新时代的需要，对于古代文化经典进行创造性诠释的伟大成果，它体现了一种具有巨大历史意义的诠释效应。即以孔子而论，他就占得先机，通过整理、加工和诠释多种古代文化典籍，融入自己的人生体验，建构起新的思想理论，形成了一种话语权的优势。他有过符合实际的自我总结："述而不作，信而好古。"（《论语·述而》）讲到"述"而归于"作"，讲到"作"而联系"述"，使"述"指向"作"，使"作"植根"述"，从而在实际上建构起一种哲学诠释观念之纲领。这种哲学诠释观念，本身就是在要求创新，就培育着"超越突破"的因素。譬如《论语·八佾》记载：

> 子夏问曰："'巧笑倩兮，美目盼兮，素以为绚兮'，何谓也？"
> 子曰："绘事后素。"曰："礼后乎？"子曰："起予者商也！始可与言《诗》矣。"

子夏以如此浅显的诗句发问，显然有着探询诠释方法的深意。孔子专就"素以为绚"（逸诗）作答，由具体的绘画活动阐释出普遍的绘画规律，运用的正是"引譬连类"的解释方法。子夏深受启发，又"因之以悟礼。则忠信其素地也，节文度数之饰，是犹之绘事也，所谓绚也"（全祖望《经史问答》），并且得到了孔子的赞许与鼓励。由此可见，他们对此诗句的选取与诠释，由"述"指向了"作"。这就是在对经典的诠释中，实现了某种"超越的突破"。

第三，在"突破"中进行新的建构。在"哲学突破"的历程中，哲人学者阅读着古代文化典籍，却又面临着新的时代课题，因而找到了观察自然、社会和人的新视角，形成了对于人类处境本身及其意义之新的理解和解释；而为解决新的时代课题，并赢得广泛的认同，他们又必然要在典籍诠释的过程中，将其升华为新的思想和新的理论并加以运用与传播。所以，在"哲学突破"中建构出新的思想和新的理论，是自然而又必然的。希腊的

"哲学突破"固然如此，中国的"哲学突破"则尤其具有这样的特征。

即以那个时代常见常听的"天命"一语为例。在西周的天命神学里，"天命"乃是指天神根据其意志（天意）支配有关国家命运之大事的行为；只有天子才能接受和传布天命，而诸侯、大夫以及一般民众，只能敬畏和服从天命。所以《尚书·康诰》反复强调"天乃大命文王殪戎殷""亦惟助王宅天命，作新民"。可是到了春秋时代后期，哲人学者却纷纷地在诠释和运用的过程中，突破天命神学的笼罩，改造着"天命"一语的含义。譬如郑国大夫裨谌，在分析郑国政治局势、强调应由子产主政时，却打起"天命"的旗帜，振振有词地解说："善之代不善，天命也，其焉辟子产？"（《左传·襄公二十九年》）显然，这里的"天命"的性质已在解说中被大力改造，它融进了新的社会观念，指称一种社会发展规律方面的知识，生发出了一种新的意义，变得富于新的哲学意味。

再看《左传·襄公九年》一则饶有趣味的记载：鲁襄公祖母穆姜晚年受困于东宫，曾经占筮而得《随》卦。有人说："《随》，其出也。君必速出！"而穆姜却断然说道："亡！是于《周易》曰：'《随》，元、亨、利、贞，无咎。'元，体之长也；亨，嘉之会也；利，义之和也；贞，事之干也。体仁足以长人，嘉德足以合礼，利物足以和义，贞固足以干事……有四德者，随而无咎。"作为占筮之书，《周易》原文中所谓的"元亨，利贞"，近乎"套词"，只不过是说"大大通顺，占问有利"，可是经过穆姜一番逐词逐句地解释之后，居然在"突破"中生发出一套"体仁足以长人"的政治哲学理论，既有其丰富内涵，又有其时代特色。浏览《国语》《左传》等史籍就能知道，这并不是一个仅有的特例，而是风气所致下的普遍现象，穆姜尚且能够如此，那些哲人学者就更是不在话下。

三、中国"哲学突破"的基本效应

迎着时代的风雨，中国的"哲学突破"形成了自己鲜明的个性特征，逐渐显现出了特别的效应，其效应主要表现在以下三个方面：

第一，促使哲人学者增强理性精神。"哲学突破"，既然哲人学者对于构成人类处境之宇宙的本质产生了一种理性的认识，这种理性的认识并且达到了从来未有的高度，那么，伴随而来的必然是哲人学者之理性精神的增强与发展。而理性精神，作为人之形成概念、判断、推理的思维能力和认识能力，它的形成发展，反过来又加速了"哲学突破"的进程，并且构成了中国古代哲学经典逐步形成的一种必要条件。其事虽然不易条分缕析，却也能在先秦史籍里探寻到清晰的遗迹。请看《庄子·天运》开头的一段话：

> 天其运乎？地其处乎？日月其争于所乎？孰主张是？孰维纲是？孰居无事而推行是？意者其有机缄而不得已邪？意者其运转而不能自止邪？云者为雨乎？雨者为云乎？……风起北方，一西一东，在上彷徨，孰嘘吸是？孰居无事而披拂是？敢问何故？

请看屈原《天问》起笔的一段话：

> 遂古之初，谁传道之？上下未形，何由考之？冥昭瞢闇，谁能极之？冯翼惟像，何以识之？明明闇闇，惟时何为？阴阳三合，何本何化？

再请看《管子·九守》中的一段话：

> 一曰天之，二曰地之，三曰人之，四方、上下、左右、前后，荧惑之处安在？

《天运》的那段话，一口气提出了十五个问题，全都是关于自然世界之形成与特性的。如果是在此前的两百年，还没有人能够提出这样的问题，因为天命神学里早已有了答案。可是到了当时，哲人智者则敢于质疑天命神学里早已有了答案的宇宙现象，善于思考天地间的一切问题了。《天问》《九守》的作者也同样如此。特别值得注意的是，对于宇宙现象，哲人智者不仅敢于质疑，而且善于思考，甚至已经有了初步的答案隐含在问题之中。请仔细体会一下，"意者其有机缄而不得已邪？意者其运转而不能自止邪？"不也是在委婉地暗示：天之运转，地之定处，日月之照临，很可能是因为有特定机关发动而不能自主，也可能是因为它们自行运转而不能停止！对于浩瀚的宇宙现象，中国哲人学者在两千多年以前，就能如此大胆而深入地思考，就能探察到如此接近科学的答案，这正体现了自由进取环境中理性精神的巨大力量！

《左传·昭公五年》有一段记载同样能够启人神思：

> 公如晋，自郊劳至于赠贿，无失礼。晋侯谓女叔齐曰："鲁侯不亦善于礼乎？"对曰："鲁侯焉知礼！"公曰："何为？自郊劳至于赠贿，礼无违者，何故不知？"对曰："是仪也，不可谓礼。礼，所以守其国，行其政令，无失其民者也。今政令在家，不能取也……而屑屑焉习仪以亟。言善于礼，不亦远乎？"君子谓叔侯于是乎知礼。

自从西周初年周公主持"制礼作乐"以来，在人们心目中，"礼"就是天之经、地之义、国之制、民之行。可是到了春秋时代后期，随着"哲学突破"的兴起，"礼"是什么、怎样才算"知礼"，居然都成了新的重大问题，连晋侯都能坦诚地就此发问！这就引起了哲人智者重新思考。女叔齐反复思考的结果，是认为"礼，所以守其国，行其政令，无失其民者也"。这一思考是新的理性思考，这一认识是新的理性认识，它赢得了君子们的认可，从而从一个角度推进了"礼"之性质的演变，同样体现了新的理性精神的巨大力量！

第二，促使哲人学者具有立言意识。今人阅读春秋战国时代的历史，常常会心驰神往而有所感动，特别是对于那个时代哲人智者自主的立言意识。请看两例：

> 二十四年春，穆叔如晋，范宣子逆之，问焉，曰："古人有言曰，'死而不朽'，何谓也？"穆叔未对。宣子曰："昔匄之祖，自

虞以上为陶唐氏，在夏为御龙氏，在商我豕韦氏，在周为唐杜氏，晋主夏盟为范氏，其是之谓乎！"穆叔曰："以豹所闻，此之谓世禄，非不朽也！鲁有先大夫曰臧文仲，既没，其言立，其是之谓乎！豹闻之：'大上有立德，其次有立功，其次有立言。'虽久不废，此之谓三不朽！若夫保姓受氏，以守宗祊，世不绝祀，无国无之。禄之大者，不可谓不朽。"（《左传·襄公二十四年》）

（左史倚相对楚平王之子曰）"君子之行，欲其道也，故进退周旋，唯道是从。"（《国语·楚语上》）

面对贵胄出身的范宣子，穆叔毫不假借，当面批驳：富贵的家世，只能算是"世禄"，不可谓为不朽；"大上有立德，其次有立功，其次有立言。虽久不废，此之谓三不朽！"从而率先堂堂正正地将"立言"与"立德""立功"并举，明明白白地将其视为不朽之大业，这就是那个时代哲人智者的颇带自豪感情的立言意识！进而言之，什么样的"立言"才能不朽呢？穆叔指出：言以明道，其人虽没，其言仍立，对后世有着深远的启示意义和指导意义，才能算是不朽！这里既有评价的标准，也有检验的标准，显然是新的理性精神的一种成果，在当时哲人智者那里很有代表性。楚国左史倚相的言论，也是在斩钉截铁地强调"君子欲其道"，包括思其道、言其道、行其道、卫其道；只有这样，才能算得是"唯道是从"！当然，哲人智者的立言意识与从道意识是紧密结合、互为表里的。如果说圣贤立言的根本目的是明道，那么圣贤立言的书面成果就是经典。因此，言以明道，学以解经，是春秋战国时期士人的普遍意识、心灵向往和人格精神，其深处正是立言意识与从道意识的紧密结合。我们由此可以体察到中国古代哲学经典逐步形成的又一必要条件。

第三，促使哲人学者提升名辩能力。在"哲学突破"的激荡下，百家争鸣的学术界涌现出了一股强大的名辩思潮。哲人学者怀着可贵的理性精神，在考察社会、思量宇宙和相互辩难的过程中，深入分析名词、概念、命题之内涵与外延，进而分析名实关系，追究名理关系，思考逻辑关系，探讨语言与人、语言与世界、语言与道的关系，建构论辩原则，寻求认知方法，努力提高人的认识事物、把握社会、体认大道的水平，确立"立言"以不朽的终极依据。而且，他们本身也在这一历程中提升了名辩能力。正因为如此，"名与物""名与实""名与道""名与理""言与意""言与行""言与人""辩与理"等，得以逐渐成为先秦哲学、先秦语言哲学的基本范畴。而围绕这些基本范畴，哲人智者们又在争鸣与论辩中建构起了一系列著名命题，如"名者，圣人之所以纪万物""以名举实""循名责实""名也者，所以期累是也""必也正名""修名而督实，按实而定名""名定实辨""物莫非指""物谓之而然""道可道，非常道""名可名，非常名""循名究理""约定俗成谓之实名""言合于意""以辞抒意""言不尽意""得意忘言""言必当理""观人以言""形名参同""审合形名""以公心辩""夫辩者，论求群言之比""以辞抒意，以说出故""君子之于言也，志好之，行安之，乐言之"等。这一系列名标青史的命题，既有本体论意蕴，又有认识论、方法论、逻辑学的意味，从中还可以窥见先秦语言哲学的特性和风格。而对于这些命题的探讨与辩论，则更加提高了哲人学者的认知能力和逻辑水平。由此以进，哲人学者们开拓许多全新的学术领域，确立许多全新的理论课题，又创立起中国最早的语言哲学理论和"名学方法"，从而为中国古代哲学经典的形成创造了又一重要的前提性条件。所有这些，都应该受到高度重视与切实评价。

正是在具有上述主要特性与基本效应的"哲学突破"的进程中，中国古代原创性哲学经典逐步生成了。

第三节　中国古代哲学经典的生成

至此，我们已经清楚地看到：在春秋战国时期，由于社会文化根本性变革的持续推动，由于民族文化素质的不断提高，由于一代代哲人学者的不懈努力，中华文化经典初创了，中国"哲学突破"成功了，从"道"目标、理性精神、立言意识、"名学方法"等逐渐形成并走向成熟了，于是，中国古代哲学经典的形成之路一步一步地创通了！每每重温春秋战国时期的思想文化历史，中国学人的心里、眼前总会闪现出《老子》《论语》《墨子》《孟子》《庄子》《黄帝四经》《管子》《大学》《中庸》《春秋公羊传》《易传》《公孙龙子》《荀子》《韩非子》等中国古代哲学经典的思想光彩，并且由此滋生出可贵的民族自豪感和文化使命感！

关于《老子》的形成。关于老子和《老子》的简历，历来众说纷纭，我们大致认同司马迁在《史记·老庄申韩列传》中的一种考证："老子者，楚苦县厉乡曲仁里人也，姓李氏，名耳，字聃，周守藏室之史也。"他与孔子同时而稍早。《老子》一书，辑录了老子的论道之语，成书不晚于战国初期，虽有后人增改的成分，但是大体记录和反映了老子的思想。老子"执古之道，以御今之有"，第一次将"道"作为最高理论范畴，使之凌驾于"天"之上，建构起了较为完整的"天人之道"的学说，代表了那个时代中国哲学的最高成就。老子的"道"，是他在追溯"天地之始"、探寻"万物之母"、考求立国之基的历程中慢慢建构起来的。它虽然"视之不见""听之不闻""搏之不得"，却是形而上的天人本体：首先，它是天地万物的总根源，"道生一，一生二，二生三，三生万物"（《老子》第四十二章）；其次，它是事物发展的总规律，"夫物芸芸，各复归其根。归根曰静，静曰复命，复命曰常"，"常"即"道"的表现（《老子》第十六章）；进而，它是人类生存的最高准则，而"德"则是"道"的显现与作用，"道生之，德畜之，物形之，势成之。是以万物莫不尊道而贵德"（《老子》第五十一章）。作为天人本体，"道"具有多种重要特征：自然，无为，虚静，柔弱，不争，独立而不改，周行而不殆；可以用于国家政治中，可以用于日常生活中，可以用于个人修养中。正如陈鼓应先生的论断，老子率先建构起这样的"道"，其重大意义主要在于："试图为变动的事物寻求稳固的基础，更企图突破个我的局限，将个我从现实世界的拘泥中超拔出来，将人的精神生命不断地向上推展，向前延伸，以与宇宙精神相契合，而后从宇宙的规模上，来把握人的存在，来提升人的存在。"①

关于《论语》的形成。孔子（前551—前479）生活的春秋末年，变法之风渐兴，社会转型益显，文化传统开始裂变，人们普遍关心的重大问题是如何建立新的秩序，如何从动乱的局面中解脱出来。孔子是殷人的后裔，生活在周代礼乐制度保存较为完整的鲁国，对于时代的种种特征有着深切的感知，认为秉持经过重新阐释与改造的周代礼乐制度而以礼治国，是一种适宜的选择，因而提倡"为国以礼""约之以礼"，并且坦然表示："如有用我者，吾其为东周乎。"（《论语·阳货》）然而，要在礼崩乐坏的时代里"为国以礼"，真是谈何容易！历尽坎坷，孔子慢慢找到了作为实施以礼治国的三种凭借：一是"天命"，作为"礼"之合法性的最高根据；二是"仁"，作为实施"礼"的内在基础；三是"正名"，作为实施"礼"的先行举措。这就是孔子哲学思想的核心。其中尤其值得注意的是，孔子大力宣扬"仁"，论述了"仁"的内在性特征和"为仁由己"的方法（《论语·颜渊》），开拓出了一种"仁者爱人""己欲立而立人，己欲达而达人"的境界（《论语·雍也》），从而表现出了难能可贵的生命自觉。正是由于发挥了这种哲学思想的效用，孔子逐渐创立了原始儒学，广泛地影响了中国人和中国历史，为中国哲学的发展奠定了一块坚实的基石。而作为中国古代哲学经典的《论语》，正如史学家班固在《汉书·艺文志》中指出的，乃"孔子应答弟子时人及弟子相与言而接闻于夫子之语也。当时弟子各有所记，夫子既卒，门人相与辑而论纂，故谓之《论语》"。

关于《墨子》的形成。墨子（约前480—前389）是出身于手工业者的士，擅长工艺技巧，曾与当时名匠鲁班比赛智能，平日言谈总是不离耕织之

----

① 陈鼓应：《老子哲学系统的形成和开展》，见陈鼓应注译：《老子今注今译》，商务印书馆2003年版，第63页。

事、百工之业，是一位罕见的能为劳动者筹划、能替劳动者呼喊的思想家。他早年曾经接受儒家教育，但是后来反对儒家的政治主张，提出了与孔子完全不同的修身治国方案，创立了与孔子很不相同的思想理论，建立起了与儒家截然不同的墨家学派。墨子主张"尚贤"，希望"虽在农与工肆之人，有能则举之，高予之爵，重予之禄，任之以事，断之以令"（《墨子·尚贤上》）；主张"兼爱"，期待"天下之人相爱，强不执弱，众不劫寡，贵不敖贱，诈不欺愚"（《墨子·兼爱中》）；主张"尚同""非攻""节用""节葬""非乐""赖其力者生"，并在社会实践中努力贯彻，做出示范。特别值得推重的是，墨子建构起了以"察类""明故""三表"为核心内容的认识论，强调要以"古者圣王之事"亦即历史经验、"百姓耳目之实"亦即感觉经验、"国家百姓人民之利"亦即实践效果这样三条标准检验人的认知成果和实际言行，为中国古代哲学开拓了新的领域。发展到战国中期以后，后期墨家继承并发扬了墨子的学说与精神，对于当时的诸子学说、百家争鸣、名辩思潮以及科学技术进行了全面总结，进而创立了能够代表时代新成就的宇宙观、认识论、逻辑学和语言哲学理论，著成《墨经》六篇，仍然归于《墨子》书中。由于建立起了深刻系统的哲学理论，锤炼成了艰苦卓绝的献身精神，初步具备了逻辑的头脑，墨家的思想言行在那个时代里熠熠生辉，引起了很多人的关注和向往，以至于孟子还惊呼："杨朱、墨翟之言盈天下；天下之言不归杨，则归墨"（《孟子·滕文公下》）！

关于《孟子》的形成。孟子（前372—前289）虽为鲁国贵族后裔，但幼年丧父，家境贫寒，其母三迁行教，历史上传为美谈。孟子稍长，受学于孔子嫡孙子思的弟子；成年后，仿效孔子在家乡授徒讲学；四十岁前后开始出仕，然后周游列国。孟子之为人，有着对于时势的敏感和一股"浩然之气"，敢立异，好辩论，自觉以阐发、传承孔子思想为己任，自称是孔子的"私淑"弟子。孟子对于孔子思想的阐发、传承和发展，最主要的表现在于将仁学深化为以良心作根基的性善论，并以性善作为道德的终极根据，从而坚持道德内求的路向。这是他对中国哲学理论的重大贡献。从性善论出发，孟子又建构王道思想，进行"义利"之辨，倡导实行"仁政""以德服人"，大胆提出民贵君轻的政治原则，构建"仁者无敌"的政治理想，并且论断国家政治得失的标准在于是否符合民心所向，从多方面表现出一种可贵的民本主义精神。到了晚年，游说诸侯不成，可是孟子"浩然之气"不减，退居讲学，与众弟子共同著成《孟子》一书行世，将"浩然之气"融贯于字里行间。

关于《庄子》的形成。庄子（约前369—前286）早年虽然做过漆园吏，但是总体而言可谓是"终身不仕，以快吾志"；清贫，清高，既绝不媚世也不希冀救世，是一位"独往独来"的"独有之人"（《庄子·在宥》）。庄子思想的核心是人生哲学，但其人生哲学又是以其自然哲学为根基的，是对自然和个人、人生长期思考的成果；它立足于人生困境，追求着人格理想，归结为人生实践——超世、遁世、顺世，"外化而内不化"，逍遥游于精神上的自由境界。庄子哲学还有两点最为令人神往：其一，"物固有所然，物固有所可，无物不然，无物不可"，故而"泛爱万物，天地一体也"（《庄子·天下》）；其二，"方今之时，仅免刑焉"，"若夫乘道德而浮游则不然。无誉无訾，一龙一蛇，与时俱化，而无肯专为；一上一下，以和为量，浮游乎万物之祖；物物而不物于物，则胡可得而累邪"（《庄子·山木》）！不过，从哲学理论的角度看，最为值得关注的还是庄子对于老子之"道"的诠释与发展。他首先肯定，"道者，万物之所由也"（《庄子·渔父》），"道"乃"物物者"。进而指出，一方面，"物物者非物"；另一方面，"物物者与物无际"——是有体有用的天人本体（《庄子·知北游》）。经过他的诠释与发展，在中国哲学思想的进程中，道家思想就能与时俱进，永远可以与儒家思想并列而互动互补了。

关于《黄帝四经》的形成。1973年，长沙马王堆汉墓出土了28种帛书，其中帛书《老子》乙本前面有《经法》《十大经》《称》和《道原》四篇。经唐兰先生等学者考证，此即《汉书·艺文志》所著录但是久已失传的《黄帝四经》。后来，许多学者的研究表明，《黄帝四经》是战国中期稷下学者的作品，是黄老学派的重要著作。《黄帝四经》一方面继承了《老子》的道论，以"道"为最高哲学范畴而加以充实，强调"道，无始而有应，其未来也无之，其已来也如之"（《称》）；另一方面融合道家与法家的思想理念，努力为现实的社会存在寻找形而上的依据与法则，强调"道生法。法者，引得失以绳，而明曲直者也"（《经法》）。沿着这一路径探寻下去，《黄帝四经》又有了统一天、地、人的思想倾向，主张"王天下者之道，有天焉，有人焉，有地焉，参（三）者参用之"以"顺民心"（《经法》）。基于这种思想，它还进而指出"人道刚柔，刚不足以，柔不足寺（恃）"，甚至认为"今天下大争"，"不争亦毋以成功"（《十大经》）。而所有这些思想理论，都显现出了黄老学派的思想特色，同时也就进一步确立了黄老学派在诸子百家中的地位。

关于《管子》的形成。研究表明，今本《管子》是刘向整理编订的；但是此前已有《管子》一书流传，学者称为"原本《管子》"，它不似今本《管子》的庞杂。就其大体而言，《管子》是战国中期齐国稷下学宫一批土著学者论著的结集，其内容丰富，颇具独创性，在先秦诸子书中独树一帜，确立了先秦黄老之学的独立地位。以哲学的眼光看，《管子》最大的历史贡献是建构起了阴阳五行理论。气论萌发于春秋时代，然而是《管子》将其系统化并使之具有了较为完整的理论形态，用以探讨精气同人的生命过程特别是精神现象的关系，探讨人如何获得精气而有智慧，探讨人如何积累精气而成为圣人。本来，阴阳与五行是两种不同的观念形态，然而是《管子》将其融合，以阴阳说为精神实质，以五行说为表现形式，建构起一种比较完整的世界图式。这就使得严格意义上的阴阳五行理论得以真正确立。①

关于《大学》的形成。《大学》原本只是《礼记》中的一篇，旧传为子思之师曾子所作，宋儒使其单独成篇，与《论语》《孟子》《中庸》合为

---

① 此处关于《管子》哲学理论的论述，较多地参考了白奚先生《先秦哲学沉思录》（中国社会科学出版社 2007 年版）的研究成果，特此说明。

"四书"，地位日渐上升，在中国古代哲学经典诠释史上尤其值得关注。《大学》开宗明义即提出"三纲领"："大学之道，在明明德，在亲民，在止于至善。"强调人们必须不断地光明自己的德行，用自己的全新德行感化民众而使之自新，达到尽善尽美的境界。为了真正实现"三纲领"，《大学》又提出了"八条目"："格物、致知、诚意、正心、修身、齐家、治国、平天下。"合而观之，这实际上是一条内圣外王之道依其逻辑顺序的逐步展开，其完整性在先秦哲学著作中是罕见的，所以被后世儒家奉为经典，朱熹还在《大学章句》序中肯定它"外有以极其规模之大，而内有以尽其节目之详者也。"

关于《中庸》的形成。《中庸》原本也是《礼记》中的一篇，司马迁在《史记·孔子世家》中论断为子思所作。也是宋儒使其单独成篇，与《论语》《孟子》《大学》合为"四书"，地位日渐上升，在中国古代哲学经典诠释史上大放异彩。《中庸》哲学思想有两点特别值得关注：一是在孔子之后，的确有一个力图从形上高度解决道德终极根据问题的学术潮流，而《中庸》首章提出"天命之谓性，率性之谓道"以为回答，正是这一潮流的反映；二是孔子率先倡导"中庸之为德也，其至矣乎"（《论语·雍也》），而《中庸》则对"中庸"进行了较为系统的论述和在新的高度上的标榜，使之成为一种新的人生哲学，所以朱熹在《中庸章句》里称颂曰"此篇乃孔门传授心法"。就此而言，《中庸》自有其获得殊荣的理据。

关于《春秋公羊传》的形成。《春秋》有"三传"，《公羊传》居其一，但是唯独它建构起了内涵深厚、特色鲜明的政治哲学理论，发挥了极其重要的影响，形成了一种专门的、有时格外夺目的"公羊学"，所以我们将其视为古代哲学经典。根据许多学者的研究，作为诠释《春秋》而建构新思想的论著，《公羊传》最早是公羊高受之于孔子弟子子夏，经过长期的口头传授和不断发展，至汉景帝时由公羊寿、胡毋生写定成书。作为一部哲学论著，《公羊传》本着一种制度性的焦虑，通过诠释《春秋》"微言大义"而建构起来的政治哲学，主要有"尊王""大一统""尊君抑臣""贬僭越""讥世卿""大复仇""大居正""彰信义""讥变古"等政治哲学理论；这些理论所力图解决的最大问题，是政治的价值问题、制度的意义问题、规范的设立问题、政制的改革问题以及在制度建设中完善人性的问题。应该说，它所提出并要解决的这些重大问题，在中国两千多年的传统社会里，大都具有超越具体时代的永久性。

关于《易传》的形成。《易传》是战国时代哲人学者在"哲学突破"的进程中，对《周易》进行创造性哲学诠释的论著专集，由《彖传》上下篇、《象传》上下篇、《系辞传》上下篇、《文言传》《说卦传》《序卦传》《杂卦传》七种十篇组成。由于那些哲人学者能够直接观察自然现象和社会现象，能够多方吸取诸子百家的思想成果，能够创建新的诠释方法而对《周易》的"象数"做全新的诠释并使之服从"义理"，能够重视《周易》"变易"的思想特点而又牢牢把握"易简"的方法论，因而通过对于《周易》的创造性诠释，他们把占筮之书《周易》改造成为哲学之书，建构起了一个较为完整的哲学思想体系，那就是《说卦传》概括的："昔者圣人之作《易》也，将以顺性命之理。是以立天之道，曰阴曰阳；立地之道，曰柔曰刚；立人之道，曰仁曰义。"而他们所阐发的天人之道，又是关于自然和社会演变的普遍规律。与此同时，《易传》又创立了一种以发挥人的主观能动性为趋归的辩证法思想，使之与天人之道思想互动互补，最后落实到"其德刚健而文明，应乎天而时行"（《彖传》）。正因为《易传》建构起了一个如此前沿、如此深厚的哲学思想体系，反过来又为推进中国的"哲学突破"做出了重大贡献，成为中国哲学诠释的典范之一，所以它备受关注和推崇，在汉代初年就已经取得了"经"的地位，成为《周易》的一个组成部分，发挥着哲学经典的永久性作用。

关于《公孙龙子》的形成。春秋战国时代，由于社会转型、文化兴替、权力下移，促使原有的政治体制、社会秩序、意识形态相继由变革而纷杂，因而"名"与"实"的关系也随之由变革而纷杂。这就使得一些深感"天下有事，必审其名"（帛书《经法·名理》）的哲人学者，企盼从新的现实出发对名实关系予以新的探讨、整顿和建构。为此，战国中期以后，中国百家争鸣的思想学术界涌起了一股强劲的名辩思潮，哲人学者的抽象思维能力和自我意识也发展到了一个新的高度。而名家杰出人物公孙龙（约前320—前250），则努力促使哲学、逻辑学从宗教和道德说教的羁绊中解脱出来，大胆撰作《白马论》《坚白论》《名实论》《指物论》和《通变论》，率先自觉地将概念作为独立的研究对象，从内涵与外延上进行逻辑分析，论说其种属关系和"名""物""实""位""正"的关系，探讨概念的独立性和属性的独立性，揭示其个别与一般之间的对立，提出了诸如"白马非马""物莫非指""坚白离""二无一"等很有思想亮点的著名命题，对早已形成影响的"正名"主张进行了较为深入、较为系统的论证，进而创造性地建构起了在先秦语言哲学中最为新颖、最为深刻的名实关系理论。特别难能可贵的是，在今天看来，其名实关系理论不仅仍然能够焕发出生命活力，而且在许多方面还可以与西方现代语言哲学理论相互解释、相互辉映，因而也为世界哲学的发展做出了独特的贡献。

关于《荀子》的形成。荀子（约前328—前235）是战国时代百家争鸣的总结性人物。他以孔门正宗自居，却能根据时代的需要，批判吸收道、墨、名、法诸家的思想营养，对儒家思想理论进行了有力的改造和充实，从而别开一代新的学风，成为先秦时期集大成的哲学家。传世的《荀子》一书，大部分为荀子自撰，少部分出自门人的记录。荀子的哲学思想理论，内容丰富而有系统性，大致说来是由"天人相分"的天道观、"化性起伪"的人性论、"缘天官"的认识论、"隆礼重法"的政治哲学和"名定实辨"的名学理论以及"乐合同"的乐论等几部分，相互作用、相互补充、组合而成的。他在此基础上创立的一系列理论或命题如"天行有常""故明于天人之分，则可谓之圣人矣""从天而颂之，孰与制天命而用之""凡所贵尧、禹、君子者，能化性、能起伪，伪起而生礼义""隆礼至法，则国有常""知有所合谓之智""制名以指实，名定而实辨""名无固宜，约之以命，约定俗成谓之宜""名有固善，径易而不拂，谓之善名""名也者，所以期累实也"

等，都是内涵深刻、观点新颖、文约义丰的，具有较大解释力量，有的还转化为格言成语，不仅过去对中华传统文化的发展产生了影响，而且流传至今，仍然洋溢着充沛的生命活力。

关于《韩非子》的形成。韩非（约前280—前233），荀子的学生，韩国的诤臣，秦国的客卿，最后在秦国蒙受陷害下狱而自杀！《韩非子》现存五十五篇，绝大部分当为其本人所作，大都具有思路清晰、逻辑严密、理论性强的特点。韩非集先秦时期法家思想的之大成，酿造出一种法、术、势相结合的法治思想。而在哲学理论领域里，韩非的创造性成果颇为丰富：他建构起了自具特色的自然观，认为"道者，万物之所然也，万理之所稽也。理者，成物之文也，道者，万物之所以成也"（《韩非子·解老》）；他建构起了注重参验的认识论，强调"人也者，乘于天明以视，寄于天聪以听，托于天智以思虑"（《韩非子·解老》）；他建构起了揭示矛盾的辩证法，两次讲到的"以子之矛攻子之盾"的故事早已脍炙人口；他开始探寻历史的发展及其原因，初步构拟出一种原始的历史进化论，强调"圣人不期修故，不法常可，论世之事，因为之备"（《韩非子·五蠹》），而其创作的"守株待兔""郑人买履""以矛攻盾"等寓言故事，则早已启发了许许多多人的心智。

第四节　中国古代哲学经典的基本特征

任何诠释方法论的形成与发展，总是与诠释的对象、诠释的主体、诠释活动的特定社会文化背景相互作用、密切关联的。仅仅就其与诠释的对象而言，中国古代哲学经典诠释方法论，是对于中国古代哲学经典而言的诠释方法论，是在诠释中国古代哲学经典的历程中逐步形成发展的诠释方法论，中国古代哲学经典的基本特征，直接地、深刻地影响着中国古代哲学经典诠释方法论的形成与特性。

一、中国古代哲学经典的主题特征

中国古代哲学经典，既有其各自的主题，又有其共同的主题。这是因为，它们都是中国哲人学者在"哲学突破"历程中，面对人类最根本的问题尤其是生命意义问题、社会法则问题进行最根本思考而创构、而尊奉起来的经典，正是所面对的共同问题，造就了哲学经典的共同主题。在当时的大多数哲人学者心目中，人类最根本的问题尤其是生命意义问题、社会法则问题主要有三：天人关系如何？人的地位如何？圣贤行为的最高准则如何？它们也就成为中国古代哲学经典共有的基本主题。即使是《公孙龙子》，初看上去似乎只是在论辩"白马非马""物莫非指"一类的问题，然而究其实际，仍然是"欲推是辩，以正名实，而化成天下"（《公孙龙子·迹府》）。

第一，探究天人之际，思考世界的"统一性"。

自从原始社会末期由图腾崇拜中分化出来"天人家族"观念以后，历史上对"天人"关系的体察、思考与探究，就伴随着农耕意识的强化，适应着神道设教的需要，应和着社会的变迁，而不断拓展，不断深入。它既经历了无数的曲折与回旋，又从中引发出许多思想和理论，更显现了不断更新的人生境界，提出了诸如"以德配天""宅天命，作新民""天难忱斯，不易维王""皇矣上帝，求民之莫"等命题，在中国原创性文化经典里形成了富有中国特色的"天人之学"。

而历史推进到春秋战国时代，随着社会的转型和文化的革新，随着士人的崛起和"哲学突破"，中华哲人学者，突破了"王官之学"的旧传统，对构成人类处境之宇宙的本质产生了一些新的理性的认识，对人类生存的意义形成了一种新的哲学的解释。于是，他们关于"天"和"天人"关系的观念也沿着两条途径发生了根本性的变化：一条途径是将"天"和"天命"范畴加以改造，使之富于哲学意味，用来概括关于整个社会的知识；另一条途径是将"天道"范畴加以改造,使之富于哲学意味,用来概括关于整个自然的知识。① 二者相辅相成,构成了世界的"统一性",初步造就出一个新的"天人"观念系统,熔铸在中国古代哲学经典的共同主题之中。

孔子"不语怪力乱神",也罕言"性与天道",可是《论语》一书却表现了他对"天人之际"的深沉思考。他承认"天命",以为君子应该敬畏"天命"(《论语·季氏》);但又强调"天何言哉",否认天能直接干预现实、发号施令(《论语·阳货》)。他深信自己可以在现实生活中体认天命、承担天命,并因此而有所作为;同时也极力鼓励他人在社会实践中体认天命、承担天命,去奋发进取,"知其不可而为之"(《论语·宪问》)。他的积极态度转化为一种信条:"不怨天,不尤人,下学而上达。知我者,其天乎!"(《论语·宪问》)而孔子之孙子思,则在《中庸》里进一步将"天命"哲学化,提出"天命之谓性",强调"性"的终极根据在于"天命"。

《孟子》一书融贯了孟子对于"天人之际"的新思考,以至于在他的笔下,"天"常常缺少"天神"的威灵,却有"时势"的意味。尤其难能可贵的是,孟子以"天命"的名义,提出了一个君主必须先要具备"天受"与"民受"两个先决条件的原则:"昔者,尧荐舜于天,而天受之;暴之于民,而民受之。故曰:天不言,以行与事示之而已。"(《孟子·万章上》)将实在的民意与虚化的天命置于同等重要的位置,以共同决定天子的人选,这是对传统天命论的重大突破。正是从这里,诞生了"民为贵,社稷次之,君为轻"(《孟子·尽心下》)的光辉思想。

在《老子》和《庄子》两书中,"天"的概念黯然后退,"道"的范畴鲜明突出,老子首倡"人法地,地法天,天法道,道法自然"(《老子》第二十五章),"道"成为天地万物变化的最高法则。他们否定了有意志的"天",代之以本体的"道",从"天"走向了"道"。尽管《庄子·在宥》

---

① 参见任继愈主编:《中国哲学发展史》先秦分册,人民出版社1983年版,第122—126页。

也说："何谓道？有天道，有人道。"但是其"天道"是自然界的内在秩序、万物的固有之理，"人道"则是社会的法则和规范，其间都没有人格神的影子。而在更多的时候，《老子》和《庄子》阐述的"道"，是构成万物的原始依据，是形成宇宙的最后根源，难以观察，不可名状。为此，他们勇于探究天与人实即道与人的关系，并且发出震撼人心的追问："人生天地之间，若白驹之过隙，忽然而已"，然而，"天下有至乐无有哉？今奚为奚据？奚避奚处？"（《庄子·至乐》）显然，在春秋战国之世，他们才是最早全力探究人在宇宙间之位置、人的生命价值的哲人学者。

墨子也在极力探究"天人之际"，但却往往陷入了思想矛盾之中。他一方面相信意志之天，另一方面又批判命运之天，并且指出："执有命者之言曰：命富则富，命贫则贫，命众则众，命寡则寡，命治则治，命乱则乱，命寿则寿，命夭则夭，虽强劲何益哉？以上说王公大人，下以阻百姓之从事，故执有命者不仁。"（《墨子·非命上》）观察如此深刻，言论如此激烈，可见他对于"天人之际"的探究是何其用力而又沉重。

《管子》一书，不但大力探究"天人之际"，而且形成了新的天人思想，提出了"天道"与"人情"两个具有全新内涵的哲学范畴，作为其政治思想理论的基本前提，并且强调："神圣者王，仁智者君，武勇者长，此天之道、人之情也。天道人情，通者质，宠（穷）者从，此数之因也。"（《管子·君臣下》）这里的"天道"显然是指社会演变的规律，这里的"人情"显然是指人心意愿的向背，这两个哲学范畴，凸显了作者新的天人思想的精髓。

《易传》通过精彩的阐释，使《周易》由卜筮之书发展为哲学之书，进而有效地利用和更新了《周易》的结构系统，大力探究"天人之际"，将世界生成问题作为思考的中心，建构起了一个比较完整的自然哲学体系。其《系辞》有云："《易》之为书也，广大悉备，有天道焉，有人道焉，有地道焉"，"立天之道曰阴与阳，立地之道曰柔与刚，立人之道曰仁与义"；"是故《易》有太极，是生两仪，两仪生四象，四象生八卦，八卦定吉凶，吉凶生大业"；"一阴一阳之谓道"。这就将"天人之际"的主题思想全面哲学化，简直就是构拟出了一部全新的"天人之学"的理论纲要。

《荀子》一书，将新的天人思想推进到了一个新的阶段，明确主张按照自然的本来面目说明天的物质性存在。其《天论》，提出了两个闪光的论断：一是"明于天人之分"，将自然与社会的作用区别开来，破除了对"天"的迷信，摆正了人类的位置；二是"制天命而用之"，维护人在大自然中的独特地位，发挥人类征服自然的能力，进而显示人的生命意义。在正确揭示天人关系、阐扬人定胜天思想方面，荀子堪称中国伟大的第一人。沿着这一思路前行，他的学生韩非子则完全以"万物之所然"的"道"取代了"天"。

以上论述虽然简略，却也能够说明：在春秋战国时代"哲学突破"的进程中，中国哲人学者出于对动乱、变革时代人的生存方式和生存意义的关怀，而执着有效地扬弃天命神学，探察天人关系，探求天道真相，因而使得探究"天人之际"成为中国古代哲学经典的主题特征之一。

第二，阐发人本思想，重建新的社会秩序。

在"哲学突破"的进程中，直面频仍的战乱、动荡的社会、变革的文化以及无情的灾难和苦难的民众，春秋战国时代的哲人学者，总在情不自禁地思考着人在天地之间的地位问题，社会的法则与秩序的问题，并且努力建构起一种新的人本思想。他们越来越多地相信："人者，天地之心也"（《礼记·礼运》），"夫民，神之主也"（《左传·桓公六年》），"道者，非天之道，非地之道，人之所以道也，君子之所以道也"（《荀子·儒效》），故而奋起立言以救世。在他们创建的哲学经典里，如果说探究"天人之际"是其学说的最高目标，那么，立足现实，阐发人本思想、重建新的社会秩序，争取按照社会角色的要求和规范来发挥人的能动力量，就是其哲学的核心内容。

为了有效地阐发人本思想、重建新的社会秩序，孔子率先立足这一角度总结"六经"的主题思想："温柔敦厚而不愚""疏通知远而不诬""广博易良而不奢""絜静精微而不贼""恭俭庄敬而不烦""属辞比事而不乱"

（《礼记·经解》）。他所强调的，乃是"六经"的主题思想在于对人之"为人"的发现、肯定和进一步的探讨，从而为诸子尤其是儒家哲学思想的发展启示了方向。

在孔子的启示下，儒家哲人学者面对"天人之际"时，首先从与动物相区别的角度审视人，发现"水火有气而无生，草木有生而无知，禽兽有知而无义；人有气、有生、有知亦且有义，故最为天下贵也"（《荀子·王制》），从而肯定人的生命价值和创造能力。他们进而从社会关系的角度审视人，发现人不仅"能群"，能"义以分则和，和则一，一则多力，多力则强，强则胜物"（《荀子·王制》），而且能在结成社会的过程中形成"恻隐之心""羞恶之心""辞让之心""是非之心"（《孟子·公孙丑上》），从而肯定人的社会属性和道德尊严。他们还从哲学的高度确立人在宇宙中的地位，确立人能参天地赞化育的宏伟目标："唯天下至诚，为能尽其性；能尽其性，则能尽人之性；能尽人之性，则能尽物之性；能尽物之性，则可以赞天地化育；可以赞天地之化育，则可以与天地参。"（《中庸》）这是那个时代人本思想的最高表现。它所弘扬的，乃是人在高度自觉状态下进行的生存实践、道德实践与社会实践；它所追求的，乃是最大限度地发挥人的主体性能动作用，是最大可能地实现对人的终极关怀；它的最高目标，乃是使人赞助"天地之化育"，而与天地并立为三。这里呈现出了一个大写的"人"。

儒家哲人学者还在《易传》中阐扬一种"自强不息"与"厚德载物"相结合的刚健有为精神。"自强不息"，就是奋发图强、卓然自立，就是"独立不惧""立不易方"。概而言之，就是一种独立的人格。"厚德载物"，就是赞育万物、各遂其生，就是有容乃大、自立立人。概而言之，就是一种博大的胸怀。"自强不息"与"厚德载物"相结合，再融贯"刚中""及时""通变"的观念，就构成了《易传》阐扬的那种具有时代特征的人本思想。它不断引人阐释，不断发扬光大，升华为中华民族的精神，越千百年而永葆其活力。

道家哲人学者则根据自己的体验、运用自己的方法，建树起别具一格的人本思想。他们倡言"道大，天大，地大，人亦大。域中有四大，而人居其一焉"，强调"天地之性人为贵"（《老子》第二十五章及王弼注），从而有力地肯定了人在宇宙中的崇高地位。他们热切地关注"天下有至乐无有哉？有可以活身者无有哉？今奚为奚据、奚避奚处"等问题（《庄子·至乐》），从而认真地探讨人的生命价值。更为可贵的是，他们还别具慧眼，从礼乐制度和仁义道德中看到人性的异化，"大道废，有仁义；智慧出，有大伪；六亲不和，有孝慈；国家昏乱，有忠臣"（《老子》第十八章），因而最早发出了反对礼乐制度、反对人性异化、呼唤人性复归的呐喊！他们塑造"至人"形象，追求精神自由，寄托理想人格："天下奋柄而不与之偕，审乎无假而不与利迁，极物之真，能守其本。故外天地，遗万物，而神未尝有所困也"（《庄子·天道》）。正是这种以别致形式表现出来的人本思想，更使道家学说具有永久的魅力。

春秋战国时期，既是一个动乱的时期，也是一个转型的时期；哲人学者阐发人本思想，既根源于对现实社会的考察，又回归于对现实社会的期待；在很大程度上，他们是将新兴的人本思想注入了重建新的社会秩序的努力之中。兹事体大，难以详论，且看《荀子·王制》篇首的一段论述："请问为政？曰：贤能不待次而举，罢不能不待顷而废，元恶不待教而诛，中庸杂民不待政而化。分未定也，则有昭穆也。虽王公士大夫之子孙也，不能属于礼义，则归之庶人；虽庶人之子孙也，积文学，正身行，能属于礼义，则归之卿相士大夫……夫是之谓天德，王者之政也。"以上论述，标举"天德"，阐扬王者之政，以重建新的社会秩序为目标，却又融入了新的人本思想。其中"虽庶人之子孙也，积文学，正身行，能属于礼义，则归之卿相士大夫"云云，虽然有些理想色彩，却也能够使人感悟到，"天德"主要包含着人本思想，乃是王者之政的根基与灵魂。

第三，弘扬经世精神，追求"内圣外王"理想。

春秋战国时代的哲人学者，在"礼崩乐坏"的背景下，在"哲学突破"的过程中，慨然以探究"天人之际"为思想学说的最高目标，但其立足之处却是"人"而不是"天",探究"天人之际"的要点在于感悟"天地之性人为贵";慨然以阐发人本思想为思想学说的核心内容,但其着眼之点却是"行"而不是"心",阐发人本思想的主旨在于经纶天下以自立立人。《管子·禁藏》对此则有别样的表述:"夫为国之本,得天之时而为经,得人之心而为纪。"这恰如清代学者方苞在《传信录序》中概括的:"古之所谓学者,将明诸心以尽在物之理而济世用,无济于用者则不学也。"

或许有点使人感到意外,深含着经纶天下以自立立人之精神的"经世"一语,竟是首先出自高标"逍遥游"的庄子之口:"《春秋》经世,先王之志,圣人议而不辩。"(《庄子·齐物论》)对此,王先谦《庄子集解》释为"经纬世事"。"经世"亦称"经纶",首先见于《易传·象传》:"君子以经纶。"《中庸》则有进一步的发挥:"唯天下至诚,为能经纶天下之大经,立天下之大本,知天地之化育。"由此可见,经世精神,是以"入世"为其前提,以"致用"为其旨趣,引导人们在此岸世界"立德,立功,立言",治理国家的秩序,谋求民众的安宁,实现自己的价值,达到"三不朽"的人生最高境界。

饱含经世精神的"内圣外王"一语,首先出自标榜"出世"的庄子后学的笔下,他们以十分惋惜的语气指出:"是故内圣外王之道,闇而不明,郁而不发……"(《庄子·天下》)显然是向往着"内圣外王"的人生境界。而所谓"内圣",是强调内在的道德修养,追求成贤成圣,以其人伦风范"为天下后世法";而所谓"外王",是强调外在的治平大业,追求济世济民,以其经纶风范"为天下后世法"。二者相互依存,相互贯通,相互发明,共同构成了春秋战国时代哲人学者之经世精神的主体。而《大学》则又进而建构了一种更多理想色彩、更多具体内容因而也更为系统的弘扬经世精神、追求"内圣外王"的行为路线:

> 古之欲明明德于天下者,先治其国。欲治其国者,先齐其家。
> 欲齐其家者,先修其身。欲修其身者,先正其心。欲正其心者,先

> 诚其意。欲诚其意者，先致其知。致知在格物。物格而后知至，知
> 至而后意诚，意诚而后心正，心正而后身修，身修而后家齐，家齐
> 而后国治，国治而后天下平。自天子以至庶人，壹是皆以修身
> 为本。

按照这一行为路线，"格物致其知"是经世的起点，"正心修其身"是经世的关键，"治国平天下"是经世的极致。只有贯通由"格物致其知"到"治国平天下"的全过程，并且循序渐进、逐层上达，才能真正地、完全地弘扬经世精神、追求"内圣外王"理想。这一行为路线及其蕴含的精神，为两汉以后历代哲人学者不断阐释，不断充实、不断发扬，转化为中华民族精神的重要组成部分。即使是李贽这样颇富叛逆精神的思想者，也要在其《四书评·大学》里高声赞扬："真正学问，真正经济，内圣外王，具备此书！"

无论每个个人，还是每个民族，还是整个人类，都总是处于从过去到未来的时空流变之中，都总是不断地被那些可以理解和难以理解的偶然与必然因素组合而成的力量，推向想要知道而又无法确知的未来。因此，关心自己及其群体的命运，探寻自己及其群体的道路，激励自己及其群体的精神，改善生存环境，改进生存方式，建构未来蓝图，谋求精神与物质的幸福，都永远是每个个人、每个民族和整个人类深切关怀的不朽问题。认同这一简单而平凡的真理，我们从本节的论述就不难理解，在春秋战国时代"哲学突破"的进程中，中国古代哲学经典，是怎样立足于时代和民族文化，以人为中心，逐步确立并逐步充实探究"天人之际"、阐发人本思想、弘扬经世精神的共同主题思想；就不难理解，这些主题思想何以能够始终环护着民族灵魂的成长，应和着中国社会的变革，具有永久的活力，并且不断地召唤着哲人学者和广大民众，进行日益深入的阐释、发展与实践。从这一意义上可以说，正是这共同主题思想的不朽，正是这共同主题思想激励起来的诠释活动的不朽，造就了中国原创性哲学经典的不朽。

二、中国古代哲学经典的表达特征

中国古代哲学经典的主题思想无论如何丰富，如何深邃，它都必须具备自己的存在方式与呈现方式，那就是表达。正是通过表达，经典作家的生命体验和认识才得以塑造，才能以符号的形式存在与呈现；正是通过表达，经典作家生命体验和认识的当下存在与呈现才能转化为传统而与民族社会文化的进程相融合；也正是通过表达，经典诠释者才能感受和诠释经典作家的生命体验和认识。体验、表达与诠释三者的相互作用，才是经典著作历史存在的本质表现。更何况，表达经过文字转化成为文本之后，作为最初表达方式的言谈，就从"说话者"的拘束下解脱出来，就从"听话者"最初境界的拘束下解脱出来，从而使文本可以大大地增多诠释的可能性。而中国古代哲学经典的表达方式，既有各自的特色，又有共同的特征。这是因为，它们的创作者，乃是同一个民族的人，生活在同一历史时期，拥有同一种语言，在审美观念和思维方式上有相近相通之处，所以常常选用相通相近的表达方式。因此，为了更为全面、深入地探究中国古代哲学经典诠释方法论的形成发展与历史效应，我们必须努力考察中国古代哲学经典共同具有的表达方式及其主要特征。

（一）古代汉语特性造就的表达特征

中国古代哲学经典的表达方式，在一定意义上，就是恰好地运用古代汉语，有力地发挥古代汉语优势的方式。而古代汉语不仅具有鲜明的个性特征，其个性特征形又成了多种优势，并且从根本上影响着中国哲学经典的表达特征。因此，论述中国古代哲学经典的表达特征，首先必须从古代汉语的特性说起。只有这样，才能抓住根本。从表达的角度看，古代汉语的特性以及由此而形成的优势，主要有以下三点：

第一，词义具有浑圆性。上古汉语词汇的主体是单音单纯词，它们义素圆融，组接灵活，用法自如，在意义内容上具有更多的浑圆性，在语法功能上具有更强的意合性。具体说来既是：在通常的情况下，一个词总是具有多个意义（义项），而每一个意义（义项）往往又浑沦圆融；由此一来，在特定的语流中，使用者既追求组合过程中的"复意为工"，解释者又赞赏解释效果中的"义旨周备"。如下一类现象是普遍存在的，是很有代表性的：

> 子曰："学而时习之，不亦乐乎?"（《论语·里仁》）
>
> 子曰："参乎，吾道一以贯之。"曾子曰："唯。"子出，门人问曰："何谓也?"曾子曰："夫子之道，忠恕而已矣。"（《论语·里仁》）

在前一段话里，动词"学"具有纲领性。可是它原本既与"觉"同源，有"觉悟所未知"的义素；又与"效"同源，有"效人之所为"的义素。而本章首言"学、习"，却兀地以代词"之"为宾语，其前其后又都未正式出现所指代的对象（譬如是圣贤还是经典），这就促使"学"的意义在浑沦圆融中出现多层的复合，在关键地方召唤着不同的读者从各自的角度出发做出不同的解释。于是，朱熹《论语集注》解曰："学之为言效也。人性皆善而觉有先后，后觉者必效先觉者之所为，乃可以明善而复其初也。"其中洋溢着宋代理学家重建儒学体系、追求理想人格的精神。刘宝楠《论语正义》释云："学之为言觉也，以觉悟所未知也。"其中融进了清代朴学家的治学目标和考据兴致。而据日本学者竹添光鸿《论语会笺》介绍，汉学家佐藤一斋还在已有成果的基础上提出了一个综合性的解释："觉是学之主意，效是学之工夫，两意相待，不可偏废。"这正是古代汉语词义浑圆特性在古代哲学经典诠释中显现出来的奇特功能。在后一段话里，动词"贯"最为关键，可是当时在场的诸多弟子，似乎大都也没有立即准确地领悟。后来，王弼的《论语释疑》诠释为："贯，犹统也。……譬犹以君御民，执一统众之道也。"朱熹在《朱子语类》中诠释为："一以贯之，犹言以一心应万事。"王念孙

《广雅疏证》的解释则是："贯，行也。……一以贯之，即一以行之。"上述三种解释，既从特定语境中的特定词义出发，又各本其学术背景和认识图式，各有其合理成分和立论依据，实在只有较好与更好之别，并无正确与错误之分；只有将其融贯起来，方有"复意""周备"之妙。这正是古代汉语词义浑圆特性在古代哲学经典表达方式中的灵巧表现。

第二，语法具有意合性。中国古人长于意象思维。这既是一种由意象出发而省却推理过程的思维方式，也是一种直觉或顿悟的认知方式。它富于灵感，融注情绪，颇多跳跃性和创造性，追求"微言妙象以尽意"。与此相辅相成，古代汉语语法也就具有意合性：以意组合而略于句法形式，虚实自如，脉络深蕴，句法规则的控制能力显得较弱，语义语用的制约作用显得很强，惯于把形式关系的表达任务主要交给词的位置及其相互的从属关系。在上古汉语语法里，这种意合性在春秋战国时代的经典里，表现更为突出。且从《论语·里仁》中观察孔子的几例名言：

　　（1）子曰："君子之于天下也，无适也，无莫也，义之与比。"
　　（2）子曰："古者言之不出，耻躬之不逮也。"
　　（3）子曰："仁者安仁，知者利仁。"
　　（4）子曰："以约失之者鲜矣。"

在例句（1）里，如何界定"适"？"适"何物？如何界定"莫"？"莫"何事？何以要"无适""无莫"？对于这些，孔子完全没有"言传"，只靠读者自己凭借后面一句"义之与比"去仔细揣摩。在例句（2）里，没有主语，没有评议对象，没有表明"言之不出"一句与"耻躬之不逮也"一句之间语法关系、逻辑关系的连词或其他语法形式。所有这些，全凭读者自己凭借前面"古者"一语去仔细分析。在例句（3）里，何谓"安仁"？何谓"利仁"？仁者何以不能"利仁"？知者何以不会"安仁"？两句之间的语法关系、逻辑关系是什么？这些重要的内容，都要读者到"言外"去探寻。在例句（4）里，是否应该有一个主语？怎样才能算是"约"？为什么"以约失之者鲜"？那就要看读者如何联系生活实际去慢慢"意会"了。这就是古代汉语语法所具有的意合性，它言有尽而意无穷，激励作者和读者重视表达方式，追求圆满效果，更为读者留下了适当而又广阔的解释空间。而与此同时，"复意"与"歧解"也就因此而常常出现了。

第三，修辞具有空灵性。自春秋战国时期以来，中国哲人学者就从自己对于宇宙人生的体验和对于汉语特性的体验出发，着力探讨言意关系，不仅收获了很多原创性的理论，而且因此而高度重视语言表达的修辞艺术。孟子还提出了修辞艺术的基本原则："言近而旨远者，善言也；守约而施博者，善道也。君子之言也，不下带而道存焉。"（《孟子·尽心下》）庄子更是创造出许多雄奇瑰丽的修辞理论与修辞形式以垂范后世，譬如：

> 以谬悠之说，荒唐之言，无端崖之辞，时恣纵而不傥，不以觭见之也。以天下为沈浊，不可与庄语，以卮言为曼衍，以重言为真，以寓言为广。独与天地精神往来，而不敖倪于万物，不谴是非，以与世俗处。其书虽瑰玮，而连犿无伤也；其辞虽参差，而諔诡可观。（《庄子·天下》）

在庄子创造的多种修辞形式里，"寓言"是寄言于拟人之物，以假托的形象表达对道的体验，近似于现今之寓言；"重言"是征言于往昔圣贤，以权威的言论加重表达的分量，类似于现今之引用；"卮言"是拟言于敧器形象，以"陌生化"的语式摹写道的深沉玄妙，以召唤读者多方体认，现今似乎没有与之近似的形式。正是经常通过对这三种修辞方式的运用，庄子的哲学论著在表达上不仅充分体现并发展了汉语的基本特征，更重要的是获得了"其辞虽参差，而諔诡可观"的奇妙效果。

然而必须特别指出，尽管其时哲人学者高度重视语言表达的修辞艺术，但是中国古代哲学经典的修辞，就其主流而言，却又总是尽可能切合具体情境，守约施博，淡化形式，隐含技巧，并不铺张或炫奇；只有在整个题旨情境的映衬下，修辞技巧才得以显现自己的功能，激起读者的联想，相互作用以表现"文外之重旨"。因而其修辞具有空灵性，其形式是空灵的，其意义也是空灵的。请看：

（5）：子曰："臧文仲居蔡，山节藻棁，何如其知也？"（《论语·公冶长》）

（6）子曰："甚矣吾衰也！久矣吾不复梦见周公！"（《论语·述而》）

（7）君者，舟也；庶人者，水也。水则载舟，水则覆舟。（《荀子·王制》）

（8）不闻，不若闻之；闻之，不若见之；见之，不若知之；知之，不若行之。学至于行之而止矣。（《荀子·儒效》）

例（5）里，孔子只是讲到臧孙辰替一只大乌龟盖了一间奢华的房子，然后冷冷地说了一句"这个人的聪明怎么这样呢？"似乎说得很少，很轻，甚至没有判词，却又耐人寻味。至于臧孙辰如何不务民义、如何谄渎鬼神、如何危及国家，都能让听者立足特定语境细细体会出来。这是十分空灵的"委婉"修辞。例（6）里，孔子只是感叹自己衰老得多么厉害，很久没有再梦见周公了！这与一般的老人似乎很是相近。可是，如果你能熟知孔子而穿透过去就能体会到，他是在感叹时运的不济，是在感叹自己欲行周公之道的志向落空，是在感叹国家社会的蜕变已无可救药！这是深深地抒发胸臆，却又那么"委婉"与"含蓄"，很能发人深思！例（7）是荀子论述君民关系的。这是中国历史上一个很大的课题，包含着万千种经验与教训，涉及专制政治的本质特征和民众"造反"的理论根据，敏感而又深沉，但是荀子却只是平静地说了两句话，用了一个水与舟的比喻，竟然不仅将道理讲得很透彻、很生动、也很空灵，而且同样能够激励读者去思考、去探寻、去实践！例（8）是荀子论述君子学行之法则的，这是历代中国读书人所面临的重大而紧迫的课题。然而，荀子只用了三十二个字，却论述得如此全面，如此深刻，如此有层次感，如此有逻辑性，如此有引导力。其高妙之处，在于不动声色地运用了"递进"的修辞方式，将读者引入一条"闻""见""知""行"的"递进"的探讨之路。综合起来看，以上种种修辞的空灵性，总是能在不知不觉中焕发出一种对于读者而言的召唤力量，召唤读者带着自己的"前见"和联想，去尽情地阐发哲学经典文本中的无尽意蕴。

（二）文本结构的召唤性

无论从表达的角度看还是从解释的角度看，中国古代哲学经典的文本结构系统里，各个语义单位之间，常常隐伏着一些接受美学所说的"朦胧的空白"或"间接的空间"，其中并非空无一物，而是跃动着意义的衔接性和不确定性，是一种充满着理解张力的"场"，有如王夫之在《古诗评选》卷五中形容的："语中若不足，景外若有余。"正是这样的"场"，打破了读者的阅读惯性，激发着读者的追求心，诱导着读者的想象力，形成了对于读者解释的强烈召唤性。譬如《庄子·齐物论》，乃《庄子》全书之重镇，道家之理论核心。可是，标题"齐——物——论"三词之间，是如何组接的？有什么特定关系？对此原文并没有任何语法形式作为标志予以说明。这就留下了"朦胧的空白"或"间接的空间"，打破了读者的阅读惯性，激发着读者的追求之心。千百年来，陈继儒、胡文英等学者读为"齐物之论"，王应麟、刘辰翁等学者读为"齐一物论"，而孙嘉淦、王先谦等学者读为"齐物与论"。他们感受到文本结构的召唤性，激发着追求心，发挥着想象力，努力充实并拓展着这里的"朦胧的空白"或"间接的空间"，给出了三种答案，而三种答案又各有胜处，可以相互补充。由此，我们不难初步领悟到经典文本结构的召唤性。

更加值得注意的是，中国古代哲学经典的创构，并不太注重概念的严格定义和行文的逻辑推理，而是特别善于隐喻，欣赏叙述中的千里伏笔，异峰突起，讲求一种"活法"。而"所谓活法者，规矩具备，而能出规矩之外；变化不测，而亦不背于规矩"（吕本中《夏均父集序》）。经典作者的行文，本着这种旨趣，讲求这种"活法"，运用具有这种基本特征的汉语，自然常常造成文本句段意脉的中断与遥接，形成各个层面上的一个又一个"朦胧的空白"，而这些"空白"又互相推引，往往造就出一个奇妙的整体，使人读来"如有佳语，大河前横"（司空图《诗品》），从而激起读者追寻意脉、直奔佳境的兴味，并为读者留下引人入胜的想象空间和发挥余地。

> 子曰："道不行，乘桴浮于海。从我者，其由与？"子路闻之喜。子曰："由也好勇过我。无所取材。"（《论语·公冶长》）

孔子原本是以隐喻的方式，借"浮于海"的意象，抒发矢志不渝以追求理想的意气，并引子路以为同志；可是中间忽然异峰突起，插进"由也好勇"一句，因而造成意脉的中断，形成结构的"空间"，从而引来历代学者的纷纭解释。何晏《论语集解》引郑玄曰："子路信夫子欲行，故言其好勇过我也。无所取材，言无所取桴材也。子路不解微言，戏之耳。"而朱熹《论语集注》则引程颐云："浮海之叹，伤天下之无贤君也。子路勇于义，故谓其能从己，皆假设之言耳。子路以为实然而喜。夫子美其勇，而讥其不能裁度事理以适于义也。"后来，清代学者赵佑《四书温故录》又提出一种新的解释，更能填充其"空白"，体会其曲折，阐发其大义："言道之不行，如乘桴浮于海然。欲以一人之力，济天下之艰，所托者小，而所期者大，鲜有不疑且阻者。皇皇独有一我，谁与相从？其唯由之忠信明决能之欤？故子路闻之喜，喜其得为圣人行道之与也。而孔子嘉其好勇，正以力行任道之诚，能出入于死生患难之中而不夺，曰'过我'者，深许之也。又曰'无所取材'，则就前言作转语，寄叹更深矣。言我诚汲汲于行，无如世事茫茫，无之非海，徒多望洋之思，绝少可乘之具，无论其大，并桴亦无从假手，其若之何？盖重叹其不得尺寸之柄而用之也，极耐寻味。"由此可见，孔子这一番感慨，既有"假设"，又有"微言"，既是隐喻，又是穿插，然后又以"转语"遥接弥缝，若断若续，若隐若现，若褒若贬，若弛若张，使短短的三句话里潜藏着许多充满张力的"间接的空间"，引人入胜，启人联想，终于使后人阐释出"世事茫茫，无之非海""无论其大，并桴亦无从假手"的深沉"寄叹"。这就使其文本结构释放出对于读者的巨大召唤力量。

又如《庄子》之《逍遥游》。在全体《庄子》内篇中，《逍遥游》融贯了七篇之大旨，居于纲领地位，因而对于其文本结构所蕴含的句段意脉的中断与遥接以扩大其中之"间接空间"的种种妙处，历代学者格外注意，分析细致。最有代表性的如：宣颖《南华经解》评曰："前极参差变化，后独三截分应，淡宕住笔，而余音嫣然，真侵淫不制之文。"林云铭《庄子因》赞云："篇中忽而叙事，忽而引证，忽而譬喻，忽而议论，以为断而非断，以为续而非续，以为复而非复，只见云气空濛，往返纸上，顷刻之间，顿成异观。"而清代文论家刘熙载《艺概·文概》又有进一步的揭示：

> 庄子文法断续之妙，如《逍遥游》，忽说鹏，忽说蜩与学鸠、斥鷃，是为断；下乃接之曰"此大小之辨也"，则上文之断处皆续矣；而下文宋荣子、许由、接舆、惠子诸断处，亦无不续矣。
>
> 文有合两篇为关键者。《庄子·逍遥游》"小知不及大知，小年不及大年"，读者初不觉意注何处。直至《齐物论》"天下莫大于秋毫之末"四句，始见前语正豫为此处翻转地耳。
>
> 文之神妙，莫过于能飞。庄子言鹏曰"怒而飞"，今观其文，无端而来，无端而去，殆得"飞"之机者。乌知非鹏之学为周耶？

所有这些体验和论断，都是真切而又深刻的。"以为断而非断，以为续而非续"，正是对其句段意脉中断与遥接的总体描写；"只见云气空濛，往返纸上"，正是对其结构中"朦胧空间"的生动写照；"侵淫不制之文"，"读者初不觉意注何处"，正可以激发读者的追求之心；"得'飞'之机者"，完全是对解释张力的恰当比喻。

尽管视域、理论与术语不尽相同，但是古今读者对于《庄子》文本结构中的"间接空间"形成的解释召唤力量，感受却大致一样。正因为如此，读者对其全篇主旨与精神的解释，也就分外活跃，精彩纷呈，历千百年而不少衰。玄学家郭象体会到："夫大小虽殊，而放于自得之场，则物任其性，事称其能，各当其分，逍遥一也。"（《庄子注》）其中闪烁着"任物之性而使之"的哲学思想。佛学家支遁感悟到："至人乘天正而高兴游无穷于放浪。物物而不物于物，则遥然不我得；玄感不为，不疾而速，则道然靡不适。此所以为逍遥也"。（《世说新语·文学》刘孝标注）其中显现着佛与道相互渗透、相互融合的哲学趋向。到了清末，政治改革的呼唤者郭嵩焘则又有新的体验，以为本篇体现了庄子对理想人格的追求，"用其无端崖之词以自喻也"（郭庆藩《庄子集释》引述）。无论不同时代、不同学派的学人所见多么不同，但是他们在《庄子》文本结构召唤性的作用下，在具体的诠释过程中，总会有一种"顷刻之间，顿成异观"的境界出现，所有这些，正是"视域融合"的典型表现。

（三）"立象尽意"的灵动性

中华先民擅长意象思维，其哲人学者善于运用经过选择和建构的意象符号，模拟宇宙结构，象征"形上"之道，抒发人生体验，表达特定理念。有如王夫之指出的："盈天下皆象矣。《诗》之比兴，《书》之政事，《春秋》之名分，《礼》之仪，《乐》之律，莫非象也。"（《周易外传》卷六）亦如章学诚总结的："象之所包广矣，非徒《易》而已，六艺莫不兼之；盖道体之将形而未显者也。……万事万物，当其自静而动，形迹未彰而象见矣。故道不可见，人求道而恍若有见者，皆其象也。"（《文史通义·易教下》）在这种由意象符号出发而省却推理过程的思维方式里，"意象"是一种以隐喻或象征为主要方式而表达某种理念或情感的建构性图像。它由图像即语象与意义即语义融合而成，作为中介符号而存在，由语词符号所传达。[1]

在"言不尽意"的情况下，意象之所以比语言更能"尽意"，其主要原因有二。一是"由于它能为物体、事件和关系（按：亦即意义与情感）的

————————

① 详见周光庆：《成语中介符号论》，《语言文字应用》1995 年第 1 期。

全部特征提供结构等同物"①，而且是立体的，灵动的，富于张力。因此，它能改变语言符号的概括性和抽象性，激起人们许多前逻辑的感觉，触发人们许多感受上的经验，从而引起共鸣，做出每个人自己特有的解释。二是由于它乃凭借想象力而建构起来的"一种形象显现"，"可以使人想起许多思想，然而却又没有任何明确的思想或概念，与之完全相适应"，所以能够召唤起许多解释者，并为每个解释者形成自己的独特解释造就"合理合法"的广阔空间。② 中国古代哲学经典，常常是"立象以尽意"的，并因此而富于对读者的召唤力量。对此，主要可以从以下两个方面进行观察分析。

第一，语符建构的意象。在经典文本的表达系统里，作为一种中介符号，意象当然都是由语言符号建构并传达的。有的意象比较简单，运用一两个语词符号便可以传达，如《论语·为政》中的"君子不器"，《庄子·胠箧》中的"窃国者为诸侯"等。有的意象比较复杂，需要由许多个语词符号的组合才能建构并传达出来，如《论语·雍也》烘托的颜回之乐，《庄子·大宗师》塑造的古之真人，《孟子·离娄下》创作的有一妻一妾的齐人等。但是，无论简单的还是复杂的，作为意象，它们都是一种在主体认识图式作用下，对事物表象进行改造和组合，使之从背景中分离出来而形成的图像。就其功能而言，它们都充满着"朦胧的空白"及其不定性，并任由一代代读者在自己的社会文化环境里依据自己的体验去填充，去确定，从而触发读者的想象机制，形成特殊的召唤力量。

子在川上曰："逝者如斯夫！不舍昼夜。"（《论语·子罕》）

这简直就是一首朦胧的抒情小诗。语符建构的意象是奔流不息的川水，但是这种意象所表达的生命体验又是什么呢？《孟子·离娄下》较早指出："源泉混混，不舍昼夜，盈科而后进，放乎四海。有本者如是，是之取尔。"从

---

① ［美］阿恩海姆：《视觉思维》，光明日报出版社 1986 年版，第 341 页。
② ［德］康德：《判断力批判》，见伍蠡甫主编：《西方文论选》上，上海译文出版社 1979 年版，第 563 页。

水有原本看到人有实行，表现了一位哲人的敏锐与深沉。皇侃《论语义疏》则以为："孔子在川水之上，见川流迅迈，未尝停止，故叹人年往去，亦复如是，向我非今我，故云'逝者如斯夫'者也。"抒发的似乎是美人迟暮之感。而朱熹《论语集注》则提出全新的解释："天地之化，往者过，来者续，无一息之停，乃道体之本然也。然其可指而易见者莫如川流，故于此发以示人，欲学者时时省察而无毫发之间断也。"这里高扬的对"道体之本然"的探求与体察，究竟是来自孔子还是朱子，我们不必急于判断；然而，怀着满腔生命体验，"然其可指而易见者莫如川流，故于此发以示人"，倒确实是孔子的本有心态。

> 南海之帝为儵，北海之帝为忽，中央之帝为浑沌。儵与忽时相
> 与遇于浑沌之地，浑沌待之甚善。儵与忽谋报浑沌之德，曰："人
> 皆有七窍，以视听食息，此独无有，尝试凿之。"日凿一窍，七日
> 而浑沌死。(《庄子·应帝王》)

这是三个难以把握的意象，新奇，怪异，却又似曾相识。也许就是由于浑沌无孔无窍，无形无象，无知无觉，一团混沌，一段朦胧，所以作为意象符号它才格外吸引解释者，才能激发解释者不由自主地放纵其联想。李颐《庄子解释》以为："儵，喻有象也；忽，喻无形也；混沌，清浊未分也，此喻自然。"他是从语词的内部形式分析其意象特征的，显然探得了庄子命名的匠心。陆树芝《庄子雪》指出："混沌喻未漓之天真，七窍喻七情；七情开而天真丧失。"他是从语词所建构之意象的特征出发的，大致符合庄子的基本思想。而宣颖《南华经解》的阐释更有深度："天下，一混沌之天下也；古今，一混沌之古今也。今日立一法，明日设一政，机智豁尽，元气消亡矣。"这就由混沌的意象特征，推广到天下，引申到古今，联系到立法，真可谓"各以其情而自得"。在历代学者这类诠释的启发下，我们还可以进一步体悟到：正是在庄子运用语符建构的混沌意象中，生动地表现出了语言与世界的多层关系，侧面地表现出了经典作家借助语言施加于"世界"的转化能力，

深刻地表现出了语言中隐含的创造性能力。

第二，意象组合的世界。中国古代的经典作家们还擅长在语词组合的进程中将单个意象组合起来，构成统一的意象世界，使读者在一种魅力无穷的意境里感悟其深沉的生命体验。阿恩海姆在其《视觉思维》一书里已经证明：当几个意象组合起来，假如它们处于"对立"关系，那么就"会使某一特殊的性质分离出来，使之得到突出、加强和纯化"；假如它们形成"相似"关系，那么就能"把被比较事物的共同方面突出出来。从而大大增强了知觉对这些特殊性质的敏感性"。① 这就是意象组合的诱人魔力。所以对于读者来说，它远比单个意象具有更强大的召唤力量，具有更广阔的想象空间，具有更耐人寻味的哲理意蕴。它是经典文本语符建构之意象的美妙而高级的形态。

> （孔子鼓励弟子们各言其志，子路等人既言矣，孔子问曰：）"点，尔何如？"鼓瑟希，铿尔，舍瑟而作，对曰："异乎三子者之撰。"子曰："何伤乎？亦各言其志也。"曰："莫春者，春服既成，冠者五六人，童子六七人，浴乎沂，风乎舞雩，咏而归。"夫子喟然叹曰："吾与点也！"（《论语·先进》）

众弟子各言其志，而曾点的发言，则以轻轻几笔，勾勒出了一幅色调明快、意味温馨的春郊游咏图，将人们引入了一种逍遥自适、生趣盎然的意象组合的世界之中。不仅深深触动了孔子的情怀，使之喟然而叹，含蓄认同，而且强烈地吸引着两千多年以来的读书人，使之提出了许多各具特色的解释。何晏《论语集解》引周生烈曰："善点之独知时也。"皇侃《论语义疏》引李充云："善其能乐道知时，逍遥游咏之至也。"而朱熹《论语集注》则从这独特的意境中感悟到了一种"曾点气象"："曾点之学，盖有以见夫人欲尽处，天理流行，随处充满，无少欠缺，故其动静之际，从容如此，而其言

---

① ［美］阿恩海姆：《视觉思维》，光明日报出版社1986年版，第118页。

志，则又不过即其所居之位，乐其日用之常，初无舍己为人之意。而其胸次悠然，直与天地万物上下同流，各得其所之妙，隐然自见于言外。视三子之规规于事为之末者，其气象不侔矣，故夫子叹息而深许之。"但是一些清代学者却又别有新见。袁枚在《小仓山房文集》中提出："无如辙环天下，终于吾道之不行，不如沂水春风，一歌一浴，较浮海居夷，其乐殊胜。盖三子之言毕，而夫子之心伤矣。适曾点旷达之言冷然入耳，遂不觉叹而与之，非果与圣心契合也。"而郑浩《论语集注述要》之言更可玩味："（朱子）各语，自是朱子体会有得之言。然以为曾点言志时本意如此，则未敢必。"这里所论析的，就是文本表达式中意象组合的表达功能与召唤功能的显现，它直击了中国古代哲学经典诠释的一种本质特征。

　　昔者庄周梦为蝴蝶，栩栩然蝴蝶也，自喻适志与！不知周也。

　　俄然觉，则蘧蘧然周也。不知周之梦为蝴蝶与，蝴蝶之梦为周与？

　　周语蝴蝶，则必有分矣。此之为"物化"。（《庄子·齐物论》）

前人评论《庄子》的独特表达风格，大都惊叹其"恢诡谲怪"，"风云开阖，神鬼变幻"，因而引得"古今之士，每每奇之"（罗勉《南华真经循本·释题》），这一节文字足以当之。因此，古往今来的读书人，无不争做解人，无不在其迷离的意境中探寻和体验其"物化"的哲理。郭象《庄子注》领会的是："夫时不暂停，而今不遂存，故昨日之梦，于今化矣。死生之变，岂异于此，而劳心于其间哉！而愚者窃窃然自以为知生之可乐，死之可苦，未闻物化之谓也。"而陈景元《南华真经章句音义》的理解则是："周、蝶之性，妙有之一气也。昔为蝴蝶，乃周之梦，今复为周，岂非蝶之梦哉？周、蝶之分虽异，妙有之气一也。夫造化之机，精微莫测，倘能如此，则造化在己而不迁于物，是谓生物者不生，化物者不化。"褚伯秀《南华真经义海纂微》的解释则又有更加入微入妙之处："庄蝶梦觉各不相知，终归于化则未尝有异。是知动植万形，生死万变，有情无情，卒齐于化。化者形教之始终，万类之出入。"细绎这一则原文，纵观古今学人的解释，我们不能不认同宣颖在《南华经解》中的概括，"意愈超脱，文愈缥缈"，并且进而感受到文愈缥缈，解愈纷呈，愈缥缈、愈纷呈则愈能引人入胜。

论述至此，我们不由想起金岳霖先生《中国哲学》中的一段话，应该可以作为印证，并在印证中加深认识："中国哲学非常简洁，很不分明，观念彼此联结，因此它的暗示性几乎无边无涯。结果是千百年来人们不断地加以注解，加以诠释。"①

初步考察了中国古代哲学经典共同的主题特征和表达特征之后，我们由此可以理解：正是这些基本特征，造就了中国古代哲学经典的开放性、超越性与不朽性。进而很容易想起，三百多年前，启蒙思想家王夫之撰写堂联以抒发自己理想时曾说："六经责我开生面！"一百年前，又一位启蒙思想家梁启超在《清代学术概论》中总结我国学术时曾说："综观二百余年之学术史，其影响及于全思想界者，一言以蔽之，曰'以复古为解放'。"而开经典之生面，以复古为解放，正是中国学术思想、哲学思想以及经典文化演变发展的主要特征与规律。然而，经典何以能够开出生面、思想何以能够求得解放呢？这首先还应该从中国哲学经典本身的主题思想的开放性和表达方式的召唤性里寻找基本原因与正确途径。

---

① 金岳霖：《中国哲学》，《哲学研究》1985 年第 9 期。

第三章　中国古代哲学诠释的生成发展与基本特征

在春秋战国时期"礼崩乐坏""哲学突破"的进程中，中国许多哲人学者逐步具有了生命的自觉，形成了昂扬的从道热情、自主的立言意识和难能可贵的理性精神。这就使得他们在"百家争鸣"的激励下，既勤于尊奉一些哲学书籍为经典，开展对于哲学经典的哲学诠释，又勇于在诠释中提出并探讨最高普遍性问题，进行新的哲学思想的建构。于是，中国古代哲学经典哲学诠释活动开启了光辉而曲折的历史进程，并由此逐渐形成了自己独有的特性，孕育着、建构着、发展着中国古代哲学经典诠释方法论。在那以后的各个历史时期，每当社会文化的变革较为剧烈的时候，中国古代哲学经典诠释活动也就越是活跃、越是重要，其特性也就越是显著、越是丰富，而且也就越来越深刻地激发着哲学经典诠释方法论的建构与发展。

第一节　中国古代哲学经典诠释形成发展概述

我们已经探察过中国古代哲学诠释观念的逐步发生，现在则可以强调：哲学经典形成之日，就是哲学经典诠释开始之时；如果没有诠释，也就无所谓经典。早在周朝，中华文化精英就将《尚书》《诗经》《周易》等文化典籍尊奉为哲学经典，在面临各种境遇、各种难题时都对其进行认真的、多侧面的诠释，力图从中阐发出天人之道、治国之方、修身之镜、处事之策。这就清楚地表明，在他们尊奉这些典籍为哲学经典的过程之中，中国古代哲学经典诠释活动就已逐步开展了。譬如，《国语·周语下》记载，周大夫单襄公在谈论晋国的未来时就曾说道："吾闻之《大誓故》曰：'朕梦协朕卜，袭于休祥，戎商必克。'以三袭也。晋仍无道而鲜胄，其将失之矣。"他所说的《大誓》亦即《泰誓》，乃《尚书》中的篇名，记叙周武王于孟津誓师伐纣之事。单襄公这番话，不仅诠释了《泰誓》中的言辞，将其言辞蕴含的思想应用到对于晋国局势的分析，并且还特别引用到《大誓故》；而《大誓故》的"故"，也就是"诂"，乃是一种诠释体式，正如章太炎先生在《国故论衡·明解故上》里指出的，"《泰誓》有故，犹《春秋》有传"。由此可以看到，早在春秋时期，中国哲学经典诠释就已经趋于成熟，并且由此而形成了一种名曰"故（诂）"的专门体式与著作，能在上层社会广为流传，屡被引用，发挥着效益。

如果想要进一步详察春秋时期哲学经典诠释活动在形成中的风采，不妨审视《国语·周语下》如下的一段著名记载：晋国大夫叔向聘于周，周大夫单靖公在宴请他时，谈及《诗经·周颂·昊天有成命》一诗，引起了他的高度关注与思考，当场就特意做了一番全新的诠释与评说。

> 且其语说《昊天有成命》，《颂》之盛德也。其诗曰："昊天有成命，二后受之，成王不敢康。夙夜基命宥密，於缉熙！亶厥心，肆其靖之。"是道成王之德也。成王，能明文昭，能定武烈者也。夫道成命而称昊天，翼其上也。二后受之，让于德也。成王不敢康，敬百姓也。夙夜，恭也。基，始也。命，信也。宥，宽也。密，宁也。缉，明也。熙，广也。亶，厚也。肆，固也。靖，和也。其始也，翼上德让而敬百姓；其中也，恭俭信宽，帅归于宁；其终也，广厚其心以固和之。始于德让，中于信宽，终于固和，故

日成。单子俭敬让咨，以应成德。单若不兴，子孙必蕃，后世
不忘。

在这里，叔向有对词语的解释，如"亶，厚也"；有对句子的讲解，如"成
王不敢康，敬百姓也"；有对全诗旨趣的阐发，如"始于德让，中于信宽，
终于固和，故曰成"。层次分明，逻辑清晰，结论有理有据。尤为值得注意
的是，他还将全诗的意旨与眼前的现实联系起来，进而说明"单若不兴，子
孙必蕃，后世不忘"，从而拓展了诠释本诗的现实意义。这一典型的诠释实
例，足以展现春秋时期经典诠释活动形成时期的风采与价值，有着万世垂范
的历史意义。

到了战国时期，随着"哲学突破"的不断深入，中国哲学经典诠释活动
的风采与价值，就更加有所发展，更加引人关注了，譬如《墨子》中的
《经说上》《经说下》，韩非子所著《解老》《喻老》，就是新的典范。更加使
人深受激励的是，在春秋战国时代，哲学经典诠释，不仅展现出了上述的风
采与价值，而且建构起了诸如"述而不作""知人论世""以意逆志"等诠
释方法论；更进一步，还形成了一系列哲学经典诠释的专门著作并得到流
传，如《易大传》《书序》《诗序》《仪礼·丧服传》《春秋左氏传》《春秋
公羊传》《春秋谷梁传》《夏小正传》等。因此，完全可以自豪地说，早在
春秋战国时代，中国哲学经典诠释不仅已经坚实地形成，而且开始了健康的
发展。

中国历史行进到两汉时代，哲学经典诠释活动又有了新的发展，成为时
代的需要，成为蓬勃的事业，达到了新的高度。特别是，随着汉武帝"独尊
儒术"之政治运动的兴起，《诗》《书》《礼》《易》《春秋》五部典籍被法
定为"经"，《论语》《孝经》成为吏民士人的必读之书，诠释经典的学术被
奉为"经学"，具有崇高的地位，影响着国家的政治、经济政策，关系到思
想、学术的发展。而且，朝廷不仅"以经取士"，还设立"五经博士"，吸
引着天下的士子。在那个时代，所有政治文化活动，君臣议事论政，吏卒决

狱办案，朝廷设策取士，郡县推举孝廉，官学的从师受业，私塾的下帷讲诵，无不言必称"三代"，引经据典，尊用儒术。"经，径也，如径路无所不通"（刘熙《释名·释书契》），成为当时文化精英的共识。这样一来，哲学经典诠释事业亦即最早的"经学"，便在新的发展中呈现出新的风格与价值，并且形成了多种派别的竞争，乃至爆发了影响国家政治文化局势的今文经学与古文经学之争。所有这些因素又都从不同的角度推动着经典诠释事业的深入发展。而其最为重要的标志，一是新的诠释方法的创建，如解释词语的"义训法""声训法""形训法"等；二是新的诠释专著的诞生，如毛亨的《诗诂训传》、赵岐的《孟子章句》、刘向的《说老子》、何休的《公羊解诂》、樊英的《易章句》、刘陶的《尚书训诂》、韩婴的《韩诗外传》、郑玄的《仪礼注》、王逸的《楚辞章句》等；三是新的诠释理论的形成，如董仲舒创立的"名号论""辞指论""事例论"等。

公元 2 世纪以后，由于王权的危机引起社会的危机，东汉王朝逐渐走向崩溃的边缘，经学也失去凭借而丧失了以往的社会文化功能，乃至趋于沉寂，而诸子之学则渐渐复兴起来。正如罗宗强先生《玄学与魏晋士人心态》分析的，"经学束缚解除之后，思想一尊的局面是打破了，各种思想活跃起来。士人以往所信奉的儒家一套人生理想、行为规范，已经失去了它的吸引力，任情而行成为风尚"，一种强大的社会批判思潮也应时而起，"玄学就是在这种情况下出现的。它是士人寻找来的一种思想归宿，一种用来填补儒学失落之后的思想位置的新的理性的依归"。而我们知道，玄学的核心，则是力图以道家思想之得矫正儒家思想之失，以"自然"之真净化"名教"之伪，达到自然与名教、内圣与外王的统一。于是，道家的经典《老子》《庄子》与儒家的经典《周易》及其诠释，成为当时文化精英的首要选择，哲学经典诠释活动的风采与价值又为之一变。正是在这样的时代背景下，具有全新风格的哲学诠释学家王弼、郭象等人应时而起，具有最新精神的哲学诠释学方法论"辨名析理""得意忘言""崇本息末"等应运而生。而诸多诠释学家则又运用这些新的哲学诠释学方法论，通过哲学经典的新诠释，建构起新的哲学体系，协调儒家与道家、名教与自然之间的深刻冲突，挽救社会与文化面临的危机，从而开创出了哲学经典诠释的新风貌和新境界。

魏晋以后，历经唐代的异彩纷呈，中国哲学经典诠释活动发展最为壮观、最为普及的，是在两宋时代。北宋初期，帝王们就在长期的内忧外患中感受到巩固中央集权和重建中国文化的急切需要，希望复兴儒学，借以强化尊王攘夷精神和道德伦常秩序，由此而重视制礼作乐，大力兴办学校。庆历年间，以范仲淹、欧阳修为代表的一批文化精英，"每感激论天下事，奋不顾身，一时士大夫矫厉尚风节"（《宋史·范仲淹传》），一旦他们得到信用，便奋勇推行新政，改革政治，改革吏治，改革科举，从而也使得思想界、学术界兴起了三股全新的风气，即讲究体用义理的风气、疑古自用的风气、钻研道学的风气。迎着新风气的吹拂，广大读书人也纷纷要求朝廷"酌古变今"，纷纷起而批评佛道"异端"，要求全面复兴儒学，为试行更大改革找到具有说服力和感染力的哲学依据。于是，哲学经典诠释活动由此发生了根本性的变化，逐步具有了理学化的趋向。而在宋代，最能标志哲学经典诠释发生了根本性变化的，一是新型的哲学经典诠释学家如欧阳修、张载、程颢、程颐、陆九渊等人的崛起并形成开创性的影响，其中实际成就最大的则是朱熹。二是新型的哲学经典诠释方法论如类推诠释方法论、贯通诠释方法论等的建构与发展，其中影响最大的则体验诠释方法论亦即"心解"。即以其体验诠释方法论而言，张载率先强调"心解则求义自明，不必字字相较"（《张载集》卷十二），以开其先声，方岳评说苏轼的读书方法是"潜窥沉玩，实领悬悟"（方岳《深雪偶谈》），陆九渊自道其读书方法是"沉涵熟复，切己致思"（《陆九渊集》卷三十四《语录上》），朱熹倡导的读书方法是"须要切己体验"（《朱子语类》卷十一），洪咨夔特别点明的"诗无定鹄，会心是的"（《平斋文集》卷十），则都是这方面的有力标举。而其基本精神，又如朱熹所概括的，"读书须是以自家之心体验圣人之心。少间体验得熟，自家之心便是圣人之心"（《朱子语类》卷一百二十），特别为广大学人所乐于认同。

元明两个时代，中国哲学经典诠释活动经历了几番蜕变，到了清代乾嘉时期，则又迎来了新的重大发展。清代初期，继承晚明渐开的启蒙新路，带着动荡变革的时代色彩，经顾炎武、王夫之等先觉者的带动，中国学术思想领域本来呈现出了活跃的局面。其主要标志是学术反思盛行，经世思潮兴起，呼唤回归儒学原典、改进诠释方法之声相呼应。然而，由于清廷在政权稳固之后选择了民族高压路线，厉行"黜异端以尊正学"的专制政策，迫使中国学术思想领域失去了一次科学发展的机遇，失去了刚刚兴起的经世精神。然而，广大学人在专制高压之下仍然顽强地保持着一定的独立性，并以"取证经书"相号召，努力改变陆王心学的诠释风气，从而使中国哲学经典诠释以新的精神走向复兴。仅据《清史稿·艺文志》所载统计，其时经部之新的经典诠释著作就约有 1248 部之多，其中如惠栋的《周易述》、阎若璩的《尚书古文疏证》、孙星衍的《尚书今古文注疏》、段玉裁的《古文尚书撰异》、陈奂的《诗毛氏传疏》、马瑞辰的《毛诗传笺通释》等，都是具有新的时代意义的典范之作。而且，乾嘉时代的哲学经典诠释家们，在评说哲学经典诠释的方法及其效应时，特别喜好运用"考证""参证""验证""佐证""曲证""互证""证据""诗史互证""以某证某"之类的词语，讲求"实事求是"，并以此相标榜。这就正好彰显出了那个时代哲学经典诠释的理性精神，蕴含着一定的科学因素。其中，戴震就是这种精神的代表者。他对清代学术的历史使命，有着深刻的理解与清醒的自觉，因而能高高举起"解蔽"的旗帜，倡言"儒者之学，将以解蔽而已矣。解蔽斯能尽我生！"将自己的生命价值寄托在"解蔽"的事业上，特别强调在经典诠释的实践中，"不以人蔽己，不以己自蔽；不为一时之名，亦不期后世之名，君子务在闻道也"。（戴震：《沈处士戴笠图题咏序》）这也就是力求以回归原典为途径，以"务在闻道"为归宿，以"实事求是"为准则，既具有丰厚的诠释学理论，又具有强烈的现实针对性，并且凸显出经典诠释目的论与方法论的重要意义，所以能够产生深远的影响。

中国历史迈入近代，古代哲学经典诠释活动开拓出了新的发展方向。甲午战争之后，中国文化精英开始进入了自觉学习外国先进文化的历史进程，对于西学及其精神的认识也从感性的"力"的层次，深入到理性的"智"的层次，并且表现出急切的向往，进而与社会现实相结合促使了维新思潮的兴起。其中梁启超先生更是立志"在吾国古籍中，欲求与今世所谓科学精神相悬契者"，"从而发明之，淬厉之"（梁启超《墨经校释》自序），因而率先尝试，采用西方相关科学理论尤其是逻辑学理论以解说《墨经》文本的中心论点，不仅使之相互发明，相得益彰，让读者能够由此更好地领悟《墨经》中相关学科理论尤其是逻辑学理论的科学性和先进性，并且将其汇入维新思潮。在这一方面，与之并肩的是胡适先生。他看清了哲学与科学的发展决定于逻辑方法之发展，感受到名学方法是中国哲学史的中心问题，于是凭着自己一贯特有的使命意识和前沿立场，最早地关注起墨学特别是其中《小取》所蕴含的逻辑思想，从而建构起相应的诠释方法，发掘其固有的逻辑理论，揭示其本有的逻辑方法，引为创新中国哲学科学、更新国人思维方式的全新借鉴，同时也大力拓展了中国古代哲学经典诠释发展的新方向。

第二节　中国古代哲学经典诠释的基本特征

两千多年来，中国古代哲学经典哲学诠释之光辉而曲折的历史进程愈益壮阔，逐渐形成了自己独有的特性与风采，建构并发展着中国古代哲学经典诠释方法论。对于中国古代哲学经典诠释方法论的各种风采，我们将在本书考论篇中重点考察，此处先就中国古代哲学经典哲学诠释之基本特性进行概括性的论述，以便确立进一步研究的基础。

一、文本地位因时转移

中国古代哲学经典诠释的对象当然是中国古代的哲学经典。就具体的诠释个体和诠释群体而言，学人智者在特定时代，根据特定需要，选取特定哲学经典进行诠释，既表明他们对特定哲学经典有一种认同与热爱，又表明特定哲学经典获得了他们的认同与热爱；就特定哲学经典而言，它在不同的时代、不同的文化氛围、不同的诠释群体那里，所能够获得的认同与热爱又是不同的，其经典的地位也就会因此而发生转移。所有这些，既是中国社会的特征，也是中国文化的特征，同时还是中国古代哲学经典诠释的显著特征，其中隐含着大量的重要历史信息，故而值得认真探寻。

春秋战国时代，最能获得作为诠释群体之诸子百家普遍认同与热爱的，是《诗》《书》《易》《礼》《乐》《春秋》六种文化典籍。在"哲学突破"的历程中，在对这些经典进行诠释的历程中，诸子百家又进而创立了《老子》《论语》《墨子》《孟子》《庄子》《黄帝四经》《管子》《大学》《中庸》《春秋公羊传》《易传》《公孙龙子》《荀子》《韩非子》等中国古代哲学经典。它们相互竞争，相互作用，相互补充，使先秦天人之学得以确立，使那个时代"百家争鸣"的局面分外辉煌。可是到了秦代，秦始皇为了强化君主专制统治，实施了严酷的统一思想的文化政策，尤其仇视儒家学说，故而规定"有偶语《诗》《书》者弃市，以古非今者族"（《史记·秦始皇本纪》），终于发展到"焚书坑儒"的地步。于是乎，中国古代哲学经典尤其是儒家经典，都被从经典的地位上强拉下来，而其诠释活动更是被扼杀殆尽。到了汉代，同样为了强化君主专制统治，对内实行"改制"，对外实现"攘夷"，具有多欲多求的汉武帝刘彻，同样实施了统一思想的文化政策，但却别具政治文化眼光，特别青睐儒学，因而走上一条与秦始皇相反的政治文化路线，"独尊儒术"；用董仲舒的话来说，就是"诸不在六艺之科、孔子之术者，皆绝其道，勿使并进"（《汉书·董仲舒传》）。于是乎，儒家所信奉的经典被捧上了"定于一尊"的地位。在这种时代里，儒家经典诠释活动自然呈现出"经学"之别样风貌。

可是到了汉末魏晋时期，统一的帝国崩溃了，批判的思潮涌起了，"独尊"的儒学沉寂了，名法之治推行了。"在那个悲苦的时代，玄学家站在由历史积淀而成的文化价值理想的高度来审视现实，企图克服自由与必然、应然与实然之间的背离，把时代所面临的困境转化为一个自然与名教、儒与道能否结合的玄学问题。"① 而魏晋玄学，从其所依据的经典来说，是《周易》《老子》《庄子》"三玄"之学；从其所探究的主题来说，是"自然与名教"之学；从其所追求的目标来说，则是"以无为本"之本体论哲学。于是，风气所致，《老子》《庄子》等也就回到了经典的地位，而中国哲学经典诠释的旨趣、方法与效应也都为之一变。

到了宋代庆历年间，中国历史几经曲折又面貌一新。一些杰出的改革家和思想家们，反思晚唐五代的惨痛教训，总结宋初三朝的正反经验，高张"尊王攘夷"的大旗，大力呼唤复兴儒学的主导地位。可是，那时的儒学却已不能适应时代的需要，致使一些学人"欲闻性命之趣，不知吾儒自有至要，反从释氏求之"（《李觏集》卷二十三），乃至形成了"儒门淡薄，收拾不住，皆归释氏"（《佛祖统记》卷四十五）的局面！为此，从二程到朱熹，几代哲人学者持续努力，尊崇《论语》，升格《孟子》，让《大学》《中庸》从《礼记》中独立出来并不断升级，从而组合成一种具有内在联系、可以构建天理心性之学理论体系的"四书"，进而"退'五经'而尊'四书'"，促使"四书"居于经典的中心地位，并逐步产生一门"四书学"。从南宋后期开始，朱熹的《四书集注》被列为历代官学的主要教材。由此，中国古代哲学经典诠释活动又呈现出"理学"的新风貌，进而又在新的社会文化条件下推动了王阳明心学的形成。

中国历史行至明清更迭时代，社会动荡，文化冲突，国破家亡之恨煎熬着广大士人的心灵，整个思想界也经历着一场前所未有的极其沉痛的反省，"心学空谈误国"，成为社会舆论主流所向。顾炎武率先发出批判："不习六艺之文，不考百王之典，不综当代之务，举夫子论学、论政之大端一切不问，而曰一贯，曰无言。以明心见性之空言，代修己治人之实学。"（《日知录》卷七）为此，他又提出了"读九经自考文始，考文自知音始，以至诸

---

① 余敦康：《中国哲学论集》，辽宁大学出版社 1998 年版，第 267 页。

子百家之书，亦莫不然"（《亭林文集》卷四）的诠释方法，大有振聋发聩之势。于是，一种回归儒学元典、结合"当世之务"、从经典语言解释做起的诠释学之风强劲兴起，终于迎来乾嘉时期的盛况。

为篇幅所限，以上论述是简单扼要的，但是由此仍然可以感知：时代推进，社会变迁，总会带来不同的文化需要，形成不同的思想追求，而中国古代哲学经典的地位也会随之发生转移，中国古代哲学经典诠释的旨趣、方法、效应乃至特性也都会随之发生改变，并因此而孕育出不同的诠释方法论。

二、注重进行双重对话

阅读中国古代哲人学者的著作，总能使人感到，他们对于自己所崇敬的圣人贤者，对于自己所信服的经典著作之创作者，往往有一种希望能够朝夕亲炙，希望能够敞开胸怀当面请教、直接对话的向往。孔子到了晚年，曾经深沉感叹："甚矣，吾衰也！久矣吾不复梦见周公！"（《论语·述而》）孟子讲到交友，特别大力提倡："天下之善士，斯友天下之善士。以友天下之善士为未足，又尚论古之人。颂其诗，读其书，不知其人可乎？是以论其世也，是尚友也！"（《孟子·万章下》）他们的这种向往，既能使人感动，又能给人启发。而中国古代哲人学者又常常怀着这种向往研读哲学经典，将其融入哲学经典诠释的过程之中，因而特别注重与经典创作者、与前代经典注疏者的双重对话，视之为诠释哲学经典的主要法门。而无论哪一种对话，双方都是相互引发、相互限定、共同开掘、共同建构的。[①] 对此，朱熹又有了新的发展。请看《朱子全书》中《答张元德》和《朱子语类》中《读书法》《语孟纲领》的几则语录：

先教自家心里分明历落，如与古人对面说话，彼此对答，无一

---

① 关于这种对话的模式及其效应，我们将在后面进行专门的分析，此处从略。

言一字不相肯可，此外都无闲杂说话，方是得个入处。

做好将圣人书读，见得他意思如当面说话相似。

读书须将心贴在书册上，逐句逐字，各有着落，方始好商量。

孔孟往矣，口不能言。须以此心比孔孟之心，将孔孟心作自己心。要须自家说时，孔孟点头道是，方得。不可谓孔孟不说话，一向任己见说将去。

朱熹讲得亲切，将哲学经典诠释中的双重对话的意义、方法、界限，都一一展示出来，由此而揭示出经典诠释的一大基本特性，使人忘不了"如与古人对面说话，彼此对答，无一言一字不相肯可"的感人情景。这很容易让人联想起八百多年以后，伽达默尔在《真理与方法》中深刻指出的："诠释学现象本身也包含了谈话的原始性质和问答的结构"，"因此，把诠释学任务描述为与本文进行的一种谈话，这不只是一种比喻的说法——而是对原始东西的一种回忆。进行这种谈话的解释是通过语言而实现的"。① 显然，它们是可以相互补充、相互发明的。为了进一步加深古代哲学经典诠释这一特性的理解，试举一例做些分析：

子曰："贤哉，回也！一箪食，一瓢饮，在陋巷。人不堪其忧，回也不改其乐。贤哉，回也！"（《论语·雍也》）

颜子之贫如此，而处之泰然，不以害其乐，故夫子再言"贤哉，回也"，以深叹美之。程子曰："颜回之乐，非乐箪瓢、陋巷也，不以贫窭累其心而改其所乐也，故夫子称其贤。"又曰："箪瓢、陋巷非可乐，盖自有其乐尔。'其'字当玩味，自有深意。"又曰："昔受学于周茂叔，每令寻仲尼、颜子乐处，所乐何事。"愚按：程子之言，引而不发，盖欲学者深思而自得之。今亦不敢妄为之说。学者但当从事于"博文""约礼"之诲，以至于"欲罢不能而竭其才"，则庶乎有以得之矣。（朱熹《论语集注》）

---

① ［德］伽达默尔：《真理与方法》，洪汉鼎译，上海译文出版社1992年版，第473、475页。

细细读这一则《论语》的诠释之文，仿佛叨陪末座，有幸参加了历史上几位哲人学者的穿越式的对话会。朱子已经做出了简明的解释，却又三次引用程子之言；程子已经在逐步地发掘，却又引出周子之言。而在周子之言的感召下，寻找孔、颜乐处，竟然成为宋明理学家们代代相传的重大课题，不知有多少人发表过独到的意见。自然，这些哲人学者毫无例外地又都曾经与孔子开展对话。更妙的是在最后，朱子又来个略加提示、引而不发，殷切地申言希望后"学者深思而自得之"，期待着读者与他进行对话！一则诠释之文，竟能展现出前后许多哲人学者跨时空的多重对话，又能召唤读者参与他们的多重对话，真是使人大开眼界，大受启发，大有收益！身为21世纪初的中国学人，当我们论及经典诠释的对话模式，固然要参阅西方哲学诠释学相关的深刻论述，但更为重要的还是探寻并体察中国历代哲人学者相关的精彩创见！

三、乐于诠释精华短语

中国古代哲人学者对于古代经典的哲学诠释，在选取某一部经典进行全面而系统的诠释并形成一部新的诠释性著作之外，还常常选取某一部经典或某几部经典中某些广泛流传的精华短语亦即名言，联系当下各种实际，进行单独而灵活的诠释，故而富有探讨的意味和开放的气质。而那些广泛流传的精华短语，往往浓缩了某种哲学观念，凝聚着民族的生存智慧，具有很大的启发性或感召力；因此，这种诠释形式，形成最早，通行最广，感染力强。春秋战国时代之名辩思潮的兴起，"名学方法"的创立，与此都有密切的关联。试举一例做些分析：

> （越王）遽兴师伐吴，至于五湖。吴人闻之，出而挑战，一日五反。王弗忍，欲许之……范蠡曰："臣闻古之善用兵者，赢缩以为常，四时以为纪，无过天极，究数而止。天道皇皇，日月以为常，明者以为法，微者则是行。阳至而阴，阴至而阳，日困而还，

月盈而匡。古之善用兵者，因天地之常，与之俱行……"（《国语·越语下》）

在西周时代的天命神学中，流传广泛的短语"天道"，是指某些自然现象所体现出来的上天的意志，是"最高指示"，完全不能背离的。然而到了春秋时代，"哲学突破"渐渐兴起，哲人学者们开始对天命神学的这一短语进行重新诠释，并在其过程中，逐渐地剔除"天"之人格神的含义，而将"天道"范畴改造得富于哲学意味，用以概括自然变化方面的知识。所以，正当吴越之战的关键时刻，范蠡毅然站出来提出了赢得战争的策略，并由此而重新诠释了"天道"。按照他的诠释，"天道"就是"天地之常"，就是日月更迭和四时代谢所表现出来的规律；善于用兵或从事一切重大活动的人，都是适应"天道"而行事的。在他的诠释中，"天道"既无神秘色彩，更非天神意志，而是天体运行的基本规律。正是通过类似这样的诠释，哲人智者们逐步将天命神学的核心范畴"天道"，改造成了新兴哲学的重要范畴"天道"，实现了"哲学突破"。

从那以后，注重诠释精华短语渐渐成为古代经典诠释的重要特性之一，并且有了不断的发展，通过对一系列重要精华短语的诠释，发掘出它们之间的内在关联，勾勒出它们所构成的哲学体系，阐发出新的思想意义，形成独具风格的哲学专著。譬如，南宋理学家陈淳著《北溪字义》，"乃摘圣贤所著群书中紧要字而为之训释其义……剖断其是是非非，如辨黑白，使人胸次豁达，知所向背"（朱寿藩《北溪字义序》）。又如，戴震有感于"今人无论正邪，尽以意见误名之曰理，而祸斯民"，奋起"解蔽斯能尽我生"的志愿，撰著《孟子字义疏证》，选取"理""性""才""道""天道"等十几个成长为儒学核心范畴的精华短语，逐一进行疏证，并在诠释中建构起新的哲学理论框架。其意义之大，被梁启超《清代学术概论》誉为"其志愿确欲为中国文化转一新方向，其哲学之立脚点，真可称二千年一大翻案"，"乃与欧洲文艺复兴时代之思潮之本质绝相类"！为了能一睹其风采，且看他在诠释"欲"字时阐发出来的一段启蒙理论：

> 天下必无舍生养之道而得存者。凡事为皆有于欲，无欲则无为
> 矣；有欲而后有为，有为而归于至当不可易之谓理；无欲无为又焉
> 有理！是故君子亦无私而已矣，不贵无欲。君子使欲出于正，不出
> 于邪，不必无饥寒愁怨、饮食男女、常情隐曲之感。(《孟子字义疏
> 证》卷下)

在最高统治者打着"无欲"旗号，以愚弄全国民众而"成其自私"的时代
里，这一段话之石破天惊的启蒙意义，是多么巨大、多么深刻，它使人们认
识到：所谓"欲"，一般而言，不过是"饥寒愁怨、饮食男女、常情隐曲之
感"，是人生存的必有愿望；"凡事为皆有于欲，无欲则无为矣；有欲而后有
为"，有欲是有为的基本动力；"天下必无舍生养之道而得存者"，因而人人
必须有为，必须有欲；"有为而归于至当不可易之谓理；无欲无为又焉有
理"，这样的"理"才是真正的公理；"是故君子亦无私而已矣，不贵无
欲"，因为"欲"是生存的必然条件。像这样以新的精神、新的观念重新诠
释古代哲学经典的重要精华短语，真可谓"其志愿确欲为中国文化转一
新方向"！

四、自觉追求创造新意

初看上去，中国古代哲人学者似乎有太多的思古之幽情。孔子就曾经自
道："述而不作，信而好古，窃比于我老彭。"(《论语·述而》)然而，朱
熹在《论语集注》中却道破了其中的秘密："当是时，作者略备，夫子盖集
群圣之大成而折中之，其事虽述，而功倍于作矣。"的确，孔子的"述"，
是在经典诠释过程中集其大成，折中是非，创造出新的意义和理论，其本质
是寓作于述、以述为作。否则，他面对占筮之书《周易》而进行诠释时，为
什么偏要强调"不占而已"、强调"观其德义耳"呢？其他哲人学者更是如
此，庄子就敢于指出"夫《六经》，先王之陈迹也，岂其所以迹哉"(《庄

子·天运》），孟子也能倡言"尽信书则不如无书"（《孟子·尽心下》）。事实上，春秋战国时代以来，中国哲人学者就具有了"士志于道"和"立言"以"不朽"的强烈自觉，只不过他们更多的是将"志道""立言"意识融贯在诠释经典的过程之中，升华为在经典诠释过程中自觉追求创造新意的精神！即如《论语·八佾》记述的：

> 子夏问曰："'巧笑倩兮，美目盼兮，素以为绚兮'，何谓也?"
> 子曰："绘事后素。"曰："礼后乎?"子曰："起予者商也! 始可与
> 言《诗》矣。"

"巧笑"两句，出自《卫风·硕人》，形容女子娇媚神态；"素以为绚兮"一句为逸诗，意谓在洁白底子上施加彩绘。子夏以如此浅显明白的诗句向夫子发问，显然蕴含着探询诠释精神与方法的深意。孔子却专就"素以为绚"作答，并由具体的绘画活动程序诠释出普遍的绘画规律，运用"引譬连类"的诠释方法阐发出重要的新意。子夏深受启发，又"因之以悟礼。则忠信其素地也，节文度数之饰，是犹之绘事也，所谓绚也"（全祖望《经史问答》）。应该说，子夏的巧妙诠释，既是来自对于忠信与礼乐的体验，又是来自对于绘事与礼乐的联想，同时还在孔子的启迪下表现出"兴于《诗》"的诠释意趣，终于阐发出了深刻的新意，建构起关于"礼"的一种新观念，因而赢得了孔子的赞扬。这是在经典诠释中自觉追求创造新意之精神的胜利。

这种自觉追求创造新意的经典诠释精神，在后世，特别是在宋代，得到了发扬光大。请看北宋理学开创者们思索与议论的片段：

> 义理有疑，则濯去旧见以来新意。（张载《经学理窟·学大原下》）
> 学贵心悟，守旧无功。（张载《经学理窟·义理》）
> 志于道者，能自出义理，则是成器。（张载《经学理窟·义理》）
> 思索经义，不能于简策之外脱然有独见，资之何由深? 居之何

由安？非特误己，亦且误人也。（《河南程氏遗书》卷十八）

治经固学之事，苟非自有所得，则虽五经，亦空言耳。（《河南程氏粹言》卷一）

综观北宋理学奠基者的这些呼唤与要求，特别是聆听"志于道者，能自出义理"这样的时代强音，不难感受到他们受现实激励而自觉追求创造新意的经典诠释精神！而到了清代，时移世变，许多哲人学者起而批判宋明理学，寻求思想启蒙，进行着经典诠释方法之新的改革。每当我们听到哲学家王夫之"六经责我开生面，七尺从天乞活埋"（自题观生居堂联）的自警，听到戴震"儒者之学，将以解蔽而已矣。解蔽斯能尽我生"（《沈处士戴笠图题咏序》）的自勉，研究中国古代经典哲学诠释历程的决心就会更加坚定！

五、不断改进诠释方法

在中国古代经典之哲学诠释的发生阶段，哲人智者就已开始注意改进诠释方法；随着哲学诠释的深入发展，不断改进诠释方法、建构新的诠释方法论，越来越成为哲人学者的不懈追求。而春秋战国时代、魏晋南北朝时代、两宋时代、清朝乾嘉时代，则是改进诠释方法、建构新的诠释方法论最有成就的时代。兹事体大，我们在此仅以举例的方式做一些论述，而较为系统的论述，则留待本书后文讨论。譬如：

咸丘蒙曰："舜之不臣尧，则吾既得闻命矣。《诗》云：'普天之下，莫非王土。率土之滨，莫非王臣。'而舜既为天子矣，敢问瞽瞍之非臣如何？"曰："是诗也，非是之谓也。劳于王事，而不得养父母也。曰'此莫非王事，我独贤劳也。'故说《诗》者，不以文害辞，不以辞害志。以意逆志，是为得之。如以辞而已矣，《云汉》之诗曰：'周馀黎民，靡有孑遗。'信斯言也，是周无遗民也。"（《孟子·万章上》）

《小雅·北山》一诗，确实是反映劳役不均、待遇不公的社会现实而抒发怨刺的，就在咸丘蒙所引诗句之后，原文紧接着便有"大夫不均，我从事独贤"两句。可是咸丘蒙先是使得所引诗句脱离特定语境孤立出来，后是抓住孤立诗句的字面意义而曲解其真实意义，又将其"上纲"为普遍性的政治法则。这就在诠释方法上出现了错误。孟子态度自觉，语气坚决，既详细剖析《北山》一诗的真意，又引《云汉》之诗作为印证，就是要纠正和超越这种"断章取义""以辞害志"的诠释方法，建构和兴起"知人论世""以意逆志"的诠释方法，从而为不断改进诠释方法留下了一个闪光的范例。

宋代自庆历以后，儒家学者更是兴起了一代疑经疑传、改造旧经学、建设新理学、改进经典诠释方法的学术新风。例如学者孙复早已尖锐地批评汉唐注疏之学，强烈地呼唤经典诠释方法的改革：

> 噫！专守王弼、韩康伯之说而求于《大易》，吾未见其能尽于《大易》者也；专守左氏、公羊、谷梁、杜预、何休、范宁之说而求于《春秋》，吾未见其能尽于《春秋》者也；专守毛苌、郑康成之说而求于《诗》，吾未见其能尽于《诗》者也；专守孔安国之说而求于《书》，吾未见其能尽于《书》者也。彼数子之说，既不能尽于圣人之经，而可藏于太学、行于天下哉？又后之作疏者，无所发明，但委曲踦于旧之注说而已。（孙复《寄范天章书二》）

对于"后之作疏者，无所发明，但委曲踦于旧之注说"已经难以容忍，经典诠释的理念与方法必须更新！孙复是这样呼唤的，也是这样探索的，并且取得了不俗的成绩。他离世以后，欧阳修还在《孙明复先生墓志铭》中追叙道："先生治《春秋》不惑传注，不为曲说以乱经，其言简易，得于经之本义为多。"

受到这种学术新风的强劲影响，宋代哲人学者逐渐养成了可贵的怀疑精神、议论精神、创造精神和开拓精神。[1] 在经典诠释方法的改革方面，他们

---

[1] 参见陈植锷：《北宋文化史述论》（中国社会科学出版社 1992 年版）第三章关于宋学精神的论述。

勇往直前，纷纷反思既往的得失，探索今后的道路。

"秦汉以来，圣学不传，儒者唯知章句训诂之为事，而不知复求圣人之意，以明夫性命道德之归。至于近世，先知先觉之士始发明之，则学者既有以知夫前日之为陋矣。然或乃徒诵其言以为高，而又初不知探求其意。甚者遂至于脱略章句，陵籍训诂，坐谈空妙，辗转相迷，而其为患反有甚于前日之为陋者。"（朱熹《中庸集解序》）

正是基于如此深厚的经典诠释方法改革的动力与自觉，朱熹又致力于重新建构一种新的"读书法"，其《朱子语类》就以两卷的篇幅大谈"读书法"，对于经典诠释方法的改革与创新发表了许多新颖而深刻的见解。诸如：

大凡看书，要看了又看，逐段、逐句、逐字理会，仍参诸解、传，说教通透，使道理与自家心相肯，方得。（卷十）①

读书以观圣贤之意；因圣贤之意以观自然之理。做好将圣人书读，见得他意思如当面说话相似。（卷十）

读书，须是知贯通处，东边西边，都触着这关棙子，方得。（卷十）

读书是格物一事。今且须逐段子细玩味，反来覆去，或一日，或两日，只看一段，则这一段便是我底。脚踏这一段了，又看第二段。如此逐旋捱去，捱得多后，却见头头道理都到。（卷十）

读书穷理，当体之于身。凡平日所讲贯穷究者，不知逐日常见得在心目间否。不然，则随文逐义，赶趁期限，不见悦处，恐终无益。（卷十一）

看经传有不可晓处，且要旁通。待其浃洽，则当触类而可通矣。（卷十一）

读书，不可只专就纸上求理义，须反来就自家身上推究。（卷十一）

---

① 本书所引《朱子语类》，皆据（宋）黎靖德编：《朱子语类》，中华书局 1986 年版。

仅从这几段论述看，朱熹就扼要地论及了阅读经典目的、阅读经典态度和语言诠释方法、历史诠释方法、体验诠释方法、推类诠释方法、贯通诠释方法等诸方面的重要问题。如果首先能够着眼于他的哲学理论体系和诠释学理论体系，将这类论述贯通起来，然后与其《四书集注》等著作对读就能认识到：朱子感应时代的需要，不仅在呼唤经典诠释方法的改革，而且在探索经典诠释方法的改革，进而还建构起了新的经典诠释方法论，从而造就了不断改进经典诠释方法的重大成果，同时也集中彰显出了中国古代哲学经典诠释不断改进经典诠释方法论的基本特征。特别难能可贵的是，为了实现这一历史性的目标，即使是面对自己所崇敬、所信赖的人，朱熹也能勇于提出批评或开展争论。譬如，他就曾指出程颐诠释经典的弊端："伊川解经，是据他一时所见道理恁地说，未必便是圣经本旨。"（《朱子语类》卷一百零五）而据钱穆先生《朱子新学案》中统计的："《语类》载朱子于二程遗说诤议驳正，就其事题约略计之，当近两百之多。若论条数，则总数至少当在三四百条以上。"由此自然可以领略到朱子以及中国古代许多从事哲学经典诠释的哲人学者宏大而磊落的胸襟。①

---

　　① 参见周光庆、刘兵：《先秦哲学诠释观念发生初探》，《江汉论坛》2015 年第 8 期。

考论篇

中国古代哲学经典诠释方法论范例考察

中国古代哲学经典与哲学经典诠释的成长之路，跨过了三千多年的历程，闪烁出斑斓奇异的光芒，这在全世界各国文明史上都是非常罕见的。而要从事中国古代哲学经典诠释方法论的研究，首先就应该严格地从实际出发，考察这三千多年的曲折历程，从中探究发挥着重要作用的哲学经典诠释方法论。一个最为可行的方法，就是依据"以点带面"的原理，首先进行重点性个案考察，亦即选取那些最是具有典范性、具有影响力的古代哲学经典诠释思想或著作，分别依据其特性，进行较为具体、较为细致、较为深入的考察分析，然后在此基础上，以重点带动一般，着眼全面以做出贯通性研究和综合性论证。"如果说，促成西方解释学经历了第一次重大转折，使之由《圣经》研究的分支转变为人文科学的方法论，是18世纪末的德国哲学家施莱尔马赫；那么，促成中国经典解释成熟起来，使之改变了致力的方向，因此而颇多哲学意味的，则是12世纪的哲学家朱熹。"① 所以，朱熹《四书集注》也就成为我们进行个案考察的重中之重。而与此相对，既是其挚友又是其论敌的著名哲学家陆九渊，则公开批评朱熹的经典诠释方法及其成就，目之为"支离事业竟浮沉"，而另外倡导一种经典诠释的"易简工夫"，自信它能"终久大"（陆九渊《语录上》）。由此看来，陆九渊的经典诠释方法论自具特色，应该也是我们考察的重点个案。然而非常可惜，我们今天却找不到陆九渊系统诠释经典的具体而详细的材料，于是只好望书兴叹。正是本着这样的事实与认识，本书的"考论篇"，就着力依据历史顺序进行中国古代哲学经典诠释的范例考察，争取为后续的贯通性研究和综合性论证确立起可靠的支柱。

---

① 周光庆：《中国经典解释学研究刍议》，《华中师范大学学报》1993年第2期。

第四章　老子开创的对"道"之诠释方式

中国的春秋末期，社会动荡，"礼崩乐坏"，人们普遍感到既有的生存方式、价值观念，都随着社会的变迁而逐渐失去其效用，生命的安全也无由保证，于是形成了深重的精神危机。在这一情势的激励下，当时的有识之士都起而思考"天命"问题，"礼乐"问题，人性问题；而其佼佼者，则大胆突破"天命"的笼罩，另辟蹊径，进而探讨是否有一种引导并制约天地运行、万物变化、国家秩序、人的生存之"道"的存在。而老子，正是中国第一位从最根本处思考人的生存问题并将其置于宇宙背景下而以哲学方式进行探讨的思想家。他最终以独特的方式体悟到了"道"，建构起了"道"，诠释出了"道"，并且使"道"成为自己哲学理论的最高范畴，进而成为中国哲学理论的最高范畴。如果说，西方哲学的关键问题在于"真理是什么"，那么中国哲学的关键问题则是"道在哪里"。老子对于"道"的诠释，不仅是他体悟"道"的标志、建构"道"的基础，而且是两千年来中国乃至世界哲学人追随老子探究"道"、发展"道"的主要引导与凭借。

第一节　老子对"道"的体悟方式

我们尝试着探究老子对于"道"的诠释，首先当然必须了解老子对

"道"的体悟，这样就不能不仔细品读老子对于"道"的主要描述：

> 有状（物）混成，先天地生。寂兮寥兮，独立而不改，周行而不殆，可以为天下母。吾不知其名，强字之曰"道"。（《老子》第二十五章）

> 道之为物，惟恍惟惚。惚兮恍兮，其中有象；恍兮惚兮，其中有物。窈兮冥兮，其中有精；其精甚真，其中有信。（《老子》第二十一章）

> 道冲而用之或不盈。渊兮，似万物之宗；湛兮，似或存。（《老子》第四章）

> 视之不见，名曰"夷"；听之不闻，名曰"希"；搏之不得，名曰"微"。此三者不可致诘，故混而为一。其上不皦，其下不昧，绳绳兮不可名，复归于无物。是谓无状之状，无物之象，是谓"惚恍"。迎之不见其首，随之不见其后。（《老子》第十四章）

可见老子心目中的"道"，惟恍惟惚，湛兮似或存，无色而不可视，无声而不可听，无形而不可搏，高而无上故不显得光亮，低而无下故不显得昏暗，迎着它看不见其前头，随着它看不见其后面，绵绵不绝而不可名状。然而，它却又先天地而生，是天地万物生存的本原，是万事万物变化的总规律，同时也是人类生存发展的总原则；它可以为天下母而化生万物，它超越万物而又内在于万物之中，并以"德"的形式作为万物生存的本性和根据而覆育长成了万物；它具有自然性、独立性、形上性、生成性。可是，对于这样惟恍惟惚的"道"，作为最早的探寻者，老子是如何才能体悟到的呢？老子对"道"的认知方式，决定了他对"道"的诠释方式。

人获得知识和应用知识，依赖于一系列认知活动，而思维活动，则是认知活动的高级阶段。思维能够导致产生新颖的、有效的意识或结论，具有反映、解释、选择、评价和操作的功能。哲学便是人的思维活动的产物，哲学要想主导人的精神生活和民族文化的建构，则又必须凭借思维方式作为中介与手段。因此，为了探求老子究竟是如何认知到"道"的，我们不能不着重考察老子认知"道"的思维方式。事实是，老子在对于"道"的主要描述中，就已经从一个侧面透露出他认知"道"的思维方式。你看，他已经反复申述，"道"先天地而生，湛兮似或存，视之不见，听之不闻，搏之不得，不可致诘。这就表明，人不可运用感官去感觉道，不可运用大脑去知觉道，更不能运用思辨的形式去理解和把握道，道是超乎经验的浑沦存在而难以实证。既然如此，那么人究竟应该运用何种思维方式去理解和把握"道"呢？老子探索到了一种可行的思维方式，那就是"致虚极，守静笃"（《老子》第十六章）、"涤除玄览"（《老子》第十四章），有如张岱年先生在《中国哲学大纲》中指出的："老子讲'为道'，于是创立一种直觉法，而主直冥会宇宙本根。'玄览'即一种直觉。"由此可知，老子是倡导运用保持空明宁静心境以畅发直觉的方式去体悟"道"。

心理学的研究表明，直觉是一种基于感性和理性而又超越感性和理性的直观感悟式的思维方式。在那里，思维主体是作为一个理智、意志、情感之统一体而发挥作用的，思维对象则是一种连续性的无限整体；思维主体以"意会"和"体认"作为把握对象世界的基本形式以实现整体体悟。爆发式的顿悟，则是直觉思维显现的方式。所以，它通常具有超越性、直接性、跳跃性、突发性、整体性、直观性等基本特征。而且，直觉思维"在人的认知活动中伴随着情感性的因素，并重视主体的想象力，因此，它能充分调动人的思维能力，使思维的潜力高度地发挥出来，表现为思维活动的自由性、能动性，而思维活动的自由性、能动性恰是挖掘、发挥人的创造力所不可缺少的因素与前提。就此而言，直觉思维具有逻辑思维所无法代替的功能"①。老子正是倡导以畅发直觉的方式去体悟"道"，并且终于在"意会"和"体认"之中体悟到了"道"。请看《老子》第二十五章之颇有代表性的描述：

　　有状（物）混成，先天地生。寂兮寥兮，独立不改，周行而不

---

　①　高晨阳：《中国传统思维方式研究》，山东大学出版社 1994 年版，第 166 页。

殆，可以为天下母。吾不知其名，强字之曰"道"，强为之名曰
"大"。大曰逝，逝曰远，远则反。

故道大，天大，地大，人亦大。域中有四大，而人居其一焉。

人法地，地法天，天法道，道法自然。

我们也来保持空明宁静的心境细细想想：在精神危机弥漫的春秋末期，
哲人老子起而从最根本处思考人的生存问题；经过反复思考、反复挫折，他
突发奇想，要将这一问题置于宇宙背景之下加以探讨，从而兴起了体悟
"道"、建构"道"的决心。这时候，作为认知主体，老子是理智、意志、
情感的统一体；作为认知客体，他所要探讨的"道"，不是一个有限之物，
而是贯通着天、地、人的无限整体。于是，老子"涤除玄览"，发挥奇特的
想象力，去意会，去体认。他首先想到，"道"应该是天地万物生存的本原，
那么它必然先天地生，可以为天下母；他接着想到，天地无穷之大，万物无
尽之奇，而作为它们的"母"，"道"应该如何呢？最好是"有状（物）混
成（无边无际，浑然一体）""寂兮寥兮（静而无声，动而无形）"；他进
而想到，"道"既然是天地万物生存的本原，那么它应该就是独立而不改、
周行而不殆的。老子就这么想象着，就这么直觉着，就这么推演着，终于爆
发了顿悟，破天荒地体认到了"道"！

然而，直觉乃是超越性、整体性、直观性的非概念性活动，凭借直觉体
悟到的"道"，是无形无象的浑伦整体，是不可分析、难以命名的。这样一
来，老子又免不了要感叹"吾不知其名"，要感叹"道可道，非常道"！
（《老子》第一章）可是，总得指称它、总得言说它呀，于是，就连老子这
样的智者，也只得以退为进而"强为之名"：既然它是万物之所由，就勉强
称之为"道"吧；既然它无边无际，就勉强称之为"大"吧；既然它无物
无状，就勉强称之为"恍惚"吧。而老子的感叹，老子的"强为之名"，却
又正好从一个侧面彰显出了直觉思维的特点。哲人老子则还在继续想象，继
续思考，并且想到"道"广大无边则会周流不息，周流不息则会伸展遥远，

伸展遥远则会返回本原。而特别难能可贵的是，老子还率先高扬"道大，天大，地大，人亦大。域中有四大，而人居其一焉!"将"人"置于如此中心的位置，这在中国哲学史上，有着重大的启蒙意义!

品读至此，我们终于知道：老子对"道"的主要体悟方式，是直觉思维。老子的直觉思维需要借助概念，有时也要推演，但却不是一种概念性活动；它更加需要借助想象，是一种情感、意志与理智的交融，其中洋溢着诗性的智慧。

第二节　老子对"道"的诠释方式

在社会变迁、人们普遍精神危机的时代，哲人老子起而要从最根本处思考人的生存问题，进而要将这一问题置于宇宙背景之下加以探讨，终于体悟到了"道"，并且努力使之落实到人间，让它成为人的最高生活准则，当然首先就必须要将它诠释出来。而诠释，在一般人看来似乎很平常，不过就是理解之后加以解释而使之能够应用而已；但在哲人那里，诠释却别有深意，它是人类社会生活的进行方式，是人类生命本身原始的存在特质，是人对自身各种可能性进行自我筹划。① 正是因为对此率先感受颇深，所以老子对"道"的诠释问题便高度重视，有过探索，有过曲折，故而《老子》开篇第一句便是："道可道，非常道。"

老子感叹永恒之"道"难以诠释，是有其深刻原因的，其困难至少有二。第一，"道"不可用感官去感觉，不可用心灵去知觉，自然就难以诠释。所以老子强调："视之不见，名曰'夷'；听之不闻，名曰'希'；搏之不得，名曰'微'。此三者不可致诘，故混而为一。其上不曒，其下不昧，绳绳兮不可名，复归于无物。是谓无状之状，无物之象，是谓'惚恍'。迎之

---

① 参见［德］伽达默尔：《真理与方法》，洪汉鼎译，上海译文出版社1992年版，第334—335页。

不见其首，随之不见其后。"（《老子》第十四章）第二，"道"不能用名字去指称，不能用语言去论说，自然就难以诠释。所以老子强调："吾不知其名，强字之曰'道'，强为之名曰'大'"，"道可道，非常道。名可名，非常名"。所谓"吾不知其名"，是说"道"乃无形无色无象的浑伦整体，不可感知，不可分析，所以我不知道如何为它命名；所谓"道可道，非常道"，是说一般的道是可以言说的，但是可以言说的道却并非永恒的"道"，永恒的"道"是人们难以言说的。

然而，"道"是天地万物生存的本原，是万事万物变化的总规律，同时也是人生存发展的总原则；在当下"天命摇坠"、社会变迁、人们精神危机的年代里，大家都来了解"道"、遵循"道"、应用"道"，用以治世、治国、治身，有着刻不容缓的重大意义。所以，对于"道"，无论怎样难以言说、难以诠释，却又必须言说、必须诠释。对此，老子有着刻骨铭心的执着，终于建构起了洋溢着诗性智慧的言说和诠释"道"的方式。王弼对此赞叹不已："其为文也，举终以证始，本始以尽终；开而弗达，导而弗牵。寻而后既其义，推而后尽其理。善发事始以首其论，明夫会归以终其文！"（《老子指略》）而老子对于"道"的言说和诠释方式，主要是他依据"道"的固有特征、基于直觉思维而建构起来的隐喻法、反显法、似象法、侧写法等，这些方式相互结合，相互映发，组成了诗性诠释方式，并在诠释中命名，以命名为诠释，以实现"开而弗达，导而弗牵"的效应。

第一，老子对于"道"的言说和诠释多用隐喻之法。例如：

谷神不死，是谓玄牝。玄牝之门，是谓天地之根。（《老子》第六章）

天下有始，以为天下母。既得其母，以知其子；既知其子，复守其母，没身不殆。（《老子》第五十二章）

道者万物之奥。（《老子》第六十二章）

这里有一系列的隐喻。所谓"玄牝"，是微妙的雌性，"牝生万物，而谓之玄焉，言见其生而不见其所以生也"（苏辙《老子解》）。所谓"母子"，具有生养关系，正是"道"化生万物而又内在于万物之中这一特征的写照。所谓"奥"，有深藏义，引申为庇护，说明"道"具有养育万物而又深深庇佑的功能，真正能够"以为天下母"。所谓"既知其子，复守其母"，彰显出了认识万物则必须持守其根源亦即"道"的重要意义。所有这些隐喻，都是那么自然贴切、生动形象、富有启示性，能够从一个个特定角度诠释出"道"的一个个特征，进而使抽象的"道"形象化，使恍惚的"道"清晰化，使陌生的"道"亲切化，使不具情感的"道"深情化，使人对"道"的缥缈情思深沉化，真乃"语言艺术中的艺术"！而当"道"的一个个特征被老子的一个个隐喻生动诠释出来，整体的"道"也就从"窈兮冥兮"的状态中彰显出来，而且带着浓郁的诗意。

第二，老子对于"道"的言说和诠释多用反显之法。反显法有如陈鼓应先生指出的，是"用了许多经验世界的词语去说明，然后又一一打掉，表示这些经验世界的词语都不足以形容，由此反显出道的精深奥妙性"①。例如：

> 道常无为而无不为。（《老子》第三十七章）
>
> 明道若昧，进道若退，夷道若纇。（《老子》第四十一章）
>
> 天之道，不争而善胜，不言而善应，不召而自来，坦然而善谋。（《老子》第七十三章）

本来，"无为"与"无不为"，意思是截然相反的，可是合而用之以形容"道"，恰恰以反显的方法，诠释出"道"取法自然故常无为、化生一切故又无不为的最大特征，还洋溢出诠释者自我筹划的意趣——老子不就是在诠释"道"的境界里无为而无不为的妙手吗？而且，语言是这样凝练，特征是这样鲜明，哲理是这样深刻，使人不能不发出赞叹之声。本来，"明"与"昧"、"进"与"退"、"夷"与"纇"（不平），意思也是截然相反的，可

---

① 陈鼓应注译：《老子今注今译》，商务印书馆 2003 年版，第 79 页。

是合而用之以形容"道"的态势，恰恰以反显方法，诠释出一种真实的"道"来：光明的"道"有时不免显得暗昧，前进的"道"有时不免显得曲折，平坦的"道"有时不免显得坎坷，这才是"道"的真实态势。至于"天之道，不争而善胜，不言而善应，不召而自来，坦然而善谋"，简直是以反显方法彰显出了"道"的最大功能与最高境界，因而也就成为对于"道"的最好诠释。老子曾说，"正言若反"，当然也包括"反言若正"，这其实正是他自己创造的一种言说与诠释的艺术。

第三，老子对于"道"的言说和诠释多用似象之法。似象之法，主要以似象之物、以似象之词进行引导式诠释，因而总会显得格外灵活，能够激励人们进一步思考，也给人留下了进一步思考的开阔空间。例如：

> 道冲而用之或不盈。渊兮，似万物之宗；湛兮，似或存。（《老子》第四章）
>
> 绵绵若存，用之不勤。（《老子》第六章）
>
> 道之为物，惟恍惟惚。（《老子》第二十一章）

关于第四章，严复《老子评点》曾经点明："此章专形容道体，当玩'或'字与两'似'字，方为得之。盖道之为物，本无从形容也。"道之为物，本无从形容，然而又以"或"字、"似"形容之，竟有两大妙处：一是毕竟形容了，能给人以线索、以引导；二是却又未说尽，能给人留下进一步思考的空间。这就是王弼所谓的"开而弗达，导而弗牵"。关于第六章，苏辙《老子解》早已指出："绵绵，微而不绝；若存，存而不可见。""道"的微妙之处，正在存而不可见，一个"若"字，就将这一重要特征诠释出来，并且引导人们去做进一步的探寻，真可谓言简意赅。关于第二十一章，释德清《老子道德经解》解云："恍惚，谓似有若无，不可指之意。"这还是似象之法确有独特之诠释功能的明证。

第四，老子对于"道"的言说和诠释多用侧写之法。我们所谓的侧写之法，是指老子鉴于"道"乃无形无色无象的浑伦整体而难以全面把握，于是就从多种角度进行多侧面的感受、多侧面的诠释和多侧面的描写，实际上又予以综合，由此引导人们将多侧面的诠释和多侧面的描写统一起来，以便实现对于"道"的全面把握。例如：

> 视之不见，名曰"夷"；听之不闻，名曰"希"；搏之不得，名曰"微"。此三者不可致诘，故混而为一。（《老子》第十四章）
>
> 吾不知其名，强字之曰"道"。（《老子》第二十五章）
>
> 衣养万物而不为主，可名于"小"；万物归焉而不为主，可名为"大"。（《老子》第三十四章）

从感觉的角度而言，"道"视之不见、听之不闻、搏之不得，完全没有颜色的特征、没有声音的特征、没有形体的特征，但是又恰恰正是"道"的特征。老子便着眼于这一侧面，将其分别命名为"夷""希""微"，以便人们以这些名字为线索，在综合中仔细感悟"道"的这一特征。老子又将所体认到的天地万物之本原，命名为"道"，虽然自己并不十分满意，但却终于名标青史。正如王弼《老子指略》指出的："夫'道'也者，取乎万物之所由也。"也就是说，老子是着眼于道乃"万物之所由"这一关系侧面，诠释出了它的一种最为重要的特征；而将其命名为"道"，则是以隐喻的手法与之结合，对于这一特征做出的生动描写。循此以进，我们又能看到，道衣养万物，万物皆归于道；老子则又进而着眼于道与万物之关系的这样两个小侧面，而将其命名为"小"与"大"，从而对于"道"的这两个特征做出形象的描写。也许，有人对于将"道"描述为"小"难以理解，那么不妨看看王弼《老子道德经注》的解释："万物皆由'道'而生，既生而不知其所由。万物各得其所，若'道'无施于物，故名于'小'矣。"于是就能明白，这恰恰是对"道"的这一特征的最深刻的诠释。研读至此，我们可以将"夷""希""微""道""小""大"等名称全面汇集起来，亦即将老子多侧面的诠释和描写联系起来，进行综合的观察，这样自然就能对"道"进行较为全面的把握，自然就会敬服老子侧写之法那不动声色的高妙。

总而言之，老子对于"道"的言说和诠释方式，主要就是他依据"道"的特征、基于直觉思维而建构起来的隐喻法、反显法、似象法和侧写法。这些诠释方式，形象生动，寓意深刻，富于诗意，"开而弗达，导而弗牵"，闪耀着诗性智慧，它们相互结合、相互映发，组成了风格独特的诗性诠释方式。所以朱谦之先生会在《老子韵例》中情不自禁地感叹："《道德》五千言，古之哲学诗也！"

第三节　老子对"道"的诠释效应

因为老子是中国第一位从最根本处思考人的生存问题并把这一问题置于宇宙背景之下而以哲学方式进行探讨的思想家，因为老子以直觉的方式体悟到了"道"并使"道"成为自己哲学理论的最高范畴，进而成为中国哲学理论的最高范畴，因为老子以风格独特的诗性诠释方式诠释出了"道"，所以在中华文化的历史进程中，他对于"道"的诠释，也就启发着国人的神思，促进着国人的探索，产生了不同寻常的深远效应。老子对"道"的诠释效应，突出表现在以下三个方面。

第一，有力地引导人们从最根本处思考人的生存问题。人的生存问题是人类永恒的课题，"是一个力求把握人的生存真谛的反省或反思性概念"[①]；而所谓人文关怀，其实就是对于人的生存状态的责任感。中国文化就一向以思考人的生存问题为最高使命。早在西周初期，中国哲人学者就开始关注人的生存问题，初建了"天惟时求民主""以德配天"等理论。但是到了春秋末期，传统的"天命"观念等，皆随着社会的变革而逐渐失其效用，由此形成了普遍性的精神危机。正是在这种情势的激励下，老子突破天命神学的束缚，率先从最根本处思考人的生存问题，把这一问题置于宇宙背景之下而以哲学方式进行探讨，并且由此体悟到了"道"、诠释出了"道"，就在社会

---

① 张曙光：《生存哲学——走向本真的存在》，云南人民出版社2001年版，第8页。

变革或精神危机的时代，形成了引导人们从最根本处思考人的生存问题的永恒意义或效应。老子之所以能够创建道家，道家之所以能够与儒家并立于中国哲学领域，中国文化精神之所以必然是儒道互补的，都与此有着直接而紧密的关系。并且，老子又进而从关切人的生存状态出发，本着其"道"的理念和精神，深刻反思人类文明的发展规律，最早批判文明的异化与人的异化，最早尖锐地指出："故失道而后德，失德而后仁，失仁而后义，失义而后礼。夫礼者，忠信之薄而乱之首。"（《老子》第三十八章）所有这些远见卓识，惊世骇俗，直到两千五百多年后，仍然有着重要的启示意义和引导作用。

第二，有力地召唤历代哲人学者不断地探讨和完善大"道"。由于老子对"道"的诠释方式，主要是他依据"道"的特征、基于直觉思维而建构起来的隐喻法、反显法、似象法和侧写法，亦即风格独特的诗性诠释方式；而这种诗性诠释方式，洋溢着生命活力，充满着诗性智慧，闪耀着奇特联想，释放着亲和功能，拓展着认识的新视角，对于各派学人都具有强大的召唤力量，对于各种理念都具有广泛的融通力量。所以，它就能有力地吸引历代哲人学者特别是道家学人跟随其后，以新的再诠释的方式，不断地探讨和完善大"道"，从而显示出深远的诠释效应。譬如：

> 上善若水。水善利万物而不争，处众人之所恶，故几于道。

（《老子》第八章）

在这里，老子以"水"为喻，既写"上善"，也烘托"道"。说到水，这是每一个人都依赖与亲近的；因而以"水"为喻，能使每一个人都能理解，都感到亲切。但是，不同的人，对于水却又往往有着不同的感受、不同的联想、不同的诠释，有人容易看到水的清澈，有人容易想到水的柔和，有人容易感到水的滋润之功，有人则容易认识到水的无限力量，有人更能理解水的谦和品性。所以，以"水"为喻而诠释大"道"，不仅闪耀着奇特联想，而且拓展着认识的新视角，对于广大读者特别是哲人学者而言，这就具有强大的召唤力量，既给予了有力的认识引导，又留下了广阔的诠释空间。于是，庄子由此想到了"夫水……无为而才自然"（《庄子·田子方》），管子由此提出了"下令于流水之原者，令顺民心也"（《管子·牧民》），河上公由此而强调"上善之人，如水之性"（《老子章句》）。他们都被老子以"水"为喻而诠释大"道"所引导、所激励，纷纷形成了自己特有的理解；而他们的每一种理解，都既符合老子的本有意趣，又有着自己的创造性发展，并且可以在"水"的隐喻之中相融相通。又如：

> 天地不仁，以万物为刍狗。（《老子》第五章）
>
> 天地任自然，无为无造，万物自相治理，故不仁也……天地不为兽生刍，而兽食刍；不为人生狗，而人食狗。无为于万物而万物各适其所用，则莫不赡矣。若慧（惠）由己树，未足任也。（王弼《老子道德经注》）

显然，老子这里对"道"的诠释，是运用了拟人的手法，设立了一个新奇的比喻，因而引得历代学者纷纷驰骋想象，做出各具特色的解释。按照多数学者的解释，老子这两句话表述了一个观念：天地对于万物，既无所仁爱，也无所憎恶，只是任凭万物像刍狗那样自生自灭。然而王弼却有其独到的理解。在他看来，老子所谓的"天地不仁"，是说"天地任自然，无为无造，万物自相治理"。老子所谓的"以万物为刍狗"，不必仅仅视为隐喻，而是说"天地不为兽生刍，而兽食刍；不为人生狗，而人食狗"。特别是其中"万物自相治理"一句，作为一个重要命题，所概括的是一种新的理论：天地之间，人和万物都相互依存、相互制约，各适其所用，具有自我调节的机制，组成了和谐完美的整体，并不需要外在的强制干涉。应该说，这一理论，是哲学的，也是政治学的，它并非老子这两句话已经完全表达的，却又是老子这两句话所深深蕴含的；它是王弼对中国哲学、政治学的创造，却又有赖于老子之语所做出的认识引导，凭借着老子之语所留下的诠释空间。因此，它仍然从一个角度婉转地彰显出了老子对于"道"的诠释效应——一种创造性效应。

第三，直到两千五百多年以后，它仍然能够启人神思。雅斯贝尔斯有言："凡是在科学里寻找他的人生意义、他的行动指南、寻找存在本身的人，都不能不大失所望。于是只好回过头来，再请教哲学。"① 这很容易使人想起中国哲人老子。由于老子在危难之时直面人的生存问题，对"道"进行了诗性的诠释，为社会人生建构了最高的形上理则，因此，每当中国社会进入危难之际或变革之时，总有满怀人文关怀的哲人学者想到老子，向往着老子，努力从他那里获得重要的启示。甚至连唐玄宗李隆基、宋徽宗赵佶、明太祖朱元璋、清世祖福临这样的人，在思考国计民生时也都纷纷以注释《老子》的方式向老子讨教。② 兹事难以尽述，且以中国近代启蒙思想家严复先生为例做些说明。

中国社会演变至晚清时代，专制政体分崩离析，西方列强乘虚而入，人的生存危难，国家前途堪忧，有志之士无不奔走呼号图存变革，严复则怀报国之志远赴英国，潜心研究西方社会政治学说，切实考察英国社会制度，深入比较"中学""西学"异同；归国之后，他大力引进西方近代学术思想，大声呼唤废除君主专制而实行君主立宪，借用"物竞天择，适者生存"的进化论思想激励国人救亡图存之志。而到了1905年，严复基于新的经验教训，又回过头来，再请教中国哲学，请教哲人老子，并且出版了《侯官严氏评点老子》（亦即《老子评语》），语重心长，反复致意，例如：

> 试读布鲁达奇《英雄传》中《来刻谷士》一首，考其所以治斯巴达者，则知其作用与老子同符。此不佞所以云，黄老为民主治道也。（总评《老子》第三章）
>
> 此章专形容道体，当玩"或"字与两"似"字，方为得之。

---

① 〔德〕卡尔·雅斯贝尔斯：《生存哲学》，王玖兴译，上海译文出版社2005年版，第7页。

② 参见高专诚：《御注老子》，山西古籍出版社2003年版。

盖道之为物，本无从形容也。（总评《老子》第四章）

天演开宗语。（评《老子》第五章"天地不仁，以万物为刍狗"）

此四语括尽达尔文新理。至哉！王辅嗣。（评《老子》第五章"天地不仁，以万物为刍狗；圣人不仁，以百姓为刍狗"）

夫黄老之道，民主之国之所用也，故能长而不宰，无为而无不为；君主之国，未有能用黄老者也。汉之黄老，貌袭而取之耳。（评《老子》第十章"明白四达，能无知乎？生之畜之，生而不有，为而不恃，长而不宰，是谓玄德"）

呜呼！老子者，民主之治之所用也。（评《老子》第三十七章"道常无为，而无不为。侯王若能守之，万物将自化"）

纯是民主主义。读法儒孟德斯鸠《法意》一书有以征吾言之不妄也。（评《老子》第四十六章"天下有道，却走马以粪。天下无道，戎马生于郊"）

今之所谓文明，子老子观之，其不为盗夸者，亦少矣。（评《老子》第五十三章"服文采，带利剑，厌饮食，财货有余；是谓盗夸。非道也哉！"）

取天下者，民主之政也。（评《老子》第五十七章"以正治国，以奇用兵，以无事取天下"）①

仔细读着这些反复致意的评语，我们可以感知到，严复本着变革图存的志向，深受老子哲学的感召，关注着老子体悟到的"道体"，关注着老子诠释"道体"的诗性方式，大力促使老子的哲学与西方的进化学说、竞争思想、民主理论相互沟通、相互诠释、相互激发，从而认定"老子者，民主之治之所用也"，力图从中阐发出推进变革图存的动力与良方，无疑就是老子对"道"的诠释效应在远远地发挥着重要作用。试想，如果老子之"道"没有

———————————

① 严复：《老子评语》，见王栻主编：《严复集》第四册，中华书局1986年版。

"长而不宰,无为而无不为"等特性,严复能够从中发现"民主主义"的思想要素吗?如果老子没有运用中国式诗性诠释方式诠释"道",因而充满着诗性智慧,拓展着认识的新视角,释放出对于各种理念具有广泛的融通力量,严复能在国难当头之际反复玩味,使之与西方的进化学说、竞争思想、民主理论相互诠释、相互激发吗?因此,即使不能一一细加分析,我们也能由此触摸到老子对"道"的诠释效应。

同样也是因为如此,直到21世纪,中国学者还能感触良深,发出这样的声音:"道家思想毕竟是中国本土文化中最有利于接引民主政治的思想学说,一切真诚地追求民主政治的人都可以而且应该从道家思想中汲取本土的精神资源,创造中国人喜闻乐见的民主思想和民主形式,从而推动真的民主制的实现。"① 在此余音缭绕之际,人们仍然可以穿透历史而感受到老子对"道"的深远、重大的诠释效应。

---

① 刘笑敢:《老子古今》,中国社会科学出版社2006年版,第494页。

第五章　孔子创立的儒学诠释学之核心精神

　　作为一种观念体系，儒学是中国古代传统思想乃至传统文化的主体部分，而在中国历史的进程中，从儒学创始人孔子开始，儒学的各种重要思想理论，大都又是在文化经典诠释的过程中产生，以文化经典诠释的方式提出，以文化经典诠释的名义发挥作用的，其中跃动着一种经典诠释学精神。深入了解孔子创立的儒学诠释学，特别是探究其核心精神，不仅对于切实研究中国诠释学的发生发展，而且对于切实研究儒学思想理论的发生发展，也都有着特殊的意义。

第一节　孔子创立儒学诠释学的时代背景

　　在人类文化的历史进程中，任何一种影响深远的文化精神或学术典范，都会有其久远而独特的时代背景，孔子创立的儒学诠释学当然更是如此。更何况孔子已经本着一种可贵的自觉，对自己创立的诠释学精神做过有力的概括："述而不作，信而好古"（《论语·述而》）。这里所谓的"古"，就是既指包容恢宏的"古之道术"，也指历程久远的文化传统。因此，我们首先就应该追寻其深远而独特的社会文化背景，分析它给予孔子诠释学精神的培育和激发。

一、"连续文明" 的基因

文化人类学家张光直先生曾经指出，西方古代文明是一种"破裂性文明"，而中国古代文明则是一种"连续性文明"。这是由于：第一，在中国上古时代，财富的集中主要是凭借政治程序以增加生产劳动力、强化贸易与政治的关系来实现的，政治程序成为促使城市与国家产生的主要动力；第二，中国在"文明和国家起源转变的阶段，血缘关系不但未被地缘关系所取代，反而是加强了，即亲缘与政治的关系更加紧密的结合起来"，这就形成了宗族制度的连续性；第三，早在文明与国家产生之前，中国古人就初步确立了天神崇拜和祖先崇拜的信仰，建构起了一种"天人合一"的整体性宇宙观念，在文明和国家起源转变的阶段，这种宇宙观念派生出了相应的意识形态，为政治提供了操作的工具，自身也得到了发展，从而呈现出连续性。①

事实也确实如此。正是连续性文明的不断演进，促成了中国上古宗法型国家和宗法性社会的产生。宗法型国家以宗族组织为基础，建立国家制度，分配行政权力，垄断公共权力的继承；而在其内部，又以亲缘为纽带的人际关系，具有亲情互依的紧密性、人生历程的长期性、伦理秩序的严格性、社会功能的突出性。于是，协调好人际关系，安排好人间秩序，在排除各种特殊意志突破与干扰的同时实现宗族、社会、国家的稳定和发展，总是受到特别的重视，占据了思想建构的首要地位，并且因此形成了注重秩序而"竞于道德"的宗法性伦理观念。所有这些，构成了一切思想理论的知识背景、逻辑起点和终极依据，同时也种下了孔子诠释学精神的遗传基因。

二、"礼乐文化" 的孕育

中国上古的"连续性文明"，在漫长而曲折的道路上逐步发展，造就了

---

①　张光直:《中国青铜时代》，生活·读书·新知三联书店1999年版，第471—488页。

夏代的"巫觋文化",造就了商代的"祭祀文化"。到了西周初期,以剧烈社会变革为背景,以周公"制礼作乐"为标志,它登上了新的高度,又创造出了"礼乐文化"。它既将礼俗制度化,更将等级制度化,并且使之贯彻于一切社会文化生活之中。而"礼乐文化"的基本精神与社会功能主要有四。

第一,物欲相持的精神以及由此而生的经济功能。正如《荀子·礼论》所言:"人生而有欲,欲而不得,则不能无求,求而无度量分界,则不能不争。争则乱,乱则穷。先王恶其乱也,故制礼义以分之,以养人之欲,给人之求,使欲必不穷乎物,物必不屈于欲,两者相持而长。"就这样,运用"礼义"手段,区分宗法国家与宗法社会中天子、诸侯、大夫以至庶人的各种等级身份,规定各自在政治、经济、文化等方面的权利、义务和道德规范,安排人间秩序,于是"礼义"也就具有经世济人的重要功能。

第二,礼异乐同的精神以及由此而生的政治功能。《礼记·乐记》指出:"乐者为同,礼者为异。同则相亲,异则相敬。乐胜则流,礼胜则离。……礼义立,则贵贱等矣,乐文同,则上下和矣。""礼"是"度量分界"以别贵贱,使之成为永久性的法规,可能使人"相敬"而又"相离",而"乐"则能使人们有等差地亲与爱,有上下地合与同,避免离心离德。礼乐互补并用,就有可能使人们既"长幼有序,尊卑有别",又能结合成为社会群体。

第三,礼外乐内的精神以及由此而生的道德功能。《礼记·文王世子》明确肯定:"乐,所以修内也;礼,所以修外也。礼乐交错于中,发形于外,是故其成也怿,恭敬而温文。""礼"是行为的规范体系,也是得到规范的行为模式;"乐"是性情的陶冶方式,也是得到陶冶的性情范式;礼乐互补并用,也就具有引导人们内外双修的道德功能,能使人在遵守宗法秩序的同时,培养愉悦、恭敬、文雅的基本素质和道德风采。

第四,敬德隆礼的精神以及因此而生的整合功能。周初政治家们以殷为鉴,提出了天命转移的历史观、王权天授的政治观和以德配天的道德观,并将其融进礼乐文化之中。他们重视的"德",主要是君王所应具有的那种"爱知小人之依,能保惠于庶民"(《尚书·无逸》)的政治品格。于是,德成为礼乐的终极意义，礼乐成为德的表现形式，力图整合礼乐文化使之富于超越性。

概括言之，周初的"礼乐文化"，本着对"天命转移"的独特体悟，对"小人所依"的初步理解，力求"度量分界"以安排好人间秩序，希望"管乎人心"以加强各级人们的道德规范，从而使宗法国家能长久地发展，同时又为后来的"哲学突破"奠定了文化基础，并且也孕育了孔子的诠释学精神。

三、轴心时代的激发

孔子生活的春秋时代，是一个开始发生重要社会变革并且即将发生更大社会变革的转型时代，其中有三种特别关注的变化。一是宗法政治受到严重的破坏，"礼乐征伐"由"自天子出"相继变为"自诸侯出""自大夫出"，乃至"陪臣执国命"（《论语·季氏》）。"以下犯上"屡见不鲜，导致"贵族政治"趋于崩溃。二是"士"的崛起，由往昔的宗法政治等级蜕变为新兴的社会阶层，逐渐摆脱了宗法关系的束缚，文化视野日渐广阔，创造精神日趋强烈，勇于"以道自任""择任而往"（《左传·昭公二十年》）。三是学术下移，由过去的"学在官府"演变为"学在家人"。新型的"私学"也应运而生，使教育由官方的政治工具转化为社会的文化事业，并且承担起整理、阐释和传播古代文化经典的重要使命。所有这些变化与变革，从一个角度看就是"礼崩乐坏"，震撼了许多先觉之士的心灵。正如黑格尔深刻地揭示的，"哲学开始于一个现实世界的没落"，在这样的进程里，"精神超出了它的自然形态，超出了它的伦理风俗……而过渡到反省和理解"①。而在中国，正是从春秋时代后期开始，老子、孔子等哲人智者受到社会变化变革的激发，力图对宇宙本质、对宗法社会、对礼乐文化进行"反省和理解"，对

---

① ［德］黑格尔：《哲学史讲演录》第 1 卷，贺麟、王太庆译，商务印书馆 1978 年版，第 54 页。

未来的社会文化蓝图进行构想，开始了"轴心时代"的"哲学突破"。

在中国，"哲学突破"开始于春秋时代，其直接背景是"礼崩乐坏"、社会转型，"突破"则是对于这一趋势的积极的思想反应。"哲学突破"遍及各个思想领域，力图从内部改造这个传统，使之随着时代的变革而变革，并且赋予礼乐以新的哲学意义；它渊源于礼乐文化，其方式是温和的、渐进的，主要是在重新解释古代文化经典及其重要理论范畴的名义下和过程中进行的；它的精神是人文主义的，方向是"人伦日用"的，要旨是本着重建人间秩序和道德准则的需要而在礼乐文化中寻求某些具有合理性的内容和价值。而正是这个变革的、转型的、富于感召力的"轴心时代"，正是这种温和的、渐进的、富于启示性的"哲学突破"，激发了孔子的诠释学精神。

第二节　以"经"为寄的使命精神

要想探讨孔子创立的诠释学精神，在考察社会文化背景之后，还必须切实理解他本人的文化心态。孔子一生，既自负天命，常以"天生德于予"自期（《论语·述而》）；又唯恐逝者如斯、凤鸟不至、抱负难以伸展，对于生命历程的目的性有着独特的体验。他"知其不可而为之"，一生都在为实现和传播自己所体悟、所建构的"道"而不懈努力。面对诸侯无休止的攘夺征战、人民无尽头的流离困苦、社会秩序的长期动乱，孔子既不是如同宗教家那样创造出一个超越的全知全能的救世主，也不是如同一般谋臣策士那样为一家一国的利益做具体的策划，而是努力思考现实社会环境与秩序是否合理，反思人类生存的目的与意义究竟何在，力图探求到一种能解决根本问题的"大道"，以"仁"为人生的最高追求和终极信念，以"礼"为社会的中心环节和改革契机，重建合理的人间秩序以改善人的社会环境，重建理想的道德精神以实现人的生命价值。

但是，这样的"大道"应到何处寻求呢？孔子基于自己的生命体验和人文关怀，回首民族文化传统，反思民族历史经验，执意到上古的"圣王政治"和"经典文化"那里探寻历史文化的智慧和启示。为此，他决心通过对民族历史的现实性反思和对文化经典的创造性解读，总结西周时期的人伦秩序，阐扬文王周公的经世智慧，研习西周社会的礼乐文化。他要清理出其中的"礼"，概括出其中的"仁"，抽绎出其中的"道"，探究其礼、其仁、其道对现实社会人生的巨大启示。所以，他反复申说：

> 殷因于夏礼，所损益可知也；周因于殷礼，所损益可知也。其或继周者，虽百世可知也。（《论语·为政》）
>
> 周监于二代，郁郁乎文哉！吾从周。（《论语·八佾》）
>
> 齐一变，至于鲁；鲁一变，至于道。（《论语·雍也》）

孔子认为，古来的"道"及其主要表现形式"礼"，总会因时世不同而有传承、而有损益，三代而今是如此，百世而后仍会如此，它具有可传承性和可变革性。就过去而言，"周监于二代"，在传承与损益中使其礼最为兴盛美好；就未来而言，周道周礼既有永久的借鉴作用，又必须随时世变迁而不断变革；就当时而言，鲁国所奉行的周道周礼也要"一变"才能"至于道"。孔子显然认识到，"礼"与"道"因革互用，才是符合历史演进规律的。

　　本着固有的认识，孔子为自己确立的历史使命，正是由阐述文王周公之道入手，建构起在新时代里可以解决人生困境和社会冲突的社会人生之道，这种"道"由超越层面的"天命"、社会层面的"礼"与心理层面的"仁"相互作用以达于"中庸"的境界。然而，尽管孔子为政于鲁，周游列国，"知其不可而为之"，他的"道"却难于系统地建构起来，更难于被统治者理解和接受，因而"吾道不行矣，吾何以见于后世"的焦虑时时在心头涌动（《史记·孔子世家》）。于是，他"退"而选择了全力整理和诠释古代文化经典，从中阐发并建构起社会人生之"道"，以教导学生、影响世人、垂范后世。为了能够真切地理解孔子的这一重要选择，有必要体察以下两则历史记载：

（韩宣子聘鲁）观书于大史氏，见《易》《象》与《鲁春秋》，曰："周礼尽在鲁矣，吾乃今知周公之德与周之所以王也。（《左传·昭公二年》）

子畏于匡。曰："文王既没，文不在兹乎？天之将丧斯文也，后死者不得与于斯文也；天之未丧斯文也，匡人其如予何？"（《论语·子罕》）

显然，根据孔子、韩宣子的共识，"郁郁乎文哉"的周道周礼，亦即"周公之德与周之所以王也"，全都传载于周代的文化经典之中。这些文化经典，积淀了华夏民族在长期的社会苦难中焕发出来的生存智慧，融贯了华夏圣王在长期的社会经营中总结出来的治世长策，表现出了华夏民族的价值取向和社会理想。孔子更是深信，虽然文王周公既没，但是其道其礼及其载体文化经典——三者可以合称为"文"，仍然都还可以考见，它们具有超越性的资源价值和永久性的借鉴作用。而发掘整理、阐释传播、借鉴重构这些"文"的历史责任，就属于他。只要"天命"不欲丧失此"文"，就不能放弃这项历史责任，匡人也不可能加害于他。这是孔子在危难时刻的坚定信念，更是他平时朝夕的使命意识。

孔子时代流传的周公文化典籍，数量不少，品类复杂，用途广泛，有卜筮之之书，有术数之书，有历法之书，有文诰之书，有典制之书，有文艺之书，有神话之书，有历史之书。面对众多的典籍，为了实现历史使命，孔子必须予以区别和选择。为此，他首先选取了《诗》《书》《礼》《乐》，后来又扩充到《周易》《春秋》，作为整理、诠释的主要文本和教育学生的基本教材。现在应该探究的则是：孔子做出如此选择的理据何在？其中蕴含的诠释学精神何在？可以从以下几则可靠性已经得到公认的材料出发探讨这一问题。

（1）子曰："兴于《诗》，立于《礼》，成于《乐》。"（《论语·泰伯》）

（2）孔子曰："入其国，其教可知也：其为人也，温柔敦厚，《诗》教也；疏通知远，《书》教也；广博易良，《乐》教也；絜静精微，《易》教也；恭俭庄敬，《礼》教也；属辞比事，《春秋》教也。故《诗》之失愚，《书》之失诬，《乐》之失奢，《易》之失贼，《礼》之失烦，《春秋》之失乱。其为人也，温柔敦厚而不愚，则深于《诗》者也；疏通知远而不诬，则深于《书》者也，广博易良而不奢，则深于《乐》者也；絜静精微而不贼，则深于《易》者也；恭俭庄敬而不烦，则深于《礼》者也；属辞比事而不乱，则深于《春秋》者也。"（《礼记·经解》）

（3）《易》所以会天道、人道也；《诗》所以会古今之恃也；《春秋》所以会古今之事也；《礼》交之行述也；《乐》或生或教者也。（《郭店楚简·语丛一》）

（4）夫夫、妇妇、父父、子子、君君、臣臣，六者各行其职而谗谄无由作也。观诸《诗》《书》则亦在矣，观诸《礼》《乐》则亦在矣，观诸《易》《春秋》则亦在矣。（《郭店楚简·六德》）

这里值得首先重视的是材料（1），因为它是《论语》直接记载的孔子言论，而且具有纲领性质。对此，李塨《论语传注》已有很好的解说：

《诗》之为义，有兴而感触，有比而肖似，有赋而直陈，有风而曲写人情，有雅而正陈道义，有颂而形容功德。……学之而振奋之心、勉进之行油然兴矣，是兴于《诗》。恭敬辞让，礼之实也，动容周旋，礼之文也。朝庙、家庭、宫室、饮食、冠昏、丧祭，礼之事也。事有宜适，物有节文；学之而德性以定，身世有准，可执可行，无所摇夺，是立于《礼》。论伦无患，乐之情也；欣喜欢爱，乐之官也；手之舞之，足之蹈之，天地之命，中和之纪，学之则易直子谅之心生。易直子谅之心生，则乐；乐则安，安则久，久则天，天则神，是成于《乐》。

由此可见，孔子首先选取并特别重视《诗》《礼》《乐》，主要是由于其中所传载的西周礼乐制度、所体现的文王周公之道。就国家而言，这是改善社会环境的基础工作；就个人而言，这是实现生命价值的前提条件。在他看来，《诗》可以兴起人们的振奋之心、勉进之行，有助于养成积极的态度和审美情趣；《礼》可以使人们德性以定、身世有准，有助于立定积极的行为准则和生活方式；《乐》可以重塑人们的感性，使之恰到好处，实现在感性时空中的超越，达到"久则天，天则神"的人格境界。显然，这里包含了对礼乐文化传统、对"周公之德与周之所以王"的深刻反省，融进了对人类在天地间处境的初步思考，促成了对《诗》《礼》《乐》社会功能的引申发挥。由此可以体会出孔子创立的诠释学精神。

当然，孔子选取六部经典，同时也是由于其中所传载的西周礼乐制度和文王周公之道，可以用于国家的稳定发展，可以作为思想资源重建新的治国之道。第一，他认为，这六部经典内容各自有所侧重，功能各自有所突出。譬如，《书》为历史文诰汇编，其中《周书》更是直接记录了周公的德行与思想，最能使人们远知"周之所以王"、近晓世之所以济。但关键在于能有正确的诠释和运用，使它们相互补充，相互结合，从而彰显出文王周公之道整体的启示性。第二，他认为，作为整体的文本系统，这六部经典表现出来的文王周公之道的整体，具有永久的价值，经过提炼引申和重构，可以用于现时代的"为人"和现时代的治国，达到"入其国，其教可知"的效果，因此，这既是为现世立"教"，也是为后世立"教"，具有普遍的适应性。第三，他认为，作为宝贵的思想资源，这六部经典共同的核心内容和关键作用，首先是安排和协调夫妇、父子、君臣三项最根本的人际关系，明确各自的道德义务和行为准则，将"道"落到人伦日用的实处。这样一来，选取六部经典的理据就切实而不空泛，诠释六部经典的方向就明确而不模糊，体现了一种诠释学精神。

以上的考察分析可以说明，在其时代背景下，孔子选取六部经典作为主要的教材，最根本的理据是它们蕴含着具有超越性资源价值的西周礼乐文化和具有永久借鉴作用的文王周公之道；最根本的目的是阐发出其中蕴含的礼乐文化精神和文王周公之道，然后加以损益重构，从而重建合理的人间秩序和理想的道德精神。无论中国历史是否已经证明这都有些滞后，过于温和，但当时的孔子，确实具有以"经"为寄的使命意识，并由此焕发出经典诠释的核心精神。

第三节　以"述"为作的创造精神

因为是怀着历史的自觉、文化的自觉以及由此而生成的使命意识，所以孔子对于本着何种取向、运用何种方式解释自己选取的文化经典，是极为慎重、反复探索的，终于创建起了八个字的解释纲领："述而不作，信而好古"（《论语·述而》）。其中，"信而好古"是价值取向和基本态度，"述而不作"是文化策略和解释方式；"信而好古"乃"述而不作"之本，"述而不作"为"信而好古"而发。沿着这一思路考释下去，就能发现其中深含的创造精神。

首先考释"信而好古"。这里的"古"，既指"古"之文王周公之道，又指体现其道的礼乐文化，也指传载了礼乐文化、体现了文王周公之道的文化经典，有如"文不在兹"的"文"。这里的"信"是思想所在、信仰所在；这里的"好"是兴趣所在、志向所在，有了"信"然后产生了"好"，有了"好"才能彰显出"信"。就其思想内涵而言，"信而好古"与"周监于二代，郁郁乎文哉，吾从周"是一致的。因为，孔子自觉肩负起神圣的历史使命，"知其不可而为之"，所以，正如"从周"就是"谓将因周礼而损益之"那样，"好古"也包含着他自述的"好古，敏以求之"（《论语·述而》）的精神："求"彼"古"中的文王周公之道，"求"在损益文王周公之道的过程中重建新的儒家至"道"。正因为如此，"信而好古"才是"述而不作"之本。

其次考释"述而不作"。朱熹《论语集注》对此释曰："述，传旧而已；作，则创始也。……然当是时，作者略备，夫子盖集群圣之大成而折衷之，其事虽述，而功则倍于作矣。"其实，"述"固然是解释、是传承，但又必须以深入的钻研和正确的鉴别为前提，则又必然会对它哪些可传达出"古"、如何适应于"今"、应该怎样予以损益，都有独到的看法和做法。从认识规律的角度看，这也就是孔子一贯倡导的"温故而知新"（《论语·为政》）。而对"温故知新"，清代著名学者刘逢禄在《论语述何》中有深刻的解释："故，古也。六经皆述古昔称先王者也。知新，谓通其大义斟酌后世之制作。"可见它与"述而不作"是相互发明的。这样一来，在"述"的解释之中就能有"知新"，在"述"的传承之中就会有"折衷"，而诠释中的"知新"和传承中的"折衷"，也都是一种创造。"作"固然是创始，是发端，但又必须以既有的文化思想成果为凭借，它往往是在"述"的前提下或"述"的过程中开始进行的。"述"中常常有"作"，"作"前必须有"述"。此即孔子强调的："盖有不知而作之者，我无是也。"（《论语·述而》）衡量"作"的标准，主要是自创新意或自立新解的大小与价值，而不是看其是否自著新书，正如《汉书·儒林传》所强调的：孔子"皆因近圣之事，以立先王之教"。所以孔子所自道的"述而不作"，正是"以述为作"。

当然，要正确评论孔子的"述而不作"或"以述为作"，最要紧的还是考察并依据孔子之"述"与"作"的亲自实践。例如：

> 或谓孔子曰："子奚不为政?"子曰："《书》云：'孝乎惟孝，友于兄弟，施于有政'，是亦为政，奚其为为政?"（《论语·为政》）

《尚书》（逸文）"孝乎"数句，本是赞美孝敬父母、友爱兄弟的行为，因为这种行为表现了爱心，协调了人伦，是古人"齐家"的重要行为范式。孔子在引用和解释这两句话时，却将其意义向前引申了一大步，指出这种富于爱心、可以齐家的行为范式还能"施于有政，是亦为政"，从而昭示出一个重要的思想观念："爱人""齐家"是"为政"的起点与基础，可以说就是"为政"。这一思想观念的提出，是孔子的一大创造，后来又被《大学》继承发挥，形成了儒家"家齐而后国治，国治而后天下平"的著名理论。显然，孔子在这里确实是"述"，却又绝非"传旧而已"，而是儒家理论的创始，体现出了孔子诠释文化经典的可贵创造精神。又如：

> 子夏问曰："'巧笑倩兮，美目盼兮，素以为绚兮'，何谓也？"子曰："绘事后素。"曰："礼后乎？"子曰："起予者商也！始可与言《诗》已矣。"（《论语·八佾》）

面对三句描写巧笑之"倩"、美目之"盼"从而增添了美女本有之美的诗句，子夏在孔子的引导下，将诗意由描写美貌引申为表现美德，进而体悟出"礼后"的重要道理。而所谓"礼后"，是说"礼必以忠信为质，犹绘事必以粉素为先"（朱熹注语），也是说"礼"有一种内在的根源，乃人所固有的真实情感和道德要求，只有据此而又加以规范，"礼"才能具有协调伦理秩序的社会功能。子夏这一段新的"礼论"，是一种很有价值的理论创造，孔子因此给予很高的评价，并且进而以此作为诠释《诗经》的指针。显然，子夏之"述"，同样不是"传旧而已"，而是"以述为作"，发扬了孔子的诠释学创造精神。

这里有两个问题是应该深入探究的。第一，既然经典解释的实际情况是"述中有作"或"以述为作"，那么孔子何以一定要自称是"述而不作"呢？朱熹《论语集注》以为"盖其德愈盛而心愈下，不自知其词之谦也"，固然不无道理，却未触及本质。第二，既然孔子是要创造新的思想理论，那么何以不去自著新书①，却要"以述为作"呢？朱熹《论语集注》说是由于"当是时，作者略备"，理由也不够充分。

要探究这两个问题，最好先能回到"轴心时代"的背景中去体察。中华

---

① 有学者认为《易传》之《系辞》、《郭店楚简》之《穷达以时》等皆为孔子著作，但是毕竟尚未形成定论。

民族，以农耕立国，创造了一种"连续性文明"，特别重视经验，重视传统，重视先哲留传下来的文化经典。而春秋时代的社会文化变革并未对此有根本的改变，因此，在春秋士人的口头笔下，"记言"之文显著增多，"闻曰"之语更加流行，《诗》《书》《易》《礼》等文化典籍渐渐被奉为民族文化的经典，开始了经典化的历程，放射出经典的力量。故而在当时，以解释经典的名义阐发新型的理论，以温和的方式进行"哲学突破"，以便顺利地获得广泛认同，既是可取的文化策略，也是必然的文化趋势。即使墨家以否定礼乐为思想特征，但其著作中也有"宗经"色彩。而孔子则更是采用了这样的论说策略，顺应了这样的文化趋势，显得温和渐进。在诸子百家中，儒家最早成为显学，与此也不无关系。

还有两个更加敏感的问题也是应该探究的。孔子既然生当春秋后期，又是怀着自觉的使命意识，那么，在经典诠释的实际过程中，其"合法前见""期待视域"是否会使他曲解经典原意而强为自己所用呢？如果其解释并未曲解本义，那么他又是如何实现其诠释目标呢？要回答这样的问题，最好还是尽力考察孔子的经典诠释实践。

> 子贡曰："贫而无谄，富而无骄，何如？"子曰："可也。未若贫而乐，富而好礼者也。"子贡曰："《诗》云：'如切如磋，如琢如磨'，其斯之谓与？"子曰："赐也，始可与言《诗》已矣，告诸往而知来者。"（《论语·学而》）

从这里的记载来看，师生谈论的话题是道德修养的不同境界。子贡由道德境界不断升进的规律，联想起《卫风·淇奥》中赞美主人公道德日益高尚的诗句而加以引用，受到了孔子的高度赞扬。显然，在这一特定语境里，他们对诗句做了心照不宣的解释。清代学者黄式三《论语后案》对此做了合理的推测："切磋者，必判其分理之细，道学似之；琢磨者，必去其瑕玷之微，自修似之。无谄无骄，质美而自守者能之；乐与好礼，非道学自修不能及此，故引《诗》以明之。"由此可见，孔子和子贡的解释是符合原诗意向的，具有显著的"有效性"。但是，他们并未就此止步，而是在"期待视域"的作用下，肯定原意而又将其向前引申，使之走向更为广阔的语境，由表现特定个人的道德风貌进为表现普遍的道德修养法则，从而拓展了诗句的原意，融进了自己的体验，使得原本是比喻性的、描写性的诗句变成道德性的、理论性的修养格言，显示出儒家特有的创始性道德理论和人格理想。

> 子曰："南人有言曰：'人而无恒，不可以作巫医。'善夫！"
>
> "不恒其德，或承之羞"，子曰："不占而已矣。"（《论语·子路》）

从过于简略甚至可能有所疏漏的记载来看，孔子似乎并未对《周易·恒卦》这两句爻辞做出具体的解释。但是，他将其与南人之言对举，又以"不占而已矣"一语断之，实际是运用了特殊的方式进行了解释，因而具有另一种代表性。对此，当今学者多从皇侃《论语义疏》之说，释译为："孔子又说：'这话的意思是叫无恒心的人不必去占卦罢了'。"但是无恒心的人固然"不可以作巫医"，如何就"不必去占卦"？这一解释似乎有些勉强，更不够深刻。参考帛书《要》篇记载孔子所论"吾求其德而已，吾与史巫同涂而殊归者也"，可以译为："孔子又说：'这两句爻辞，不必仅仅用于对吉凶的占问，而更可以作为道德修养的借鉴'。"了解《周易》起源与体例的学人都知道，它常常采用民歌、谣谚、格言充作卦爻辞。其恒卦九三的爻辞即为："不恒其德，或承之羞，贞吝。"显然是借用哲理格言作为论据，以给出有一定说服力的吉凶判断。由此可见，孔子的解释不仅大致符合两句话的原意，而且恢复了它作为格言的本有功用。更为重要的是，孔子在文化典籍理性化的道路上比他人走得更远，将《周易》本来的占筮功用束之高阁，而用理性的道德的眼光重新审视，从中发掘出天人之道和生活哲理，提出了"不占而已"的诠释目的论、方法论，促进了天人之道的重构。

以上的考察足以表明，学人有必要重新领会孔子的"述而不作，信而好古"诠释学纲领的创造精神：其"信而好古"，实际是基于文化信念的"敏以求之"，凝聚着理性的损益精神；其"述而不作"，实际是关乎文化策略的"以述为作",表现出理论的创造精神。而事实正是:孔子对于文化经典的解释,总是坚持从自己的时代与期待出发,以严肃的态度探求文化经典的原意,以合理的方式将其原意引申到更为广阔的现实语境,拓展文本的原意,注入自己的体验,从而创发出新的思想意义。因此两千五百年来,"述而不作"亦即"以述为作"的创造精神和诠释方法,在中华民族文化历史进程中具有永久的启示性。

第四节 以"人"为本的人文精神

孔子创立起经典诠释的使命精神、创造精神,总是为了指导经典诠释实践和丰富经典诠释成果。一旦循此以做更深入的考察分析,就能发现其中充实着的以"人"为本的人文精神;而这种经典诠释的人文精神,既表现在他的整体解释构想上,又表现在他的具体解释实践中。

孔子是否撰有诠释专门经典的专门著作,学术界尚在探讨之中。但他的确有其整体性的诠释构想,亦即对文化经典的选择与统筹,对经典解释的提要与示范。它包含着两个层面的内容:一是就整体经典系统而言的,即本章第二节考察分析的孔子关于《诗》教、《书》教、《礼》教、《乐》教、《易》教、《春秋》教的整体性论述,它所表现出来的正是力求阐发出合理的人间秩序蓝图和理想的道德精神准则的人文精神;二是就专门经典文本而言的,孔子有着关于特定经典文本或其最高理论范畴解释的整体性论述。关于最高理论范畴的解释,不妨以《论语·八佾》所记孔子对于"礼"的解释为例:

> 林放问礼之本,子曰:"大哉问!礼,与其奢也,宁俭;丧,与其易也,宁戚。"

孔子在解释中,首先肯定"礼之本"的问题是一个"大"的问题,一个根本性的问题,一个有针对性的问题;然后以说明"四失"的方式委婉地同时也是有针对地揭示："俭者物之质，戚者心之诚，故为礼之本"（朱熹注语）。而其根本意向，则是"把'礼'的基础直接诉之于心理。把'礼'以及'仪'从外在的规范约束解说成人心的内在要求，把原来的僵硬的强制规定，提升为生活的自觉理念，把一种宗教性神秘性的东西变而为人情日用之常，从而使伦理规范与心理欲求溶为一体"①。这是孔子礼学的重要贡献，也是其人文精神的典型表现。

孔子关于特定经典文本的整体论述，不妨以上海博物馆藏战国楚竹书收录的《诗论》为典型性个案②。其中有云：

> 民性固然，其隐志必有以俞（抒）也。
>
> 诗亡隐志，乐无隐情，文亡隐意。
>
> 《宛丘》曰："洵有情"，"而亡望"，吾善之。《猗嗟》曰："四矢反"，"以御乱"，吾喜之。《鸤鸠》曰："其仪一"，而"心如结"也，吾信之。《文王》曰："文王在上，于昭于天"，吾美之。《清庙》曰："肃雍显相，济济多士，秉文之德"，吾敬之。

此外，还可以联想到《论语·阳货》所记孔子的另一著名论断："《诗》，可以兴，可以观，可以群，可以怨。迩之事父，远之事君，多识于鸟兽草木之名。"对于这些关于特定经典文本的整体论述，应当综合分析。孔子揭示"民性固然，其隐志必有以俞（抒）也"，指出"诗亡隐志，乐无隐情"，强调"《诗》，可以兴，可以观，可以群，可以怨"，奠定了《诗经》解释的理论基础，确立了《诗经》解释的最高原则：首先，它率先肯定了人的"性""志""情""意"存在的合理性、感发的重要性和抒写的必然性，发展了《尚书·舜典》创立的"诗言志"命题，由此论证了诗歌的起源方式和本质特征，从而初步解决了《诗经》解释的前提性问题和核心性问题；其次，它

---

① 李泽厚：《中国古代思想史论》，人民出版社 1986 年版，第 20 页。

② 下面关于《诗论》的释读及其作者、性质的论述，主要采用李学勤的《〈诗论〉与〈诗〉》《〈诗论〉分章释文》和姜广辉的《关于古〈诗序〉的编连、解读与定位诸问题研究》的成果。以上三文皆见姜广辉主编：《经学今诠三编》，辽宁教育出版社 2002 年版。

率先肯定了诗歌及其诠释的伦理功用、政治功用和美学功用，强调诗歌可以引导人们观察社会政治风俗之盛衰和国人的道德精神状态，可以激励"仁"心、协调秩序以实现群体的和谐，可以抒发对于不良政治、丑恶行为强烈不满以促进社会的改良。这就初步解决了《诗经》解释的方向问题。与此同时，孔子还启迪人们从"性、志、情、意"和"兴、观、群、怨"的角度解释《诗经》，努力从中阐发出行为方式规范、道德精神准则和人间秩序蓝图，然后用于行为的规范、道德的培养和秩序的协调，重塑个体人格与民族人格。这就初步解决了《诗经》解释的宗旨问题和方法问题。而综合地看，所有这些，又都是在倡导以"人"为根本，重视人的生命体验和生存价值，都是致力于提升人的理性自觉、道德自觉和文化自觉，也都是中国古代独具特色的人文精神的重要构成部分。

遵循自己确立的《诗经》解释的方向、角度和原则，孔子集中地选取了《宛丘》等一组作品，概括各诗的主题，表明自己的取向，进行了提要式的解释。他强调：《宛丘》一诗，描写的是祭祀巫女的美妙舞姿，表达的是以真情感动神灵的诚实愿望，说明的是祭祀礼仪必须有内在情感为基础的道理，因而自己"善之"；《猗嗟》一诗，描写的是少年"射则贯兮，四矢反兮"的精湛射艺，表达的是"以御乱兮"的忠实心志，说明的是射御技艺必须有御乱心志为统领的道理，因而自己"喜之"；《鸤鸠》一诗，描写的是"淑人君子，其仪一兮"的美好风度，表达的是"心如结兮"的诚信态度，说明的是诚信君子必须表里如一、内外皆美的道理，因而自己"信之"；《文王》一诗，描写的是"文王在上，于昭于天"的高尚品格，表现的是"周虽旧邦，其命维新"的历史趋势，说明的是以史为鉴、"骏命不易"的道理，因而自己"美之"；《清庙》一诗，描写的是西周王室的祭祀盛况，表现的是"济济多士，秉文之德"的精神风貌，说明的是以美好的情操以祭祀神灵的道理，因而自己"敬之"。由此可以清楚地看到，孔子的这些诠释，都是从各诗的实际出发，共同地突出了"人"，突出了人的心性情感、道德精神及其对于神灵、对于民众、对于国家的重要价值。而所有这些，也都是中国古代自具特色的人文精神的重要组成部分，都浸润在孔子的经典诠释之中。

孔子对于《诗经》具体篇章的具体解释，同样都是以其整体性论述中的思想理论为指导的，因此其中更深入地表现了以"人"为本的人文精神。例如：

> 《关雎》以色喻于礼……以琴瑟之悦，拟好色之愿；以钟鼓之乐……反内于礼，不亦能改乎？……《关雎》之改，则其思益矣。（楚竹书《诗论》）
>
> 《关雎》，乐而不淫，哀而不伤。（《论语·八佾》）

对于《论语》"乐而"两句，清代学者刘台拱《论语骈枝》有很好的解释："乐而不淫者，《关雎》《葛覃》也；哀而不伤者，《卷耳》也。《关雎》乐妃匹也，《葛覃》乐得妇职也，《卷耳》哀远人也。哀乐者，性情之极至，王道之权舆也。能哀能乐，不失其节，《诗》之教无以加于是矣。"可知在孔子心目中，《关雎》乃是一首情诗而又可以发挥教化功能；因而他的解释，完全没有后儒所谓"后妃之德"等种种政治性的牵强附会，而是回应诗歌艺术的本质特征以探求其"好色之愿"的本意，然后引申其思想意义，阐发其"诗歌"功能。其要点如下：本诗是"以琴瑟之悦，拟好色之愿"，即以对"琴瑟友之"的描写表现追求情爱的心愿；本诗是"以色喻于礼"，即以对情爱的适当追求说明了以礼节情的重要意义；追求情爱乃"性情之极至"，是自然而又正当的，但是应该有理性的节制，而本诗的思想意义恰恰在于能够引导青年从情感出发而"反内于礼"，故而"其思益矣"；所以，本诗表现了一种有节制的、社会性的情感，是"乐而不淫"，可以健康地发展，有益于人的性情的陶冶和社会风俗的教化。显然，孔子的解释，探寻到了《关雎》表达"好色之愿"的本意，并从理论上肯定了它的合理性和正当性，然后才引申一步，以"反内于礼"的理性原则加之，从而建立起新的情感道德准则。即使今人一定要分析其"反内于礼"的"阶级性"，但却不能无视孔子的创造性解释之中表现出来的人文精神。

如果再进一步做更全面的观察就能看到，孔子对于《诗经》具体篇章的具体解释，基本上都能以人文精神"一以贯之"。只要将一些具体解释联系起来，再与其整体论述相参照，就会有这一方面的发现。例如：

> 《诗》三百，一言以蔽之，曰"思无邪。"（《论语·为政》）
>
> "不忮不求，何用不臧?"子路终身诵之。子曰："是道也，何足以臧?"（《论语·子罕》）
>
> 上酌民言，则下天上施。上不酌民言，则犯也；下不天上施，则乱也。故君子信让以莅百姓，则民之报礼重。《诗》云："先民有言，询于刍荛。"（《礼记·坊记》）
>
> 上好仁，则下之为仁争先人。故长民者章志，贞教，尊仁，以子爱百姓，民致行已，以说其上矣。《诗》云："有梏德行，四国顺之。"（《礼记·缁衣》）

对于这里的总论"思无邪"一句，清代学者郑浩《论语集注述要》的解释最为切合："无邪字在《诗·駉》篇中，当与上三章无期、无疆、无斁义不相远，非邪恶之邪也。……夫子盖言《诗》三百篇，无论孝子、忠臣、怨男、愁女皆出于至情流溢，直写衷曲，毫无伪托虚徐之意，即所谓'诗言志'。此三百篇之所同也，故曰一言以蔽之。唯诗人性情千古如照，故读者易收感兴之效。"此处要强调的则是，孔子以"一言以蔽之"的概括方式，总结了《诗经》思想表达的基本特征，即诗人重视"至情流溢"，因而"无邪"亦即"直写衷曲，毫无伪托虚徐之意"；启示了《诗经》文本解释的主要方向，即读者重视"诗人性情千古如照"，因而以心会心，"易收感兴之效"，也就是"兴于《诗》"。所以，他在解释《诗经》的具体篇章或诗句时，总是以"人"为根本，以"性情"为视点，以伦理道德的自觉为依归，扣住诗人"直写衷曲"的特征发掘原意，沿着读者"感兴之效"的方向引申原意，从而立足现实在以心会心过程中阐发出新的思想意义。例如，他在解释《邶风·雄雉》中的"不忮不求，何用不臧"的原意时而又反其意而用之，引导子路不断地提高内在修养的自觉性，永不自足地拓展道德精神的新境界；他在解释《大雅·板》中的"先民有言，询于刍荛"时，就在何以必须"询于刍荛"的问题上立意，阐发出"上酌民言，则下天上施"的道理，结合社会现实引申出"君子信让以莅而姓"的政治原则，使"民言"的重要性凸显出来；他在解释《大雅·抑》中的"有梏德行，四国顺之"时，就"有梏德行"何以能使"四国顺之"问题立意，阐发出"上好仁，则下之为仁争先人"的道理，结合社会理想引申出"长民者章志，贞教，尊仁，以子爱百姓"的政治原则，使"为仁"的重要性突现出来。此类事实足以说明，在孔子的那些貌似零散的具体解释中，确有人文精神融贯其中、洋溢其上。所以，以"人"为本的人文精神，确为孔子创立的并且实践的诠释学核心精神。①

---

① 周光庆：《孔子创立的儒学解释学之核心精神》，《孔子研究》2005 年第 4 期。

第六章　孟子"以意逆志"说考论

孟子首倡的"以意逆志"说，或者作为文艺批评方法论，或者作为文学解释方法论，早已受到海内外学者的广泛研究，然而就其作为哲学经典诠释方法论而言，直到目前为止，人们对其理论内涵的分析还不够深刻，对其开创意义的论证还不够充分，因而是必须努力拓展视野，进行新的探索的。

第一节　"以意逆志"说的诗学背景

"以意逆志"说原本是就《诗经》解释立论的，之所以正好在那个特定时代由孟子创立起来，并且逐渐显现出开创性的意义，是因为它的创立具有深厚的诗学背景，背景越是深厚，立论就越是坚实。而其诗学背景，主要可以从春秋战国时代的诗学实践与诗学理论两个角度进行观察。

一、春秋战国时代的诗学实践

在远古时代，诗歌曾经是宗教性、政治性、军事性活动中的唱词，用以祷告上天、颂扬祖先、激励人心、记叙重大历史事件，在人们的心目中具有崇高的地位。后来，社会变革，文化发展，饥者歌其食，劳者歌其事，恋者歌其情，受压迫者抒其愤，忧君国者写其意，有追求者畅发其理想，诗歌也就从各个角度反映出社会面貌和政教得失，在人们心目中更加有其无可替代的重要性。自周代以来，中国古人就开始重视诗歌的创作与采集，于是有了"采诗观俗"与"献诗陈志"的风尚。到了春秋战国时代，一种流行的诗学实践"教诗明志"又盛行起来。例如，《国语·楚语上》记载，楚庄王任命大夫审傅太子箴，大夫审为此请教著名的贤大夫申叔时，申叔时依据当时的教育经验提出了具体的建议：

> 教之《春秋》而为之耸善而抑恶焉，以戒劝其心；教之《世》而为之昭明德而废幽昏焉，以休惧其动；教之《诗》而为之导广显德，以耀明其志。

由此可见，在当时贵族教育的课程中，解释《诗经》的首要目的与作用，在于了解它所反映的社会生活，阐发它所蕴含的思想启示，以耀明读者的心志。可是，这种工作应该如何进行呢？他们没有留下具体的论述。

春秋时代的诗学实践，先秦文献记载最多的是"赋诗言志"。在赋诗者，是依照通行的交际规则，立足特定的交际场合，借用现成的诗歌作品，"断章取义，余取所求"（《左传·襄公二十八年》），以比喻等修辞方式表述自己或国家的志愿，同时也显现出自己的思想风格；在受诗者，是依照通行的交际规则，结合特定的交际场合，从诗歌的字面意义出发，解析其比喻等修辞方式，阐释出赋诗者或其国家的意志，同时也感受到赋诗者的思想风貌。而无论是受诗者还是赋诗者，都不太重视全诗本有的意义和诗人抒写的情致。①

春秋以降，"引诗说理"的诗学实践又逐渐兴起，历史著作从《左传》开始，私家著作从《论语》开始，有关记载都屡见不鲜。例如《中庸》便有云：

> 《诗》曰："衣锦尚絅"，恶其文之著也。故君子之道，闇然而

---

① 对此，本书第七章《孟子"知人论世"说考论》里有着较为翔实的论述。

> 日章；人之道，的然而日亡。君子之道，淡而不厌，简而文，温而
> 理，知远之近，知风之自，知微之显，可与入德矣。《诗》云：
> "潜虽伏矣，亦孔之昭。"故君子内省不疚，无恶于志。君子之所不
> 可及者，其唯人之所不见乎！

这种引诗说理，是以《诗经》为文化经典，以许多具体诗句为人生格言，也注意解释诗句本有的意义，并以此为前提进行推理判断；但更多的却是对诗句的意义加以引申发挥，融进新的意义，从而加强自己对特定问题的论证。

至此，我们已经从春秋战国时代几种流行的诗学实践中清楚地看到，在孟子以前或同时，中国诗学实践确实积累了丰富的经验，形成了一定的方法，孕育了可贵的观念。在解释过程中，人们特别注重探索诗歌反映的社会生活以及由此形成的哲理，将其引入现实生活之中予以引申发挥。正是基于这一点，他们开始将"诗"与"志"联系起来——有时是献诗者的"志"，有时是赋诗者的"志"，有时是读诗者的"志"，有时则是写诗者的"志"。但是，对于如何探求诗歌中本有的写诗者的"志"，则尚未见到有具体的论述。

二、春秋战国时代的诗学理论

在春秋战国之际，直到孟子以前，中国诗学理论还处于逐步形成的过程之中，往往是因时因事而发表的议论，还未有系统的论述，但是其中仍然蕴含着有深度的理论。先请看《尚书·尧典》中记载的这段名言：

> 诗言志，歌永言，声依永，律和声；八音克谐，无相夺伦，神
> 人以和。

首先必须说明，20世纪80年代，刘起釪先生曾经考证，《尧典》的内容实际上包括三个来源，即远古的素材，儒者的加工，汉代的影子，而《尧典》的初步写定是在周代。他并且指出，"周代写定的《尧典》到汉代掺入

了些秦汉的东西是不足为奇的，并不影响《尧典》成于周代"。① 由此推论，"诗言志"说起源很早，至少可以认定为孟子以前的诗学理论，并对孟子有所启示。接下来的问题自然是如何理解"诗言志"之说的含义，关键是"诗言"谁人之"志"。对此，《毛诗序》有过间接的解释："诗者，志之所之也，在心为志，发言为诗。"这一解说早已为历代学者所认可，因而孔颖达在《毛诗正义》中进而指出："诗者，人志意之所适也。虽有所适，犹为发口，蕴藏在心，谓之为志。发见于言，乃名为诗。"由此可见，"诗言志"之"志"，乃是创作者在现实生活中心有所感而生发的"意"与"情"。至于读诗者如何从诗中探求作诗者的"志"，那是有待后人继续探讨的问题。

事实上，"诗言志"说代表了古人普遍的诗学观念，这有"诗"字的创造可以为证。对此，杨树达先生特撰《释诗》一文予以考证：

> 《说文》言部云："诗，志也，志发于言。从言，寺声。"古文从言，之声。按志字从心之声，寺字亦从之声。之志寺古音无二。古文从言之，言之即言志也。篆文从言寺，言寺亦言志也。……盖诗以言志为古人通义，故造文者之制字也，即以言志为文。其以之为志，或以寺为志，音同假借耳。②

"诗"字创造之成功、结构之巧妙，印证了"诗言志"观念的普遍程度，它实际就是"诗言志"说的高度概括和有力普及。

对于孟子影响最大的诗学理论之一，是孔子的"诗教"。孔子同样高度重视诗歌对社会生活的反映及其由此形成的哲理。为此，他提出的根本解释目的是"可以兴，可以观，可以群，可以怨"（《论语·阳货》）；他开辟的正确解释角度是"思无邪"（《论语·为政》）；他提倡的主要解释方法是体验与联想，是"告诸往而知来者"，是"启发我之志意"（《论语·学而》）。此外，据《左传·襄公二十五年》记载，孔子还曾强调："《志》有之，言

---

① 刘起釪：《顾颉刚先生学述》，中华书局 1986 年版，第 217 页。
② 杨树达：《积微居小学金石论丛》，中华书局 1983 年版，第 26 页。

以足志，文以足言。不言，谁知其志？言之无文，行而不远。"就诗歌创作者而言，有"志"则必须发于"言"，"不言，谁知其志？"有"言"则必须行诸"文"，"言之无文，行而不远"。三者相互依存，有序排列，就隐含着一种"志—言—文"的结构系统。因此，就诗歌解释者而言，欲知其志，则必须析其言，欲析其言则必须解其文。至于如何具体运作，则是孔子尚未论及的。

至此，我们已经能够看到，在孟子以前或同时，中国诗歌解释理论已经初具规模，既解决了一些根本问题，也留下了一些重要问题。它与那时的诗学实践相结合，构成了孟子的诠释学背景。

第二节 "以意逆志"说的理论基础

"以意逆志"说之所以由孟子在论述《诗经》解释的过程中创立起来，并且逐渐显出了开创性的意义，除了特定的诗学背景之外，在很大程度上也是因为具有深厚的理论基础，其中最为主要、最为直接的，就是孟子本人建构的人学理论和诗学理论。

在孟子的时代，有关人和人性的思考与辩论早已广泛开展，而孟子则首创了性善的人学理论。在他看来，人性根源于人的生存方式及其族类群体性和族类亲情，其族类亲情不仅具有人人认可的普遍性，而且还具有一种天性的意义。因此，人性本来皆善。从这种理论出发，孟子又提出了圣人与凡人同样性善的论断：

> 故凡同类者，举相似也，何独至于人而疑之？圣人与我同类者。……口之于味也，有同嗜焉；耳之于声也，有同听焉；目之于色也，有同美焉。至于心独无所同然乎？心之所同然者何也？谓理也，义也，圣人先得我心之所同然耳。（《孟子·告子上》）

在这一论述里，初步显露出了一种逻辑力量：既然圣人与凡人同为人类而举相似，既然圣人与凡人目有同美而心有同然，那么结论必然是，圣人与凡人，都有相同的本性——以礼、义为基础的善。

从人性皆善、从圣人与凡人同样性善的论断出发，孟子进而又提出了人与人之间"强恕而行"以"求仁"的行为准则和修身目标：

> 万物皆备于我矣。反身而诚，乐莫大焉；强恕而行，求仁莫近焉。（《孟子·尽心上》）

这里的关键词是"恕"。贴近一点说，"恕"就是朱熹在《孟子集注》中解释的"推己及人也"；推广一点说，"恕"就是皇侃《论语义疏》解释的"反情以同物者也"；同时也是王逸《楚辞章句》为《离骚》"羌内恕己"做出的解释："以心揆心"。这些从不同角度做出的解释正可以相互补充、相互发明："反情""推己"是起点，"以心揆心"是方式，"及人""同物"是目的与效果；"恕"就是这样一种有起点、有目的、有方式、有效果而以"以心揆心"为中心的心理活动过程。其所"及"之人与所"同"之物，既可以是现实中的人物，也可以是历史上的人物。而"同"字尤其值得玩味，它显然含有融合、同化等意义。在孟子看来，"强恕而行"具有重大的意义，"求仁莫近"于此。

然而，"强恕而行"是如何可能的呢？孟子其实已经论述过它的依据：在客观方面，是"凡同类者，举相似也"，人同此心，心同此理，在一定的条件下，此心就可以在特定情境中体察彼心，感应彼心，融合彼心。在主观方面，是"万物皆备于我矣"，亦即焦循在《孟子正义》中解释的"知识已开，故备知天下万事"。这就意味着，主体已经逐步具有了可贵的认识能力和知识结构，既能备知天下万事，也能备知天下万心，既有"恕"的要求，也有"恕"的能力；所以，只要切实努力，"强恕而行"的可能性是毋庸置疑的。

孟子的人学思想，无论在理论上有多么片面，在论证中有多少混淆，然而在当时和后世，它却具有深远的影响和积极的作用。孟子一生，大力主张推行"仁政",热情倡导"人皆可以为尧舜",都是根据于此的。而"同类相似""强恕而行"的理论,运用到以对话为根本的文化典籍解读过程中,就逐渐形成了"以意逆志"的诠释方法论。

至于孟子的《诗》学观念,首先特别引人关注的是:

> 王者之迹熄而《诗》亡,《诗》亡而后《春秋》作。(《孟子·离娄下》)

对此,焦循《孟子正义》援引顾镇《虞东学诗·迹熄诗亡说》做出了很好的解释:

> 盖王者之政,莫大于巡守述职。巡守则天子采风,述职则诸侯贡俗,太史陈之以考其得失,而庆让行焉,所谓迹也。……洎乎东迁,而天子不省方,诸侯不入觐,庆让不行而陈《诗》之典废,所谓迹熄而《诗》亡也。孔子伤之,不得已而托《春秋》以彰衮钺,所以存王迹于笔削之文。

这就说明,孟子已经初步认识到,诗歌是诗人有感于现实社会生活而做出的反映,是诗人回顾自己思想情感而进行的抒发,自然有其启示意义。只要人们善于解读,《诗经》就是政教风俗的记录,就是"王者之迹"的龟鉴,就是历史文化的深刻反映。对于解读者来说,关键是要领悟其启示而获取"其意"。

研究孟子的《诗》学观念,还应该关注他对《诗经》的具体引用和独特解释。根据陆晓光《中国政教文学之起源》一书的统计,《孟子》全书引用和解释《诗经》共有三十六次,其中引用《雅》《颂》作品较多而引用《国风》作品甚少,引用思想性作品较多而引用抒情性作品甚少。这种明显的选择性和倾向性,无疑是受他的上述《诗》学观念的指导与制约的,并且又是与之互相印证的。总之,孟子对《诗经》的具体引用和独特解释的最大特点,是着眼于诗歌所反映的社会生活和所抒写的政教见解。

研究孟子的《诗》学观念,更应具体分析他引用和解释《诗经》的实例。例如：

> 齐宣王问曰："交邻国有道乎？"孟子对曰："有。唯仁者为能
> 以大事小……唯智者为能以小事大……以大事小者，乐天者也。以
> 小事大者，畏天者也。乐天者保天下，畏天者保其国。《诗》云：
> '畏天之威，于时保之'。"王曰："大哉言矣！寡人有疾，寡人好
> 勇。"对曰："王请无好小勇。夫抚剑疾视，曰彼恶敢当我哉，此匹
> 夫之勇，敌一人者也。王请大之。《诗》云：'王赫斯怒，爰整其
> 旅。以遏徂莒，以笃周祜，以对于天下。'此文王之勇也。文王一
> 怒而安天下之民。……今王亦一怒而安天下之民，民唯恐王之不好
> 勇也。"（《孟子·梁惠王下》）

孟子向齐宣王提出了"以大事小""以小事大"的邦交原则，引用《周颂·
我将》一诗以证发之。而其诗的主题，正是以文王"畏天之威，于时保之"
的榜样告诫成王。孟子又向齐宣王提出好其大勇的行为准则，并引用《大
雅·皇矣》一诗以证发之。而其诗的主题，正是歌颂文王以大勇创建周邦，
表现"文王一怒而安天下之民"的大勇精神。这两次引诗，都是着眼于诗人
所反映的政治生活与所总结的历史经验，从而将以诗人之"志"的形式表现
出来的历史启示引进现实生活之中。这当然也有力地印证了他的《诗》学
观念。

第三节　"以意逆志"说的理论内涵

结合上述的《诗》学背景与理论基础，可知孟子首倡的"以意逆志"
说，理论内涵十分丰富，开创意义非常重大，而且两千多年来又引发了众多
学人在不同的理解中进一步丰富了理论内涵，增强了解释功能。

> 咸丘蒙曰："舜之不臣尧，则吾既得闻命矣。《诗》云：'普天
> 之下，莫非王土。率土之滨，莫非王臣。'而舜既为天子矣，敢问

瞽瞍之非臣如何?"曰:"是诗也,非是之谓也。劳于王事,而不得
养父母也。曰:'此莫非王事,我独贤劳也'。故说《诗》者,不
以文害辞,不以辞害志;以意逆志,是为得之。如以辞而已矣,
《云汉》之诗曰:'周馀黎民,靡有孑遗。'信斯言也,是周无遗民
也。孝子之至,莫大乎尊亲;尊亲之至,莫大乎以天下养。为天子
父,尊之至也;以天下养,养之至也。《诗》曰:'永言孝思,孝
思维则。'此之谓也。"(《孟子·万章上》)

显然,孟子提出"以意逆志"诠释方法,首先是针对咸丘蒙所代表的解释方
法的,因为咸氏的解释方法与"赋诗言志"的方法一脉相承,就是"断章
取义,余取所求"。《小雅·北山》一诗的主题,确实如孟子所解释的,是
反映劳役不均、待遇不公的社会的现实而怨刺"此莫非王事,我独贤劳也"。
就在咸丘蒙所引诗句之后,紧接着便有"大夫不均,我从事独贤"两句。可
是咸丘蒙先是掩盖后面两句而使所引诗句脱离了其语境孤立出来,后是抓住
孤立的诗句的字面意义而曲解其真实意义,又将其"上纲"为普遍性的政治
法则,而完全不去从上下文中体察诗人的心志。孟子有力地针对他,就是要
纠正和超越这种"断章取义""以辞害志"的解释方法,这在当时是解释方
法的一大变革。

孟子用以纠正"断章取义""以辞害志"解释方法的,就是切实"以意
逆志"的解释方法。历代对于"以意逆志"较有代表性的解释有:

孟子言此诗非舜臣父之谓也;诗言皆王臣也,何为独使我以贤
才而劳苦不得养父母乎?是以怨也。文,诗之文章,所以兴事也。
辞,诗人所歌咏之辞。志,诗人志,所欲之事。意,学者之心意
也。孟子言:说诗者当本之志,不可以文害其辞,文不显乃反显
也;不可以辞害其志,辞曰"周馀黎民,靡有孑遗",志在忧
旱。……人情不远,以己之意逆诗人之志,是为得其实矣。(赵岐
《孟子章句》)

此诗今毛氏序云："使役不均,己劳于王事而不得养其父母焉。"其诗下文亦云："大夫不均,我从事独贤。"乃作诗者自言:天下皆王臣,何为独使我以贤才而劳苦乎?非谓天子可臣其父也。文,字也;辞,语也;逆,迎也。……言说《诗》之法,不可以一字而害一句之义,不可以一句而害设辞之志,当以己意迎取作者之志,乃可得之。若但以其辞而已,则如《云汉》所言,是周之民真无遗种矣。唯以意逆之,则知作者之志在忧旱,而非真无遗民也。(朱熹《孟子集注》)

诗有内有外。显于外者曰文曰辞,蕴于内者曰志曰意。此意字与"思无邪"之思字皆出于志。然有辨:思就其惨淡经营言之,意就其淋漓尽兴言之,则志古人之志而意古人之意,故选诗中每每以古意命题是也。汉宋诸儒以"志"字属古人,而"意"为自己之意。夫我非古人,而以己意说之,其贤于蒙之见也几何矣!不知"志"者古人之心事,以"意"为舆,载"志"而游,或有方,或无方,意之所到,即志之所在。故以古人之意,求古人之志,乃就诗论诗,犹之以人治人也。即以此诗论之:"不得养父母",其志也;"普天"云云,文辞也;"莫非王事,我独贤劳",其意也。故用此意以逆之,而得其志,在养亲而已。(吴淇《六朝选诗定论缘起·以意逆志》)

通观以上三家的解释,可谓各有所见而皆言之成理。赵岐首先指出:"意,学者之心意也","以意逆志"则是解释者"以己之意逆诗人之志",并且指出其依据就在"人情不远"。朱熹继而重申,"以意逆志"确为读者"以己意迎取作者之志",并且强调"逆是前去追迎之意","是以自家意去张等他"(《朱子语类》卷五十八)。吴淇则相反,认定"意"乃典籍文本所表现出来的思想内容,进而强调"以意逆志"其实是"以古人之意,求古人之志,乃就诗论诗"。三家解释都将"志"理解为"作者之志",因而认定解释的主要目标是体悟作者的心志。三家解释在一关键之点上又根本不同：赵岐、朱熹将"意"解释为解释者之"心意"，因而突出了解释者的存在及其主动参与作用；吴淇将"意"解释为典籍的思想内容，故而突出了文本的存在及其对解释的引导制约作用。这正反映出他们的诠释学思想的不同。

"以意逆志"说既然是孟子在他那个时代本着他自己的学术思想创立起来的一种诗歌解释方法论，那么，我们要分析它的理论内涵，就应该尽可能地将它放回到那个特定的时代，放回到孟子本有的学术思想体系，观照其诗学背景，参阅其人学理论，结合其本来语境，由表及里地发掘其丰富的意义。由此，我们所获得的认识主要是：

第一，"以意逆志"说的"志"，是由《尚书》所记"诗言志"的"志"、《国语》记载"献诗陈志"的"志"、孔子所论"不言，谁知其志"的"志"演变发展而来的，是作诗者以诗歌的"辞"与"文"抒写出来的思想感情，它总是蕴含在诗中，有待于解释者的领悟与融会。但是，鉴于孟子所本有的"夫志，气之帅也"（《孟子·公孙丑上》）的观念，我们有理由进一步指出，孟子在《诗经》中所要"逆"的"志"，主要是诗人对自己所反映的社会生活的体验与评议，是诗人所抒发的具有一定伦理道德规范的思想，尤其是诗人关于政教风俗的有启示性的见解。比如解读《大雅·皇矣》，孟子引导齐宣王所"逆"的"志"，主要就是诗人对"文王之勇"的总结和阐扬，因为它在现实生活中仍有启示作用。

第二，"以意逆志"说的"意"，是解释者心灵中先在的"意"，而不是蕴含于诗歌之内而"就其淋漓尽致言之"的那种"意"。因为在孟子的时代，还不可能从诗歌的思想内容中分别阐释出作诗者之"志"与"载志而游"的"意"。但是应该指出，作为解释者先在的"意"，在孟子时代也是一个全新的发现，它与作为"强恕而行"之主体的"万物皆备于我"的状态，是有相同妙处的。它是读诗以"逆志"的主观条件与活动起点，其内容也包括人生体验、知识结构、认识能力和期待视野等。每个解释者，必然都有其先在的"意"、独特的"意";而解释者的"意"不同,其"逆志"的方式与效果必然也有所不同。

第三,"以意逆志"的"逆",是十分重要而又复杂的。我们必须看到,孟子在人学领域里高扬"强恕而行",在诗学领域里倡导"以意逆志",绝非偶然巧合,更非互不相干,它们都植根于孟子的心性理论;只有将二者联系起来,使之相互补充,相互发明,才能有效地发掘其深层的理论内涵。于是我们就能看到,"以意逆志"的"逆"与"强恕而行"的"恕",也是相似相近而有相同妙处的。它也同样是以"反情""推己"为起点,以"以心揆心"为方式,以"及人""同物"为目标的心理活动过程。但是,在通常的情况下,"逆"字有"追溯""推测"等意义,用"逆"字更能强调这一行为的主动性和追溯性;就经典诠释的实际而言,它包含着诠释者与经典作者的"对话"模式。这对于消除解释者与创作者之间的历史距离、文化距离和心理距离,是十分必要而且有益的。在此,我们不妨重温日本德川时代儒学家西岛兰溪在《读孟丛钞》中发表的意见并以为参考:"心无古今,志在作者,而意在后人。由百世以下,迎溯百世曰逆,非谓听彼自至也"。①

第四,"以意逆志",其核心是"以心揆心",其功用是心理解释,它之所以可能,跟"强恕而行"一样,是因为有其主观条件和客观条件。其主观条件,是解释者心灵所具有的那种先在的"意";而其客观条件,则是"同类相似""人情不远",亦即人与人之间的心理同构。正是历史的人与现实的人、诗人与读者的这种心理同构性,决定了"以意逆志"的可能。这就使人联想起德国"解释学之父"狄尔泰的著名论断:"阐释者的个性和他的作者的个性不是作为两个不可比较的事实相对而存在的;两者都是在普遍的人性基础上形成的,并且这种普遍的人性使得人们彼此间讲话和理解的共同性

---

① 转引自黄俊杰主编:《儒家经典诠释方法》,华东师范大学出版社2008年版,第130页。

有可能。"① 由此，我们更加赞佩孟子的睿智。然而事实上，历史的人与现实的人、诗人与读者之间，不可能没有历史的"距离"、文化的"距离"和心理的"距离"，"同类相似"总是相对的，"人情不远"才是必然的。在"以意逆志"的过程中，读者亦即诠释者凭借着"逆"的主动性和追溯性，尽可能超越"距离"，实现"意"与"志"的相互对话、相互调适、相互融合，并由此产生出新的意义，才是这种心理解释的最佳效果。只是孟子还不可能清晰地论说到这一切。

第五，"以意逆志"的心理解释，必须以语言解释为基础、为前导。孟子由此提出了对于语言解释的原则性意见："不以文害辞，不以辞害志。"孟子的"文"，就是孔子"言之无文"的"文"，即修辞方式；孟子的"辞"，就是孔子"言之无文"的"言"，即言语表达。孟子强调的是，解释者应该正确地分析"文"并透过"文"去把握好"辞"，系统地解说"辞"并透过"辞"去体察好"志"，而不能误认"文"的表面意思而妨害了对"辞"的全面把握，不能拘泥于"辞"的字面意思而妨害了对"志"的深入体察。此外，孟子在实际上还从解释的角度揭示出一种"文—辞—志"的结构系统，并且正好跟孔子从创作的角度揭示出的"志—言—文"结构系统遥相对应，二者可以相互解释、相互发明，为后世学人留下了更深刻的启示。

由此可以认定，"以意逆志"说，是孟子为纠正流行的"断章取义""以辞害志"等解《诗》方法而创立起来的一种新型的心理诠释方法。它以"同类相似""人性皆善"因而应该"强恕而行"的人学理论为依据，以"不以文害辞，不以辞害志"的语言解释方法为前导，激励解释者怀着自己先在的认识图式、期待视野等"意"，运用对话过程中的"以心揆心"方式，以追溯推求的姿态，超越"距离"，设身处地，去探求和体验创作者隐寓在诗歌文本中的思想情感，尤其是他对社会生活、政教风俗的见解，在

---

① ［德］狄尔泰：《诠释学的起源》，见洪汉鼎主编：《理解与解释——诠释学经典文选》，东方出版社 2001 年版，第 90 页。

"志""意"融合的过程中生发出新的意义，并以此作为建构新的思想理论的基础。这就是孟子"以意逆志"说基本的理论内涵和诠释精神。

第四节　"以意逆志"说的开创意义

孟子首倡的"以意逆志"说，由诗学领域走向诠释学领域，成为中国古典诠释学史上第一个具有自觉理论意识和深厚理论内涵的心理诠释方法论。在当时，它显示出了可贵的创造性和开拓性；对后世，它显示了深远的启示性与奠基性，受到了历代学人的推崇和发展。

"诗言志"说作为中国诗论的"开山的纲领"（朱自清《诗言志辨》序），从创作的角度揭示了"诗"与"志"的关系，为后人创建解诗方法留下了重要的启示，但它本身并未论及诗歌解释问题。"献诗陈志"作为早期的诗学实践，从解释的角度显示出"诗"与"志"的关系，为后人创建解诗方法积累了宝贵的经验，但它本身并不是一种正面的解诗方法论。"教诗明志"作为最早的诗歌教学，在耀明读诗者之志的过程中自然要探求作诗者之志，但它本身并非是作为一种解诗方法论提出的。孔子的"诗教"，开辟了解诗的角度，论及了解诗的方法，但它本身还不是一种具有明确理论内涵的解诗方法论。于是我们不难理解，孟子首倡"以意逆志"说，既接受了上述诗学实践和诗学理论的启示，又超越了上述诗学实践和诗学理论的高度，为中国诗学创建了第一个专门性的心理诠释方法论。它的创建，从方法论的高度上，纠正了当时颇为流行的"断章取义""以辞害志"等解释方法的错误，打开了诗歌解释的新视角和新领域，在当时就已充分显示出了难能可贵的创造性和开拓性。更加值得重视的是，正是凭借着这种可贵的创造性和开拓性，同时也是因为诗歌经典与各种文化经典、哲学经典的相通性，孟子首倡的"以意逆志"说，又由诗学领域走向文化经典诠释领域，走向哲学经典诠释领域，进而成为新型的文化经典、哲学经典诠释方法论。

在两千多年来的中国文化经典、哲学经典诠释学领域里，"以意逆志"说对于历代学人的巨大启示和影响，是难以一一论述的。魏晋时期，王弼直承"以意逆志"说而建立起了"触类而思"说，倡导在解读文化经典过程中，"触"文本语言表达与思想主题之"类"，联类以想之，引申以思之，务必在意义阐释上有新的发现。①

南北朝时代，刘勰在《文心雕龙·神思》中，借鉴"以意逆志"说而建构起了"玩绎心照"说，主张深入地推究，系统地整理，体察作者的心志，融入作者的情感，以自己的心灵观照文本的义理，从而阐发出经典文本的意义。这样，诠释者即使与创作者"世远莫见其面"，也能超越历史距离而"觇文辄见其心"。

到了宋代，朱熹更是继承和发展了"以意逆志"说，创建起了"唤醒—体验—浃洽—兴起"的心理解释方法论，次序分明，层层进取，互渗互动，既有哲学的根底，又有美学的意蕴，将中国古典解释学推进到了一个新的发展阶段。② 而南宋姚勉又对"以意逆志"说做出了创造性的阐发："古今人殊，而人之所以为心则同也。心同，志斯同矣。是故以学诗者今日之意，逆作诗者昔日之志，吾意如此，则诗之志必如此矣。虽然，不可以私意逆之也。横渠张先生曰：'置心平易始知《诗》。'夫唯置心平易，则可以逆志矣。"（《雪坡舍人集·诗意序》）

在明清之际，王夫之进而肯定了解释者具有先在之"意"的必然性与合理性，探究了进行心理解释的具体方式，对"以意逆志"说做出了新的扩充和发展，并且提出了"作者用一致之思，读者各以其情而自得"（《姜斋诗话》卷一）的经典性论断，激励和启发着后来者。

清代顾镇《虞东学诗·以意逆志说》对"以意逆志"说的发展做出了重要贡献：

---

① 详见周光庆：《王弼老子解释方法论》，《中国社会科学》1998年第3期。
② 详见周光庆：《朱熹心理解释方法论》，《华中师范大学学报》2000年第2期。

正唯有世可论，有人可求，故吾之意有所措，而彼之志有可通。今不问其世为何世，人为何人而徒吟哦，上下去来推之，则其所逆乃在文辞而非志也。……夫不论其世欲知其人，不得也；不知其人欲逆其志，亦不得也。孟子若预忧后世将秕糠一切，而自以其察言也。特著其说以妨之，故必论世知人，而后逆志之说可用之。

将"以意逆志"说与"知人论世"说紧密地结合起来，亦即将心理解释与历史解释紧密地结合起来，以"知人论世"为前提、为基础、为先导，使"以意逆志"具有较为实在的可行性、适用性、科学性，从而在二者的结合中建立起更为完善的文化经典诠释方法论。从此以后，大多数学人在运用或论述"以意逆志"或"知人论世"时，总能自觉地将二者有机结合，促使中国古典诠释学不断开创出新的局面。

而在当今之世，将孟子首倡的"以意逆志"说，与西哲倡导的心理诠释方法相联系，特别是与伽达默尔提出的"对话模式"论、"视域融合"论相联系，使之相互阐释、相互发明以实现共同发展，必然更是大有可为的。①

---

① 周光庆：《孟子"以意逆志"说考论》，《孔子研究》2004 年第 3 期。

第七章　孟子"知人论世"说考论

　　孟子的"知人论世"说，作为一种诠释学方法论，影响巨大深远，大凡研究中国古代文学与文化的学人都是有所了解的，似乎无需再做考论，但是一旦深入观察下去，就会发现情况却又远非如此。譬如，1979 年出版的郭绍虞先生主编的《中国历代文论选》就曾说道："孟子还提出'知人论世'的主张，但这'并不是说诗的方法，而是修身的方法……也就是尚友的道理'（见朱自清《诗言志辩》）。至于后代人把知人论世也看成理解诗的方法，并将之与以意逆志的方法结合起来加以探讨，那只能视为是后人的发挥，而非孟子的原意。"① 又如，1987 年出版的蔡仲翔等人撰写的《中国文学理论史》说道："孟子对于这两首诗（《小弁》《凯风》）的分析，归根到底是要宣扬'亲亲，仁也'这一套儒家的道德教义，'知人论世'也是为这个目的服务的，因此不能不使人怀疑孟子所云是否果真符合实际。"② 而在我们看来，这两种论说，无论是否出于我们所敬重的前辈学问家，都是值得细细商榷的，为使孟子的"知人论世"说的本来风采与理论价值彰显出固有的光芒，很有必要进行一番深入的考论。

---

　　① 郭绍虞主编：《中国历代文论选》，上海古籍出版社 1979 年版，第 35 页。
　　② 蔡仲翔、黄保真、成复旺：《中国文学理论史》，北京出版社 1987 年版，第 26 页。

第一节　"知人论世"说的文化背景

大凡杰出的思想家提出一种著名理论，无论看上去多么像是在特定语境里的尽兴挥洒，其实都是有其深远之文化背景，有其深思熟虑之历程的，只有认真探寻到它的深远文化背景与深思熟虑历程，才能真正深入领悟其本有的精神。孟子提出"知人论世"说的文化背景与思考历程，主要表现在以下三个方面：

第一，儒学精神。孔子创建的儒学理论及其焕发的儒学精神，既浸润着孟子，也作用着孟子，是孟子建构或发展各种相关理论的重要文化背景。创建时期的儒学理论，主要是由三个以"人"为核心、既相互联系、又各有侧重的层面构成的。一是超越层面，其主要思想范畴是"天命"。这种"天命"是某种超越的、能最终决定人世命运的、可以体悟得到的客观力量，它体现了儒家特有的终极关怀。一是社会层面，其主要思想范畴是"礼"。这种"礼"是道德规范与礼法制度的融合，它具有协调并稳定伦理秩序的社会功能，体现了对于生存方式的筹划。一是心性层面，其主要思想范畴是"仁"。儒家倡导的"仁"，其本质内涵是爱人，是"己欲立而立人，己欲达而达人"（《论语·雍也》），它是形成一切道德行为的精神源泉，表现出了儒家道德实践的理性自觉。[①] 创建时期的儒学理论的这三个层面，勾画出了那个时代的人生思考范围和哲学研究领域，确立起了人的主体地位，使儒学在本质上成为一种人学，并且焕发出了人的精神。

孟子曾经表示"乃所愿，则学孔子也"（《孟子·公孙丑上》）。他志愿的"学孔子"，首先便是学习和发展孔子的人学理论，尤其是致力于深入地发掘作为道德实践主体之人的内在精神世界，从而探求人发展自己、提升自

---

① 参见崔大华：《儒学引论》，人民出版社 2001 年版，第 23、39 页。

己的途径。由此以进，他又提出了一系列重要论点："仁义礼智根于心"
（《孟子·尽心上》），"仁义礼智非由外铄我也，我固有之也"（《孟子·告
子上》），"人性之善，犹水之就下也。人无有不善，水无有不下"（《孟
子·告子上》），"恻隐之心，仁之端也。羞恶之心，义之端也。辞让之心，
礼之端也。是非之心，智之端也……凡有四端于我者，知皆扩而充之矣"
（《孟子·公孙丑上》），"尽其心者，知其性也。知其性，则知天矣"（《孟
子·尽心上》）。

　　总之，如果说孔子确立起了人的主体地位，使儒学在本质上成为一种人
学，那么孟子便是进而深入地发掘作为道德实践主体之人的内在精神世界，
探求人发展自己、提升自己的途径。在一定意义上，孔孟建立和发展起来的
儒学，乃是一种人学，它焕发出了人的精神。正是在这一文化背景之下，正
是本着这样的精神，孟子进一步思索，提出了"知人论世"说，而其强调的
"知人"，主要便是"知"这种作为道德实践主体并不断发展自己、提升自
己的"人"。

　　第二，引诗风气。孟子提出"知人论世"说，原本是针对"颂其诗，
读其书"立论的，那么春秋战国时代盛行的引诗颂诗风气，当然也就成为他
提出"知人论世"说的重要文化背景。要说明春秋战国时代盛行的引诗颂诗
风气，《左传·昭公十六年》的一则记载便是典型例证：

　　　　夏四月，郑六卿饯韩宣子于郊。宣子曰："二三君子请皆赋，
　　起亦以知郑志。"子齹赋《野有蔓草》。宣子曰："孺子善哉！吾有
　　望矣。"子产赋郑之《羔裘》。宣子曰："起不堪也。"子大叔赋
　　《褰裳》。宣子曰："起在此，敢勤子至于他人乎？"子大叔拜。宣
　　子曰："善哉，子之言是！不有是事，其能终乎？"子游赋《风
　　雨》，子旗赋《有女同车》，子柳赋《萚兮》，宣子喜，曰："郑其
　　庶乎！二三君子以君命贶起，赋不出郑志，皆昵燕好也。二三君
　　子，救世之主也，可以无惧矣。"宣子皆献马焉，而赋《我将》。

> 子产拜，使五卿皆拜，曰："吾子靖乱，敢不拜德！"

郑国六卿为晋国韩宣子饯行，应韩宣子之邀代表国家赋诗，以表达对晋国的友好与尊重。韩宣子听后十分高兴，不仅表示要保护郑国，而且还盛赞了郑国的未来。这就是当时盛行的"赋诗言志"。譬如子产赋郑风《羔裘》，取义于"彼其之子，邦之彦兮"，借以赞扬韩宣子为晋国的栋梁。而《羔裘》一诗，本来也是赞美正直官员的，子产的借用非常恰当。又如子嵯赋《野有蔓草》，取义于"邂逅相遇，适我愿矣"，借以表达对韩宣子景仰。可是《野有蔓草》一诗，本来是写情人野外巧遇之乐的，用在这里并不贴切，但赋诗者对于原诗的本意却可以不管不顾，只是尽情比喻，而听诗者也能体会到他要表达的意思。由此，我们不难领略春秋战国时代盛行的引诗颂诗风气。正如劳孝舆《春秋诗话》总结的："作者不名，述者不作，何欤？盖当时只有诗，无诗人。古人所作，今人可援为己作；彼人之诗赓为自作，期于言志而止。人无定诗，诗无定指，以故可名不名，不作而作也。"春秋战国时代盛行的这种引诗颂诗风气，自然会促使孟子有感而发，也就构成了"知人论世"说的重要文化背景。

在春秋战国时代盛行的这种引诗颂诗风气里，"只有诗，无诗人""人无定诗，诗无定指"的法则，用于"赋诗言志"、交流情感固然差强人意，用于解读原诗、探究真谛则大为不可。在一定意义上，孟子提出"知人论世"说，其实就是针对这一普遍流行之法则的。

第三，孟子本人的"知言"理论。孟子提出"知人论世"说，是有其理论基础的，那就是他自己建构的"知言"理论。根据《孟子·公孙丑上》记载：孟子曾对公孙丑说道"我知言"，此说新颖，引得公孙丑连忙问道"何谓知言"，孟子则胸有成竹地回答说：

> 诐辞知其所蔽，淫辞知其所陷，邪辞知其所离，遁辞知其所穷。生于其心，害于其政；发于其政，害于其事。圣人复起，必从吾言矣。

对于孟子的这一论述，朱熹在《孟子集注》中联系孟子的相关思想与言论，做了很好的阐发："知言者，尽心知性，于凡天下之言，无不有以究极其理，而识其是非得失之所以然也。……人之有言，皆本于心。其心明乎正理而无蔽，然后其言平正通达而无病；苟为不然，则必有是四者之病矣。即其言之病，而知其心之失，又知其害于政事之决然而不可易者如此。非心通于道，而无疑于天下之理，其孰能之？"这就使我们又能以为借鉴。

孟子的"知言"理论要点有三：一是，人之言包括诗歌，乃"生于其心"，也就是后代学人演绎而成的"言为心声"；所以"知言者，尽心知性"。二是，任何一个人，"其心明乎正理而无蔽，然后其言平正通达而无病"；反过来说，"即其言之病，而知其心之失"。三是，对于有所作为的文化精英来说，其言论往往关乎社会、"发于其政"、与时代脚步息息相通；因此，欲识其"言"的是非得失乃至其所以然，就必须联系相关的社会现象、政治现象、时代特征进行深入的分析评判。而正是以这一"知言"理论为根本依据，孟子进一步提出了感知诗歌真意的"知人论世"说。

综上，孔子初创、孟子发展的儒学精神，春秋战国时代盛行的引诗风气，孟子创立的"知言"理论，这诸多要素都组成了真实的文化背景，探寻"知人论世"说的理论内涵与开创意义，不能不从这里出发。

第二节　"知人论世"说的理论逻辑

孟子提出的"知人论世"说，见于《孟子·万章下》的记载：

> 孟子谓万章曰："一乡之善士，斯友一乡之善士；一国之善士，斯友一国之善士；天下之善士，斯友天下之善士。以友天下之善士为未足，又尚论古之人。颂其诗，读其书，不知其人可乎？是以论其世也。是尚友也。"

对于孟子这一段话的阐释，以清代学者吴淇《六朝选诗定论》卷一所论最为中肯、最为深刻：

> 世字见于文有二义：从言之，曰世运，积时而成古；横言之，
> 曰世界，积人而成天下。……我与古人不相及者，积时使然；然有
> 相及者，古人之诗书在焉。古人有诗书，是古人悬以其人待知于
> 我；我有诵读，是我遥以其知逆于古人。是不得徒诵其诗，当尚论
> 其人。然论其人，必先论其世者何也？……人必与世相关也。然未
> 可以我之世例之，盖古人自有古人之世也。"不殄厥愠"，文王之世
> 也；"愠于群小"，孔子之世也。苟不论其世为何世，安知其人为何
> 如人乎？

细细揣摩，孟子的这一段话，看上去是就"尚友"问题、进而又是就"以
友天下之善士为未足，又尚论古之人"问题而发的，然而其重点，却又是在
论述如何"尚论古之人"并以其善士为友的问题。如何才能"尚论古之人"
进而以其善士为友呢？"然有相及者，古人之诗书在焉。古人有诗书，是古
人悬以其人待知于我"，正是有鉴于此，孟子才指出了"尚论古之人"并以
其善士为友的可行性途径，那就是"颂其诗""读其书""论其世"，而且最
后还不忘回笔强调一句"是尚友也"。这就是孟子这一段话的"文脉"。

其中隐隐然还存在着一个十分重要的问题：孟子所谓"颂其诗，读其
书，不知其人可乎？是以论其世也"，是仅仅指出了"尚论古之人"并以其
善士为友的可行性途径呢，还是同时又留下了"不得徒诵其诗，当尚论其
人。然论其人，必先论其世者何也"的思考题呢？应该说，二者都是！只是
由于孟子的这一句话过于简略，才将这一重要问题留给了后来的好学深思之
士。直到学者吴淇，才将这一重要问题明明白白地揭示出来。由此可以认识
到，在这一段话里，孟子其实是在强调：（1）天下之善士若想进一步发展自
己、提高自己，在友天下之善士犹为未足的情况下，就应该尚友古代之善
士，从那里得到启示与滋润；（2）古之人多矣，天下之善士要想尚友古代之
善士，就必须尚论古之人，从而找到真正可以效法的善士而友之；（3）天下

之善士要想找到古代之真正的善士而友之，又必须广泛诵读古人留下的诗书，因为人之言"生于其心"，通过诵读诗书方能感知其作者的心性乃至为人；（4）仅仅诵读古人留下的诗书又是不够的，还必须论其世为何世，因为"人必与世相关也。然未可以我之世例之，盖古人自有古人之世也"，只有通过一番考求而论其世为何世，论其人在其世如何生存发展，才能正确地解读古人留下的诗书，才能正确地尚论古之人及其抒写的"志"，才能真正地找到古代之善士而尚友之，并从那里得到启示与滋润。正是在孟子极力强调的这几点里已经表明，"知人论世"说的主要精神，包含着一种解读诗书的方法论，亦即知人论世以解读诗书。

不能忘记，孟子还提出过"以意逆志"的解读诗书的方法论。"以意逆志"与"知人论世"两种解读诗书方法论，虽然是孟子在不同的时间、不同的地方提出来的，但它们是应该也是必然要相互结合、相互补充的。在这方面，王国维先生早已在《玉溪生诗年谱会笺序》中有过精辟的论述：

> 善哉，孟子之言诗也！曰："说《诗》者，不以文害辞，不以辞害志；以意逆志，是为得之。"顾意逆在我，志在古人，果何修而能使我之所意，不失古人之志乎？此其术，孟子亦言之曰："颂其诗，读其书，不知其人可乎？是以论其世也。"是故由其世以知其人，由其人以逆其志，则古诗虽有不能解者寡矣。……及北海郑君出，乃专用孟子之法以治《诗》。其于《诗》也，有谱有笺。谱也者，所以论古人之世也；笺也者，所以逆古人之志也。

王先生的论述既有理论上的推演，又结合了郑玄成功笺诗的实际，特别是"是故由其世以知其人，由其人以逆其志，则古诗虽有不能解者寡矣"一句，已使"以意逆志"与"知人论世"两种解读诗书方法论相互结合、相得益彰的精神与效益，昭然若揭了。

综上，同"以意逆志"的解读诗书方法论一样，"知人论世"也是解读诗书的方法论。如果认为它"并不是说诗的方法，而是修身的方法……也就是尚友的道理",如果认为"后代人把知人论世也看成理解诗的方法,并将之与以意逆志的方法结合起来加以探讨,那只能视为是后人的发挥,而非孟子的原意",显然都是未能符合孟子那段名言之本意的,未能符合孟子《诗经》诠释学之本意的。

中国上古时代的学人包括孟子在内,论述问题时常常不太注重运用逻辑思维,更不太注意运用适当的语言形式表达逻辑思维的成果,又何况历经两千多年的流传,他们的著作往往也有文字上的错漏。不过仍然可以发掘出,孟子提出的"知人论世"说,深深地蕴含着如下两种理论逻辑:

第一,尚友—知人—读书—论世。按照孟子这段话的语意:天下之善士,如果以友天下之善士为未足,就应该尚友古代之善士,这就是"尚友";可是古之人多矣,要想尚友古代之善士,就必须尚论古之人从而了解古代的真正善士,这就是"知人";而要想深切了解古代之善士并从那里得到启示与滋润,又必须颂其诗、读其书,古人有诗书,是古人悬以其人待知于我,这就是"读书";然而,仅凭读书并不足以完全知人,因而还必须论世,仅凭读书也不足以完全知书,因而也必须论世,这就是"论世"。由此可见,"尚友"是目的,"知人"是方法,"读书"是途径,"论世"是条件。"尚友"则必须"知人","知人"则应该"读书","读书"是为了"知人"、为了"尚友","论世"则能保障"知人""读书"的正确深入。

第二,论世—知人—读书—尚友。按照孟子这段话中最为关键的两句亦即"颂其诗,读其书,不知其人可乎?是以论其世也。是尚友也"的语意而论,它显然是在强调:论古人之世,是为了更好地知古人之人;知古人之人,是为了更好地读古人之书;而论古人之世、知古人之人、读古人之书,都是为了更好地尚友古代之善士。这里所要强调的观点,层次分明,逻辑清晰,一贯而下,具有较高的说服力。然而要特别指出的是,孟子这段话中最为关键的两句,还确实包含着这样一系列的意思:要真正地尚友古代之善士,就必须正确地解读古人之书;要正确地解读古人之书,就必须正确地感知古人之人;要正确地解读古人之书、正确地感知古人之人,就必须正确地了解古人之世。所以，在一定的意义上，论世、知人，既是正确地解读古人之书的良好方法，又是正确地解读古人之书的必要条件。由此可见，在孟子这段话中最为关键的两句里，确实蕴含着一种论世—知人—读书—尚友的理论逻辑；正是这种理论逻辑，促使"知人论世"说作为一种诗书诠释方法论，具有较强的可行性与说服力。

总之，孟子提出的"知人论世"说，从两种角度看，确确实实蕴含着以上两种理论逻辑——尽管他并未用语言明明白白地表述出来。依据这两种理论逻辑思索下去，不仅可以说在特定的意义上，孟子提出的"知人论世"说，实实在在地是对于诗书的一种诠释方法论；而且可以断言，"知人论世"说这种对于诗书的诠释方法论，在战国时期，既有其特定的文化背景，又有其较强的针对性、可行性与说服力，虽然还有待进一步的发展，但真正是一种出色的理论创造。

第三节　"知人论世"说的开创意义

孟子提出的"知人论世"说，作为对诗书的一种诠释方法论，从战国后期开始，就不断地显现出特有的开创意义，在中国哲学史、文学史和诠释学史上发挥着持续的启示作用。这不仅如王国维先生指出的："由其世以知其人，由其人以逆其志，则古诗虽有不能解者寡矣。……及北海郑君出，乃专用孟子之法以治《诗》。"而且亦如仇兆鳌在《杜诗详注·序》中总结的："孟子之论诗曰：'颂其诗，读其书，不知其人可乎？是以论其世也。'诗有关于世运，非作诗之实乎？是故注杜诗者，必反复沉潜，求其归宿所在，又从而句栉字比之，庶几得作者苦心于千百年之上，恍然如身历其世，面接其人，而慨乎有余悲，悄乎有余思也。"[1] 孟子提出的"知人论世"说，作为对诗书的一种诠释方法论，其主要的开创意义有三：

---

① （清）仇兆鳌注：《杜诗详注》，中华书局1979年版，第1页。

第一，开创诠释学新课题——人与世的关系。前文已经做过说明，春秋战国时代盛行着一种引诗颂诗风气，在这种风气之下，人们是不会去思考人与世之关系的，因而也就难以探寻一首诗在特定境遇下的真情实意。另外，即使是就创建时期的儒学理论而言，它以"人"为核心，确立起了人的主体地位，并由此追寻"天命"，建构"礼义"，却并未提出人与世之关系的问题。正是孟子，率先明确地论述了人与世之关系的重大问题，倡导"论世"以"知人"，这本身就是一种哲学、诠释学理论上的开创。

正如吴淇指出的："世字见于文有二义：从言之，曰世运，积时而成古；横言之，曰世界，积人而成天下。"无论"世运"还是"世界"，合而言之，就是人的广阔生存空间。因此不难想见，孟子率先论述人与世的关系，究其实际，是论述了人与"世运"、人与"世界"的关系，是论述了人与广阔生存空间的互动关系。更为值得关注的是，孟子特别强调的是"论其世"，这个"论"字又大有讲究。"论其世"，是重视其世，是认知其世，是探寻人与世的必然关系，是更正确地了解世中的人，同时也是为了使人更好地在世运世界里生存发展。"苟不论其世为何世，安知其人为何如人乎？"孟子在率先建构对诗书的一种诠释方法论时，在论述人与世的互动关系时，自觉不自觉地涉及如此之多、如此之深的哲学课题，并且表达出了相当深刻的见解，在中国哲学史和诠释学史上，这是一种理论上的可贵开创。

第二，开创诠释学新方法——论世知人以解读诗书。"知人论世"说，作为孟子率先提出的对于诗书的一种诠释方法论，讲求论世以知人，讲求论世知人以解读诗书，讲求解读诗书以尚友古之善士从而提升自己，其开创意义之重大，必然使得春秋战国时期那些习惯于"人无定诗，诗无定指，以故可名不名，不作而作"之风气的学人大开眼界。对此，古今学者多有论述。如清代王文诰所论即可作为印证：

> 至于前人往矣，后人生于数百千年以下，取数百千年以上之诗，伏而诵之，若非脱去形骸，独以神运，以古人之心为心，以古

> 人之境为境，设身处地，情性融洽，则我之精神命脉与古人之精神
> 命脉，隔碍不通，又何能领略其中之甘苦。……然欲论其文，必论
> 其人；欲论其人，必论其世。苟于作者生平之事迹，君臣之际遇，
> 品诣之崇卑，贤奸之分判，一事不合，则古人之面目不明，精神反
> 晦，此编纪之不可不详。（《苏文忠公诗编注集成序》）

为了说明"知人论世"说作为对诗书的一种诠释方法论，实实具有重大的开创意义，我们最好还是列举孟子本人解读《诗经》的实例，做些具体的分析。譬如，依据《孟子·告子下》的记载：

> 公孙丑问曰："高子曰：'《小弁》，小人之诗也。'"孟子曰：
> "何以言之？"曰："怨。"曰："固哉，高叟之为诗也！有人于此，
> 越人关弓而射之，则己谈笑而道之；无他，疏之也。其兄关弓而射
> 之，则己垂涕泣而道之；无他，戚之也。《小弁》之怨，亲亲也。
> 亲亲，仁也。固矣夫，高叟之为诗也！"曰："《凯风》何以不怨？"
> 曰："《凯风》，亲之过小者也；《小弁》，亲之过大者也。亲之过大
> 而不怨，是愈疏也；亲之过小而怨，是不可矶也。愈疏，不孝也；
> 不可矶，亦不孝也。"

按照传统的解读，《小弁》一诗，是周幽王的太子宜臼，由于周幽王续得褒姒而被无理废黜之后，抒写其哀怨的；《凯风》一诗，是一位母亲不安其室，她的七个儿子抒写不能周到奉养母亲的愧疚。对于《小弁》一诗，高子既不考虑作诗者的生存环境，又不体察作诗者的心性情感，便断言小人之诗也，理由是它抒写了哀怨。而孟子则认为高子如此解诗是执拗不通，理由是父子之亲，打断了骨头连着筋，对于父亲的重大过失，儿子是会情不自禁地抒写哀怨的，这恰恰正是亲亲的表现。从解读方法的角度看，高子恰恰是不论世、不知人，只拿着一种教条生搬硬套，的确有些执拗不通；而孟子真正是论世以知人，知人以体验其境遇与感情，然后联系相关社会规则予以解读，因而形成了正确的认识。对于《凯风》一诗，公孙丑的问题是"何以不

怨?"孟子仍然是论世以知人,知人以体验其境遇与感情,故而强调:一位母亲抚育七子,困难重重,不安其室只是"亲之过小者也",其子应该予以体谅和同情,而不应该怨恨。在那个时代,孟子对这两首诗的诠释是正确的,深刻的,开明的,是论世知人解读诗书方法成功的表现,确实具有开风气的效用。至于那种认定孟子对这两首诗的诠释"归根到底是要宣扬'亲亲,仁也'这一套儒家的道德教义,'知人论世'也是为这个目的服务的"说法,我们实在难以苟同。

第三,开创诠释学新境界——以"人"和人的生存发展为最高目标。我们已经论述过,如果说孔子确立起了人的主体地位,使儒学在本质上成为一种人学;那么,孟子便是致力于探求人发展自己、提升自己的途径,从而努力提升人的精神。现在我们还要进一步强调:本着儒学焕发出来的人的精神,孟子又进而通过倡导"知人论世"说,将"人"和人的生存发展确立为诠释诗书的最高目标,从而开拓了诠释学的新境界。"古人悬以其人待知于我","我遥以其知逆于古人",那么,"(古)人"岂不就成为当今诠释者认知的最高目标?"是不得徒诵其诗","当尚论其人","然论其人,必先论其世","诵其诗","论其世",全都为了"论其人",那么,"(其)人"岂不就成为当今的诠释者"尚论"亦即认知的最高目标?而"以友天下之善士为未足,又尚论古之人",那么,岂不就是人筹划发展自己、提升自己的途径之一?这样,我们就能完全确信,孟子倡导"知人论世"说,是将提升"人"和人的生存发展确立为诠释诗书的最高目标,从而真正开拓出了诠释学的新境界。特别值得关注的是,他不仅在理论上是如此,而且在实践中也同样如此。譬如:

> 滕文公问为国。孟子曰:"民事不可缓也。《诗》云:'昼尔于茅,宵尔索綯;亟其乘屋,其始播百谷。'民之为道也,有恒产者有恒心,无恒产者无恒心。苟无恒心,放辟邪侈,无不为已。及陷乎罪,然后从而刑之,是罔民也。焉有仁人在位,罔民而可为也?

> 是故贤君必恭俭礼下，取于民有制。……《诗》云：'周虽旧邦，
> 其命维新'，文王之谓也。子力行之，亦以新子之国。"（《孟子·
> 滕文公上》）

熟悉《诗经·豳风·七月》的人，忆及"昼尔于茅"几句，总会为那个时代农夫既要"上入执宫功"，又要"其始播百谷"的劳苦而唏嘘。孟子选取这几句诗作为诠释对象，当然是为了"论其世"以"论其人"，将唏嘘深化为深一层的认知。但是他的重点却又不止于此。首先，孟子是应"滕文公问为国"之请，而选取这几句诗作为诠释对象的；其次，孟子通过对于这几句诗的诠释，获得了两个认知性的结论，亦即"民事不可缓也""取于民有制"；更为重要的是，孟子还将这两个认知性的结论作为治国方略，提供给滕文公，提供给天下君主。由此不难理解，孟子为滕文公、为天下君主、为天下之人诠释这几句诗，既是在为天下的农夫而呼吁，也是在为天下的君主而呼吁，呼吁"民事不可缓"，呼吁"取于民有制"，呼吁留下民众的生存空间，究其实质，乃是以提升"人"和人的生存发展为最高诠释目标——既崇高而又具体的诠释目标。

此外，了解西周兴国历史的人，阅读《诗经·大雅·文王》，大都会沉吟"周虽旧邦，其命维新""穆穆文王，于缉熙敬止"等诗句，而追思周文王的历史功绩。孟子应"滕文公问为国"之请，着意选取"周虽旧邦，其命维新"这两句诗作为诠释对象，并特别点明"（此）文王之谓也"，当然就是为了"论其世"以"论其人"，将周文王的历史功绩化为历史激情与历史经验，用以激励滕文公乃至天下君主，使之"力行之，亦以新子之国"，从而拓展民族和国家的生存发展空间，究其实质，同样也是以提升"人"和人的生存发展为最高诠释目标。

我们今天重新体察孟子怎样应"滕文公问为国"之请，有选择地诠释《诗经》的诗句，怎样自觉地以"人"和人的生存发展为最高诠释目标，不仅感动了滕文公，并且感动了天下的有心人，从而将对《诗经》诗句的诠释

有效地推向了极致，也就不能不心悦诚服，孟子倡导并运用的"知人论世"说，真正在那个时期开拓了经典诠释学的新境界。而开创诠释学新课题、开创诠释学新方法、开创诠释学新境界，正是孟子首倡"知人论世"说对于中国古代诠释学发展而言最为重要的意义。

第八章 诠 释

——中国卜筮之书的哲学化道路

　　根据《周礼·春官》记载，基于原始宗教的信仰，周代太卜掌握着三种卜筮方法，相应地就形成了三种书籍，号称"三易"，一曰《连山》，一曰《归藏》，一曰《周易》。但自西汉以后，中国历代学人通常所说的《周易》，包括《易经》与《易传》两部分。《易经》就是西周时代卜筮之书《周易》的"经"化，《易传》则是战国后期至汉代初期诠释《易经》的几种主要著作。《易传》在诠释《易经》的过程中，对《易经》蕴含的巫术文化进行了创造性的哲学转化，与之共同建构起了一种新的"易道"，代表了轴心时期中华文化的根本精神。于是，《易传》也就得以与《易经》并列，共同组成新的《周易》，成为中华传统文化的最高经典"五经"之首，成为中国哲学的主要源头之一。可是，《易传》毕竟只是诠释《易经》的著作，而且包括《彖传》《象传》《系辞传》《文言传》《说卦传》《序卦传》《杂卦传》七种十篇，并非一人一时之作，它们何以能在诠释《易经》的过程中，开拓出中国卜筮之书《易经》的哲学化道路、并与之共同建构起一种新的"易道"呢？关键在于《易传》各篇共同创立的诠释方法论。

第一节 建构全新的《易经》文本观念

作为卜筮之书，《周易》本是西周时期的卜史们加工编辑而成的，并因此而有其独特的结构方式。首先，它的构成单位是卦，全书包括六十四卦；每一卦都有卦名，都由分为阴阳的六爻组成。其次，它的每一卦、每一爻，都有象，包括卦象和爻象；都有辞，包括卦辞和爻辞，作为对卦爻象的解释与说明。再次，它的卦象和爻象既是人为设定的预测吉凶的符号，又是由操作蓍草通过数学运算而确定的。《周易》这种独特的结构方式，表明其卜筮活动包含着某些理性思考。《易传》所要诠释的，就是这样一部独特的卜筮之书。而《易传》，虽然包括七种著作，却能相互分工、相互补充，具有难得的协同性和整体性。大致说来，《彖传》是逐卦解释其卦名、卦象与卦辞，《象传》是逐卦解释其卦象、卦名、爻象和爻辞，《系辞传》是通论全书渊源与基本原理，《文言传》只限于解说乾坤两卦之大义，《说卦传》主要论述八卦的意义，《序卦传》陈述六十四卦序次的理据，《杂卦传》则将六十四卦两两对举，论列其意蕴。

特别值得注意的是，《易传》作者大都为文化精英，呼吸新的时代精神，感受新的时代需要，在重新审视《易经》的过程中，发现了此前未为人们所知的要素，共同建构起了关于《周易》的全新的文本观念。而这种全新的文本观念，本身就蕴含着原始哲学的基本精神，早已成为《易传》诠释方法论的有机组成部分，作用于、贯通于各篇的诠释实践，其基本内涵十分丰富，突出表现在以下三个方面。

第一，关于《周易》的最初来源。《系辞传》对此有着开拓性的发掘：

古者包牺氏之王天下也，仰则观象于天，俯则观法于地，观鸟兽之文，与地之宜，近取诸身，远取诸物，于是始作八卦，以通神明之德，以类万物之情。

> 圣人有以见天下之赜，而拟诸其形容，象其物宜，是故谓之象；圣人有以见天下之动，而观其会通，以行其典礼，系辞焉以断其吉凶，是故谓之爻。极天下之赜者存乎卦，鼓天下之动者存乎辞，化而裁之存乎变，推而行之存乎通，神而明之存乎其人，默而成之、不言而信，存乎德行。①

按照《系辞传》的追叙：（1）是包牺氏（伏羲氏）首创了八卦，后世则又有不断的发展；（2）包牺氏首创八卦，是基于仰观天象、俯察地貌、细看鸟兽的纹理、考究大地的内蕴，也就是基于自己对外部世界自觉而细致的考察；（3）包牺氏首创八卦，主要是运用了比拟与象征的手法，亦即运用卦象和爻象，比拟天下各种复杂的事物，象征天下各种奇妙的运动，从而引导人们观照其融会变通；（4）在此基础上，包牺氏还进行分门别类的深入分析，还进行各种规律的会通归纳，以判断吉凶、启示方向、指导人们的实践。这就是《周易》八卦能够"以通神明之德，以类万物之情"的根本原因。而《易传》在论述《周易》的最初来源时，突破无数的旧有传说，着力强调其创造者基于人的生存发展需要而对外部世界进行自觉而细致的考察分析、对事物演变规律进行全面而理性的会通归纳，是有其依据的，是难能可贵的，这也就为它诠释《周易》确立了正确的方向。

第二，关于《周易》的基本原理。《系辞传》对此有着很深入的探究：

> 八卦成列，象在其中矣。因而重之，爻在其中矣。刚柔相推，变在其中矣。系辞焉而命之，动在其中矣。吉凶悔吝者，生乎动者也。刚柔者，立本者也。变通者，趣时者也。吉凶者，贞胜者也；天地之道，贞观者也；日月之道，贞明者也；天下之动，贞夫一者也。
>
> 一阴一阳之谓道。继之者善也，成之者性也。……生生之谓

---

① 本书所引《易经》《象传》原文，皆据陈鼓应、赵建伟注译：《周易今注今译》，商务印书馆2005年版。

易，成象之谓乾，效法之谓坤；极数知来之谓占，通变之谓事，阴
阳不测之谓神。

《易》有圣人之道四焉，以言者尚其辞，以动者尚其变，以制
器者尚其象，以卜筮者尚其占。……《易》无思也，无为也，寂然
不动，感而遂通天下之故。非天下之至神，其孰能与于此。夫
《易》，圣人之所以极深而研几也。唯深也，故能通天下之志；唯几
也，故能成天下之务；唯神也，故不疾而速，不行而至。

按照以上的论述：（1）在《周易》里，八卦的卦象确立以后，全部六
十四卦的卦象和爻象也都包含在其中了，阴阳爻的错综排列、卦象爻象的种
种变化也就表现在其中了。（2）阴爻和阳爻是确立《易》卦的根本，其变
化流通，反映了人间顺合时宜的道理。了解吉凶原因，贵在懂得阴爻阳爻的
运作是否得宜；了解天地规律，贵在观照阴爻阳爻的变化是否合时。（3）阴
与阳的相互对立、相互依存、相互转化，既是宇宙的根本规律，也是易道的
核心内容，衍生万物是易道的美德，成就万物是易道的本性，不断使万物变
易新生是易道的基本特征。（4）易道无思无为、寂然不动，可是一旦揲动蓍
卦使阴阳相感，则又立可伸展开张而广知天下之事。因此，易道能够洞察天
地万物之情理，能够成就天下大小事物。（5）所以《周易》蕴含有四个方
面的圣人之道，用它指导言论的人尊崇其卦爻辞，用它指导行动的人尊崇其
卦爻变化，用它指导制器的人尊崇其卦爻取象，用它问卜决疑的人尊崇其卦
爻占断。而《易传》论述《周易》的基本原理，强调阴爻和阳爻是确立
《易》卦的根本，强调阴爻和阳爻的变化流通反映了人间顺合时宜的道理，
颇多富有时代性的全新辩证意识，很能启人神思。

第三，关于《周易》的主要功能。《系辞传》对此有全面的总结：

《易》与天地准，故能弥纶天地之道。仰以观于天文，俯以察
于地理，是故知幽明之故。原始反终，故知死生之说。……范围天
地之化而不过，曲成万物而不遗。

圣人设卦，观象系辞焉而明吉凶，刚柔相推而生变化。……是故君子所居而安者，《易》之序也；所乐而玩者，爻之辞也。是故君子居则观其象而玩其辞，动则观其变而玩其占，是以自天祐之，吉无不利。

夫《易》，彰往而察来，而微显阐幽，开而当名辨物，正言断辞则备矣。其称名也小，其取类也大，其旨远，其辞文，其言曲而中，其事肆而隐。因贰以济民行，以明失得之报。

夫《易》开物成务，冒天下之道，如斯而已者也。是故圣人以通天下之志，以定天下之业，以断天下之疑。是故蓍之德圆而神，卦之德方以知，六爻之义易之贡。圣人以此洗心，退藏于密，吉凶与民同患；神以知来，知以藏往。

《易》之为书也，广大悉备。有天道焉，有人道焉，有地道焉，兼三才而两之，故六。

按照这里的总结：（1）因为《易》作为"经"的创造是取法天地的，所以掌握了易道就能普遍洞悉天下的道理，就能推演事物的本始而反求事物的结局，就能把握关于万物死生的规律。（2）观察卦爻之象和卦爻之辞可以明了吉凶，推演阴阳的变化可以明了事物的变化；所以君子平时往往观察卦爻之象而揣摩卦爻之辞，行动时必定观察卦爻象的变化而玩味卦爻辞的判断。（3）《易经》论证与表达的方式，既能运用恰当的概念辨析事物，又能运用准确的言辞判断事理，直接论及的事物虽然有限，而喻指的事类却又无限，旨意深远，所论看似直白，而其意蕴却又非常深奥。（4）《易经》能够沟通物情而成就事功，包罗着天下所有的道理。因此，应该灵活地运用易道，了解天下的物情，成就天下的事业，决断天下的疑难，积累以往的经验，引导百姓并与之共忧同乐。（5）总而言之，《易经》所包含的道理，广大周备，其中有天的运行法则，有人的发展规律，有地的深厚奥秘，它必然成为行动指南。而《易传》在论述《易经》的主要功能时，以全新的时代精神，强调《易经》的创造是取法天地运行的，强调运用易道以发掘其中规律性的东西，就有可能了解天下的物情、决断天下的疑难，虽然不免夸张，但是也有一定的启示性。

就是这样，《易传》突破了传统的卜筮视域，建构起了关于《易经》之全新的文本观念，融入了时代精神，焕发着时代特征，既彰显出了《易经》的本来面貌，又启导了对《易经》的进一步反思，开拓了对于易道的哲学化道路。这样的文本观念，是突破性的、创造性的，是深刻有用的，所以能够成为《易传》创立的诠释方法论的正确出发点和有机构成部分。尽管如此，《系辞传》却又严肃地指出：在现实中，人们对于"易道"，却又往往是"仁者见之谓之仁，知（智）者见之谓之知（智），百姓日用而不知，故君子之道鲜矣"。这就说明，对于《易经》，需要创立正确的诠释方法论，需要遵循正确的诠释方法论进行深入的诠释。在一定意义上，这正是《易传》作者自觉担当的使命！

第二节　创立卦爻象哲学化的诠释方法

作为原始宗教的经典，《易经》主要是由卦爻象、卦爻辞等基本要素组成的，其本质特征之一表现于卦爻象，这在世界古代各国的原始宗教里别具一格。为了更好地诠释《易经》的哲学大义，《易传》首先必须面对其卦爻象，因而也就创立了卦爻象哲学化的诠释方法。

《易经》的"卦爻象"，包括八卦与六十四卦的卦象和每一卦的三种或六种爻象，它们都由"－"与"－－"两种最基本的符号重叠构成；它们本来是由筮数转译的，但是由于其书写形式表现出一种明显的对立，因此显示了吉凶含义。然而，《系辞传》对于"卦爻象"却有一种全新的解释："是故易者，象也；象也者，像也"；"是故夫象，圣人有以见天下之赜，而拟诸其形容，象其物宜，是故谓之象"。这是在强调，"象"的实质就是"像"，就是以卦爻象比拟事物的形态，象征事物的内蕴；卦爻象乃是对于天下万事万物概括而巧妙的反映。这样，"卦爻象"也就成为认知事物形态、反映事物变化、描写世界特性故而具有深刻理性与哲学意蕴的符号组合。正是在一理论基础上，《易传》创立起了促使卦爻象哲学化的具体诠释方法。

一、发掘筮数与卦爻象的逻辑关联以阐发其哲学义理

本来，《易经》是在卜筮的过程中，通过计数蓍草变化的数目来确定卦象，然后又通过对卦象的分析推演以预测吉凶。而《系辞传》则强调："参伍以变，错综其数。通其变，遂成天地之文；极其数，遂定天下之象。非天下之至变，其孰能与于此。"也就是说：对于"揲蓍成卦"的过程与规律，要从不同的角度反复地观察、深入地玩味，从而能够"成天地之文""定天下之象"，亦即认知天下万物之象、判定天地万物之理。于是，《易经》原本是通过筮数的变化确定卦象并判定吉凶的过程，原本是筮数与卦象之间的计数确定关系，在《易传》那里，便升华为通过考察过去事物变化的规律来推断事物发展之未来的理性思考过程，筮数与卦象之间由此也就具有了合理的内在逻辑关系。由此，"极数知来之谓占"（《系辞传》）。正是以此为理论根据，《易传》共同建构起发掘筮数与卦爻象的逻辑关联以阐发哲学义理的诠释方法。请看：

> 乾之策二百一十有六，坤之策百四十有四，凡三百有六十，当期之日。二篇之策万有一千五百二十，当万物之数也。是故四营而成《易》，十有八变而成卦。八卦而小成，引而伸之，触类而长之，天下之能事毕矣。（《系辞传》）

本来，乾卦六爻所包含的蓍草有二百一十六，坤卦六爻所包含的蓍草有一百四十四，总数为三百六十根，这是筮数与卦象之间的计数确定关系；可是《系辞传》却将其解释为乃"当期之日（相当于一年的日数）"，于是，这三百六十根的总数，就能反映出天地之间寒暑更迭、万物荣枯、一年一循

环的规律，因而增进了浓郁的哲学意味。本来，《易经》上下篇六十四卦总共包含一万一千五百二十根蓍草，也是其筮数与卦象之间的计数确定关系；可是《系辞传》却解释说此乃"当万物之数（相当于宇宙万物的数目）"，于是，它们就演变为反映出寰宇之内万物的大致种类与相互关联，因而更加富有哲学意味。本来，按照《易经》的操作规则，四营而成爻、十八变而成卦，仍然是其筮数与卦象之间的计数确定关系；可是《系辞传》进而指出，八卦是成就事物的基础，再将其引申扩展，触类旁通，那么全天下所能取象之事物都包罗其中了，于是，《易经》的六十四卦三百八十四爻，就变为具有天地全图或宇宙图式的功能，因而富有无限的理性思考与哲学意味。就是通过这样的诠释，《易传》的作者们就在发掘筮数与卦爻象逻辑关联的过程中，很自然地阐发出了极其丰富的哲学义理。

二、发掘内外卦象的逻辑关联以阐发其哲学义理

《易经》中的六十四卦，分别是由八卦按照一定规则与逻辑两两重叠而成的，故而传统《易》学就有"文王重卦"之说。《易传》对此重新审视，在具体的诠释过程中尽可能联系实际以彰显两卦重叠的逻辑关联，从中阐发出哲学义理。为此，《说卦传》郑重指出："兼三才而两之，故《易》六画而成卦；分阴分阳，迭用柔刚，故《易》六位而成章。"这是告知人们：宇宙中有天道、地道、人道，每道分成两类（阴阳、柔刚、仁义）；《易经》取象之，故而把象征三道的三画重叠起来，并使六画亦即六个不同的爻位分别形成各卦，以表现天文、地文、人文亦即宇宙各类现象及其演变规律。《系辞传》特别强调："八卦成列，象在其中矣；因而重之，爻在其中矣。刚柔相推，变在其中矣。"这是提醒人们：六十四卦的卦象，三百八十四爻的爻象，还有它们象征的事事物物及其演变规律，都蕴藏在这重叠的规则与逻辑之中。而《象传》，则进而以此为理论依据，将重叠而成的六画卦分为内、外两卦，然后大力发掘内外卦象之间的逻辑关联，并且据此以阐发哲学

义理。例如：

> 天行，健。君子以自强不息。

就其所解释的乾卦卦象而言，其内外卦皆为乾，乾既为天又为健，所以《象传》就发掘此卦内外卦象的逻辑关联，并据此解释为"天行，（则）健（乾）"。然后又进一步由其卦象卦名引出人事，从而阐发出哲学义理："君子以自强不息"。它所强调的乃是，根据乾卦的启示，君子应该领悟天道，取法天道，不断地修身治国，永远地自强不息。而这一哲学义理影响深远，被中国古代许多文化精英引为修身治国的格言，并逐渐升华成为中华文化的核心精神。又如：

> 地中有山，谦。君子以哀多益寡，称物平施。

就谦卦卦象而言，其内卦为艮，象山，其外卦为坤，表示大地，所以《象传》就依此解释为"地中有山"。山体本来是高高的，现在却处于地下，岂不就显示出了谦而能下吗？所以其卦名为"谦"。这就是《象传》发掘出来的此卦内外卦象的逻辑关联，并据此对其卦名做出了人文解释。在此基础上，《象传》还要进而阐发出伦理哲学义理，"君子以哀多益寡，称物平施"，强调根据谦卦的启示，君子应该培育谦虚的德性，平等地看待事事物物，减其有余以补其不足，衡量事物多寡而公平施予，并由此出发建构社会的公平。显然，这里所表达出来的，乃是中国人几千年来的永恒希望，所以显得特别难能可贵。

三、融入相应哲学观念以阐发其哲学义理

更能启人神思的是，面对《易经》的象数，《易传》的作者们还在上述基础上，尽力分析其运作规律，拓展其解释空间，巧妙地融入一些战国时代兴起的哲学观念，从而在标注性诠释中实现哲学转化，建构起新的"易道"。

第一，融入时的观念。名词"时"，本义为季节，逐渐引申为时势、时

宜，有时还特指人生的某种特定处境。春秋战国时代，哲人学者对"时"有着深入的探讨。《老子》第八章就曾倡导"事善能，动善时"；郭店楚简更以"穷达以时"名篇，指出"穷达以时，幽明不再"。而《易传》则将这种新的时的观念予以发展，融入对卦爻象的诠释之中。譬如《彖传》有云：

> 艮，止也。时止则止，时行则行，动静不失其时，其道光明。

艮为卦名，其卦象为山，将其解释为止息是符合《易经》原意的。但是《彖传》却又不失时机地融入新型哲学的时的观念，从中阐发出"时止则止，时行则行，动静不失其时，其道光明"的重要人生哲理，将其象数哲学化，给人以很大的启发。又如《彖传》还曾指明：

> 益，损上益下，民悦无疆，自上下下，其道大光。……凡益之
> 道，与时偕行。

益为卦名，其卦象为上乾损去一阳而下坤受益一阳，将其解释为损上益下是符合《易经》原意的；进而说到"民悦无疆"，则已经是有所发挥。但是《彖传》又融入新的时的观念，从而阐发出"凡益之道，与时偕行"的深刻哲理，不仅将其象数哲学化，而且使其"益"之道更为深刻圆满，从理论上给人以更大的启迪，从实践中给人以切实的指导。

第二，融入阴阳刚柔观念。西周末期，史官伯阳父曾经创造性地以阴阳二气解释地震成因，论及"阳伏而不能出，阴迫而不能蒸，于是有地震"（《国语·周语上》）。到了战国中期，马王堆帛书《黄帝四经·称》更是提出"凡论必以阴阳（之）大义"，并初步建构起涵盖天地宇宙和人类社会的阴阳学说。在此基础上，《系辞传》进而申论："一阴一阳之谓道。继之者善也，成之者性也。……阴阳不测之谓神"，"阴阳合德而刚柔有体，以体天地之撰，以通神明之德"。这是以前所未有的高度在强调：任何事物内部都包含着相互对立、相互转化的阴阳两面，阴阳相互配合便有了刚柔之体及其演变，这便构成了易道；而衍生万物则是易道的美德，成就万物则是易道的本性，所以其阴阳化育之功深不可测。基于这一新的理论，《易传》便将阴

阳刚柔观念融入对于《易经》卦爻象的诠释之中，从而阐发出丰富的哲学大义。例如：

> 泰，小往大来，吉亨，则是天地交而万物通也，上下交而其志同也。内阳而外阴，内健而外顺，内君子而外小人。君子道长，小人道消也。(《彖传·泰》)
>
> 否，不利君子贞，大往小来，则是天地不交而万物不通也，上下不交而天下无邦也。内阴而外阳，内柔而外刚，内小人而外君子。小人道长，君子道消也。(《彖传·否》)

就泰卦而言，其卦名"泰"是通畅之意，其卦象是下乾表日气上腾，上坤（川）表川水下注，因而象征天地通泰。就否卦而言，其卦名"否"是闭塞之意，其卦象是上乾表乾阳上蒸，下坤表坤阴内敛，因而象征天地隔塞。《彖传》在进行诠释时，则融入了阴阳刚柔观念，将其引领到社会领域之中，使之或为"内阳而外阴""内柔而外刚""内君子而外小人""君子道长"，或为"内阴而外阳""内柔而外刚""内小人而外君子""小人道长"。这样一来，不仅较为深刻地解释出泰之为泰、否之为否的深层原因，而且较为顺畅地说明了社会结构必须"内君子而外小人"而不能"内小人而外君子"的深层道理，从而使泰卦、否卦卦辞都焕发出哲学、社会学的深远意义。

第三，融入天道人道观念。早在上古时期，中国学问的最高境界，便是"究天人之际"，亦即探讨天与人的互动互济关系，许多哲人学者都建构起了自具特色的"天人之论"。而《易传》则继承和发展了这些思想成果，进而倡言："《易》之为书也，广大悉备，有天道焉，有人道焉，有地道焉，兼三才而两之，故六。六者非它也，三材之道也。"（《系辞传》）"昔者圣人之作《易》也，将以顺性命之理。是以立天之道曰阴与阳，立地之道曰柔与刚，立人之道曰仁与义。兼三材而两之，故《易》六画而成章。"（《说卦传》）结合实际而运用这样的观念，《易传》努力把象数解释为一套由阴阳规律所支配而象征着天道人道变化的符号系统，以推论天道而明察人事，并且将其融入对于卦爻象的诠释之中，从而有效实现其哲学化。且看《彖传》的诠释：

> 益，损上益下，民悦无疆，自上下下，其道大光。……益动而巽，日进无疆。天施地生，其益无方。凡益之道，与时偕行。
>
> 豫，刚应而志行，顺以动，豫。……天地以顺动，故日月不过而四时不忒；圣人以顺动，则刑罚清而民服。豫之时义大矣哉。
>
> 大观在上，顺而巽。……观天之神道而四时不忒；圣人以神道设教而天下服。
>
> 革，水火相息。……天地革而四时成，汤武革命，顺乎天而应乎人。

通观以上诸例可以看到：（1）它的诠释，都是对卦名、卦象的诠释；既从这里出发，又从这里引申，阐发出深厚的义理。（2）它的诠释，都是以"天人相通""天人相感"理论为依据，突出二者之间的通感关系，并将重心落实到人道。（3）它建构起了"天施地生"的宇宙观；强调天与地的结合是万物产生的总体原因，这就确立了天地作为万物本原的地位。（4）它建构起了人道本于天道、推天道以明人道、圣人以神道设教的理论。依据这一理论，天地以顺动，圣人也就必须以顺动；天之神道致使四时不忒，圣人也就应该以神道设教而致使天下服。如此一来，《易经》就滋生出了浓厚的政治哲学意味。这里应该顺便论及的是，有现代学人以为"神道设教"仅仅是利用神鬼祸福的迷信说教对人进行精神统治，其实是失诸偏颇的。按照《彖传》本来的语意，"以神道设教"，就是倡导以天道设教，亦即借鉴天地运行规律以设置顺天应人的道德教化，在那个时代，其中原本有着颇多的合理要素。（5）它还初步建构起了独具特色的"革命"的理论，"革命"就是顺应时宜不断变革以消除旧命。天地是不断革命的，所以能够四时更替，万物因此也能应时滋生发展。商汤周武是起而革命了的，所以顺从了天道，应合了人心，取得了政权的合法性和推动社会发展的成就。因此，"革命"既是必然的，也是必须的，还是合理的，这才是易道的核心！

就是这样，《易传》作者基于时代需要而形成的指导思想，在诠释《易经》卦爻象的实际过程中，努力发掘筮数与卦爻象的逻辑关联以阐发哲学义理，努力发掘内外卦象的逻辑关联以阐发哲学义理，努力拓展其解释空间以融入时的观念、阴阳刚柔观念、天道人道观念以阐发哲学义理，创立起卦爻象哲学化的诠释方法，从而使得原始宗教的卜筮活动与规则都不断地理性化、哲学化，创造性地建构起了颇能适应时代需要的新的哲学性"易道"。

第三节　创立卦爻辞哲学化的诠释方法

在商周之际的卜筮活动中，卜筮者按照卦爻的形象来判断所占之事的吉凶，那些记叙占问何事和判断何种吉凶的词句，即为筮辞。后来，人们将那些本为原始记录的筮辞收集起来，进行加工、整理，使之对应化、系统化，使之具有更多的思想性与艺术性，并且作为卜筮的依据和对卦象、爻象的解释，这就成为卦辞和爻辞，统称卦爻辞。从卦爻辞的内容来看，《易经》中的许多卦都有一个中心思想，而整部《易经》则广泛记录了西周时期的社会生活，包括行旅、战争、享祀、饮食、渔猎、畜牧、农耕、居处以及家庭生活、妇女孕育、疾病、刑赏讼狱等，从中可以看到周人由渔猎经济向畜牧经济、农业经济和商业经济的转型。[1] 而且格外值得注意的是，在《易经》的卦爻辞里，还别具匠心地凝聚着一些故事、诗歌、格言、警句、谚语，既具有一定的艺术性，也蕴含着深刻而生动的人生哲理。[2] 所以，卦爻辞也就蕴含着更多的理性思考，也就更多地凸显出《易经》的本质特征而成为《易经》的主体部分，同时也潜藏着更大的诠释空间；为此，《易传》作者付出

---

① 参见李镜池：《周易探源》，中华书局 1978 年版，第 33、34 页。
② 关于《易经》中的诗歌，周光庆曾在《华中师范学院学报》1983 年第 4 期发表《试论〈周易〉中的歌诗》一文，读者可以参看。

了更大的努力，创立起了几种有力促使卦爻辞实现其哲学化的具体诠释方法：

一、发掘卦爻象与卦爻辞的逻辑关联以阐发哲学义理

本来，筮辞是记叙占问何事和判断何种吉凶的辞句，但在后来加工整理而使之成为卦爻辞的过程中，编辑者总是想方设法使卦爻辞明白地揭示卦爻象所判断的吉凶，想方设法使卦爻辞饱含合理地解释卦爻象对于吉凶判断的理据，以加强卦爻辞、卦爻象乃至整个《易经》的说服力。这就是《系辞传》指出的："《易》有四象，所以示也；系辞焉，所以告也。"于是，加工整理之后的卦爻辞，不仅必然更多地要讲出吉凶之"意"与"理"，而且必然更多地要显示出它与卦爻象的逻辑关联。这就是《系辞传》论断的："圣人设卦观象，系辞焉而明吉凶。"只有如此，卦爻辞才能更加合理地解释卦爻象对于吉凶判断的理据，才能更加增强自己乃至整个《易经》的说服力。这样一来，卦爻辞与卦爻象之间的逻辑关联，就显得非常重要而引人注目，卜筮者要高度地关注它，诠释者更要高度地关注它，确如《系辞传》指明的："圣人之情见乎辞！"为此，《易传》便努力发掘卦爻象与卦爻辞的逻辑关联，据此以阐发哲学义理。例如：

> 明入地中，明夷。内文明而外柔顺，以蒙大难，文王以之。利
> 艰贞，晦其明也。内难而能正其志，箕子以之。

在这里，《彖传》首先根据卦象来解释卦名"明夷"。因为其卦象是离下坤上，而离为火为日，坤为地，所以便说"明入地中，明夷"。以此为基础，它就顺势发掘卦爻象与卦爻辞的逻辑关联。因为经过发掘，离有文明之德而坤有柔顺之德，离居内卦而坤居外卦，所以便依据这一逻辑关联而解释说"内文明而外柔顺"；这既是"利艰贞"亦即利于君子在艰难之中收敛美德智慧以守住正义底线的理据，也是蒙受大难时君子应有的行为方式，周文王和箕子便是其范例。通过这样发掘诠释，君子在艰难之中收敛美德智慧以守

住正义底线的伦理大义与行为方式，也就有力地彰显出来而成为世人的榜样。又如：

> 渐，之进也。女归吉也，进得位，往有功也；进以正，可以正邦也，其位刚得中也。止而巽，动不穷也。

渐卦卦辞只说"女归吉，利贞"，意谓女子出嫁吉祥，卜问有利。可是《象传》却大加发挥，说是"女归吉也，进得位，往有功也；进以正，可以正邦也，其位刚得中也"，倡言女子出嫁吉祥，循序渐进便可得到适宜的居所，如此前往则能建立事功；遵循正道前进便能善正国人之心，便能立足于刚健中正之道。可是其根据何在呢？何以使人信服呢？《象传》最后就道出了诠释根据："止而巽，动不穷也。"原来，渐卦的卦象是：内卦为艮，亦即止，谓静而不躁；外卦为巽，亦即逊，谓谦敬和顺；内心安静不躁而外表谦敬和顺，那么其行动自然也就永远不会受困，自然也就能建立事功。这就明明白白地告诉人们，前面所作的解释，根据就在于它发掘出来的卦爻象与卦爻辞之间的逻辑关联，所以是可取的。

二、发掘语词意义与新型课题的逻辑关联以阐发哲学义理

卦爻辞是对卦象和爻象进行解释、表述判断的言语，它理所当然地是由语词组合而成的；诠释卦爻辞，自然也就必须从诠释其语词做起。然而词汇学理论却又昭示：汉语中的大多数语词，使用在不同的语境之中，往往会呈现出不同的色彩与风格，形成不同的义位变体。所以，解释使用状态中的词义，必须从其所在的特定语境出发，必须联系其所在的特定语境进行。只有如此，解释才有可能是准确的、圆满的、生动的。这也是中国古典诠释学的优良传统。而卦爻辞的语词本来都是在卜筮活动中运用的，其原有语境就是卜筮活动；要想解释好其语词意义，就必须从其所在的卜筮语境出发，必须联系其所在的卜筮语境以进行。可是，《易传》作者是战国时代的文化精英，有着自己独特的文化观念、知识结构和社会担当；为了适应当时社会的需

要，为了阐发更多的义理，他们在诠释卦爻辞的过程中，总是引来宇宙课题、社会课题、人生课题等新型课题，使那些卦爻辞超出原来的卜筮语境，而与这些新型课题发生关联；这就意味着他们在诠释卦爻辞语词意义的过程中，总是自觉不自觉地延伸其语境、转换其语境，更多的是联系新型课题之语境以进行诠释。而且，他们还由此发掘卦爻辞语词意义与新型课题之间的新型逻辑关联，并紧扣这些新型逻辑关联以阐发其哲学义理，以增强诠释的说服力。例如《文言传》：

> 元者善之长也，亨者嘉之会也，利者义之和也，贞者事之干
> 也。君子体仁足以长人，嘉会足以合礼，利物足以和义，贞固足以
> 干事。君子行此四德者，故曰乾元亨利贞。

本来，乾卦卦辞"元亨，利贞"是处于卜筮语境的，意谓"大通顺，占问有利"。但是《文言传》在诠释中却首先引进人生课题，使卦辞超出卜筮语境而进入与之关联的人生课题之语境中；然后，他们又从人生课题之语境出发，对卦辞"元亨，利贞"进行新的诠释，故而强调：元是众善之首，亨是美的会合，利是义的体现，贞是治事的根本。于是，"元亨，利贞"在新的人生课题之语境中，就焕发出了深厚的伦理哲学意味。然而作者并不满足于这一成绩，而是又致力于发掘其卦辞语词新义与人生课题之间的逻辑关联，终于由此阐发出更新的哲学大义："君子体仁足以长人，嘉会足以合礼，利物足以和义，贞固足以干事。"试从语义逻辑上看，"元"既是众善之首，可不又是体仁足以长人吗？"亨"既是美的会合，可不又是嘉会足以合礼吗？"利"既是义的体现，可不又是利物足以和义吗？"贞"既是治事的根本，可不又是贞固足以干事吗？如此富有逻辑性的阐发，自然能顺利地将儒家的人生观理论推向新的境界。特别有味的是到了最后，他们还回应一句"君子行此四德者，故曰乾元亨利贞"，使得全部诠释都能切题，都显得逻辑顺畅，由此而更加圆满。又如《系辞传》的一则诠释：

> 子曰：危者，安其位者也；亡者，保其存者也；乱者，有其治

者也，是故君子安而不忘危，存而不忘亡，治而不忘乱，是以身安

而国家可保也。

否卦爻辞"其亡其亡，系于苞桑"，虽然本在卜筮语境之中，语言也很朴实，但却蕴含着使人警惕的哲理。它提醒的是，必须时时忧虑良好的机遇有可能转瞬即逝。而《系辞传》则以孔子的名义，进而又使这一爻辞进入社会语境，与国家兴亡联系起来，从中发掘卦爻辞语词意义与新型课题之间的逻辑关联，引导人们认识到：危难是由于安逸其位而放松警惕，灭亡是由于保守现状而忘记忧惧，祸乱是由于自恃整治而不知戒惕；那么，依据这里的逻辑进行推理，结论自然是：君子居安而思危，已存而忧亡，方治而虑乱，方能使自身安全并保有国家。显然，它阐发出来的这一哲学义理具有很强的警示意义。

三、融入相应哲学观念以阐发哲学义理

面对《易经》复杂的卦爻象，《易传》总是尽力发掘其解释空间，巧妙地融入那个时代兴起的相应哲学观念，从而在标注性诠释中实现其哲学转化，建构起新的"易道"。在此基础上，我们更要论述，面对《易经》美妙的卦爻辞，《易传》更是分析其语词意义，解析其结构规律，发掘其解释空间，顺势融入当时特具活力的时的观念、阴阳刚柔观念、天道人道观念，从而在发挥性诠释中实现其哲学转化，建构起新的"易道"。只是为了避免重复，我们在这里就不再以其所融入的哲学观念为纲而一一分开论述，而是径直分析其典型例证以做综合的说明。首先请看《彖传》对乾卦卦辞"元亨，利贞"的诠释：

大哉乾元，万物资始，乃统天。云行雨施，品物流形；大明终

始，六位时成；时乘六龙以御天。乾道变化，各正性命；保合大

和，乃利贞。首出庶物，万国咸宁。

如果说《文言传》在诠释这段卦辞时，首先是引进了人生课题，使卦辞进入

人生课题之语境，那么《彖传》在诠释这段卦辞时，首先则是引进了新的宇宙课题，融入了新的天道观念，使卦辞超出原来的卜筮语境，而进入了宇宙课题之语境。《彖传》起笔即强调：乾元之气太美妙了，它使万物得以萌生，并且统领主宰大自然的运作过程。从诠释角度看，这是从宇宙课题之语境出发，融入天道观念以诠释"乾""元"二词，从中阐发哲学大义；从文章角度看，这一段诠释话语简直就像是一篇《天道论》之恢弘有力的发端。《彖传》接着又申论：云雨以时兴降，各种物类在大气的流动中成长；太阳终而复始地运行，宇宙上下四方之位于是确立。由乾元之气促成的天道规律性运动变化，使得万物成就本性、各得其所、安宁祥和。在他们的进一步诠释中，乾即是天，天即是万物之始，万物都赖天道才得到形体和性命。这既像是那篇宏论的中心思想，也是他们为中国古代哲学贡献出来的天道理论，而卦辞"元亨，利贞"，更是由此而成功地实现了哲学化。又如《系辞传》的一则诠释：

> 子曰：君子之道，或出或处，或默或语；二人同心，其利断金；同心之言，其臭如兰。

本来，同人卦的主旨，就是依据社会经验讲述团结众人以从事的重要性。而其九五爻辞"同人先号啕而后笑"，虽是判断吉凶之语，却也蕴含着集合众人以从事终将能够成功的哲理。然而，《系辞传》却又以孔子的名义，由探寻其应该交代而尚未交代的理据入手，发掘其诠释空间，融入儒家人道观念，终于阐发出一番更为深厚的哲学义理：君子处事之道，无论行动还是静处，无论沉默还是议论，只要是与众人同心同德，便能无坚不摧，锐不可当；而那沟通众人心灵的言语，就像花儿一样芬芳！此处阐发出来的这些哲学义理，很快为中华先民所实践、所发展，并以"二人同心，其利断金"的形式成为广泛流传的成语。

最后请看《系辞传》对解卦上六爻辞"公用射隼于高墉之上，获之，无不利"的一种别具风格的诠释：

> 子曰：隼者，禽也。弓矢者，器也。射之者，人也。君子藏器
> 于身，待时而动，何不利之有。动而不括，是以出而有获，语成器
> 而动者也。

细察解卦上六爻辞的本来意思，只是记述了公侯射获城墙上的一只猛禽，用以隐喻晦事解去，从而表示结局"无不利"。但是，《系辞传》作者却又促使这段爻辞超越原来的卜筮语境，而进入人生课题之语境，然后又悄然融入儒家人道观念，故而能够以"器"隐喻人的修养德能，并在诠释过程中依其逻辑自然地引出"藏器于身，待时而动（君子隐隐修养德能，等待时机行动）"的人生准则。这既是作者从这段爻辞里阐发出来的哲学大义，也是他们对于儒家人道理论的一项贡献，而这段爻辞也就同样由此而成功地实现了哲学化。

探究至此，我们可以清楚地看到，《易传》的作者们，本着自己的文化观念和知识结构，肩负自己的社会担当与文化使命，在诠释《易经》的过程中，努力建构起关于《易经》的全新文本观念，创立起促使卦爻象和卦爻辞哲学化的诠释方法，大胆而又切实地从事新的诠释实践，终于开拓出了中国卜筮之书《易经》哲学化的全新道路，建构起了中国哲学的全新"易道"，有如《系辞传》总结的："夫《易》何为者也？夫《易》开物成务，冒天下之道，如斯而已者也。是故圣人以通天下之志，以定天下之业，以断天下之疑。"这种全新的哲学性"易道"，既包含着统贯天人的整体思维模式，又贯穿着以"太和"为最高目标的价值理想，代表着中国传统文化的根本精神。同时，它又正是《易传》作者创立并运用卦爻象、卦爻辞哲学化的诠释方法，以新的方式深入诠释《易经》的主要效应。它能为中国卜筮之书开拓出一条哲学化道路，正是最为有力的说明。

第九章　《彖传》诠释对《易经》的哲学突破

在中国，"哲学突破"的典型表现之一，就是《易传》的作者们，感知新兴时代的需要，融会民族文化的精华，创建和运用一系列有效的诠释方法，在诠释本为占筮之书的《易经》的进程中，初步建构起系统性的新型哲学理论，使之走上了哲学化的道路。对此，上一章已经有过初步的研讨，现在我们选取《易传》中写定最早、排列最前的《彖传》作为代表，进行个案考察，尝试使这一研究走向深入。

第一节　《彖传》创建的诠释方法

《易经》虽然本是一部占筮之书，但是历经社会变革的洗礼，到了春秋时代，已经逐步抖落了神秘的气质，显露出了原本隐含的哲理；而文化精英们也逐渐能够对它做出富有哲学意味的诠释。譬如《左传·宣公十二年》就记载，晋国知庄子曾引《易经》师卦初六爻辞"师出以律，否臧凶"，来说明晋国救郑之师必败："执事顺成为臧，逆为否。众散为弱，川壅为泽。有律以如己也，故曰律。否臧，且律竭也。盈而以竭，夭且不整，所以凶也。"在这里，知庄子逐一诠释"臧""否"与"律"，结合实际以推论"盈而以竭，夭且不整"，进而说明晋国"所以凶"的必然性，既是诠释爻辞，又是阐发哲理，其哲学贡献是显而易见的。如果加以总结，他是较好地运用了语言解释、推理解释等诠释方法的。《易经》及其诠释的这种发展趋势，对于以后的诠释者，既发挥了引导与激励的作用，也提高了诠释思想与诠释方法的要求。所以，《彖传》的作者也就得以立足前沿而自觉地、成功地创建和运用新的诠释方法。而作为诠释者，《彖传》要成功地创建和运用新的诠释方法，当然又必须一切从《易经》的实际出发，紧紧地扣住《易经》本有的思想特征和文本特征。为了切实理解这一问题，最好能够先有一个总体的观察，然后再做具体的分析。请看一个颇有代表性的例证：

> 恒，亨。无咎，利贞，利有攸往。（《易经·恒》）
>
> 恒，久也。刚上而柔下，雷风相与，巽而动，刚柔皆应，恒。恒，亨，无咎，利贞，久于其道也，天地之道，恒久而不已也，利有攸往，终则有始也。日月得天而能久照，四时变化而能久成，圣人久于其道而天下化成。观其所恒，而天地万物之情可见矣。（《彖传》）

在这里，《彖传》指出"恒，久也"，是对卦名的解释，突出其长久的意义；"刚上而柔下，雷风相与，巽而动，刚柔皆应，恒"，是对卦象的解释，突出其自然社会万事万物皆有对有应是为恒道的观点；"恒，亨，无咎，利贞，久于其道也……终则有始也"，是对卦辞的解释，突出其万事万物的演变发展总是有始有终、没有演变发展也就没有真正的恒道的思想；"日月得天而能久照，四时变化而能久成，圣人久于其道而天下化成"，是在前面解释的基础上做出的引申发挥，意谓自然社会万事万物总是有对有应、运动不息、发展不止，这就是不变的恒道，日月运行、四季更替、圣人化成天下，都是遵循着这种永久不变的恒道；"观其所恒，而天地万物之情可见矣"，是对以上所有诠释的总结，并在总结中点题，强调学习恒卦思想的重要意义。综合看来，它俨然一篇短文，条理清晰，层层深入，理论意义甚大；而且所有解释工作，环环相扣，都是发掘文本内在结构以为前提的，都是紧扣文本内在结构以为依据的，因而容易获得读者的认同；而最后的总结与点题，更是使整个诠释文字与文本内在结构相互映发而形成小小高潮。再看一个具有另类特性的例证：

　　　　大过。栋挠，利有攸往，亨。（《易经·大过》）

　　　　大过，大者过也。栋挠，本末弱也。刚过而中，巽而说行；利

　　有攸往，乃亨。大过之时大矣哉。（《象传》）

这一则释文的高妙之处，主要在于对文本中隐喻的揭示与利用。第一，卦辞所谓的"栋挠"，是以房屋栋梁下沉弯曲隐喻大事处置错误；而《象传》则将这一隐喻揭示出来，进而解释为"本末弱也"，从而使其含义更为丰富、更为重大。第二，本卦卦象为九二、九四阳爻居柔位，九二、九五居上下卦之中，都是有所隐喻的；而《象传》则将这两个隐喻揭示出来，进而分别解释为君子不得其位与君子能持中道，亦即"刚过而中"，并且以此作为"利有攸往，乃亨"（只有奋然前往，才能亨通）的首要条件。经过如此一番穿透隐喻的诠释，君子面临严重危机必须持守中正之道、保持谦逊和悦、敢于勇往直前的重要意义也就跃然纸上，由此出发，自然也就能领悟到"大过之时大矣哉"！

　　当然，我们不能满足于这种总体的理解，还必须在此基础上，进而对其诠释的各个环节进行更加具体、更加深入的考察分析。

一、诠释卦象以为先导

　　在《易经》中，八卦为经卦，每一经卦象征着一种或相关联的多种事物，譬如乾卦就象征着天、朝廷、君、君子、阳气、刚健、金等；六十四卦为别卦，每一别卦象征着两种经卦所象征之事物相互作用而形成的现象，譬如升卦象征"地中生木"，困卦象征"泽无水"。而《易经》占筮的主要精神之一，就是分析每一卦象象征事物相互作用而形成的复杂现象，结合实际情况以推论人事的吉凶，从而彰显出推天道以明人事的深远意义。因此，在

《易经》文本的内在结构中，卦象占有特殊的地位，在某种程度上决定着并显示卦名、卦辞、爻象、爻题、爻辞的深刻含义，并且又由于象征意义广泛深刻而存留着很大的诠释空间。所以《象传》作者就特别重视诠释卦象以为整个诠释的先导。例如它对于大有卦、损卦与益卦的诠释：

> 大有，柔得尊位大中，而上下应之，曰大有。其德刚健而文明，应乎天而时行，是以元亨。
>
> 损，损下益上，其道上行。……损刚益柔有时，损益盈虚，与时偕行。
>
> 益，损上益下，民悦无疆，自上上下，其道大光。……凡益之道，与时偕行。

按照这里的诠释：大有卦的卦象显示，其六五为柔爻，既处于尊贵地位，又在上卦之中，故而"柔得尊位大中，而上下应之，曰大有"；从另一角度看，大有卦内"乾"而外"离"，表明内主之以阳卦的刚健，外辅之以阴卦的文明，故而"其德刚健而文明，应乎天而时行"。可见这是以诠释卦象为先导的。在对损卦与益卦的诠释中，《象传》更是就卦象立论：损卦之卦象为减损下卦之一阳爻而增益上卦，所以便说"损下益上，其道上行"；益卦之卦象为上卦损去一阳而下卦受益一阳，所以便说"损上益下，民悦无疆"。更为重要的是，它还以此为进一步诠释的先导，又从义理上加以发挥，直到阐发出"损益盈虚，与时偕行""凡益之道，与时偕行"的深刻哲理。而通过《象传》的反复诠释，"与时偕行"的哲理，成为当时中国哲学前沿的一种新型理论，下文将做专门的论述。

二、诠释卦名以定基调

在《易经》文本内在结构中，卦名的地位固然不如卦象那么重要，但是往往也能发挥其指称功能和表达功能，显示出卦辞、爻象、爻题、爻辞的要旨，从而对读者的理解起到一定的点题作用和引导作用。所以，《象传》注重通过诠释卦名为整个诠释确定基调。例如：

> 离，丽也。日月丽乎天，百谷草木丽乎地，重明以丽乎正，乃化成天下。柔丽乎中正，故亨，是以畜牝牛吉也。

> 咸，感也。柔上而刚下，二气感应以相与。止而说，男下女，是以亨利贞，取女吉也。天地感而万物化生，圣人感人心而天下和平，观其所感，而天地万物之情可见矣。

在诠释离卦时，《象传》首先诠释卦名，"离，丽也"；然后沿着这一基调进行新的发挥，阐发出"日月丽乎天，百谷草木丽乎地，重明以丽乎正，乃化成天下"的观点；最后则依据这一观点并以"故"字领起，回头诠释卦辞。整个释文，不仅一气呵成，而且建构起兼顾天道与人道的"重明以丽乎正，乃化成天下"重要理论。在诠释咸卦时，它也是首先诠释卦名，"咸，感也"；接着沿着这一基调诠释卦象，进而确立起"二气感应以相与"的新颖观点；然后又沿着这一基调诠释卦辞；最后则使这一基调充分发挥其作用，终于建构起"天地感而万物化生，圣人感人心而天下和平，观其所感，而天地万物之情可见矣"的新理论。整个释文，仿佛是以"感"为中心、为主题的一篇微型论文。

三、诠释卦辞以明义理

事实上，在《易经》文本内在结构中，卦爻辞往往居于中心地位。就其功用而论，它们大都包括叙命辞和占验辞；就其风格而论，它们有的似歌谣，有的似格言，有的似熟语；就其记载和表达的内容而论，它们则又反映出了中华先民现实生活与精神情感的方方面面。因此，《象传》也就十分重视诠释卦辞，并且尽可能发掘其中蕴含的义理。例如：

> 归妹。征凶，无攸利。(《易经·归妹》)

> 归妹，天地之大义也。天地不交而万物不兴，归妹，人之终始也。说以动，所归妹也。征凶，位不当也。无攸利，柔乘刚也。

（《彖传》）

在这里，《易经》卦辞的说法简单明了：筮得归妹卦，行事有凶险，无所利。然而《彖传》却阐发出了其中深深隐含的天人之大义。首先，它指出，归妹，乃男婚女嫁，包含着天人之大义；接着，它论述，"天地不交而万物不兴"，以女嫁人，正可以保证人类终始不断地繁衍，这就是天人大义的核心；然后，它说明，如果所嫁之女愉悦而兴动，那么嫁女就是正确的，符合天人之大义；最后，它强调卦辞之所以说行事有凶险，那是因为阴阳处位不当，阴柔凌驾阳刚，违反了天人之大义。至此可以清楚地看到：《彖传》的一系列诠释，既是立足哲学高处，又是紧扣卦辞原文；既揭示出卦辞做出吉凶判断的理由，又补充出卦辞并未正面涉及的内容；更为重要的是，它还从归妹这一特定角度，有理有据地阐发出了天人之大义。这就是可贵的诠释卦辞以明义理。

如果更加细致地考察《彖传》对卦辞的诠释，则又能进而看到，就其方法与内容而言，它又包含着对卦辞语词的诠释和对卦辞文理的诠释。例如：

> 谦。亨，君子有终。（《易经·谦》）
>
> 谦，亨，天道下济而光明，地道卑而上行。天道亏盈而益谦，地道变盈而流谦，鬼神害盈而福谦，人道恶盈而好谦。谦，尊而光，卑而不可逾，君子之终也。（《彖传》）

在这里，《彖传》既将"谦"看作卦名，更将它视为关键词，因而予以分步骤的诠释：第一步，首先指出天道光明是天道之谦，地道卑下是地道之谦，以此说明谦而亨通的道理；第二步，进而从天道、地道、神道、人道四个角度，说明谦则亨通、不谦则不能亨通的道理；第三步，根据天人相应的原理，将"谦"的问题落实到君子的修身，强调保持谦虚，虽处尊位而仍能光大谦德，虽处卑位而无人敢于欺凌，这才是"君子之终"！通过这几步的诠释，"谦"作为伦理哲学之重要范畴的深厚意义便逐步圆满而深刻地彰显出来，给人以极大的启示。

　　　　艮。艮其背，不获其身，行其庭，不见其人，无咎。（《易经·
　　艮》）

　　　　艮，止也。时止则止，时行则行，动静不失其时，其道光明。
　　艮其止（背），止其所也；上下敌应，不相与也；是以不获其身，
　　行其庭，不见其人，无咎也。（《象传》）

《易经》这一卦辞的说法同样简单：应该"艮其背"（息止于背阴隐蔽之
处），这样人们就"不获其身""不见其人"，因而也就没有咎害。可是从文
理上看，这里留下了两个问题：第一，为什么"艮其背"人们就会"不获
其身""不见其人"因而也就没有咎害呢？第二，是否无论何时、无论什么
情况下都应该"艮其背"亦即一味地隐晦呢？卦辞留下的这两个问题，转换
角度看其实也就是难得的两个诠释空间。而《象传》则依据其文理特征，利
用其诠释空间，做出了精彩的诠释。首先，它顺其文理进行引申发挥，提出
了"时止则止，时行则行，动静不失其时，其道光明"的理论。这就不仅回
答了卦辞隐含的问题，丰富了艮卦的思想蕴含，而且顺势建构起了一个重要
的"动静不失其时"的理论。其次，它顺其文理进行了必要而有益的补充：
因为是"止其所也"（息止于最为适当的地方），因为是"上下敌应，不相
与也"（上下不交，独善自守），所以才能避免咎害。其中"是以"二字点
明了前后隐含的逻辑关系。这就不仅使卦辞的文理更加通畅、显豁，而且回
应了前面提出的理论，使之更为圆满。最后需要指出的是，"时止则止，时
行则行，动静不失其时，其道光明"这一理论，既适应了时代的需要，又具
有重要的哲学意义，后文将一并论述。

四、揭示文本隐含的诠释空间以引申义理

　　作为诠释对象，《易经》的重要表达特征之一，就是时而运用隐喻方式，
经常暗藏内在逻辑，从而造成文本表意上的以少胜多，并且留下了一些可贵
的诠释空间。所谓隐喻方式，是一种"暗比"，即用一种事物暗比另一种性

中国古代哲学经典诠释方法论研究

质不同却有相似之点的事物，其实质是通过另一类事物来体验和理解某一类事物；所谓内在逻辑，是指两个语言单位之间体现出来的看似并无逻辑关系实则自有其隐含之逻辑关系的内在关系。运用隐喻方式或内在逻辑以表达某种激情或哲理，总是明言者少，未言者多，而所论事物之间的关系及其意义则特别耐人寻味，因此都会隐含着一定的诠释空间。譬如《论语·子罕》记载："子曰：'岁寒，然后知松柏之后凋也。'"既运用了隐喻方式，又隐含着内在逻辑。王夫之《四书训义》即曰："夫子此言，可以表志士仁人之节，可以示知人任重之方，可以著君子畜德立本之学，可以通天下吉凶险阻之故，一感物而众理具焉，在乎人之善体之而已。"这里所谓"一感物而众理具焉，在乎人之善体之而已"，正是对文本隐含诠释空间的最好描述。而在《易经》文本中，它运用的诸多隐喻方式和内在逻辑，造成的隐含诠释空间就更为广阔。譬如《易经》坎卦卦辞即云："习坎。有孚维心亨，行有尚。"在这里，"习坎"隐喻什么？既已遇上"习坎"，何以竟能"有孚维心亨，行有尚"？其间的逻辑何在？它要说明何种道理？所有这些，原文都没有直接表述出来，而其隐含的诠释空间却又能够吸引人们去努力体会，真所谓"一感物而众理具焉，在乎人之善体之而已"！对于这样的隐喻方式和内在逻辑，《彖传》总是高度重视，总是善于利用，总是巧妙揭示、大力诠释以阐发和引申其义理，进而通过诠释建构起新的思想观念。且看它对坎卦卦辞的诠释：

> 习坎，重险也。水流而不盈，行险而不失其信。维心亨，乃以刚中也。行有尚，往有功也。天险不可升也，地险山川丘陵也，王公设险以守其国。险之时用大矣哉！

首句"习坎，重险也"，是对其隐喻的诠释；它揭示和充实了隐喻造就的诠释空间，并且贯通了整个释文。接下来两句"水流而不盈，行险而不失其信。维心亨，乃以刚中也"，是对"有孚维心亨"的诠释；其诠释方法，就是揭示原文隐含的内在逻辑亦即留下的诠释空间以阐发和引申其义理：为什么既已遇上"习坎"还能"有孚维心亨"？就是因为"行险而不失其信"，就是因为"刚中"（刚健中正）。再往下一句"行有尚，往有功也"，则既是对原文"行有尚"的诠释，又是对前面诠释的引申与补充。而"天险不可升也，地险山川丘陵也，王公设险以守其国"，则是将"坎"的问题上升到治理国家的高度，指出王公知险而能设关守国则亦可"往有功也"。最后那一句"险（坎）之时用大矣哉"，既是在结处点题，也是在结处升华，赞扬坎卦因时而用的思想内涵之宏大。又如：

> （履）。履虎尾，不咥人，亨。（《易经·履》）
>
> 履，柔履刚也，说而应乎乾；是以履虎尾，不咥人，亨。刚中正，履帝位而不疚，光明也。（《象传》）

此卦卦象为头顶高天而脚踩沼泽，乃是人生旅途的写照，所以卦名为"履"。可是，卦辞并未说明人生旅途如何，而只是运用了一个隐喻"履虎尾，不咥人"，接着便断言"亨"。这就留下了一系列紧要的问题："履虎尾"，何以竟然会"不咥人"？何以竟然能够表示亨通？其间的道理与逻辑何在？《象传》的诠释，便是紧紧扣住这一系列紧要问题，由此阐发出了义理：因为是柔和践履在刚健之上，亦即以和悦应和着强健，所以人生即使是有如踩着虎尾，也能亨通，其间的道理与逻辑已经清晰地显示出来。由此可以领悟到，在危难之时，柔和践履在刚健上、以和悦应合强健是何等的高妙与重要！紧接着，《象传》又顺势进一步建构起"刚中正，履帝位而不疚（咎），光明也"的思想，从而使前面阐发出的义理得到了升华。这样的诠释，多么富于创造性和启示性！

第二节　《象传》实现的哲学突破

　　沐浴着时代变革的风雨，融化着先辈思想的成果，凭借着正确的诠释方法，与《易传》其他作者相呼应，《象传》作者在诠释《易经》的过程中，逐步使卜筮之书哲学化，焕发出新的理性，重新思考天道、地道、人道亦即自然和社会演变的普遍规律，终于实现了这一领域的"哲学突破"，由此建构起了一系列重要的哲学理论，为中国乃至世界东方哲学的创立发展做出了杰出的贡献。根据我们的认识，《象传》作者在诠释过程中建构起来的哲学理论主要有：

一、"天施地生" 论

在春秋战国时代的"哲学突破"进程中，中华先哲逐渐形成了对于宇宙本质的一种理性认识，开始获得了对于天地万物生成的新理解。老子就率先提出："道生一，一生二，二生三，三生万物。万物负阴而抱阳，冲气以为和。"（《老子》第四十二章）虽然说法有些笼统，但毕竟是一次富有开拓性的尝试。庄子则进而指出："至阴肃肃，至阳赫赫。肃肃出乎天，赫赫发乎地，两者交通成和，而物生焉。"（《庄子·田子方》）这就比较具体而明确了。而荀子的自然哲学思想又有所进步："列星随旋，日月递炤，四时代御，阴阳大化，风雨博施，万物各得其和以生，各得其养以成。"（《荀子·天论》）相比较而言，《象传》作者在诠释《易经》的过程中建构起来的"天施地生"论，则又有其独到的境界与风格。

先看《象传》对于益卦的诠释之言：

> 益动而巽，日进无疆。天施地生，其益无方。凡益之道，与时偕行。

这一诠释，主要是针对益卦的卦象、卦名而立言的。益卦的卦象是：上卦之"乾"下施一阳，下卦之"坤"领受一阳，故名为"益"卦。按照《象传》的诠释：从下有所求而上必应施、上下协作互助的角度讲，其结果必然是"益动而巽，日进无疆"；从上"乾"为天而天有所施、下"坤"为地而地有所受的角度讲，其结果必然是"天施地生，其益无方"。合而言之，则是"天施地生""益动而巽""日进无疆""其益无方"，万物不仅由此生成，并且得以不断地按照一定规律演变发展。由此可以初步看到：是天地作为万物的本原，象父母一样地分工与结合而生成了万物——这就是"天施地生"论的核心论点。

为了进一步发展这一核心论点，《象传》还在对乾卦与坤卦的诠释中申言：

> 大哉乾元，万物资始，乃统天。……乾道变化，各正性命；保合大和，乃利贞。首出庶物，万国咸宁。（《象传·乾》）

> 至哉坤元，万物资生，乃顺承天。坤厚载物，德合无疆；含弘光大，品物咸亨。（《象传·坤》）

在这里，它沿着"天施地生"的思路，提出了"乾元"和"坤元"两个全新的概念，由此而做出了进一步的论述：天使"万物资始"，是为"乾元"，地使"万物资生"，是为"坤元"；万物不仅由天地生成，而且还因天地而获得本然之品性与终极之命运；万物之所以能够德性和合、畅达成就，最终都是由于天地的伟大作用。可是，天地究竟是怎样生成万物并使之获得本然之性与终极命运的呢？在中国哲学史上，《象传》首先对于这一重大问题做出了艰难的探讨和明确的回答：

> 天地以顺动，故日月不过而四时不忒。（《象传·豫》）

> 天地感而万物化生，圣人感人心而天下和平。观其所感，而天地万物之情可见矣。（《象传·咸》）

> 天地交而万物通也，上下交而其志同也。（《象传·泰》）

> 天地不交而万物不通也，上下不交而天下无邦也。（《象传·否》）

> 天地不交而万物不兴，归妹，人之终始也。（《象传·归妹》）

原来，天地本身就是依据特定的规律而运动的，所以日月运行才不会超过限度，四时更替也不会发生差错。而天地运动的规律之一，就是天地相感相交而生成万物，并使之获得本然之性，就像人间男女结合那样；如果"天地不交而（则）万物不兴"，如果不以女嫁人则人类难以不断地繁衍。只要能够借鉴人类自身生育规律而深入观察天地的相感相交，那么对于自然界、社会中各种现象及其本然之性与演变规律，就能从总体上形成认识。同样也是基于这一观点，《系辞下》更加全面地强调："天地絪缊，万物化醇；男女构精，万物化生。"《说卦》更加直接地说明："乾，天也，故称乎父；坤，地也，故称乎母。"

以上大致就是《彖传》作者在诠释《易经》过程中建构起来的"天施地生"论，它虽然没有像古希腊哲学那样着重考察世界构成的问题，却在世界万物来源的问题上开拓出新的视域，建构起了较为系统的宇宙论，并且达到了先秦时代中国哲学的最高水平。①

二、"顺天应人" 论

《彖传》作者建构起"天施地生"的宇宙论，自然是为了探讨天地之道，但更是为了从中阐发出人道的基本法则，并将其运用于治理社会和引导民众的各个方面。因此，他们往往在诠释过程中强调：

> 天地之道，恒久而不已也。日月得天而能久照，四时变化而能久成，圣人久于其道而天下化成。观其所恒，而天地万物之情可见矣。（《彖传·恒》）
>
> 观天之神道而四时不忒，圣人以神道设教而天下服矣。（《彖传·观》）

在他们看来，"天地之道，恒久而不已也"，因此，圣人持久地效法天地之道，就能培育好天下之人，让天下之人都能自觉地服从，这就是"以神道设教而天下服矣"。而"以神道设教"，就是要根据"天之神道"的精神，设立教化天下的基本法则——这也正是此后两千年来中国文化之人道的基本

---

① 参见任继愈主编：《中国哲学发展史》先秦分册，人民出版社 1983 年版，第 616 页。

法则。

可是，圣人何以必须持久地效法天地之道呢？这一方面固然由于事实早已证明，"日月得天而能久照，四时变化而能久成"；另一方面更是因为"天之神道"并不仅仅是神圣的、抽象的，而且也是具体的、亲切的，按照《彖传》的说法就是"大亨以正，天之命也"（极为通顺而又能持守正道，这就是"天之神道"的特性与效应）。这样说来，天地也是能够永远持守正道的。而这种正道，直接关乎人心。所以《彖传·咸》又进而强调："天地感而万物化生，圣人感人心而天下和平。观其所感，而天地万物之情可见矣。"在这里，"圣人感人心而天下和平"一句特别值得我们注意：一方面，它强调天与地相感，圣人效法天地而与百姓之人心相感；另一方面，它强调圣人只有与百姓之人心相感，才能有天下的太平。于是乎，"人心"的地位被突出到与天道相联系并融入天道之中的空前高度，一个极为重要的结论也自然而然地浮现出来：圣人改革或教化天下，既要顺应和效法天道，也要相感和顺应人心；简而言之，就是要"顺天应人"，特别是要尊重并顺应人心！

沿着这一思路前行，《彖传》在诠释《易经》过程中建构起了"顺天应人"的社会哲学理论。请看：

> 兑。亨，利贞。（《易经·兑》）
>
> 兑，说也。刚中而柔外，说以利贞，是以顺乎天而应乎人。说以先民，民忘其劳；说以犯难，民忘其死。说之大，民劝矣哉！（《彖传》）

这一则释文，在诠释卦名和卦象的过程中，彰显出了"刚中而柔外，说以利贞"（刚健居中为本而以柔和处外接物，使和悦之道中正不偏而行政有利）的品格与方略，并强调这就是"顺乎天而应乎人"。为了论证其正确性，它又做了进一步的发挥，"说以先民，民忘其劳；说以犯难，民忘其死。说之大，民劝矣哉"（以和悦的态度引导人民，人民就会忘记劳苦；以和悦的态度激励人民冒险犯难，人民就会舍生忘死。和悦之道的伟大，就在于老百姓会因此而奋发有为）。这就意味着，作为"顺天应人"理论的主要内涵，将"刚中而柔外，说以利贞"运用到行政实践中，就是以和悦与尊重的态度引导和激励人民，使人民能得到尊重、能因此而奋发有为；这正是"顺天应人"的基本法则，它既能顺应和效法天道，也能相感和顺应人心。接着，《彖传·革》又从历史的角度指出：

> 天地革而四时成，汤武革命，顺乎天而应乎人。

天地阴阳的消长变化，促成了四时节令的正常运行；商汤、周武革除旧命，消灭夏桀、殷纣，因为顺天应人而大获成功。这就是"顺天应人"的成功范例和历史经验，它能给人以深远的启示和巨大的激励。

三、"与时偕行" 论

春秋战国时期，中国哲人学者有感于社会的转型、文化的演进和时局的动荡，越来越多地思考着"时"的问题，并且由此初步建构起相应的哲学理论。老子率先提出："言善信，政善治，事善能，动善时。"（《老子》第八章）庄子继而主张"应时而变""与时消息"（《庄子》之《天运》《盗跖》）。孟子赞颂孔子便说："孔子，圣之时者也。"（《孟子·万章下》）《黄帝四经·十大经·观》接着申言："今吾欲的顺逆之纪，德虐之刑，静作之时，先后之名，以为天下正。"[1] 郭店楚简之《穷达以时》则反复论述"穷达以时，德行一也""穷达以时，幽明不再"[2]。荀子更是大力倡导"宜于时通""与时屈伸"（《荀子》之《修身》《不苟》）。正是在这种时代的思想文化氛围里，《彖传》通过对《易经》的反复诠释，建构起了独具特色的"与时偕行"理论。

为了建构起新的"与时偕行"理论，《彖传》作者拓展视野，纵览宇宙，在对丰卦的诠释中首先就指出："天地盈虚，与时消息，而况于人乎？

---

① 陈鼓应注译：《黄帝四经今注今译》，商务印书馆 2007 年版，第 208 页。
② 刘钊校释：《郭店楚简校释》，福建人民出版社 2005 年版，第 175 页。

况于鬼神乎?"天地万物,都是随着时间与境遇的推移而不断变化的,何况是人间之事!那么,面对这种永恒的规律,明智之士应该如何筹划自己的言论行为呢?请看《彖传》对于艮卦、损卦、益卦与大有卦的诠释:

> 艮,止也。时止则止,时行则行,动静不失其时,其道光明。
>
> 损,损下益上,其道上行。……损刚益柔有时,损益盈虚,与时偕行。
>
> 益,损上益下,民悦无疆,自上上下,其道大光。……凡益之道,与时偕行。
>
> 大有,柔得尊位大中,而上下应之,曰大有。其德刚健而文明,应乎天而时行,是以元亨。

综观以上几则诠释,有四种思想要素特别值得注意。第一,所谓"时",其意义丰富而微妙,是指时间与境遇而言,近乎后世所说的时机。譬如"时止则止,时行则行",大意就是,一旦时机适宜止息就立即止息,一旦时机适宜行动就立即行动。第二,所谓"与时偕行",是指以积极的态度寻找时机而行动,适应时机而行动,抓紧时机而行动,行动总是与时机互动互随的,"时止则止,时行则行,动静不失其时",时机是决定行止或动静的重要依据。第三,之所以强调"与时偕行",归根究柢是因为"天地盈虚,与时消息";而在这一总的规律之下,只有"与时偕行"才能获得最佳效果;如果"动静不失其时",自然就能事半功倍,那么结果必然就是"其道光明"。第四,提高来看,强调"与时偕行",不能就事论事,说到底,它既是为了"应乎天"亦即顺应天道,也是为了彰显"刚健而文明"的品德。其实,孟子赞颂孔子为"圣之时者也",便蕴含着这种意味,所以汉代学者赵岐在《孟子章句》中注释这句话时就特为指出:"孔子时行则行,时止则止。"正因为如此,《彖传》在诠释各卦时,往往都在结语中反复宣称:"豫之时义大矣哉""随之时义大矣哉""颐之时大矣哉""大过之时大矣哉""险之时用大矣哉""遁之时义大矣哉""睽之时用大矣哉""蹇之时用大矣哉""解之时大矣哉""姤之时义大矣哉""革之时大矣哉""旅之时义大矣哉"。如此"大矣哉",人们能不高度重视吗!

考察分析至此,我们对于《彖传》在诠释《易经》过程中建构起来的"与时偕行"论,应该获得了较为全面的认识:它有其理论根据,那就是"天地盈虚,与时消息";它有其理论高度,那就是顺应天道而彰显"刚健文明"的品德;它有其实施法则,那就是"时止则止,时行则行,动静不失其时";它有其积极意义与贯彻效果,那就是"其道光明"。显然,作为春秋战国后期的一种新型哲学理论,与老子、庄子、孟子、荀子以及《黄帝四经》《穷达以时》初步建构的相关理论相比较,《彖传》诠释《易经》建构起来的"与时偕行"论则显得更为系统、更为深刻、更有特色、更加便于实践。

四、"刚柔皆应"论

任继愈先生主编的《中国哲学发展史》先秦分册曾经指出:"在先秦哲学史上,辩证法思想有两个完整的体系,一个是老子,一个是《易传》。这两个哲学思想体系都根据对立面的相互依存和转化的观点来概括人类所积累的关于自然和社会的知识,都把运动变化的原则看作是关于世界的普遍原则。"① 我们认同这一看法,并且认为,《彖传》在诠释过程中建构起来的"刚柔皆应"论,就是关于这种辩证法思想的理论,因而理应受到高度的重视和专门的研究。

首先,我们必须了解,《彖传》在诠释《易经》过程中做出了一个重要的贡献,那就是提出了爻位说,并将刚柔学说引进来,以"刚"和"柔"来称呼阳爻与阴爻。这样做的结果,是彰显阳爻与阴爻以"刚"和"柔"原本就具有的哲学意义和伦理学意义,从而促使其从占筮的领域跨越出来而进入哲学领域,以表达万事万物矛盾着的两个方面。譬如,《彖传》在诠释

---

① 任继愈主编:《中国哲学发展史》先秦分册,人民出版社 1983 年版,第 637 页。

屯卦时便指出："屯，刚柔始交而难生。动乎险中，大亨贞。"在诠释否卦时也说："内阴而外阳，内柔而外刚。"在这里，所谓"刚柔始交"，即阴阳相交，有对有应，亦即矛盾着的两个方面的对立统一；所谓"内柔而外刚"，即"内阴而外阳"，亦即矛盾着的两个方面有对有应的共处状态，其普遍性是不言而喻的。

其次，我们必须了解，《象传》在诠释《易经》过程中，特别强调事物总是按照一定的规律在不断地运动变化的。譬如，它在诠释丰卦时就曾总结："天地盈虚，与时消息，而况于人乎？况于鬼神乎？"而"与时消息"，就是说天地万物都随着时间与境遇的推移而不断变化。而说到万事万物不断地运动变化的根本原因，它在诠释贲卦时就着重指出"刚柔交错，天文也"；这一说法虽然不如《系辞上》所谓"刚柔相推而生变化"那么明白晓畅，却也是比较中肯的。至于万事万物不断地运动变化的形式，这是一个需要以高屋建瓴的气势来回答的问题，《象传》则在诠释复卦时给出了答案："反复其道，七日来复，天行也。"这里所说的"复"兼有"反"与"返"两重意义，一方面包含事物发展至极端而向相反方向的转化，另一方面也包含事物经肯定、否定再复归于肯定的发展。这与老子的著名理论"反者道之动"（《老子》第四十章）有异曲同工之妙。①

有了以上的了解，就便于再来认识《象传》是如何提出"刚柔皆应"论的。那是在诠释恒卦的同时，它以描述的笔调对事物的运动变化做出的总结：

> 刚上而柔下，雷风相与，巽而动，刚柔皆应，恒。

从对事物运动变化进行总结的角度看，《象传》所强调的其实乃是：事物的运动变化，主要取决于其内部刚与柔两个方面的对立统一，亦即"刚上而柔下"；同时也与外部环境因素密切相关，亦即"雷风相与"；更要遵循一定

---

① 参见陈鼓应、赵建伟注译：《周易今注今译》，商务印书馆 2005 年版，第 227 页。

的规律或原理，亦即"巽而动"。概括言之，这就是"刚柔皆应"（刚与柔两个方面的对立统一必然是有对有应的）的永恒规律。

至此，我们可以对《象传》在诠释过程中提出的"刚柔皆应"论做一总结性的回顾："刚"和"柔"，是事物内部矛盾着的两个方面的对立统一；事物总是按照一定的规律而在不断地运动变化的，其主要原因是"刚柔交错"，其基本形式是"反复其道"；事物的运动变化，主要取决于其内部刚与柔两个方面的对立统一，同时也与外部环境因素密切相关，更要遵循一定的规律或原理。概而言之，这就是"刚柔皆应"，这就是天地万物发生发展的永恒规律。至此我们可以认定，《象传》提出的"刚柔皆应"论，其实就已经是应用并发展辩证法思想的理论。

第十章 荀子儒学经典诠释方法论

荀子生当战国末期，处于古代中国社会开始一次重大转型的历史阶段，他毅然以继承儒家创始人孔子的学说为己任，同时又以开创时代新风的气魄，重新诠释经典，融贯各家，自标新意，建构起礼法互补、王霸并用的建国与治国模式，为将要形成的统一大帝国提供重要参考。可是，关于他对儒家经典的诠释与传承这一重大问题，学术史上却有两种相对立的评价。汉代文献学大家刘向在《荀子书录》中率先指出："孙卿善为《诗》《礼》《春秋》。"清代著名学者汪中在《述学·荀子通论》中更为推崇："盖自七十子之徒既没，汉诸儒未兴，中更战国、暴秦之乱，六艺之传赖以不绝者，荀卿也。周公作之，孔子述之，荀卿子传之，其揆一也。"然而，宋代理学巨擘程颐却又认为"圣人之道，至卿不传"（《程氏外书》第十）；朱熹更是强调"荀卿无所顾藉，敢为异论"（《朱子语类》卷一百三十七）！而这两种相对立的评价，在历史上又都有着较为深远的影响。因此，也就很有必要切实探究荀子的儒家经典诠释方法论，以求从这一角度获得在这一重大问题上的真切的系列性的认识。

第一节　诠释儒学经典的新型目标

荀子关于儒家经典诠释方法论的建构与论述，虽然散见其论著的各篇之中，但是综合起来，却又可以清晰地看到它显著的前沿性与系统性。其前沿性与系统性的重要表现之一便是，他首先感应战国末期的特定时代需要，反思自己艰难曲折的探索历程，总结各家各派的经典诠释经验教训，重新确立了诠释经典之新意盎然的新型目标，并且深入地阐明了其中的理论根据，切实以此作为建构新的经典诠释方法论的引导。因此，我们的研究也应该从这里开始。

《荀子》书中，有一篇《儒效》，主要是结合历史事实、社会实际论述学习儒家经典、成为儒家学人之各种功效与征验的。其中有云：

> 我欲贱而贵，愚而知，贫而富，可乎？曰：其唯学乎！彼学者，行之，曰士也；敦慕焉，君子也；知之，圣人也。上为圣人，下为士、君子，孰禁我哉！
>
> 故有俗人者，有俗儒者，有雅儒者，有大儒者。不学问，无正义，以富利为隆，是俗人者也。逢衣浅带，解果其冠，略法先王而足乱世，术缪学杂，不知隆礼义而杀《诗》《书》……是俗儒者也。法后王，一制度，隆礼义而杀《诗》《书》；其言行已大有法矣，然而明不能齐法教之所不及、闻见之所未至，则知不能类也……是雅儒者也。法先王，统礼义，一制度，以浅持博，以古持今，以一持万……倚物怪变，所未尝闻也，所未尝见也，卒然起一方，则举统类而应之，无所儗㤰；张法而度之，则奄然若合符节。是大儒者也。……志安公，行安修，知通统类，如是则可谓大儒矣。

在著名的《劝学》篇中，荀子则已更早地强调指出：

> 学恶乎始？恶乎终？其数则始乎诵经，终乎读礼；其义则始乎
> 为士，终乎为圣人。

> 君子之学也：入乎耳，箸乎心，布乎四体，形乎动静。端而
> 言，蝡而动，一可以为法则。……君子之学也以美其身。

探寻荀子以上论述的文脉语意可以看到，他一贯认为：在面临转型的社会环境里，一个人如果想要"贱而贵""美其身"，唯一的途径就是不断地学习儒家的理论与经典。如果你能正确领会，学以致用，贯彻于实践，就能成为士；如果你能格外勤勉地学习与应用，就能成为君子；如果你能正确地、全面地掌握儒学理论，融贯各家思想，并且将其贯彻于改造自己、改造社会的实践之中，甚至就有可能成为圣人，这应该就是读书人学习和诠释儒家经典的最高目标。但是，在现实社会中，人们对待儒家的理论与经典，却往往有着很不相同的学习态度与学习方法，"故有俗人者，有俗儒者，有雅儒者，有大儒者"。俗人"不学问，无正义"，固不足论；俗儒的主要特征是"术缪学杂，不知隆礼义而杀《诗》《书》"，亦即所获杂乱无章，不能正确全面领会儒家经典的核心精神；雅儒的主要特征是"法后王，一制度，隆礼义而杀《诗》《书》"，但可惜"知不能类也"，亦即虽然领悟到了"法后王，一制度，隆礼义"的核心精神，然而却又不能比类以明法教之所不及、闻见之所未至；而大儒的主要特征则是"法先王，统礼义，一制度，以浅持博，以古持今，以一持万"，面对特殊情况也能够"举统类而应之"，善于以少驭多、以古驭今、以礼义驭万物，乃至灵活运用儒学理论以处理好社会转型之际的各种突发事件。

特别值得注意的是，荀子非常重视并反复论及儒家学人"知通统类""举统类而应之"的能力，其含义本来十分广博，但就学习和诠释儒家经典而言，这种能力则主要表现为：在深入诠释儒家经典并使其尽可能具有全面性、系统性和贯通性的基础上，能够学以致用，能够比照儒学相关理论，结

合新的社会实际进行类推，以解决社会转型中出现的各种难题。应该说，在中国经典诠释的历史上，率先重视并倡导这种能力，体现出了一种新的远见卓识。

综合以上论述可以看到，荀子感应战国末期特定时代的需要，引导学习儒家理论与经典的读书人，牢牢确立诠释儒家经典的两个层次的新型目标：一是不断地在新形势下"美其身"，亦即在社会转型进程中加强自身德性和智能的修养与提高；一是学做"大儒"乃至"圣人"，亦即基于诠释儒家经典所应有的全面性、系统性和贯通性，从而能够全面把握好儒家经典的核心精神，善于融贯各家的相关理论，在新的形势下运用于治国平天下，包括处理好各种前所未有的突发事件。这是学习儒家理论的新型目标，也是诠释儒家经典的新型目标。

如果再做进一步的考察，我们又能发现，荀子为适应社会转型的需要，引导学习儒家理论与经典之读书人确立的学习、诠释儒家经典的新型目标，并非好高骛远的空洞议论，而是具有两个根本性的、实践性的特征：一是力求"入乎耳，箸乎心，布乎四体，形乎动静"，亦即学以致用于自身，进行自我筹划，提高自身的德性智能修养，指导自己的所有社会实践；二是力求"法先王，统礼义，一制度，以浅持博，以古持今，以一持万"，"举统类"而应对突发事件，亦即学以致用于社会，进行社会筹建，运用儒家理论治国平天下，并能妥善地处理各种难题。总之，"不闻不若闻之，闻之不若见之，见之不若知之，知之不若行之。学至于行而止矣！"（《儒效》）确立这样的基本目标，好就好在，它既是植于社会的，又是用于自身的，它既是非常远大的，又是十分切实的，既是可以一步一步地实现的，又是可以一面一面地检验的。然而，荀子引导读书人为学习和诠释儒家经典确立这样高远的新型目标，其理论根据何在呢？对此，荀子以哲学家的风格，在《劝学》篇中着重从两个方面进行了论述：

　　学不可以已。青，取之于蓝，而青于蓝；冰，水为之，而寒于

水。木直中绳，輮以为轮，其曲中规，虽有槁暴，不复挺者，輮使
之然也。故木受绳则直，金就砺则利，君子博学而参省乎己，则知
明而行无过矣。故不登高山，不知天之高也；不临深溪，不知地之
厚也；不闻先王之遗言，不知学问之大也。

　　吾尝终日而思矣，不如须臾之所学也。吾尝跂而望矣，不如登
高之博见也。登高而招，臂非加长也，而见者远；顺风而呼，声非
加疾也，而闻者彰。假舆马者，非利足也，而致千里；假舟楫者，
非能水也，而绝江河。君子生非异也，善假于物也。

这两段论述是围绕"学不可以已"而展开的，既阐述了"君子博学而参省
乎己，则知明而行无过矣"的道理，又抒写了"不闻先王之遗言，不知学问
之大"的体会，还论证了"君子生非异也，善假于物也"的普遍性原理，
从而不仅将坚持学习儒家经典、正确诠释儒家经典对于人生、对于社会的重
要意义揭示出来，并且还能唤醒学人进行自身的相关体验，形成各自有益的
联想，顺畅融贯各家相关思想。由此，天下读书人自会坚定地认同：荀子确
立的诠释儒家经典的新型目标，不仅充满新的时代感，而且是有其充分而深
厚之理论根据的，经过切实努力就有可能实现的。即使是对于 21 世纪的我
辈学人而言，重温这两段士林中家喻户晓的著名论述，也还能深受启发，更
深刻地领会到荀子逐步为诠释儒家经典确立的新型目标。

第二节　关于儒学经典的文本观念

　　荀子在古代中国社会开始转型之际，指导学习儒家理论与经典之学人确
立的诠释儒家经典的新型目标，其充分而深厚之理论根据，除了以上所论述
的一方面以外，还有另外一方面的表现，那就是他对于儒家经典的认识与评
论，亦即由此建构起来的关于儒家经典的文本观念。这是因为，诠释目标总
是生发于文本观念，有什么样的经典文本观念，才能有助于形成什么样的诠

释目标。而身为儒学大师，荀子一贯特别地强调，"（孔子）一家得周道，举而用之，不蔽于成积也。故德与周公齐，名与三王竝"（《解蔽》）；学人之学，"其数则始乎诵经"；只有正确地学习和诠释儒家经典，才能提高自身的德性智能修养，指导自己的所有社会实践，进而投入治国平天下，并妥善地处理各种突发性难题，才能学做"大儒"乃至"圣人"。可是，在历史上，在社会上，在百家争鸣的进程中，有意无意遮蔽乃至曲解儒家经典之精神的，可谓大有人在。所以，在荀子的思想里，准确认识儒家经典的思想意义与表达特征，亦即正确建构关于儒家经典的文本观念，乃是广大学人在复杂多变的文化背景中，正确诠释儒家经典、实现学做"大儒"乃至"圣人"之新型目标的前提性凭借。而荀子在前辈儒家学者之基础上建构起来的关于儒家经典的文本观念，内涵丰富深刻，既有新颖独特的风格，又有承前启后的意义，它较为集中地体现在以下两段重要论述里：

> 故《书》者，政事之纪也；《诗》者，中声之所止也；《礼》者，法之大分、类之纲纪也。故学至乎《礼》而止矣。夫是之谓道德之极。《礼》之敬文也，《乐》之中和也，《诗》《书》之博也，《春秋》之微也，在天地之间者毕矣。（《劝学》）

> 圣人也者，道之管也。天下之道管是矣，百王之道一是矣；故《诗》《书》《礼》《乐》之归是矣①。《诗》言是其志也，《书》言是其事也，《礼》言是其行也，《乐》言是其和也，《春秋》言是其微也。故《风》之所以为不逐者，取是以节之也；《小雅》之所以为《小雅》者，取是而文之也；《大雅》之所以为《大雅》者，取是而光之也；《颂》之所以为至者，取是而通之也。天下之道毕是矣！（《儒效》）

我们认为，全面体察这两段重要论述可以认识到，荀子关于儒家经典文

---

① 此处论列，在《乐》之后应有《春秋》，疑有脱漏。

本观念的纲领性意见乃是：在人生存的世界里，有天地自然方面的"天下之道"，有社会历史领域的"百王之道"，这些"道"无时不在，既有力地引导着人的生存发展，也无情地制约着人的生存发展。而圣人则是这些"道"的探究者、诠释者，儒家经典也都是从不同的角度阐述并建构着这些"道"之方方面面的。具体说来，《书》主要是"政事之纪"，亦即记述百王治国平天下的事迹，而这些事迹乃是"百王之道"的表现；《诗》主要是"言是其志"，亦即表达圣人有感于社会现实而欲奋起行道的情志，而这种情志体现的全都是"道"的精神；《礼》主要是"言是其行"，亦即描写圣贤的能够体现法律之界限、事理之纲纪的行为，而这些行为乃是圣贤在社会转型之际对"道"的自觉践履；《乐》主要是"言是其和"，亦即彰显圣贤言行的祥和气象，而这样的祥和气象洋溢着的是一种"道"的气象；《春秋》主要是"言是其微"，亦即在记叙历史事件的过程中，运用特定的"书法"于字里行间委婉表露出来的圣人之中肯的分析与评论，而这样的微言大义所传达出来的正是"道"。总而言之，"在天地之间者毕矣"，"天下之道毕是矣"。也就是说，天地之间、社会之中万事万物的"道"全都阐发在、建构在、传载在儒家经典之中，如果不能正确地学习和诠释儒家经典，人们就难以把握好如此气象万千的大"道"，就难以在社会转型之际建设好家国，实现富有创造性的生存发展。这正是儒家经典巨大的思想意义、社会意义和历史意义，也正是荀子儒家经典文本观念的核心。

　　然而，这里需要说明两点：一是，在整个儒家经典及其理论中，荀子格外尊崇"仁"与"礼义"，特别推重《礼》经，甚至认为"学至乎《礼》而止矣"，这与子思、孟子等儒学大师的见解明显不同；二是，在儒家经典中，荀子很少称道《易》，在文集里更是没有看到他述说关于《易》的文本观念，因此，这里所谓荀子关于儒家经典的文本观念，其实是不包括他关于《易》的文本观念的。但是限于本文研究的指向，我们对此就不再作具体考释或引申之论。

　　回过来联系到荀子的其他有关理论，仔细审视他关于儒家经典的文本观念，我们不难进一步看到，在荀子这种文本观念的深处，始终跃动着他的两种信念。第一，儒家经典的最大意义在于揭示"道"，儒家经典是"天下之道""百王之道"的阐发者、建构者、传载者，是真理与知识的源泉，是道德与礼义的渊薮，乃至"在天地之间者毕矣"。第二，儒家经典的最大价值导向在于倡导"行"，正确地学习和诠释儒家经典，可以而且必须致用于自身，提高自身的德性智能修养，指导自己的所有社会实践；可以而且必须致用于社会，运用儒家理论治国平天下，妥善地处理各种社会难题。因此，学人如能一生都坚持正确、全面地学习和诠释儒家经典，必然可以不断地加深对"道"的认识、加强对"行"的提升乃至成贤成圣。所以荀子特别乐观地强调，"圣可积而致也"（《性恶》）。

当然，荀子的这两种信念，偏向于儒学，充满着"经典权威主义"的色彩，是今天的学人根本不可能完全认同的。即使如此，我们也不能不认识到：正是这两种信念，促成了荀子关于儒家经典之文本观念的最大特色，促成了荀子关于儒家经典诠释方法论的建构；如果要想更加深入地领悟荀子关于儒家经典之文本观念和关于儒家经典的诠释方法论的核心精神，就不能不切实感受荀子的这两种信念。而且，我们还不妨重温这样的历史事实：不仅韩非、李斯等思想者都曾师从荀子而受其霑濡，而且"至汉时，兰陵人多善为学，皆（荀）卿之门人也。汉人称之曰：'兰陵人喜字为卿，法郇（荀）卿也。'教泽所及，盖亦远矣"①。仔细琢磨这样的历史事实，我们对于荀子的上述两种信念，对于这两种信念与荀子关于儒家经典之文本观念、关于儒家经典诠释方法论建构的内在关联，自然会产生更多、更深、更为有益的认识和相关联想。

---

① （清）胡元仪：《郇卿别传》，转引自姜广辉主编：《中国经学思想史》第一卷，中国社会科学出版社 2003 年版，第 215 页。

第三节　诠释儒家经典的主要方法

荀子已经感知战国末期社会转型对于儒家思想理论的特别需要，重新确立起了诠释儒家经典的新型目标，建构起了关于儒家经典的文本观念，这就为他创建新的儒家经典诠释方法论增添了动力，奠定了基础；于是，我们就能循此以进，探究他所创建的儒家经典诠释方法论了。只是，就我们的视域所及，他所创建的儒家经典诠释方法论，在很大程度上与众不同，而有他自己独特的风格；他既没有像孟子那样提出"以意逆志""知人论世"的诠释方法论，又没有如《易传》那样逐篇逐句诠释经典文本。这样一来，我们对其儒家经典诠释方法论的分析方式与论述方法，也就不能不有所不同。

首先必须再一次论及的是，荀子在《儒效》篇中曾经特别强调指出："彼学者，行之，曰士也；敦慕焉，君子也；知之，圣人也。上为圣人，下为士、君子，孰禁我哉！"在一定意义上，这段话实际是深刻地揭示出了广大学人学习和诠释儒家经典的三种不同境界。而造成广大学人这三种不同境界的重要力量与条件之一，便是他们所运用的不同的儒家经典诠释方法论。因此，从诠释方法论的角度看，他这一段话实际上也就委婉而有力地暗示出了，在现实中诠释儒家经典之不同方法及其不同效应的真实存在，从而也就有力地烘托出了创建新的正确的儒家经典诠释方法论的必要与重要。

更为奇特的是，荀子在《非十二子》篇中，不但抨击了诸子百家中的许多代表人物，而且还直言不讳地批评了儒家大师子思与孟子："略法先王而不知其统，然而犹材剧志大，闻见杂博。案往旧造说，谓之五行，甚僻违而无类，幽隐而无说，闭约而无解。案饰其辞而祇敬之曰：'此真先君子之言也'。——子思唱之，孟轲和之，世俗之沟犹瞀儒，嚾嚾然不知其所非也，遂受而傅之，以为仲尼子游为兹厚于后世。"这一段批评内涵丰富，不易准确把握，好在近代学术大家章太炎先生在《子思孟轲五行说》一文里早已为学人指明了认识它的途径： "寻子思作《中庸》，其发端曰'天命之谓性。'……古者《洪范》九畴，举五行傅人事，义未彰著，子思始善傅会。旁有燕、齐迂怪之士，侈搏其说以为神奇耀世诬人，自子思始，宜哉荀卿以为讥也。"由此可见，应该从运用经典诠释方法论的角度，发掘荀子直接批评子思与孟子的真实动机之一。这样一来，我们就有理由相信：他这一段对子思与孟子之批评的重大意义之一，同样也是委婉而坚决地暗示出了诠释儒家经典之不同方法及其不同效应的真实存在，有力地烘托出了创建新的正确的儒家经典诠释方法论的必要与重要。

在战国末期社会开始转型、百家争鸣渐趋统一的大时代里，荀子如此努力地揭示在现实社会中诠释儒家经典之不同方法及其不同效应的实际存在，如此有力地说明创建新的正确的儒家经典诠释方法论的必要与重要，目的当然都是为了适应新时代的需要，更为自觉地、正确地创建起新的儒家经典诠释方法论。那么，有了如此之多的经验教训，有了如此之强的自觉精神，荀子所大力创建的儒家经典诠释方法论，究竟会具有何种新的内容与特性呢？请看他在《劝学》篇中的论述：

> 君子之学也：入乎耳，箸乎心，布乎四体，形乎动静。端而言，蠕而动，一可以为法则。小人之学也：入乎耳，出乎口。口耳之间则四寸耳，曷足以美七尺之躯哉！
>
> 君子知夫不全不粹之不足以为美也，故诵数以贯之，思索以通之，为其人以处之，除其害者以持养之。使目非是无欲见也，使耳非是无欲闻也，使心非是无欲虑也，及至其致好之也。

为了正确地认识荀子创建的儒家经典诠释方法论的实际内容，最好能学习荀子本人倡导的方法而将这两段论述"贯通"起来，然后再沿着其固有的内在逻辑予以梳理和分析，这样就能较为清晰而深入地感知其实际内容、感知其理论逻辑以及由此而形成的特性。于是我们渐次看到：

首先，荀子指出，阅读和诠释儒家经典，必须"诵数以贯之，思索以通之"。这里的关键词是"贯"与"通"。"贯"是贯穿，亦即依据其内在逻辑将经典文本之所讲所论贯之相关理论穿起来，以发掘其系统性；"通"则是通达，亦即将经典文本之所讲所论之相关理论贯穿起来以后，立足其系统性而探寻、阐发其中的某些固有的哲学道理。合而言之，就是必须通过诠释、通过思索，而将诸多儒家经典文本所讲所论之相关方面贯穿起来，立足其系统性以发掘和阐发其中某些蕴含的哲学道理。

其次，荀子指明，诠释儒家经典，在"诵数以贯之，思索以通之"以后，又必须"入乎耳，箸乎心，布乎四体，形乎动静"。这里的关键语是"形乎动静"，意谓表现在一切行动与静止的状态之中。合而言之，就是通过诠释儒家经典，在将经典文本的所讲所论之相关理论贯穿起来以发掘并阐发其中的哲学道理之后，诠释者不仅要使其哲学道理"箸乎心"，更为重要的是必须使其哲学道理通过实践而转化为自己的嘉言懿行，表现在自己一切适应时代需要、助推社会变革的行动与静止的状态之中，作为新的人生筹划。

最后，荀子还特别强调，诠释儒家经典的最高法则，乃是诠释者必须"为其人以处之"，争取做到"端而言，蠕而动，一可以为法则"。这里的关键语是"为其人以处之"，中国近代著名思想家郭嵩焘对此有精到的解释："言设身处地，取古人所已行者为之程式而得其所处之方也。"在郭氏这一解释的基础上，荀子研究专家梁启雄先生又进而发挥道："谓'使自己人格化'地实践全粹之学"①。合而言之，就是通过诠释儒家经典，诠释者必须能够"设身处地，取古人所已行者为之程式而得其所处之方"，"'使自己人格化'地实践全粹之学"，从而进入一种"心非是无欲虑也"的最佳最高境界。

通过将荀子以上论述贯通起来并沿着其内在逻辑予以爬梳和分析之后，我们终于初步认识到他所创建的儒家经典诠释方法论的实际内容，并且由此更加希望在尽可能多的比较分析中，进一步认识其独具风格的主要特性。于

---

① 郭嵩焘与梁启雄的解释，俱见梁启雄：《荀子简释》，中华书局1983年版，第12页。

是，我们又逐渐深切地感受到：

第一，就创建新的儒家经典诠释方法论而言，荀子首先重视的是"诵数以贯之，思索以通之"，亦即通过诠释与思索，而将儒家经典文本之所讲所论之相关理论贯穿起来以发掘和阐发其中的道理。这种"贯通"工作的核心，自然是要在对字词句段进行语言解释的基础上，沿着其内在逻辑而逐步展开体验诠释、类推诠释和贯通诠释。其重要作用至少有二：一是在诠释进程中，既将某一经典文本各章各节前后的论述贯通起来，又将多部经典文本各方各域不同的相关论述贯通起来，从而发掘和揭示儒家思想理论的内涵与脉络，以便在经典诠释过程中从整体上准确把握儒家的思想理论，防止认识的偏颇与效果的片面；二是在将某一经典前后的论述贯通起来、将多部经典各方的论述贯通起来的过程中，便于突出儒家思想理论的某一方面或某一要素，并在其突出的过程中予以补充或改造，使其更能适应在当时社会转型背景下"法先王，统礼义，一制度，以浅持博，以古持今，以一持万"的现实需要。

第二，就创建新的儒家经典诠释方法论而言，荀子特别重视的是诠释者将学来的儒学精神"布乎四体，形乎动静""为其人以处之"，亦即通过诠释儒家经典，诠释者必须能够对儒学精神学以致用，在致用中加深理解与诠释，"设身处地，取古人所已行者为之程式而得其所处之方"，"'使自己人格化'地实践全粹之学"。荀子倡导诠释者将儒学精神"形乎动静"的重要作用也至少有二：一是将诠释儒家经典的实际过程，延伸至致用于自身，以提高自身的德性智能修养的实践，延伸至致用于社会，以运用儒家理论治国平天下的实践，从而使诠释儒家经典的实际过程与效果更为圆满、更有意义；二是使诠释儒家经典的过程在特定的时代背景下，与儒学传承的实际结合起来，与百家争鸣的实际结合起来，与"法先王，统礼义，一制度，以浅持博，以古持今，以一持万"的实际需要结合起来，从而使诠释儒家经典的过程与效果接受各种学术与社会实践的检验与推动，并在接受检验与推动的过程中不断地修正、提高与发展。

　　第三，就创建新的儒家经典诠释方法论而言，荀子十分重视的，更有它能促使诠释者逐渐进入一种特别的最佳最高状态，亦即"使目非是无欲见也，使耳非是无欲闻也，使心非是无欲虑也，及至其致好之也"。实际上，荀子在这里所描绘、倡导的，是一种诠释儒家经典的理想境界；诠释者进入这种难得的理想境界，对于荀子创建和倡导的儒家经典诠释方法论而言，既是它所全力追求的，也是它有可能实现的，同时自然还是它的内容与特性的最好显现。

　　通过以上的努力，我们终于逐步认识到荀子所创建的儒家经典诠释方法论之新的内容与特性；放眼看去，这种全新的儒家经典诠释方法论，在战国时期，在两千年来的中国哲学经典诠释史上，与此前的孟子相比，与此后的朱熹相比，都是别具一格的，都是有其独特意义的。然而，我们至此还是意犹未尽，自然地联想起两千多年以后西方哲学诠释学大师的一些相关论述。众所周知，海德格尔在其经典著作《存在与时间》里曾经反复论证：理解和解释乃是此在对自身各种可能性进行自我筹划。试问，细细比较，海氏的这一理论，与荀子所倡导的"学恶乎始？恶乎终？其数则始乎诵经，终乎读礼；其义则始乎为士，终乎为圣人"，是否有着相近相通之处？"始乎为士，终乎为圣人"，不正是在大力强调诠释者对自身各种可能性进行自我筹划吗？伽达默尔在其经典著作《真理与方法》上卷中曾经特别论述："我们已经证明了应用不是理解现象的一个随后的和偶然的成分，而是从一开始就整个地规定了理解活动"，"（应用）对我们来说就是所与文本的普遍东西自身的实际理解。理解被证明是一种效果，并知道自身是这样一种效果"。① 试问，全面比较伽氏的这一理论与荀子所倡导的"君子之学也：入乎耳，箸乎心，布乎四体，形乎动静。端而言，蠕而动，一可以为法则。……君子之学也以美其身"，是否也有相近相通之处？所谓"君子之学也以美其身"，不也正

――――――――――
　　① ［德］伽达默尔：《真理与方法》上，洪汉鼎译，上海译文出版社 1992 年版，第 438 页。

是在有力地论述理解与诠释的效果吗?

　　对于荀子与海德格尔、伽达默尔创建的诠释学相关理论,我们在这里还不能做出深入的比较分析,只是已经强烈地感觉到,耕耘在 21 世纪的今天,中国学人展望西方哲学诠释学之佳处的同时,回望荀子创建的儒家经典诠释方法论,应该有更新的认识,有更深的比较,有更高的评价,有更多的重视与自豪!①

---

　　①　周光庆:《荀子儒学经典诠释方法论发微》,《宝鸡文理学院学报》2017 年第 2 期。

第十一章　韩非《老子》诠释目标与方法

中国思想学术史的研究表明，到了战国时代的末期，与当时社会深刻变革、国家走向统一的大形势紧密互动，诸子百家的各种学术思想出现了大融合的趋势，并且吸引着诸子百家的传承人。正是感受到并且适应着这种大融合的趋势，韩非在荀子门下脱颖而出，成为法家理论的集成者，成为黄老思想的发展者，成为专篇哲学经典诠释的开创者，成为学术思想大融合趋势的推进者。在一定意义上，韩非之所以能够创建如此杰出的成就，原因之一正是由于他在荀子的熏陶下，做出了融合趋势下的自觉选择，怀着法家的求实精神，开创并从事了专篇哲学经典的诠释，取得了历史性的成功。

第一节　融合趋势下的自觉选择

应该如何进一步加深理解战国时代末期诸子百家学术思想呈现出来的大融合趋势呢？蒋伯潜先生的论述很有启示性："诸子之学，兴于春秋之末，至战国而大盛，至西汉而渐以衰替。其兴盛，其衰替，自有其所以兴替之故。此所以兴替之故，在学术本身者，谓之'因'；在当时环境者，谓之'缘'。"[1] 由此考察下去，我们不妨进而认为：战国时代的末期，社会深刻

---

[1]　蒋伯潜：《诸子通考》，浙江古籍出版社1985年版，第27页。

变革、国家走向统一的大形势，正是当时诸子百家的各种学术思想出现大融合趋势的"缘"；而诸子百家的各种学术思想本身的内容、特性及其相互关联，则是出现大融合趋势的"因"（或曰决定因素）。即以其一方面的情况而论，在百家争鸣兴盛的阶段，诸子学说"蜂出并作，各引一端，崇其所善"（《汉书·艺文志》），"人人自谓握灵蛇之珠，家家自谓抱荆山之玉"（曹植《与杨德祖书》），是以"百家往而不返"（《庄子·天下》）；而经过长期的争鸣与交流之后，各家各派都能在新的形势下慢慢冷静下来，逐渐越来越深入地认清了彼此的长短得失、相互关联以及可以互补互用之处，于是纷纷以大家的风范，"舍短取长，以通万方之略"（《汉书·艺文志》），这就促成了那个时代各种学术思想走向大融合的趋势。

在战国时代，韩非是各个流派大思想家中出身最为高贵却又反对旧贵族传统最为激烈的一位。根据《史记·老子韩非列传》记载：作为"韩之诸公子"，他曾经亲"见韩之削弱，数以书谏韩王，韩王不能用。于是韩非疾治国不务修明其法制，执势以御其臣下，富国强兵而以求人任贤，反举浮淫之蠹而加之于功实之上。以为儒者用文乱法，而侠者以武犯禁"。正是基于如此清醒、痛切的认识与行动，韩非师事荀子以后，面对那个时代各种学术思想走向大融合的趋势，有着常人所不及的敏锐观察、深切感受和大力推助；特别重要的是，他还以高屋建瓴的态势，在猛烈批判"世之显学"儒、墨等各家思想的同时，适时指出了融合包括儒、墨思想在内的各种既有学术思想，以创立适应新形势需要的思想理论所应有的正确态度与有效途径。

首先，韩非确立了一种难能可贵的历史进化观。在《五蠹》篇中，他就率先提出"世异则事异"，"事异则备变"，"故事因于世，而备适于事"。他还由此而有一段脍炙人口的议论：

上古之世，人民少而禽兽众，人民不胜禽兽虫蛇；有圣人作，构木为巢以避群害，而民悦之，使王天下，号之曰有巢氏。民食果蓏蚌蛤，腥臊恶臭而伤害腹胃，民多疾病；有圣人作，钻燧取火以

化腥臊，而民悦之，使王天下，号之曰燧人氏。中古之世，天下大
水，而鲧、禹决渎。近古之世，桀、纣暴乱，而汤、武征伐。今有
构木钻燧于夏后之世者，必为鲧、禹笑矣；有决渎于殷、周之世
者，必为汤、武笑矣。然则今有美尧、舜、汤、武、禹之道于当今
之世者，必为新圣笑矣。是以圣人不期修古，不法常可，论世之
事，因为之备。宋人有耕者，田中有株，兔走触株，折颈而死，因
释其耒而守株，冀复得兔，兔不可复得，而身为宋国笑。今欲以先
王之政，治当世之民，皆守株之类也。

在两千二百多年以前，就能有这样一段精彩的历史进化论破空而出，中国学
人至今都应该引以为自豪。由此可以强烈地感受到：韩非最早坚信，"世异
则事异"，历史总在不断地进化，根本就不可能有一种能够一成不变的治世
法则，"是以圣人不期修古，不法常可，论世之事，因为之备"，此乃历史的
必然。这种历史进化观不仅内涵丰富，而且是深刻的、积极的、具有开创意
义的。而与此同时，这种历史进化观也为他变法改革的主张奠定了坚实的理
论基础。两千多年以来，中国人每每想起"守株待兔"的俏皮故事，总能对
这种历史进化观由衷地认同，所以汉语里也就因此而增添了一个内涵经警、
表达生动、流传广泛的成语。

其次，基于上述历史进化观，韩非进而又建构起一种从现实出发、立足
特定历史境遇以重新检验和阐发古人遗事遗言的历史求是观。在他看来，任
何古人，无论圣贤还是常人，流传下来的遗事遗言，即使曾经富有创造性和
积极意义，也总是在特定历史环境中生成的，总是在与特定历史环境互动的
过程中显示其意义的；随着历史环境的变革与进化，当今学者在重温古人遗
事遗言的时候，就有必要以实事求是的态度，深入了解其历史环境，予以重
新审视、重新阐发，进而结合当今社会现实予以审慎借鉴和灵活运用，这样
才能使之在不断发展的进程中发挥出真正的效益。譬如，"古者文王处丰、
镐之间，地方百里，行仁义而怀西戎，遂王天下。徐偃王处汉东，地方五百

里，行仁义，割地而朝者三十有六国，荆文王恐其害己也，举兵伐徐，遂灭之。故文王行仁义而王天下，偃王行仁义而丧其国，是仁义用于古而不用于今也。故曰：世异则事异"。请看，即使是对于美好如周文王带头实施的"仁义"，后人尚且不应该脱离特定的历史境遇而盲目搬用，更何况其他各种思想理论！可是，在韩非的眼中，战国时代却有那么一些学者，既缺乏历史进化观，又少有历史求是观，"是故乱国之俗，其学者则称先王之道以籍仁义，盛容服而饰辩说，以疑当世之法而贰人主之心。其言古者，为设诈称，借于外力，以成其私而遗社稷之利"。这些层出不穷、蛊惑人心的纷乱事实，倒是从反面说明了切实确立和运用历史求是观的重要现实意义。

正是在这样的历史进化观和历史求是观的作用下，韩非不法常可，审时度势，在百家争鸣、儒墨盛行的情势下，却毅然体察社会深刻变革、国家走向统一之大形势的实际需要，批判性地继承了商鞅的"法"思想、申不害的"术"思想、慎到的"势"思想，一方面指出它们"皆未尽善也"（《定法》），另一方面又将三者有机地结合起来，并从中提炼出"抱法""行术""处势"三个核心概念，从而集法家思想之大成，构建起了自己的法学理论体系。更为难得的是，为了能使自己建构的法学理论体系具有深厚的"道"的根据与哲学基础，具有更为强大的理论力量和应用效能，韩非经过反复探寻与深入比较，进而又认同了老子与黄老之学的"道论"，并在阐发中予以有力的吸收和发展。为此，他多次强调"道"的最高地位："道者，万物之所然也，万理之所稽也。理者，成物之文也，道者，万物之所以成也"（《解老》）；"道者，万物之始也，是非之纪也。是以明君守始以知万物之源，治纪以知善败之端"（《主道》）。紧接下来，他又进一步努力突出"道论"与法治理论深处的密切关联，促进二者的有机融合，使得老子与黄老之学的"道论"成为自己法治理论的根据与哲学基础，并因此而选取《老子》作为专篇诠释的哲学经典，确立了诠释《老子》的宏大目标，建构了诠释《老子》的恰当方法，并因此而有著名的《解老》《喻老》之作，创造出中国哲学经典诠释学历史上的一段佳话。也正是有鉴于此，中国史学开创者司马迁别出心裁，在《史记》中将老子、庄子、申不害与韩非合传，而且特别指出："（韩非）喜刑名法术之学，而其归本于黄老。"对韩非的学术思想做出了精要的概括，也给后世学人留下了宝贵的启示。

考察至此可以认识到：韩非不愧为一位风格独特的思想家，正是他选取了老子与黄老之学的"道论"作为自己的法学理论的根据与哲学基础，而后据此自觉选取《老子》作为专篇诠释的哲学经典，并因此而确立了诠释《老子》的宏大目标，终于使得中国诠释学史上产生出了别具一格的《解老》《喻老》之作。可是，立足于那个时代的文化背景，究竟应该如何在历史进化观和历史求是观的指导下，重温古人遗事遗言，并以求真务实的态度，深入了解其历史环境，予以重新审视、重新认识、重新阐发呢？究竟应该如何行人之所未能行，力求最为深入、最为有效地诠释《老子》呢？这是一些必须解决的问题；否则，上述立足现实以融合各种既有学术思想以创立新的思想理论的计划，上述诠释《老子》的宏大目标，就都只能成为一些美好的愿望而已。而在事实上，为了解决这一重大而紧要的问题，为了有效地落实自己的自觉选择，为了真正实现诠释《老子》的宏大目标，韩非经过长期的探索，确实已经郑重地提出了相应的经典诠释方法论，这就有待我们继续探究。

第二节　自觉选择中的"参伍之验"

根据我们的考察，韩非基于上述自觉选择，为了更好地从社会大变革的现实需要出发，有效诠释道家经典《老子》，以实现各种学术思想特别是道、法思想的大融合，进而创建起适应新时代实际需要的思想理论，经过长期的探索与选择之后，郑重地提出了相应的经典诠释方法论。概括言之，那就是基于人之认识能力和认知兴趣的"参伍之验"。先请听他自己的一系列论述：

> 聪明睿智，天也；动静思虑，人也。人也者，乘于天明以视，

寄于天聪以听，托于天智以思虑。……体道则其智深，其智深则其会远，其会远，众人莫能见其所极。（《解老》）

先物行，先理动，之谓前识；前识者，无缘而妄意度也。（《解老》）

明于圣人之术，而不苟于世俗之言，循名实而定是非，因参验而审言辞。（《奸劫弒臣》）

偶参伍之验，以责陈言之实。（《备内》）

参伍之道，行参以谋多，揆伍以责失。……言会众端，必揆之以地，谋之以天，验之以物，参之以人。四徵者符，乃可以观矣。（《八经》）

今乃欲审尧舜之道于三千岁之前，意者其不可必乎！无参验而必之者，愚也；弗能必而据之者，诬也。（《八经》）

夫言行者，以功用为之的彀者也。（《八经》）

仔细体察这一系列论述可以感受到，韩非依据法家的求实精神和自己的哲学思路，在这里反复阐扬的，主要是一种独具特色的认识论思想和诠释学思想。

第一，他首先揭示：人是具有认识事物之能力、兴趣与责任的，"托于天智以思虑"，是人的基本特性和主要生存方式。这种生存方式的关键点是指向"体道"，亦即通过"思虑"以体察到"万物之所然也，万理之所稽也"的"道"，"体道则其智深，其智深则其会远"；与此相反，"先物行，先理动，之谓前识；前识者，无缘而妄意度也"。

第二，他进而指出：人为了能够更好地通过"思虑"以"体道"，除了在努力亲自视听思虑亦即在社会实践中亲身感知之外，还必须虚心聆听、认真诠释、适当借鉴他人特别是圣贤们的遗言遗事，观其得失，探其究竟，阐述其法式，应用其精髓。

第三，在这一关键之处，韩非又继承荀子创建的"凡论者，贵其有辨合，有符验。故坐而言之，起而可设、张而可施行"（《荀子·性恶》）法则，加以发展，予以强调：为了能够真正正确地认识到"道"，对于一般人的言辞，对于圣贤的陈言，乃至对于三千年前的尧舜之道，又都必须重新审视，又都必须"因参验而审言辞""偶参伍之验，以责陈言之实"。而"参伍之验"，既是人们认识圣贤遗言遗事并且观其得失、探其究竟、做出诠释、引为借鉴之不可或缺的重要环节，也是韩非在当时学术思想融合趋势下吸取法家思想、融会黄老"道论"的理论前提和主要方法，所以具有重大的意义。

而所谓"参伍之验"，亦曰"参验"，亦如《庄子·天下》所称的"以参为验"。对此，高亨先生《〈庄子·天下篇〉笺证》做出了简明的解释："综合比观谓之参。验，证也。《韩非子·显学篇》：'无参验而必之者，愚也。'"① 而依据我们的理解：所谓"参伍之验"或曰"参验"，作为重要的认知方法和诠释方法，就是对于他人特别是圣贤遗言遗事，必须结合社会现实和人生经验，进行多方考核、相互比较以为验证，在验证中进行鉴别，在鉴别后做出诠释，进而实现对于"道"与"理"的正确认识和发展，并将其成果又应用于社会实践。这里应该高度注意的是，"必揆之以地，谋之以天，验之以物，参之以人"，包括对历史事实的考核，用人生经验为参照，援引天地间相关事事物物的发生发展作为验证。只有多方考核相互比较以为验证，才是对于他人乃至圣人遗言遗事重新审视、重新认识、重新阐发的基本方法和最高依据，才是走向事业成功的起点。而与此相反，如果"无参验而必之者，愚也；弗能必而据之者，诬也"，其失败也就是必然的。在此基础上，进而参考韩非一生的主要言行来观照他所倡导的"参伍之验"经典诠释方法论，还能清楚地认识到，作为一种经典诠释方法论，它很好地体现出韩非是从有益于社会变革的实际出发，努力将法家经典和道家经典的诠释引向新的社会实践的——这更是这一经典诠释方法论的主要作用与意义之

---

① 转引自张丰乾编：《庄子天下篇注疏四种》，华夏出版社 2009 年版，第 176 页。

所在。

那么，按照这一认识论思想和诠释学思想，具体就对于《老子》之"道论"的诠释而言，韩非究竟如何以"参伍之验"为方法论实现对其"道论"的认识呢？究竟怎样在多方考核、相互比较、进行验证中对《老子》予以重新审视、重新认识、重新阐发呢？为了真正找到这一关键问题的正确答案，我们认为，在反复体会他以上的理论论述之后，最为切实的方式，还是认真考察分析韩非在《解老》《喻老》中留下的多方面的诠释范例。譬如：

> 昔者纣为象箸而箕子怖。以为象箸必不加于土铏，必将犀玉之杯；象箸玉杯必不羹菽藿，则必旄、象、豹胎；旄、象、豹胎必不衣短褐而食于茅屋之下，则锦衣九重，广室高台。吾畏其卒，故怖其始。居五年，纣为肉圃，设炮烙，登糟丘，临酒池，纣遂以亡。故箕子见象箸以知天下之祸。故曰："见小曰明"。（《喻老》）

> 越王入宦于吴，而观之伐齐以弊吴。吴兵既胜齐人于艾陵，张之于江、济，强之于黄池，故可制于五湖。故曰："将欲翕之，必固张之；将欲弱之，必固强之"。晋献公将欲袭虞，遗之以璧马；知伯将袭仇由，遗之以广车。故曰："将欲取之，必固与之"。起事于无形而要大功于天下，是谓微明。（《喻老》）

本来，老子所揭示的"见小曰明，守柔曰强"的哲理，充满了辩证法的韵味，确实是深刻睿智的，却又是难以把握的。然而，面对这样的"道论"，韩非绝不"无参验而必之"，而是起用对历史事实的考核，引出"箕子见象箸以知天下之祸"典型事例并进行推理性分析，一步步稳健前行，予以验证，予以阐发，既能使之明白翔实，又能引人入其胜境，真可谓"因参验而审言辞"的典范。同样，《老子》向人们昭示："将欲翕之，必固张之；将欲弱之，必固强之；将欲废之，必固举之；将欲取之，必固与之。是谓微明。"启示人们尽可能利用好一切有利条件，努力促使事物在趋于巅峰之时却能朝向对立面转化，从而赢得胜利；这既是深刻的辩证法，也是取胜的大智慧，但却不易领悟其妙境。而面对这样的玄妙"道论"，韩非同样起用对历史事实的考核，引出越王在处于极端劣势的情况下却能谋划制吴胜算、献公遗之以璧马而得以袭虞、知伯遗广车而能胜仇由等真实可靠而又情节曲折的历史事件，予以比较，予以验证，予以推究，予以阐发，有如讲解深奥哲学理论的教科书，从而引导读者不仅领悟奥妙的历史辩证法，而且有力地丰富自己的大智慧，最后则投身"起事于无形而要大功于天下"的社会实践。毫无疑问，这当然也同样是"偶参伍之验，以责陈言之实"，进而深入阐发经典的典范。又如：

> 工人数变业则失其功，作者数摇徙则亡其功。一人之作，日亡半日，十日则亡五人之功矣。万人之作，日亡半日，十日则亡五万人之功矣。然则数变业者，其人弥众，其亏弥大矣。凡法令更则利害易，利害易则民务变，民务变谓之变业。故以理观之，事大众而数摇之则少成功，藏大器而数徙之则多败伤，烹小鲜而数挠之则贼其宰，治大国而数变法则民苦之。是以有道之君贵静，不重变法。
> 故曰："治大国者若烹小鲜"。（《解老》）

在中国两千多年的文化史上，老子的"治大国，若烹小鲜"一语，一直被国人视为警句。他明明讲述着治理大国的理论与法则，却运用了日常生活中"若烹小鲜"的小比喻；可是这个比喻虽小，妇孺皆知，用于此处却又是那么奇特巧妙；每个读者似乎都能懂得，却又难以很好把握，更加难以做出中肯的评论。正是有鉴于此，韩非在诠释时这一警句时，起笔即曰"工人数变业则失其功，作者数摇徙则亡其功"，他所宣讲的乃是人们熟悉的社会现象，也是人们知晓的生活道理，还是许多人难以忘怀的痛楚；以此而引为验证，便容易触发人们的联想，引导人们认同"然则数变业者，其人弥众，其亏弥大矣"的道理，进而了悟"治大国者若烹小鲜"的大道理。接着，他又乘势由"工人数变业"社会现象讲到治国的最高法则，指出"凡法令更则利害易，利害易则民务变"。大凡关心国事民意，做过一些相关考察，有过一些切身体验的学人，都会因为以此而引为验证和向导，从而对于"烹小鲜而数挠之则贼其宰，治大国而数变法则民苦之"的事实与道理获得清晰而深入的理解。更加值得关注的是，韩非这里顺着文势而强调的"治大国而数变法则民苦之"，既是符合老子之"无为"理论的，也是"治大国，若烹小鲜"一语所已蕴含的，更是这位一贯提倡"法者，编著之图籍，设之于官府，而布之于百姓者也"（《难三》）之大法家的为政理念。这也就意味着，他在诠释老子"治大国，若烹小鲜"之警句时，不仅引用常见的社会现象，不仅融入了自己的体验和思想，以此作为"参验"，而且还在逐步"参验"的过程中进行推究，建构起治国"贵静，不重变法"（请注意：这里的所谓"变法"，乃是不去反反复复地变更法令）的理论，引导人们走向新的社会实践。研读至此，我们有一种恍然大悟的感觉，越来越佩服韩非运用"参伍之验"方法论所能取得的经典诠释效应。

作为一种认知方法论和经典诠释方法论，"参伍之验"的实际运用，必须面对各种各样的经典文本，因而必然是机动灵活的；所以，韩非由此而对《老子》的诠释，自然也是风格多样的。请看其另外一种风格的范例。即如：

> 祸兮，福之所倚；福兮，祸之所伏。孰知其极？其无正。（《老子》第五十八章）

> 人有祸则心畏恐，心畏恐则行端直，行端直则思虑熟，思虑熟则得事理。行端直则无祸害，无祸害则尽天年；得事理则必成功。尽天年则全而寿；必成功则富与贵；全寿富贵之谓福。而福本于祸，故曰："祸兮福之所倚"。以成其功也。

> 人有福则富贵至，富贵至则衣食美，衣食美则骄心生，骄心生则行邪僻而动弃理。行邪僻则身死夭，动弃理则无成功。夫内有死夭之难，而外无成功之名者，大祸也。而祸本生于有福，故曰："福兮祸之所伏"。

夫缘道理以从事者，无不能成。无不能成者，大能成天子之势尊，而小易得卿相将军之赏禄。夫弃道理而妄举动者，虽上有天子诸侯之势尊，而下有倚顿、陶朱卜祝之富，犹失其民人而亡其财资也。众人之轻弃道理而易妄举动者，不知其祸福之深大而道阔远若是也，故谕人曰："孰知其极"。（《韩非子·解老》）

如果说在一定意义上，哲学是人生境界之学，那么，老子的名言"祸兮，福之所倚；福兮，祸之所伏"，则可谓其哲学理论的点睛之笔，真乃辩证法的奇葩。要想诠释如此凝练的警句，阐发其中深深蕴含着的无尽哲理，看似容易实则极难，所以连老子也预先轻轻点了一句"孰知其极"？而韩非则立足人生境界的高处，放眼人类的生存方式，总结历史经验，透视人生体验，检视"上有天子诸侯之势尊，而下有倚顿、陶朱卜祝之富"等各类社会现象，沿着其内在逻辑，用来"因参验而审言辞"，既对老子的警句进行了深刻的诠释，又很有针对性地建构起了"行端直则无祸害，无祸害则尽天年，得事理则必成功"的人生法则，真可谓经典诠释的典范。而且他的诠释话语，句句紧跟，排比而来，具有强劲的逻辑力量，更是增强了解释力和说服力；试想，面对"人有祸则心畏恐，心畏恐则行端直，行端直则思虑熟，思虑熟则得事理"这类话语，由几个连贯而出的"则"字深入下去，体察其固有道理，品味其人生经验，追寻其逻辑法则，读者有谁能不由衷地信服呢？

此处更加值得重视的，是老子特别点出来的那一句"孰知其极？其无正"，它以辩证法的精神揭示出了人生领域的最高真理。对此，人们固然可以解释说，"极，究竟也"，"正，定准也"，可是这样的解释又几乎谈不上深刻性和启发性。而韩非则不然，他在诠释过程中格外注重意蕴的发掘，注重思想的分析，注重理论的建构。具体说来，他首先就依据老子的语意推引出"夫缘道理以从事者，无不能成"的人生法则。而这里所谓的"道理"是有其特定含义的："道者，万物之所然也，万理之所稽也。理者，成物之文也；道者，万物之所以成也。"(《解老》) 这就表明，他所引出的人生法则乃是在着意强调，人的生存发展活动，必须处处依据"万物之所以成"的"道"和"成物之文"的"理"；而"道"与"理"，既是万物形成的根据和演变的规律，同时也是老子所谓的"极"与"定"之所在。推引出了这一人生法则之后，韩非又高屋建瓴，历数"天子诸侯之势尊""倚顿、陶朱卜祝之富"等社会现象，一方面对老子此番言论做进一步的诠释，另一方面又对这一人生法则做进一步的验证。就是这样，韩非郑重地"因参验而审言辞"，对老子以辩证法的精神揭示出来的人生领域这一最高真理做出了富有成效的诠释：不仅发掘了其深厚的哲学意蕴，而且分析了其深奥的治国思想，更为重要的是还在参验与融合的诠释过程中建构起了一种新的可贵的人生法则，引导人们告别陈旧的行为模式，走向更新的社会实践，从而也就给后世各类读者带来了无尽的启示。

至此我们可以较为清晰地看到，作为一位富有人文关怀的文化精英，韩非深切地感受到了战国时代后期社会深刻变革、国家走向统一的大形势，深切地感受到了诸子百家的各种学术思想出现的大融合趋势，由此做出自觉选择，不断努力，勇敢担当，通过诠释相关经典而阐发其"道论"，进而成为黄老思想的发展者，成为法家理论的集成者，成为专篇哲学经典诠释的开创者，成为为中国思想史增添亮色的杰出思想家。而韩非的经典诠释之所以能够有助于他取得如此巨大的成功，很大程度上又是凭借着他所创建的认识论思想和经典诠释方法论，那就是"参伍之验"。作为经典诠释方法论的"参伍之验"，乃是强调在经典诠释过程中，结合社会现实和人生经验，进行多方考核、相互比较以为验证，从而正确地阐发其"道论"，其中主要包括对历史事实的考核，用人生经验为参照，援引天地间相关事事物物的发生发展作为验证。而其核心精神，则是强调对于人们的言辞，对于圣贤的陈言，乃至对于三千年前的尧舜之道，都必须重新审视，又都必须"因参验而审言辞"，并由此而做出全新的富有创造性的诠释，进而将其诠释成果应用于新的社会实践；只有多方考核验证，才是对于他人乃至圣人遗言遗事重新审视、重新认识、重新阐发的基本方法和最高依据。如果放眼中国三千年的经典诠释历史，我们又会强烈地感到，作为经典诠释方法论的"参伍之验"，既承前启后，又能独树一帜，确实理应为今天中国相关学人所深深珍惜和有力阐扬。

第十二章　董仲舒建构的《春秋》诠释方法论

东汉时代的思想家王充，是勇于发表奇异之论以匡谬正俗的，而在其《论衡·超奇》中，他推崇董仲舒，"文王之文在孔子，孔子之文在仲舒"。清末时代的思想家魏源，是敢于借"经术"以倡导政治改良并为维新派导夫先路的，而在《董子春秋发微》序里，他评论董仲舒："抉经之心，执圣之权，冒天下之道者，莫如董生。"这些史实就特别能够引人思考，并从一个角度激励学人尽最大的努力，克服种种困难，深入探讨董仲舒创立的《春秋》诠释方法论。

第一节　对于时代课题的深切感应

任何时代的任何政治统治，都必须建立在合法性、合理性的信念上；这种信念，又通过一种信念系统与政治哲学的确立或援引来完成。在中国的汉武帝时代，其信念系统与政治哲学的确立或援引，就表现为独尊儒术、兼容百家的政治文化运动。在一定意义上，这就是那个时代的主要时代课题。

这一新型时代课题自有其艰难的来源。汉代初期的七十多年里，经过几代人的艰苦努力，国内外形势都发生了根本性的变化。面对新的形势，原本行之有效并且极受尊崇的黄老之学和"与民休息"的国策，越来越不能适应社会文化的新发展。而儒家、法家、阴阳家的思想，则又不甘处于非主流地位，也都乘时而起，重新活跃起来。多欲多求、雄才大略的汉武帝刘彻即位不久，就逐步形成了对新形势的清醒认识。他对内要实行"改制"，以加强有效的一统政治；对外要大举用兵，以解除匈奴的长期威胁。为此，他急于探寻一种能为及时"改制"和全面"攘夷"提供信念系统的新政治哲学。他三次以诏举贤良对策的方式，向当时的文化精英们提出了一系列重大问题：改制有无规律可循？是要等到政治衰败之后还是应当及时改制？采用何种政策能实现百姓和乐、政治清明、天时正常？更为难能可贵的是，他不希望人们就事论事，而是申明自己"欲闻大道之要，至论之极"（《汉书·董仲舒传》）。在一定意义上，这其实是表述了一个新的时代之新的思想课题。

在一百多位对策者中，《公羊春秋》学者公孙弘提出了一个调和儒法思想而以儒术"缘饰史事"的建议："礼义者，民之所服也；而赏罚顺之，则民不犯禁矣。"（《汉书·公孙弘传》）而《公羊春秋》学者董仲舒，则倡议以他从《春秋》中阐释出来的儒学理论作为新的信念系统，促进社会文化的"更化"：

> 《春秋》大一统者，天地之长经，古今之通谊也。今师异道，人异论，百家殊方。指意不同，是以上亡以持一统；法制数变，不知所守，臣愚以为诸不在六艺之科、孔子之术者，皆绝其道，勿使并进。邪辟之说灭息，然后统纪可一而法度可明，民知所从矣。
>
> （《汉书·董仲舒传》）

如果仅就这一著名议论而言，董氏的主张确实可以像班固那样在《汉书·武帝纪赞》中将其概括为"罢黜百家，表章六经"；也可以像司马光那样在《资治通鉴》中将其概括为"罢黜百家，独尊儒术"。然而，又必须看到，董仲舒的哲学理论的主体特征，是适应现实社会的新需要，以《春秋》和《公羊传》为主要依据，沿着"外王"路线发展儒学精神，兼收法家、道家、阴阳家思想，而以探讨"天人合一"、建构"天人感应"学说为最大特色，与原始儒学有很大的差别。因此，他重新塑造、倡议"独尊"的"儒术"，其实是开放型、修正型的。而且在其实践过程中，并未"罢黜百家"，而是兼容百家，使之既不能与儒家"并进"，却又可以辅翼儒学。

汉武帝独具慧眼，在众多对策者中，将公孙弘拔为第一，对董仲舒大加赞赏；并且以此为契机，逐步兴起了一个以"更化"为旨趣的"运动"。但是，对于这个具有历史意义的"运动"，却不应简单地称述为"罢黜百家，独尊儒术"运动。因为汉武帝着眼于一统政治，一贯注重"博开艺能之路，悉延百端之学"（《史记·龟策列传序》），大力"广道术之路"（《汉书·夏侯胜传》）。他确曾"独尊儒术"，那是以儒学为主导；他并未"罢黜百家"，而是以百家为辅翼。他所认可的政治哲学，是以儒学仁、义、礼、智、信等基本理论为主导，兼容法家"法、术、势"等观念以扩充其"外王之道"，并且饰以阴阳五行学说的新型哲学体系。后来，汉宣帝刘询告诫其太子说："汉家自有制度，本以霸王道杂之，奈何纯任德教，用周政乎！"（《汉书·六帝纪》）倒是很真实地总结了这一运动的本质特征。事实上，就是在依年记事的《汉书·武帝纪》中，也并没有关于"罢黜""独尊"事件的具体记载。所以，在我们看来，这一运动其实是一个开放性的独尊儒术、兼容百家、促进"更化"的政治运动、文化运动、教育运动。唯其如此，它才具有深远的历史意义。后世学者将这一运动简单地称为"罢黜百家，独尊儒术"，那是运用了后世的眼光，掺和了后世的目的，因而很不准确。现在我们则应该努力澄清两千年来的误会，还它本来的面目。

值得注意的是，倡议和推动这一独尊儒术、兼容百家、促进"更化"运动并因此受到汉武帝赏识而跻身显要的学人领袖，主要是公孙弘和董仲舒，他们都是《公羊春秋》学大师。而据《汉书·儒林传》记载："丞相公孙弘本为《公羊》学，比辑其义，率用董生。于是上因尊《公羊》家，诏太子受《公羊春秋》。由是《公羊》大兴。"大量相关的历史事实也都表明，当时"独尊"的儒学，就儒学内部而言，其实主要是春秋学；而在春秋学中主要是公羊学。这是有其深刻历史原因的。因为西汉儒家学者大都相信：《春秋》的文本结构有"史事""史文""史义"三层；其"史义"隐含在"史事"与"史文"中，宏通广大，兼有"内圣外王"之学，是孔学的精髓，是《春秋》的灵魂。他们还相信，对于《春秋》无限的"微言大义"，虽有三《传》做出了解说，但只有《公羊传》的解说最为充分而精当。

作为公羊学的嫡派传人，董仲舒对《春秋》一经的思想体系与著书体例，有着全面而深入的研究。他既集中了当时大多数儒家学者的见解，又形成了独特的《春秋》文本观念。他立足现实，观照《春秋》，第一个向汉武帝、向天下人提出"《春秋》大一统者，天地之常经，古今之通谊"的论断，强调《春秋》政治哲学的基本宗旨是论证君王"受命于天"，"以王之政，正诸侯之位，正境内之治"；并且强调此义放之四海而皆准，超越古今而通用。这就深得汉武帝的认同，也与时代课题相契合，同时也正是他较为自觉的历史使命。

至此，我们已经逐步认识到：是社会文化的变革，引发了汉武帝"欲闻大道之要"的要求；是汉武帝的这一要求，表述了时代的思想课题；是这一时代的思想课题，引发了独尊儒术、兼容百家、促进"更化"的政治文化运动。而董仲舒基于自己的《春秋》文本观念以解释《春秋》，既是对时代课题的感受与回应，也是对"独尊儒术"的引导和促进。然而，在那个奋发有为的时代，感受时代课题而自觉承担历史使命的学者，热衷参与政治而自争立于学官的学者，观照五经文本而自创解释方法的学者，为数很多，"师法"林立，竞争激烈。在这样的社会文化氛围里，如何能在《春秋》解释中阐发"大道之要"，并且上能动帝王之听，下能服学人之心？关键在于建构起新颖、正确而有效应的诠释方法论。正是由于董仲舒在自己《春秋》文本观念的基础上，创建了自具特色的诠释方法三论，即"名号论""辞指论"和"事例论"，从而完成了独特的《春秋》诠释，造就了深远的诠释效应，回应了变革时代的课题，他才赢得了当时学者的普遍赞誉："汉兴至于五世之间，唯董仲舒名为明于《春秋》，其传公羊氏也"（《史记·儒林列传》）；

"董仲舒治《公羊春秋》，始推阴阳，为儒者宗"（《汉书·五行志》）。他的主要论著《春秋繁露》①，才成为新儒学的典范。饶有趣味的是，一位美国康涅狄格学院女汉学家桂思卓，还能于 1996 年在剑桥大学出版社推出其专著《从编年史到经典：董仲舒的春秋诠释学》，并且强调指出："董仲舒既是一名学者，又是一位官僚。对其理论体系的解读，应当与他所遵循的诠释性传统——包含着诸种思想和伦理观——联系起来，也应当与某种政治人格和政治策略（这种政治人格和政治策略界定了他意欲影响的政治世界）联系起来。"② 事虽不大，却也真能引人深思。

第二节　创建名号论

创建新的《春秋》诠释方法论，董仲舒非常重视"名号"问题，因而特著《深察名号》等篇进行多方论述。何谓"名号"？他倡言："名生于真，非其真，弗以为名。名者，圣人之所以真物也。名之为言真也。……欲审是非，莫如引名。名之审于是非也，犹绳之审于曲直也。洁其名实，观其离合，则是非之情不可以相谰已"；"名众于号，号其大全。名也者，名其别离分散也。号凡而略，名详而目。目者，偏辨其事也；凡者，独举其大也。"（《深察名号》）可见，"名"与"号"，都是用来分别其物、辨析其事、以分类和概括的方式反映天地间事事物物的，都是经过分类概括的事物的名称语词。由于人们在为事物命名造词时，往往是以事物的某些特征为"理据"而在名称中反映了这些特征，所以在一定程度上"名生于真"，"可以真物"，所以能依据事物的名称去探寻事物的某些特征。在现代词汇学上，这是著名而重要的"词源结构"或"词的内部形式"问题；在现代语言哲学

---

① 据考证，《春秋繁露》一书，虽然偶有后人掺附的语句，但仍可以信为董仲舒著作。本书征引，皆据苏舆义证：《春秋繁露义证》，中华书局 1992 年版。

② 转引自杨乃乔主编：《中国经学诠释学与西方诠释学》，中西书局 2016 年版，第 13 页。

领域，董仲舒的这一理论实在可以与伽达默尔倡言的"使一切事物都能自身阐明、自身可理解地出现的光正是语词之光"① 交相辉映。而在董仲舒的学说里，它被称为"洁其名实"问题。不过，更深入地看，董仲舒所谓的"名"，是"详而目"，是"偏辨其事"，相当于《荀子·正名》所说的"别名"，是下位词，主要表达种概念；而他所谓的"号"，则是"凡而略"，是"独举其大"，相当于《荀子·正名》所说的"共名"，是上位词，主要表达属概念。

基于上述的观点，董仲舒进而指出：正因为事物的名称一定程度上反映了事物的某些特征，所以人们就可以依据事物的名称去审察事物中的某些是非，"洁其名实，观其离合，则是非之情不可以相谰已"；就经典诠释而言，这是诠释经典词语以"审是非"的途径与方式，故而非常重要。为此，他又向前跨进一步，提出："治天下之端，在审辨大；辨大之端，在深察名号"（《深察名号》），首先就是要从深入考察词语-概念-事物的关系入手。这很容易使人想起孔子的"正名"论，想起孔子"君君，臣臣，父父，子子"（《论语·颜渊》）的论说。但是董氏的思想却又并不如此简单；他以举例的方式论说道：

> 深察王号之大意，其中有五科：皇科、方科、匡科、黄科、往科。合此五科，以一言谓之王。王者皇也，王者方也，王者匡也，王者黄也，王者往也。是故王意不普大而皇，则道不能正直而方；道不能正直而方，则德不能匡运周遍；德不能匡运周遍，则美不能黄；美不能黄，则四方不能往；四方不能往，则不全于王。故曰："天复无外，地载兼爱，风行令而一其威，雨布施而均其德。王术之谓也。"（《深察名号》）

这一段论述，从浅层次看，是在分析名词"王"的得名"理据"和内部形

---

① ［德］伽达默尔：《真理与方法》下，洪汉鼎译，上海译文出版社 1999 年版，第616 页。

式，并用声训的方法探讨其语源，从而描写出"王"的词义特征以及所表现的事物特征。可是从深层次看，它则是通过审察"王"的得名理据和内部形式，发掘名词"王"的"符号内容"中指称物以外的特定"含义"，一方面将其"含义"中不合时宜的历史经验悬置起来，另一方面又将新的政治经验融入"含义"之中；从而阐发出一套以"风行令而一其威"为核心内容、以"大一统"为主要特色的"王者之术"。由此可见，董仲舒提出"深察名号"方法论的深层主旨，不在语言学上，不在逻辑学上，而在诠释学上，而在政治学上。

然而，在那个时代，董仲舒建构的"深察名号"方法论，由语言逻辑领域走向伦理政治领域，步履是非常艰难的，以至不得不求助于"天"。所以他特别强调："名号异声而同本，皆鸣号而达天意也。天不言，使人发其意；弗为，使人行其中。名则圣人所以发天意"，并将阐发的成果融贯在经书之中。这样，他不仅将"深察名号"以阐释天意的权力归于圣人，而且又将圣人之书对于名号的运用抬到了天意的高度（《深察名号》）。他于是进而强调，学习圣人经书，正确而深入地理解圣人对"名号"的把握与运用，加以适当的阐发，就是至关重要的，关系到是否"顺于天"的重大问题。

至此可以看到，董仲舒的"名号论"，其实是一种儒家经典（主要是《春秋》）诠释方法论，主要用于"名号"亦即经典关键词语的解释。它强调，正确解释名号亦即关键词语，是解释经典的首要任务。而其具体方法，则在"深察"二字，也就是发掘其"符号内容"中指与称物关联的特定"含义"，并从自己的文化视界出发，发现、选择、整合、建构"含义"中的意义要素，从而阐发出"名号"中深深隐含的礼义本原、上天意志和圣人的微言大义。请看：

> 诸侯来朝者得褒，都姿仪父称字，藤、薛称侯，荆得人，介葛卢得名。内出言如，诸侯来朝曰朝，大夫来曰聘。王道之意也。

这样一段解释，即是汇集《春秋》若干常用"名号"而"深察"之，并且强调，《春秋》称人的"名号"都寓有褒贬之义，并且有等级之分，即《公羊传·庄公十年》所谓"州不若国，国不若氏，氏不若人，人不若名，名不若字，字不若子"。例如，对郑娄仪父称字，隐含着褒义，因为他能在鲁隐公即位时，首先予以承认，并前来缔结盟约；对于葛卢这个夷狄之君称名，也寄寓着褒义，表扬他能向往礼义，前来朝见。但是，董仲舒在解释中强调指出的都是更深一层的"微言大义"：《春秋》称人如此慎重地选用"名号"，其用意绝不仅仅是实现对某些个人的褒贬，更为重要的是，要通过对某些个人行为的评价，彰显出"王道之意"；而这种"王道之意"，正是汉代政治精英应该认真领会与参照的。

> 天下未遍合和，王者不虚作乐，乐者，盈于内而动发于外者也。应其治时，制礼作乐以成之。成者，本末质文皆以具矣。是故作乐者必反天下之所始乐于己为本。舜时，民乐其昭尧之业也，故《韶》。"韶"者，昭也。禹之时，民乐其三圣相继，故《夏》。"夏"者，大也。汤之时，民乐其救之于患害也，故《濩》。"濩"者，救也。文王之时，民乐其兴师征伐也，故《武》。"武"者，伐也。四者，天下同乐之，一也。其所同乐之端不可一也。作乐之法，必反本之所乐。所乐不同事，乐安得不世异？（《楚庄王》）

"制礼作乐"，在儒家心目中，是治理国家、教化民众、发展文化的头等大事。为此，董仲舒汇集儒家经典里常常称道的虞舜、夏禹、商汤、周文王四代国乐的"名号"而"深察"之。具体说来，就是运用声训的方法揭示其本原，指出它们都表现了各自时代民之所乐的共同心理；并且从中推导出具有普遍意义的重要法则。在这里，其重要法则也就包含在论述的两条结论之中：一是任何时代，"作乐之法，必反本之所乐"，表现时代精神。这既是"制礼作乐"的根本原理，也是治国化民的基本原理。二是时代不同，时代精神不同，"所乐不同事，乐安得不世异？"这一结论，显然与他的"更化"论互为表里。而汉武帝时代，正是有为的时代，也正是"应其治时，制礼作乐以成之"的时代，因此这其实也是他向汉武帝贡献的"大道之要"的一个重要组成部分。

第三节 创建辞指论

董仲舒认为，"《春秋》慎辞，谨于名伦等物者也"（《精华》），因而极为重视对"辞指"的分析。何谓"辞指"？他未做界说，但云："故盟不如不盟，然而有所谓善盟；战不如不战，然而有所谓善战。不义之中有义，义之中有不义。辞不能及，皆在于指，非精心达思者，其孰能知之"（《竹林》）；"是故小夷言伐而不得言战，大夷言战而不得言获，中国言获而不得言执，各有辞也"（《精华》）；"今《春秋》之为学也，道往而明来者也。然而其辞体天之微，故难知也。弗能察，寂若无；能察之，无物不在"（《精华》）。合而观之，他所谓的"辞"，是经典作者的特殊用语，亦即经典作者变易近义词语而构成的一种特殊表达方式，也就是今文经学家们所谓的"书法"或"说法"，而并非如有的学者所解说的"名词概念"。他所谓的"指"，是在对话过程中特定表达式亦即"辞"所隐指的特定意义，正如苏舆在《义证》中说的"指，即孟子之所谓义"。运用这样的"辞"，可以收到引导读者"于所书求所不书"的表达效果。例如《春秋·庄公十年》记载："荆败蔡师于莘，以蔡侯献舞归。"从表层看，这是冷静而客观的叙写，没有任何褒贬色彩。但《公羊传》却能分析其"辞"，发掘其"指"："曷为不言其获？不与夷狄之获中国也。"明明是楚国俘获了蔡侯，明明是作者贬斥了被人视为"夷狄"的楚国因而"不言其获"，可是这一切在经文中都并"不书"，而有意要为读者留下广阔的解释空间，使之通过分析特定语境中的"辞指"而"于所书求所不书"。这正是《春秋》文本的一大表达特征。

然而，"辞指"的重要意义远远不止于此。董仲舒已经将其提升到"体天之微"与"《春秋》为学"的高度，并且指出，对于《春秋》的"辞指"，"弗能察，寂若无；能察之，无物不在。"这就很能使人肃然惊警。可是，区区"辞指"何以竟会如此重要呢？我们只有从他所分析的实例之特定语境中去体察与检验。例如，《春秋·宣公十二年》记载："晋荀林父帅师及楚子战于邲，晋师败绩。"这是一则看似平平常常的记事，一般人很难发现其中有何奇异之处，真所谓"弗能察，寄若无"。可是董仲舒则郑重揭出："《春秋》之常辞也，不予夷狄而予中国为礼，至邲之战，偏然反之，何也？曰《春秋》无通辞，从变而移。今晋变而为夷狄，楚变而为君子，故移其辞以从其事。"（《竹林》）原来，按照《春秋》"不予夷狄而予中国为礼"的原则，对于楚国这类"夷狄之国"的国君，一般不称其爵位，可是在这里，《春秋》却一反惯例，称楚君为"楚子"，而称晋大夫以名氏。这一表达式的郑重改换，隐隐指示着两层"大意"：从浅层次看，它是以发展的眼光和求实的眼光看人看事，有力褒扬楚君这次行动有礼，而贬斥晋国这次行动无礼；从深层次看，它说明孔子不是按地域种族，而是以文明道德程度来区分"诸夏"与"夷狄"的。这种开明进步、能够促进文明发展的文化观念，正是"体天之微"，符合天意，值得我们民族发扬光大的。经过他这一分析，《春秋》之"辞"例真可谓"能察之，无物不在"。

为此，董仲舒对《春秋》"辞指"及其演变规律做了详尽而深入的研究。他认为《春秋》一书：有"常辞"，即常规之"辞"；却无"通辞"，即能随处套用的"辞"。有"正辞"，即正面如实叙写的"辞"；又有"诡辞"，即变换写法以隐讳实情的"辞"。循此以进，他又发现了"辞指"变化的总规律与总原则："《春秋》无达辞，从变从义，一以奉天"（《精华》），亦即没有一成不变而可以到处套用的"辞"例，所有"辞"例都要"从变从义"，服从"大义"的表达。

针对《春秋》"辞"例的这些变化规律，董仲舒提出了两种相应的更为具体的诠释方法。一是"见其旨，不任其辞。不任其辞，然后可以适道矣"（《竹林》）。这里的关键词"任"，苏舆注释为"用"，而我则理解为"听

任"。这一解释方法的要旨是，重视其"辞"，而又不拘泥其"辞"；深入其
"辞"，而又能超越其"辞"。重要的是在"辞"中见法，于"辞"外通类，
"从变从义"，一切解释均以"见其旨"为依归。二是"为《春秋》者，得
一端而多连之，见一空而博贯之，则天下尽矣"（《精华》）。我以为，这里
的"一端"，是指特定表达式所启发的思路；这里的"一空"，构成了《春
秋》文本的"召唤结构"。而这一解释方法的要旨则是，紧紧抓住《春秋》
文本之特定表达式所启发的思路和所留下的"空白"，广泛联系，多方类比，
"精微妙以存其意，通伦类以贯其理"，若真能如此，"则天下尽矣"。当代
学者徐复观认为，董仲舒"所说的'指'，是由文字所表达的意义，以指向
文字所不能表达的意义：由文字所表达的意义，大概不出于《公羊传》的范
围。文字所不能表达的'指'，则突破了《公羊传》的范围，而为董仲舒所
独得，这便形成的《春秋》学的特色"①。此论大体符合实际。而董氏《春
秋》学的这一特色，正是上述解释方法所取得的解释效果。

至此可以看到，董仲舒的"辞指论"，是一种与"名号论"既相衔接而
又深入一层的经典解释方法论，主要用于"辞"例亦即对话语境中特定表达
式的分析与解释。尽管在理论上不无偏颇，在实践中未免牵强，但是毕竟在
《春秋》解释中突破了前人范围，多有新的创获，理所当然地成为董仲舒
《春秋》解释学的一大特色，并且能够使当今学人联想起伽达默尔的著名论
断而做更新更深的探讨："世界在语言中得到表达。……我们将必须探究语
言和世界的关联，以便为诠释学经验的语言性获得恰当的视域。"②

元年春王正月。（《春秋·隐公元年》）

元年者何？君之始年也。春者何？岁之始也。王者孰谓？谓文

王也。曷为先言王而后言正月？王正月也。何言乎王正月？大一统

---

① 徐复观：《两汉思想史》第2卷，香港中文大学1975年版，第213页。
② ［德］伽达默尔：《真理与方法》下，洪汉鼎译，上海译文出版社1999年版，第
566页。

也。(《公羊传》)

何以谓之王正月？曰：王者必受命而后王。王者必改正朔，易
服色，制礼乐，一统天下，所以明易姓，非继人，通以己受之于天
也。王者受命而王，制此月以应变，故作科以奉天地，故谓之王正
月也。(《春秋繁露·三代改制质文》)

本来，《公羊传》已经从"辞"例入手，细致地分析这一问题，并且
得出"大一统"的著名结论，而董仲舒却能在百尺竿头更进一步，重新又
对这一关键性"辞"例进行新的分析和解释。首先，他接过《公羊传》将
"王正月"之"王"坐实为"文王"实即周文王，并欲借此以尊周室；
"大一统"的解释，却又利用其"文王"在字面上的不确定性即所谓"一
空"，而将"文王"进而引申为所有"受命而王"的"新王"。这样就使
其超越特定王朝、超越特定个人而具有贯通古今的普遍意义，因而可以从
中推论出普遍性的可以适用于当今的历史法则。接下来，他以此处之
"王"为"文王"、为"新王"的解释为前提，以在《玉英》篇中阐释的
"一元大始而欲正本"论为依据，参用孟子大力倡导的"以意逆志"的心
理解释方法，"得一端而多连之，见一空而博贯之"，从经文推论出"王者
必受命而后王。王者必改正朔，易服色，制礼乐，一统天下"的政治哲学
学说。而且，在这一学说里，既含有"君权天授"、以天制君的观念，又
具有促进"更化"、应名"改制"的精神，很能契合当下时代的思想课
题，因此产生了深远的影响。最后，他又沿着"天人感应"的思路，将放
开的解释话题收回，归于《春秋》原文"故谓之王正月"，从而较为圆满
地完成了《春秋》这一则记载的诠释；而在实际上，则是在诠释中巧妙地
完成了对原始儒学的部分改造。

第四节　创建事例论

何谓"事例"？董仲舒在专说《春秋》大旨因而具有自序性质的《俞序》篇中指出：孔子一向"以为见之空言，不如行事博深切明"；"孔子作《春秋》，先正王而系万事，见素王之文焉"。又强调："《春秋》二百四十二年之文，天下之大，事变之博，无不有也。虽然，大略之要有十指。十指者，事之所系也。……说《春秋》者凡用是矣，此其法也。"（《十指》）由此可见，他这里所谓的"事"，是《春秋》为了"正是非，见王心"而采自史记并重新加工的史事。在他看来，《春秋》一书，绝不仅仅是史书，更重要的还是经书；《春秋》重新叙写史事，绝不仅仅是为了记写历史，更重要的还是为了借史事以明王道、立王法。孔子的本意是，要传播自己的历史经验与政治理想，与其"见之空言"，不如托诸史事；以史事为"例"，宣传"大义"，要比空言论说更为"博深切明"。这就是包含着"大义"的"事例"。千百年后，王阳明申言："以事言谓之史，以道言谓之经，事即道，道即事，《春秋》亦经，五经亦史。"（《传习录》上）史学名家章学诚著论："六经皆史也。古人不著书，古人未尝离事而言理，六经皆先王之政典也。"（《文史通义·易教》）在一定意义上，他们这也都是对董仲舒创建的"事例论"的认同和发展。

既然以"事"为"例"而"正是非，见王心"是《春秋》文本的一大特征，那么，据"事"释"例"以阐发"微言大义"，自然也就是一种既有根据又有效应的诠释方法。为此，董仲特别舒强调："说《春秋》者凡用是矣，此其法也。""凡"者，皆也。这一段话，既是总结过去众多学者的解释经验，同时又是将其经验升华为一种新的诠释方法论。至于这种诠释方法论的具体含义和操作程序，董仲舒在《玉杯》篇中已有深刻的论述：

　　《春秋》论十二世之事，人道浃而王道备。法布二百四十二年

中，相为左右，以成文采。其居参错，非袭古也。是故论《春秋》
者，合而通之，缘而求之，五其比，偶其类，览其绪，屠其赘，是
以人道浃而王法立。以为不然？今夫天子逾年即位，诸侯于封内三
年称子，皆不在经也，而操之与在经无异。非无其辨也，有所见而
经安受其赘也。故能以比贯类、以辨付赘者，大得之矣。

仔细体察这一段有理论有方法、有论据有论证的论说，至少可以得到三点认
识。第一，在《春秋》文本中，以事为例而"正是非，见王心"的具体特
点，是"即事类以布其法，例不必同，文不必备。左之右之，参之错之，在
读者善会耳"（苏注）。第二，针对《春秋》文本运用"事例"的这些具体
特点，解释者的具体诠释方法就应该是：集合全书相关的事例以会通其奥
义，依据此种事例以推论相关事例；对于经文已经明白言说者，则综合之，
引申之，类推之；对于经文尚未直接言说者，则探析之，发掘之，昭显之。
第三，即使是对于经文尚未直接言说的事例加以发掘与昭显，也是合乎著书
之理与作者之情的。因为，"天地万物之事蕃矣，圣人不能一一辨之，有能
代圣人辨之，足见圣心者，视之与正经同，而经不遗憾于赘矣。但不可贸然
无见而以臆说之"（苏注）。有此三点认识，大致也就把握住了作为诠释方
法的"事例论"的诠释精神。

为了加以切实印证，不妨选取一段《王道》篇留下的实践范例："观乎
卫侯朔，知不即召之罪；观乎执凡伯，知犯上之法；观乎公子羽，知臣窥君
之意；观乎世卿，知移权之败。……由此观之，未有去人君之权，能制其势
者也；未有贵贱无差，能全其位者也，故君子慎之！"在这里所解释的每一
类"事例"中，前面"观乎"二字以下数语，都是《春秋》先后叙写的史
事，"相为左右"，"其居参错"；后面"知"字以下数语，都是董氏分析其
史事而阐释出来的大义，其间经过了"合而通之""缘而求之"等诠释程
序，并且大都是经文尚未直接言说而由仲舒"代圣人辨之"的产物。解释完
原文的全部"事例"之后，又阐发出能适应社会现实之总的结论，告诫现实

中众多的人君，要牢牢集中权力以"制其势""全其位"、发展"大一统"局势。在董仲舒看来，只有如此解释《春秋》的"事例"，才能真正总结历史经验、阐发"大道之要"。

至此可以看到，董仲舒的"事例论"，是一种与"名号论""辞指论"相衔接而又深进一层的经典诠释方法论，主要用于《春秋》所记史事的综合分析与解释。如果说在《春秋》一书中，"名号"和"辞指"都是服从于并运用于史事的记叙，那么在董氏《春秋》诠释学里，"名号论"和"辞指论"，则都是服从于并融贯于"事例论"的阐释。"事例论"显现了作者与读者两种反向的思路：在作者，是据理写事，以事明理，将思想具体化为史事的叙写；在读者，是据事寻理，以理说事，从史事的叙写中发掘出深处的思想。在这两种思路里，"事"其实都演化成为一种意象符号。这又使人想起西方哲学大师康德的著名论断：意象符号常见的那种"可以使人想起许多思想，然而又没有任何明确的思想或概念与之完全适应"的特性与功能①。由此可知，这里的"事"比"空言"更能获得"博深切明"的表达效果和解释效果。

> 夏五月，宋人及楚人平。（《春秋·宣公十五年》）
>
> 外平不书，此何以书？大其平乎己也。（《公羊传》）
>
> 司马子反为其君使，废君命，与敌情，从其所请，与宋平，是内专政而外搜名也。专政则轻君，搜名则不臣，而《春秋》大之，奚由哉？曰：为其有惨怛之恩，不忍俄一国之民，使之相食。推恩者远之而大，为仁者自然而美。今子反出之心，矜宋之民，无计其间，故大之也。……今子反往视宋，闻人相食，大惊而哀之，不意之至于此也，是以心骇目动而违常理。礼者，庶于人、文，质而成体者也。今使人相食，大失其仁，安著其礼？（《春秋繁露·竹

---

① 见［德］康德：《判断力批判》，转引自陈植锷：《诗歌意象论》，中国社会科学出版社 1990 年版，第 186 页。

林》）

为了使解释能够逐步深入，董仲舒首先就事论事，为自己设置了一道难题：在楚宋之战的关键时刻，"司马子反为其君使，废君命，与敌情，从其所请，与宋平，是内专政而外擅名"，本来是应该严厉贬责的，可是《春秋》不仅不予以严责，反而大加褒扬，这是为什么呢？接着，他给出了这一重要问题的初步答案：《春秋》是为了褒扬司马子反的仁人之心。然后，董仲舒又回到史事本身，潜心体验，以意逆志，揭示出司马子反"闻人相食，大惊而哀之"，以至不顾切身利害而"废君命，与敌情，从其所请"的仁人心态，以及他"心骇目动而违常礼"的真实原委。这样，他就"览其绪，屠其赘"，既证明了自己给出的初步答案，又发掘出《春秋》并未直接言说的褒扬司马子反的深层原因。然而，董氏选取《春秋》此则记事重新进行解释还有其更为深刻的目的。为了实现这一目的，他沿着上述初步答案的思路进而探讨一个新的重要问题：司马子反有仁人之心、许宋人之和固然应该褒扬，但他"废君命""违常礼"却又是应该贬责的，可是《春秋》对他却只有褒扬而没有贬责，这又说明了什么呢？为此，董仲舒又给出了进一步的答案：仁是礼的质，是礼的灵魂，仁重于礼，"大失其仁，安著其礼？"具体落实到"宋人及楚人平"这一历史事件之中，就是司马子反的仁人之心大大贵重于违礼之举，所以《春秋》对他只做褒扬而不予贬责。在董仲舒看来，这些"大义"虽然是经文尚未直接言说的，却是历史应有的法则、大道深处的要旨。既要解释《春秋》，就不能不"代圣人辨之"，以发掘和彰显其历史应有的法则，从而留给后人以更为深刻的启示。

综观董仲舒《春秋繁露》对《春秋》的解释，其"名号论"——深察名号，其"辞指论"——剖析辞指，其"事例论"——通释事例，大致构成了《春秋》诠释的三个层次。在这三个层次里，"深察名号"一层最为基础，常常运用了传统训诂学所谓的"形训""声训""义训"的解释方法；"剖析辞指"一层最为关键，常常运用了语法分析、修辞分析和逻辑分析的解释方法；"通释事例"一层，重在综合比较，最多创意，常常运用了"知人论世""以意逆志"的解释方法。三层解释互相依赖、互相贯通、互相发明，构成了董仲舒《春秋》诠释的基本模式。他创建的这一诠释模式，与同一时代毛亨《诗古训传》创建的"诂—训—传"诠释模式，原理相通，特色各异，既相互竞争，又相互补充、相互发明，共同促进了中国古典诠释学的成立与发展，是我们在今天应该大力阐扬的。①

---

① 周光庆：《董仲舒〈春秋〉解释方法论》，《孔子研究》2001 年第 1 期。

第十三章 《老子》文本与王弼诠释的互动共建

在中国古代诠释学研究领域，论及王弼等人，学者们常会追问，他们是如何能在诠释哲学经典以建构重大哲学理论的同时，还避免了对其"本义"的曲解呢？这是一个具有普遍意义的重要问题，如果不能正确解决，不但难以正确评价王弼等哲人学者的哲学成就，而且难以正确认识中国哲学诠释传统，更是难以深入总结中国古代哲学的发展规律。受到这一问题的促动，本人在1998年于《中国社会科学》发表的《王弼〈老子〉解释方法论》一文的基础上，又进一步多方面考察了王弼的代表作《老子道德经注》，终于逐渐感悟到：主要是因为有了哲学经典召唤力量和诠释学人哲学追求的契合与激励，诠释与经典形成了多种方式的互动与共建，这才基本上解决了上述重要问题。

第一节 《老子》的召唤力量与王弼的哲学追求

王弼生当曹魏正始年间，之所以乐于和勇于选取哲学经典《老子》进行创造性的诠释，首先是因为他在特定的时代背景下被《老子》的特异精神和召唤力量所感染与激励。

老子生活的春秋时代末期，正是中国社会结构趋于重大变革的年代，正是中国式"哲学突破"开始发生的年代。而中国式的"哲学突破"，从根本上说，就是对于"王官之学"及其传承的"天命神学"的突破，就是对于人类处境之宇宙的本质形成了一种理性的认识，进而对于人类处境的本身及其基本意义有了新的解释。就在这个"哲学突破"逐渐发生的年代里，老子"执古之道，以御今之有"，观"变"而思"常"，率先建构起了以"道"为中心的哲学理论，反过来促进了"哲学突破"的发展。

老子建构起来的"道"，或指人生的行为准则，或指事物的发展规律，但是最为根本的却是指称形而上的天人本体。它既如《老子》二十五章所描述的，"有物混成，先天地生。寂兮寥兮，独立而不改，周行而不殆，可以为天下母"，又如《老子》四十二章所概括的，"道生一，一生二，二生三，三生万物"。这样的"道"论，率先打破了以"天"为最高主宰的观念，消解了"天"的人格神意义，并由人生论延展到社会论和政治论，延展到宇宙论，然后又立于宇宙论的高度把握和提升人的存在，从而追求无为的政治、和谐的社会、返璞归真的人生，跃动着深刻的辩证法。这就在中国哲学史上具有开创的意义，有如张岱年先生指出的："老子的道论是中国哲学本体论的开始"，"老庄的本体论是后代本体论思想的理论源泉"。[①] 特别值得关注的是，老子还以自己建构的"道"作为人类历史自我理解的普遍性参照，激发出人的生命智慧和生存艺术，最早观察到文化的进步也有造成人性异化的一面，并倡议以回归自然的方式来克服人性异化的现象，进而主张自然无为、自得自适，以达到"天长地久"的崇高境界（《老子》第七章）。所有这些理论，是这样与众不同，既显现出其哲学的高度与深度，又洋溢着生命的热情与智慧，正是老子哲学的精神特异之处和召唤力量所在。

老子与孔子为同一时代的哲学家，但是老子偏重对于天人本体问题和人

---

① 张岱年：《道家在中国哲学史上的地位》，见陈鼓应主编：《道家文化研究》第六辑，上海古籍出版社 1995 年版，第 1—9 页。

与自然关系的思考，由此建立了他的本体论和宇宙论；而孔子则偏重对于人与人之关系的思考，由此建立了他的伦理哲学。老子注重天然的真朴之性和内心的宁静和谐，孔子则注重道德的完善和人格的提升，强调积极投身社会"知其不可而为之"。然而，他们的哲学思想却又是互补共济的。事实上，儒道互补共济以共建中华文化精神，尤其是道家思想对儒家思想的调节、纠正和补救，在中国思想史上早已是一条贯穿始终的主线，在战国时期、魏晋时期和宋明时期则更为显著。许多道家学者和儒家学者，对此都怀有一种清醒的认识，持有一种积极的态度。应该说，这还是老子哲学的特异精神和召唤力量之所在。

与众不同，老子哲学思想的生命智慧流动在字里行间，还转化成了《老子》特有的表达艺术。老子深知"道可道，非常道；名可名，非常名"，"多言数（速）穷"，"正言若反"，因此，他对如何道"常道"、如何讲述天人本体，进行了认真的探讨，造就了富有个性特征的表达艺术和富于诗性的《老子》文本，从而强化了其哲学的特异精神和召唤力量。限于篇幅，这里仅仅分析其隐喻的运用。正如哲学家比宾·英德伽所论证的，"隐喻中的比较为一切认知的根本"①。而老子则早已使隐喻中的比较成为他认识"道"、传播"道"的根本。例如：

> 有物混成，先天地生。寂兮寥兮，独立不改，周行而不殆，可以为天下母。吾不知其名，强字之曰"道"，强为之名曰"大"。（《老子》第二十五章）
>
> 视之不见，名曰"夷"；听之不闻，名曰"希"；搏之不得，名曰"微"。此三者不可致诘，故混而为一。（《老子》第十四章）
>
> "谷""神"不死，是谓"玄牝"。玄牝之门，是谓天地根。（《老子》第六章）

---

① 转引自张沛：《隐喻的生命》，北京大学出版社 2004 年版，第 215 页。

老子体悟到的天人本体是变化莫测的，是永不消亡的，它像微妙的母性生育天地万物，它像深远的道路引导天地万物，它像无边的大海吞吐天地万物；而且，它的诸多特性又是"不可致诘""混而为一"的。那么，对于这样的天人本体，究竟应该如何表述以使人领悟呢？老子创造和运用了一系列的奇特隐喻：天人本体既然无色，就称之为"夷"；既然无声，就称之为"希"；既然无形，就称之为"微"；既然虚空，就称之为"谷"；既然变化莫测而又永不消亡，就称之为"神"；既然像微妙的母性，就称之为"玄牝"；既然像深远的道路，就称之为"道"；既然像无边的大海，就称之为"大"。这里的每一个名称，虽然不能表述出天人本体的全部特性，却能使人在比较中领悟到它某一方面的特性，进而引发相关的联想。譬如，当人们得知"道"这一名称就能想象到，原来天人本体是像大道那样引导天地万物之运动的；并有可能联想到自己也应该沿着这条大道向前行进。就这样，老子通过隐喻表述了难以表述的天人本体，读者与老子在隐喻中引发共鸣，于是欣欣然回应老子的哲学召唤。这就是老子式的哲学表达，它以其奇妙的艺术魅力，强化了老子哲学的特异精神和召唤力量，具有永久的生命价值。

再如《老子》第五章有云："天地不仁，以万物为刍狗；圣人不仁，以百姓为刍狗。"初读起来，似乎有些触目惊心，但是细细读来，又觉得真乃至理名言！元代学者吴澄《道德真经注》解释得好："刍狗，缚草为狗之形，祷雨所用也。既祷则弃之，无复有顾惜之意。天地无心于爱物，而任其自生自成；圣人无心于爱民，而任其自作自息——故以刍狗为喻。"老子所要昭示的乃是：天地不是人格神，它们总是任万物自生自成；圣人不是救世主，他们总是任百姓自作自息。人类要想生存发展，只能激励主体意识，勇于沿着大"道"逐步前行！如此深邃的人生至理，如此特异的哲学精神，竟然全都隐含在一个"刍狗"的比喻之中，召唤你怀着一种哲学的亲和感去追随他做进一步的探讨，不能不使人折服。

尽管经历了汉代的"独尊儒术"运动，但是老子哲学的特异精神和召唤力量仍然没有消退；到了汉末魏晋时期，风云际会，其光芒更是愈来愈夺人眼目。斯时也，"匹夫抗愤，处士横议"（《后汉书·党锢列传序》），"由是户异议，人殊论，论无常检，事无定价"（曹丕《典论》），儒家经学思潮走向衰落，社会批判思潮涌现历史舞台，人们的思想与学术获得了一次解放；身处大乱之世而向往大治社会的人们，往往又特别希求有一个清静无为、与民休息的过程。在这样的时代背景下，许多哲人学者为挽救危局而挣脱旧的框架，努力从《周易》《老子》《庄子》等经典中汲取营养以创造新的思想文化，有如刘勰在《文心雕龙·论说》中总结的："魏之初霸，术兼名法；傅嘏、王粲，校练名理。迄至正始，务欲守文；何晏之徒，始盛玄论。于是聃、周当路，与尼父争涂矣。"

　　诸多历史记载表明，生长在这一时代的王弼，"幼而察惠"，"性好弘理"，"通辩能言"，尽管出身士族名门，却对政治事务、世俗功名表现出了一种漠不关心的态度和"雅非所长"的特性，而与老子性灵相通，自觉选择以"言天人之际"亦即哲学研究为终生事业，立志找到一种新的经典诠释方法和理论建构方法，使经典与现实相结合，使本体与现象相结合，以构筑一个出类拔萃的哲学体系，为当时的社会提供一种新的内圣外王之道。而这种志向，是深深植根于他的一种基本认识："虽古今不同，时移俗易，故（固）莫不由乎此以成其治也。故可执古之道以御今之有。上古虽远，其道存焉，故虽在今可以知古始也。"（王弼《老子道德经注》第十四章注①）由于具有这样的认识与志向，由于其哲学研究具有显著的创新性和适时性，王弼的努力很快得到了众多学者的认可乃至赞叹。"于时何晏为吏部尚书，甚奇弼，叹之曰：'仲尼称后生可畏，若斯人者，可与言天人之际乎'"，"淮南人刘陶善论纵横，为当时所称，每与弼语，尝屈弼。弼天才卓出，当其所得，莫能夺也"（何劭《王弼传》）。可是，王弼在诸多经典中何以就对《老子》格外情有独钟呢？其《老子指略》有云：

---

　　① 本书所引王弼《老子道德经注》，皆据楼宇烈校释：《王弼集校释》，中华书局1980年版。

  然则，《老子》之文，欲辩而诘者，则失其旨也；欲名而责者，则违其义也。故其大归也，论太始之原以明自然之性，演幽冥之极以定惑罔之迷。因而不为，损而不施；崇本以息末，守母以存子；贼夫巧术，为在未有；无责于人，必求诸己。此其大要也。而法者尚乎齐同，而刑以检之；名者尚乎定真，而言以正之；儒者尚乎全爱，而誉以进之；墨者尚乎俭啬，而矫以立之；杂者尚乎众美，而总以行之。夫刑以检物，巧伪必生；名以定物，理恕必失；誉以进物，争尚必起；矫以立物，乖违必作；杂以行物，秽乱必兴。斯皆用其子而弃其母。

  故古今通，终始同；执古可以御今，证今可以知古始；此所谓"常"也。

可见王弼认为，当时的法家、名家、儒家、墨家、杂家学者都各有所得，也各有所失，但"斯皆用其子而弃其母"；而只有老子等道家学者，能做到"论太始之原以明自然之性"，能做到"崇本以息末，守母以存子"，一方面是从本体到现象，同时又从现象回归本体，形而上之，循环往复，终于把握住了那"先天地生"的"道"。而且，由于"古今通，终始同；执古可以御今，证今可以知古始"，这就使得原本就具有跨时代的特异精神和召唤力量的老子哲学思想，能够最为适应变革的社会、推进发展的文化、契合动荡的人心，因而值得深深信奉，必须予以创造性诠释。此外，王弼还对《老子》的文本特征具有独到的见解：

  又其为文也，举终以证始，本始以尽终；开而弗达，导而弗牵。寻而后既其义，推而后尽其理。善发事始以首其论，明夫会归以终其文。故使同趣而感发者，莫不美其兴言之始，因而演焉；异旨而独构者，莫不说其会归之徵，以为证焉。夫途虽殊，必同其归；虑虽百，必均其致。而举夫归致以明至理，故使触类而思者，莫不欣其思之所应，以为得其义焉。（《老子指略》）

"善发事始以首其论，明夫会归以终其文"，善于揭示事物之根源以作为论述的开始，能够抓住事物之要领以推出其结论，这不正是《老子》的论证方法吗？"开而弗达，导而弗牵"，注重启发而不直接端出结论，耐心引导而不逼使立刻接受，这不正是《老子》的教人方法吗？"故使触类而思者，莫不欣其思之所应"，使那些受到触发和启示的学人莫不欣欣然焕发主体精神而予以积极回应，这不正是《老子》的召唤力量吗？"故使同趣而感发者，莫不美其兴言之始，因而演焉；异旨而独构者，莫不说其会归之徵，以为证焉"，使观点相同相近的人受到感发而自觉去做进一步的探讨，使观点相左相异的人接受其宗旨而甘愿引为参照，这不正是《老子》的哲学效应吗？由此可知，王弼对于《老子》的文本特征的见解，对于诠释《老子》的决心，都是独到的，具有很大的启示性。

回顾以上历史事实可以看到，"古今通，终始同"，老子哲学的特异精神和召唤力量，少年王弼的气质素养和哲学追求，尽管跨越了时代，却是如此相协乃至契合，他们之间在诠释过程中的互动与共建，显然是有其适时的动力、合理的基础乃至某种必然性的。

第二节　诠释与经典互动共建的基本方式

王弼诠释与经典《老子》在诠释过程中的互动与共建，固然具有了适时的动力和合理的基础乃至某种必然性；然而，如果不能找到正确而又适用的具体方式，那么也还是只能半途而废，年岁稍长而又与王弼相知的一代学人领袖何晏就在这方面留下了极为深刻的历史性教训。为此，王弼一直就在努力探索与创造，终于逐步建构起了"证今知古""崇本息末""辩名言理""推尽其理""触类而思"五种基本经典诠释方式，以此开展与经典的互动与共建，最终取得了经典诠释的巨大成功。

一、"证今知古"

王弼曾在《老子指略》里以兴奋的语气特别讲到:

> 故古今通,终始同;执古可以御今,证今可以知古始;此所谓"常"也。

他是在强调,中华社会与文化,既有其发展性,也有其继承性,"故古今通,终始同",因而老子建构的"道"也就具有跨越古今的历史意义。所以,要想创造性地诠释《老子》,首先就必须坚信"上古虽远,其道存焉,故虽在今可以知古始也"(《老子道德经注》第十四章注),然后就必须在"证今知古"方式的引导下走好诠释创新之路。而作为诠释方法论的"证今以知古始",其主要精神乃是:其"证",既是证验,也是证发;其"今",既是当今的社会现实,也是当下的诠释语境;而"证今",既是立足"今"进行"证",也是援引"今"以为"证";其"知古始",就是认知宇宙原始之"道",就是把握老子所建构的"道",并将其运用于现实之中。因此,"证今以知古始",实质上是立足社会现实与诠释语境,联系社会现实的实际,促成诠释与经典的互动、共建,以阐发并验证老子之"道",将其运用于社会现实的改造。这样看来,"证今可以知古始",乃是认识发展的总规律,乃是经典诠释的总原则,认知方法和诠释方法就在其中。例如:

> 圣人在天下歙歙焉,为天下浑其心;百姓皆注其耳目,圣人皆孩之。(《老子》第四十九章)

> 若乃多其发网,烦其刑罚,塞其径路,攻其幽宅,则万物失其自然,百姓丧其手足,鸟乱于上,鱼乱于下。是以圣人之于天下歙歙焉,心无所主也。为天下浑心焉,意无所适莫也。无所察焉,百姓何避;无所求焉,百姓何应。无避无应,则莫不用其情矣。人无为舍其所能,而为其所不能;舍其所长,而为其所短。如此,则言

者言其所知，行者行其所能，百姓各皆注其耳目焉，吾皆孩之而
已。（王弼注）

在这里，老子依据"无心""无为"的原理，提出了"圣人在天下歙歙
焉"（收敛主观成见）的主张；而王弼则运用"证今以知古"的方法，阐发
了它的深刻意蕴，确立了"言者言其所知，行者行其所能"的政治法则。而
所谓"烦其刑罚，塞其径路，攻其幽宅，则万物失其自然，百姓丧其手足"
云云，正是王弼对于"今"之社会现实的有力概括和深刻批判，正是他立足
"今"进行"证"，援引"今"以为"证"的路径，正是他以曹魏名法政治
之"今"反"证"老子"无心""无为"之"古始"的成果。经过他多角
度地"证"，老子"圣人在天下歙歙焉"的主张，得到了正确的解释、自然
的延伸和合理的运用，并且滋生出新的政治理想，使人总会生发出一段积极
的"思古之幽情"。

二、"崇本息末"

王弼在《老子指略》里又以高屋建瓴的态势指出：

> 《老子》之书，其几乎可一言而蔽之。噫！崇本息末而已矣。
> 观其所由，寻其所归，言不远宗，事不失主。文虽五千，贯之者
> 一；义虽广瞻，众则同类。解其一言而蔽之，则无幽而不识；每事
> 各为意，则虽辩而愈惑。

这是在强调，《老子》之书，"文虽五千，贯之者一"，"其几乎可一言而蔽
之"，乃"崇本息末而已矣"。那么诠释《老子》，也就应该师事老子而运用
好"崇本以息末"的方法。这就有必要从何晏说起，他率先明确提出了一种
有别于汉代神学目的论和元气自然论的本体论，然而却未能看到本体与现象
是如何相互联结的，结果，"当他谈论本体时，却遗落了现象；当他谈论现

象时，又丢掉了本体"①。而作为何晏的知己，王弼正是有鉴于此，努力建构起了这一"崇本以息末"的诠释方法论：其"崇"，就是推崇、突出；其"息"就是生长、生发；其"本"就是"道"，就是本体；其"末"就是"事"，就是现象。其总体精神，乃是在诠释过程中不要去"每事各为意，虽辩而愈惑"，而要尽可能从现实出发，突出本体而生发现象，突出"道"以统帅"事"，既从本体到达现象、又从现象回归本体，"解其一言而蔽之"。这样才能避免"虽辩而愈惑"，并且获得一种合理的诠释自由，从而达到"无幽而不识"的诠释胜境。譬如：

> 将欲取天下而为之，吾见其不得已。天下神器，不可为也。为者败之，执者失之。故物或行或随，或歔或吹，或强或羸，或挫或隳。是以圣人去甚，去奢，去泰。（《老子》第二十九章）

> 神，无形无方也。器，合成也。无形以合，故谓之神器也。万物以自然为性，故可因而不可为也，可通而不可执也。物有常性，而造为之，故必败也。物有往来，而执之，故必失矣。凡此诸或，言物事逆顺反复，不施为执割也。圣人达自然之性，畅万物之情，故因而不为，顺而不施。除其所以迷，去其所以惑，故心不乱而物性自得之也。（王弼注）

在这一章里，老子所要彰显之"本"、之"道"，就是政治上的"无为"。所以王弼在诠释中大力突出"无为"，并且将其发展为"因而不为，顺而不施"，使之能以全新命题的形式与现实政治结合起来，形成新的可供选择的"内圣外王"之道。同时，他还依据原文的理论逻辑，阐发出何以必须"无为"的深刻道理："万物以自然为性，故可因而不可为也，可通而不可执也。物有常性，而造为之，故必败也。物有往来，而执之，故必失矣。"而这一番道理，既蕴含在老子的原文之中，又得力于王弼的发掘，并且包含着"以

---

① 余敦康：《何晏王弼玄学新探》，方志出版社 2007 年版，第 94 页。

"自然为性"的重要命题，在玄学理论中发挥过巨大作用。应该说，它是王弼立足"今"、援引"今"而与老子互动共建的产物。至于原文"或行或随，或歔或吹"云云，他则不去"每事各为意"，仅以"凡此诸或"一句轻轻带过，由此而获得了合理的诠释自由。在这里，可以看到"崇本以息末"诠释方法的成功。

三、"辩名言理"

在《老子指略》中，王弼从实际出发，特别分析了名称的来源、性质与运用："名也者，定彼者也；称也者，从谓者也。名生乎彼，称出乎我。……名号生乎形状，称谓出乎涉求。名号不虚生，称谓不虚出。故名号则大失其旨，称谓则未尽其极。"以此为根据，他提出了与经典互动而"辩名以言理"的诠释方法，并且指出："夫不能辩名，则不可与言理；不能定名，则不可与论实也。"为的正是从这一角度"崇本以息末"。

而"辩名言理"还大有深意。按照王弼的见解："名"（名号）是以分类的方式界定事物的，是以事物的显著特征为依据而命名的，它在约定俗成中表达了民族人对于特定事物的共同认识，是在社会群体中通行的语词，有着较多的客观色彩；"称"（称谓）是以言说的方式表达言说者对于事物之独特体验的，它在运用过程中表现出了言说者与特定事物之间的关联，是在特定语境中出现的语词，有着较多的主观色彩。当人们面对经典文本的某个语词时首先就应该辨析明白：它已不是一般的"名"，而是特定的"称"，它固然表达了民族人对于所指事物的共同认识，但更是以言说的方式表达出了经典作家对于所指事物之独特体验。人们只有立足特定语境，开展与经典作家的对话，发掘出它所表达的经典作家的独特体验，在此基础上进行"言理"与"论实"，进而探寻事物变化发展的规律，才能真正做出对经典的全面正确的诠释。这就是"辩名言理"的经典诠释方法。

譬如，中华先民早已认识到事物都有其得以生存的根据或条件，于是参照语词"得"而将其命名为"德",使二者构成同源关系;这就表明,"德"这个语词的形成,是以事物都有其得以生存的根据这一显著特征为依据而命名的,表达了中华先民对于这一规律的共同认识,并作为"名"通行于社会之中。然而,在老子的哲学理论中,"德"又有其特殊性,它与"道"结成为一对不可分割的范畴,"道"是万物由以生成之所以,是大化流行的整体,"德"则是一物由以成性并存在之所以,是由整体所得的部分。所以老子强调指出:"道生之,德畜之,物形之,势成之。是以万物莫不尊道而贵德。"(《老子》第五十一章)在这一特定语境里,"德"更是独特的"称",它以言说的方式表达了老子对于事物都有其得以生存之根据的独特体验;人们只有结合特定语境与老子开展互动,发掘出"德"所表达的老子的独特体验,然后进行"言理",才能正确诠释老子的这一思想。所以王弼对它做出的诠释是:"物生而后畜,畜而后形,形而后成。何由而生?道也。何得而畜?德也。道者,物之所由也;德者,物之所得也。"这就在"辩名言理"中"崇本息末",不仅使人体认到无限整体和由整体所得的部分,而且使人在思想上建构起二者之间的逻辑支点。这正是"辩名言理"的范例。

四、"推尽其理"

在《老子指略》中,王弼又特别分析了老子对于理论问题的独特论述方法,并且以此为依据而很有针对性地提出了相应的诠释方法:"又其为文也,举终以证始,本始以尽终;开而弗达,导而弗牵。寻而后既其义,推而后尽其理。"原来:老子对于理论问题的论述,善于揭示事物之根源,作为论述的开始,擅长抓住事物之要领,以便暗示出结论;注重启发而不直接亮出结论,耐心引导而不逼人立刻接受;逻辑推理的过程隐含在话语深处,引而不发,启人深思。如果想要创造性地诠释具有这种特性的经典文本,关键在于立足其特定语境,揭示文本隐含的逻辑关系,根据其逻辑关系进行发掘与推论,从而揭示出经典作家所暗示的结论,并且进而阐释命题的逻辑含义,然后适当地阐发以"尽其理"。这就是"推尽其理"的经典诠释方法。譬如：

> 三十辐共一毂，当其无，有车之用。埏（抟）埴以为器，当其
> 无，有器之用。凿户牖以为室，当其无，有室之用。故有之以为
> 利，无之以为用。（《老子》第十一章）

> 毂所以能统三十辐者，无也。以其无能受物之故，故能以寡统
> 众也。车、埴、壁所以成三者，而皆以无为用也。言有之所以为
> 利，皆赖无以为用也。（王弼注）

在这一章里，老子首先抓住事物之要领，列举了毂、埴、户三个极为常见而又非常典型的事例，分析了它们"当其无"而"有车之用""有器之用""有室之用"的共同性功能特征；然后隐隐地进行归纳、推理，由个别上升到一般，用一个"故"字统领出了"有之以为利，无之以为用"的结论，使其哲理从本体到达现象、又从现象回归本体。而在注释里，王弼先是对老子所言之"毂"进行了阐发，其方法是结合特定语境，阐释命题的逻辑含义，并沿着老子隐含的逻辑思路将其语意向前推进一步，引出了"以其无能受物之故，故能以寡统众"的初级结论。而所谓"以寡统众"，既是经典原文所蕴含的意思，也是王弼与老子共同建构的思想。在此基础上，王弼又以一句"车、埴、壁所以成三者，而皆以无为用也"，促使前面引出的初步结论向上升华，转化为"皆以无为用也"的中级结论。然后，王弼又"推而后尽其理"，揭示出"有之所以为利，皆赖无以为用也"的高级结论。而这里的"无以为用"，既是经典原文所蕴含的意思，也是王弼与老子共同建构的思想。总览全部注文，体察其逐层推进的路线，可以看到"推而后尽其理"的诠释效应。

五、"触类而思"

汉魏之际，随着批判思潮的兴起和深入，士人的思想获得了解放，儒家经学开始衰落，但是远远没有完全失去影响，道家哲学开始复兴却也不能

"独尊"，于是，许多哲人学者纷纷以《易》解《老》、以《老》释《语》、融合《老》《庄》，从而阐发出一些新的思想理论。而王弼则更进一步，在《老子指略》中提出了"触类而思，欣其所应"的哲学经典诠释方法："夫途虽殊，必同其归；虑虽百，必均其致。而举夫归致以明至理，故使触类而思者，莫不欣其思之所应，以为得其义焉。"

原来，从根本上说，春秋战国时期诸子百家的哲学思想，无论差异多大，无论怎样争鸣，却都是基于同一民族的悠久文化，都是在"哲学突破"的进程中"得一察焉以自好"而逐步创立起来的，都是在努力从各自的角度以探究"天人之际"的，都是在从不同的方面洋溢着中国式人文主义精神的。这就是王弼所总结的："夫途虽殊，必同其归；虑虽百，必均其致。"因此，它们之间其实都是可以相互诠释、相互发明的，都是可以使之融合以孕育出新的思想要素的；关键在于运用什么方法才能使之成功。而"触类而思"这一诠释方法的主要精神正是，对于同一时代背景下之同一议题进行深入研讨时，尽可能会通同一时代之多家哲学经典，使其中的相关论述相互诠释、相互发明、相互融合，从而使特定议题的意蕴更加清晰、更加丰厚、更加显现出时代性，甚至迸发出新的思想理论要素。例如：

> 绝圣弃智，民利百倍；绝仁弃义，民复孝慈；绝巧弃利，盗贼无有。此三者，以为文不足，故令有所属，见素抱朴，少私寡欲。（《老子》第十九章）

> 圣智，才之善也；仁义，行之善也；巧利，用之善也。而直云绝弃。文而不足，不令之有所属，无以见其指。故曰此三者以为文而未足，故令之有所属，属之于素朴寡欲。（王弼注）

《老子》的这一章，从文字上说并不难懂，从理论上说却有值得讨论之处，为此，王弼运用起"触类而思"的诠释方法。首先，他从老子论及的"圣智""仁义""巧利"等命题出发，起用儒家的思路，在一定程度上肯定了它们各自的功用。接着，他又顺着道家的思路，强调此三者"文而不足，不令之有所属，无以见其指"。就在这样"一分为二"式的论证之中，他将"圣智""仁义""巧利"的本质与长短全都揭示出来。最后，他再按照原文的逻辑推理引出结论："故令之有所属，属之于素朴寡欲"。而这一结论的意义正是要从根本上解决问题，"唯在使民爱欲不生，不在攻其为邪也"（《老子指略》）。就这样，他紧扣原文提出的"圣智""仁义""巧利""素朴""寡欲"等命题，使儒家、道家的相关论述相互诠释、相互发明、相互融合，不仅突出了老子"见素抱朴，少私寡欲"的思想，而且使之适当地吸收了儒家思想的营养，增强了其理论的丰厚性和实践的可行性。这是真正的"触类而思"，这是创造性的儒道互补。

论述至此还必须强调，王弼《老子道德经注》对于"证今知古""崇本息末""辩名言理""推尽其理""触类而思"诸种诠释原则与方法的运用，是各尽其妙而又相互结合的，是致力于互动共建而又不勉强凑合的。我们不能不分开论述，更不能不合而观之。例如：

> 人法地，地法天，天法道，道法自然。（《老子》第二十五章）
>
> 法，谓法则也。人不违地，乃得全安，法地也。地不违天，乃得全载，法天也。天不违道，乃得全覆，法道也。道不违自然，乃得其性，法自然也。法自然者，在方而法方，在圆而法圆，于自然无所违也……道法自然，天故资焉。天法于道，地故则焉。地法于天，人故象焉。王所以为主，其主之者一也。（王弼注）

在这里可以集中论述两点。第一，在春秋末期，老子率先揭示"道法自然"，以"自然"为其哲学精神；可是究竟何谓"自然"，他却引而不发、未尝作出界说。正是王弼，第一个叩问老子，发掘其言外之意，这才明白而又确定地指出"法自然者，在方而法方，在圆而法圆，于自然无所违也"，终于使人懂得"自然"并非"道"之外别有一物，而是"道"的自然而然特性，也是事物在没有人为因素作用下的本来状态。放开来看，这里实际包含着两层意思：一是"自然已足"（《老子道德经注》第二十章注），二是

"万物自相治理"（《老子道德经注》第五章注）。而正是从这里，生发出了魏晋时期"自然"与"名教"的大讨论，生发出了"名教本于自然"的著名理论。由此可以领悟王弼巧妙诠释"自然"这一哲学范畴的重要意义。第二，在本注的最后，王弼强调"王所以为主，其主之者一也"，它恰恰是本注的精华之一。因为从理论逻辑上说，它是紧紧承接"人故象焉"一句而来的，而"人故象焉"一句又是"人法地"的变化，所以它的出现是沿着老子原文的理论逻辑而来的，是老子本体论在社会方面的应用与延伸。再说，"（王）其主之者一也"的"一"正是"自然"，它所强调的乃是王者应该因人物之性而使人物各得其所，"于自然无所违"，切忌动辄横加专制性的干预——这不仅是老子所大力主张的，也是时代所需要的内圣外王之道。由此可见，王弼是感应时代的呼唤，本着老子的哲学精神，沿着老子的理论逻辑，以"自然"为枢纽，提出了一种新的内圣外王之道。显然，这一内圣外王之道，是王弼与老子在互动中共建的，是诠释与经典在互动中共建的，是王弼哲学诠释学的重要成果。

第三节　诠释与经典互动共建的主要成果

本着自己的哲学志向，王弼以富有创造性的方式，在诠释进程中开展了与经典《老子》的对话和互动共建，获取了巨大的成果，在当时就赢得了崇高的声誉。"钟会论议以校练为家，然每服弼之高致"，"王弼论道，附会文辞，不如何晏；自然有所拔得，多晏也。"（何劭《王弼传》）。根据我们的认识，其"自然有所拔得"的主要思想成果是在以下几个方面。

一、建构"以无为本"的本体论

《老子》第四十章有云："天下万物生于有，有生于无。"一般认为，这是一个宇宙生成论的命题。而王弼对于这个命题做了新的诠释："天下之物，皆以有为生。有之所始，以无为本。将欲全有，必反于无也。"看起来，老子强调"有生于无"，其中应该含有"以无为本"的意思，只是尚未明确表述，似乎就差了那么半步。可是，经过王弼"推而后尽其理"，向前迈进了重要的半步，"有生于无"的命题就转化成了"以无为本"的命题，生成论的命题就转化成了本体论的命题，它所强调的已经是：无形无象的本体乃是有形有象的现象产生的根源、存在的根据。于是，"以无为本"的本体论就这样初步建构起来了，并且一鞭先着，成为魏晋时代贵无论玄学的基本命题，被当时的哲人学者纷纷接受。接下来，他还进一步申述，"将欲全有，必反于无也"，这又是使"以无为本"的本体论成为解决各种"有"亦即各种具体问题的基本依据与方针。于是，"以无为本"的本体论开始走向完全了。

顺着这一方向再往前看，《老子》第四十二章有云："道生一，一生二，二生三，三生万物。万物负阴而抱阳，冲气以为和。"这同样是一个宇宙生成论的命题。而王弼对于这个命题同样做了新的诠释："万物万形，其归一也。何由致一？由于无也……故万物之生，吾知其主，虽有万形，冲气一焉。百姓有心，异国殊风，而王侯得一者主焉。以一为主，一何可舍？"在这里，老子所谓"一生二，二生三，三生万物"，大致相当于"天下万物生于有"；所谓"道生一"，大致相当于"有生于无"。王弼同样将其转化成了"何由致一？由于无也"的命题。于是，生成论的命题就同样转化成了本体论的命题，"以无为本"的本体论就这样逐步丰富起来。接下来，他又进一步申述："百姓有心，异国殊风，而王侯得一者主焉。以一为主，一何可舍？"也是使"以无为本"的本体论成为解决各种"有"亦即政治问题的基本依据与方针，并且由此生发出一种富有时代气息的"内圣外王之道"。

把握好这一方向再往回看，《老子》第一章有云："无名天地之始，有名万物之母。"无论今人如何标点、如何理解这两句话，它都是强调"无"是天地的本始，"有"是万物的根源，同样是一个宇宙生成论的命题。而王弼对于这个命题同样做了新的诠释："凡有皆始于无，故未形无名之时，则为万物之始。及其有形有名之时，则长之、育之、亭之、毒之，为其母也。"这就依据原文的脉络"推而后尽其理"，引出了"凡有皆始于无"本体论的命题，从而也使得"以无为本"的本体论更加丰厚、更加全面。

二、发展"自然为性" 的无为论

就中国哲学的理论建设而言，王弼在老子的基础上建构起了"以无为本"的本体论，可谓功莫大焉。然而，在曹魏时代的社会危机日益严重的态势下，富有人文关怀的哲人学者们，却又在追求一种能够应用于社会实践以解决社会问题的本体论。而王弼，感受到了时代的呼唤，体会到了前辈的努力，勇于做进一步的探索，终于建构起"自然为性"的无为论，以此与"以无为本"的本体论相结合，并且依据老子的理论思路将其扩展到人道的领域。请看：

> 天下神器，不可为也。为者败之，执者失之。（《老子》第二十九章）

> 万物以自然为性，故可因而不可为也，可通而不可执也。物有常性，而造为之，故必败也。物有往来，而执之，故必失矣……圣人达自然之性，畅万物之情，故因而不为，顺而不施。除其所以迷，去其所以惑，故心不乱而物性自得之也。（王弼注）

老子强调"天下"是神圣的，不能强力为之，而王弼"推而后尽其理"，揭示其不能强力为之的根本原因在于"万物以自然为性，故可因而不可为也"，并乘势由此发展出"自然为性"的无为论。何谓"万物以自然为性"呢？王弼从多种角度做出了一系列明确的说明："天地任自然，无为无造，万物自相治理。"（《老子道德经注》第五章注）"不塞其原，则物自生，何功之有？不禁其性，则物自济，何为之恃？物自长足不吾宰成有德无主。"（《老子道德经注》第十章注）"自然已足，益之则忧。"（《老子道德经注》第二十章注）综合来看，"万物以自然为性"的丰富含义，乃是天地任自然，无为无造，以无为本，而万物则自生、自济、自相治理，处于自我调节、相互依存、相互制约的和谐状态，宇宙整体也就处在一种自组织的进程之中，既不需要任何外来的造作，更不需要任何外来的干预。"万物以自然为性"论与"以无为本"论，就是这样相互结合、相互说明的。

而面对国家的动乱与危机，人们又该秉持一种什么样的态度与方略呢？王弼以解决这一问题为动力，以"以无为本"论和"自然为性"论作根据，进而倡导一种"婴儿不用智，而合自然之智"的思维模式和行为方式（《老子道德经注》第二十八章注），借此将"万物以自然为性"的总规律运用于社会实践。而所谓的"自然之智"，就是"因物自然，不设不施"，就是"因物之性，不以形制物"（《老子道德经注》第二十八章注），就是"达自然之性，畅万物之情"，就是矫正当时社会上名法之治的种种弊病，它与"万物以自然为性，故可因而不可为也"是一脉相承的，其中蕴含着治国的最高理想。他的这种"自然之智"论，显然是渊源于《老子》第四十八章倡言的"为道日损，损之又损，以至于无为，无为而无不为"，其本质乃是"达自然之性"而"无为"。

三、创立"崇本举末"的方法论

关于王弼在诠释进程中创立的"崇本举末"或"崇本息末"方法论，本章前面已多所谈及，只是未能系统论述。而要较为系统地论述这一方法论，必须首先详察其《老子》第三十八章的注文：

> 万物虽贵，以无为用，不能舍无以为体也。舍无以为体，则失其为大矣，所谓失道而后德也。以无为用，则得其母，故能己不劳焉而物无不理。……夫载之以大道，镇之以无名，则物无所尚，志无所营。各任其贞事，用其诚，则仁德厚焉，行义正焉，礼敬清焉。弃其所载，舍其所生，用其成形，役其聪明，仁则尚焉，义则竞焉，礼则争焉。故仁德之厚，非用仁之所能也；行义之正，非用

> 义之所成也；礼敬之清，非用礼之所济也。载之以道，统之以母，故显之而无所尚，彰之而无所竞。用夫无名，故名以笃焉；用夫无形，故形以成焉。守母以存其子，崇本以举其末，则形名俱有而邪不生，大美配天而华不作。故母不可远，本不可失。仁义，母之所生，非可以为母。形器，匠之所成，非可以为匠也。舍其母而用其子，弃其本而适其末，名则有所分，形则有所止。虽极其大，必有不周；虽盛其美，必有患忧。

原来，王弼并不满足于确立起一个孤悬于现象之外的抽象本体，而是想要找到一个与现象紧密联结的无限本体；他并不沉湎于纯粹哲学的探讨，而是想要找到一种建构新的内圣外王之道的理论基础。因此，在建构起"以无为本"本体论的同时，又进一步提出了"以无为用"的新命题，强调"万物以自然为性"，不仅"以无为本"，而且也"以无为用"，从而显示出了即体即用的意义。在他看来，就万物而言，"体"是根本，可以比喻为"本"或"母"，"用"是由体而自然生发出来的实践功能，可以比喻为"末"或"子"；有"体"必有"用"，既不能"舍无以为体"，也不能"舍无以为用"，"有之所以为利，皆赖无以为用也"（《老子道德经注》第十一章注）。然而重要的是，对于"体"与"用"亦即"本"与"末"、"母"与"子"之间的关系，又应该如何把握呢？而且当时的人们，特别是国家决策者们，往往都是迷惑于现象，看不到本体，分不清主次，"舍本以逐末"。这就促使王弼立志探索一种新的有效方法论，那就是"守母以存其子，崇本以举其末"。

王弼曾经有过多种提示："母，本也。子，末也。得本以知末，不舍本以逐末也。"（《老子道德经注》第五十二章注）"以道治国，崇本以息末。以正（政）治国，立辟以攻末。本不立而末浅，民无所及，故必至于以奇用兵也。"（《老子道德经注》第五十七章注）由此可见："崇本举末"或"崇本息末"，乃是"以无为本"本体论的进一步发展和具体的应用，而"以无为本"则是它的理论前提；因此，它不仅是诠释方法论，是思维方法论，是哲学理论建设方法论，同时也是国家社会治理方法论。它鉴于只有把握了本体之一，才能统率现象之多，故而强调由"用"以见"体"、由"体"以及"用"，全面促使事物协调发展。运用这种方法论，有一个认识前提，是"得本以知末"；有一个显著标志，是"以道治国"；有一个最低界限，是"不舍本以逐末"。如果在政治上不能真正"崇本举末"，后果必然是"本不立而末浅，民无所及"，以致危机四伏。譬如，面对种种社会危机，统治者往往虚伪地高标"仁义"以图挽救；殊不知这实际是舍本逐末，因为"失德而后仁，失仁而后义"，"仁义，母之所生，非可以为母"。在王弼看来，要想挽救危机，绝不能"舍其母而用其子，弃其本而适其末"，而是应该着眼长远，真正"以道治国"，确实做到"我无为而民自化"。

四、生发"莫不用其情" 的政治理想

曹魏时代国家分裂和社会危机的日益严重，促使一些眼光敏锐、富有人文关怀的哲人学者们，在追求一种能够用诸实践之本体论的同时，还极力应用这种新的本体论，从各自的角度批判现实政治，探寻危机根源，多方呼唤政治革新。王弼就是其中的杰出者。他将哲学批判的矛头首先指向了最高统治者一味"立刑名"的现实政治：

其政察察，其民缺缺。（《老子》第五十八章）

立刑名，明赏罚，以检奸伪，故曰"其政察察"也。殊类分析，民怀争竞，故曰"其民缺缺"。（王弼注）

民不畏威，则大威至。无狎其所居，无厌其所生。（《老子》第七十二章）

清静无为谓之居，谦后不盈谓之生。离其清静，行其躁欲，弃其谦后，任其威权，则物扰而民僻，威不能复制民。民不能堪其

威，则上下大溃矣，天诛将至。（王弼注）

赵翼《廿二史札记》卷七早已指出，曹操"知其雄猜之性，久而自露，而从前之度外用人，特出于矫伪，以济一时之用，所谓以权术相驭也"。其实，更为本质的，还是曹操极力采用综核名实的方法，以营建一个绝对专制的行政系统，因而片面推行名法之治，结果钳制了人们的思想，窒息了社会的生机，种下了危机的种子。其继位者虽然被迫有所纠正，但却改变不了其政治结构分裂的严重趋势。王弼对此有着清醒的认识，所以领受老子的思绪，大力批判这种一味"立刑名"的现实政治。老子讲的是"其政察察（严苛）"，他就结合现实情况将其诠释为"立刑名，明赏罚，以检奸伪"；老子讲的是"其民缺缺（狡黠）"，他就着眼现实情况将其诠释为"殊类分析，民怀争竞"；老子讲的是"民不畏威，则大威（祸乱）至"，他就融进对于现实社会的感受诠释为"民不能堪其威，则上下大溃矣，天诛将至"。每一种诠释，都是既发掘出了原文深含一隅的意蕴，又衔接上了自己对于"立刑名"政治的深刻批判，并且还建构起了富有时代气息的新思想、新理论。

更为值得关注的是，王弼对于"立刑名"现实政治的批判，又是以其哲学理论为根据的，又是与社会现实相结合的，并由此生发出了"无避无应，（百姓）则莫不用其情"的政治理想，因而极有针对性、深刻性和启示性。且重温他在《老子道德经注》第四十九章注文中的一段名言：

> 若乃多其法网，烦其刑罚，塞其径路，攻其幽宅，则万物失其自然，百姓丧其手足，鸟乱于上，鱼乱于下。是以圣人之于天下歙歙焉，心无所主也。为天下浑心焉，意无所适莫也。无所察焉，百姓何避；无所求焉，百姓何应。无避无应，则莫不用其情矣。人无为舍其所能，而为其所不能；舍其所长，而为其所短。

面对这"多其法网，烦其刑罚，塞其径路，攻其幽宅"的凌厉批判：人们当然能够联想起那个时代的种种社会现实，当然不会忘记王弼"万物以自然为性，故可因而不可为也"的重要理论，这样也就能够看清这些批判的有力现实根据与深厚理论根据；人们当然也还记得老子依据"无心""无为"的原理而提出的"圣人在天下歙歙焉"的主张，这样也就能够看清这些批判与王弼建构的"无避无应，（百姓）则莫不用其情"政治理想的内在关联——而这一政治理想，超越现实政治，向往人人顺其自然之性以用其真情实意而不必扭曲人性的社会，宛如色彩奇异的蓝图，与专制社会的黑暗现实形成强烈的对比，在中国古代分外罕见，分外夺目，因此具有特别的鼓舞力量。而且由此出发，人们更能将王弼对现实政治做出的批判，与其抒写的政治理想联系起来，形成更为立体、更为深刻的理解，从而加深对于《老子》文本与王弼诠释互动共建的认识。①

---

① 参见周光庆：《王弼〈老子〉解释方法论》，《中国社会科学》1998 年第 5 期。

第十四章　郭象《庄子注》诠释方法论

研讨魏晋玄学史，自然不能不特别重视郭象的哲学思想和他对庄子哲学理论的诠释与发展。这首先是因为，"在庄学发展史上，郭象是一位承先启后的关键人物。他一方面从根本上打破了庄学在两汉三百余年的沉寂局面，总结了魏晋时期数十家的研究成果，把庄学发展成为一门显学，另一方面，他把《庄子》书改编成流传至今的定本，并且按照玄学的思路提出了自己对庄学的理解，给后世树立了一个解庄的范例"[①]；更加是因为，郭象《庄子注》的诠释方法论，正是他诠释庄子哲学理论、建构自己哲学思想的主要凭借，故而一直就是学者们关注的焦点。事实上，早在 1983 年，汤一介先生就在其名著《郭象与魏晋玄学》中率先提出了一种见解："寄言出意"是郭象注释《庄子》的"根本方法"，是郭象齐一儒道、调和"自然"与"名教"、建立其哲学体系的"根本方法"。[②] 而在 2000 年，汤先生在《郭象与魏晋玄学》增订本里，又一次沿用并充实了自己的这一见解。汤先生的这一见解影响很大，从那以后，学者们大都认同"寄言出意"是郭象《庄子注》最主要的诠释方法。受到这一情势的激励，笔者也开始观察和思考郭象《庄子注》的诠释方法论问题，并且逐步发现，此前汤一介先生和一些学者的有

---

① 余敦康：《魏晋玄学史》，北京大学出版社 2004 年版，第 387 页。
② 汤一介：《郭象与魏晋玄学》，湖北人民出版社 1983 年版，第 243 页。

关研究，既有值得推重的成就，也有令人不安的误解，这一问题还大有进一步探讨并由此而做出澄清的必要。因此，笔者愿随诸位学者之后进行新的努力，重新探讨郭象《庄子注》的诠释方法论，并就此向学者们请教。

第一节　要其会归而遗其所寄

魏晋时期，在阮籍、嵇康、向秀等名士学者之后而要诠释和发展庄子的哲学理论并自出新意，其艰巨性是不言而喻的。因此，郭象为了做好《庄子注》，不仅总结了魏晋数十家学者的研究成果，而且还对《庄子》的文本特征进行了深入的探究。结果，他首先发现："夫庄子推平于天下，故每寄言以出意"（《庄子·山木》注）。[1]

何谓"寄言出意"呢？郭象并未做出定义式的解释，然而，当《庄子·山木》说"今吾游于雕陵而忘吾身，异鹊感吾颡，游于栗林而忘真，栗林虞人以吾为戮，吾所以不庭也"，他便指出这是"寄言出意"；当《庄子·山木》记载大公任批评困于陈蔡的孔子"子其意者饰知以惊愚，修身以明污，昭昭乎如揭日月而行，故不免也"，他便指出这是"将寄言以遗迹，故因陈蔡以托意"；当《庄子·逍遥游》记叙"藐姑射之山，有神人居焉，肌肤若冰雪，淖约若处子"，他便指出"此皆寄言耳"；当《庄子·齐物论》申明"虽然，请尝言之"，他便指出"故试寄言之"。我们从这些事实出发进行探讨便不难看到，所谓"寄言出意"，其实是郭象所总结的《庄子》之主要写作特征或曰文本特征，大意是说庄子每每创作寓言故事或名人言语，运用寄托方法以表达出一般言语难以表达的微妙哲理。譬如，庄子在《山木》篇中说，"今吾游于雕陵而忘吾身，异鹊感吾颡"，所以很不愉快。其实这就只是一个有趣的故事，是真是假并不那么重要，重要的是它巧妙地表

---

[1]　本章《庄子》引文和郭注引文，皆据（清）郭庆藩：《庄子集释》，王孝渔点校，中华书局1961年版。以下只随文注明篇目。

达出了一种微妙的哲理。这便是"寄言出意"。又如，《庄子·山木》记载大公任批评孔子云云。在这里，是否确有其事并不重要，也不必为孔子抱屈，重要的是大公任的这一意见本身很有深度、很有代表性和启示性。这也是"寄言以托意"。

必须指出的是，郭象认为"寄言出意"是《庄子》的主要写作特征或文本特征，这不仅是出于对《庄子》文本的分析总结，而且也与庄子的言意观十分契合。《庄子·外物》有一段名言："筌者所以在鱼，得鱼而忘筌；蹄者所以在兔，得兔而忘蹄；言者所以在意，得意而忘言。吾安得夫忘言之人而与之言哉！"而倡导"言者所以在意，得意而忘言"，则是这一名言的灵魂，它集中地表达出了庄子的言意观。看来庄子深感曲高和寡，很是寂寞，故而企盼有"忘言之人而与之言"！幸而，他所殷殷召唤的"忘言之人"，在魏晋时代出现了，其杰出代表便是王弼与郭象。正是王弼，继承庄子的言意观而加以发扬，在《周易略例·明象》中倡导："言者所以明象，得象而忘言；象者所以存意，得意而忘象。犹蹄者所以在兔，得兔而忘蹄；筌者所以在鱼，得鱼而忘筌也。"正是郭象，成为庄子七百年后的知音，将"寄言出意"视为《庄子》最重要的文本特征，并将其作为创立新的诠释方法的重要根据。

既然《庄子》最重要的文本特征是"寄言出意"，那么一个突出的问题便是，作为诠释者，应该如何根据并适应这一文本特征，创立起一种最为适当、最为有效的诠释方法呢？在解决这一突出问题的过程中，郭象显示出了独特的创造性。在为《庄子》首篇首句"北冥有鱼，其名为鲲；鲲之大，不知其几千里也。化而为鸟，其名为鹏"做出该书的第一个注释时，他就开宗明义地宣言：

> 鲲鹏之实，吾所未详也。夫庄子之大意，在乎逍遥游放，无为而自得，故极小大之致以明性分之适。达观之士，宜要其会归而遗其所寄，不足事事曲与生说。自不害其弘旨，皆可略之耳。

我们固然可以为这条注释的坦诚、明智所感动，但是更要特别关注"宜要其会归而遗其所寄"一句。这一句前后的潜台词很多："寄言出意"是《庄子》最重要的文本特征，所谓鲲，所谓鹏，无论看上去多么神乎其神，其实都不过只是"寄言"，而"明性分之适"才是庄子通过这些"寄言"所要表达出来的真意。诠释《庄子》的人，即使对于鲲鹏之实并不十分熟悉也不大要紧，关键是要能够"要其会归而遗其所寄"，透过鲲鹏之类的"寄言"发掘出其中蕴含的"明性分之适"的真意；至于其"寄言"，则是可以"遗"的。分析至此，我们便恍然大悟：所谓"要其会归而遗其所寄"，正是郭象所建构的、所倡导的诠释方法。而这一诠释方法，正是针对也是根据《庄子》之"寄言出意"这一文本特征而创立起来的，其真谛在于透过"寄言"以发掘出作者所要表达的真意亦即"会归"——那些运用一般言语难以表达的微妙哲理。

现在，我们已经清晰地认识到，"寄言出意"，只是郭象总结出来的《庄子》之最重要的写作特征或文本特征，而并非他诠释《庄子》的"根本方法"；只有"要其会归而遗其所寄"，才是郭象所建构的、所倡导的针对《庄子》文本特征的第一诠释方法。仅从这里看，这一诠释方法，由于有其独特的针对性和创造性，显得比较潇洒，能够开口便说"鲲鹏之实，吾所未详也"；显得很有底气，敢于直言不讳，要求"达观之士，宜要其会归而遗其所寄，不足事事曲与生说"。当然，更为重要的又是，我们必须从事实出发，考察"要其会归而遗其所寄"这一诠释方法的具体门径和诠释效果。试举一例进行分析：

> 子桑户、孟子反、子琴张三人相与友……莫然有间，而子桑户死，未葬。孔子闻之，使子贡往侍事焉。（孟子反、子琴张）或编曲，或鼓琴，相和而歌……子贡反，以告孔子……孔子曰："彼，游方之外者也；而丘，游方之内者也。外内不相及……"（《庄子·大宗师》）

> 夫理有至极，外内相冥，未有极游外之致而不冥于内者也，未
> 有能冥于内而不游于外者也。故圣人常游外以冥内，无心以顺有，
> 故虽终日见形而神气无变，俯仰万机而淡然自若。夫见形而不及神
> 者，天下之常累也。是故睹其与群物并行，则莫能谓之遗物而离人
> 矣；睹其体化而应物，则莫能谓之坐忘而自得矣。岂直谓圣人不然
> 哉？乃必谓至理之无此。是故庄子将明流统之所宗以释天下之可
> 悟，若直就称仲尼之如此，或者将据所见以排之，故超圣人之内
> 迹，而寄方外于数子。宜忘其所寄以寻述作之大意，则夫游外冥内
> 之道坦然自明，而《庄子》之书，故是涉俗盖世之谈矣。
> （郭象注）

在这里，庄子讲述了一个故事：先是说子桑户死了，而其好友孟子反、子琴张或编曲，或鼓琴，相和而歌；然后又让孔子出来感叹，孟子反、子琴张是游方之外的人，自己却只是游方之内的人，而且外内是不相及的。应该如何诠释这段故事呢？在郭象看来，庄子讲述的这个故事，尽管颇为生动，透着浪漫气息，却也只是一段"寄言"而已，其真假并不重要，重要的是它说明了"游外以冥内，无心以顺有"的正确性和必要性；诠释者千万不要去考求孟子反、子琴张是否真为游方之外的人，孔子是否只是游方之内的人，而要"忘其所寄以寻述作之大意"——要像圣人那样做一个"游外以冥内，无心以顺有"，"明内圣外王之道"的人。郭象就是这样"忘其所寄以寻述作之大意"的。其结果是在诠释中顺着庄子的思绪，建构起了"夫理有至极，外内相冥，未有极游外之致而不冥于内者也，未有能冥于内而不游于外者也，故圣人常游外以冥内，无心以顺有"的新理论。而他所建构的这一新理论，不仅使庄子的思想朝着对社会现实有用的方向有所发展，而且适应了魏晋时期齐一儒道、协调"自然"与"名教"的需要，有效地丰富了玄学理论。人们或许还有疑问：郭象如此诠释，是否符合庄子原作之"大意"呢？我们认为，对于原作之"大意"，它既有符合的一面，也有发展的一面。我们不

能忘记，正是《庄子·天下》，最早提出并倡导"内圣外王之道"的。

　　在这里还必须特别指出：有学者误将"寄言出意"认作郭象诠释《庄子》的"根本方法"，又进而误以为郭象因"寄言"而"遗言"，"甚至要撇开'言'以领会'言外之意'"，所以认定郭象很不重视对《庄子》的语言尤其是词语进行解释。可是事实恰恰相反，"善言名理"是魏晋名士的主要风范，"辩名析理"是魏晋玄学的主要方法；郭象不但对此完全认同，而且还特别强调"名当其实，故由名而实不滥也"（《庄子·天道》注）。因此，他是重视语言尤其是词语之解释的。请看以下一些例证：

　　　例1：
　　　圣人愚钝，参万岁而成一纯。（《庄子·齐物论》）
　　　纯者，不杂也。……无物不然，无时不成，斯可谓纯也。（郭象注）

　　　例2：
　　　予恶乎知恶死之非弱丧而不知归者邪！（《庄子·齐物论》）
　　　少而失其故居，名为弱丧。夫弱丧者，遂安于所在而不知归于故乡也。（郭象注）

　　　例3：
　　　和之以天倪，因之以曼衍，所以穷年也。（《庄子·齐物论》）
　　　天倪者，自然之分也。和之以自然之分，任其无极之化，寻斯以往，则是非之境自泯，而性命之致自穷也。（郭象注）

　　　例4：
　　　罔两问景曰……（《庄子·齐物论》）
　　　罔两，景外之微阴也。（郭象注）

例 5：

缘督以为经。(《庄子·养生主》)

顺中以为常也。(郭象注)

例 6：

是何人也? 恶乎介也? (《庄子·养生主》)

介，偏刖之名。(郭象注)

例 7：

是故古之明大道者，先明天而道德次之。(《庄子·天道》)

天者，自然也。自然既明，则物得其道也。(郭象注)

例 8：

而容崖然，而目冲然，而颡頯然，而口阚然，而状义然，似系马而止也。(《庄子·天道》)

(容崖然) 进趋不安之貌。(目冲然) 冲出之貌。(颡頯然) 高露发美之貌。(口阚然) 虓豁之貌。(状义然) 踶跂自持之貌。(似系马而止) 志在奔驰。(郭象注)

认真体察就能看到，在这类注释中，郭象对于语言尤其是词语的解释，已经显露出了三个特点：一是从特定语境出发，准确解释语词意义，并由此通释整个句子的意义。例 2 即为典型。它不仅详细而准确地解释了"弱丧"的意义，而且还顺势以"夫弱丧者，遂安于所在而不知归于故乡也"一句通释了整个句子的意义，使人融会于心。二是准确解释语词意义，又使之回到原本的语境之中，然后边串讲边发挥，并由此阐发出深刻的哲理。例 3 即为典型。它首先准确地解释了"天倪"，接着又使之回到原本的语境之中，并顺势接上"和之以自然之分，任其无极之化，寻斯以往，则是非之境自泯，而性命之致自穷也"几句，不仅串讲了句子的大意，而且阐发出"是非之境自泯，而性命之致自穷"的深刻哲理。三是有时并不一一解释语词，却将原句译为口语，不但使语词的意义朗朗上口，而且使句子的意义明白显豁，显得轻松自如。例5即为典型，无须再加分析。至于例8，立足语境，一鼓作气，连续解释6个既罕见又生动并且饱含着庄子风格的语词，任何读者都会深受启示，并留下难以忘怀的印象。由此我们不难认识到，既"要其会归而遗其所寄"，又非撇开语言而是重视语言尤其是词语之解释，才是郭象诠释《庄子》之重要的方法与精神。

第二节　顺其章法以探微索隐

以上实际例证的分析已经初步证明，郭象诠释《庄子》，既大力"要其会归而遗其所寄"，又重视语言尤其是词语之解释，并因此而获得了较大的成就。然而，我们在此基础上继续探讨下去，发现其《庄子注》中如下一类事实则更为普遍、更加值得重视：

> （鲲鹏徙于南冥而蜩与学鸠笑之）之二虫又何知！（《庄子·逍遥游》）
>
> 二虫，谓鹏蜩也。对大于小，所以均异趣也。夫趣之所以异，岂知异而异哉？皆不知所以然而自然耳。自然耳，不为也。此逍遥之大意。（郭象注）

细细阅读这则注文，我们可以逐步发现，郭象对词语进行了认真的解释，却又没有停步于此，而是在此基础上进而分析原文章法，并且顺其章法以探微索隐。他接下来一句"对大于小，所以均异趣也"，既是在分析庄子大写特写鲲鹏徙于南冥而蜩与学鸠笑之的真实意图，在于说明大小异趣，又是在为下面的诠释做好铺垫。果然，下面笔锋一转，顺势提出了"夫趣之所以异，岂知异而异哉"的问题；这一问题似乎是原文所没有的，然而它紧承前面

"大小异趣"而来，按照章法与逻辑又是原文所应该有的。趁着这种内在逻辑造就的文势，他自己又立即做出了回答，"皆不知所以然而自然耳"。这一回答的巧妙之处在于，既解决了前面的问题，又引出了十分紧要的"自然"一语。紧接着，他又扣住"自然"一语再做进一步的阐发："自然耳，不为也。此逍遥之大意。"这一阐发十分高明，它不仅紧扣"自然"一语而建构起"自然耳，不为也"的玄学新理论，而且在最后又回头关合《逍遥游》的题目，总结出"逍遥之大意"，使学人得以做整体的理解和把握。整个注文不过五十字，却能如此紧扣文本以分析章法，层层解说，层层推理，层层深入，顺其章法以探微索隐，从而阐发出新论，并且是一气呵成、浑然一体。对于以上这种诠释方法，我们称之为顺其章法以探微索隐。它是郭象《庄子注》的第二诠释方法。

应该如何评价郭象建构起来的顺其章法以探微索隐的诠释方法呢？我们首先当然只能严格地从更多的事实出发探讨其作用。请看以下几例：

例9：

若夫乘天地之正，而御六气之辩，以游无穷者，彼且恶乎待哉！（《庄子·逍遥游》）

天地者，万物之总名也。天地以万物为体，而万物必以自然为正，自然者，不为而自然者也。故大鹏之能高，斥鴳之能下，椿木之能长，朝菌之能短，凡从皆自然之所能，非为之所能也。不为而自能，所以为正也。故乘天地之正者，即是顺万物之性也；御六气之辩者，即是游变化之途也；如斯以往，则何往而有穷哉！所遇斯乘，又将恶乎待哉！此乃至德之人玄同彼我者之逍遥也。（郭象注）

例10：

夫吹万不同，而使其自己也，咸其自取，怒者其谁邪！（《庄子·齐物论》）

此天籁也。夫天籁者，岂复别有一物哉？即众窍比竹之属，接乎有生之类，会而共成一天耳。无既无矣，则不能生有；有之未生，又不能为生。然则生生者谁哉？块然而自生耳。自生耳，非我生也。我既不能生物，物亦不能生我，则我自然矣。自己而然，则谓之天然。天然耳，非为也，故以天言之。……故物各自生而无所出焉，此天道也。（郭象注）

例 11：

日夜相代乎前，而莫知所萌。（《庄子·齐物论》）

日夜相代，代故以新也。夫天地万物，变化日新，与时俱往，何物萌之哉？自然而然耳。（郭象注）

例 12：

物无非彼，物无非是。（《庄子·齐物论》）

物皆自是，故无非是；物皆相彼，故无非彼。无非彼，则天下无是矣；无非是，则天下无彼矣。无彼无是，所以玄同也。（郭象注）

例 13：

彼特以天为父，而身犹爱之，而况其卓乎！（《庄子·大宗师》）

卓者，独化之谓也。夫相因之功，莫若独化之至也。故人之所因者，天也；天之所生者，独化也。（郭象注）

如果仔细分析就能理解，以上几例都是运用了顺其章法以探微索隐的诠释方法。即以例 11 而论，庄子的原文只是讲述了一种看法，"日夜相代乎前，而莫知所萌"，并没有进行论证，其中的道理，乃至隐含的逻辑，"日夜相代乎前"怎么就"莫知所萌",全都有待读者去体会。郭象的注释,则顺着这种章法前行,发掘出其中的道理,彰显出隐含的逻辑,并进而依据其逻辑做出补充性的阐发,也就是探微索隐。他说"夫天地万物,变化日新,与时俱往,何物萌之哉",天地万物,自己"变化日新,与时俱往",足以说明无物"萌之",这不就是充分地诠释了原文"莫知所萌"那关键的一句吗!当然,我们更要注意,他在后面还顺势又来了另一句:"自然而然耳"。这一句,既是对前面"何物萌之哉"的正面的补充性的回答,又是对前面诠释的进一步提升,更是大为充实了他自己所建构的"自然"理论。其他几例,虽然风格各异,但是其诠释方法,大体也都是这样顺其章法以探微索隐。

可是,究竟应该如何全面评价郭象建构起来的顺其章法以探微索隐的诠释方法呢?除了逐一分析之外,最好还能在此基础上进行综合考察,只有这样,我们才能获得正确而全面的认识。即以上面几例而论:例9阐发出了"天地以万物为体,而万物必以自然为正,自然者,不为而自然者也"的道理,例10阐发出了"天然耳,非为也,故以天言之","故物各自生而无所出焉,此天道也"的道理,例11阐发出了"夫天地万物,变化日新,与时俱往,何物萌之哉?自然而然耳"的道理,例12阐发出了"物皆自是,物皆相彼,无彼无是,所以玄同也"的道理,例13阐发出了"夫相因之功,莫若独化之至也"的道理。我们如果能将这些道理按照一定的逻辑联系起来,就不难发现它们之间的互补性、递进性与系统性,然后恍然大悟:"独化之理明矣!"就是这样,郭象在对《庄子》的诠释中,系统性地运用顺其章法以探微索隐的诠释方法,不仅深入地诠释了文本,而且初步阐发出了"独化"的理论;而这一理论的核心内容,正是"造物者无主,而物各自造,物各自造而无所待",并且"自生""自死""自变化"、自相彼此,自己就是自己存在的"本"和"根",一切都"自己而然""自然而然耳",而"相因"的功能、功效都是"独化"的表现。

论及郭象建构起来的"独化"理论,魏晋玄学史的研究者们已经有越来越多的人认定:"因为'独化'是'有'与'无'的统一,所以它将玄学中的'无'本论与'有'本论统一了起来,扬弃和整合了它们,所以它是玄学本体论发展的巅峰,是玄学本体论之发展的逻辑总结和终结。"① 将以上所有这些综合起来,我们应该就能从一个较为可靠的角度,真切地认识到郭象在对《庄子》的诠释中运用顺其章法以探微索隐的诠释方法,在深入地诠释了文本的同时,还建构起"独化"理论的突出诠释效应和重大哲学意义。

通过对以上几例的综合考察,我们初步认识到了郭象在对《庄子》的诠释中系统运用顺其章法以探微索隐的诠释方法建构新理论的突出诠释效应和重大哲学意义,然而,我们的考察还应该深入到更为复杂的区域,我们的认识还应该深入到更为微妙的地方,以求获得对于顺其章法以探微索隐的诠释方法之更为全面、更为深入的认识。请看其具有另一种代表性的范例:

> (尧让天下于许由)许由曰:"子治天下,天下既已治也。而我犹代子,吾将为名乎?(《庄子·逍遥游》)

> 夫能令天下治,不治天下者也。故尧以不治治之,非治之而治者也。今许由方明既治,则无所代之,故有子治之言,宜忘言以寻其所况。而或者遂云:治之而治者,尧也;不治而尧得以治者,许由也。斯失之远矣。夫治之由乎不治,为之出乎无为也,取于尧而足,岂借之许由哉!若谓拱默乎山林之中而后得称无为者,此庄、老之谈所以见弃于当途。当途者自必于有为之域而不反者,斯之由也。(郭象注)

研究这一则较为特别的注释,首先必须注意到五点。第一,"今许由方明既治,则无所代之,故有子治之言"云云,这是通过分析章法而对原文做出的简明解释。第二,提出"或者遂云",这是在通过分析章法而对原文做出简明解释的基础上,另辟蹊径,顺其章法而将探讨引向深入,因为"或者

---

① 康中乾:《从庄子到郭象》,人民出版社 2013 年版,第 219 页。

遂云"已经触及治与不治、有为无为的问题。第三，明确指出"或者遂云"由于不明"夫治之由乎不治，为之出乎无为也"的道理而"斯失之远矣"。第四，在批评"或者遂云"的同时顺其思路继续前行，从而感叹"若谓拱默乎山林之中而后得称无为者，此庄、老之谈所以见弃于当途"；看上去，这似乎不能算是对原文的解释，但从另一个角度讲，却又是沿着原文思路做出的更为深入的解释，它能引导读者更为全面、深刻地领悟庄子的哲学思想。第五，感叹之余，还为现实社会中的当途者提出建议，并说明他们"自必于有为之域而不反者，斯之由也"。

注意到以上五点之后，又该如何做出进一步的探讨呢？这就不能不联系到当时的社会文化背景，认识到当时的时代课题，然后将所要讨论的问题自然地置于其中。而对于当时的社会文化背景和时代课题，不妨一言以蔽之：当时文化精英的关注焦点、争论的焦点在于如何统一"内圣"与"外王"、协调"自然"与"名教"。将以上五点置于这样的社会文化背景和时代课题之下，就能顺利地认识到：郭象这一则较为特别的注释，分析章法，探微索隐，将对问题的探讨引向深入，在批评中建构起新的理论，最为主要的意图和最为重大的意义，就是联系当时的社会文化实际，回应当时文化精英的争论焦点，深入阐述"治之由乎不治，为之出乎无为"的道理，大胆确立"以不治治之"的目标，努力以此统一"内圣"与"外王"、协调"自然"与"名教"，从而切实倡导"内圣外王之道"。为此，他还不惜直接指出"若谓拱默乎山林之中而后得称无为者，此庄、老之谈所以见弃于当途"。如果仅从诠释方法的角度看，他这是在运用顺其章法以探微索隐的诠释方法，但又不是孤立地运用，而是将其置于更大的诠释方法系统之中，使之与其他诠释方法相互结合、相互补充、相得益彰。也正因为如此，郭象这一则注释，早已赢得了广泛的认同，产生了极大的影响，譬如成玄英就在《庄子注疏》中予以推崇："郭生察无待之心，更致不治之说，可谓探微索隐，了文合义，寻其旨况，无所稍嫌也。"从这里出发，我们应该可以举一反三，全面认识顺其章法以探微索隐之诠释方法的重大意义。

第三节　参与论辩以阐发义理

如所周知，庄子对玄妙哲学的探讨，对绝对自由的追求，"独与天地精神往来而不敖倪于万物"的气度，大都是通过"寓言"以展现的。"庄子寓真于诞，寓实于玄，于此见寓言之妙。"（刘熙载《艺概·文概》）然而，有时读到庄子的"寓言"，看到其中几个著名角色针锋相对，往来论辩，煞有介事，大有战国时代学者辩士的风采，真是觉得有一种特别的奇妙意味；而更为有趣的则是，诠释者郭象也常常禁不住参与其中，竟然将参与论辩以阐发义理作为一种诠释方法，不经意间显露出魏晋名士的主体意识和独特风度。请看：

> 罔两问景曰："曩子行，今子止；曩子坐，今子起；何其无特操与？"景曰："吾有待而然者邪？吾所待又有待而然者邪？吾待蛇蚹蜩翼邪？恶识所以然！恶识所以不然！"（《庄子·齐物论》）

> 言天机自尔，坐起无待。无待而独得者，孰知其故，而责其所以哉？若责其所待而寻其所由，则寻责无极，卒至于无待，而独化之理明矣。若待蛇蚹蜩翼，则无特操之所由，未为难识也。今所以不识，正由不待斯类而独化故耳。世或谓罔两待景，景待形，形待造物者。请问：夫造物者，有耶无耶？无也？则胡能造物哉？有也？则不足以物众形。故明众形之自物而后始可与言造物耳。是以涉有物之域，虽复罔两，未有不独化于玄冥者也。故造物者无主，而物各自造，物各自造而无所待焉，此天地之正也。（郭象注）

本来，罔两与景就在围绕"特操"与"有待"的问题进行论辩，而郭象却又说道，"天机自尔，坐起无待。无待而独得者，孰知其故，而责其所以哉？"岂不像是直接参与论辩并帮助景来反诘罔两吗？于是，两人的论辩也就变成了三人的论辩。值得注意的是，郭象趁参与论辩之机，不仅诠释了罔两与景的语意，而且还顺势引出了"天机自尔，坐起无待"的理论。而到后来，郭象意犹未尽，又引出一个"或谓"，借他人之口讲述一通，自己则来针对"或谓"再发出"请问"，并与之展开论辩。在与"或谓"论辩的过程中，郭象又不仅趁机提出了"夫造物者，有耶无耶"的根本性问题，而且还以"是以"做出小结，并在小结之时阐发出"未有不独化于玄冥"的理论。这样一来，郭象与罔两的论辩就发展成了他与"或谓"论辩。在他们如此热烈地论辩之时，庄子是否会在远处微微发笑？我们阅读至此，在大感兴会淋漓之余，很有必要开始对于这种参与论辩以阐发义理的做法进行重新认识，它能称为一种诠释方法吗？它能符合通常的诠释规则吗？它能赢得较好的诠释效果吗？那么最好请看实证：

> 北海若曰："牛马四足，是谓天；落马首，穿牛鼻，是谓人。故曰无以人灭天。"（《庄子·秋水》）
>
> 人之生也，可不服牛乘马乎？服牛乘马，可不穿落之乎？牛马不辞穿落者，天命之固当也。苟当乎天命，则虽寄之人事，而本在乎天也。（郭象注）

庄子"寄言出意"，让北海若论说了一番"无以人灭天"的道理。北海若的论说，清晰明白，有理有据，难以辩驳，也无需一般的注释。而郭象则选择了参与论辩以阐发义理的诠释方法进行别开生面的诠释。但他没有正面反驳北海若，而是以迂回的方式一连提出了两个问题："人之生也，可不服牛乘马乎？服牛乘马，可不穿落之乎？"这两个问题，将讨论的焦点由"天"（自然）转向了"人"（社会），而且逻辑井然，一气呵成。紧接着，他从"人"（社会）出发而又关照到"天"（自然），回答了上面提出的问题，并在回答过程中建构起一种新的理论："牛马不辞穿落者，天命之固当也。苟当乎天命，则虽寄之人事，而本在乎天也。"而这一新理论的主要精神，则是"天人合一"；主要意向，则是倡导"虽寄之人事，而本在乎天也"；主要作用，则是协调"名教"与"自然"。经过这一番努力，郭象就将庄子那些"独与天地精神往来"的思想理论导向了真切的社会现实。阅读至此，回首全注，我们对北海若论说的本意与不足，就有了更为清晰的认识。看上去，这似乎不能算是对文本的诠释；而实际上，却又是对文本之最巧妙、最深刻、最有效果的诠释。由此可见，参与论辩以阐发义理，真不愧为郭象《庄子注》的第三诠释方法。又如：

> （髑髅对庄子宣扬死的乐趣，庄子不信，表示要让髑髅起死回生）髑髅深矉蹙頞曰："吾安能弃南面王乐而复为人间之劳乎！"（《庄子·至乐》）
>
> 旧说云庄子乐死恶生，斯说谬矣！若然，何谓齐乎？所谓齐者，生时安生，死时安死，生死之情既齐，则无为当生而忧死耳。此庄生之旨也。（郭象注）

本来，人们阅读《庄子》原文的这一段，看到庄子梦见髑髅，竟与之反复论辩生与死的问题，既会感到神奇，又会觉得热闹，总是会不忍合上书本。现在，郭象为之作注，不但不让庄子与髑髅的论辩停歇下来，他自己反而又与"旧说"论辩开了。"旧说"以为，庄子这是"寄言出意"，借髑髅之口表达出了乐死恶生的意向，其实也能言之成理。可是郭象却来了一声断喝："斯说谬矣！"郭象有何根据呢？别忙，你看他立即亮出了自己的立论根据，那就是庄子的"齐物论"，而且马上又是一句反问："若然，何谓齐乎？"紧接着，郭象就一鼓作气，进而诠释所谓"齐"，并在诠释中阐发出"生时安生，死时安死"的人生观，还断言"此庄生之旨也"。读着读着，我们不禁对庄子的哲学思想有了更多更深的了解。为哲学经典作注，为哲学问题思考，而能如此别开生面，有声有色，引人入胜，这本身就有其难能可贵的诠释效果。而更为重要的却是，如果将郭象心目中的庄子，与"旧说"描写出的庄子进行比较，我们立即就能感悟到，郭象心目中的庄子显然更为豁达、更为现实、更为积极，更能适应魏晋时代社会现实的需要；而且，这样的庄子，正是郭象立足魏晋时代的社会现实，而大力推崇、大力传扬的哲学大师。而所有这些，本身又都是更为重要的诠释效果。我们不正是应该从这样的角度，对于这种参与论辩以阐发义理之诠释方法的重要意义进行更为深入的探讨吗？尽管它与一般的经典诠释有着异样的风格，以致显得有些落落，然而这不恰恰正是它值得肯定、值得发扬的地方吗！再如：

> （商汤让王位与卞随，卞随辞谢，并投水而死；商汤又让王位与瞀光，瞀光辞谢）乃负石而自沉于庐水。（《庄子·让王》）
>
> 旧说曰：如卞随瞀光者，其视天下也若六合之外，人所不能察也。斯则谬矣。夫轻天下者，不得有所重也；苟无所重，则死无地矣。以天下为六合之外，故当付之尧舜汤武耳。淡然无系，故泛然从众，得失无慨于怀，何自投之为哉！若二子者，可以为殉名慕高矣，未可谓外天下也。（郭象注）

出于对专制制度的深刻反感与批判，《庄子》一书塑造了一些不以天下为念而游心于六合之外的高士形象，用以表达自己的政治向往和哲学思想，用以引导天下的文化精英。可是，卞随、瞀光是否就是这样的高士呢？这关系到对于庄子之政治向往和哲学思想的理解与评价。"旧说"认为是，郭象则起而与之论辩，认为肯定不是。郭象的反驳很有逻辑力量：如果真的"以天下为六合之外，故当付之尧舜汤武耳。淡然无系，故泛然从众，得失无慨于怀"；然而这两人却并不如此，反而自投。这就说明，这两人并非真正游心于六合之外、得失无慨于怀的高士，而不过是"殉名慕高"之人。其实，我们仔细揣摩就能理解，在这里，最为根本的问题并不在于卞随、瞀光是否就是这样的高士，而是在于：第一，庄子塑造卞随、瞀光之形象，到底是要表达何种深意？第二，作为魏晋时代社会现实中的高士，究竟应该如何对待天下？郭象撇开一般的诠释规则而集中精力反驳"旧说"的根本目的，也正在于回答这两个问题。郭象最终所要说明的乃是：卞随、瞀光之形象，过于脱离社会现实，并不值得人们仰慕与学习；真正的高士，即使自己不能亲自治理天下，也应该将天下付之尧舜汤武这样的圣君，而不去计较个人的得失。沿着这一思路再往前行，我们又能看到，正是在这一诠释过程中，郭象立足当时的社会现实，诠释并发展了庄子的政治向往和哲学思想，建构并论述了自己的政治向往和哲学思想，为天下文化精英提供了行为准则之参考。这才是这一则注释的重要意义之所在，才是这种参与论辩以阐发义理之经典诠释方法的重要价值之所在。

郭象在《庄子注》中运用这种参与论辩以阐发义理的诠释方法，既有上述种种重要价值，有时还能吸引后来者参与其中的论辩，从而共同创造出更多更大的价值。请看一例：

> 意仁义其非人情乎！彼仁人何其多忧也？（《庄子·骈拇》）
>
> 夫仁义自是人之情性，但当任之耳。恐仁义非人情而忧之者，真可谓多忧也。（郭象注）
>
> 噫，嗟叹之声也。夫仁义之情，出自天理，率性有之，非由放效。彼仁人者，曾（参）史（？）之徒，不体真趣，谓仁义之道可学而成。庄生深嗟此迷，故发噫叹。分外引物，故谓多忧也。（成玄英疏）

庄子目睹战国时代严酷的社会现实，向来批评"仁义"而崇尚本真，以为"仁义"乃"骈拇"而非"道德之正"。这也正是道家与儒家思想差异之所在。但在这里，庄子以感叹语气、以疑问语气论说"仁义其非人情"，还算是比较委婉的。可是郭象却在注释里以驳论的口气，断然强调"夫仁义自是人之情性，但当任之耳"，简直是直接反驳庄子；并且接着又来了一句"恐仁义非人情而忧之者，真可谓多忧也"，似乎还有些讽刺的意味。这就引动了后来者成玄英，在为其作疏时，主动扮演了一位调解者的角色，一方面肯定"仁义之情，出自天理，率性有之"，支持郭象的意见，另一方面指出有些仁人"谓仁义之道可学而成"而"分外引物，故谓多忧也"，为庄子做些辩护。我们今天读来，真是觉得意气干云、趣味横生，有时还跃跃欲试！

　　然而，郭象如此直接与经典作家辩论，是非常必要的吗？符合经典诠释的规则吗？是不是"过度"诠释呢？其实，放开魏晋名士行为的方式与风格不论，郭象倒是真正有其衷曲的。他感受时代气息，一贯极力齐一儒道、协调"自然"与"名教"、倡导"内圣外王之道"，现在面对庄子"仁义其非人情乎"的感叹，他不能放弃自己的真实信念，就只有直接与之辩论；这样做，既是因为"仁义自是人之情性，但当任之耳"，又是出于建构"仁义之情，出自天理，率性有之"理论的需要。正因为如此，他才能凝聚成对于成玄英这类后来学人的召唤力量。而我们在这里，却是有幸领略到了一种魏晋时代哲学经典诠释所特有的异样风采！它不仅使我们对于庄子的哲学思想形成了更加全面的认识，而且也使我们对于哲学经典诠释之方法与风格的多样性形成了更加全面的认识。或许，当今还有学人意欲像成玄英那样，也来参与诠释和辩论？

第十五章　朱熹《四书集注》语言诠释方法论

　　中国传统文化的主干意识儒学思想发展到宋代，便以理学理论体系的形态呈现，而理学理论形成以天理论为主体的本体论哲学体系的主要标志之一，则是朱熹《四书集注》的问世。可是，一部 24 万字的经典诠释著作，何以竟能发挥如此深远的历史作用呢？其中一个根本性的原因，就是朱熹创建的诠释方法论的正确与成功。然而，自清代以来，学者们在论说《四书集注》时，往往对其诠释方法论中十分重要的语言诠释方法及其成就评价不足，甚至存在着许多误解，以致常常湮没了其亮点。有鉴于此，我们要特别郑重地提出，朱熹经过长期努力，确实建构起了新的语言诠释方法论，这已在《朱文公文集》特别是《朱子语类》中有着系统性的论述。而且，朱熹既有对语言诠释的根本性、指向性等理论性问题的探讨，又有对语言诠释的详密有序法、立足语境法、循环反复法等具体性方法的建构，并努力使二者融合为语言诠释方法论的整体，从一个方面发挥出了极为重要的作用，造就了"四书"诠释史上的开创性成果，同时也推动了中国古典诠释学的发展，因而值得予以特别的重视和研究。

第一节　探讨语言诠释的根本性

早在春秋战国时代，中国哲人学者就开始了对于语言与世界、语言与人之关系的探讨，对于语言在人的理解与诠释活动中重大作用的研究。他们不仅提出了"人之所以为人者，言也"（《春秋谷梁传·僖公二十二年》）等著名命题，而且在诠释文化经典语言的同时开展了一场历时两百多年的"名实之辨"。这就为中国语言哲学和诠释学的形成发展，开拓了方向，奠定了基础。朱熹当然很好地继承了这些学术精神和学术遗产，然而他又清醒地看到了历史的另一面："秦汉以来，圣学不传，儒者唯知章句训诂之为事，而不复求圣人之意，以明夫性命道德之归。至于近世，先知先觉之士始发明之，则学者既有以知夫前日为陋矣。然或乃徒颂其言以为高，而又初不知深求其意；甚者遂至于脱略章句，陵籍训诂，坐谈空妙，辗转相迷。而其为患反有甚于前日之为陋者。"（《中庸集解序》①）无论"唯知章句训诂之为事，而不复求圣人之意"，还是"脱略章句，陵籍训诂，坐谈空妙"，这两种倾向都是有代表性的，但又都是错误的，危险的，其要害都在于对语言诠释的根本性和指向性缺乏正确的认识。正是深深感受到了这种情势，朱熹就大力探讨语言诠释在经典诠释中的地位与作用，深入论述其语言诠释所固有的根本性和指向性。

在探讨儒家哲学经典语言诠释的根本性时，朱熹提出的第一个重要论点是"圣人之言，即圣人之心"：

> 圣人之言，即圣人之心；圣人之心，即天下之理。且逐段看令分晓……则道理自逐旋分明。（《朱子语类》卷一百二十）

---

① 本书所引《朱文公文集》文章，皆据朱杰人、严佐之、刘永翔主编：《朱子全书》，上海古籍出版社、安徽教育出版社 2002 年版。

圣贤形之于言，所以发其意。（《朱子语类》卷十四）

圣人说话，开口见心，必不只说半截，藏着半截。且就本文上
看取正意，不须立说别生枝蔓。唯能认得圣人句中之意，乃善。
（《朱子语类》卷十九）

朱熹的这一重要论点，有其难能可贵的深刻性。第一，它指出圣人之
心、圣人之意是"形之于言"的。这里的亮点是"形之于言"一语，它所
强调的，乃是圣人的心意是凭借语言而成"形"的，是通过语言以表征的，
是运用语言来表达的。第二，它昭告"圣人之言，即圣人之心"。一个
"即"字，就明白而有力地彰显出圣人心意与文本语言之间的关系乃是存在
与显现的关系，强调文本语言乃是圣人心意的表现性存在。第三，它进而揭
示"圣人之心，即天下之理"。这就进一步意味着，天下之理与文本语言之
间的关系，同样是存在与显现的关系，文本语言同样乃是天下之理的表现性
存在。第四，它特别强调，在诠释儒家经典时，学者必因圣人之言以求圣人
之心，因圣人之心以悟天地之理，使"道理自逐旋分明"。显然，这里所概
括与强调的，既是经典诠释的必由之路和基本规律，也是语言诠释的根本
性。综观以上四点，学者应该可以领悟到：就儒家经典而言，圣人之心、天
下之理的真实存在，正是在它们的语言建构与表达中，才变得可以理解；因
此语言诠释具有不可不格外重视的根本性。当然，毋庸讳言，朱熹对于这一
重要论点的论述过于简略了一些，但是如果我们能够运用认知语言学和语言
哲学的眼光来做全面的阐释分析，仍然不难领略到它作为一种理论的正确
性、丰富性和深刻性。

关于语言诠释的根本性，朱熹提出的又一重要论点是"义理从文字
中迸出"：

吾道之所寄，不越语言文字之间。（《中庸章句序》）

读书着意玩味，方见得义从文字中迸出。（《朱子语类》卷
十）

圣人言语，皆天理自然，本坦易明白在那里只被人不虚心去看，只管外面捉摸。（《朱子语类》卷十一）

圣人千言万语，只是说个当然之理。恐人不晓，又笔之于书。自书契以来，《二典》《三谟》伊尹武王箕子周公孔孟都是如此，可谓尽矣。只就文字间求之，句句皆是。做得一分，便是一分工夫，非茫然不可测也，但患人不子细求索之耳。（《朱子语类》卷十一）

读圣人言语，读时研穷子细，认得这言语中有一个道理在里面分明。久而思得熟，只见理而不见圣人言语。（《朱子语类》卷十一）

朱熹已经启示人们，就儒家经典而言，天下之理与文本语言之间的关系，同样是存在与显现的关系。在此基础上他又进一步强调，"吾道之所寄，不越语言文字之间"，"读书着意玩味，方见得义理从文字中迸出"。这个"迸"字的生动形象，吸引着学人的目光。义理既蕴含于文字深处，又能从文字中迸出，这对于读书人而言，有着多么大的感召力！然而，义理并不会自己从文字中迸出，得有一个前提性条件，那就是读书人面对经典必须首先认真进行语言诠释，着意玩味，读得通贯。尽管义理既广大又深远，有时还很抽象，但是读书人如能"只就文字间求之，句句皆是。做得一分，便是一分工夫，非茫然不可测也"。这就再一次有力地证明了语言诠释的根本性。值得注意的是，朱熹还告诉人们："读圣人言语，读时研穷子细，认得这言语中有一个道理在里面分明。久而思得熟，只见理而不见圣人言语"。这似乎与著名的"得意忘言"论有些相近，但是它仍然突出着一个前提性的条件，那就是读书人必须"读时研穷子细，认得这言语中有一个道理在里面分明"。这也就是说，他还在继续证明着语言诠释的根本性。

第二节 揭示语言诠释的指向性

在探讨语言诠释之根本性的同时,朱熹又揭示出了语言诠释在经典诠释中的指向性,确立了语言诠释应该指向的基本目的与实际目标。这不仅因为他对二者是同样高度重视的,而且也因为二者本来就是相互依存、不可分割的。就经典诠释而言,语言诠释之根本性总是表现为语言诠释的指向性,语言诠释之所以能够具有指向性,正是由于语言诠释本来就具有根本性,二者永远相互依存、相互发明。所以朱熹进一步反复强调:

> 故学者必因先达之言以求圣人之意,因圣人之意以达天地之理,求之自浅以及深,至之自近以及远,循循有序,而不可以欲速迫切之心求也。夫如是,是以浸渐经历,审熟详明,而无躐等空言之弊驯致其极,然后吾心得正,天地圣人之心不外是焉。(《答石子重》)

> 天下自有一个道理在,若大路然。圣人之言,便是一个引路底。(《朱子语类》卷一百一十四)

> 解释文义,使各有指归,正欲以语道耳。不然,则解释文义将何为邪?(《答胡广仲》)

> 学者之于经,未有不得于辞而能通其意者。(《书中庸后》)

> 大抵解经但可略释文义名物,而使学者自求之,乃为有益耳。(《答敬夫孟子说疑义》)

> 解说圣贤之言,要义理相接去,如水相接去,则水流不碍。(《朱子语类》卷十九)

按照朱熹以上的论述,儒家经典文本之语言诠释的指向性主要表现为三个方面。第一,经典之语言诠释指向天地之理,最终目标是为了通过诠释经典语言而体悟和建构天理论。这是因为，圣人之言即圣人之心意，圣人之心意即天地之理，而学者必因圣人之言以求圣人之心意，因圣人之心意以体悟天地之理。如果没有可靠的语言诠释，学者也就不可能收获对圣人之心、天地之理的正确体悟与建构。第二，如果说圣人之言是一个引路的，那么对圣人之言的诠释同样也是一个引路的，最好的语言诠释，就应该与体验诠释、类推诠释有机结合，从而激发学者体悟天地之理的意趣，指点学者体悟天地之理的途径，促使学者通过语言诠释最终体悟天地之理。从这里，可以领悟朱熹所强调的，乃是语言诠释就是要作用于诠释者，而促使他自己去正确地探求天地之理。第三，正是因为经典之语言诠释具有指向天地之理、指向学者本身的指向性，所以朱熹再往前跨出一步，进而指出：进行语言诠释，就有必要、也有可能时时以义理相接去，使语言诠释与义理阐发相结合、相交融，如水相接去，则水流不碍。反之，如果不是在正确的语言诠释之中，那也就谈不到以义理相接去，因为渠成而后才能水到。

为了使广大学人都能认识到语言诠释在经典诠释中的根本性和指向性，朱熹还在志同道合的朋友和众多弟子中更多地予以强调或宣讲，力图以此共勉。譬如，理学阵营中湖湘学派的代表人物张栻（敬夫），著有《孟子说》，对于其中《尽心上》之"反身而诚，乐莫大焉"，做出了这样的解释："反身而至于诚，则心与理一。"而朱熹则在《答敬夫孟子说疑义》里为之仔细剖析：

> 按此解语意极高，然只是赞咏之语。施之于经，则无发明之助；施之于己，则无体验之功。窃恐当如张子之说，以"行无不慊于心"解之，乃有落着。兼"乐莫大焉"，便是"仰不愧、俯不怍"之意，尤觉实有味也。若只悬空说过，便与禅家无以异矣。

即使是对于地位相当的挚友，朱熹也是如此直接地提出中肯的批评，这既彰显了当时理学领袖们的风范，也说明了所论问题的重要。他首先指明，张栻的解语只是赞咏之语，而缺乏充分的语言诠释。要知道，"学者之于经，未有不得于辞而能通其意者"。他接着说明，由于缺乏应有的语言诠释，由于未能发挥语言诠释的指向性，所以其解语施之于经，则无发明之助，施之于己，则无体验之功。他进而建议，这里应该引用张载的"行无不慊于心"以解之，这样便能使语言诠释真正落到实处。他最后强调，如果诠释儒家经典而不能将一些词句中未曾明言的意义及其关联揭示出来，那只是悬空说过罢了，便与禅家无以异矣，如此则何以能够避免他们的错误并实现对于他们的超越——这正是当时身负重大使命的儒学诠释学应当时时警惕的。

第三节　建构语言诠释的详密有序法

通过朱熹的努力，语言诠释在经典诠释中的根本性和指向性已经完全彰显了。可是，在宋代许多学人惯于"脱略章句，陵籍训诂，坐谈空妙，辗转相迷"的情势下，语言诠释工作如何才能得到全面发挥并凸显出最大效用呢？最为关键的，是不能仍然满足于一般的"训诂模式"，而要开拓新的有效途径，找到具体而适当的语言诠释方法。为此，朱熹首先着眼于语言诠释的全程，探讨其一般程序，从而建构起了语言诠释的详密有序法。先看他的论述：

> 读书之法，要当循序而有常、致一而不懈，从容乎句读文义之间，而体验乎操存践履之实，然后心静理明，渐见意味。(《答陈师德》)

> (解经) 必先释字义，次释文义，然后推本而索言之。其浅深近远，详密有序，不如是之匆遽而繁杂也。(《答敬夫孟子说疑义》)

> 以一书言之，则其篇章文句、首尾次第，亦各有序而不可乱也。……字求其训，句索其旨，未得乎前，则不敢求其后；未通乎此，则不敢志乎彼。如是而循序而渐进焉，则意定理明，而无疏易

凌躐之患矣。(《读书之要》)

大凡看书，要看了又看，逐段、逐句、逐字理会，仍参诸解、传，说教通透，使道理与自家心相肯，方得。(《朱子语类》卷十)

读书，须看他文势语脉。(《朱子语类》卷十)

不若且依文看，逐处各自见个道理，久之自然贯通。(《朱子语类》卷十一)

凡读书，须有次序。且如一章三句，先理会上一句，待通透；次理会第二句、第三句，待分晓；然后将全章反复绅绎玩味。如未通透，却看前辈讲解，更第二番读过。(《朱子语类》卷十一)

以上的论述有力地表明，朱熹早已深切地感知，语言诠释的主要对象是经典的语言，而在经典语言系统内部，词语组合成为句子，并在句子中发挥作用；句子组合成为段落，并在段落中发挥作用；段落组合成为篇章，并在篇章中发挥作用；篇章组合成为文本，而文本则自有文势语脉，其篇章文句、首尾次第，亦各有序而不可乱也。为此，他反复强调"读书之法，要当循序而有常"，必须做到"循序而渐进焉""详密有序"。

而朱熹反复强调的"循序"和"详密有序"，实际上又包含着三个层次的意义。第一个层次是概括言之：诠释经典，应该先释字义、次释文义；应该逐字、逐句、逐段理会，然后推本而索言之。这里的"先"与"后"，就体现了合理而严格的"次序"和"循序"，它要求"未得乎前，则不敢求其后；未通乎此，则不敢志乎彼"。第二个层次是深入言之：紧扣句子以训释词语意义，亦即"字求其训"；紧扣段落以解释句子意义，亦即"句索其旨"；"先理会上一句，待通透；次理会第二句、第三句，待分晓；然后将全章反复绅绎玩味"；就这样，"循序"而进，逐层"推推"，"久之自然贯通"。第三个层次是展开言之：语言诠释绝对不能孤立进行，而必须与体验、类推等诠释方法结合起来，"从容乎句读文义之间，而体验乎操存践履之实，然后心静理明，渐见意味"。这就显示出了语言诠释详密有序法的系统性特征。

应该说，这种语言诠释的详密有序法，具有很高的要求和很大的难度，但是一当运用得好，确实又能引导学者"循序而渐进"，直到"自然贯通""意定理明"的最佳境界。请看一例：

> 子曰："志于道，据于德，依于仁，游于艺。"（《论语·述而》）

> 志者，心之所之之谓。道，则人伦日用之间所当行者是也。知此而心必之焉，则所适者正，而无他歧之惑矣。据者，执守之意。德者，得也，得其道于心而不失之谓也。得之于心而守之不失，则终始唯一，而有日新之功矣。依者，不违之谓。仁，则私欲尽去而心德之全也。功夫至此而无终食之违，则存养之熟，无适而非天理之流行矣。游者，玩物适情之谓。艺，则礼乐之文，射、御、书、数之法，皆至理所寓，而日用之不可阙者也。朝夕游焉，以博其义理之趣，则应务有余，而心亦无所放矣。此章言人之为学当如是也。盖学莫先于立志，志道，则心存于正而不他；据德，则道得于心而不失；依仁，则德性常用而物欲不行；游艺，则小物不遗而动息有养。学者于此，有以不失其先后之序、轻重之伦焉，则本末兼该，内外交养，日用之间，无少间隙，而涵泳从容，忽不自知其入于圣贤之域矣。（《论语集注》）

全面地体察这一则注文，它的最大特色在于语言诠释的详密有序。

第一，先释字（词）义以字（词）求其训。其对于字（词）义的解释，既不离其本义或所用义项，又紧扣它在特定句子中显示出来的特别意蕴亦即义位变体，因而准确、深刻，还能引人入胜。譬如对几个关键性动词的解释，将"志"解释为"心之所之"，将"游"解释为"玩物适情"，将"据"解释为"执守"，将"依"解释为"不违"就是如此。特别是对"游"的解释，学者不仅可以从中获得准确而深刻的认识，并且能够融入自己的体验而产生适当的联想，仿佛随之而渐入那"朝夕游焉，以博其义理之趣，则应务有余，而心亦无所放矣"的儒家人格佳境。

第二，次释句义以句索其旨。其对于句义的解释，既以对词语的解释为基础，又将句子置于段落之中，而且总是与体验诠释、类推诠释结合起来，因此能够正确，丰满，使人受到启发与引导。例如对"据于德"一句的解释：它既是以对词语"据"与"道"的解释为基础，又是将该句置于"志于道—据于德—依于仁—游于艺"的系列之中，然后还与体验诠释、类推诠释结合起来，这就全面展现出该句的主旨："得之于心而守之不失，则终始唯一，而有日新之功矣。"可是这"而有日新之功矣"一层意思从何而来呢？既来自他本于原句的内在逻辑进行的推理，又来自他的体验，是朱熹就全句推本而索言之以得来的。试想：学者得其道于心而守之不失，终始唯一，可不就能"有日新之功"吗？

第三，最后将全章反复绅绎玩味以揭示章旨。其对于章旨的归纳与揭示，既以对词语的解释、句义的解释为基础，又大力发掘词语之间、句子之间的逻辑联系，并且据此阐发经典的言外之意。首先揭示"志道，则心存于正而不他"等四句，这是发掘词语之间的逻辑联系以彰显句义。以此为基础，进而指出"学者于此，有以不失其先后之序……忽不自知其入于圣贤之域矣"。显然，这既是揭示章旨，又是阐发经典的言外之意。其依据之一，是原文"志于道，据于德，依于仁，游于艺"四句的先后之序、轻重之伦、逻辑联系；其依据之二，是孔子确立的人生目标，是儒家学者的共同理想，是朱熹本人的长期体验。这样的阐释，就是真正地"使道理与自家心相肯"而又"无疏易凌躐之患矣"，并且有根有据，足以服人。

第四节　建构语言诠释的立足语境法

经典言语，是经典作者运用语言以表达思想的成果，无论就其整个系统而言，还是就其各种要素而言，都是存在于一定的语言环境之中的，都是必然与其语言环境互相作用并受其制约与影响的。基于这方面的实际感受，朱熹又建构起了立足语境诠释法，主要是倡导着眼于言语各种要素与其语言环境的互动关系，从二者的互动关系中分析和解释各种言语要素尤其是语词的准确意义，由此实现正确的语言诠释。先看其理论论述：

> 凡读书，须看上下文意是如何，不可泥著一字。……如《论语》："学不厌，智也；教不倦，仁也。"到《中庸》又谓："成己，仁也；成物，智也。"此等须是各随本文意看，便自不相碍。（《朱子语类》卷十一）

> 问："一般字，却有浅深轻重，如何看？"曰："当看上下文。"（《朱子语类》卷十一）

> 大凡理会义理，须先剖析得名义界分，各有所归，然后于中自然有贯通处。虽曰贯通，而浑然之中所谓粲然者，初未尝乱也。（《答石子重》）

> 圣贤说出来底言语，自有语脉，安顿得各有所在，须玩索其旨。（《朱子语类》卷十一）

> 子张谓"执德不弘"，人多以宽大训"弘"字，大无意味，如何接连得"焉能为有，焉能为亡"，文义相贯。盖"弘"字有深沉重厚之意。横渠谓："义理，深沉方有造，非浅易轻浮所可得也。"此语最佳。（《朱子语类》卷十一）

朱熹反复强调的是，凡读书，"当看上下文""须看上下文意""各随本文意看"，应该把握住它本有的"语脉"，由此准确地把握好一个词意义的浅深轻重，而"不可（脱离上下文或语脉而）泥著一字"。他所谓的"上下文""上下文意""本文意"或"语脉"，都是指在交谈过程中特定言语要素出现的语言环境，大致相当于现代语言学所谓的"语境"。他的实际观点是，诠释经典言语，要探寻并立足特定语境，从语境与言语的互动关系中分析和解释各种言语要素尤其是语词的意义，只有这样才能将各种言语要素意义的浅深轻重准确地阐述出来。运用现代语言学的观点来看，这其实是因为，特定语境对于在其中出现的各种言语要素尤其是特定语词，既有排除歧义而使其意义单一明确的作用，又有补衬意义而使之深厚丰满并且进而传达言外之意的作用；正是在这两方面作用的影响之下，各种言语要素尤其是特定语词，才具有并且表现出明白、确定而丰满、鲜活的意义。

为了对立足语境的语言诠释方法进行说明，朱熹自己还特别谈到两个实例。其一，《论语·子张》记载："子张曰：'执德不弘，信道不笃，焉能为有？焉能为亡？'"对于这里的语词"弘"，人们大都训释为"宽大"；朱熹却认为，这种解释"大无意味"，因为它不能着眼于特定语境而接连得"焉能为有，焉能为亡"以使文义相贯。其实，这里的"弘"还有"深沉重厚之意"，而这个意义，正是特定语境补衬出来的。由此可见，必须立足特定语境以探究特定语词所表达的意义。其二，《孟子·公孙丑上》有云："学不厌，智也；教不倦，仁也。"而《中庸》又谓："成己，仁也；成物，智也。"那么，到底应该如何理解儒家倡导的"仁"与"智"呢？简单地说，首先必须认识"一般字，（进入特定语境之后）却有浅深轻重"之不同的道理；接着应该立足特定语境以探究特定语词所表达的意义，亦即"须是各随本文意看"。这样一来就不难明白，在《孟子》语境中出现的"仁"与"智"，与在《中庸》语境中出现的"仁"与"智"，其意义既有浅深轻重的差别又有相同相通的共性。最后将其合而观之，就是儒家倡导的"仁"与"智"。这个实例进而可以说明，诠释"四书"经典，首先必须立足特定语境以探究特定语词所表达的意义，然后又应该站得更高，着眼于更大的语境如学派语境等，将同一语词在不同小语境中表达出来的几个意义，置于更大的语境亦即儒学的语境之中，使之相互补充、相互发明，这样就能更好地引导人们对于特定关键性语词所表达的儒学观念获得一种既准确又全面的认识。

然而，从经典诠释的历史实践来看，运用立足语境法的实际困难和实际情形，要比以上所论述的复杂得多。第一，就语境本身而言，有小语境，即上下文或文本结构；有大语境，那就是相关的社会文化环境。两种语境往往是相互影响、相互交融的。而所谓立足语境，是既要立足小语境，同时也要立足大语境。第二，就文本写作而言，有的文本的相关章节，明白而周详地交代或显示了语境，只待诠释者去体认；有的文本的相关章节，则缺乏对于语境之足够的交代或显示，则有待于诠释者的考求。而朱熹，则正是在这种种考验面前发展了立足语境之语言诠释方法。请看一个很有代表性的实例：

> 子见南子，子路不说。夫子矢之曰："予所否者，天厌之，天厌之！"（《论语·雍也》）

正如钱穆先生早已指出的："从来读《论语》的，对此章不知发生过几多疑辨。直到民国初年新文化运动掀起'打倒孔家店'的浪潮，有人把此章编成了'子见南子'的话剧，在孔子家乡曲阜某中学演出，引起了全国报章喧传注意。可见读《论语》，不能不注意到此章。讨论孔子为人，亦不能不注意到此章。"① 此章之所以如此重要，却又如此难以正确理解，关键正在于如何把握好它的大语境、小语境以探究孔子讲话的真实用意——可是《论语》原文却又恰恰缺乏对于特定语境之足够的交代。面对这种情况，朱熹做出的诠释是：

> 南子，卫灵公之夫人，有淫行。孔子至卫，南子请见，孔子辞谢，不得已而见之。盖古者仕于其国，有见其小君之礼。而子路以夫子见此淫乱之人为辱，故不悦。矢，誓也；所，誓辞也，如云"所不与崔、庆者"之类。否，谓不合于礼、不由其道也。厌，弃绝也。圣人道大德全，无可不可。其见恶人，固谓在我有可见之礼，则彼之不善，我何与焉。然此岂子路所能测哉？故重言以誓之，欲其姑信此而深思以得之也。（《论语集注》）

---

① 钱穆：《孔子与论语》，九州出版社 2011 年版，第 48 页。

朱熹的这一诠释，重点正在通过考据而补写出了特定的大语境。首先，他交代了"南子请见，孔子辞谢，不得已而见之"；接着，他说明了"盖古者仕于其国，有见其小君之礼"；然后，他点出了"欲其姑信此而深思以得之也"。于是，孔子那一番话的特定语境，包括小语境和大语境，包括相关的礼法依据，也就清晰地显现出来了。这样一来，不仅孔子话语的真实意义不难理解，而且孔子"欲其姑信此而深思以得之"的苦衷也可以想见。由此我们不难看到，朱熹是如何通过考据而补写语境的，是如何通过补写语境而立足语境的，是如何通过立足语境而进行语言诠释的，是如何通过语言诠释而阐发义理的，是如何通过阐发义理而彰显孔子之为人的。这正是立足语境之语言诠释方法的成效。

第五节　建构语言诠释的循环反复法

在经典文本语言系统里，词语组合成为句子，句子组合成为段落，段落组合成为篇章，篇章组合成为文本，它们分层装置，形成了各种层次的"部分"与"整体"的互动关系，形成了文本内在的逻辑结构和"召唤结构"。所以，进行经典语言的诠释，不仅要从词语到句子、从句子到段落、从段落到篇章、从篇章到文本而"详密有序"，并且有时还必须反过来从文本到篇章、从篇章到段落、从段落到句子、从句子到词语而循环反复。只有这样，才能全面把握并利用其"部分"与"整体"的互动关系。对此，古代和近代的东西方哲人学者，都在长期的经典诠释实践中有着细致的观察和深刻的分析，并且由此出发建构起相应的经典诠释方法。在西方，自《圣经》诠释学发生时期开始，就逐步建构并完善起来的"解释学循环"方法论，就是著名的典型；在东方，朱熹大力创建的循环反复法，就是闪亮的典范。且看他的论述：

> 学者初看文字，只见得个混沦物事。久久看作三两片，以至于

十数片，方是长进。如庖丁解牛，目视无全牛，是也。（《朱子语类》卷十）

读书是格物一事。今且须逐段仔细玩味，反来复去，或一日，或两日，只看一段，则这一段便是我底。脚踏这一段了，又看第二段。如此逐旋捱去，捱得多后，却见头头道理都到。（《朱子语类》卷十）

看文字，且依本句，不要添字。那里元有缝罅，如合（盒）子相似。自家只去抉开，不是混沦底物，硬去凿；亦不可先立说，牵古人意来凑。（《朱子语类》卷十一）

凡读书，须有次序。且如一章三句，先理会上一句，待通透；次理会第二句、第三句，待分晓；然后将全章反复?绎玩味。（《朱子语类》卷十一）

学者观书……相穿纽处，一一认得，如自己做出来底一般，方能玩味反复，向上有透处。（《朱子语类》卷十一）

读《大学》，且逐段捱。看这段时，似得无后面底。看第二段，却思量前段，令文意联属。（《朱子语类》卷十四）

逐字逐句，一一推穷，逐章反复，通看本章血脉；全篇反复，通看一篇次第；终而复始，莫论遍数，令其通贯浃洽。（《答吴伯丰》）

大凡为学有两样：一者是自下面做上去，一者是自上面做下来。自下面做上者，便是就事上旋寻个道理凑合将去，得到上面极处，亦只一理。自上面做下者，先见得个大体，却自此而观事物，见其莫不有个当然之理，此所谓自大本而推之达道也。（《朱子语类》卷一百一十四）

朱熹揭示了语言诠释循环反复法的原理。第一，他率先指出，经典文本的语言绝不是混沦物事，而总是由字（词）组成句，由句组成段，由段组成篇，它们分层装置，一重又一重，互联互动，却又有缝罅，有相穿纽处，如同充满机关的合（盒）子相似。诠释者应该去抉开，却不能硬去凿；而巧妙"抉开"的主要方法，就是循环反复。第二，他特别强调，诠释经典言语系统，在操作上要兼顾两个方面，一者是自下面做上去，一者是自上面做下来，循环反复。而所谓自下面做上去，就是逐字看了，又逐句看；逐句看了，又逐段看，将前者作为后者的基础；所谓自上面做下来，就是先见得个"大体"，在初步把握住了大体意向之后再反过来重新观察字、句、段，将把握大体意向作为解析字句意义的参照。这两个方面要相互结合，令其通贯浃洽。第三，他着意启示学者，诠释经典言语，既要自下面做上去，又要自上面做下来，而且还必须将二者结合以逐章反复，通看本章血脉；全篇反复，通看一篇次第；终而复始，直到通贯浃洽。这就是全面的循环反复法，它能够开创语言诠释的新局面。请看一个实例：

> （公孙丑问曰）"敢问夫子恶乎长？"（孟子）曰："我知言，我善养吾浩然之气。"（《孟子·公孙丑上》）

> 恶，平声。公孙丑复问孟子之不动心所以异于告子如此者，有何所长而能然，而孟子又详告之以其故也。知言者，尽心知性，于凡天下之言，无不有以究极其理，而识其是非得失之所以然也。浩然，盛大流行之貌。气，即所谓体之充者。本自浩然，失养故馁，唯孟子为善养之以复其初也。盖唯知言，则有以明夫道义，而于天下之事无所疑；养气，则有以配夫道义，而于天下之事无所惧，此其所以当大任而不动心也。告子之学，与此正相反。其不动心，殆亦冥然无觉，悍然不顾而已尔。（《孟子集注》）

通看这则注文，学者有如深入堂奥，见到了一片新的境界。它可以分为三段：

第一段是"公孙丑复问孟子之不动心……而孟子又详告之以其故也"，这是引导学者先见得全章大体意向，在初步把握住了大体意向之后再反过来重新观察本段字、句意义。其作用有二：一是说明全章大体意向，点出其中既有公孙丑复问的要素，更有告子之学的要素，以便读者在熟悉了大体意向之后再反过来重新探究孟子语意；二是贯通全章文意，令语意联属，使得孟子的这一言论与上文相关处的逻辑联系彰显出来，以便读者以其大体意向为参照而循环反复，更加全面地发掘本处字、句、段的深意。

第二段是"知言者，尽心知性……唯孟子为善养之以复其初也"。其特点有二。一是诠释深刻，能够引导读者透过语词发掘其深处的哲学思想。譬如，从"知言"，说到"尽心知性"，说到"究极其理"，最后归结为"识其是非得失之所以然"，足以启人神思。二是既自下面做上去，由释词而释句，由释句而释段；又自上面做下来，在把握大体意向之后更为准确地诠释"知言""浩然"等词语，乃至通看本章血脉。这正是其诠释深刻的根本原因。即如，为什么有必要从"知言"说到"尽心知性"呢？就因为本章前面引用了告子"不得于言，勿求于心"的言论，就因为本章前面孟子说过"不得于言，勿求于心，不可"，所以在把握大体意向之后，既有必要也已能够揭出"知言者，尽心知性"的道理。这些正是循环反复的诠释成果。

第三段是"盖唯知言，则有以明夫道义……"，这一段是在循环反复之中进行小结，借小结之力又进行更大领域的循环反复，既使阐发出来的哲学思想更为丰厚完整，也使阐发出来的哲学思想有所提升，并且站立人格高处将孟子之学与告子之学明确地区分开来。

最后，再将这三段贯通起来以整体考察这则注文，我们就能看到语言诠释循环反复法的逻辑力量和诠释效用：由于它是对详密有序法的新发展，因而更能使语言诠释走向较高的境界，更能有力地"自大本而推之达道也"。

哲学家朱熹感受到时代的召唤，在深厚的经典诠释经验的基础上，勇于探索新的途径，有力地论证了语言诠释在经典诠释中特有的根本性和指向性，有效地创建了语言诠释的详密有序法、立足语境法和循环反复法，使之融合为经典语言诠释方法论的整体，并以之与体验诠释方法论、类推诠释方法论等密切配合，从而促使"四书"诠释取得了历史性的成功，从而促使中国哲学诠释学获得了重要的发展。这正是朱熹建构的语言诠释方法论的主要成就与鲜明亮点！据此，我们也可以澄清自清代以来的一些学者在这方面的误会。①

---

① 周光庆：《朱熹〈四书集注〉语言诠释方法论的建构与运用》，《武汉大学学报》2015年第6期。

第十六章　朱熹《四书集注》体验诠释方法论

大概没有人会否认，朱熹集宋代理学之大成，从本体论、认识论的高度发展了先秦以来的以儒学为主体的中国传统哲学，建构起了一套以"天理"为最高范畴的哲学理论；而朱熹哲学理论的创立，又是他立足社会现实、感受文化需要而在重新诠释儒家经典过程中逐步完成的。从当下的文化视界出发，在诠释古代经典过程中阐发出新的思想理论，这并非朱熹的发明，那么他能在这方面取得卓越成就的特别原因又是什么呢？我们认为，主要就是朱熹能够奋起感应时代的召唤，在前人的基础上创建起了一种新的体验诠释方法论，发挥了特别的作用。而八百多年来，他所创建的新的体验诠释方法论，一直为中国哲人学者所反复论议和传承发展，却又仍然存在着进行系统探讨的极大空间。

第一节　感应新的时代召唤，探寻新的理论依据

在一定意义上，朱熹创建的新的体验诠释方法论回应了那个特定时代的千呼万唤。早在北宋初期，帝王们就在长期动乱后的内忧外患中感受巩固中央集权和重建中国文化的需要，希望复兴儒学，并凭借儒学以强化尊王攘夷精神和道德伦常秩序。所以他们大都重视制礼作乐，兴办学校，极力推崇孔

子。而庆历年间后，伴随要求朝廷"酌古变今"的呼声，读书人也纷纷起而批评佛道"异端"，要求全面复兴儒学，为试行更大改革找到具有说服力和感染力的哲学依据。然而，当时的儒学却不仅难以迅速复兴，甚至还面临着种种危机。那时学者的切身感受与研究心得就是最好的证明：

> 佛法为中国患千余岁，世之卓然不惑而有力者，莫不欲去之。已尝去矣，而复大集；攻之暂破，而愈坚；扑之未灭，而愈炽。……然则将奈何？曰：莫若修其本以胜之。（欧阳修《本论》）

> 世传王荆公尝问张文定公曰："孔子去世百年，生孟子亚圣，后绝无人，何也？"文定曰："岂无？只有过孔子上者。"公曰："谁？"文定曰："江西马大师，汾阳无业禅师，雪峰、岩头、丹霞、云门是也。"公暂闻，意不甚解，乃问曰"何谓也？"文定曰："儒门淡薄，收拾不住，皆归释氏尔！"荆公忻然叹服。（陈善《扪虱新话》上集卷三）

> 自孔孟没，学绝道丧千有余年，处士横议，异端间作，若浮屠、老子之书，天下共传，与《六经》并行。而其徒侈其说，以为大道精微之理，儒家之所不能谈，必取吾书为正。世之儒者亦自许曰："吾之《六经》未尝语也，孔孟未尝及也。"从而信其书，宗其道，天下靡然同风。（范育《正蒙序》）

显然，几经沧桑，至北宋初期，儒学理论已经趋于僵化，儒学活力已经受到压抑，儒家经典的诠释存在着种种问题，"儒门淡薄，收拾不住，皆归释氏"已是儒学家们难以讳言的事实。直面如此严峻的形势，当时的哲人学者终于认识到，如要真正复兴儒学、排佛攘道，"莫若修其本以胜之"！可是，在这样的形势之下，儒家学者又该如何激发儒学发展活力，从而"修其本以胜之"呢？

正是在思考这一重大时代课题的过程中，一些具有使命意识的儒家学者们，逐渐对于汉唐经学的积弊和变革儒学经典诠释方法等问题有了新的认识，从而兴起了一股疑传乃至疑经、议古乃至拟圣的思潮，有如王应麟《困学纪闻》卷八《经说》引陆游所说："唐及国初，学者不敢议孔安国、郑康成，况圣人乎！自庆历后，诸儒发明经旨，非前人所及……不难于议经，况传注乎！"在这一思潮的影响下，儒家学者集结《大学》《中庸》《论语》《孟子》为"四书"，进而"退'五经'，尊'四书'"，使之相互发明、相互贯通，显现出一个相对完整的儒学思想体系；并且吸取玄学乃至佛学的种种经验，纷纷尝试变革儒家经典诠释方法论。为此，其先行者张载率先提出了"心解"法："要见圣人，无如《论》《孟》为要。《论》《孟》二书于学者大足，只是须涵泳"①，"心解则求义自明，不必字字相较"②。其开拓者二程进而倡导"玩味"法："学者须将《论语》中诸弟子问处便作自己问，圣人答处便作今日闻，自然有得。若能于《论》《孟》中深求玩味，将来涵养成甚生气质！"③ 然而，直到北宋后期，"四书"所能发挥的历史作用却还远远没有完全显示出来，经典诠释方法论的变革也少有显著成就，"心解""玩味"方法的尝试也还没有演进成为卓有成效的、学者普遍接受的诠释方法论。所以，时代还在继续召唤着新的学术精英。

朱熹感受到了时代的这一召唤。他出生于一个"以儒名家"的士人家庭，经历了出入释老、泛滥诸子而回归儒家的思想历程，逐步形成了一套富有个性特征的为学观念：在精神方面，要学做一位圣贤，建构并坚守人文信仰；在学业方面，要肩负"道统"，传承并发展儒学理论；在事功方面，要阐发并传播儒学人文信仰，以实现"国家化民成俗之意"，成就"学者修己治人之方"！即使是在"庆元学禁"期间，他深受政治迫害，连年大病缠身，书院杂草丛生，弟子风流云散，却能义愤填膺地提出抗议："某又不曾上书自辩，又不曾作诗谤讪，只是与朋友讲习古书，说这道理。更不教做，

---

① （宋）张载：《张载集》，中华书局1978年版，第272页。
② （宋）张载：《张载集》，中华书局1978年版，第276页。
③ 转引自（宋）朱熹：《四书章句集注》，中华书局1983年版，第44页。

却作何事!"(《朱子语类》卷一百零七)正因为他能从"学者的挫折"中奋起,所以他立志发展张程理学,重新诠释"四书",深入变革经典诠释方法论;在"心解""玩味"方法的基础上,创建起一种新的体验诠释方法论。为此,他提出来一个纲领性的意见:"读书之法,要当循序而有常,致一而不懈;从容乎句读文义之间,体验乎操存践履之实;然后心静理明,渐见意味。不然,则虽广求博取,日诵五车,亦奚益于学哉!"(《答陈师德》)而朱熹的杰出之处更在于,为了能够更有成效地创建起体验诠释方法论,他本着清醒的理论自觉,决心探寻其可信可凭的理论依据,并由此特别关注上了心性之学。这是因为,早在北宋中后期,理学就开始由义理之学走向心性之学,其心性论还逐渐融贯了本体论与认识论而面目一新。朱熹的贡献正在于,他发展了心性之学的理论而使之趋于系统化,并将其作为创建体验诠释方法论的理论依据。根据我们的考察,朱熹发展起来的心学理论有关经典诠释的要点有三:

第一,就诠释主体而言,心具众理而应万事,特别是创造性地诠释经典,乃是诠释主体应有的先在意识状态。按照他的说法,"心者,人之神明,所以具众理而应万事者也"(《孟子集注》),"理便在心之中,心包蓄不住,随事而发"(《朱子语类》卷五),"心便是理之所会之地"(《朱子语类》卷五),"一心具万理。能存心,而后可以穷理"(《朱子语类》卷九),"若读得熟,而又思得精,自然心与理一,永远不忘"(《朱子语类》卷十)。因此,当学人解读儒家经典时,其"心"就并非如佛学所说的"空而无理",而是虽然空灵却又包含万般哲理与人生经验,能够随事而发以观照意义,接近于现代认知心理学所阐扬的良好的"认识图式"。

第二,就诠释主体而言,应是心犹明镜,能照明万物,能藏往知来,具有可以逐步提高的认知能力、实践能力与有效诠释经典的能力,那就是:"心犹镜也,但无尘垢之蔽,则本体自明,物来能照"(《答王子合》),"心官至灵,藏往知来"(《朱子语类》卷五),"知觉是心中灵"(《朱子语类》卷五),"心之全体湛然虚明,万理具足,无一毫私欲之间;其流行该徧,贯乎动静，而妙用又无不在焉"（《朱子语类》卷五）。因此，诠释主体之"心"可以通过有效地诠释儒家经典以认识万物演变规律，体察社会发展轨迹，并且贯乎言行动静，"妙用又无不在焉"。所以朱熹总在强调"读书须将心贴在书册上"（《朱子语类》卷十）。

第三，就诠释主体与经典作者的关联而言，人心同然，能够相知，经典作者可以通过经典表达以引导诠释者之心，诠释者可以通过诠释经典以体悟其作者之心："天地以生物为心，而所生之物因各得夫天地生物之心以为心，所以人皆有不忍人之心"（《孟子集注》），"盖古今人情不相远"（《答许顺之》），"心之所同然者何也？谓理也，义也。圣人先得我心之所同然耳"，"当就人心同处看"（《朱子语类》卷五十九）；"盖人心之同然"，"所以以己之心度人之心，使皆得以自尽其兴起之善心"（《朱子语类》卷十六）。因此，古今人情不相远，只要诠释方法得当，"就人心同处看"，诠释者完全可以通过有效诠释儒家经典以体悟儒家圣贤之心，乃至心心交融，逐步提升，进而去实现"自尽其兴起之善心"的美好目标。

总之，按照朱熹的心学理论，就儒家经典诠释者的良好心态而言，既然心具众理而能应万事是认识主体和诠释主体的先在意识状态，既然心犹明镜，能照万物，藏往知来，具有一定的认知功能、实践功能与有效诠释经典的功能，既然"学者的挫折"是古今常见之事，关键在于能否秉承大义而从中奋起，既然古今人情不相远，能够相知，能够交融，经典作者可以通过经典表达以引导诠释者之心，诠释者可以通过诠释经典知晓圣贤之心；那么，创建新的体验诠释方法论，进行"切己体验"，就有其可信的理论根据和实践依据，就是基于诠释经典的需要而出于一种理论与实践的自觉。

第二节　激发体验诠释的切己精神

朱熹立意创建新的体验诠释方法论，既是有感于那个时代的召唤，也是针对着当时学林的风气，那就是："读书，不可只专就纸上求义理，须反来就自家身上推究。秦汉以后无人说到此，亦只是一向去书册上求，不就自家身上理会。自家见未到，圣人先说在那里，自家只借他言语来就身上推究，始得。"（《朱子语类》卷十一）所以，他论述体验诠释方法论，不仅注意解说"体验"这一关键范畴，构筑相应的理论根据，而且更加注重在"秦汉以后无人说到此"的情况下，激发体验诠释的切己精神，以便切实引导学者效法。惟其如此，他创建的新的体验诠释方法论，才能够特别丰满而实用，能与学者扩充和提升自己的心灵境界的"修己"事业密切相关。请先看他那自成系列的论述：

今人读书，多不就切己上体察，但于纸上看，文义上说得去便了。如此，济得甚事！（《朱子语类》卷十一）

今学者皆是就册子上钻，却不就本原处理会，只成讲论文字，与自家身心都无干涉。须是将身心做根柢！（《朱子语类》卷一百一十三）

少看熟读，反复体验，不必想像计获。（《朱子语类》卷十）

所谓"体"者，便作"体认"之"体"，亦不妨。体认者，是将此身去里面体察。（《朱子语类》卷九十五）

夫所谓体认者，若曰体之于心而识之。（《朱子语类》卷一百一十五）

（体验即）俗语所谓"将心比心"。（《朱子语类》卷十六）

读书穷理，当体之于身。凡平日所讲贯穷究者，不知逐日常见得在心目间否。（《朱子语类》卷十一）

学问，就自家身己上切要处理会方是……圣人说底，是他曾经历过来。（《朱子语类》卷十）

学者当以圣贤之言反求诸身，一一体察。（《朱子语类》卷十一）

默识心融，触处洞然，自有条理。(《朱子语类》卷二十四)

读书须是以自家之心体验圣人之心。少间体验得熟，自家之心便是圣人之心。(《朱子语类》卷一百二十)

须以此心比孔孟之心，将孔孟心作自己心。要须自家说时，孔孟点头道是，方得。(《朱子语类》卷十九)

看《乡党》一篇，须是想像他"恂恂"是如何，"闇闇"是如何……须是以心体之真自见个气象始得。"(《朱子语类》卷三十八)

圣贤说话，多方百面，须是如此说。但是我恁地说他个无形无状，去何处证验？只去切己理会，此等事久自会得。(《朱子语类》卷一百一十六)

今请归家正襟危坐，取《大学》《论语》《中庸》《孟子》，逐句逐字分晓精切，求圣贤之意，切己体察，著己践履，虚心体究。如是两三年，然后方去寻师证其是非，方有可商量，有可议论，方是"就有道而正焉"者。入道之门，是将自己身己入那道理中去，渐渐相亲，久之与己为一。(《朱子语类》卷一百二十一)

切己思量体察，就日用常行中着衣吃饭、事亲从兄，尽是问学。若是不切己，只是说话。(《朱子语类》卷三十八)

圣贤之言，则反求诸心而加涵泳之功。日用之间，则精察其理而审毫厘之辨。积日累月，存验扩充，庶乎其真有省，而孔孟之心殆可识矣。(《答吴仲明》)

朱熹建构的"体验"范畴，既是指一种认识世界的方法，更是指一种诠释经典意义的方法；它作为一种儒家经典诠释方法，要求诠释主体透过语言诠释，以自家身心做根柢，以"将心比心"为方式，设身处地，推己及人，在"想象"中进入经典作者经历过来的种种境地、种种情景，切切实实地体察和品味，使自己的视域与作者的视域逐步融合，将经典的义理与自己的身心密切关联，由此识得"圣人之心"，识得"自然之理"，并且予以验证和认同，进而"扩而充之"，使"自家之心便是圣人之心"。总之，就其主导方向而言，朱熹大力标举的"体验"，既是一个认识论的概念，也是一个方法论的概念，同时还是儒家学人的一种精神境界的概念。

而就体验诠释方法的主要精神而言，那就是"切己"。所谓"切己"，就是诠释主体在经典诠释过程中，真正将自己摆进去，以身心做根柢，以自家之心体验经典作者之心，并将领悟得来的道理应用于自己的社会文化实践。具体说来，这种"切己"精神有三个突出之点：一是诠释主体须将自家身心做根柢，在自我理解、自我立定、自我实现的基础上，去体认经典深处的意义，从而做好对于经典意义的重建；二是诠释主体须以自家之心体验经典作者之心，使自己的视域与作者的视域相融合，从而实现对于"圣人之心"的重建，进而实现自家之心便是圣人之心；三是诠释主体不仅切己体察，而且著己践履，一定要将那通过体验而得的经典意义和"圣人之心"，运用于自己的"修己"实践和社会实践。因此，在某种意义上，朱熹全力激发的这种"切己"精神的本质特性，就是促使诠释主体在经典诠释的进程中，自觉追求自我理解、自我立定、自我筹划、自我实现的精神。显然，在中国思想史上，这是一种全新的、富有创造能力的精神！如果缺乏这种"切己"精神，就不是朱熹的体验诠释方法论。

研究朱熹建构的"体验"理论，很容易使人联想到德国哲学家、诠释学家狄尔泰和伽达默尔的"体验"理论。按照狄尔泰的著名论断，"自然需要解释，精神需要理解"，而理解从来就不是直接的，它是理解者通过自身对作者心理过程的"体验"来重建这一过程，以达到对文本的理解；而"体验"，就是"解释者通过把他自己的生命性仿佛试验性地置于历史背景之中……在自身中引起一种对陌生生命的模仿"，"在这种移入和转换的基础上，形成了理解的最高形式……就是模仿或重新体验"。① 而且，正如伽达默尔指出的："生命对于狄尔泰来说，完全意味着创造性。由于生命客观化于意义构成物中，因而一切对意义的理解，就是一种'返回，即由生命的客观化物返回到它们由之产生的富有生气的生命性中'。所以体验概念构成了对客体的一切知识的认识论基础。"② 如果将二者细加比较，我们就有理由相信：尽管朱熹早于狄尔泰七百多年，但是就其"理解是理解者通过自身对作者心理过程的'体验'来重建这一过程，以达到对文本的理解"而言，就其"一切对意义的理解，就是由生命的客观化物返回到它们由之产生的富有生气的生命性中"而言，就其"解释者通过把他自己的生命性仿佛试验性地置于历史背景之中"而言，朱熹的"体验"学说与狄尔泰、伽达默尔的"体验"理论，是可以遥遥相通并相互阐发的，它们有着相同相近的观点、精神与意义。以此为参照，我们就能在更为开阔的视域里，公正地评估朱熹建构的体验诠释方法论的正确性和先进性。

第三节　开拓体验诠释的上透进程

作为一种新的经典诠释方法，朱熹倡导的体验诠释具有一种"切己"的精神，同时更是开拓出了一种"向上有透处"（《朱子语类》卷十一）亦即不断上透的心理进程；而这种上透的进程，可以实施，可以效法，可以逐步完善，使"方法"落实为切实的经典诠释方法而非美妙的空谈，由此而实实在在地获得经典诠释的成功。所以，朱熹对于体验诠释的上透进程进行了深入探察与有效开拓，终于使之清晰地显现出来：

首先是"唤醒"。一位学生旧年读书，到了文字通解时却又不能心有所

---

① ［德］狄尔泰：《诠释学的起源》，转引自洪汉鼎主编：《理解与解释——诠释学经典文选》，东方出版社 2001 年版，第 90、103 页。

② ［德］伽达默尔：《真理与方法》，洪汉鼎译，上海译文出版社 1992 年版，第 84 页。

会，于是前来请教。朱熹毅然回答："如今学者大要在唤醒上！"（《朱子语类》卷一百零七）他还强调："道理固是自家本有，但如今隔一隔了，须逐旋揩磨呼唤得归。然无一唤便见之理，不若且虚心读书。"（《朱子语类》卷一百二十）而所谓"唤醒"，其实就是输入经典文本的信息，激活诠释主体那颗"万理具足"的心灵，亦即先在的认识图式，从而主动地发挥"心"的认知功能与实践功能，形成思维定式和情感趋向，亦即"先定其心，使之如止水，如明镜"（《朱子语类》卷十一）。这是因为，"先教自家心里分明历落，如与古人对面说话，彼此对答，无一言一字不相肯可，此外都无闲杂话说，方是得个入处"（《答张元德》）。如此一来，诠释主体的先在认识图式就能被激活，各种心理因素就能和谐互动；思维定式就能逐渐形成，认知对象就能设定，交流渠道就能畅通。这就是体验诠释实际进程的第一阶段。

其次是"涵泳"。《中庸》一书为了论述君子之道上下昭著，引用了《诗经》名句"鸢飞戾天，鱼跃于渊"。朱熹在集注中援引了程子之说："子思吃紧为人处，活泼泼地，读者其致思焉。"可是理学家张栻对此提出质疑，朱熹回答说："盖前面说得文义已极分明，恐人只如此容易领略便过，故引此语，使读者于此更加涵泳。"（《答敬夫论中庸说》）由此可见，引导学者"涵泳"是何等重要。为此他大力提倡："学者须敬守此心，不可急迫，当栽培深厚，涵泳于其间，然后可以自得"（《朱子语类》卷一百一十三），"只是熟读涵泳，自然和气从胸中流出，其妙处不可得而言，不待安排措置，意思自足"（《朱子语类》卷八十），"此等语言自有个血脉流通处，但涵泳久之，自然见得条畅浃洽"（《答何叔京》）。综合起来看，朱熹倡导的"涵泳"，作为体验诠释的一个重要步骤，是指诠释主体在"唤醒"亦即先在认识图式已被激活之后，仍然要全身心地沉浸于经典文本之中，从容地感受，反复地体验，达到对其意义由直觉把握而深入领会，见得条畅浃洽，以至于和气从胸中流出！这就是体验诠释实际进程的第二阶段。

再次是"浃洽"。诠释者怀着已被"唤醒"的心灵，"涵泳"于经典文本深处，自然见得条畅"浃洽"。关键是何谓"浃洽"呢？它正是朱熹鼓励包括皇帝在内的儒家经典诠释者尽力追求的诠释境界：

> 须是时复玩味，庶几忽然感悟，到得义理与践履处融会，方是
> 自得。这个意思，与寻常思索而得不同。（《朱子语类》卷一
> 百零五）

> 诚能鉴此而有以反之，则心潜于一，久而不移，而所读之书文
> 意接连、血脉通贯，自然渐渍浃洽、心与理会。（《行宫便殿奏劄
> 二》）

> 读书更须从浅近平易处理会，应用切身处体察，渐次接续，勿
> 令间断，久之自然意味浃洽，伦类贯通。（《答吴伯丰》）

> 乃能真实该徧，无所不通，使自家意思便与古圣贤意思泯然无
> 间，不见古今彼此之隔，乃为真读书耳！（《答林思退》）

> 夫习而熟，熟而说，脉络贯通，最为精切，程子所谓浃洽者是
> 已。（《论语或问》）

> （读书如）园夫灌园。善灌之夫，随其蔬果，株株而灌之。少
> 间灌溉既足，则泥水相和，而物得其润，自然生长。（《朱子语类》
> 卷十）

仔细体会他从不同的角度、用不同的方式进行的这些描述可以知道：第一，
"浃洽"是生发在久久涵泳而忽然感悟之后；第二，"浃洽"是生发在内心
充盈喜悦而脉络贯通之时；第三，"浃洽"这种诠释境界，实质的表现是自
家意思与古圣贤意思泯然无间，不见古今彼此的隔阂，又如灌溉既足，则泥
水相和，而物得其润，自然生长。总之，是经典诠释主体的心灵在反复体验
之后达到的高峰状态。而根据美国心理学家马斯洛的研究，在人的体验高峰
状态中，"知觉可能是相对超越自我的、忘我的、无我的"①。朱熹笔下的
"浃洽"诠释境界，应该是与此相近相通的，其显著特征正是义理与践履处

---

① ［美］马斯洛：《存在心理学探索》，云南人民出版社 1987 年版，第 71 页。

融会，不见古今彼此之隔。这就是体验诠释实际进程的高峰阶段。

最后是"兴起"。朱熹强调，在"唤醒""涵泳""浃洽"之后，经典诠释主体还应该追求精神"自然生长"之后的"兴起"，这才是儒家经典诠释的最后归宿。为此他做过特别的说明："兴，感发志意"（《论语集注》），"须是读了有兴起处，方是读《诗》。若不能兴起，便不是读《诗》"（《朱子语类》卷八十），"能使人兴起者，圣人之心也；能遂其人之兴起者，圣人之政事也"（《朱子语类》卷十六）。由此可见，"兴"是"感发志意"，"兴起"则是诠释者志意感发，心胸明澈，将经典文本的意义与精神化为自我行为的动力与指南，或建构新说，或修己治人。这就使人联想起现代诗人布莱克的警句：解读好诗，"能唤起行动的能力!"① 因此，"兴起"就是"唤起行动的能力"，就是体验诠释实际进程的完成阶段，其实也就是经典诠释取得理想性历史效果之时。譬如《论语·子罕》记载："子曰：'知者不惑，仁中不忧，勇者不惧'。"因为文字简明，所以一般注家都不太措意，而朱熹的《论语集注》则大加阐释以为示范："明足以烛理，故不惑；理足以胜私，故不忧；气足以配道义，故不惧。此学之序也。"首先，他以自家之心体验圣人之心，发掘出孔子议论深处的原因与根据；其次，他在孔子思想中融进了"理"与"道义"等观念；最后，他体之于心而识之，将孔子这段话纳入"学之为言效"的实践程序之中，引导读者去追求兴起。研读了这一段注文之后，学者应该是能有兴起处的。

总之，以上四个阶段，"唤醒—涵泳—浃洽—兴起"，"向上有透处"，构成了运用"体验"诠释方法诠释经典的全过程，其特征是层层上透，直入精微，既有心理学的依据，又有哲学的根基，还有人格学、美学的意蕴，充分体现出了朱熹建构的新的体验诠释方法论的基本内容与主要精神。这是中国诠释学发展史上前所未有的成绩和对后学的持久感召力! 由此出发，学者们可以更好地解读所有经典文本，"庶几忽然感悟，到得义理与践履

---

① 转引自童庆炳主编：《现代心理美学》，中国社会科学出版社 1993 年版，第 562 页。

处融会"。

第四节　实现体验诠释的多重效应

任何诠释方法论的建构，都是为了追求对经典文本的最大诠释效应；评价任何诠释方法论的得失，都要考察它对经典文本的实际诠释效应。而根据我们的考察，朱熹感应时代的召唤而建构起来的体验诠释方法论，在其对"四书"的诠释过程中，与语言诠释、类推诠释密切结合，所实现的诠释效应，是全面的，是深刻的，是具有历史性影响的。对此，朱熹很有体会与信心，因而常常予以阐扬，并特别突出论述了以下几个方面：

第一，通过体验诠释可以识得经典作者亦即圣人之心。因为"圣人之言，即圣人之心"（《朱子语类》卷一百二十），故而运用体验诠释方法诠释经典可以识得经典作家亦即圣人之心。在这方面，朱熹是明确而坚定的："读书须是以自家之心体验圣人之心"（《朱子语类》卷一百二十），"圣贤之言，则反求诸心而加涵泳之功；日用之间，则精察其理而审毫厘之辨。积日累月，存验扩充，庶乎其真有省而孔孟之心殆可识矣"（《答陈明仲》）。事实上，朱熹本人在诠释儒家经典的过程中，也的确善于以自家之心体验圣人之心，并以圣人之心来滋润自己、启迪广大学人。例如：

> 子在陈曰："归与！归与！吾党之小子狂简，斐然成章，不知所以裁之。"（《论语·公冶长》）
>
> 此孔子周流四方，道不行而思归之叹也。……夫子初心，欲行其道于天下，至是而知其终不用也。于是欲成就后学，以传道来世。又不得中行之士而思其次，以为狂士志意高远，犹或可与进于道也。但恐其过中失正，而或陷于异端耳，故欲归而裁之也。（《论语集注》）

孔子思归之叹浩浩然，却将万千感慨隐含于"归与！归与！"四字深处。而朱熹则深信"圣人说底，是他曾经历过来"，于是结合孔子周游列国的经历，以自家之心体验圣人之心，从中发掘出孔子之"欲行其道于天下，至是而知其终不用也。于是欲成就后学，以传道于来世"的殷殷初心，真能让孔子点头称道，真能使学者对孔子竭诚敬服。此外，从孔子"不知所以裁之"的言语中，朱熹结合自己长期的教学经验，将心比心，又阐发出孔子"以为狂士志意高远，犹或可与进于道也。但恐其过中失正，而或陷于异端耳，故欲归而裁之也"的良苦用心，由此而使人深受启示。所有这些，都是其体验诠释方法所赢得的诠释效应。

第二，通过体验诠释可以识得儒家建构的天地之理。"圣人之心，即天地之理"（《朱子语类》卷一百二十），故而通过识得圣人之心以识得天地之理，才是体验诠释方法所更应追求的诠释效应。所以朱熹强调："读书以观圣贤之意；因圣贤之意，以观自然之理"（《朱子语类》卷十）；"所谓识心，非徒欲识此心之精灵知觉也，乃欲识此心之义理精微耳"（《答姜叔权》）。而在理学家的心目中，儒家建构的天地之理，既是宇宙万物的本体，又是社会生活的准则，可以贯彻于人伦日用；所以他又进而指出："这道理，须是见得是如此了，验之于物，又如此；验之吾身，又如此；以至见天下道理皆端的如此了，方得。"（《朱子语类》卷一百零四）朱熹自己正是这样身体力行的。例如：

> 子在川上，曰："逝者如斯夫，不舍昼夜！"（《论语·子罕》）
> 天地之化，往者过，来者续，无一息之停，乃道体之本然也。
> 然其可指而易见者，莫如川流。故于此发以示人，欲学者时时省
> 察，而无毫发之间断也。（《论语集注》）

诚如李泽厚先生所言，孔子川上之叹，"大概是全书中最重要一句哲学话语"，"而'真正'的时间则只存在于个体的情感体验中。这种'时间'是

没有规定性的某种独特绵延，它的长度是心理感受的长度"。① 对于这一哲学话语，朱熹运用体验诠释方法，首先识得了孔子"故于此发以示人，欲学者时时省察，而无毫发之间断"的深远用心；进而以观自然之理，识得了孔子情感体验中的时间长度；再进一步则进行哲学思考，识得了"天地之化"与人生意义，以及它们与时间长度的相似性，即"往者过，来者续，无一息之停"，而这种相似性正好可以运用形象生动、指而易见的川流予以表征；最后进行人生思考，识得了学者应该对此时时省察，而使自己之努力无毫发之间断的道理。就这样，在一则注释的过程中，朱熹体验到孔子之心，体验到时间长度，体验到"天地之化"，体验到自己和所有人的存在及其终极意义，并且将此"天地之理"予以验证，发以示人，给人以深远的启示和行动的力量。我们认为，在《论语》诠释史上，朱熹关于孔子此语的诠释应该是最为深刻、最有意义、最有感召力的。而所有这些，主要都是他运用体验诠释方法所能赢得的诠释效应。

第三，通过体验诠释可以扩充自己的心灵。按照朱熹的见解，进行儒家经典的体验诠释，固然是要通过识得圣人之心以识得儒家天地之理；然而更为重要的，还是要以天地之理培育自己的心灵，以圣人之心滋润自己的心灵，从而使自己的心灵不断更新、不断扩充、不断提升，争取达到"无不尽"的境界，这才是体验诠释方法的最高诠释效应，才是儒家最为过硬的"修己"功夫。所以他谆谆告诫后学："学者于此，反求默识而扩充之，则天地之所以与我者，可以无不尽矣"（《孟子集注》），"若识得个头上有源、头下有归著，看圣贤书，便句句着实，句句为自家身己设……仁义礼智，'知皆扩而充之，若火之始然，泉之始达'"（《朱子语类》卷一百一十四），"常存此心，勿令间断，讲明义理以栽培之，则久当纯熟明快矣"（《答严居厚》），"读书须是以自家之心体验圣人之心。少间体验得熟，自家之心便是圣人之心"（《朱子语类》卷一百二十）。请品读一个具有代表性的实例：

---

① 李泽厚：《论语今读》，安徽文艺出版社 1998 年版，第 226 页。

> 子曰："志于道，据于德，依于仁，游于艺。"（《论语·述而》）
>
> 此章言人之为学当如是也。盖学莫先于立志，志道，则心存于正而不他；据德，则道得于心而不失；依仁，则德性常用而物欲不行；游艺，则小物不遗而动息有养。学者于此，有以不失其先后之序、轻重之伦焉，则本末兼该，内外交养，日用之间，无少间隙，而涵泳从容，忽不自知其入于圣贤之域矣！（《论语集注》）

孔子的这段话具有简明的纲领性，而朱熹这篇短短的注文，则仿佛一篇微型论文，最为可贵的，是他能在诠释中对孔子的纲领性意见进行必要而有效的理论性论证。朱熹首先通过发掘经典原文内在的固有逻辑，从中体验出"志于道，据于德，依于仁，游于艺"，乃孔子"人之为学当如是"的系统性主张。然后又以此为依据、为准则，结合许多圣贤的人生经验，鼓励读者：有志者于此，本末兼该，内外交养，不断扩充，无少间隙，就一定能够从体验诠释出发，进而扩充和提升自己的心灵，忽不自知其入于圣贤之域，自家之心便是圣人之心矣！在那个时代的中国，这正是儒家学人们所追求的最高境界，因而也是朱熹所赢得的最高诠释效应，对于很多人都发挥过激励和引导的作用。

总之，无论从诠释理论的论证上，还是在经典诠释的实践中，朱熹都已清晰而有力地表明，通过体验诠释可以识得儒家经典作者亦即圣人之心，可以识得儒家建构的天地之理，可以扩充和提升自己的心灵。这就是经典诠释之体验诠释方法所能够、所已经赢得的诠释效应。然而，朱熹还有更为开阔的眼界，还有更为高远的追求。他曾经满怀信心地说道："盖是天下道理寻讨将去，那里不可体验？只是就自家身上体验，一性之内，便是道之全体。千人万人，一切万物，无不是这道理。不特自家有，它也有；不特甲有，乙也有。天下事都恁地。"（《朱子语类》卷一百二十）对此，我们应该如何理解呢？请看朱熹在《孟子集注》里对于孟子之名言"我知言，我善养吾浩然之气"的诠释：

> 知言者，尽心知性，于凡天下之言，无不有以究极其理，而识
> 其是非得失之所以然也。浩然，盛大流行之貌。气，即所谓体之充
> 者。本自浩然，失养故馁，唯孟子为善养之以复其初也。盖唯知
> 言，则有以明夫道义，而于天下之事无所疑；养气，则有以配夫道
> 义，而于天下之事无所惧，此其所以当大任而不动心也。

朱熹的这一诠释，不仅引导学人领略孟子的心迹，仰望孟子的人格，感受孟子的浩然之气；而且还指点学人由此理解"知言，则有以明夫道义，而于天下之事无所疑；养气，则有以配夫道义"的深刻道理；更为重要的是，他还在依据"千人万人，无不是这道理"的原理，激励学人像孟子那样"当大任而不动心！"领会至此，再回头仔细咀嚼"千人万人，一切万物，无不是这道理。不特自家有，它也有；不特甲有，乙也有。天下事都恁地"那几句话，我们似乎就能更加懂得在那个时代运用体验诠释方法诠释儒家经典，所能赢得的最大诠释效应。

自南宋以降，朱熹建构《四书集注》体验诠释方法论既能感应其时代召唤，又能探寻其理论依据，从而表现出高度的自觉；既能激发其切己精神，又能开拓其上透进程，从而彰显出难得的创造能力；既能实现其多重效应，又能进而遥想"天下事都恁地"，从而坦露出精英与哲人的胸怀。这就使得今天的我们能够从中看到更多的亮点与独到之处。

第十七章　朱熹《四书集注》类推诠释方法论

在研究中国古代哲学经典诠释方法论发展历程时，当今学者很少论及朱熹开拓的类推诠释方法论。然而事实上，朱熹在诠释儒家经典的进程中，感知历史经验的启示和时代变革的需要，以前人的相关成果为基础，在语言诠释方法论、体验诠释方法论之外，他又进而别开生面，激发逻辑思维的力量，逐步开创拓展了类推诠释方法论，并且使它们相互配合、相互发明，形成了巨大的诠释效应，留下了宝贵的历史启示。

第一节　对儒学"格物致知"理论的拓展

朱熹逐步开拓类推诠释方法论，既是一种新的创造，而又有其深厚的学术渊源与理论根据，因而显得格外凝重。远在春秋后期，孔子就谆谆告诫："学而不思则罔，思而不学则殆"，"温故而知新，（则）可以为师矣"（《论语·为政》）。这里的显性的和隐性的"则"字之中显然就含有重视类推方法的要素。老子更是大力倡导："故以身观身，以家观家，以乡观乡，以邦观邦，以天下观天下。吾何以知天下然？以此。"（《老子》第五十四章）就在"吾何以知天下然？以此"的提示中，宛如现身说法以宣讲类推方法的效应。《墨子·经下》还进而创造出"推类"的名称，并且分别指出："推类之难，说在之大小"，"在诸其所然未者然，说在于是推之"。这显然是在强调，要想对已经出现的和尚未出现的社会现象进行综合考察分析，就必须从已经出现的社会现象出发，运用类推的方法，推而及于尚未出现的社会现象。这就初步建构起了类推的方法论。所有这些，对于朱熹自然有着滋养与激发的作用。然而，朱熹开拓类推诠释方法论的学术渊源与理论根据，更为直接、更为主要的，还是来源于儒家学说的"格物致知"理论。

早在战国时期，儒家经典著作《大学》首章，就系统地创立了儒家的修身哲学，并提出一条践行路线："古之欲明明德于天下者，先治其国；欲治其国者，先齐其家；欲齐其家者，先修其身；欲修其身者，先正其心；欲正其心者，先诚其意；欲诚其意者，先致其知；致知在格物。"这是在强调，"格物致知"是修身、齐家、治国、平天下的基点与起点，这正是"格物致知"论的精神所在。对此，朱熹在《大学章句》里做了拓展性的诠释："致，推极也。知，犹识也。推极吾之知识，欲其所知无不尽也。格，至也。物，犹事也，穷至事物之理，欲其极处无不到也。"指出格物就是即物穷理，格物以致知为直接目的，致知在格物中自然实现；格物致知既是明善明德的主要途径，也是认识世界、发展自我的根本路线。可是，人生是短暂的、是有很多局限的，事物是无限的、是有种种关联的；人们又如何能在短暂的人生之中即尽天下之物、穷尽天下之理呢？面对这一普遍性的重大难题，朱熹在《大学或问》里做了果决的回答："格物，非欲尽穷天下之物，但于一事上穷尽，其他可以类推。……譬如千蹊万径，皆可以适国，但得一道而入，则可以推类而通其余矣。盖物各具一理，而万理同出一原，此所以可推而无不通也。"而面对学生的请教，他又进一步指出："人固有理会得处……但须去致极其知，因那理会得底，推之于理会不得底，自浅以至深，自近以至远"（《朱子语类》卷十四），"要从那知处推开去，是因其所已知而推之，以至于无所不知也"（《朱子语类》卷十五）。显然，朱熹所要强调的，乃是人生虽然是短暂的、有局限的，事物虽然是无限的、有关联的，但是人却又有可能即尽天下之物、穷尽天下之理，关键是要运用好"类推"的认知方法，因那理会得底，推之于理会不得底，自浅以至深，自近以至远，以至于无所不知。如果说"格物"是一条通往致知、明德的认知路线，那么"类推"则是这条路线上的跨越性步骤与方法；假若没有"类推"方法的运用，也就没有"格物"路线的完全畅达，进而也就难以真正实现"明明德于天下"的理想。

此外，熟悉《论语》的人都会记得子夏论述学问思辨之事的名言："博学而笃志，切问而近思，仁在其中矣。"（《论语·子张》）朱熹在注释这一名言时，特地引用了程颐的一句名言："近思者，以类而推。"他因此还与学生有过一段关于解读儒家经典的趣味盎然的对话：

> 杨问："程子曰：'近思，以类而推'，何谓类推？"曰："此语道得好。不要跳越望远，亦不是纵横陡顿，只是就这里近傍那晓得处挨将去。如这一件事理会得透了，又因这件事推去做那一件事，知得亦是恁地。如识得这灯有许多光，便因这灯推将去，识得那烛亦恁地光。"（《朱子语类》卷五十）

这是在教诲学人"近思"即"类推"，子夏论学问思辨与《大学》论修身哲学，精神是一致的，而从倡导"近思"到倡导"类推"，正反映出了儒家一贯看重的认知与思辨路线的不断发展。所以朱熹特别强调所谓"近思"、所谓"类推"，其精神在于"不要跳越望远，亦不是纵横陡顿，只是就这里近傍那晓得处挨将去"。好一个"挨将去"，正是"类推"的形象化表述。

"格物"既然是一条通往致知、明德的认知路线，"类推"既然是其跨越性的步骤与方法，那么，读书人应该对此如何把握、如何运用才有最好的效应呢？朱熹经过长期的探索，在《朱子语类》中已经形成了一系列明确的论说：

> 读书是格物一事。（卷十）
>
> 读书以观圣贤之意，因圣贤之意以观自然之理。（卷十）
>
> 学者须是多读书，使互相发明，事事穷到极致处。（卷十一）

读得通贯后，义理自出。（卷十）

穷理格物，如读经史，应接事物，理会个是处，皆是格物。（卷十五）

世间之物，无不有理，皆须格过。古人自幼便识其具。且如事君事亲之礼，钟鼓铿锵自己节，进退揖让之仪，皆目熟其事，躬亲其礼。及其长也，不过只是穷此理，因而渐及于天地鬼神日月阴阳草木鸟兽之理，所以用工也易。今人皆无此等礼数可以讲习，只靠先圣遗经自去推究，所以要人格物主敬，便将此心去体会古人道理，循而行之。（卷十五）

《论》《孟》固当读，《六经》亦当读，史书又不可不读。讲究得多，便自然熟。但始初须大段着力穷究，理会教道理通彻。不过一二番稍难，向后也只是以此理推去，更不艰辛，可以触类而长。（卷一百一十八）

仔细体会以上论述不难认识到，朱熹论述如何运用"格物"与"类推"的认知与思辨路线的问题，却突出对经典文献的解读，强调"读书是格物一事"，"读经史，应接事物，理会个是处，皆是格物"，因而"可以触类而长"。其主要意图是要拓展儒学的"格物致知"理论，将其运用到解读儒家经典而阐发其义理的实际工作中来，进而以此为根据，又建构起类推诠释方法论。而这一宏大的意图，在下面两段话里彰显得更为清晰：

《易》之为书，本为卜筮而作，然其义理精微，广大悉备，不可以一法论。盖有此理即有此象，有此象即有此数，各随问者意所感通。如"利涉大川"，或是渡江，或是涉险，不可预为定说。但其本指只是渡江，而推类旁通，则各随其事。（《答郑子上》）

故夫善观《易》者，必观夫刚柔之中而究其所以用，则六十四卦三百八十四爻之或得或失，或悔或吝，或吉或凶，可以类推矣。不知刚柔之用，不可言《易》也。（《少师保信军节度使魏国公致

仕赠太保张公行状》）

这两段话，不仅特别指明诠释《周易》等儒家经典"可以类推矣"，必须"推类旁通"，而且还强烈暗示，如果不知类推，不知推类旁通，简直就难以诠释好《周易》等儒家经典。而他将"格物致知"的认知路线与思辨路线，运用到解读儒家经典以阐发其义理的意图，早已在一个"矣"字中凸显出来。

通过以上的多方考察，我们已经领悟到朱熹拓展儒学的"格物致知"理论、建构类推诠释方法论的宏大意图，而他建构类推诠释方法论的旨趣与要点，又在于"因其所已知而及其所未知，因其所已达而及其所未达"（《朱子语类》卷十八），"是从已理会得处推将去。如此，便不隔越"（《朱子语类》卷十八）。研读至此，我们眼前自然会闪现出当代逻辑学关于"推理"的普遍性定义："推理是由一个或几个判断推出另一个判断的思维形式。"将二者进行比较分析可以看到，朱熹所倡导的"类推"，与当代逻辑学所论证的"推理"，虽然在科学性和严密性上有着程度的差别，但在运作原理、运作程序和运作目的上，则是完全一致的。事实上，朱熹建构的类推诠释方法，大体就是在诠释经典文本的过程中，对于其中具有普遍共同特征的同一类事物（对象），因其所已知而及其所未知，因其所已达而及其所未达，由一个或几个判断推导出另一个判断。对于这些，朱熹本人早已有过口语化的讲解："今以十事言之，若理会得七八件，则那两三件触类可通。若四旁都理会得，则中间所未通者，其道理亦是如此。"（《朱子语类》卷十八）但从他多方面的经典诠释主张与实践来看，其类推诠释方法论，还有更为深入、更为精到之处，它实际上包含着以理类推诠释方法和以情类推诠释方法两种，二者往往相互结合、相互发明。

第二节　开创拓展以理类推诠释方法论

在朱熹开创拓展的类推诠释方法中，首要的便是以理类推的诠释方法。所谓以理类推诠释方法，是指根据同类事物的共同特征或共同规律，由已知的某种事物之特征或规律，推知另一种事物之特征或规律，然后据此做出相应的解释，从而因其所已达而及其所未达。譬如，朱熹讲道："《易》言'精气为物，游魂为变'，此却是知鬼神之情状。'魂气升于天，体魄归于地'，是神气上升，鬼魄下降。不特人也，凡物之枯败也，其香气腾于上，其物腐于下，此可类推。"（《朱子语类》卷一百二十五）由人之去世，论及"物之枯败"，这就是根据有生命事物之共同特征和共同规律进行的类推。又如，孔子说："有朋自远方来，不亦乐乎？"而朱熹则诠释道："朋，同类也。自远方来，则近者可知。"（《论语集注》）在同类友好之人的前提下，对自远方的来者感到快乐，对自近处的来者当然也会同样感到快乐；孔子虽然没有直接说出这一点，但是通过类推却可以知晓其心理。这就不仅发掘出了孔子想要表述却又没有直接说出的语意，而且还能启发读者激起联想，在可靠的推理中加深对文本意蕴的理解与发掘。这就是以理类推诠释方法的基本效用。

朱熹能够建立以理类推诠释方法，当然是由于他本其"格物致知"理论在经典诠释实践中经过了长期的摸索；然而值得注意的是，他同时又找到了更为直接的理论根据，那就是与"格物致知"有其内在关联的"理一分殊"原理。这样一来，他就得以建构起理论性较强的以理类推诠释方法论，这正是他超越常人的地方。论及"理一分殊"，人们容易联想起"月印万川"，其实"这一命题在朱熹哲学中含有多种意义，实际上被作为一个模式处理各种跟本原与派生、普遍与特殊、统一与差别有关的问题"①。而在表述宇宙本体与万物之性的关系时，理一分殊是指万物各自之性皆来自宇宙本体并以之为根据。故而朱熹强调：

> 天下之理未尝不一，而语其分则未尝不殊，此自然之势也。盖人生天地之间，禀天地之气，其体即天地之体，其心即天地之心，以理而言，是岂有二物哉！……若以其分言之，则天之所为固非人之所及，而人之所为又有天地之所不及者，其事固不同也。（《中庸或问》）

> 盖至诚无息者，道之体也，万殊之所以一本也；万物各得其所者，道之用也，一本之所以万殊也。（《论语集注》）

> 万物皆有此理，理皆同出一原。但所居之位不同，则其理之用不一。如为君须仁，为臣须敬，为子须孝，为父须慈。物物各具此理，而物物各异其用，然莫非一理之流行也。（《朱子语类》卷十八）

> 圣人未尝言理一，多只言分殊。盖能于分殊中事事物物、头头项项，理会得其当然，然后方知理本一贯。……所谓一贯者，会万殊于一贯。（《朱子语类》卷二十七）

> 本只是一太极，而万物各有禀受，又自各全具一太极尔。如月在天，只一而已；及散在江湖，则随处而见，不可谓月已分也。（《朱子语类》卷九十四）

既然"本只是一太极，而万物各有禀受，又自各全具一太极尔"，既然"万物皆有此理，理皆同出一原。但所居之位不同，则其理之用不一"，既然理一分殊可以作为一个模式处理各种跟本原与派生、普遍与特殊、统一与差别有关的问题，那么人们自然就能依据"理一分殊"原理进行类推，"因其所

---

① 参见陈来：《朱子哲学研究》，华东师范大学出版社 2000 年版，第 123 页。

已知而及其所未知，因其所已达而及其所未达"；而"理一分殊"的命题自
然也就能够成为以理类推诠释方法论的理论根据。既然有着如此直接而深厚
的理论根据，人们就应该踏踏实实地运用好以理类推的诠释方法。然而，在
逻辑学并不发达、并不普及的宋代，这又是一个难以说得清楚的问题。为
此，朱熹总是尽可能结合经典诠释的实际进行具体的阐述。譬如以下两例：

> 子张学干禄。子曰："多闻阙疑，慎言其余，则寡尤；多见阙
> 殆，慎行其余，则寡悔。言寡尤，行寡悔，禄在其中矣。"（《论
> 语·为政》）

> 多闻见者学之博，阙疑殆者择之精，慎言行者守之约。凡言
> "在其中"者，皆不求而自至之辞。言此以救子张之失而进之也。
> （朱熹注）

> 问："'博学而笃志，切问而近思，（仁在其中矣）'如何谓之
> 仁？"曰："非是便为仁。大抵圣人说'在其中矣'之辞，如'禄
> 在其中'、'直在其中'意。言行寡尤悔，非所以干禄，而禄在其
> 中；父子相为隐，非所以为直，而直在其中。'博学而笃志，切问
> 而近思'，虽非所以为仁，然学者用力于此，仁亦在其中矣。"
> （《朱子语类》卷四十九）

在第一例诠释中，为了能够更为深入地发掘经典文本的意蕴，朱熹进行
了两重的以理类推。一是既然多闻见者则学之博，阙疑殆者则择之精，慎言
行者则守之约，那么以理推之，就是言寡尤行寡悔则自有禄。这就有力发掘
出了孔子并未直言但又重要的真实语意。二是孔子讲话多用"某在其中矣"
的句式，综合起来以理推之就是，"皆不求而自至之辞"，这样的表达方式显
得深刻而又委婉。经过这样两重的以理类推，对于经典文本中孔子的言内之
意与言外之意及其表达方式，也就阐发得淋漓尽致，能够给读者以多方面的
启示。

在第二例中，学生的问题是："博学而笃志，切问而近思"皆是学问思辨之事，怎么能说它就具有"仁"这种道德品质呢？为了回答这一问题，朱熹进行了两重以理类推。一是根据已知其他地方讲到的"禄在其中""直在其中"的真实语意，可以推知凡言"在其中"者，皆不求而自至之辞；那么这里所说的"仁在其中"，同样也是不求而自至之辞。二是既然这里所讲的"仁在其中"是紧接着"博学而笃志，切问而近思"两句而来，又是不求而自至之辞，那么以理类推之，它深处蕴含的语意，就是"虽非所以为仁，然学者用力于此，仁亦在其中矣。"经过这样两重以理类推，就将子夏这番话的内在逻辑、真实语意以及表达方式准确地诠释出来，而且还从理论上将"近思"与"类推"连贯起来。

通过这两例结合实际进行的具体论述，朱熹清晰地说明了以理类推诠释方法的运用法则。当然，更为重要的是，他还根据这种运用法则创造出了许多运用以理类推诠释方法诠释经典的范例。譬如：

（孟子）曰："我知言，我善养吾浩然之气！"（《孟子·公孙丑上》）

盖唯知言，则有以明夫道义，而于天下之事无所疑；养气，则有以配夫道义，而于天下之事无所惧。此其所以当大任而不动心也。（朱熹注）

这里的注文虽然只有短短的三句话，却三次运用了以理类推的诠释方法。第一次类推，因为孟子讲到自己"知言"，所以就由其"知言"的特征与规律，推知孟子"则有以明夫道义，而于天下之事无所疑"。而其连词"则"，正是进行类推的标志。第二次类推，是由孟子善"养气"，推知孟子"则有以配夫道义，而于天下之事无所惧"。它与第一次类推相连接而处于同一层次。第三次类推，是从前两次类推出发，将前两次的结论作为已知条件，进而推知孟子"所以当大任而不动心"的缘故。认真体会就能理解，三次类推诠释都是有"理"可据的，都是符合逻辑的，都是能够成立的，其结论都是孟子心中之所有而言中之所无的。三次类推诠释不仅都将经典文本深处的意蕴发掘出来，而且还都融入了注释者的心得体会，从而将经典文本的意义提升到了新的境界。由此我们真真切切地感悟到了开创拓展性的以理类推诠释方法的深远效应。又如：

> 孟子曰："人之患，在好为人师。"（《孟子·离娄上》）
>
> 学问有余，人资于己，不得已而应之可也。若好为人师，则自足而不复有进矣，此人之大患也。（朱熹注引王勉语）

在这里，孟子只说了"人之患，在好为人师"，固然是明白晓畅，却没有说明理由或原因，一般读者往往因此而难以深入理解。而注文则针对这一情况做出相应的发掘，由"好为人师"的特征与规律，类推出"则自足而不复有进矣，此人之大患也"的结论。这一类推，不仅阐发出孟子心中之所有而言中之所无的意蕴，点明了"人之患，在好为人师"的原因，而且引导读者拓展视野，着眼于人生根本之处，看到"自足而不复有进矣，此人之大患也"的必然性，从而将经典文本的意义推向到更高的境界，推向到人生的社会文化实践。这也就显示出了以理类推诠释方法的高妙。

第三节　开创拓展以情类推诠释方法论

在朱熹建构和运用的类推诠释方法中，运用更为普遍的是以情类推的诠释方法。而我们所谓的以情类推诠释方法，就是"揆以常情"或"以人情考之"，实际上就是根据同类人物所具有的共同特征、共同观念或共同心态，由已知的某种人物之特征、观念或心态，推知另一种人物之特征、观念或心态，然后做出相应的解释，从而因其所已达而及其所未达。譬如《论语·微子》记载：楚国隐者长沮、桀溺间接批评孔子说："滔滔者天下皆是也，而谁以易之？"孔子间接回答说："鸟兽不可与同群，吾非斯人之徒与而谁与？天下有道丘不与易也。"初看起来，孔子似乎并未就自己何以汲汲要"易天下"的问题做出真正的回答。但是其实不然。故而朱熹在《论语集注》中特别指出："言所当与同群者，斯人而已，岂可绝人逃世以为洁哉？天下若已平治，则我无用变易之。正为天下无道，故欲以道易之耳。"因为在这里，孔子自认应当与长沮、桀溺为同群；所以朱熹就根据同群人物的共同特征、共同观念或共同心态，由孔子类推长沮、桀溺，从而知道他们实则同样都具有"正为天下无道，故欲以道易之"的观念，于是巧妙地以此作为孔子对长沮、桀溺的真正回答，并且相信他二人也是能够理解和接受的。这样的诠释，既发掘出了孔子想要说出却又并未直接说出来的语意，又揭示出了孔子同群人物的共同心态，进而还引导人们关注到，在春秋末期社会动荡转型之际，"欲以道易天下"是许多文化精英的共同愿望。如此短短四句话的注文，竟然包含着如此丰富而深刻的社会文化意义，由此不难初步领略到以情类推诠释方法的合理性和重要作用。

同样的，朱熹得以建构以情类推诠释方法，既是凭借他本其"格物致知"理论在经典诠释实践中的长期摸索，同时又是由于他还有更为直接的理论根据，那就是与"格物致知"有内在关联的"人心同然"理论。这样一来，他建构的同样不仅是以情类推的诠释方法，而且也是理论性较强的以情类推的诠释方法论。而朱熹的"人心同然"说，又植根于他的心性论，强调"心者，人之神明，所以具众理而应万事者也"（《孟子集注》），强调"心与理一，不是理在前面为一物。理便在心之中，心包蓄不住，随事而发"（《朱子语类》卷五），强调"心，统性情者也"（《朱子语类》卷五），内容丰富而又复杂，但他本人在《朱子语类》中倒是有过具体而生动的论述：

> 味道问"平天下在治其国"。曰："此节见得上行而下效，又见得上下虽殊而心则一。"（卷十六）
>
> 问"平天下在治其国"章。曰："此三句见上行下效，理之必然，又以见人心之所同。'是以君子有絜矩之道'，所以以己之心度人之心，使皆得自尽其兴起之善心。……因何恁地上行下效？盖人

心之同然。"（卷十六）

"心之所同然者，谓理也，义也。"……"同然"之"然"，如然否之"然"，不是虚字，当从上文看。盖自口之同嗜、耳之同听而言，谓人心岂无同以为然者？只是理义而已。（卷五十九）

当就人心同处看。……且如某归家来，见人说某人做得好，便欢喜；某人做得不好，便意思不乐。……岂独自家心下如此，别人都是如此。这只缘人心都有这个义理，都好善，都恶不善。（卷五十九）

问："《摽有梅》之诗固出于正，只是如此急迫，何耶？"曰："此亦是人之情。尝见晋、宋间有怨父母之诗。读诗者于此，亦欲达男女之情。"（卷八十一）

综合以上所论可以看到，朱熹的观点主要是：尽管历史很是漫长，社会总在变迁，人的社会角色也上下殊异，但是既然同为人类特别是同类人物，则必然"人心同然"（这个"然"不是虚字，而是指具有相同的价值取向和共同的义理）；正因为人心同然，为了更好地相互的交流与理解，就能够也应该尽可能在各种情况下"以己之心度人之心"。如此种种，既是上行下效的理论依据，也是运用以情类推诠释方法解读经典的理论依据。即使是解读《摽有梅》这样的情诗，也必须依据人心同然的道理以揭示出其中美好的男女之情。而有了这样实实在在的理论根据，朱熹就得以建构起以情类推的经典诠释方法论。

朱熹倡导的以情类推的诠释方法论，在经典诠释的具体过程中，虽然运用起来非常微妙，但是概括说来实际又很简单，那就是：当就同类人物心性同处看，以此人之心度彼人之心，以经典诠释者之心度经典创作者之心，也就是"俗语所谓'将心比心'"（《朱子语类》卷十六）。为了运用的微妙，朱熹还是结合具体情况进行了反复的论述，例如：

孔孟往矣，口不能言。须以此心比孔孟之心，将孔孟心作自己

心。要须自家说时，孔孟点头道是，方得。(《朱子语类》卷十九)

此书(《易》)难读，今之说者多是不得圣人本来作经立言之意，而缘文生义，硬说道理。故虽说得行，而揆以人情，终无意味。(《与陈丞相书》)

且要平心看诗人之意。如《北门》，只是说官卑禄薄，无可如何。又如《摽有梅》，女子自言婚姻之意如此。看来自非正理，但人情亦自有如此者，不可不知。向见伯恭《丽泽诗》，有唐人女，言兄嫂不以嫁之诗，亦自鄙俚可恶。后来思之，亦自是见得人之情处。为父母者能于是而察之，则必使之及时矣。此所谓"《诗》可以观"。(《朱子语类》卷八十一)

孝弟便是仁。仁是理之在心，孝弟是心之见于事……故仁是孝弟之本。推之，则义为羞恶之本，礼为恭敬之本，智为是非之本。自古圣贤相传，只是理会一个心，心只是一个性，性只是有个仁义礼智。(《朱子语类》卷二十)

第一则材料从正面立论，讲解了以情类推的具体方法，是以自己之心比经典作家之心，将经典作家之心比作自己之心。提出了以情类推的基本要求，是要须自家说时，经典作家点头道是。即使对于孔孟这样的圣人及其经典著作，也不例外。第二则材料从反面立论，讲解了以情类推的具体方法是揆以人情。并且指出如果不能以情类推，必然滑向缘文生义、硬说道理、终无意味的地步。第三则材料从自己切身经验立论，讲解了以情类推的具体方法是见得人之心灵深处。比如《丽泽诗》，显然是抒写青年人对于爱情和婚姻的渴望，只有抛弃礼教的偏见而以人情类推，才能诠释出它的真意与美好，进而还可以对为人父母者起到教育作用。第四则材料，则又将以情类推的诠释方法上升到了"心性"亦即哲学高度，使之显现出更为重大的意义。综合起来，就能从多方面理解以情类推诠释方法应该如何运用。

事实上，朱熹在经典诠释实践中，创造了许多运用以情类推诠释方法的范例，形成了很好的诠释效应，我们则不能不予以重新审视，认真进行研习。例如：

> 孟武伯问孝。子曰："父母唯其疾之忧。"（《论语·为政》）
>
> 言父母爱子之心无所不至，唯恐其有疾病，常以为忧也。人子体此，而以父母之心为心，则凡所以守其身者，自不容于不谨矣，岂不可以为孝乎？（朱熹注）

孔子对于问孝的回答不是直接的，而是侧面的，是启发式的，这就为包括孟武伯在内的诠释者留下了较大的空间。时隔一千多年，朱熹正是利用这一诠释空间，进行了两次以情类推。一是以自己之心比孔子之心，诠释出孔子回答的真意，乃是言父母爱子之心无所不至，特别是唯恐其有疾病，常以为忧也。二是引导为人子者体察这些，而以父母之心为心，懂得何为真正的孝敬，因而凡所以守其身者，自不容于不谨矣。这样的诠释，将孔子并未直接说出的语意类推出来，不仅揭示了文本的真实意义，而且提升了这种真实意义的启示作用，是非常成功的。以至于即使是到了今天，我们读至此处，如果再一次将心比心，那么所能收获的将不只是对文本的理解，并且还可以结合自己与社会的种种实际而另外有所深思。为了对此能有更为全面的认识，不妨在《四书集注》之外，再看看《楚辞集注》中的一例：

> 伏清白以死直兮，固前圣之所厚！（《离骚》）
>
> 盖宁伏清白而死于直道，尚足为前圣之所厚，如比干谏死，而武王封其墓，孔子称其仁也。（朱熹注）

屈子的事迹，彪炳史册；他直抒胸臆，人皆感动！但朱熹仍然引出商代的贤人比干，以比干类推屈子，以屈子类推比干，将他们在那种社会条件下所具有的共同情感、共同精神和相同遭遇凸显出来，在发掘文本深处意义的同时又予以拓展，为中国读者留下了无尽的历史启示。这样的精彩诠释，也就成为中国历史上经典诠释的典范。

体察至此，我们已经初步看到，朱熹以相应的理论为根据而建构起来的以理类推诠释方法论和以情类推诠释方法论相互补充、相互发明，共同构成了经典的类推诠释方法论，并且在经典诠释的实际进程中又与其语言诠释方法论、体验诠释方法论相互配合、相互映发，提升了经典诠释的社会效应和文化效应，引起了广大学人的认同、传承与发展。因此，理应将其视为中国古代哲学经典的重要诠释方法论，珍视其开创拓展的性能，并且进行更为专门、更为深入的研究。①

---

① 周光庆:《朱熹建构的类推诠释方法论发微》,《长江学术》2015 年第 2 期。

第十八章　朱熹《四书集注》贯通诠释方法论

根据我们的认识，朱熹之所以能够成为宋代理学集大成的学者，成为先秦至宋代儒学集大成的学者，重要原因之一，是因为他能在诠释儒家经典的历程中，立足前沿，建构和运用贯通诠释方法论，使之与语言诠释方法论、体验诠释方法论、类推诠释方法论相互补充、有机结合，对于儒家经典文本特别是"四书"进行贯通诠释，基于前代学者注解特别是理学家注解进行贯通诠释，故而得以"遍观众理而合其归趣"（《答程正思》）。而他孜孜以求的"贯通"诠释，不仅能够实现由个别到一般、由具体到抽象的升华，于万殊之理中识得一本之理，而且能够集思广益以反复感知经典文本，最后在一种自然而然的状态下获得对经典文本意义的透彻领悟和创造性阐释。由此可见，探讨朱熹建构和运用的贯通诠释方法论，包括对于同类经典相关理论的贯通诠释和对于史上各家相关注解的贯通诠释，有着重要的意义。

第一节　"理一分殊"与"一以贯之"

所谓的贯通诠释方法，概括言之，就是在经典诠释过程中，整合经典文本，类聚各家注解，"考其是非"，"兼取众善"，"发其精微"，在相互发明、融会贯通过程中，于万殊之理识得一本之理，然后提炼出新的解释，阐发出新的思想。朱熹能够建构和运用起这种贯通诠释方法论，有效地诠释儒家经典，首先当然是由于他具有集大成学者的眼光与素养，但是更重要的原因还在于他胸怀着特定的使命意识，探获了特定的理论根据。就建构贯通诠释方法论而言，朱熹获得的理论根据就是著名的"理一分殊"原理与"一以贯之"思想。

所谓"理一分殊"，又曰"月印万川"，是对"万殊之所以一本"，"一本之所以万殊"原理的概括表述。它作为一个命题，"在朱熹哲学中含有多种意义，实际上被作为一个模式处理各种跟本原与派生、普遍与特殊、统一与差别有关的问题"①。而在表述宇宙本体与万物之性的关系时，"理一分殊"则是指万物之性来自宇宙本体并以之为根据，且与宇宙本体的内容没有根本差别，而用朱熹本人的话来说就是：

盖至诚无息者，道之体也，万殊之所以一本也；万物各得其所者，道之用也，一本之所以万殊也。（《论语集注》）

万物皆有此理，理皆同出一原。但所居之位不同，则其理之用不一。如为君须仁，为臣须敬，为子须孝，为父须慈。物物各具此理，而物物各异其用，然莫非一理之流行也。（《朱子语类》卷十八）

本只是一太极，而万物各有禀受，又自各全具一太极尔。如月在天，只一而已；及散在江湖，则随处而见，不可谓月已分也。（《朱子语类》卷九十四）

既然"万物皆有此理，理皆同出一原"，既然论及道之体则"万殊之所以一本也"，论及道之用则"一本之所以万殊也"，那么圣人谈论的中心议题，儒家哲学的最高目标，其实就应该是能够透过纷纭复杂的"万殊"而直接指向"万物皆有此理，理皆同出一原"的那个最高的"理"。如此一来，

① 参见陈来：《朱子哲学研究》，华东师范大学出版社2000年版，第123页。

儒家圣人之徒在诠释经典的进程中岂不就能直奔那个"理"吗？然而，可惜哲学探讨并不总是那样闪烁着幻想的色彩，而是必须付出艰苦努力以摸索前行，对于圣人也不例外。请看朱熹揭示的真实事实：

> 天下之理未尝不一，而语其分则未尝不殊，此自然之势也。盖人生天地之间，禀天地之气，其体即天地之体，其心即天地之心，以理而言，是岂有二物哉！……若以其分言之，则天之所为固非人之所及，而人之所为又有天地之所不及者，其事固不同也。（《中庸或问》）

> 圣人未尝言理一，多只言分殊。盖能于分殊中事事物物、头头项项，理会得其当然，然后方知理本一贯。……所谓一贯者，会万殊于一贯。（《朱子语类》卷二十七）

> 圣人所以发用流行处，皆此一理，岂有精粗。政如水相似，田中也是此水，池中也是此水，海中也是此水。（《朱子语类》卷二十七）

> 经书中所言只是这一个道理，都重三叠四说在里，只是许多头面出来。如《语》《孟》所载也只是这许多话。一个圣贤出来说一番了，一个圣贤又出来从头说一番。（《朱子语类》卷一百一十八）

> 故圣贤之言，或指其方，或语其用，未尝直指其体而名言之也。（《记谢上蔡论语疑义》）

照这样看来，儒家学人只能面对这样的严峻事实：一方面，"天下之理未尝不一，而语其分则未尝不殊，此自然之势也"；另一方面，"圣人未尝言理一，多只言分殊"，"经书中所言只是这一个道理，都重三叠四说在里，只是许多头面出来"，却"未尝直指其体而名言之也"。这就是"理一分殊"的现实表现。既然"理一分殊"是自然之势，是既成事实，那么儒家学人在这样的事实面前，应该如何才能通过诠释而从儒家经典中，切实体察到"万物皆有此理，理皆同出一原"的那个"理"呢？经过长期的探讨，朱熹在体悟"理一分殊"事实的过程中生成了与之相应的"一以贯之"思想：既然"理一分殊"是不可改变的，那么"一以贯之"就是必须的，就是可能的，进而就能成为建构新的相应诠释方法的合理根据。所以他反复告诫学人：

> 盖至诚无息者，道之体也，万殊之所以一本也；万物各得其所者，道之用也，一本之所以万殊也。以此观之，一以贯之之实可见矣。(《论语集注》)

> "一以贯之"，乃圣门末后亲传密旨，其所以提纲挈领、统宗会元，盖有不可容言之妙。(《答虞士朋》)

> 读得通贯后，义理自出。(《朱子语类》卷十)

> 所谓一贯，须是聚个散钱多，然后这索亦易得。若不积得许多钱，空有一条索，把甚么来穿！吾儒且要去积钱。(《朱子语类》卷二十七)

> 看《大学》，先将经文看教贯通。……如看了只手，将起便有五指头，始得。只逐些子看，都不贯通，如何得。(《朱子语类》卷十四)

> 学者工夫，但患不得其要。若是寻究得这个道理，自然头头有个着落，贯通浃洽，各有条理。(《朱子语类》卷八)

> 所说千言万语，皆是一理。须是透得，则推之其他，道理皆通。(《朱子语类》卷十九)

> 大凡理会义理，须先剖析得名义界分各有归著，然后于中自然有贯通处。虽曰贯通，而浑然之中所谓粲然者，初未尝乱也。(《答吴晦叔》)

由此看来，以"理一分殊"的自然之势和"一以贯之"的相应思想为根据，就有可能建构起一种通过综合分析从而由现象透视本原的工作方法。对于经典诠释而言，就是在"天下之理未尝不一，而语其分则未尝不殊"的情况下，就是在"圣人未尝言理一，多只言分殊"的情况下，诠释者将各种关于"分殊"的论说排比贯通，彰显出深处的系统性，然后进行综合分析，使隐含在"分殊"背后的"一理"得以显现出来，因而"提纲挈领、统宗会元"，"有不可容言之妙"。这实际就是那贯通诠释的方法。既然"理一分殊"的情况是必然的，那么贯通诠释的方法也就是必须的。诠释者只要能够运用好贯通诠释方法，那么经典"所说千言万语，皆是一理。须是透得，则推之其他，道理皆通。"

正因为如此，所以"理一分殊"原理与"一以贯之"思想遥相呼应，也就势必成为建构贯通诠释方法论之较为坚实的理论根据。

第二节　对于同类经典相关理论的贯通诠释

《宋史·朱熹传》曾说："道之正统待人而后传。自周以来，任传道之责者不过数人，而能使斯道章章较著者，一二人而止耳。由孔子而后，曾子、子思继其微，至孟子而始著。由孟子而后，周、程、张子继其绝，至熹而始著。"而朱熹之所以能够获得如此崇高的评价，很大程度上是由于他奉献出了《四书集注》。他的《四书集注》之所以能够获得如此巨大的成功，很大程度上又是由于他建构和运用了贯通诠释方法，而其首要工作，又是整合"四书"文本，对"四书"文本在不同地方表达的相同相关思想理论进行贯通诠释。此即对于同类经典相关理论的贯通诠释。

拙文《朱熹四书诠释的指导思想》曾经考察过：在北宋时代，"儒门淡薄，收拾不住，（学人之心）皆归释氏"，究其基本原因，主要是由于"儒以中道御群生，罕言性命"，致使人们皆"以为大道精微之理，儒家之所不能谈，必取吾书（佛教、道家之书）为正"。面对如此严峻的形势，一些形成了使命意识和理论自觉的儒家学者，纷纷起而复兴儒学、更新儒学，刻苦探寻"大道精微之理"，力图"修其本以胜之（佛道）"。可是他们却越来越强烈地感觉到："诸经之奥，多所难明"，"六经浩渺，乍来难尽晓"（《二程集》）。通过对"六经"的诠释来建构本体论与心性论，确有很大的难度，于是逐步将探寻的目光投向了"四书"。经过他们特别是张载和二程兄弟的长期探求与阐扬，《论语》《孟子》《大学》《中庸》大有结集之势，成为儒家学者们心目中"大道精微之理"的渊源而被广为诠释传播。然而，直到北宋后期，"四书"深处蕴藏的丰富义理，所具有的本质特征，其间的内在关联，都还没有得到充分的揭示，"四书"之名也仍未确立，因而影响了它们的进一步提升与传播。而朱熹在新的时代条件下，本其深厚的使命意识与理论根据，认真总结了前人的成就与缺憾，对"四书"的本质特征进行了更为深入、更为全面的考察分析，由此建构起了新的"四书"文本系统与文本观念。其理论要点如下：

第一，"四书"具有经典性特征。朱熹将"四书"视为圣贤心灵的坦露，视为圣贤思想的论述，视为圣贤气象的表征，视为圣贤言语风格的显现，坚信理会得"四书"，便是直接聆听孔孟等圣贤的教诲。其看法之坚定，真可谓前无古人。他从心性论的高度说明了"四书"的经典性特征，由此强调"《论语》之书，无非操存、涵养之要；《七篇》之书，莫非体验、扩充之端"（《朱子语类》卷十九），强调《中庸》"乃孔门传授心法"，强调《大学》在"外有以极其规模之大"的同时"而内有以尽其节目之详者也"，因而很能适应在新的时代建立心性之学的需要。而且，他勇于将"四书"与"五经"做正面的比较，从而肯定"四书"对于学人修己治人之事业具有更大的实用性："善读者玩索而有得焉，则终身用之，有不能尽者矣"；如果说学习"五经"是"打禾为饭"，那么研习"四书"则是品味"熟饭"（《朱子语类》卷十九）。

第二，"四书"具有系统性特征。朱熹发现：要想全面把握好"四书"的理论乃至整个儒学的庞大理论体系，就必须学会提纲挈领，就必须"熟究《大学》作间架，却以他书填补去"（《朱子语类》卷十四）。然后立定这一间架，开拓这一视角，再来认真回看"四书"，这样就能看清它们的论述原来是"参差互见"，亦即各有侧重、各有所长而又相互发明、自成体系的。

具体说来乃是：《大学》定其规模，《论语》立其根本，《孟子》感激兴发，《中庸》造其微妙。基于这种本有的系统性特征，就能制定系统性的学习方针："先读《大学》，以定其规模；次读《论语》，以立其根本；次读《孟子》，以观其发越；次读《中庸》，以求固然之微妙处。"在这一学习方针的引领之下，本于"四书"而"去看他经，方见得此是格物、致知事；此是正心、诚意事；此是修身事；此是齐家、治国、平天下事"（《朱子语类》卷十四）。这既是儒家学者为学之次第，也是儒家学者创业之道路，还是儒家学者人格之境界。

第三，"四书"具有引领性特征。朱熹特别指出，"四书"中既有"大学之明法"，又有"孔门之心法"，具有功能方面的引领性特征：一是引领学人"先立大本"，立大志，明是非，获得一个"明鉴"，掌握"一个权衡"，从而达到"何书不可读！何理不可究！何事不可处"的境界（《朱子语类》卷十四）；二是引领学人造就高尚的人格，选取正确的人生道路，时时"见得身心要如此，做事要如此"；三是引领学人提升理论水平、学术水平以及治国行政水平，能够"读史，以考存亡治乱之迹；读诸子百家，以见其驳杂之病"。总而言之，"天下自有一个道理在，若大路然。圣人之言，便是一个引路底"（《朱子语类》卷一百一十四）。这就是"四书"的引领性特征。

就这样，朱熹在前人的基础上，通过更为深入的考察分析，系统地揭示出了"四书"的经典性特征、系统性特征、引领性特征等本质特征，从而能在历史上率先正式建立起完整的"四书"系统，并于淳熙九年（1177年）首次将《大学章句》《中庸章句》《语孟集注》合为一集，刊刻于婺州，从而建构起了"四书"文本系统。从此，在中国经学史上，与"五经"相对的"四书"体系正式形成了，"四书"之名正式出现了，儒学的建设与发展有了一个"学"的基础，儒家哲学理论也能以新的形态"独尊"了，"四书"之间的内在逻辑也得以贯通了，并焕发出了一种任何单篇都不可比拟的理论力量。所以朱子门人黄榦要特别强调："先生教人，以《大学》《语》

《孟》《中庸》为入道之序，而后及诸经。以为不先乎《大学》，则无以提纲挈领而尽《论》《孟》之精微；不参之以《论》《孟》，则无融会贯通而极《中庸》之旨趣。然不会其极于《中庸》，则又何以建立大本，经纶大经，而读天下之书、论天下之事哉?"①

"四书"文本体系与文本观念正式形成了，那么由此不难推知，无论"四书"中的各书问世于哪一时代，原来的作者是谁，主题思想有何侧重，学者为了"建立大本，经纶大经"而诠释"四书"时，都应该将其视为儒家哲学理论体系的有机组成部分，从而运用贯通诠释方法，整合其各个有机组成部分，使之融会贯通，以便"兼取众善"，"发其精微"，在相互发明之中提炼出新的解释，阐发出新的思想。用朱熹的话来说就是："圣贤言语，大约似乎不同，然未始不贯。只如夫子言非礼勿视听言动，'出门如见大宾，使民如承大祭'，'言忠信，行笃敬'，这是一副当说话。到孟子又却说'求放心'、'存心养性'。《大学》则又有所谓格物、致知、正心、诚意。……若只恁看，似乎参错不齐，千头万绪，其实只一理。"（《朱子语类》卷十二）朱熹本人正是这样以身作则的。例如：

> 故君子尊德性而道问学，致广大而尽精微，极高明而道中庸。

（《中庸》第二十七章）

> 尊德性，所以存心而极乎道体之大也。道问学，所以致知而尽乎道体之细也。二者修德凝道之大端也。……盖非存心无以致知，而存心者又不可以不致知。故此五句，大小相资，首尾相应，圣贤所示入德之方，莫详于此，学者宜尽心焉。（朱熹注）

在这一则对于《中庸》的诠释中，朱熹却引来《大学》倡导的"欲修其身者，先正其心；欲正其心者，先诚其意；欲诚其意者，先致其知；致知在格物"思想，将其与《中庸》提出的"君子尊德性而道问学，致广大而

---

① （宋）黄榦：《勉斋集》卷三十六《朱先生行状》，文渊阁《四库全书》本。

尽精微"的主张贯通起来，将《中庸》强调的"道问学"纳入《大学》建构的"致其知"间架，凸显"道问学，所以致知而尽乎道体之细也"。这样一来，不仅深入地发掘出了《中庸》本意中隐含的更为深刻的本意，而且还在贯通之中圆满地阐扬了儒家"知至而后意诚，意诚而后心正"的理论，最后还能顺其逻辑之势而有力地引导学人认真体会"圣贤所示人德之方"。一则注文能够发挥如此之多的效应，不能不说是贯通诠释方法的优长之处。又如：

> 尽其心者，知其性也。知其性，则知天矣。（《孟子·尽心上》）
>
> 心者，人之神明，所以具众理而应万事者也。性则心之所具之理，而天又理之所从以出者也。人有是心，莫非全体，然不穷理，则有所蔽而无以尽乎此心之量。故能极其心之全体而无不尽者，必其能穷夫理而无不知者也。既知其理，则其所从出，亦不外是矣。以《大学》之序言之，知性则物格之谓，尽心则知至之谓也。（朱熹注）

孟子主要是论说学人之心性与人格的修养，是从尽心—知性—知天的逻辑出发，归向下文所谓"所以事天也""所以立命也"的高远目标。而朱熹在诠释过程中，则又强调"以《大学》之序言之"，从而有理有据地，将孟子的主张与"《大学》之序"，亦即《大学》确立的"大学之纲领""大学之条目"，也就是赫赫有名的"三纲领""八条目"贯通起来，将孟子主张的"知性"与《大学》倡导的"格物"贯通起来，将孟子主张的"尽心"与《大学》倡导的"致知"贯通起来。经过这样几番贯通诠释，不仅深刻地阐发了孟子的主张，而且极大地丰富了孟子的思想，还为下文朱熹自己建构"尽心知性而知天，所以造其理也；存心养性以事天，所以履其事"的理学理论做了坚实的铺垫。这样的注文，就有力地彰显出了运用贯通诠释方法诠释经典文本，亦即对经典文本在不同地方表达的相同相关思想理论进行贯通诠释的风范与效应。

第三节　对于史上各家相关注解的贯通诠释

纵观儒学思想发展史可以看到，"四书"体系一步一步地正式形成之后，不仅贯通了春秋战国时期诸位原始儒家的思想理论，而且也凝聚了唐宋以来众多儒家后学的研究力量和研究成果，使之围绕"四书"而相互激发、相互补充，终于也就使"四书"之学乃至整个儒学理论不断有新的发展。但在这种有利的趋势之下，也有一个问题自然地逐渐凸显出来，引起了学者们的思考：在研究和注释"四书"的前辈学人及其成果越来越多的情况下，后来的学者如何才能更好地以他们的成果为基础、为起点，百尺竿头更进一步，运用最为恰当的诠释方法以做出更为精确的解释，以阐发出新的思想意义，以建构起新的思想理论呢？

朱熹深入地思考了这一问题，并且从多种角度进行了论述："吾道之衰，正坐学者各守己偏，不能兼取众善，所以终有不明不行之弊，非是细事。"（《答陈肤仲》）因此必须学会"兼取众善"而"会通"之，"会通者，观众理之会，而择其通者而行"，"须是于会处都理会，其间却自有个通处，便如脉理相似。到得多处，自然通贯得"（《朱子语类》卷七十五）。他又指出："这一个道理，从头贯将去。如一源之水，流出为千条万条，不可谓下流者不是此一源之水。"（《朱子语类》卷七十五）此外，他还特别教诲学人："异端害正，固君子所当辟。然……（可）因彼非以察吾道之正，议论之间，彼此交尽，而内外之道一以贯之。"（《答范伯崇》）由此可以想见，在诠释经典而追求"自然通贯"的过程中，对于"异端"学说尚且应该在议论之间，彼此交尽，而一以贯之，那么对于同道中的不同意见，就更不用说了。总而言之，"观书以己体验固为亲切，然亦须遍观众理而合其归趣，乃佳"（《答程正思》），"盖蓄积多者忽然爆开，便自然通"（《朱子语类》

卷十一）。所以必须切实以前人诠释的成果为基础，运用好对于各家注解的贯通诠释方法，并且使之与对于经典文本的贯通诠释方法相互结合、相互发明。这也正是朱熹多用"集注"体例的根本原因。

可是，在诠释儒家经典的具体过程中，如何才能以"集注"的体例，运用好基于前人诸多注解的贯通诠释方法以实现"合其归趣""忽然爆开"的效应呢？朱熹有四段论说特别富有启示意义：

> 本之注疏以通其训诂，参之释文以正其音读；然后会之于诸老先生之说，以发其精微。（《论语训蒙口义序》）

> 犹治丝者，先须逐条理其头绪而分之，所谓经也；然后比其类而合之，如打傈者必取所分之绪，比类而合为一，所谓纶也。（《朱子语类》卷六十四）

> 先使一说自为一说，而随其意之所之，以验其通塞，则其尤无义理者，不待观于他说，而先自屈矣。复以众说互相诘难，而求其理之所安，以考其是非，则似是而非者，亦将夺于公论而无以立矣。（《读书之要》）

> 程先生《经解》，理在解语内。某集注《论语》，只是发明其辞，使人玩味经文，理皆在经文内。（《朱子语类》卷十八）

认真体会就能理解，运用好基于前人注解的贯通诠释方法，并非只是对前人注解进行选择性的罗列，然后进行罗列性的集解，也不是一般的综合归纳。这种方法的真正要点有四：一是"会之于诸老先生之说，以发其精微"，重在发其精微；二是"以众说互相诘难，而求其理之所安，以考其是非"，重在考其是非；三是"先须逐条理其头绪而分之，然后比其类而合之"，重在发掘其逻辑关联；四是不断改进诠释方法，不断使注文趋向周密，"只是发明其辞，使人玩味经文"，即便是对于非常尊崇的伊川先师，学人也要争取做到后出转精。基于前人注解的贯通诠释方法之精神正在这些要点之中。当然，面对众说纷纭的前人注解而要运用好贯通诠释方法，考其是非，发其精微，按照其逻辑关系比类而合为一，并且还要力争后出转精，难度是很大的，好在朱熹已经用经典诠释的实践树立了榜样。为此，下面分别举例说明。

> 孟子曰："仁也者，人也。合而言之，道也。"（《孟子·尽心下》）

> 仁者，人之所以为人之理也。然仁，理也；人，物也。以仁之理，合于人之身而言之，乃所谓道者也。……或曰："外国本，'人也'之下，有'义也者宜也，礼也者履也，智也者知也，信也者实也'，凡二十字。"今按：如此，则理极分明；然未详其是否也。（朱熹注）

这一则注文的前半，朱熹依据现有的文本进行了诠释，既逐字解释，又层层推论，可谓言之成理。但是他心中似乎仍然有所不安，所以又引用了一位不知姓名的学者所提供的"外国本"文字，并且指出"如此，则理极分明"——请注意这个"则"字，因为按照"外国本"文字，孟子所谓的"合而言之"，乃是合"仁、义、礼、智、信"而言之，才是有着落的，才是理极分明的。这一次引用，不仅显现出了朱熹的博大心胸和广阔视野，而且在那个时代就能以一位不知姓名的学者所提供的"外国本"文字为依据，对经典文本进行订正，从而打开了中国读者的学术视野，为读者提供了理解上选择的可能性；更为重要的是，他还将"仁"与"义、礼、智、信"贯通起来，而且在贯通之中委婉地暗示出了一种更加全面、深刻的新解释，以强调"合而言之"才是"道"。在这里，充分显示出了基于前人注解的贯通诠释方法的一种可贵效用。

> 孟子曰："学问之道无他，求其放心而已矣。"（《孟子·告子上》）

> 学问之事，固非一端，然其道则在于求其放心而已。盖能如是，则志气清明，义理昭著，而可以上达；不然则昏昧放逸，虽曰

从事于学，而终不能有所发明矣。故程子曰："圣贤千言万语，只是欲人将已放之心，约之使反，复入身来，自能寻向上去，下学而上达也。"此乃孟子开示切要之言，程子又发明之，曲尽其指，学者宜服膺而勿失也。（朱熹注）

这一则注文的前半，朱熹对于孟子的名言，不仅已经做出了明白晓畅的解释，而且又用"盖能如是，则……；不然则……"的句式，阐发出"求其放心"的重大意义，特别还进一步点出"有所发明"一语。这就足以引导读者理解孟子本意，并且进而思考"有所发明"，从而"求其放心"、励其志气。可是，朱熹并未就此止步，而是又引用了程子的一段话，其作用何在呢？只要认真读来，我们眼前就能出现这样的情景：孟子开示切要之言，程子又本着更为开阔的视野而发明之，朱子则再结合实际而阐发之，既一以贯之，又有所升华。一代代学者朝着同一目标而不断相继努力，有如接力之赛，恰恰从一个角度生动地展现出了儒家哲学理论不断发展的路径，从而使读者开阔了眼界，获得了更多的启示。这也正是基于前人注解的贯通诠释方法的可贵效用之一。

子曰："贤哉，回也！一箪食，一瓢饮，在陋巷。人不堪其忧，回也不改其乐。贤哉，回也！"（《论语·雍也》）

食，音嗣。乐，音洛。食，饭也。瓢，瓠也。颜子之贫如此，而处之泰然，不以害其乐，故夫子再言"贤哉，回也"以深叹美之。程子曰："颜子之乐，非乐箪瓢陋巷也，不以贫窭累其心而改其所乐也，故夫子称其贤。又曰："箪瓢陋巷非可乐盖自有其乐尔。'其'字当玩味，自有深意。"又曰："昔受学于周茂叔，每令寻仲尼颜子乐处，所乐何事？"愚按：程子之言，引而不发，盖欲学者深思而自得之。今亦不敢妄为之说。学者但当从事于博文约礼之诲，以至于欲罢不能而竭其才，则庶乎用以得之矣。（朱熹注）

本来，这一则注文的前半，有语言性诠释，有历史性诠释，有体验性诠释，已经简明扼要地诠释出了孔子直接说出的和并未说出的语意，已经较好地完成了解释的工作，可是接下来朱熹却又引用程子之说，却又通过程子而引用周敦颐之说，却又在引用诸说之后自己再做申述，俨然会集三代哲学大师召开了一个跨越时空的小型哲学讨论会。就在这里，周子的发言高屋建瓴，启发了学人的思路；程子的发言直击问题的要害，点明了关键的字眼；朱子的发言则又进一步开拓了新的思考空间，提出了有待进一步思考的问题。而三代大师的发言，传承了孔子颜子的思想与精神，融入了各自的真切体验，引出了各自的深入思考，留下了各自的殷殷期待。整个讨论会别开生面，既一以贯之，又新意迭出，既将问题引向深处，又将学人导入前沿，甚至还能鼓励后来者也勇于参加这样的小型研讨会。这就是朱熹"四书"贯通诠释的风采，真能使古今读者们感到美不胜收！

> 子曰："弟子入则孝，出则弟，谨而信，泛爱众，而亲仁。行有余力，则以学文。"（《论语·学而》）

> 谨者，行之有常也。信者，言之有实也。泛，广也。众，谓众人。亲，近也。仁。谓仁者。余力，犹言暇日。以，用也。文，谓《诗》《书》六艺之文。……洪氏曰："未有余力而学文，则文灭其质；有余力而不学文，则质胜而野。"愚谓力行而不学文，则无以考圣贤之成法，识事理之当然，而所行或出于私意，非但失之于野而已。（朱熹注）

在这一则注文的前半，朱熹已做出明白晓畅的诠释，但仍然在后面引用了洪氏的一种很有代表性的看法，并且直率地表达了自己的不同意见，在二者的细致比较中引导读者知所思考、知所选择。显然，这是为有效地引起人们的思考与讨论，并且提高其思考与讨论的层次，以达到"求其理之所安，以考其是非"的目的。如果我们也能有幸参与其思考和讨论，那么，就不仅能够认识到朱熹的意见是正确的、深刻的，而且还能体会到自己是怎样被引向更高思想境界的。这也是基于前人注解的贯通诠释方法的一种可贵效用。

第十九章　朱熹"四书"诠释中的理学建构

中国哲学史的研究表明，宋代理学既是北宋中期政治改革运动的思想成果而延绵至南宋时代的新兴事物，更是儒家学者退"五经"而进"四书"，以新的诠释观念与方法重新诠释儒家经典，从而吸收佛道精华、改造传统儒学、重建儒学理论的学术成果。在这一历史进程中，贡献最为其杰出的，则有朱熹。他融汇前代成果，立足学术前沿，逐步开拓了富有时代精神和新兴特色的语言诠释方法论、体验诠释方法论、类推诠释方法论、贯通诠释方法论，重新整合和诠释了"四书"文本，较为系统地实现了理学理论的建构，包括本体论、认识论、方法论、政治论、道德论、教育论等方面的理论。更加值得推重的是，朱熹不仅较为系统地实现了理学理论的建构，而且还开哲学新风，有针对性地将其引向社会实践与政治实践，使之具有特别的历史意义。颇能有所作为之宋理宗在宝庆三年（1227 年）诏："朕每观朱熹《论语》《中庸》《大学》《孟子》注解，发挥圣贤之蕴，羽翼斯文，有补治道。朕方励志讲学，缅怀典刑，深用叹慕！"

我们在考察了朱熹如何开拓语言诠释方法论、体验诠释方法论、类推诠释方法论、贯通诠释方法论之后，再进而探讨朱熹如何凭借种种诠释方法以重新诠释"四书"，终于创获理学理论建构的历史性成就与效应，并使之与诠释方法论的开拓交相辉映，是有其重要意义的。

第一节 方法促进经典诠释，诠释实现理论建构

姑且不论北宋时期周敦颐、张载、程颢、程颐等儒学大师对于"四书"进行的创造性诠释，仅从南宋时期儒学理论重新建构并走向兴盛的历史过程来看，以胡宏、张栻为代表的湖湘学派，以陆九渊为代表的象山学派，也都曾经运用新的诠释方法对"四书"进行重新释证，由此获得许多建构理学理论的理论依据和历史依据，从而在诠释"四书"的道路上闪现出自己的光彩。而且，张栻、陆九渊都还曾经与朱熹当面展开包括"四书"诠释方法在内的许多重大问题的讨论和辩论。可是，在他们之中，朱熹何以就能取得更为杰出的成就呢？要回答这一重要问题，就有必要重温朱熹的基本信条："虽圣人不作，这天理自在天地间，只借圣人来说一遍过。"（《朱子语类》卷九）然后最好能深深扎进朱熹在《四书集注》中以诠释方法促进经典诠释，经典诠释实现天理探究、实现理论建构的实际进程去，一步一步地进行具体的考察与分析。先请看：

> 天命之谓性，率性之谓道，修道之谓教。（《中庸》）
>
> 命，犹令也。性，即理也。天以阴阳五行化生万物，气以成形，而理亦赋焉，犹命令也。于是人物之生，因各得其所赋之理，以为健顺五常之德，所谓性也。率，循也。道，犹路也人物各循其性之自然，则其日用事物之间，莫不各有当行之路，是则所谓道也。修，品节之也。性道虽同，而气禀或异，故不能无过不及之差，圣人因人物之所当行者而品节之，以为法于天下，则谓之教，若礼、乐、刑、政之属是也。盖人之所以为人，道之所以为道，圣人之所以为教，原其所自，无一不本于天而备于我。（朱熹注）

在这里，有细致的语言诠释，但其语言诠释又是与类推诠释有机结合而致力

于阐发理论的，因而效应不凡，如"命，犹令也。性，即理也。天以阴阳五行化生万物，气以成形，而理亦赋焉，犹命令也"；在这里，有大力的归纳性诠释，但其归纳性诠释又是以重要范畴"天命""性""道""教"的深入解析为基础而致力于建构核心理论的，所以能使理论有所突破与升华，仔细回味"盖人之所以为人，道之所以为道，圣人之所以为教，原其所自，无一不本于天而备于我"，就会有这方面的深刻感受。再看一段颇有代表性的长文：

> 格物之说，程子论之详矣。而其所谓"格，至也，格物而至于物，则物理尽"者，意句俱到，不可移易。……人之生也固不能无是物矣，而不明其物之理，则无以顺性命之正而处事物之当，故必即是物以求之。知求其理矣，而不至夫物之极，则物之理有未穷，而吾之知亦未尽，故必至其极而后已，此所谓"格物而至于物，则物理尽"者也。物理皆尽，则吾之知识廓然贯通，无有蔽碍，而意无不诚、心无不正矣。此《大学》本经之意，而程子之说然也。其宏纲实用，固已洞然无可疑者，而细微之间、主宾次第，文义训诂详密精当，亦无一毫之不合。今不深考，而必欲训"致知"以"穷理"，则于主宾之分有所未安。知者，吾心之知；理者，事物之理。以此知彼，自有主宾之辨，不当以此字训彼字也。训"格物"以"接物"，则于究极之功有所未明。人莫不与物接，但或徒接而不求其理，或粗求而不究其极，是以虽与物接而不能知其理之所以然与其所当然也。今曰一与物接而理无不穷，则亦太轻易矣。盖特出于闻声悟道、见色明心之余论，而非吾之所谓穷理者，固未可同年而语也。且考之他书，"格"字亦无训"接"者。以义理言之则不通，以训诂考之则不合，以功用求之则又无可下手之实地。（《答江德功》）

显然，这是围绕应该如何诠释《大学》"格物致知"思想而进行的一次坦诚讨论。有人训"致知"以"穷理",训"格物"以"接物",朱熹则对此表示了明确的反对意见,并讲述了两番道理:一是"必欲训'致知'以'穷理',则于主宾之分有所未安。知者,吾心之知;理者,事物之理。以此知彼,自有主宾之辨,不当以此字训彼字也";一是"训'格物'以'接物',则于究极之功有所未明。人莫不与物接,但或徒接而不求其理,或粗求而不究其极,是以虽与物接而不能知其理之所以然与其所当然也"。然后他又补充说,"且考之他书,'格'字亦无训'接'者"。联系他在《大学章句》里做出的相应解释,仔细揣摩他所讲述的这两番道理和一点补充,我们就能体会到:第一,他之所以要反驳对方的解释,主要是因为事关理学"格物致知"论的重新完善,不然,则解释文义、进行争论将何为邪?第二,他在反驳的过程中进行了诠释,深化了讨论,并将对文本的解释引向了对新理论的阐述;第三,他在反驳中既丰富了程子原有的正确解释,又进行了新的理论阐发,并且不动声色地建构起了一种新鲜而深刻的理论,使人深受启发,那就是理学的"格物致知"理论。

接下来,朱熹又对对方的错误解释做出了总结性的批评:"以义理言之则不通,以训诂考之则不合,以功用求之则又无可下手之实地。"而恰恰正是在这一总结性批评之中,他不仅使讨论的意义由个别上升到一般,而且巧妙地论述了自己所建构的经典诠释三项基本原则:以义理言之,以训诂考之,以功用求之。而关于这三项基本原则的论述,既是他对自己从事经典诠释工作的总体性要求,又是他对中国传统诠释学的重要发展,同时也是他对中国理学诠释学的重大建构。其中应该特别关注的是"以功用求之"的原则,它要求在诠释过程中建构起来的观念或理论,不能仅仅是可以进入哲学宝库,而且还必须具有可实践性,不仅是认识论的,而且是工夫论的,因而能够为读者应用于"修己治人"的实践之中,并且能在各种条件下找到"下手之实地"。在这一诠释原则里,既蕴含着经典诠释的指导思想,也启示着经典诠释的主导方法,同时还能教人如何看待经典诠释的基本效应以增强"工夫"意识。所以在实际上,"以功用求之"之经典诠释原则的正式确立,既开拓了中国诠释学特别是理学诠释学发展的方向，又彰显了中国诠释学特别是理学诠释学在发展过程中造就的特色。

分析至此，我们不能不由衷叹服，仅仅是对于《大学》两句话的"格物"之说，朱熹就如此凭借自己建构的经典诠释原则和经典诠释方法，在正确而深刻的经典诠释中，实现多项理学诠释学的建构和理学哲学的建构，这种诠释方法促进经典诠释，经典诠释实现理论建构的实际进程，具有多么重要的实践意义和垂范意义，何等难能可贵！分析至此，我们又能在此基础上，更好地逐步体察朱熹在诠释"四书"的进程中渐次实现的对理气论、心性论、工夫论的建构。

第二节　在诠释中实现理气论的建构

朱熹在诠释"四书"过程中建构起来的理气论，主要是探讨"理"与"气"的关系、事物规律与事物本身的关系，并从多种角度强调一切自然与社会的"理"都是独立自足、永恒不变、化生万物的。其中心论点之一，则是他在《大学或问》里提出的："天道流行，发育万物，其所以为造化者，阴阳五行而已。而所谓阴阳五行者，又必有是理而后有是气，及其生物，则又必因是气之聚而后有是形。故人物之生必得是理，然后有以为健顺仁义礼智之性；必得是气，然后有以为魂魄五脏百骸之身。"哲学史的研究表明，无论从哪个意义上来说，理气论都确乎是朱熹哲学体系中的"哲学基本问题"。① 而本书更多关注的，则是朱熹在《四书集注》中亦即在诠释"四书"的过程中，如何实现对于理气论的逐步建构的，如何运用理气论分析各种现象从而使之更加丰厚、更加具有解释力的。下面从这一角度出发，分别举例进行分析：

---

① 参见陈来：《朱子哲学研究》，华东师范大学出版社 2000 年版，第 75 页。

> 天命之谓性，率性之谓道，修道之谓教。（《中庸》）
>
> 命，犹令也。性，即理也。天以阴阳五行化生万物，气以成形，而理亦赋焉，犹命令也。于是人物之生，因各得其所赋之理，以为健顺五常之德，所谓性也。率，循也。道，犹路也。人物各循其性之自然，则其日用事物之间，莫不各有当行之路，是则所谓道也。修，品节之也。性道虽同，而气禀或异，故不能无过不及之差，圣人因人物之所当行者而品节之，以为法于天下，则谓之教，若礼、乐、刑、政之属是也。盖人之所以为人，道之所以为道，圣人之所以为教，原其所自，无一不本于天而备于我。学者知之，则其于学知所用力而自不能已矣。（朱熹注）

尽管前面已经分析过这一例证，但在这里，我们应该特别关注的，则是朱熹首先扣住经典文本中的几个纲领性的关键词"命""性""率""道""修""教"以做出诠释。而其诠释，又分为两步进行：第一步是运用语言诠释方法进行诠释，并使语言诠释顺应哲学理论建构的需要，但是这些关键词毕竟不仅仅是一般语词，而是哲学术语与范畴，所以第二步，他又推开去，本其哲学思想，立足特定语境，将体验诠释方法、类推诠释方法融入其中，从而阐发出深厚的哲学意义。譬如，他说"命，犹令也"，"性，即理也"，这是运用语言诠释方法诠释关键词"命"与"性"。但是他并未就此止步，而是接着又说"天以阴阳五行化生万物，气以成形，而理亦赋焉，犹命令也"，这是本其理气论进行类推，从而发掘出关键词"命""性"在各自特定语境中隐含的哲学意义，并且进而由此阐发出理气论的又一理论要素，亦即"气以成形，而理亦赋焉"。又如，他说"修，品节之也"，这也是运用语言诠释方法做出诠释；但是他接着又说"性道虽同，而气禀或异，故不能无过不及之差，圣人因人物之所当行者而品节之，以为法于天下，则谓之教"，这就将体验诠释方法、类推诠释方法融入其中，从而本其理气论以说明心性论，由此阐发出"圣人因人物之所当行者而品节之，以为法于天下"的思想，并且顺势推及"若礼、乐、刑、政之属是也"，将阐发出来的思想引向"治国、平天下"的社会实践之中。

其次，朱熹将前面几处阐发出来的思想理论，如"气以成形，而理亦赋焉""人物之生，因各得其所赋之理""性道虽同，而气禀或异，故不能无过不及之差""圣人因人物之所当行者而品节之"，依据其内在逻辑贯通起来，从而推导出一个结论："盖人之所以为人，道之所以为道，圣人之所以为教，原其所自，无一不本于天而备于我。"这就彰显出了"道"的必然性、"教"的合理性，既超越了《中庸》原文所表达的意思，又符合《中庸》原文所隐含的意向；既符合理气论的基本精神，又丰富了理气论的理论内涵。颇为难得的是，整个注文读起来还宛如一篇层次清晰、结构完整、气韵流畅的小论文，有着较大的说服力和感染力。

再看两则相似的注文：

子曰："有教无类。"（《论语·卫灵公》）

人性皆善，而其类有善恶之殊者，气习之染也。故君子有教，则人皆可以复于善，而不当复论其类之恶矣。（朱熹注）

孟子曰："人之所以异于禽兽者几希，庶民去之，君子存之。"（《孟子·离娄下》）

几希，少也。庶，众也。人物之生，同得天地之理以为性，同得天地之气以为形；其不同者，独人于其间得形气之正，而能有以全其性，为少异耳。虽曰少异，然人物之所以分，实在于此。众人不知此而去之，则名虽为人，而实无以异于禽兽。君子知此而存之，是以战兢惕厉，而卒能有以全其所受之理也。（朱熹注）

先看前一则注文。孔子主张"有教无类"，当然是有其理论根据的，但他在这里却并未宣讲其理论根据，而朱熹的注文，则主要就是有针对性地发掘其理论根据，这就是一种更为深刻、更有力度的诠释，可以增强其说服力。朱熹所发掘的理论根据，就是"人性皆善，而其类有善恶之殊者，气习之染也。故君子有教，则人皆可以复于善，而不当复论其类之恶矣"。可是，为什么"人性皆善"呢？这又很容易使人联想起他在《中庸章句》里建构的理论："天以阴阳五行化生万物，气以成形，而理亦赋焉，犹命令也。于是人物之生，因各得其所赋之理，以为健顺五常之德，所谓性也。"而"人性皆善"则是这一理论的发展。这样一来，读者就能顺着理气论—心性论的理论逻辑，更为深刻地领悟孔子"有教无类"主张的哲学意义和社会意义，更为全面地认识朱熹由此建构的理气论—心性论，进而对朱熹的哲学理论体系有所感受。

再看后一则注文。同样地，孟子郑重地提醒人们"人之所以异于禽兽者几希，庶民去之，君子存之"，却也没有宣讲其理论根据，而朱熹的注文，则又是有针对性地发掘其理论根据，那就是"人物之生，同得天地之理以为性，同得天地之气以为形；其不同者，独人于其间得形气之正，而能有以全其性，为少异耳"。而他所发掘的这一理论根据，同样也是依据上述理气论推导而来的，同样也是上述理气论的发展。所以，读者也就能够由此而顺着理气论—心性论的理论逻辑，更为深刻地领悟孟子"人之所以异于禽兽者几希"的警告的哲学意义和社会意义，并对朱熹的哲学理论有更多的感受。假如，读者还能更进一步，将这两则注文联系起来，贯通起来，那么，对朱熹在"四书"诠释过程中建构的理气论—心性论，必然会有更为全面、更为系统的理解，必然能够更加信服。

第三节　在诠释中实现心性论的建构

朱熹在诠释"四书"过程中建构起来的心性论，是其理气论的发展，内容十分丰富，乃朱熹哲学体系的中心部分。它主要探讨两个方面的问题：一方面是性与天理之间的关系，说明人性的来源及其特征，由此确立人性的天理依据；另一方面是心、性、情三者之间的关系，说明性是心之体，情是心之用，心是统摄体用（性情）的总体，由此拓展从人的社会性考察人性的视角。在前一方面，其中心论点是"天以阴阳五行化生万物，气以成形，而理亦赋焉，犹命令也。于是人物之生，因各得其所赋之理，以为健顺五常之德，所谓性也"（《中庸章句》）。在后一方面，其中心论点是"仁、义、礼、智，性也；恻隐、羞恶、辞让、是非，情也；以仁爱、以义恶、以礼让、以智知者，心也。性者，心之理；情者，心之用也；心者，性情之主也"（《元亨利贞说》）。当然，本书更多关注的，还是朱熹在《四书集注》中亦即在诠释"四书"的过程中，究竟是如何在经典诠释过程中真正实现对于心性论的逐步建构的，又是如何在经典诠释过程中运用心性论分析各种现象，从而使之更加丰厚、更加具有解释力的。下面继续分别举例说明：

> 滕文公为世子，将之楚，过宋而见孟子。孟子道性善，言必称尧舜。（《孟子·滕文公上》）
>
> 道，言也。性者，人所禀于天以生之理也，浑然至善，未尝有恶。人与尧舜初无少异，但众人汩于私欲而失之，尧舜则无私欲之蔽，而能充其性尔。故孟子与世子言，每道性善，而必称尧舜以实之。欲其知仁义不假外求，圣人可学而至，而不懈于用力也。门人不能悉记其辞，而撮其大旨如此。（朱熹注）

细细研读这则注文就能看清其内在的层次。第一层，孟子道性善，但是并未直接说明人性何以能善，朱熹则发掘了人性何以能善的理论根据作为对文本的解释，那就是"性者，人所禀于天以生之理也，浑然至善"。这一解释似乎缺少原文的直接根据，但从另一角度看，这一解释是依据原文的内在逻辑而生发的，对于广大读者而言是非常必要的补充，因此它仍然是一种符合规则的经典诠释，而且是更为深刻、更有力度的诠释。更加应该关注的是，就在发掘其理论根据的过程中，朱熹还运用其理气论，顺势建构起了性与天理之间的关系，说明了人性乃人所禀于天以生之理也，并由此初步确立人性的天理依据，使之在那个时代更加具有哲学力量。第二层，孟子道性善而言必称尧舜，但是人们却不能深知其言必称尧舜的目的与理由，朱熹则将其目的与理由发掘出来，那就是"尧舜则无私欲之蔽，而能充其性尔"，成为性善的典范，所以是谈论性善的最好例证。并且，朱熹还借此告诫人们，不汩于私欲而失其本有之善性是何等重要！基于以上两层意思，朱熹在第三层中进而又推导出一个结论："仁义不假外求，圣人可学而至"，关键是不懈于用力也。而这一结论，彰显了建构心性论的现实目的，既是孟子要向世子讲解的，也是朱子要向读者讲解的，同时更是这则注文所追求、所实现的诠释效应——建构新的心性论。

> 孟子曰："……恻隐之心，仁之端也；羞恶之心，义之端也；辞让之心，礼之端也；是非之心，智之端也。"（《孟子·公孙丑上》）

> 恻隐、羞恶、辞让、是非，情也。仁、义、礼、智，性也。心，统性情者也。端，绪也。因其情之发，而性之本然可得而见，犹有物在中而绪见于外也。（朱熹注）

这一则注文的前一层，我们似曾相识，它与《元亨利贞说》所讲的"仁、义、礼、智，性也；恻隐、羞恶、辞让、是非，情也；以仁爱、以义恶、以礼让、以智知者，心也。性者，心之理；情者，心之用也；心者，性情之主也"，立意相同，都是探讨心、性、情三者之间的关系，从而说明性是心之体，情是心之用，心是统摄性情的总体。但是在这里我们所要特别关注的，乃是这一理论究竟是如何在诠释过程中建构起来的。于是，我们又不能不将目光聚集到注文的后一层："端，绪也。因其情之发，而性之本然可得而见，犹有物在中而绪见于外也。"在这里，朱熹紧紧扣住了《孟子》文本中反复出现的关键词"端"，首先是运用语言诠释方法将其正确地解释为"绪"，然后是依据其内在逻辑，并通过"犹有物在中而绪见于外也"的生动比喻，推导出"因其情之发，而性之本然可得而见"的观点，进而从一个侧面印证了性是心之体、情是心之用、心是统摄体用（性情）之总体的理论。这也正是朱熹所希求并且已经实现的诠释效应。

> 告子曰："生之谓性。"……（孟子曰）"然则犬之性，犹牛之性；牛之性，犹人之性与？"（《孟子·告子上》）

> 性者，人之所得于天之理也；生者，人之所得于天之气也。性，形而上者也；气，形而下者也。人物之生，莫不有是性，亦莫不有是气。然以气言之，则知觉运动，人与物若不异也；以理言之，则仁义礼智之禀，岂物之所得而全哉？此人之性所以无不善，而为万物之灵也。告子不知性之为理，而以所谓气者当之……（朱熹注）

仅从《孟子》这一章的记载来看，孟子是在与告子辩论人性问题，却又只是停留在反诘阶段，并未明明白白地讲出一番道理来，这就为后人留下了实在的诠释困难，同时也留下了实在的诠释空间。朱熹则克服了这一诠释的困难，利用了这一诠释的空间，在诠释过程中阐发出了一番深刻的道理，仿佛是在模拟辩论中自觉承担起了告子的辩论对手、孟子的辩论助手。朱熹的这一诠释，把握并利用了原文应有的内在逻辑，首先是扣住"生""性"二词，加以有力的辨析，指出"性者，人之所得于天之理也；生者，人之所得于天之气也"，于是人们就能由此而明白，"生"与"性"是很不相同的两个概念，在论辩中不能混同。接着，他又在诠释中将儒学理气论与心性论结合起来，论证了"以气言之，则知觉运动，人与物若不异也；以理言之，则仁义礼智之禀，岂物之所得而全哉"。这一方面是反驳了告子，另一方面则深化了辩论，并且实现了一种新理论的建构。然后，他又进一步沿着其理论逻辑推导下去，从心性论的高度与深度强化了一个彪炳中国思想史册的论点："人为万物之灵"！诠释至此，朱熹似乎已经代替孟子圆满地完成了在辩论中战胜告子的任务。可是到了最后，他还不忘顺手剖析了告子思想错误之根源，指出其要害恰恰在于"不知性之为理，而以所谓气者当之"，从而也使得前面建构起来的新理论得到了最早的有力回应。研读完这如此完整、如此深入、如此具有重大意义的注文，我们能不肃然起敬吗？

第四节　在诠释中实现工夫论的建构

朱熹曾经反复强调："读书乃学者第二事"，"学问，就自家身己上切要处理会方是，那读书底已是第二义"，而"做工夫"才是"第一事""第一义"。所以他反复教诲学人："孔子教人就事上做工夫，孟子教人心上做工夫"（《朱子语类》卷十九），"《大学》是修身治人底规模"（《朱子语类》卷十四），《中庸》乃"致知工夫"（《朱子语类》卷六十二）。而他所称道的"工夫"，则是一种精神追求和身体力行合为一体以提升精神境界的方式与能力，落实为"修己治人"的事业，主要突出了两个方面：一方面，"圣门日用工夫，甚觉浅近。然推之理，无有不包，无有不贯，及其充广，可与天地同广大。故为圣、为贤，位天地，育万物，只此一理而已"（《朱子语类》卷八）；另一方面，"讲学固不可无，须是更去自己身上做工夫。若只管说，不过一两日都说尽了，只是工夫难"，"自早至暮，无非是做工夫时节"（《朱子语类》卷八）。当然，本书更多关注的，仍然还是朱熹如何本着"以功用求之"的原则，在诠释"四书"的过程中，运用特定诠释方法实现对于工夫论的进一步建构的；如何运用工夫论引导学人"策励此心，勇猛奋发"，并使之更加具有解释力的。下面依然分别举例说明：

> 子曰："学而时习之，不亦说乎？"（《论语·学而》）
>
> 学之为言效也。人性皆善，而觉有先后，后觉者必效先觉之所为，乃可以明善而复其初也。习，鸟数飞也；学之不已，如鸟数飞也。说，喜意也。既学而又时时习之，则所学者熟，而中心喜说，其进自不能已矣。（朱熹注）

这是《论语》的首篇首章，而"学"则又是其首字，朱熹的诠释大有讲究。按照《说文解字》的解释，"学，觉悟也"；按照《白虎通·辟雍》的解释，"学之为言觉也，以觉悟所未知也"。但是朱熹不满足于此，而是另辟蹊径，指明"学之为言效也"，显然自有其特别的深意。原来，他是要在对于"学"字的诠释中，阐发出"人性皆善，而觉有先后，后觉者必效先觉之所为，乃可以明善而复其初也"的理论。而他所阐发出来的这一理论，既强调"后觉者必效先觉之所为"，又指出这种"效"的行为方式"乃可以明善而复其初也"，并且具有"人性皆善"的深层根据，正是一种比较完整的、以"效先觉之所为"为特征的工夫论。可是，朱熹对于"学"字的这一别出心裁的诠释，是否可靠，是否有其语言学的依据呢？在上古汉语中，"教、学、效、觉"乃一组同源词，其意义相近相通、不断发展，表明中华先民既注重文化活动中的行为仿效与实践效果，也注重文化活动中的思路开通和认识飞跃。① 所以我们敢于断言，朱熹的这一解释，是有充足的汉语词汇学根据的，是完全正确的。此外，朱熹又曾指出："（学、习二字）统而言之，则只谓之学，故伊川有'博学、审问、慎思、明辩、笃行，五者废其一，非学也'之语。分而言之，则学是未知而求知底功夫，习是未能而求能底功夫。须以博学、审问为学，慎思、明辩、笃行为习。"（《答石子重》）这里所强调的，也是"学"包含着慎思、明辩、笃行的功夫。只要将这一段话与上面的注文联系起来，使之互相补充、互相发明，我们就能看到朱熹建构的一种更趋完整的工夫论。

> 故君子尊德性而道问学，致广大而尽精微，极高明而道中庸。温故而知新，敦厚以崇礼。（《中庸》）

> 尊者，恭敬奉持之意。德性者，吾所受于天之正理。道，由也。温，犹燖温之温，谓故学之矣，复时习之也。敦，加厚也。尊德性，所以存心而极乎道体之大也。道问学，所以致知而尽乎道体之细也。二者修德凝道之大端也。不以一毫私意自蔽，不以一毫私

---

① 参见周光庆：《"教"族词的形成发展及其文化意蕴》，《古汉语研究》2005 年第 4 期。

欲自累，涵泳乎其所已知，敦笃乎其所已能，此皆存心之属也。析理则不使有毫厘之差，处事则不使有过不及之谬，理义则日知其所未知，节文则日谨其所未谨，此皆致知之属也。盖非存心无以致知，而存心者又不可以不致知。故此五句，大小相资，首尾相应，圣贤所示入德之方，莫详于此，学者宜尽心焉。（朱熹注）

这一则注文，布局真是独具匠心。朱熹明明已经告诉人们，"此五句，大小相资，首尾相应，圣贤所示入德之方，莫详于此"，可是他的注释，却只紧扣"君子尊德性而道问学"一句而大加发挥。究其原因，他原来正是为了从理学理论更深处，阐发出一种"入德之方"亦即工夫论。而在诠释这一句经文时，他进而将注意力再加集中，紧扣"尊德性""道问学"二语，从"道"的高处进行诠释，将其分别与"存心"，"极乎道体之大"和"致知"，"尽乎道体之细"联系起来，并标举"二者修德凝道之大端也"。接下来，他又顺势而下，扣住"存心""致知"二语而大加发掘，终于带出了一大段注文，"不以一毫私意自蔽，不以一毫私欲自累，涵泳乎其所已知，敦笃乎其所已能，此皆存心之属也"云云。而这一大段注文，强调"不以一毫私意自蔽，不以一毫私欲自累"，强调"析理则不使有毫厘之差，处事则不使有过不及之谬"，并且将其归为"修德凝道之大端"，正是他要突出的中心意思，正是工夫论的核心内容。研读至此可以看清，朱熹是怎样在诠释过程中建构起工夫论之核心内容的，我们才能领略理学家特别是朱熹建构的工夫论具有何种本质特征。

子曰："志于道，据于德，依于仁，游于艺。"（《论语·述而》）

此章言人之为学当如是也。盖学莫先于立志，志道，则心存于正而不他；据德，则道得于心而不失；依仁，则德性常用而物欲不行；游艺，则小物不遗而动息有养。学者于此，有以不失其先后之序、轻重之伦焉，则本末兼该，内外交养，日用之间，无少间隙，

而涵泳从容，忽不自知其入于圣贤之域矣。（朱熹注）

此处的注文有两个显著特点：一是在前面语言诠释的基础上，将类推诠释方法与贯通诠释方法结合起来运用以加强阐发，虽然篇幅不长，却显得很有气势；二是句式多有排比，"则"字在关键处尤显力量，其目的在于贯通孔子的语意，发掘其内在逻辑，探寻其立论根据，彰显其最高目标。以这种方式进行儒家经典诠释，乃是更为深刻、更为高级的诠释。它的重要意义，是在诠释中阐发出了理学学者最为倾心的工夫论。这种工夫论，要求学者"本末兼该，内外交养，日用之间，无少间隙，而涵泳从容"，引导学者"忽不自知其入于圣贤之域"，在最高的境界中实现自我。这正是理学家们不断追求的境界。

初步考察至此，我们已经逐渐深切地感受到，在时代的感召下，在诠释"四书"的实际进程中，朱熹立足理学建设前沿，开创并运用新的经典诠释方法论，促进经典诠释，实现理论建构，确立起新的理气论、心性论和工夫论，从而使理学理论在既有的基础上，更为完备，更为系统，更加具有实践力。他开创并运用新的经典诠释方法论在"四书"诠释中所做出的理学建构，可谓大矣。

第二十章　王夫之《张子正蒙注》诠释方法论

　　多年以来，笔者对王夫之的为人为学，一直就洋溢着长久的景仰；对他自题堂联"六经责我开生面，七尺从天乞活埋"，一直就充满着深深地向往！后来，又在《船山全书》里看到清代学者邓显鹤、孔祥麟的两段议论："至于近代，学者疾陋儒空谈心性，逸于考古，遂至厌薄程朱，专考求古人制度名物以为博，甚则刺取先儒删落埻驳谬悠之论以为异。而一二天资高旷之士，又往往误于良知之说，敢为高论，狂瞽一世，著书愈多，圣道愈蔀。先生忧之，生平论学，以汉儒为门户，以宋五子为堂奥。而原本渊源，尤在《正蒙》一书。以为张子之学，上承孔孟之志，下栽来兹之失，如皎日丽天，无幽不烛，圣人复起，未之能易。"① "若夫之者，其注释《正蒙》，与《问思录内外篇》，凡张子引而未发之义，皆疏通证明，使学者有所折衷。道学之传，兹其嫡派乎！"② 更是对他的《张子正蒙注》（以下简称《正蒙注》）心生特别的敬意！因为即使仅从中国古代哲学经典诠释史的角度看，《正蒙注》努力改进和发展中国诠释学史上一些主要的经典诠释方法论而"开生面"，创造新的效应，开创新的境界，就具有重要而深远的历史意义，特别

---

①　（清）邓显鹤：《船山著述目录》，见（明）王夫之：《船山全书》第十六册，岳麓书社1996年版，第410页。

②　（清）孔祥麟：《拟请从祀文庙折》，见（明）王夫之：《船山全书》第十六册，岳麓书社1996年版，第685页。

值得当今学者予以切实的发掘和借鉴。

第一节　使命意识中的文本观念

利科尔有一个看似平常实则精深的论断："诠释学是关于与'文本'的解释相关的理解程序的理论。"① 它能启发学人进而由此想到：无论何人，要想对一部经典进行系统而深入的诠释，首先都必须对于该经典"文本"的思想内容、创新亮点、表达特征、历史意义等有着全面而深刻的认识，形成一种相应的符合实际的文本观念；然后再从这种文本观念出发，建构和运用适合的诠释方法，进行一步一步的诠释。在一定意义上，诠释者特定的文本观念，不仅包含着想要确立的诠释目标，而且还是特定的诠释方法论的组成部分。所以，我们要想切实探究王夫之《正蒙注》诠释方法论如何得以"开生面"，首先就必须探寻其源头，考察他所确立的关于《正蒙》的文本观念。

大家知道，张载是中国北宋时期最有开创精神的儒家哲学家之一，一生怀着"民吾同胞，物吾与也"的"大同"理想，形成了"为天地立心，为生民立命，为往圣继绝学，为万世开太平"的宏伟志愿，创立起了独具特色的以"气"为本的宇宙论和本体论以及相关联的心性理论；而《正蒙》既是他一生的最后著作，也是他一生的代表著作，受到了历代许多哲学学者诚挚的推崇。由于王夫之生活在明清更迭之际，明代专制皇权兴作的那种意识形态压力遽然消解，哲人学者得以在相对宽松的氛围中独立思考，更由于王夫之秉性坚贞刚毅，怀有"六经责我开生面"的抱负和"希张横渠之正学"的志向，屹然独立，不仅力主批评陆九渊、王守仁的心学思想，而且勇于修正二程、朱熹的理学理论，所以他认识和评论《正蒙》，就既有与他人相同

---

① ［法］利科尔：《诠释学的任务》，见洪汉鼎主编：《理解与解释——诠释学经典文选》，东方出版社 2001 年版，第 409 页。

相近的视角、眼光与情感，又有他自己的独特视角、眼光与使命意识。请看他在《正蒙注》中的相关论述：

> 自汉魏以降，儒者无所不淫，苟不抉其跃如之藏，则志之摇摇者，差之黍米而已背之霄壤矣，此《正蒙》之所由不得不异也。（序论）

> 不百年而陆子静之异说兴，又二百年而王伯安之邪说煽，其以朱子格物、道问学之教争贞胜者，犹水之胜火，一盈一虚而莫适有定。使张子之学晓然大明，以正童蒙之志于始，则浮屠生死之狂惑，不折而自摧，陆子静、王伯安之蕞然者，亦恶能傲君子以所独知，而为浮屠作率兽食人之伥乎？（序论）

> 张子推本神化，统动植于人而谓万物之一源，切指人性，而谓尽性者不以天地为能，同归殊途，两尽其义，乃此篇之要旨。其视程子以率性之道为人物之偕焉者，得失自晓然易见；而抉性之藏，该之以诚明，为良知之实，则近世窃释氏之沈，以无善无恶为良知者，其妄亦不待辨而自辟。学者欲知性以存养，所宜服膺也。（《诚明》小序）

> 此篇广释《周易》之指，有大义，有微言，旁及于训诂，而皆必合于道。盖张子之学，得之《易》者深，与周子相为发明。而穷神达化，开示圣学之奥，不拘于象数之末以流于术数，则与邵子自谓得伏羲之秘授，比拟分合者迥异。切问近思者所宜深究也。（《大易》小序）

> 此说又与上异。水之盈虚与月相感，使诚因乎此，则非地之升降矣。不及专家之学，以浑天质测及潮汐南北异候验之之为实也。（《参两》注）

认真体察以上几段论述可以看到：第一，王夫之是从中国哲学发展史的角度认识和评说《正蒙》的，因而明其源，清其流，体察其创异，深明其影响，强调"盖张子之学，得之《易》者深，与周子相为发明"，"此《正蒙》之所由不得不异也"。第二，王夫之是用理论比较的眼光认识《正蒙》的，在比较中鉴别，在比较中论析，因而强调"而穷神达化，开示圣学之奥，不拘于象数之末以流于术数，则与邵子自谓得伏羲之秘授，比拟分合者迥异"。第三，王夫之是将《正蒙》放归中国哲学思想斗争的旋流中去认识《正蒙》的，因而深识其卓异之处，感受其战斗力量，坚信"使张子之学晓然大明，以正童蒙之志于始，则浮屠生死之狂惑，不折而自摧"！第四，特别应该重视的是，王夫之一生认定并推崇"以真知实践为学"（《显考武夷府君行状》），因而处处不忘结合学人思想修养、社会实践之实际以分析《正蒙》的理论意义和实践意义，并且谆谆教诲学人，"学者欲知性以存养，所宜服膺也"，"切问近思者所宜深究也"。第五，更为难能可贵的是，即使是长期处在动乱与坎坷之中，王夫之也能坚守一定的理性精神与科学精神，尽可能援引所能见到的"专家之学"，亦即科学发展实际成果来检验《正蒙》提出的理论，如果发现稍有不合，则又本着科学精神而坦诚献疑，从而提高对《正蒙》的认识，激励自己的使命意识。譬如在注解《正蒙》"则系日月朔望，其精相感"一语时，他就曾特别指出："水之盈虚与月相感，使诚因乎此，则非地之升降矣。不及专家之学，以浑天质测及潮汐南北异候验之之为实也。"仅就我们所见而论，在中国古代哲学的发展历程中，在明末清初的特定时代里，这些都足以彰显出王夫之认识张载《正蒙》过程中所持有的独特视角、独特眼光与独特使命意识。无论你是否完全认可他的某些说法，但是你不能不佩服他在那个时代所能做出的领先性的论断与论证，并且愿意紧随其后而做进一步的思考。

王夫之认识《正蒙》时所能具有的这些独特视角与独特眼光以及独特论断，来自何方，精神何在？请看他在《正蒙注》中的一段抒写：

> 张子此篇，补天人相继之理，以孝道尽穷神知化之致，使学者不舍闺庭之爱敬，而尽致中和以位天地、育万物之大用，诚本理之

> 至一者以立言，而辟佛、老之邪迷，挽人心之横流，真孟子以后所
> 未有也。惜乎程朱二子引而不发，未能洞示来兹也。 （《乾
> 称》小序）

仔细体会这段话的蕴含，当然不必认可其"辟佛、老之邪迷"的观点，
我们仍然不能不为之动容。首先，王夫之坚持认定，张载创立的哲学理论，
可以"补天人相继之理"，可以"挽人心之横流"，既有宏大的理论价值，
又有深远的实践意义，"真孟子以后所未有也"。在某种意义上，这是符合实
际的。其次，王夫之强调指出，尽管二程与张载有师生之谊，尽管朱子乃理
学的集大成者，然而对于张载创立的新的哲学理论，"惜乎程朱二子引而不
发，未能洞示来兹也"，这就影响了儒家哲学在正确的道路上的健康发展。
在某种意义上，这也是符合实际的。而接下来，王夫之言已止但意未尽，不
过人们还是能够从中真真切切地感受到：他已经确立并想要表露的意愿，正
是本着"希张横渠之正学"的宏愿，要在二程朱子所论之外另辟蹊径，对于
张载创立的哲学理论，重新认识，大力开掘，发扬光大，并在新的社会文化
条件下予以努力重建，从而既能推进儒家哲学乃至中国哲学的健康发展，又
希望挽回当世"人心之横流"！事实上，他正是从这样崇高的使命意识里，
生发出认识和评论《正蒙》的独特视角与独特眼光；他正是怀着这样崇高的
使命意识，认识《正蒙》，诠释《正蒙》，弘扬《正蒙》，终于在极为艰苦的
条件下完成《正蒙注》的。请听他自己在《正蒙注》中的反复论述：

> 谓之《正蒙》者，养蒙以圣功之正也。圣功久矣，大矣，而正
> 之唯其始。蒙者，知之始也。（序论）
> 此篇首明道之所自出，物之所自生，性之所自受，而作圣之
> 功，下学之事，必达于此，而后不为异端所惑。盖即《太极图说》
> 之旨而发其所函之蕴也。（《太和》小序）
> 此章乃一篇之大指，贞生死以尽人道，乃张子之绝学，发前圣
> 之蕴，以辟佛、老而正人心。（《太和》注）

张子推本神化，统动植于人而谓万物之一源，切指人性，而谓尽性者不以天地为能，同归殊途，两尽其义，乃此篇之要旨。（《诚明》小序）

张子之学以立礼为本，而言礼则辨其大而遗其细。（《王禘》小序）

合天存神之学，切于身心者如此，下学而作圣之功在矣，尽己而化物之道存矣，故《正蒙》以此终焉。（《乾称》下注）

愚谓在天者即为理，不可执理以限天。《正蒙》一书，唯此为可疑，善读者存之以待论可也。（《参两》小序）

从这里可以领悟到，在王夫之关于《正蒙》的全新文本观念里，最为突出的内容有：

第一，认定《正蒙》建构的主要哲学理论，在儒家哲学乃至中国哲学史上，都是领先性的、创造性的，极大地充实了儒家哲学乃至中国哲学的武库，如"明道之所自出，物之所自生，性之所自受"，如"贞生死以尽人道"，如"推本神化，统动植于人而谓万物之一源"等。

第二，揭示《正蒙》书名的理据与蕴含，显露出了张载的宏大抱负，有着强烈的针对性和启示性，"谓之《正蒙》者，养蒙以圣功之正也。圣功久矣，大矣，而正之唯其始"，对于广大学人具有很大的订正作用和引导作用。

第三，立足中国儒家哲学的发展历程，反思《正蒙》创立哲学理论的历史意义，主要乃是揭示出"道之所自出，物之所自生，性之所自受，而作圣之功，下学之事，必达于此，而后不为异端所惑"。

第四，总结《正蒙》一书作为所要诠释的经典文本的表达特征，常常在于"辨其大而遗其细"，既集中精力扣住主要问题，又表现出对于读者的尊重与激励，也给读者留下了体验余地和思考空间。

第五，对于诠释者而言，《正蒙》一书结构的独特性是应该受到重视和参考的，譬如"合天存神之学，切于身心者如此，下学而作圣之功在矣，尽已而化物之道存矣，故《正蒙》以此终焉"。

第六，立足更高处，坦诚地提出，作为一部创新性的哲学理论著作，《正蒙》一书建构的哲学理论并非尽善尽美而无可改进；真正热心的读者应该本着良知而勇于质疑，关键是要"存之以待论可也"，使之得到不断的改进与发展。

通观这六个方面的论述，王夫之关于张子《正蒙》的文本观念，已经逐步彰显出来。与北宋中期以来包括二程、朱熹在内的许许多多儒家学者的有关看法相比较，它是特别热诚的、全面的、深刻的，有着一定的独到性、创造性、科学性和使命意识。正是从这种独特的文本观念出发，王夫之大力建构和改进适合的诠释方法，决心对《正蒙》进行一步一步富有成效的重新诠释，务必要自"开生面"，在当时新的社会文化条件下予以重建，从而使之发挥最大的哲学思想效应，既要努力推进中国古代哲学的发展，又要尽可能挽回当世"人心之横流"！

第二节　重建目标下的诠释方法

当王夫之基于上述文本观念，进入晚年还决心在《正蒙》诠释的实际进程中"开生面"，创造新的效应，阐发出能够挽回当世"人心之横流"的哲学理论时，他对于经典诠释方法的建构与改进是相当自觉而主动的。其《正蒙注》中的相关论述就很能证明：

> 此下四篇，皆释《论语》《孟子》之义，其说与程、朱异者。盖圣贤之微言大义，曲畅旁通，虽立言本有定指，而学者躬行心得，各有契合，要以取益于身心，非如训诂家拘文之小辨。读者就其异而察其同，斯得之矣。（《作者》小序）

你看王夫之所特别强调论述的：同是诠释《论语》《孟子》之大义，张载之说就与程、朱之说相异，"盖圣贤之微言大义，曲畅旁通，虽立言本有定指"，但是诠释者的主观意向不同、诠释方法各异，诠释出来的大义也就"各有契合"而必然相异。选择起用那些已被历史证明具有优秀特质和良好效应的经典性诠释方法，予以填补性建构和关键性改进，要点就是在于"学者躬行心得，各有契合，要以取益于身心"，既不能忽视训诂方法，又不能"如训诂家拘文之小辨"。从这里，不是已经能够深入地感受到他对于建构与改进诠释方法以"开生面"的自觉意向了吗？而通观《正蒙注》一书，王夫之自觉选取、自觉建构、自觉改进的经典诠释方法，主要有以下四种：

第一，语言诠释方法。

人对存在的探寻与理解，总是呈现为"言说"和"对话"。世界在理解亦即"言说"和"对话"中敞开自己；人在理解亦即"言说"和"对话"中走出原来的"旧我"，扩展为一个"新我"。因此，语言构成了人的存在与世界的全部关系，当然也就必然是一切经典文本的存在模式。无论诠释者的认识是否达到了这种高度，但是当他面对经典文本时，首先感受到的总是经典文本的语言，当他开始诠释经典文本时，首先必须诠释的总是经典文本的语言。更何况王夫之不仅透彻地理解了经典的语言诠释，而且对于"圣贤之微言大义，曲畅旁通，虽立言本有定指"而不同的诠释者在语言诠释中所诠释出来的大义却并不完全相同的诠释规律，也早已有了很好的把握。所以，他在诠释《正蒙》时，首先努力改进与完善从而使之得以"开生面"的诠释方法，便是语言诠释方法。请看：

> 天道四时行，百物生，无非至教，圣人之动，无非至德，夫何言哉！（《天道》）

> 天言教者，天之曲成万物，各正性命，非以自成其德也。圣言德者，圣人动无非善，非为立教而设，只以自成其德，然而学者之所学在此也。圣者，极乎善之谓。夫何言哉，知天知圣者于此学之，自不待言而至；非圣人之有秘密，求之于言语道断间也。"夫

何言哉"，旧本作"天"，今正之。（王夫之注）

这一则注文的显著特征，是全力进行语言诠释，并在语言诠释过程中阐发出难以为人所知的深刻哲学意蕴。首先，王夫之紧扣"教"与"德"这两个关键词进行关键性诠释。由于这两个常用词的意义比较明显，故而其诠释方法就不是一般性地进行词义的解释，而是从特定语境出发再深入一步，分析文本何以在这样的语境里运用这两个词的深层原因，由此揭示出天"非以自成其德"而圣人"只以自成其德"的原理，引导读者从特定语境出发再向深处探索。接着乘势解释"圣"这一人所共知的关键词，并且发掘出了"圣"乃"极乎善之谓"这一绝非人所共知的深层意义，并使前后语意更加流畅。然后抓住"夫何言哉"一语，直接开掘其深层意义，阐发出"知天知圣者于此学之，自不待言而至"这一普遍而又深刻的道理，并诱导读者将这一道理用于提高自己的思想品性。最后，王夫之又对一个误字做了纠正，因为这个误字妨碍了读者对文本意义的理解。这就是王夫之风格的语言诠释：注重立足特定语境，把握深层语脉，发掘作者不尽为人所知的用意，引导读者探寻语境对于词义的选择、凸显与补充。其结果就是，处处都在进行语言诠释，时时都在阐发语言深处的哲学大义，而二者的结合又是如此自然，如此富有引导力量，终于实现"开生面"。又如：

其（阴阳）感遇聚散，为风雨，为霜雪，万品之流形，山川之融结，糟粕煨烬，无非教也。（《太和》）

感者，交相感；阴感于阳而形乃成，阳感于阴而象乃著。遇者，类相遇；阴与阴遇，形乃滋；阳与阳遇，象乃明。感遇则聚，聚已必散，皆升降飞扬自然之理势。风雨、雪霜、山川、人物，象之显藏，形之成毁，屡迁而已结者，虽迟久而必归其原，条理不迷，诚信不爽，理在其中矣。教者，朱子所谓"示人以理"是也。（王夫之注）

这一则注文的显著特征是，一方面在进行语言诠释，一方面却又别出心裁，另辟新境，在解释词语的同时去着重解释相应的概念，在解释相应概念的同时去阐发并重建相应的哲学观念。譬如，"感者，交相感"，是在解释词语的同时去解释相应的概念；而"阴感于阳而形乃成，阳感于阴而象乃著"，则是进一步在解释词语的同时对相应概念做补充性的解释，并在解释相应概念的同时阐发并重建相应的哲学观念。经过这样一番递进式的诠释，注文的风味犹如论文，而张载创立的自然哲学之阴阳气化理论便得到了深刻阐发和有效重建。下面"遇者，类相遇；阴与阴遇，形乃滋；阳与阳遇，象乃明。感遇则聚，聚已必散，皆升降飞扬自然之理势"一段，不仅与此段紧密衔接，而且运用了同样的语言诠释方法，取得了同样的解释效果，显示出同样的解释风格。至此，我们还应该关注"教者，朱子所谓'示人以理'是也"一句，继承朱子而采用"示人以理"来解释动词"教"，不仅别致，而且深刻，想来真正恰如其分。如果将此处对"教"的解释放入上一例证之中，用来作为对"天道四时行，百物生，无非至教"之"教"的解释，也同样恰如其分。读者还可以由此进而想到，在张载创立、王夫之重建的自然哲学中，"教"确实就蕴含着这样别致而深厚的哲理。

第二，体验诠释方法。

德国诠释学大师狄尔泰本着对人类生命的执着关怀，将生命的体验视为生命的基本范畴，因而特别强调："体验"是人直接参与某件事情而获得的感知；"表达"是对体验的发掘与创造性的反映；"理解"是诠释者以"再体验"的方式，通过表达去认识文本作者"原体验"的过程，是"一种返回，即由生命的客观化物返回到它们由之产生的富有生气的生命"。因此，"诠释学程序的最终目的就是比作者理解他自己还更好地理解作者"。① 由此可见，所谓的体验诠释方法论，实际就是诠释者以"再体验"的方式，通过语言表达去认识文本作者之"原体验"的方法论。而在中国古代，最早创建

① 详见［德］狄尔泰：《诠释学的起源》《对他人及其生命表现的理解》，见洪汉鼎主编：《理解与解释——诠释学经典文选》，东方出版社 2001 年版。

起来的体验诠释方法论，是战国时代孟子提出和运用的"以意逆志"说。以王夫之而论，作为一位杰出的诠释学家，他对此更是有其独到的见解。首先，在经典作者方面，他推崇张载"其言皆体验而得之，非邵子执象数以观物之可比也"（《动物》小序）；同时，在经典诠释者方面，他主张"圣贤之微言大义，曲畅旁通，虽立言本有定指，而学者躬行心得，各有契合，要以取益于身心"（《作者》小序）。正是基于这两方面的认识与主张，他也就特别注重在《正蒙注》里继承和发展体验诠释方法论以"开生面"，并且使之充满新的特色与效用。例如：

> 知几其神，由经正以贯之，则宁用终日，断可识矣。（《神化》）

> 王注：经，即所谓义也。事理之宜吾心，有自然之则，大经素正，则一念初起，其为善恶吉凶，判然分为两途而无可疑，不待终日思索而可识矣。张子之言，神化尽矣，要归于一；而奉义为大经之正以贯乎事物，则又至严而至简。（王夫之注）

张载创建的哲学理论，既有天道论，又有与之结合的人道论；而在这里，他强调的则是："知几其神"，是由于"经正以贯之"，故而"宁用终日"，充满了自己的"原体验"。而王夫之这里所着重诠释的则又是："事理之宜吾心，有自然之则，大经素正，则一念初起，其为善恶吉凶，判然分为两途而无可疑，不待终日思索而可识矣。"而所谓"一念初起，其为善恶吉凶，判然分为两途而无可疑"，则主要是他在张载的启示之下进行再"体验而得之"的人生经验；运用这样的人生经验诠释哲学理论，不仅能够使之通俗而亲切，并且能够彰显出它那"明人道以为实学"的本质特征，再予以充实，从而实现"开生面"。这就是王夫之体验诠释方法的重要特色与效用。又如：

> 气之聚散于太虚，犹冰凝释于水，知太虚即气则无无。（《太和》）

人之所见为太虚者，气也，非虚也。虚涵气，气冲虚，无有所
谓无者。（王夫之注）

张载创立了以"气"为本的宇宙本体论，并以此批判释老所推崇的
"无"。可是对于一般人而言，这种宇宙本体论似乎有些玄妙，非常难以切实
把握，所以张载常常力图使之通俗化，故而在这里基于自己的"原体验"，
特别以比喻的方式说明"气之聚散于太虚，犹冰凝释于水"，进而还强调
"知太虚即气则无无"。而作为心心相印的诠释者，王夫之对于这种"原体
验"心领神会，又运用自己的再体验，对原文意蕴进行发掘，稍加补充，予
以意译，诠释为"人之所见为太虚者，气也，非虚也。虚涵气，气冲虚，无
有所谓无者"。这样就不仅使得原本高深玄妙的哲学理论更加明白晓畅，更
加贴近人生，并与人们常有的活的生活体验衔接起来，从而变得更为充实，
变得比较容易理解和运用。这就更加彰显出王夫之体验诠释方法的又一种特
色与效用，又一种"开生面"的表现。

第三，类推诠释方法。

我们曾经论证：朱熹主张"读书是格物一事"，"读经史，应接事物，
理会个是处，皆是格物"，因而"可以触类而长"，其主要意图是拓展儒学
的"格物致知"理论，将其运用到解读儒家经典以阐发其义理的工作中来，
进而以此为根据，建构起类推诠释方法论。所以他反复强调："故夫善观
《易》者，必观夫刚柔之中而究其所以用，则六十四卦三百八十四爻之或得
或失，或悔或吝，或吉或凶，可以类推矣。不知刚柔之用，不可言《易》
也。"这就在强烈暗示，如果不知类推，简直就难以透彻诠释《周易》等儒
家经典。现在我们又知道，王夫之也发表过相同的主张，并特别在《正蒙
注》中强调："观物象以推道，循末以测本也，此格物穷理之异于术数也。"
（《诚明》注）既然观物象以类推道，是格物穷理的根本法则，那么诠释
《周易》等儒家经典也就"可以类推矣"。因此他在诠释《正蒙》的过程中，
创造性地运用了类推诠释方法并予以适当的改进，从而得以"开"其"生

面"。例如：

> 神，天德；化，天道；德其体，道其用，一与气而已。（《神化》）

> 絪缊不息，为敦化之本。四时百物各正其秩序，为古今不易之道。体者所以用，用者即用其体。气，其所有之实也。其絪缊而含健顺之性，以升降屈伸，条理必信者，神也。神之所为聚而成象成形以生万变者，化也。故神，气之神；化，气之化也。（王夫之注）

在张载创立的以"气"为本的宇宙本体论中，"神化"是用来描述宇宙间运动变化的；而在这里，他所要特别说明的，乃是"神，天德；化，天道；德其体，道其用，一与气而已"，强调"神"与"化"是统一于"气"的。可是细细体察王夫之注文的意蕴，其重点，其结论，却是"故神，气之神；化，气之化也"，与张载本来的语意似乎并不完全相符而有所推进。这又该如何理解呢？原来，王夫之是在"观物象以推道"，运用类推的诠释方法，由"德其体，道其用，一与气而已"展现"神，气之神；化，气之化也"，强调"神"是气之体、"化"是气之"用"，既是将张载原文已经蕴含却未直接讲明的观念阐发出来，而实际上又是向前类推一步，从而在理论上有所发展以实现"开生面"。这就是类推诠释方法的一种效用。又如：

> 天地生万物，所受虽不同，皆无须臾之不感，所谓性即天道也。（《参两》）

> 盖万物即天道以为性，阴阳具于中，故不穷于感，非阴阳相感之外，别有寂然空窅者以为性。释氏欲却感以护其蕞然之灵，违天害性甚矣。（王夫之注）

张载不仅创立了以"气"为本的宇宙本体论，而且在此基础上又建构起了心性论，提出"合虚与气，有性之名；合性与知觉，有心之名"（《太和》），强调"性"是由"虚"与"气"结合起来构成的，故而"皆无须臾之不（具备阴阳相）感"。王夫之对于这一理论，有着深刻的理解和灵动的把握，所以能够紧紧依据其内在逻辑，在此段注文中两次运用类推诠释方法进行诠释：第一次，既然"性"是由"虚"与"气"结合而构成的，那么推而论之，所谓"皆无须臾之不（具备阴阳相）感"，就应该阐释为"阴阳具于中，故不穷于感，非阴阳相感之外，别有寂然空窅者以为性"。第二次，既然"非阴阳相感之外，别有寂然空窅者以为性"，那么推而论之，"释氏欲却感以护其蕞然之灵"，就是"违天害性甚矣"，张载的这一理论，正是批判释氏相关思想的利器。这样一来，张载建构的理论就不仅得到了明白而深入的阐释，而且得到了很好的发挥与运用，真正实现了"开生面"。这就是王夫之类推诠释方法的又一种更为有力的效用。

第四，贯通诠释方法。

从朱熹等人的经典诠释著作来看，所谓贯通诠释方法，概括言之，是在经典诠释过程中，或者整合相关经典文本，或者类聚各位注家见解，"考其是非"，"兼取众善"，"发其精微"，在相互讨论、相互发明、融会贯通之中提炼出新的解释，阐发出新的思想。这是一种需要高屋建瓴的经典诠释方法，也是王夫之特别擅长并热心改进以"开"其"生面"的一种诠释方法。请看：

> 形而后有气质之性。（《诚明》）

> 气质者，气成质而质还生气也。气成质，则气凝滞而局于形，取资于物以滋其质；质生气，则同异攻取各从其类。故耳目口鼻之气与声色臭味相取，亦自然而不可拂违，此有形而始然，非太和絪缊之气、健顺之常所固有也。旧说以气质之性为昏明强柔不齐之品，与程子之说合。今按张子以昏明强柔得气之偏者，系之才而不系之性，故下章详言之。而此言气质之性，盖孟子所谓耳目口鼻之于声色臭味者尔。盖性者，生者理也。均是人也，则此与生俱有之理，未尝或异；故仁义礼智之理，下愚所不能灭，而声色臭味之

欲，上智所不能废，俱可谓之性。（王夫之注）

张载不仅创立了以"气"为本的宇宙本体论，又在此基础上建构起了心性论，并且进而创造性地将人性分为"天地之性"与"气质之性"两层，前者由天道而来，是普遍而绝对的，乃道德本体；后者由气化而成，是具体而相对的，指本能、体性、知性等感性存在。此即"形而后有气质之性"。可是，在王夫之看来，包括理学大家程子在内，竟然有人主张"气质之性为昏明强柔不齐之品"，这就与张子的意见并不相合，至少不能以此来诠释张子的意见。而在理学理论体系中，这是一个必须辨析清楚的重大问题。那么在王夫之的心目中，张载人性理论的主要旨趣何在呢？请看他的贯通诠释："性者，生者理也。均是人也，则此与生俱有之理，未尝或异；故仁义礼智之理，下愚所不能灭，而声色臭味之欲，上智所不能废，俱可谓之性。"细细读来，王夫之贯通张载的哲学理论，将"性"与"生"贯通起来，将"仁义礼智"与"声色臭味"贯通起来；其难能可贵之处，不仅在于阐发出了"故仁义礼智之理，下愚所不能灭，而声色臭味之欲，上智所不能废，俱可谓之性"的进步理论，而且在于明确提出了一个必须辨析清楚的重大问题，因为它还关系到另外两个紧要的问题：人性究竟是什么？声色臭味之欲究竟算不算人性的一个方面？"声色臭味之欲"的存在是否"合理合法"？在此必须开拓视野而补充说明的是：两千年来，这些问题一直困扰着中国思想者，关系到他们对于人性、对于如何提升人性的认识，关系到他们对于人生的筹划，关系到他们对于社会改革的态度；许多专制统治者压制广大民众的生存发展，正是打着消灭"声色臭味之欲"的幌子。所以，直到乾嘉时代，哲学大师戴震还要大声疾呼："天下必无舍生养之道而得存者，凡事为皆有于欲，无欲则无为矣；有欲而后有为，有为而归于至当不可易之谓理；无欲无为又焉有理！"（《孟子字义疏证》卷下）即使是到了今天，人们仍然需要澄清这一类问题，以便在当今的社会条件下更为有力地促进人和人性的健康发展。正是从这样的历史事实中，我们应该感受到王夫之这一诠释、这一思想的杰出性。又如：

> "变化进退之象"云者，进退之动也微，必验之于变化之著，故察进退之理为难，察变化之象为易。（《大易》）
>
> 变者，阴变为阳；化者，阳化为阴；六十四卦互相变易而象成。进退者，推荡而屈伸也；推之则伸而进，荡之则屈而退，而变化生焉。此神之所为，非存神者不能知其必然之理。然学《易》者必于变化而察之，知其当然而后可进求其所以然，王弼"得言忘象，得意忘言"之说非也。（王夫之注）

在这里，张载通过讲述《易传》"变化进退之象"，阐发了自己建构的认识论观念，主张由"察变化之象"入手以"察进退之理"。王夫之则通过其贯通诠释，开掘了张载建构的认识论观念，阐发了自己更进一层的认识论思想，强调"必于变化而察之，知其当然而后可进求其所以然"。然而，这些认识论理论却又并非一般人很快就能掌握的。为了切实引导读者加深理解、明辨是非，他又以类聚的方式，引出王弼的一种颇有影响的见解，以期在相互讨论、相互发明、融会贯通之中形成正确的共识。因为张载和王夫之都主张观"象"以识"理"，"知其当然而后可进求其所以然"，而王弼却在《周易略例》之《明象》里提出应该"得言忘象"（按：《明象》原文作"得意在忘象，得象在忘言"），虽然非常著名，却不尽合理，尤其不符合张载和王夫之所持守的认识论。通过类聚引用，两相比较，读者自然知所是从。显然，王夫之以其贯通诠释成就而"开生面"，并且彰显出了贯通诠释方法的高屋建瓴优势。

初步探讨王夫之的《张子正蒙注》，重点分析他所运用与发展的语言诠释方法、体验诠释方法、类推诠释方法和贯通诠释方法，我们深深地感知到：初看起来，这些诠释方法似乎并未超出中国历史上一些杰出的经典诠释者如朱熹等人所建构的那些同类的诠释方法，但是结合其时代背景、文化氛围、诠释精神而细细体察、深入比较，就能认识到其中所包含的诠释目标、诠释精神、诠释规则、诠释效应都是有很大不同的。正是从这些经典诠释在不同时代、不同社会条件下形成的不同之处，我们才能领悟到王夫之对于中国古代哲学经典诠释方法论不断建构、不断改进、不断发展以"开其生面"的杰出贡献。①

① 周光庆:《王夫之〈张子正蒙〉诠释方法论初探》,《宝鸡文理学院学报》2016 年第 4 期。

第二十一章　戴震《孟子》诠释方法论

在中国文化思想史上，戴震是一位立足现实，通过重新诠释儒家经典以开时代新风、创学术流派的学问家和思想家。辞世前不久，他还郑重地对自己一生的学术思想做出了"盖棺定论"式的自评，以期为后人正确理解启示角度："仆生平论述最大者，为《孟子字义疏证》一书，此正人心之要。今人无论正邪，尽以意见误名之曰理，而祸斯民，故《疏证》不得不作。"①然而，在那以后的两百多年里，他和他的名著《孟子字义疏证》（以下简称《疏证》），却仍然在中国学术界和思想界引起了一串串争论。直到最近几十年来，中国学者关于戴震及其《疏证》的争论，又在新的理论层面上展开，形成了两种不同的观点：一种观点认为，戴震及其《疏证》的哲学思想是在解释儒家经典过程中形成的，而在文化传统的制约下，它所蕴含的启蒙倾向，受到了严重的蔽障，因而不可能具有任何实际的启蒙意义；而另一种观点则强调，戴氏的哲学精义，本质上属于近代启蒙哲学，并且具有欧洲近代机械唯物主义和人本主义的主要内容与精神，只不过迫于当时残酷的思想专制主义，而不得不打着重新解释儒家经典的旗号。

纵观两百年来时起时伏、错综复杂的争论可以发现，这些不同的观点，

---

① （清）戴震：《与段若膺书》，见（清）戴震：《孟子字义疏证》，中华书局1982年版，第186页。本书所引《孟子字义疏证》皆据此书。

都或深或浅、或直接或间接地牵涉到这样一系列根本性的问题：应该如何评价戴震重新解释《孟子》的目的、方法与效果？讨论这一系列重大问题，探究戴震的《孟子》诠释方法论，不仅有益于拓展中国古典诠释学的研究领域，而且有助于推进戴震哲学思想乃至清代学术思潮的深入研究。

第一节　挑战性的诠释目的

清代初年，继承晚明渐开的启蒙新路，带着动荡变革的时代色彩，中国学术思想领域一度呈现出了恢弘而活跃的局面。学术反思盛行，经世思潮兴起，呼唤回归儒学原典，则是这一局面的显著特征。然而，由于清廷在政权稳固之后选择了民族高压路线，厉行"黜异端以尊正学"的文化专制政策，中国学术思想领域形成了一种双重局面：一方面，皇帝亲自狠抓意识形态，竭力宣传"朱子注释群经，阐发道理，凡所著作及编纂之书，皆明白精确，归于大中至正"（《清圣祖实录》卷二百四十九），其实际则是将朱子哲学割裂、改造为僵化的伦理信条而加以利用，其结果是迫使中国学术思想领域失去了一次科学发展的机遇，失去了朱子学说本有的思辨光彩，失去了刚刚兴起的经世精神；而另一方面，广大学人则认同顾炎武"经学即理学"的主张，努力回归原典，考据文字名物，辨识伪书假文，以"取证经书"相号召，或者推翻陆王心学的经典依据，或者辩驳程朱理学的经典解释，实则迂回地反抗朝廷的文化专制政策，从而使经典考据学成为一个时代的学术风尚。

戴震就生当清代学术发生实质性变化并走向全面总结中国传统学术思想的雍乾时期，对清代学术在中华文化发展历史上和儒学理论复兴进程中的地位与使命，有着深刻的理解与清醒的自觉。他高高竖起"治经先考字义，次通文理，志存闻道，必空所依傍"（《与某书》）的旗帜，树立起"解蔽"的旗帜，倡言"儒者之学，将以解蔽而已矣。解蔽斯能尽我生！"（《沈处士戴笠图题咏序》）①将自己的生命价值，寄托在拨乱"解蔽"的事业上。而他所追求的"解蔽"，主要是就经典诠释立论，有着特定的内涵："其得于学，不以人蔽己，不以己自蔽；不为一时之名，亦不期后世之名。……君子务在闻道也"（《答郑丈用牧书》）；强调以回归儒家原典为途径，以"务在闻道"为归宿，以"实事求是"为准则，既具有丰厚的理论意蕴，又具有强烈的反抗文化专制的意义，因此实际是高度概括了一种真正从社会现实出发的儒家经典诠释目的论。

首先，戴震提出"不以人蔽己"的主张，主要是针对朝廷着意宣扬并曲解的宋明理学家解释儒学经典的态度、方法及其效应而发的。戴氏"自幼为贾贩，转运千里，复具知民生隐曲"（章太炎《释戴》），长而亲历饥寒交迫之苦，却又满怀经世抱负，深受西学影响。所以能透过太平盛世的繁华，直面清廷以文字杀人的残酷，感受"后儒以理杀人"（《与某书》）的悲哀；既痛心于"六经孔孟之道"被理学家们误解而注入"存天理，灭人欲"的谬见，更不满于清廷障蔽原始儒学的人本主义精神，将"存天理，灭人欲"抬举到可怕的高度"而祸斯民"。于是，他立志要"为中国文化转一新方向"，关怀自然生命，表达市民要求，恢复原始儒学"民为贵"的人文精神，进而呼唤"通民之欲，体民之情"的清明政治（《与某书》）——而这一切，都要以"解蔽"相号召，从重新解释儒家经典的过程中获得。用他的话来说就是："今人无论正邪，尽以意见误名之曰理，而祸斯民，故《疏证》不得不作。"由此可见，"解蔽"的经典诠释目的论，确实具有积极的启蒙意义与勇敢的挑战精神。

同时，"解蔽"还是一种求真的精神和"实事求是"的准则。为此，戴震深入地分析儒家经典的文本，分析宋儒的解释之道，然后毅然向人们指出："程子朱子其出入于老释，皆以求道也"，"其初非背六经、孔孟而信彼

---

① （清）戴震：《戴震文集》，中华书局1980年版，第167页。本书所引《戴震文集》皆据此书。

也，于此不得其解，而见彼之捐其物欲，返观内照，近于切己体察"，以为"能使思虑渐清，因而冀得之为衡事务之本"；殊不知实则是"借阶于老庄、释氏，是故失之。凡习于先入之言，往往受其蔽而不自觉"。（《疏证》卷中）这就不仅使"解蔽"的经典诠释目的有可能实现，而且也为建构新的诠释方法论提供了借鉴。

其次，戴震提出"不以己自蔽"的主张，主要是针对解释主体自身常有的弱点而发，最重要的就是"不为一时之名，亦不期后世之名。有名之见，其蔽二：非掊击前人以自表暴，即依傍昔儒以附骥尾。二者不同，而鄙陋之心同，是以君子务在闻道也"（《答郑丈用牧书》）。他还进而指出，寻探大道于遗经，应当力求十分之见。"所谓十分之见，必征之古而靡不条贯，合诸道而不留余议，巨细毕究，本末兼察。若夫依于传闻以拟其是，择于众说以裁其优，出于空言以定其论，据于孤证以信其通……皆未至十分之见也。以此治经，失'不知为不知'之意，而徒增一惑，以滋识者之辨之也"（《与姚孝廉姬传书》）。显然，戴震大力破除的"自蔽"，一是名利之心，或欣于禄位，或期乎大名；一是偏执之见，或出于空言，或据于孤证。欣于禄位，则易流于曲学阿世，卖论取官；期乎大名，则易陷入漫自表彰，趋附骥尾；出于空言，则往往引出虚假的结论；据于孤证，则常常导致片面的见解。他的这种严格解剖，既是为了真正实现"解蔽"的经典诠释目的，也是要为建构新的诠释方法论设置参照系。

无论是解除人之蔽己，还是解除己之自蔽，在戴震那里，"解蔽"事业总是一种富于挑战性的思想理论目标，一种富于求真精神的经典解释目的论，其真正归宿都在于"闻道"——用实事求是的精神和正确可靠的方法，破解朝廷有意宣扬的某些宋明理学家的种种误说，从儒家经典中探求到真正的圣人之道。需要特别指出的是，在他的心目中，"圣人之道，使天下无不达之情，求遂其欲而天下治"；"人之生也，莫病于无以遂其生。欲遂其生，亦遂人之生，仁也"。这就在旗帜鲜明地维护人的生存权利，对理学和最高统治者极力否定的"欲"做出了坚决而充分的肯定，大胆提出了"欲遂其生，亦遂人之生，仁也"的主张；并且进而强调只有探求到这种真正的、没有被修正过的圣人之道，才能扫谬说、正人心、复兴儒学传统，光大华夏文化，"用必措天下于治安"。(《与某书》)而"圣人之道在六经"，不在宋明语录，更不在专制政策；"有志闻道，谓非求之六经、孔孟不得"(《与段若膺论理书》)。唯其如此，他才立志要取证儒家经典，重新解释儒家经典，建立新的诠释方法论。

戴震对"圣人之道"、对儒家经典和儒学传统的推崇，是真诚的、强烈的；对一些宋明理学家误解儒家经典的不满，也是真诚的、强烈的。他虔诚学习朱熹诠释学理论而又努力超越，"以六经孔孟之旨，还之六经孔孟，以程朱之旨，还之程朱，以陆王佛氏之旨，还之陆王佛氏，裨陆王不得冒程朱，释氏不得冒孔孟"(段玉裁《戴东原先生年谱》)，是他念念不忘的学术目标与解释目的。然而深入一步看，这里也隐含着一个重要问题，那就是海外学者余英时先生指出的：与顾炎武一样，戴震坚持的信条是"建立在一个过分乐观的假定之上：即以为六经、孔孟中的道或'理'只有一种正确的解释，经过客观的考证之后，便会层次分明地呈现出来。事实上，问题决不如此简单"[1]。

第二节　创造性的诠释体例

戴震的哲学思想和诠释学思想自然有一个不断深化的进程。中年以后，他来到北京，受到正在兴起的考据学的影响，深信"故训明则古经明，古经明则贤人圣人之理义明，而我心之所同然者，乃因之而明"(《题惠定宇先生授经图》)。而到了晚年，据其入室弟子段玉裁《戴东原先生年谱》记载："先生初谓：天下有义理之源，有考核之源，有文章之源，吾于三者皆庶得其源。后数年又曰：义理即考核、文章二者之源也，义理又何源哉？吾

---

[1]　余英时：《内在超越之路》，中国广播电视出版社 1992 年版，第 493 页。

前言过矣。"同时又特别强调:"熟乎义理,而后能考核、能文章"(段玉裁《戴东原集序》)。显然,他又是在更高的理论层次上推重诠释经典以阐发现实所需要的义理,而将考据、文章置于其从属地位。他的这一成熟见解,又最为集中地体现在下面两段名言里:

> 圣人之道,使天下无不达之情,求遂其欲而天下治。后儒不知情之至于纤微无憾是谓理,而其所谓理者,同于酷吏之所谓法。酷吏以法杀人,后儒以理杀人,浸浸乎舍法而论理,死矣;更无可救矣!(《与某书》)

> 宋以来儒者,以己之见硬坐为古贤圣立言之意,而语言文字实未之知;其于天下之事也,以己所谓理强断行之,而事情原委隐曲实未能得,是以大道失而行事乖。(《与某书》)

戴震的思路是清晰的,观点是鲜明的:"大道失而行事乖",乃至社会上多有"以理杀人",这是宋以来儒家哲学理论被专制者肆意利用的最大失误。而其失误,既是来源于经典解释的失误——"以己之见硬坐为古贤圣立言之意",又是来源于解释主体知识结构和解释方法的失误——"语言文字实未之知""事情原委隐曲实未能得"。正因为如此,戴震才立志高举"解蔽"的旗帜,唤起一种批评意识,大力破除宋明以来儒者误释经典而修正过的"圣人之道";才要研究儒家经典文本结构和解释主体心理特征,以便创立起新的经典诠释方法论与诠释体例。

正是基于上述见解,戴震决定首先选择儒家经典《孟子》进行重新解释,并且坚信:"'……故求观圣人之道,必自孟子始。'呜呼,不可易矣!"(《疏证》序)故而在逝世的前一年撰成《孟子字义疏证》。同样基于上述见解,戴震决定舍弃千百年来学者惯用的诸如赵岐《孟子章句》、朱熹《孟子集注》等书及其所代表的那种诠释体例,而创立一种具有新的时代气息的全新诠释体例。其基本精神则是:"经之至者道也,所以明道者其辞也,所以成辞者字也"(段玉裁《戴东原先生年谱》);"由文字以通乎语言,由语言以通乎古圣贤之心志，譬之适堂坛之必循其阶，而不可以躐等"（《古经解钩沉序》）。而以往众多的经典解释者，或者"语言文字实未之知"，或者不懂如何真正"以心相接"，其诠释体例都留有程度不同的缺憾，所以他不能不另辟新径而有所创造。

戴震在诠释体例方面和在诠释方法方面的创造，是互相呼应、互为表里的。而通观《疏证》，其诠释体例方面的创造则更为大胆，并且表现出如下几种重要特征。

第一，为了能在较少的篇幅内直接获得思想理论上的"解蔽"效应，获得新的理论体系的建设效果，戴震不再对《孟子》全书进行逐字逐句的解释，而是有针对性地选取"理、性、才、道、天道、仁、义、礼、智、诚、权"等十几个核心范畴，逐一进行疏证，并在疏证中建立起新的理论框架。这一体例的深远意义至少有四点。

一是以把握整体、提取范畴、进行阐释的方法，梳理了孟子哲学理论的逻辑结构，显示了孟子人学思想的要义精华，如性善论、仁政观、"心之四端"与人的自觉等。这就为孟子学说乃至原始儒学拓展了进入现时代的途径，并努力加强其经典文化的地位和影响。

二是以直入核心、获得范畴、逐一取证的方式，考察出宋明理学的非儒学理论来源，使其失去儒家经典的凭借，乃至从根本上发生动摇。例如"理"，乃理学的最高范畴，所以戴震先就提取"理"字进行考释，并且终于证明："程子朱子就老庄、释氏所指者，转其说以言夫理，非援儒而入释，误以释氏之言杂入于儒耳；陆子静王文成诸人就老庄、释氏所指者，即以理实之，是乃援儒以入于释者也"（《疏证》卷上）。

三是以着眼全局、建立范畴、逐一证明的方式，设立了自己哲学理论的基本构架和经学支柱，使其既饱含时代精神，又得到经典凭借，易于获得世间学人的同情与了解。例如，戴氏对人的自然生命有着强烈的关怀，于是选取最能体现人的本质和本性的"性"这个范畴加以疏释，作为自己哲学理论逻辑结构的中间环节；并且努力证实："孟子所谓性，所谓才，皆言乎气禀而已矣。……成是性，斯为是才。别而言之，曰命，曰性，曰才；合而言之，是谓天性。"（《疏证》卷下）这就将理学家道德理性化身的人转变为有情感欲望、知觉能力的人，作为立论的基点，为促使中国人学向近代转进做出了贡献。

四是他对《孟子》的解释，避免了支离琐屑的毛病，直接进入了较高的理论层次，宛如就儒学核心范畴进行系统论证的若干单篇论文，结构完整，一气流转，相对独立，具有较强的说服力量、原创特征和现实针对性。

第二，为了能够比较系统地进行理论阐述，使概念显得明确、深刻和完整，戴震在对每一选定的表达核心范畴的语词做出解释之时，第一步都要以一小段的篇幅，追根溯源，由六书名物以通乎其词，然后在此基础上，用定义的方式，较为完整地提出自己的见解。例如"理"字之下起笔即云："理者，察之而几微必区以别之名也，是故谓之分理；在物之质，曰肌理，曰腠理，曰文理；得其分则有条而不紊，谓之条理。许叔重《说文解字序》曰：'知分理之可相别异也。'古人所谓理，未有如后儒之所谓理者矣"（《疏证》卷上）。而这一诠释体例的主要作用在于，戴震依据语言文字的知识，融进自己哲学的观点；对儒学理论的核心范畴亦即经典文本的关键词语，做出较为完整而有根据的界说；同时也是为其每一"单篇论文"提出中心论点。因而在解释的全过程中，它实际是为整个解释设定了解释的基调，规定了解释的方向，引导读者一步一步走进戴震的解释领域。而若干个这样的界说或论点组接起来，就成为戴氏哲学理论的若干根支柱。这种新的诠释体例，显然有着纠正或弥补"语言文字实未之知"的弊端的作用，有着彰显其实在根据而使人心悦诚服的作用。

第三，为了能从根本上订正宋明理学家解释经典的失误，从多方面确立具有现实针对性的哲学思想，并且取得令人信服的解释效果，戴氏匠心独运，在每一核心范畴下开头的界说性段落之后，又安排众多条目，设置众多角度，每一条以设问为引导，在答问中深入、巧妙地解说核心范畴，论证中心论点。而在这一过程中，他又总是在征引中解释，在解释中论证，在论证中征引，使征引、解释、论证三者互相结合，互相映发，相互证明。并且还随时将自己阐释出来的经典"本意"与理学家们对经典的"误解"加以对照比较，引导读者认真鉴别、激发思兴，从而将"解蔽"落到实处，使"建设"立于实处。例如：

> 出于身者，无非道也，故曰"不可须臾离，可离非道"。"可"如"体物而不可遗"之可。……古贤圣之所谓道，人伦日用而已矣，于是而求其无失，则仁义礼之名因之而生。……宋儒合仁、义、礼而统谓之理，视之"如有物焉，得于天而具于心"，因以此为"形而上"，为"冲漠无朕"；以人伦日用为"形而下"，为"万象纷罗"。盖由老庄、释氏之舍人伦日用而别有所谓道、遂转之以言夫理。（《疏证》卷下）

这种诠释体例，真可以说是熔合众体，体无定型，其实质是将发生在语言层面与心理层面的理解和解释结合起来，贯通起来，既防止"语言文字实未之知"的错误，又弥补"以心相接"实未了然的缺点。更为重要的是，它又自然而然地引导读者将宋儒建构起来的"理"与老庄、释氏的相关理论进行比较鉴别，从而真正知晓如何探寻孔孟本有的思想理论。

　　《疏证》是疏证，是解释，但又立足现实而超越了旧的疏证体例，创造了新的诠释体例，成为戴震经典诠释方法论的重要组成部分。回顾自两汉以来至乾嘉时期，难以见到这种先例。只有南宋朱熹高足陈淳《北溪字义》的体例约略近似，而精神与法则却又不可同日而语。

第三节　纠偏性的诠释方法

　　戴震建构的新的诠释体例与新的诠释方法，是互为表里、互相发明的。如果说他的诠释体例具有很大的创造性，那么他的解释方法则具有立足现实的自觉的纠偏性，其价值、其意义主要都在这里。在戴氏的心目中，自两汉以来直到雍乾时期，学者们解释儒家经典的方法常常存在着两种相对立的偏差：一是"凿空言理"，"语言文字实未之知"，疏于语言解释；二是不注重阐发义理，不注重"以心相接"，略于心理解释。为此，他适当汲取朱熹诠释学思想精华而又有所超越，紧紧针对上述两种既有实际上的偏差却又长期流行的诠释方法，多次提出并论述了自己的经典诠释方法论。如：

> 凡学始乎离词，中乎辨言，终乎闻道。离词则舍小学故训无所藉，辨言则舍其立言之体无从相接以心。（《沈学子文学集》）

> 唯空凭胸臆之卒无当于贤人圣人之理义，然后求之古经；求之古经而遗文垂绝，今古悬隔也，然后求之故训。故训明则古经明，古经明则贤人圣人之理义明，而我心之所同然者，乃因之而明。（《题惠定宇先生授经图》）

> 学者大患，在自失其心。心全天德，制百行。不见天地之心者，不得己之心；不见圣人之心者，不得天地之心。不求诸前古贤圣之言与事，则无从探其心于千载下，是故由六书、九数、制度、名物，能通乎其词，然后以心相遇。（《郑学斋记》）

从其诠释方法论的理论内涵来看，一方面，他时刻不忘"解蔽"的时代呼唤，同时又立足"求之古经而遗文垂绝"的基本事实，因而要求经典诠释者必须真正以经典文本为依据，严格地从"前古贤圣之言与事"出发，重视六书、九数、制度、名物的考证，而以"舍经而空凭胸臆"为大戒。这实际是在贯彻回归原典的主张，纠正"语言文字实未之知"的偏差，维护"实事求是"的原则，高扬科学与理性的精神。另一方面，他又总是牢记"闻道"的解释目标，同时看重"我心所同然者乃因之而明"的诠释效果，故而强调解释必须立足现实以发挥解释主体的主动精神及其心灵的综合功能，穿透文本"立言之体"而"以心相遇"，从而进入"相接以心"、心心融合的境界而"终乎闻道"，并以深受蒙蔽而"自失其心"为大患。这实际是在踏实践行"熟乎义理而后能考核"的见解，纠正忽视阐发义理、以心相接的偏差，而把在理论上探求"圣人之道"与在现实中破解统治者及其帮闲"以理杀人"统一起来。

从其诠释方法论的运作方式来看，与经典文本结构的"字—辞—心—道"相对应，它以"离词—辨言—以心相遇—闻道"四项工作相贯通，逐层上透；并且在实际运作过程中，既重视"由语言以通乎古圣贤之心志"，又强调"得其志则可以通乎其词"（《毛诗补传序》），努力使"自下而上"与"自上而下"的信息加工过程互相结合。在这里，"离词"大致是考释文本语词的组合关系和语境意义，"辨言"主要是分析文本的表达方式和逻辑结构，二者的结合与贯通，便是"语言解释"，是整个经典解释的基础与前提。"以心相遇"，也就是"体验诠释"，遥接于孟子倡导的"以意逆志"，强调解释主体从心理上转移到著作者的心境之中，它是整个经典诠释的关键与高潮。而"闻道"则是前面三项工作的归宿，也是对经典中"圣人之道"的理性把握。总之，无论从理论内涵还是从运作方式来看，语言解释与体验诠释都各有其宝贵的特性和功能，二者的有机结合、相互发明，才构成了戴震经典诠释方法论的主体。

戴震重视语言解释，是人所共知的，但是如何真正认识他倡导语言解释的深远用心与进行语言解释的具体方法，进而揭示其诠释方法论的真正价值，却还有必要做进一步的探讨。戴震强调语言解释的原因主要有三。

第一，他深知，在他所处的时代，重新解释儒家经典最现实最要紧的任务，就是拨乱"解蔽"，就是扫清某些宋明理学家对儒家经典的重重误解。而蔽障和误解之所以产生，一个最重要的原因，就是某些理学家解释经典却往往"舍经而空凭胸臆"，"语言文字实未之知"，"彼歧故训、理义二之，是故训非以明理义，而故训胡为？理义不存乎典章制度，势必流入异学曲说而不自知"（《题惠定宇先生授经图》）。而要补救宋明一般理学家的严重失误，就必须首先强调严格以经典文本为依据，逐层地进行语言解释，从而取证经书，重探本意。

第二，他认为，在他所处的时代，要重新探求真正的"圣人之道"，就必须"求之古经"，可是"求之古经而遗文垂绝、今古悬隔也"，也是不能不严肃正视的基本事实。"遗文垂绝"，就是经典语言文字的残缺和错讹；"今古悬隔"，就是现世的解释者与古代的著作者"视界"的差异和隔膜。在这种情况下，要做好解释工作，就必须首先强调以考据的方法弥补经典语言文字的残缺和错讹，以语言解释的方法扫除打通今古"视界"的障碍。因此，他语重心长地告诫人们："方《诗》《书》初出，承残灭之余，绝而复续，训诂制度，几荡然无征，则其时治经所重，断可知矣。"（《闽中师友渊源考序》）

第三，他更为深刻地认识到，就儒家经典而言，圣人的心志，天下的圣道，都融贯在具体的语言文字、典章制度之中，语言文字、典章制度其实就是圣人心志、天下至道的真正载体。用他的话来说就是："故训以明理义"，"理义非它，存乎典章制度是也"。所以他反复强调："不求诸前古贤圣之言与事，则无从探其心于千载下"，"故训明则古经明，古经明则贤人圣人之理义明，而我心之所同然者，乃因之而明"。虽然戴氏对这一认识并未做出进一步的深化和系统阐述，但它在当时无疑已经是新颖、深刻而又难能可贵的。

以上三点，既是戴震强调语言解释的主要原因，也是他进行语言解释的理论根据。正因为立足于此，他经过长期的探索和总结，终于建立起自成系列的语言解释具体方法："始乎离词，中乎辨言"。离词是辨言的基础，辨言是离词的发展，逐层上透，互相发明。其精神则是获取圣人"十分之见"——"必征之古而靡不条贯，合诸道而不留余议，巨细必究，本末兼察"（《与姚孝廉姬传书》）；其意义则是"故训以明理义"——"有一字非其的解，则于所言之意必差，而道从此失"（《与某书》）。"离词"在一般意义上，是考释文本语词的组合关系和语境意义，但在戴氏的心目中，它却关系到对圣贤心志的体认，关系到对圣人之道的探求。他对于"离词"的重视，他"离词"的功力之深厚、方法之科学、成果之巨大，以及他对《尚书·尧典》"光被四表"之"光"字的考释，都是人所共知的。例如，余廷灿《戴东原先生事略》谓其"有一字不准六书，一字解不通贯群经，即无稽者不信，不信必反复参证而后即安。以故胸中所得，皆破出传注重围"，梁启超《清代学术概论》赞其"科学家求真求是之精神"，胡适《清代学者的治学方法》总结其"大胆假设，小心求证"的方法，主要都是就其"离词"而言的，真可谓前人之述备矣。"辨言"在一般的意义上，是分析文本的表达方式和逻辑结构，但在戴氏心目中，其对象是"立言之体"，而"立言之体"又是立言之人的心灵内在体验的外在表现，并且常常能将某些心理因素从无意识的深处突现出来。因此，他十分注重"辨言"，强调"辨言则舍其立言之体无从而相接以心"。而他在这一方面的重要成就，前人则似乎尚未详察。我们且就具体实例进行分析：

> 孟子言"养心莫善于寡欲"，明乎欲不可无也，寡之而已。人之生也，莫病于无以遂其生。欲遂其生，亦遂人之生，仁也。……然使其无此欲，则于天下之人，生道穷促，亦将漠然视之。己不必遂其生，而遂人之生，无是情也。……而宋以来之言理欲也，徒以为正邪之辨而已矣，不出于邪而出于正，则谓以理应事矣。理与事分为二而与意见合为一，是以害事。（《疏证》卷上）

孟子的这一段话，目的是强调修养心性的方法最好莫过于减少非必需的物质欲望。然而它有一个虽然没有明言但是确已隐含的前提，即人们有一定的必需的物质欲望是必然的、正常的、应该的。这就是其"立言之体"。而理学家们解释这段话，不仅无视它的潜在前提，而且将"寡欲"曲解、引申为"灭欲"，又进而将"欲"视为"邪"，使其与"理"处于对立的地位，由此推出"存天理、灭人欲"的极端错误的结论，并为统治者所利用。必须强调，这种解释显然并不符合孟子的本意，并且又被统治者加以利用而"祸斯民"。所以，戴震在重新解释时要着力分析原文的"立言之体"。他首先分析其逻辑结构，揭示其隐含的前提，推导出"明乎欲不可无也，寡之而已"的结论。显然，他的这一结论，不仅符合孟子的本意，而且从根本上动摇了理学家的错误理论。接着，他又将自己的正确结论加以阐发，进一步推导出"人之生也，莫病于无以遂其生"，"使其无此欲，则于天下之人，生道穷促，亦将漠然视之"等新的结论。就这样，戴震在重新解释的过程中，论证了人作为一个活生生的现实的人的存在本质，表现了自己对自然生命的深切关怀。他的"辨言"，取得了历史性的巨大成功。

与对语言解释的态度不同，戴震本来又极为重视体验诠释，却又并非学人所共知，而且容易引起争议，这里应该着重予以探讨。首先应发掘他重视体验解释的理论依据与进行体验解释的具体方法。

戴震认为，经典的文本结构是立体的，包含有"字—辞—心—道"四个层面，人们对经典文本的理解和解释总是发生在语言与心理两大层面上。这个"心"，是指经典作家亦即儒家圣人的心（生命体验）；而儒家圣人的心，与天地之心亦即天地至道，既相区别，又相一致，前者是对后者的体验与把握。因此，人们对经典文本的理解和解释，必须由语言文字以通乎圣人之心志，由圣人之心志以达乎天地之至道，"不可以躐等"；不能通乎圣人之心志，就不能达乎天地之至道，也不能使"我心之所同然者，乃因之而明"，当然也就不能真正地完成经典的解释。由此可知，在经典诠释的具体过程中，进行体验诠释，通乎作者心志，是十分重要的，是完全必须的。"明其学，睹其心，不受后人皮傅"（《屈原赋目录序》），才是经典诠释的真谛。这就是戴震重视和进行体验诠释的理论依据。而他的学术思想的自觉传承者焦循，对此则有更为明确的总结："述其人之言，必得其人之心；述其人之心，必得其人之道"，"善述者存人之心"（焦循《述难》），可以作为我们的借鉴。

从中国古典诠释学的发展历史来看，戴震对于体验诠释的弘扬与倡导，既是远绍孟子"以意逆志"的主张，也是发扬朱熹"唤醒体验"的学说，同时还从反面借鉴了某些考据学家解释经典的偏执与失误，因而也就在实际上拓展了体验诠释的法门与境界。戴震所倡导和运用的经典体验诠释方法的要点有三：

第一，体验诠释必须以语言解释为基础，并且与之相贯通。因为著作者的"心"，作为对"道"的体验，并不能直接形成条理和向他人坦露，而必须有自己的存在方式，那就是"词"与"言"，就是语言表达。解释者只有通过对语言表达的破译与分析，才能感受到著作者的用"心"，才能阐释他对"道"的体验。所以戴氏反复强调："辨言则舍其立言之体无从而相接以心"，"不求前古贤圣之言与事，则无从探其心于千载下"。

第二，十分重要的是，体验诠释必须以解释者"大其心""精其心"，亦即激活、协调自己的认识图式为先导，找到进入著作者心境的适当角度。因为只有这样，才能调动解释主体的主体意识、对象意识和实践意识，进而使其心灵发挥综合功能。戴震曾以解释《春秋》为例对此进行说明："读《春秋》者，非大其心无以见夫道之大，非精其心无以察夫义之精。"（《春秋究遗序》）又曾以《诗经》解释为例就此总结经验："余私谓诗之词不可知矣，得其志则可以通乎其词；作诗者之志愈不可知矣，断之以'思无邪'一言，则可以通乎其志。"（《毛诗补传序》）所谓"大其心""精其心"，都是以承认其"心"的先在、承认其"心"的作用为前提的；而所谓"断之以思无邪"，则又是以承认解释角度的重要影响为前提的。这就很容易使人联想起西方当代哲学解释学大师伽达默尔关于"合法偏见"的著名理论，进而看到二者不无相似相通之处。

第三，更为关键的是，体验诠释必须做到设身处地、以心相遇、视域融合，从而达到"相接以心"、心心融合的境界而"终乎闻道"。而"以心相遇""相接以心""通乎心志"，则是戴震反复论及的话题，推究它的实质，则是在不同场合，从不同角度，阐述并强调经典体验诠释的基本法则。即如在《春秋究遗序》中，戴震就有过较为全面的论述：

> 夫精微之所存，非强著书邀名者所能至也。日用饮食之地，一动一言，好学者皆有以合于当然之则。循是而尚论古人，如身居其世，睹其事，然后圣人之情见乎词者，可以吾之精心遇之。非好道

之久，涵养之深，未易与此。

这里所谓"涵养之深""合于当然之则"云云，是指解释主体完善认识图式、激活先在心灵；"如身居其世，睹其事"，则是指解释者突破时空限隔，打通古今视界，进而转换角色，设身处地、潜心体验；"可以吾之精心遇之"，则是指解释者以自己已被激活的心灵，体验著作者见乎其词的心灵，亦即对著作者的生命体验，不仅努力消除历史距离，并且立足现实以进行再体验，从而实现相接以心，心心融合。这就是戴震心理解释的关键法则和最高境界。

以语言解释为基础，以激活心灵为前导，设身处地，以心相遇，从而相接以心，终乎闻道，这几个要点连贯起来，就构成了戴震重建的体验诠释方法论。在《孟子》解释的具体过程中，他就常常运用这样的解释方法，对孟子等原始儒家的生命体验进行再体验。例如：

> 孟子曰："理义之悦我心，犹刍豢之悦我口"，非喻言也。凡人行一事，有当于理义，其心气必畅然自得；悖于理义，心气必沮丧自失。以此见心之理义，一同乎血气之于嗜欲，皆性使然耳。……就人心言，非别有理以予之而具于心也。（《疏证》卷上）

在这里，引述孟子言论之后，他立即以"非喻言也"一语断之，于是便由语言解释步入体验诠释："如身居其世，睹其事"，"以吾之精心遇之"，对孟子的可贵生命体验进行当下的再次体验。其中"有当于理义，其心气必畅然自得"几句，描写的既是孟子的心境，也是他自己的心境，同时还是许多人共有的心境。所有这些人的心境，都源于生命体验，都能突破时空的限隔，相接、相通、相融。这就自然地引出并且证明了"非别有理以予之而具于心"的重要结论。而这一结论的产生，实际上就打破了宋明理学的本体论框架，成为主要源于生命体验而建构不去追求宇宙万物本原或本体之新哲学理论的一种有益尝试，在中国哲学发展进程中具有开拓性的重大历史意义。

中国古代哲学经典诠释方法论的基本特性与历史意义

为了能使本课题的研究严格地从实际出发，我们此前在"考论篇"中进行了古代哲学经典诠释的个案研究，亦即选取各个时代最具有典范性和影响力的古代哲学经典诠释著作，分别依据其特性进行多方的考察分析，以努力揭示其诠释方法论本有的个性特征，总算为整体的研究确立起了较为可靠的支柱。现在，当然就应该依据以点带面的原理，发挥个案考察的带动作用和支撑作用，做出对于中国古代哲学经典诠释方法论的基本特性与历史意义的贯通性研究和综合性论证，并且尽可能使之符合历史的实际，使之彰显出中国古代哲学经典诠释学的本质特性、系统特性、创造特性、最高效应以及独特风貌，使之更能适应当今社会文化发展的切实需要，从而努力促使这项研究走向阶段性的成功。为此，我们尝试设置"综论篇"，努力进行中国古代哲学经典诠释方法论的贯通性研究和综合性论证，重点深入考察并论证其对话模式、本质属性、系统特性、创造特性及其最高效应。只是需要特别予以说明，我们曾经提出，"无论在理论上还是在实践中，中外解释学家都很重视文化典籍的历史解释，并创造出了重要的历史解释方法论"，并对它进行了专题研究。① 然而，在中国古代哲学经典诠释活动中，历史诠释方法论虽然也发挥了一定的作用，却不再具有突出的地位，因此在这里也就本着实事求是的精神，不再对它进行专门的考察与论证。

---

　　① 参见周光庆：《中国古典解释学导论》第五章《中国古典解释学的历史解释》，中华书局 2002 年版。

第二十二章　论争中的哲学经典诠释方法论透视

在两千多年的历史进程中，中国古代哲学经典诠释方法论不但逐步创立、逐步成长，并且形成了独有的基本特性与历史意义，在世界各大文明中心区域里永远闪烁着自己特有的光芒。而究其成功的原因与条件，则是多方面的：首先是由于中国有着历史悠久、从未中断的文明进程；其次是由于中国文明有着强大持久、温文尔雅的陶冶能力；同时更是由于中国古代文化精英怀有从道精神、实现自我的意愿和诠释方法论的自觉，不断地开展了哲学经典诠释方法论的探究、争论与竞争，从而促使其成长历程更加多彩多姿。仅就后一方面而言，事实证明，中国古代哲学经典的诠释者，特别是哲学经典诠释方法论的创建者，往往都是在哲学经典诠释的实际进程中，执着地从事着对于天人之道的探寻、守护与实践，并且由此而确立理想人格，而实现自我价值；这样一来，建构和运用正确的哲学经典诠释方法论，辨析和破除偏误的哲学经典诠释方法论，为此而展开相应的争论与竞争，也就成为这些文化精英对于天人之道的探寻、守护与实践并实现人格理想与自我价值的基本方式之一，并以此与中国哲学经典诠释方法论的成长互为条件、互相促进，故而从前者可以体察后者的本质特性，从后者可以感知前者的现实意义。譬如，在孔子首倡诠释《易经》"不占而已矣"时，在孟子倡导诠释《诗经》"以意逆志"时，在董仲舒指出诠释《春秋》"欲审是非，莫如引名，名之审于是非也，犹绳之审于曲直也"时，在王弼论证诠释《老子》"使触类而思者，莫不欣其思之所应"时，在郭象强调诠释《庄子》"宜要其会归而遗其所寄，不足事事曲与生说"时，有关争论与竞争显然已经在历史舞台上逐步展开了。而且正是在这样争论与竞争的过程中，中国古代哲学经典诠释方法论也就逐步锻炼成了自己新的基本特性，开创着自己新的历史意义。故而我们认为，从这样的重大争论中，最能开拓出一种较为特殊的角度，以透视中国古代哲学经典诠释方法论成长历程的曲折与风华。为此，我们选取中国古代文化史上三次最为重大的争论进行个案考察，以期透视中国古代哲学经典诠释方法论的基本特性与历史意义。

第一节　今古文经学诠释方法论之争

如所周知，公元前 2 世纪末，汉武帝决策"独尊儒术"，于是《诗》《书》《礼》《易》《春秋》，成为汉帝国认可的"五经"，具有"独尊"的地位，诠释和研究"五经"以"致用"于现实政治的学问，则成为汉帝国倚重的"经学"，具有垄断的气势。在历史进程中，"经学"内部也出现了严重的分歧与竞争，既有西汉早期形成的"今文经学"，又有西汉末期兴起的"古文经学"，二者开展了激烈的竞争乃至斗争。这种竞争乃至斗争，虽然与政治息息相关，但是最为重要的表现之一，却是关于诠释方法论及其诠释效应的评说与竞争。譬如，《后汉书·郑玄传》就曾记载："时任城何休好《公羊》学，遂著《公羊墨守》、《左氏膏肓》、《谷梁废疾》。（郑）玄乃发《墨守》，针《膏肓》，起《废疾》。休见而叹曰：'康成入吾室，操吾矛，以伐我乎！'初，中兴之后，范升、陈元、李育、贾逵之徒争论古今学，后马融答北地太守刘环，及玄答何休，义据通深，由是古学遂明。"由此可以窥见辨析原有的诠释方法，建构新型的诠释方法，"争论"中"操矛相伐"，经典诠释方法论领域的竞争，又是如何促使诠释方法论的进步和"今文经学"与"古文经学"之兴衰的。

本来，汉代经学家们已经具有经典诠释方法论的自觉，其中有一些人，既能够总结本门本派的诠释方法论，又勇于批判别门别派的诠释方法论，为后人探讨诠释方法论留下了非常值得珍惜的空间与启示。例如，今文经学的集大成者何休，就撰写了《春秋公羊传体例》，较为系统地总结了公羊学派的诠释方法论，并亲自依据其条例诠释《春秋》。又如，根据朱彝尊《经义考》的考述："以例说《春秋》，自汉儒始。曰牒例，郑众、刘实也；曰谥例，何休也；曰释例，颍容、杜预也；曰条例，荀爽、刘陶、崔灵恩也；曰经例，方范也；曰传例，范宁也；曰诡例，吴略也；曰略例，刘献之也；曰通例，韩滉、陆希声、胡安国、毕良史也；曰统例，啖助、丁副、朱临也；曰纂例，陆淳、李应龙、戚崇增也。"所有这些"例"，主要都是从特定角度总结或讲解经典诠释方法与规则的。只是非常可惜，其具体材料都已先后亡佚，我们只好退而选取其中一些富有代表性的经典诠释材料，从中分析其诠释方法论的不同特征与相互竞争。

请看"今文经学"的代表作《春秋公羊传注》中的三则释文：

（隐公）四年，春，王二月，吕人伐杞，取牟娄。（《春秋》）

牟娄者何？杞之邑也。外取邑不书，此何以书？疾始取邑也。（《公羊传》）

曷为托始焉尔？《春秋》之始也。凡不托始之义有四：一则见其经而不托始，即上二年彼注云"据战伐不言托始，纳币不托始"之类是也；二则其大恶不可托始，即五年"初献六羽"之下，传云"始僭诸公昉于此乎？前此矣。前此，则曷为始于此？僭诸公犹可言，僭天子不可言"，彼注云"传云尔者，解不托始也"；三则省文，不假托始，即此是也；四则无可托始，即桓七年"焚咸丘"之下，注云"传不托始者，前此未有，无所托也"是也。（何休解诂）

（桓公）二年，春，王正月，戊申，宋督弑其君与夷，及其大夫孔父。（《春秋》）

及者何？累也。弑君多矣，舍此无累者乎？曰：有。仇牧、荀息皆累也。舍仇牧、荀息无累者乎？曰：有。有则此何以书？贤也。何贤乎孔父？孔父可谓义形于色矣。其义形于色奈何？督将弑殇公，孔父生而存，则殇公不可得而弑也，故于是先攻孔父之家。殇公知孔父死，己必死，趋而救之，皆死焉。孔父正色而立于朝，则人莫敢过而致难于其君者，孔父可谓义形于色矣。（《公羊传》）

《春秋》之内，当国不氏者，无知、州吁之属是也。今宋督实戴公之孙，而不言公孙者，正欲起其取国与冯故也。（何休解诂）

（宣公十五年）六月，癸卯，晋师灭赤狄潞氏，以潞子婴儿归。（《春秋》）

潞何以称子？潞子之为善也，躬足以亡尔。虽然，君子不可不记也。离于夷狄，而未能合于中国，晋师伐之，中国不救，狄人不有，是以亡也。（《公羊传》）

谓去离夷狄之俗，而欲归中国之义，卒无救助者，是以亡也。……云日者，痛录之者，正以凡灭例月，今此书日，故以为哀痛而详录之耳。……言其行既进，明不当绝灭其国，还当复其潞氏以为国矣。（何休解诂）[1]

通观这三则释文可以感知，其诠释方法主要就是：揭示"书法"，辨析"书法"，立足"书法"以阐述"微言大义"。所谓"书法"，首见于《左传·宣公二年》所记孔子对于董狐的评论："董狐，古之良史也，书法不隐。"《左传·成公十四年》又记君子之言曰："《春秋》之称，微而显，志

---

① 引文皆出自李学勤主编：《春秋公羊传注疏》，浦卫忠整理，杨向奎审定，北京大学出版社 1999 年版。

而晦，婉而成章，尽而不污，惩恶而劝善，非圣人，谁能修之?"这又是对"书法"的讲解。从此以后，儒家学者研究《春秋》，总是着力于对其"书法"的探求，由此形成了历史性的风尚，可是对"书法"的理解却又众说纷纭。根据我们的体会，所谓"书法"应该就是：经典作者运用特定体例和修辞法式以表现特定思想原则，通过特定思想原则以彰显特定"大义"。而《春秋》"书法"论中又包含着一系列的思想观念：首先，《春秋》是由孔子修订的经书，他修订《春秋》的根本目的是要弘扬为国致治的基本原则；其次，孔子并非君主，他宣讲为国致治的基本原则，只能通过特定的记事体例和修辞法则予以委婉的表达，因而充满"微言大义"；再次，学人研习《春秋》，必须以"书法"为指导，也就是要通过分析其特定的记事体例和修辞法则，探求其委婉表达的为国致治的基本原则。而在这一系列的思想观念里，有对于《春秋》的文本观念，有对于《春秋》表达特征的见解，有诠释《春秋》的目的论与方法论，从而表现出了今文经学的根本特色。

在上引第一则释文里，《公羊传》首先提出"书法"问题："牟娄者何?杞之邑也。外取邑不书，此何以书?"沿着这一线索探寻下去，自己做出了解释："疾始取邑也"——这就是一项重要的原则。何休则又由此以进，立足"书法"，从四个方面讲解了"托始"的问题。在第二则释文里，《公羊传》特别注意到"及其大夫孔父"中"及"字的奇特用法，因而沿着这一"书法"追溯下去，发现这是为了表达对于大夫孔父的高度赞扬，进而联系历史事实，又发现之所以要赞扬孔父，是因为他一贯"义形于色"，这正是孔子倡导的基本原则。到了何休，则又注意到"今宋督实戴公之孙，而不言公孙"的"书法"问题，因而做出了补充性的解释。在第三则释文里，《公羊传》紧紧扣住"（夷狄之君）潞何以称子"的"书法"问题，借此揭示出《春秋》的一项"大义"：尽管潞氏为夷狄之君，但他决意进行文化习俗的改革，使之"合于中国"；他的改革虽然并未成功，但是却应予以肯定和支持——这更是一项重要的基本原则。何休则又由"称子"问题联想到"书日"的"书法"问题，从而进一步揭示出："言其行既进，明不当绝灭其

国，还当复其潞氏以为国矣。"纵观这三则释文，都是通过分析《春秋》之
"书法"以探寻《春秋》隐含的思想原则，通过探寻《春秋》之思想原则以
发掘《春秋》之"大义"，而《春秋》之"大义"，或者关系到某个战争的
性质，或者关系到大夫立身的准则，或者关系到文化习俗的改革，在古代中
国都是头等重要的。由此不难感受到今文经学分析"书法"、立足"书法"
以阐述"微言大义"的诠释方法论及其深远的诠释效应。

东汉后期的杰出经学家郑玄本来是学习过今文经学的，可是后来逐步发
现今文经学诠释经典的种种弊端，因而成长为今文经学的批判者和古文经学
的集大成者，乃至何休见而叹曰："康成入吾室，操吾矛，以伐我乎！"然而
在此有必要特别指出，郑玄对于今文经学的批判和对于古文经学的倡导，主
要是立足于经典诠释方法的，主要是表现为新的经典诠释实践的。且看其代
表作《周礼注》中三则典型性的注文：

（小司徒）乃分地域而辨其守，施其职而平其政。（《周礼·地
官·司徒第二》）

分地域谓建邦国，造都鄙，制乡遂也。辨其守谓衡虞之属。职
谓九职也。政，税也；政当作征。故书域为邦，杜子春云："当为
域。"（郑玄注）

师氏，掌以嫩诏王。以三德教国子：一曰至德，以为道本；二
曰敏德，以为行本；三曰孝德，以知逆恶。教三行：一曰孝行，以
亲父母；二曰友行，以尊贤良；三曰顺行，以事师长。（《周礼·地
官·司徒下》）

告王以善道也。《文王世子》曰："师也者，教之以事而谕诸
德者也。"德行，内外之称。在心为德，施之为行。至德，中和之
德，覆焘持载含容者也。孔子曰："中庸之为德，其至矣乎！"敏
德，仁义顺时者也。《说命》曰："敬逊务时敏，厥修乃来。"孝

德，尊祖爱亲，守其所以生者也。孔子曰："武王、周公其达孝矣乎！夫孝者，善继人之志，善述人之事者也。"孝在三德之下，三行之上，德有广于孝，而行莫尊焉。国子，公卿大夫之子弟，师氏教之，而世子亦齿焉，学君臣、父子、长幼之道。（郑玄注）

以政令禁物靡而均市。（《周礼·地官·司徒下》）

物靡者，易售而无用，禁之则市均。郑司农云："靡谓侈靡也。"（郑玄注）

纵观以上三则注文可以看到，在郑玄心目中，《周礼》记载了周代的各种社会政治制度，因而也就从一个主要角度彰显了周代的历史，昭示了历史的经验；后人学习《周礼》，就是要了解周代的历史，吸取历史的经验，为创建天下太平而去寻找借鉴。这就是他关于《周礼》的文本观念和诠释《周礼》的基本目的。正是从这里出发，他抛弃了今文经学的经典诠释方法，建构和运用了古文经学的经典诠释方法论，并且显现出了这种诠释方法论三个方面的特色。

第一，注重对经典中关键性难词难句的解释，并在解释中发掘和阐述相关的政治制度。解释经典的难词难句，是整个诠释的基础，本来十分重要，可在今文经学那里却常常不能很好地落实，而在郑氏注文里，则是有声有色，使人信服。即以第一则注文而论："政，税也；政当作征。"这就不仅正确地解释了这里的关键性难词"政"，而且做了小小的考证，使其解释具有说服力。"分地域谓建邦国，造都鄙，制乡遂也。辨其守谓衡虞之属"，既深入地解释了难词难句"分地域"与"辨其守"，又发掘和阐述了相关的政治制度，使人获得了宝贵的历史知识和历史经验。再以第三则注文而论，《周礼》原文"禁物靡"一语由于简略太过而有些难懂。于是郑玄做了两项工作：一是引用郑司农的话，说清楚"靡谓侈靡也"；二是发掘"禁物靡"的理由与效果，对"禁物靡"进行了串讲。这就使人不仅能够读懂原文，而且得以认清"禁物靡而均市"的方式与意义，进而还能由此领悟到经典的相关"大义"。

第二，注重文字版本的考证，并在考证中进行诠释，引导读者进行深入的思考。这项工作，说起来特别重要，理所当然，可做起来却颇为不易，需要深厚的学术功力和细致的工作作风，而郑玄则往往能够举重若轻。譬如，按照《周礼》的"故书"，上文分析过的那句话本是写为"乃分地邦而辨其守"的，不仅难以理解，并且其"分地邦"与"建邦国"也容易混乱。郑玄于是指出，"杜子春云：'当为域。'"言简意赅，却进行了文字版本的考证，而且有理有据，释误解纷，从而引导人们轻松地认清了"分地域谓建邦国，造都鄙，制乡遂也"的历史本来面貌，进而深刻地领悟了其思想意义。

第三，注重思想理论的阐发，并在阐发中建构起新的理念。郑玄并不张扬"微言大义"，但与今文经学家的诠释相比较，他在这方面的作为，却显得更加自然，有理有据，因而也就更加可信。即以第二则注文而论，其一，《周礼》原文强调师氏的职责是教三德、教三行，并将二者并列，郑玄则进一步从其并列关系中阐发出"德行，内外之称。在心为德，施之为行"的思想，既能引导读者由表及里，思考原文为何将二者并列，又能依据其理论逻辑建构起"在心为德，施之为行"的新理念，并将其引向社会实践。其二，《周礼》原文列举了"三德"为"至德""敏德""孝德"，做了简要的解释，郑玄则进一步引用前贤的言论，从哲学的高度对"至德""敏德""孝德"做出了新的阐发，从而顺势建构起了三种新的理念。其三，《周礼》原文只说"孝德，以知逆恶"，郑玄却借用孔子的话进而指出"夫孝者，善继人之志，善述人之事者也"，强调"孝在三德之下，三行之上，德有广于孝，而行莫尊焉"，这就从伦理哲学的高度充实了原文的思想，建构起了新的更加富有社会意义的"孝"理论。

分析至此，我们已经能够透视到，在中国古代哲学经典诠释方法论的成长历程中，汉代"今文经学"与"古文经学"之间的相互争论、相互竞争，乃至"操矛相伐"，是如何突出表现在诠释方法论领域的，是如何促使经典诠释方法论不断进步的，是如何既操矛相伐却又共同推动中国哲学经典诠释事业不断发展的；特别是"古文经学"，又是如何促成并提升中国古代哲学经典诠释方法论的基本特性与历史意义的，是如何成就诠释学家之人格理想的，由此可以使我们的认识生发开去。

第二节　朱熹陆九渊诠释方法论之争

学人大都认为，中国传统文化的主干意识儒学思想发展到宋代，便以理学理论体系的形态呈现，而理学理论形成本体论哲学体系的主要标志之一，则是朱熹《四书集注》的问世。中国文化历史之所以如此，一个根本性的原因，就是朱熹创建的诠释方法论的正确与成功。然而并非所有的人都能认同这一见解，著名哲学家，既是朱熹的学友又是朱熹论敌的陆九渊，就曾直率地对朱熹的经典诠释事业提出批评，并且就经典诠释方法论展开争论。他认为："朱元晦泰山乔岳，可惜学不见道，枉费精神，遂自担阁"（陆九渊《语录上》）；"（朱元晦）终日营营，如无根之木，无源之水，有采摘汲引之劳，而盈涸荣枯无常"（陆九渊《与曾宅之》）。而朱熹与陆九渊之间的争论，是君子之争，是经典诠释方法论之争。陆九渊也曾以自负的语气予以概括："（自己的）易简工夫终久大，（朱熹的）支离事业竟浮沉。"（陆九渊《语录上》）为此，他自己也就没有对任何经典做过专门的传注疏解。其《语录上》还记载："或问：'先生何不著书？'对曰：'六经注我，我注六经。'"遂成千古名言。

可是，陆九渊的"易简工夫"又是什么呢？就是"先欲复本心以为主宰，既得本心，从此涵养，使日充月明。读书考古，不过欲明此理，尽此心耳"（陆九渊弟子毛必强《年谱》引陆九渊语）。他还有一句更为著名的话："学苟知本，《六经》皆我注脚。"（陆九渊《语录上》）。那么，究竟应该如何读书，如何诠释圣贤经典，如何才能使之成为我的"注脚"呢？下一则记载颇堪玩味：

> 先生问子直："学问何所据?"云："信圣人之言。"先生云：
> "且如一部《礼记》，凡'子曰'皆圣人之言也，子直将尽信乎，
> 抑其间有拣择?"子直无语。先生云："若使其都信，如何都信得？
> 若使其拣择，却非信圣人之言也。人谓某不教人读书，如敏求前日
> 来问某下手处，某教他读《旅獒》《太甲》，《告子》'牛山之木'
> 以下，何尝不读书来？只是比他人读得别些子。"（陆九渊《语录
> 下》）

由此可见，陆九渊对于自己创建的经典诠释方法论及其独特之处，是有着深刻自觉和坚定自信的。要不然，他何以敢于公开声言自己"只是比他人读得别些子"？而他所谓的"别些子"，就是别具风格而显得独特的经典诠释。这番话多么引人深思！但是非常可惜，反复翻阅其文集，却没有看到陆九渊从理论上对自己创建的经典诠释方法论做出较为具体的论说。不得已，我们只好退而考察他诠释经典的实践个案。例如：

> 《论语》中多有无头柄的说话，如"知及之，仁不能守之"之
> 类，不知所及、所守何事；如"学而时习之"，不知时习者何事。
> 非学有本领，未易读也。苟学有本领，则知之所及者，及此也；仁
> 之所守者，守此也；时习之，习此也；说者说此；乐者乐此——如
> 高屋之上建瓴水矣。（陆九渊《语录上》）

应该说，阅读《论语》中这些论述的人，都曾有过这样的问题与苦恼：无论怎样分析原文，都难以知悉代词"之"在这些特定语境里究竟确切地指代什么。从这一角度看，谁也不能否认陆九渊的意见，"《论语》中多有无头柄的说话"。而且事实上，古往今来许多学者对这里的代词"之"做出了许多不同的解释，使人真有莫知所从之感。那么，陆九渊又是如何解释的呢？他没有考证字词，没有分析语法，也没有追溯语境，更没有"自为支离之说以自萦缠"，而是将这些"无头柄的说话"排列起来，贯通起来，从共

同规律中找出答案："知之所及者，及此也；仁之所守者，守此也；时习之，习此也；说者说此；乐者乐此"，我们姑且称之为"贯通法"。这里显然融注了陆九渊自己的人生体验和人生追求，并且确实"如高屋之上建瓴水矣"！可是，这种"贯通"诠释方法究竟有无根据呢？对此，陆九渊在与朱熹的辩论中做出了肯定的回答："字义固有一字而数义者，用字则有专一义者，有兼数义者，而字之指归又有虚、实。虚字则但当论字义，实字则当论所指之实。论其所指之实，则有非字义所能拘者。"（陆九渊《与朱元晦》）这就是其"贯通"诠释方法论的理论根据之一，也是其"贯通"诠释方法论的特别效应，我们不能不心悦诚服。又如：

> 孟子曰："心之官则思，思则得之，不思则不得也。"又曰："存乎人者，岂无仁义之心哉？"又曰："至于心，独无所同然乎？"又曰："君子之所以异于人者，以其存心也。"又曰："非独贤者有是心也，人皆有之，贤者能勿丧耳。"又曰："人之所以异于禽兽者几希，庶民去之，君子存之。"去之者，去此心也，故曰"此之谓失其本心"。存之者，存此心也，故曰"大人者不失其赤子之心"。"四端"者，即此心也；"天之所以与我者"，即此心也。人皆有是心，心皆具是理，心即理也，故曰"理义之悦我心，犹刍豢之悦我口。"（陆九渊《与李宰》）

孟子的这些议论并非"无头柄的说话"，陆九渊更是没有考证字词，没有分析语法，也没有追溯语境，而同样是将孟子在不同语境中的相关讲话排列起来，贯通起来，从共同规律中找出答案："人皆有是心，心皆具是理，心即理也。"但是这里还隐含着一个值得重视的问题：他所标举的"心即理"，在直接的意义上是指本心即理，有时也指人发明本心之后意识活动自然合理，① 而在他所引述之孟子的话里，却并没有明显地表达出这样的意思。

---

① 参见陈来：《朱子哲学研究》，华东师范大学出版社2000年版，第415页。

那么"心即理"这一重要诠释、重要理论来自何处呢？原来，他在诠释中做了这样一番推论：既然《孟子·公孙丑上》已经讲过，"恻隐之心，仁之端也。羞恶之心，义之端也。辞让之心，礼之端也。是非之心，智之端也"，而"仁、义、礼、智"又都是最重要的"理"；既然《孟子·公孙丑上》又曾讲过，"理义之悦我心，犹刍豢之悦我口"，而"理义"当然也就是"理"，那么，推论下去，自然就是"心皆具是理，心即理也"。我们姑且称之为"推论法"。虽然他如此一番推论，逻辑性并不那么充分，但在一千年以前经典诠释领域，还是别开生面的。

更加令人神往的是，淳熙八年（1181 年），受到朱熹的热情邀请，陆九渊登上白鹿洞书院讲席，为诸生讲解《论语·里仁》"君子喻于义，小人喻于利"一章，竟使听众莫不悚然动心，甚至还有痛哭流涕者！就连朱熹也恳切地表示："熹在此不曾说到这里，负愧何言"，"熹当与诸生共守，以无忘陆先生之训"。陆九渊这次讲学的要点是：

> 此章以义利判君子小人……窃谓学者于此，当辨其志。人之所喻由其所习，所习由其所志。志乎义，则所习者必在于义，所习在义，斯喻于义矣。志乎利，则所习者必在于利，所习在利，斯喻于利矣。故学者之志不可不辨也……场屋之得失，顾其技与有司好恶如何耳，非所以为君子小人之辨也。而今世以此相尚，使汩没于此而不能自拔，则终日从事者，虽曰圣贤之书，而要其志之所乡，则有与圣贤背而驰者矣。推而上之，则又唯官资崇卑、禄廪厚薄是计，岂能悉心力于国事民隐，以无负于任使之者哉？从事其间，更历之多，讲习之熟，安得不有所喻？顾恐不在于义耳！

如果仅从诠释方法来看，这里有两点特别值得关注。一是以深入发掘经典文本思想内涵为诠释。孔子只是在提醒人们"君子喻于义，小人喻于利"，简明扼要，并无论证，陆九渊则由表及里，由现象发掘原因，由原因发掘规律，由规律建构策略，强调"学者于此，当辨其志"，因为"人之所喻由其所习，所习由其所志"。持平而论，他所做出的这些诠释和所发掘的这些思想，都是可以信从而又有启示意义与创造意义的。二是以结合诠释者实际进行发挥为诠释。陆九渊善于将孔子相关思想运用到社会实践之中，结合几乎每个读书人都要进入的场屋，结合几乎每个为官者都要摸爬的官场，结合几乎每个在座者都会出现的思想斗争，实事求是地发出警告："从事其间，更历之多，讲习之熟，安得不有所喻？顾恐不在于义耳！"这样一来，不仅触动了人们的灵魂，而且沿着一种特有的理论逻辑，丰富了孔子的思想，创建了新的理念。这样的诠释，固然有些超出，却又显得更加深刻，更有创意，即使是天上的孔子也会欣然首肯的。

通过以上的考察可以清晰地认识到，陆九渊的经典诠释观，主要是认为经典诠释既是对于经典的诠释，更是对于圣贤的存在方式和精神面貌的诠释。因此，他的经典诠释方法论，主要特色有四：一是没有考证字词，没有分析语法，也没有追溯语境，更没有"自为支离之说以自萦缠"；二是将经典文本作者在不同语境中的讲话排列起来，贯通起来，从共同规律中找出最高答案；三是在经典文本关键处进行推论，在推论中由表及里，由现象发掘原因，由原因发掘规律，由规律建构起新的思想理论；四是将经典文本作者的相关思想运用于社会实践，结合当下社会实际，融入自己人生体验而予以诠释和发挥。而这样的诠释方法论，既能弥补其他诠释方法论的不足，又能开拓经典诠释的胜境，既能丰富哲学经典诠释方法的基本特性与思想效应，又能拓展其重要的历史意义，确实值得后世学人全面学习借鉴。

然而，正如余英时先生指出的：朱熹的见解与追求与陆九渊却显著不同，他"总想把信仰建筑在坚实的知识的基础上面，总要搞清楚信仰的根据何在"，故而注重经典考证，注重语言诠释。[①] 因此，我们掩卷长思，总也忘不了他们俩的长期争论，尤其是以下几个真实的历史片段：

---

① 见辛华、任菁编：《内在超越之路——余英时新儒学论著辑要》，中国广播电视出版社1992年版，第475页。

近闻陆子静言论风旨之一二，全是禅学，但变其名号耳。竞相祖习，恐误后生，恨不识之，不得深扣其说，因献所疑也。然恐其说方行，亦未必肯听此老生常谈，徒窃忧叹而已。（朱熹《答吕子约十七》）

一夕步月，喟然而叹。包敏道侍，问曰："先生何叹？"曰："朱元晦泰山乔岳，可惜学不见道，枉费精神，遂自担阁。奈何？"（陆九渊《语录上》）

某留建宁凡两月余，复同朱元晦出至鹅湖，与二陆及刘子澄诸公相聚切磋，甚觉有益。元晦英迈刚明，而工夫就实入细，殊未可量。子静亦坚实有力，但欠开阔耳。（吕祖谦《答陈亮书》）

渠兄弟今日岂易得，但子静似犹有些旧来意思。闻其门人说，子寿言其"虽已转步，而未曾移身"，然其势久之亦必自转回。（朱熹《答吕伯恭八十三》）

联系实际，反复体会，我们自会透过这些争论而逐步认定：正是朱熹与陆九渊经典诠释方法论的君子之争，在彰显各自经典诠释方法之独特风格的同时，又勇献所疑，相互切磋，共同提高，既促进、修正了双方各自创立和运用的经典诠释方法论，又充实和丰富了中国古代哲学经典诠释方法论的优良传统——在哲学经典诠释与传承的历程中，不断竞争、不断修正、不断发展。

第三节　戴震在争议中赢来哲学建树

作为一位在乾嘉时代开文化新风、创学术流派的学问家和哲学家，戴震很早确立起来的为学之志，就是着眼于人的现实生存，改革哲学经典诠释方法论，重新诠释儒家哲学经典，建构起与新时代切合的哲学理论，并且批判改进宋儒的经典诠释路数和某些哲学理论，尤其是他们那种被专制统治者所曲解和利用的"以理杀人"，正如梁启超先生《清代学术概论》中率先指出的，"其志愿确欲为中国文化转一新方向"。他在《与是仲明论学书》里祖露心迹："仆自少时家贫，不获亲师，闻圣人之中有孔子者，定六经示后之人。求其一经，启而读之，茫茫然无觉。寻思之久，计于心曰：经之至者道也，所以明道者其词也，所以成词者字也。由字以通其词，由词以通其道，必有渐。"在《答郑丈用牧书》中，他表述的志愿显得更为坚定不移："其得于学：不以人蔽己，不以己自蔽；不为一时之名，亦不期后世之名。"正因为如此，他能常常沉浸在哲学家建构新理论、新方法的最高境界。"作《原善》首篇成，乐不可言，吃饭亦别有甘味"（段玉裁《戴东原先生年谱》），"壬辰师馆京师朱文正家，自言曩在山西方伯署中伪病者十数日，起而语方伯，我非真病，乃发狂打破宋儒家中《太极图》耳"（段玉裁《答程易田丈书》）。如果不是亲身经历、不是发自内心，谁能留下如此富有个性、如此震撼人心的真实描写！然而尽管如此，他在这方面却不为当时大多数学人包括在其他方面颇为知己的朋友所理解、所认同，故而时时面临严重的争议。请看：

　　休宁戴东原初入都，造寓谈竟日，叹其学精博。明日言于文恭公（秦蕙田），公即欣然与居士（钱大昕自称）同车出，亲访之，因为延誉，自是知名海内。（钱大昕《自订年谱》）

　　凡戴君所学，深通训诂，究于名物制度，而得其所以然，将以明道也。时人方贵博雅考订，见其训诂名物，有合时好，以谓戴之绝诣在此。及戴著《性论》《原善》诸篇（引者按：当包括其代表著作《孟子字义疏证》），于天人理气，实有发前人所未发者；时人则谓空说义理，可以无作，是固不知戴学者矣！（章学诚《文史通义·书朱陆篇后》）

　　当时中朝荐绅负重望者，大兴朱氏（朱筠）、嘉定钱氏（钱大昕）实为一时巨擘。其推重戴氏，亦但云训诂名物、六书九数，有功深细而已。及见《原善》诸篇，则群惜其有用精神耗于无用之地。仆当时力争朱先生前，以谓此说似买椟而还珠，而人微言轻，不足以动诸公之听。（章学诚《文史通义·答邵二云书》）

（洪榜）生平学问之道，服膺戴氏。戴氏所作《孟子字义疏证》，当时读者不能通其义，唯榜以为功不在禹下，撰东原氏《行状》，载《与彭进士尺木书》，笥河（朱筠）师见之，曰："可不必载，戴氏可传者不在此。"（江藩《汉学师承记》）

朱筠、钱大昕确为学界一时巨擘，而且都很推重戴震的"训诂名物、六书九数"之学，钱大昕还曾为之延誉，引得戴震很快知名海内。可是，对于戴震哲学经典诠释与哲学理论建构的方法与成就，他们却完全不能接受，竟然以为戴氏"可传者不在此"，甚至还"群惜其有用精神耗于无用之地"，这是多么大的悲剧！尤其值得注意的是，他们无视戴震的哲学理论建树，却又并非出于私心、出于交恶，而只是由于他们看不到戴震哲学经典诠释方法论的正确性与先进性，看不到新型哲学理论建构的关键所在，因而长期与之争议。

那么，在戴震心目中，儒家哲学应有之本质特征、哲学经典诠释方法论应有之基本精神究竟应该如何呢？请看他明白深切的自我总结：

治经先考字义，次通文理，志存闻道，必空所依傍。汉儒故训有师承，亦有时傅会；晋人傅会凿空益多；宋人则恃胸臆为断，故其袭取者多谬，而不谬者在其所弃。我辈读书，原非与后儒竞立说，宜平心体会经文，有一字非其的解，则于所言之意必差，而道从此失。（《与某书》）

呜呼！经之至者道也，所以明道者其词也，所以成词者，未有能外小学文字者也。由文字以通乎语言，由语言以通乎古圣贤之心志，譬之适堂坛之必循其阶，而不可以躐等。是故凿空之弊有二：其一，缘词生训也；其一，守讹传谬也。（《古经解钩沉序》）

　　凡学始乎离词，中乎辨言，终乎闻道。离词则舍小学故训无所藉，辨言则舍其立言之体无从相接以心。（《沈学子文集序》）

　　呜呼，今之人其亦弗思矣！圣人之道，使天下无不达之情，求遂其欲而天下治。后儒不知情之至于纤微无憾是谓理，而其所谓理者，同于酷吏之所谓法。酷吏以法杀人，后儒以理杀人！（《与某书》）

在这里，我们可以感知戴震的一系列观念。"圣人之道，使天下无不达之情，求遂其欲而天下治"——本着以人为本的信念，使天下无不达之情而求遂其欲，正是儒家哲学应有之本质特征，正是重新诠释儒家经典的最大动力。"汉儒故训有师承，亦有时傅会；晋人傅会凿空益多；宋人则恃胸臆为断，故其袭取者多谬，而不谬者在其所弃"——重新考察儒学史，吸取这样的历史的经验教训而改弦更张，正是重新诠释儒家经典的最大着力点。"圣人之道，使天下无不达之情，求遂其欲而天下治。后儒之所谓理者，同于酷吏之所谓法。酷吏以法杀人，后儒以理杀人"——重视人，基于真诚的人文关怀，从根本上改变"后儒以理杀人"并被统治者曲解利用的文化现实，正是改革哲学诠释方法论的急切目标。"由文字以通乎语言，由语言以通乎古圣贤之心志"——有序运用语言诠释方法、体验诠释方法，正是改革哲学诠释方法论的基本精神。"通乎古圣贤之心志"，从而与经典作者"相接以心"——在视域融合中创建新的理论，正是改革哲学诠释方法论的最佳境界。而这几方面的有机结合，就是戴震力排众议、努力建构或拓展的哲学经典诠释方法论。显然，它具有了一些新的基本特性，造就了许多新的历史意义。正因为如此，戴震立足现实，通过重新诠释哲学经典而在哲学理论方面做出了重大建树，在中国古典诠释学领域大破大立，留下了重要贡献。为了对此做出可信的说明，请细致分析以下两则实例：

　　孟子言"养心莫善于寡欲"，明欲不可无也，寡之而已。人之生也，莫病于无以遂其生。欲遂其生，亦遂人之生，仁也；欲遂其生，至于戕人之生而不顾，不仁也。……然使其无此欲，则于天下之人生道穷促，亦将漠然视之。……然则谓"不出于正则出于邪，不出于邪则出于正"，可也；谓"不出于理则出于欲，不出于欲则出于理"，不可也。欲，其物；理，其则也。不出于邪而出于正，犹往往有意见之偏，未能得理。而宋以来之言理欲也，徒以为正邪之辨而已矣，不出于邪而出于正，则谓以理应事矣。理与事分为二而与意见合为一，是以害事。(《孟子字义疏证》卷上)

凡物之质，皆有文理，粲然昭著曰文，循而分之、端绪不乱曰"理"。故理又训分，而言治亦通曰理。理字偏旁从玉，玉之文理也。盖气初生物，顺而融之以成质，莫不具有分理，则有条而不紊，是以谓之条理。以植物言，其理自根而达末，又别于干为枝，缀于枝成叶，根接土壤肥沃以通地气，叶受风日雨露以通天气，地气必上接乎叶，天气必下返诸根，上下相贯，荣而不瘁者，循之于其理也。以动物言，呼吸通天气，饮食通地气，皆循经脉散布，周溉一身，血气之所循，流转不阻者，亦于其理也。理字之本训如此。因而推之，举凡天地、人物、事为，虚以明夫不易之则曰"理"。所谓则者，匪自我为之，求诸其物而已矣。《诗》曰："天生烝民，有物有则；民之秉彝，好是懿德。"孔子曰："为此诗者，其知道乎!"……理也者，天下之民无日不秉持为经常者也，是以云"民之秉彝"。(《绪言》卷上)

在第一则实例中，戴震首先着眼于人的现实存在，紧扣孟子所言"寡欲"两个关键字，运用类推诠释方法，做出"明欲不可无也，寡之而已"的诠释，既在原文的理论基础上前行了一步，又完全符合原文蕴含的理论逻辑，因此能在平实的诠释中迸发出对于理学的批判力量。紧接着，他又沿着这一理论逻辑推开去，指出"人之生也，莫病于无以遂其生。欲遂其生，亦遂人之生，仁也"，从而维护人的生存权利，大胆地对理学极力否定的

"欲"做出了坚决而充分的肯定，对于《孟子》原有理论做出了更为深刻的诠释，这在《孟子》诠释史上是前所未有的。最后，他继续沿着这一理论逻辑拓展出新的思想境界，强调"谓'不出于理则出于欲，不出于欲则出于理'，不可也。欲，其物；理，其则也"。这是直截了当地指出，理学的错误既有哲学理论上的，又有诠释方法上的，其结点就在于使"理与事分为二而与意见合为一，是以害事"。所有这些，都彰显出他深切的人文关怀，都表明了他在哲学理论、哲学精神、哲学经典诠释方法论上的批判精神和重大建树。

在第二则实例中，戴震牢牢抓住理学家们一贯高举的"理"字大旗，运用全新的诠释方法，对"理"字进行了一种寻根究底、别开生面的系统性诠释。首先，他开门见山地指出："凡物之质，皆有文理，粲然昭著曰文，循而分之、端绪不乱曰'理'。理字偏旁从玉，玉之文理也。盖气初生物，顺而融之以成质，莫不具有分理，则有条而不紊，是以谓之条理。"这就既对"理"字的字形结构进行了正确分析并引为诠释依据，又将其含义提升到时代哲学的最高层面，从而对"理"做出全新诠释，予以重新定义。接着，他又拓宽哲学视野，"以植物言""以动物言"，并且"因而推之"，顺利地推导出"举凡天地、人物、事为，虚以明夫不易之则曰'理'"的结论，从而使人相信，所谓"理"，其实乃是天地、人物、事为发生发展之总的规律。应该说，在当时的情况下，这是别开生面，初步建构起了一项富有理性与科学精神的哲学观念，对理学家们信奉的"理"也是一种深刻的批判。最后，他笔锋一转，进而又指出，"所谓则者，匪自我为之，求诸其物而已矣"，并引用《诗经》《论语》，在诠释中进行论证，再次强调"理也者，天下之民无日不秉持为经常者也"，从而率先全面完成了对于"理"的重新诠释与论证，由此建构起中国哲学史上指向"举凡天地、人物、事为"之"理"的新型的哲学理论。

以上两则实例，虽然只是一部分代表，但是它们也足以说明：戴震与当时学界巨擘的关键性分歧，就在于对儒家哲学应有之本质特征和哲学经典诠释方法论应有之基本特性的看法不同。面临着如此充满现实利害关系的重大分歧，面对着长期以来理学积累的威势，戴震仍然本着文化精英的人文关怀和"不以人蔽己，不以己自蔽"的高尚精神，"乃发狂打破宋儒"的哲学经典诠释方法论和某些流行的哲学理论，切切实实地"由文字以通乎语言，由语言以通乎古圣贤之心志"，坚定不移地沿着自己开拓的哲学经典诠释之路，通过重新诠释哲学经典而在哲学理论方面做出了重大建树，通过改革哲学诠释方法论而在中国古典诠释学历史进程中留下了重要的贡献，从而使得是中国哲学经典诠释方法论的优良传统更加具有蓬勃的生气，更加具有独特的风采。

以上所论，尽管篇幅有限，我们怀着举一反三的期待，重新体察中国历史上三次关于哲学经典诠释方法论的重大争论，从这一特定的角度，获得了对于中国古代哲学经典诠释方法论之基本特性与历史意义的初步感受。而进一步的认识，则又有待于从各个重要方面进行的贯通性研究和综合性论证。

第二十三章　中国古代哲学经典
诠释的对话模式

　　仔细考察中国古代哲学经典诠释的实际进程，常常就会看到，历代哲学经典诠释大家为了更好地诠释哲学经典，不但总是在创造和运用各种诠释方法，而且对于自己所信仰的经典创作者，往往有一种希望能够朝夕亲炙、能够亲切"尚友"、能够敞开对话的向往，因而经常运用相应的诠释方法，建构起经典诠释的对话模式，作为一种特别的诠释方法。譬如在探讨郭象《庄子注》的诠释方法时，我们就曾特别指出，他常常将参与对话、论辩以阐发义理作为一种诠释方法，不经意间彰显出魏晋名士的主体意识和独特风度。正是在其对话模式中，经典诠释者更好地开展了与经典文本、经典作家的互动。而其对话模式，则又能将经典诠释引向亲切而深入，并从某些方面丰富和显示出中国古代经典诠释方法的本质属性、独特风格和主要效应，闪烁着诠释方法之光。

第一节　领悟哲学经典诠释的对话模式

　　一当我们尝试着从事中国古代经典诠释包含之对话模式的探寻，首先想到的便是孟子率先创建的"以意逆志"论：

咸丘蒙曰："舜之不臣尧，则吾既得闻命矣。《诗》云：'普天之下，莫非王土。率土之滨，莫非王臣。'而舜既为天子矣，敢问瞽瞍之非臣如何？"曰："是诗也，非是之谓也。劳于王事，而不得养父母也。曰：'此莫非王事，我独贤劳也'。故说《诗》者，不以文害辞，不以辞害志；以意逆志，是为得之。如以辞而已矣，《云汉》之诗曰：'周馀黎民，靡有孑遗。'信斯言也，是周无遗民也。孝子之至，莫大乎尊亲；尊亲之至，莫大乎以天下养。为天子父，尊之至也；以天下养，养之至也。《诗》曰：'永言孝思，孝思维则。'此之谓也。"（《孟子·万章上》）

对于孟子的这一创论，我们在《孟子"以意逆志"说考论》中已有初步的研究。现在，则又必须开拓新的视角，进行新的分析。

第一，"以意逆志"说的"志"，主要是指经典作者对相关社会生活的体验与评议，是指经典作者所抒写的思想观点与人生情感。第二，"以意逆志"说的"意"，是指解释者心灵中先在的"意"亦即"前见"，其内容包括人生体验、知识结构和期待视野等，它是进行诠释的主观条件与活动起点。第三，"以意逆志"说的"逆"，朱熹早已做出了中肯的解释，乃读者"以己意迎取作者之志"，"逆是前去追迎之意"，"是以自家意去张等他"（《朱子语类》卷五十八）。但是，诠释者究竟应该如何去"张等"、去"迎取作者之志"呢？它主要是指诠释者以"反情""推己"为起点，以"以心揆心"为方式，以"及人""同物"为目标而开展的与经典作者的对话。对话正是诠释者"以己意迎取作者之志"的主要方式。由此可见，孟子为正确、深刻地理解经典内涵而创建"以意逆志"论，就已经表明他确实曾经进行过关于诠释者与经典作者之"对话"的观察与思考。也正因为如此，他才能从《北山》诗里感受到作者"劳于王事，而不得养父母"的痛苦。尽管孟子的这一观察还不够周详，论述也不够明确，但在两千三百年前的世界文化史上，却实属空前创举，极为难能可贵！

　　继孟子之后，我们联想到的，便是汉代思想家董仲舒在其名著《春秋繁露》中创建起来的"辞指"论。他认为，"《春秋》慎辞，谨于名伦等物者也"（《春秋繁露·精华》），因而极为重视对"辞指"的分析。何谓"辞指"？他未做界说，但云："不义之中有义，义之中有不义。辞不能及，皆在于指，非精心达思者，其孰能知之"（《春秋繁露·竹林》），"是故小夷言伐而不得言战，大夷言战而不得言获，中国言获而不得言执，各有辞也"（《春秋繁露·精华》）。由此看来，他所关注的"辞"，是言辞，是经典作者在想象中与读者对话的情境中，变易近义词语而构成的一种特殊表达方式，也就是今文经学家们常说的"书法"；他所谓的"指"，是经典作者的特殊用语在与读者对话的特定语境中所隐指的特定意义。在与读者对话过程中运用这样的"辞"以隐"指"特定的意义，可以收到引导读者"于所书求所不书"的表达效果。由此不难感知到，董仲舒建构"辞指"论意在强调：要想更好地诠释经典，就必须努力开展与经典作者的对话，必须深入到对话的特定语境里，切实领悟经典作者的特殊用语所隐指的特定意义，从而去尽力"于所书求所不书"。

　　董仲舒是这样率先倡导"辞指"论的，也是这样率先尝试发掘经典"辞指"的。例如，《春秋·宣公十二年》记载："晋荀林父帅师及楚子战于邲，晋师败绩。"这一则平平常常的记事中有何奥妙呢？董仲舒认真开展与经典的对话，在对话中提问，在提问后设答，然后郑重揭出："《春秋》之常辞也，不予夷狄而予中国为礼，至邲之战，偏然反之，何也？曰《春秋》无通辞，从变而移。今晋变而为夷狄，楚变而为君子，故移其辞以从其事。"（《春秋繁露·竹林》）原来，按照"不予夷狄而予中国为礼"的原则，对于楚国这类"夷狄之国"的君主，《春秋》一般是不称其爵位的。可是在这里却一反惯例，称楚君为"楚子"，而称晋大夫以名氏。通过"对话"可以感知到，经典作者这一表达式的改换，隐然指称着两层"大意"：从浅层次看，它是以发展的眼光和求实的眼光看人看事，意在褒扬楚君这次行动有礼，而贬斥晋国这次行动无礼；从深层次看，它说明不应按地域种族而应以文明程度来区分"诸夏"与"夷狄"。而这种开明进步的文化观念，正是值得中华民族发扬光大的。从这里，可以看到"对话"模式的经典诠释效应。

当然，受历史条件局限，董仲舒的"辞指"论，也还是不够详明、不够深刻的。而到了魏晋时期，玄学大家郭象撰构《庄子注》，创立参与论辩以阐发义理的经典诠释方法，不仅主动跟庄子开展对话，而且还勇于与庄子论辩，获得了经典诠释的巨大成就，留下了中国诠释学的深远启示。[1] 由此以进，我们又特别关注到朱熹反复宣讲的一种"读书法"：

> 做好就圣人书读，见得他意思如当面说话相似。（《朱子语类》卷十）

> 孔孟往矣，口不能言。须以此心比孔孟之心，将孔孟心作自己心。要须自家说时，孔孟点头道是，方得。不可谓孔孟不会说话，一向任己见说将去。（《朱子语类》卷十九）

> 大抵观书，先须熟读，使其言皆若出于吾之口；继以精思，使其意皆若出于吾之心；然后可以有得尔。（《朱子语类》卷十）

> 读书，须是要身心都入在这一段里面，更不问外面有何事，方见得一段道理出。如"博学而笃志，切问而近思"，如何却说个"仁在其中"？盖自家能常常存得此心，莫教走作，则理自然在其中。（《朱子语类》卷十一）

> 凡人读书，若穷得到道理透处，心中也替他快活！（《朱子语类》卷十一）

> 解说圣贤之言，要义理相接去，如水相接去，则水流不碍。（《朱子语类》卷十九）

> 先教自家心里分明历落，如与古人对面说话，彼此对答，无一言一字不相肯可，此外都无闲杂说话，方是得个入处。（《答张元德》）

---

① 详见本书考论篇之《郭象〈庄子注〉诠释方法论新探》。

　　结合朱熹的经典诠释实践，仔细体察他所宣讲的这种"读书法"，可以看到他所强调的主要乃是：第一，进行诠释经典，"须是要身心都入在这一段里面"，运用适当的方法，深入开展与经典作者的"当面说话"，这就最能心心相印，使之"点头道是"。第二，在与经典作者"当面说话"的过程中，既要善于提问，也要善于答问，以使"对话"中肯而深入。譬如听到子夏讲论"博学而笃志，切问而近思"时，最好能够问一句"如何却说个'仁在其中'？"并由此展开思考与诠释。第三，在诠释经典的"对话"过程中，既要"义理相接去"，又要"使其意皆若出于吾之心"，亦即实现诠释者与经典作者的"视域融合"，"彼此对答，无一言一字不相肯可"。第四，在诠释经典的"对话"过程中，如果能够"穷得到道理透处，心中也替他快活！"因此，"对话"不仅是一种诠释方式，也是一种诠释境界，其中有无限乐趣。可是，具体说来，在诠释经典的过程中，究竟应该如何深入开展"对话"，并且"如当面说话相似"呢？朱熹虽然并未就此做出更多的论述，但却有着大量的诠释示范。例如：

> 子曰："《关雎》，乐而不淫，哀而不伤。"（《论语·八佾》）
>
> 淫者，乐之过而失其正者也。伤者，哀之过而害于和者也。《关雎》之诗，言后妃之德，宜配君子。求之未得，则不能无寤寐反侧之忧；求而得之，则宜其有琴瑟钟鼓之乐。盖其忧虽深而不害于和，其乐虽盛而不失其正，故夫子称之如此。欲学者玩其辞，审其音，而有以识其性情之正也。（朱熹《论语集注》）

这段注文，隐隐然是围绕着两个问题而逐渐展开的：一个问题是孔夫子依据什么对《关雎》"称之如此"呢？另一个问题是孔夫子为什么要对《关雎》"称之如此"呢？而提出这两个问题，仿佛就"如当面说话"，直接向孔夫子请教。接下来，仿佛就是孔夫子亲自给予的回答，也就是诠释者朱子揣摩孔子心意而设定的答案，即"其忧虽深而不害于和，其乐虽盛而不失其正"，并使得孔子"点头道是"——这样的经典诠释岂不就是中肯而深入的"对话"？

　　至此，我们可以肯定：在朱熹倡导的"读书法"中，确实阐扬着诠释者与经典作者的"对话"模式，而朱熹对于这种"对话"模式，有着亲自的实践、独到的体验、细致的论述，虽然他的论述还不够全面系统，但是他的诠释实践却堪称典范，已经在中国经典诠释史上发挥了深远的启示作用。

　　就是这样，孟子、董仲舒、郭象、朱熹等哲学大师，代表着两千多年来中国哲人学者，绳绳相继，对于经典诠释活动所包含的"对话"模式，进行着富有成效的探索，由此提出了相应的理论，造就了深远的影响，使得经典诠释的"对话"模式因每一代人而更新，我们由此不禁充满了民族自豪感！同时，这也使得美国哲学家葛德纳在《儒家传注与中国思想史》中深切地感受到：在中国古代的经典与注疏之间，仿佛有两个声音进行着不断的对话。经典设定议题，注疏起而回应。经典框住了注疏回应的范围，而注疏也限制了经典可能的意义。两者互相依赖，也互相限定。而且这是一种"双重对话"，注疏者不仅与经典作者对话，也在同时与读者进行对话，使得数百年、数千年前的经典能有意义地对后世读者发言。① 然而我们又必须清醒地看到，尽管中国哲人学者开创了经典诠释的多种"对话"模式，积累了丰富的"对话"经验，但是在理论上，其论述却又不够深刻、系统。为了更好地探寻和分析中国古代哲学经典诠释方法的对话模式，阐发其诠释效应，还必须在切实继承先贤相关事业的同时，努力地借鉴西方现代哲人学者所创建的相关理论和方法，从而相互阐发。

第二节　探析哲学经典诠释对话模式的基本结构

　　经典诠释对话模式的实现，就是经典作者与读者围绕问题而展开的有效

---

① 转引自李淑珍：《当代美国学界关于中国注疏传统的研究》，见黄俊杰编：《中国经典诠释传统·通论篇》，台北喜玛拉雅基金会 2002 年版，第 301 页。

的提问与回答。作为一种对话模式，总是有其结构的，并由此透露出显性的或隐性的"问和答的逻辑"。在现阶段，从实际出发，探析对话模式的结构，则是研究中国古代哲学经典诠释对话模式以感受诠释方法之光的关键。中国古代哲学经典诠释对话模式的基本结构，主要表现为以下三个方面。

第一方面，经典作者以隐性的方式向诠释者发问，提示对话主题的方向，由诠释者揭示出来并设定答案，从而开启对话过程。例如：

例1：

子曰："为政以德，譬如北辰居其所，而众星共之"。（《论语·为政》）

云"为政以德"者，此明人君为政教之法也。（皇侃《论语义疏》）

例2：

子曰："知之者不如好之者，好之者不如乐之者"。（《论语·雍也》）

云"知之者不如好之者"者，谓学者深浅也。（皇侃《论语义疏》）

例3：

若夫乘天地之正，而御六气之辩，以游无穷者，彼且恶乎待哉！（《庄子·逍遥游》）

天地者，万物之总名也。天地以万物为体，而万物必以自然为正，自然者，不为而自然者也。（郭象《庄子注》）

例4：

子綦曰："（夫天籁者，）吹万不同，而使其自己也，咸其自

取，怒者其谁邪！"（《庄子·齐物论》）

此天籁也。夫天籁者，岂复别有一物哉？即众窍比竹之属，接乎有生之类，会而共成一天耳。……天然耳，非为也，故以天言之。以天言之，所以明其自然也，岂苍苍之谓哉！（郭象《庄子注》）

从例1、例2看，孔子在特定的语境中讲述"为政以德"和"知之者不如好之者"，总是有其原因与目的的，他当然也希望对话者首先就能明了这一点，以便更好地理解和接受下面的谈话内容。虽然《论语》一书对此隐性发问没有记载下来，而作为诠释者的皇侃，却特意以特定的形式将其揭示出来，从而使读者更好地理解下面的谈话内容。这就是经典作者向诠释者提问，提示对话主题的方向，并由诠释者设定答案。从例3、例4看，庄子从宣扬其哲学思想出发，讲述"天地之正"，讲述"夫天籁者"，都是非常抽象的哲学范畴，读者往往难以理解和认同，因此事先很有必要用提问的方式予以提示或警醒，如同老师讲课一般。尽管庄子也许并未真的如此提问，但是诠释者郭象却要将其设定出来，从而使读者得以更好地理解和认同下面的谈话内容。正因为如此，郭象或者隐然提示"天地者"的问题，或者显然提出"夫天籁者，岂复别有一物哉"的问题，并且很快设定答案。特别值得称道的是，他所设定的这两个答案，不仅引导着读者欣然加入经典诠释的对话之中，顺利地理解了庄子哲学的两个重要范畴，并且引出了"自然"这一概念，为魏晋玄学贡献了一个重要的理论范畴。通过以上四例的分析，我们初步认识到，在中国古代哲学经典诠释的对话模式中，经典作者向诠释者发问，提示对话主题的方向，在诠释过程中具有多么重要的引导作用，而且确实有如伽达默尔指出的："某个流传下来的文本成为解释的对象，这已经意味着该文本对解释者提出了一个问题。所以，解释经常包含着与提给我们的问题的本质关联。理解一个本文，就是理解这个问题。"①

---

① ［德］伽达默尔：《真理与方法》，洪汉鼎译，上海译文出版社1992年版，第475页。

第二个方面，诠释者向经典作者以隐性或显性的方式发问，深化对话的主题，又由诠释者显示出来并设定答案，从而推进对话过程。例如：

例 5：

子曰："甚矣，吾衰也。久矣，吾不复梦见周公！"（《论语·述而》）

孔子盛时志欲行周公之道，故梦寐之间如或见之。至其老而不能行也，则无复是心而亦无复是梦矣，故因此而自叹其衰之甚也。（朱熹《论语集注》）

例 6：

子与人歌而善，必使反之，而后和之。（《论语·述而》）

反，复也。必使复歌者，欲得其详而取其善也。而后和之者，喜得其详而与其善也。……盖一事之微，而众善之集，有不可胜既者焉。读者宜详味之。（朱熹《论语集注》）

例 7：

悠兮其贵言。功成事遂，百姓皆谓我自然。 （《老子》第十七章）

自然，其端兆不可得而见也，其意趣不可得而睹也。无物可以易其言，言必有应，故曰"悠兮其贵言"也。居无为之事，行不言之教，不以形立物，故功成事遂，而百姓不知其所以然也。（王弼《老子道德经注》）

例 8：

人法地，地法天，天法道，道法自然。（《老子》第二十五章）

法，谓法则也。人不违地，乃得全安，法地也。地不违天，乃

得全载，法天也。天不违道，乃得全覆，法道也。道不违自然，乃
得其性，法自然也。法自然者，在方而法方，在圆而法圆，于自然
无所违也。(王弼《老子道德经注》)

从例5看，孔子感叹"吾不复梦见周公"，却并未说明何以会如此，"梦
见周公"又意味着什么，而这些恰恰又是这次谈话的主题之所在，所以诠释
者朱熹不能不就此隐然发问。而他向孔子提出的这一问题，就使谈话的主题
得到了大大的彰显与深化。然后他又围绕这一问题设定答案，点明"孔子盛
时志欲行周公之道，故梦寐之间如或见之"，从而推进对话过程，发掘出孔
子讲话的重要意义是"志欲行周公之道"，真能使孔子"点头道是"。在例6
里，《论语》只是婉转地叙写了"子与人歌而善，必使反之，而后和之"，
却并未说明孔子何以会如此，而这恰恰又是事情的关键与意义之所在。于
是，朱熹又就此隐然发问，并且同样使谈话的主题得到了大大的彰显与深
化。然后他又围绕这一问题设定了答案，进而还做了发挥："盖一事之微，
而众善之集，有不可胜既者焉。读者宜详味之。"又将读者引入这场情趣盎
然的对话之中。在例7里，老子本着自己的哲学思想提出了一个重要的政治
观点，即"悠兮其贵言"，却又没有说明主政者为什么要、如何能"悠兮其
贵言"，仿佛他自己也很"悠兮其贵言"。为了做出有效的诠释，王弼在解
说了"自然"这一范畴之后，不能不就此向老子隐然提问，并又设定了答
案："无物可以易其言，言必有应，故曰'悠兮其贵言'也。"而其中的
"故"字，则是特意点明。就这样，他通过提问既深化了对话的主题，又推
进了对话的过程，而且还引导读者同自己一起思考。例8中老子的四句话，
最核心的也最难懂的乃是"道法自然"一句："道"之外是否还有"自然"
呢？又如何去"法"呢？对于如此重要的问题，王弼不能不发问，并依据老
子的意思设定答案：所谓"道法自然"，其实就是"于自然无所违也"。至
此，读者就能恍然大悟：原来，老子并非说道之外还有自然，而是强调道纯
任自然，道的本质就是自然。通过以上四例的具体分析，举一反三，我们便

能进而认识到，在中国古代哲学经典诠释的对话模式中，诠释者向经典作者发问，深化对话的主题，在诠释过程中具有更为重要的推进作用和引导作用。

第三个方面，在诠释者与经典作者的对话中实现视域融合，在视域融合中产生诠释效果。对此，伽达默尔曾经指出："在重新唤起文本意义的过程中，解释者自己的视域具有决定的作用。"① 例如：

> 子曰："参乎，吾道一以贯之。"曾子曰："唯。"子出。门人问曰："何谓也？"曾子曰："夫子之道，忠恕而已矣。"（《论语·里仁》）

> 尽己之谓忠，推己之谓恕。而已矣者，竭尽而无余之辞也。夫子之一理浑然而泛应曲当，譬则天地之至诚无息，而万物各得其所也。自此之外，固无余法，而亦无待于推矣。曾子有见于此而难言之，故借学者尽己、推己之目以著名之，欲人之易晓也。盖至诚无息者，道之体也，万殊之所以一本也；万物各得其所者，道之用也，一本之所以万殊也。以此观之，一以贯之之实可见矣。（朱熹《论语集注》）

这一示例很是典型，很有情趣。首先，就文本的记叙而言，它完整地展现了孔子与曾子、曾子与门人以"道"的问题为中心的对话过程，并且，曾子本来就是在当面对话中进行诠释的，而他的诠释显然得到了孔子的首肯。其次，就朱熹的诠释而言，它也显露出了自己与孔子、与曾子的对话，并且都是心心相印的。再次，就诠释效果而言，所有这些对话，都已在各自的范围内实现了视域的融合。譬如曾子与孔子的对话：孔子只讲了"吾道一以贯之"，却并未明言"道"之精神何在，"一"究竟是什么，而曾子却能肯定"夫子之道，忠恕而已矣"，并且得到了孔子的首肯，显然是实现了他们在对

---

① ［德］伽达默尔：《真理与方法》，洪汉鼎译，上海译文出版社 1992 年版，第 496 页。

话中的视域融合，并在视域融合中有所发挥。请看朱熹与孔子、与曾子的对话：面对孔子所讲的"吾道一以贯之"，面对曾子所讲的"夫子之道，忠恕而已矣"，朱熹能体察到"至诚无息者，道之体也，万殊之所以一本也；万物各得其所者，道之用也，一本之所以万殊也。以此观之，一以贯之之实可见矣"，同样也是实现了他们的视域融合，并在视域融合中建构起了新的理论。最后，专就朱熹建构起来的新理论而言，它就是"万殊之所以一本也""一本之所以万殊也"，也就是中国哲学史上很有创造性与影响力的"理一分殊"论。这些正是朱熹的重要诠释效果。又如：

> 天地不仁，以万物为刍狗；圣人不仁，以百姓为刍狗。(《老子》第五章)

> 天地任自然，无为无造，万物自相治理，故不仁也。仁者必造立施化，有恩有为。造立施化，则物失其真；有恩有为，则物不具存。物不具存，则不足以备载。天地不为兽生刍，而兽食刍；不为人生狗，而人食狗。无为于万物而万物各适其所用，则莫不赡矣。若慧由己树，未足任也。圣人与天地合其德，以百姓比刍狗也。(王弼《老子道德经注》)

老子主张"自然无为"，向往每个人都能依照自己的本性与需要去自主地发展自己，确实很能获得文化精英的广泛认同。可是，他为此而做出的论述，却如同诗歌或格言，让人难以把握其中应有的逻辑性和系统性，也消减了它可能具有的影响力。即以此处而言，他只说"天地不仁，以万物为刍狗；圣人不仁，以百姓为刍狗"，使人有些触目惊心，然而何谓"不仁"？天地与圣人何以就"不仁"？竟然全都没有任何说明。因此，诠释者王弼不能不在冥思之中向他提出问题，与他进行讨论。终于，他们的视域融合了，共识形成了。首先，所谓"不仁"，其实就是不作为、不强加而"任其自然，无为无造"，而绝非没有仁爱之心。其次，天地与圣人之所以"不仁"，完全是为了让"万物自相治理"，使"万物各适其所用"，应该说这恰恰是最大的仁。最后，老子与千年以后的王弼的对话的言下之意都是指向社会，强调人世间的君王权臣，最好都能"与天地合其德"，清静无为，不大肆专制，而能"以百姓为刍狗"，让老百姓依照自己的本性与需要去自主地生活，并发展自己！就是这样，王弼在与老子的对话中实现了视域的融合，揭示并发展了老子的思想，进而还从一个方面论证和完善了魏晋时期"名教本于自然"的著名理论，由此创造出最大的诠释效果。

综合以上分析可以看到，中国古代哲学经典诠释创建的对话模式的基本结构，主要在经典作者隐然向诠释者发问以提示对话主题的方向，诠释者向经典作者隐然发问以深化对话的主题，诠释者与经典作者在对话中实现视域融合等三个主要方面显示出来，而其核心，则是在诠释者与经典作者的视域融合中造就出最大的诠释效果。

第三节　感受哲学经典诠释对话模式的方法之光

在初步认识到了中国古代哲学经典诠释对话模式的基本结构之后，还必须进一步考察，具有如此结构的经典诠释对话模式，究竟是如何生成的呢？这样又能看到，中国古代哲学经典诠释的对话模式，是诠释者运用特定的诠释方法一步步建构起来的，而且中国古代哲学经典诠释的主要方法，无论语言诠释方法、体验诠释方法、类推诠释方法还是贯通诠释方法，在一定意义上，都是为了造就经典诠释对话模式而活跃，围绕经典诠释对话模式而互动，依凭经典诠释对话模式而发挥作用的，并由此显示出自己的本质属性、独特风格和主要效应。所以，从中国古代哲学经典诠释的对话模式之中，总能感受到经典诠释方法效应之光。为此，我们尝试从以下三个方面对哲学经典诠释对话模式彰显出来的诠释方法之光进行描写，争取有新的发现。

第一方面，在哲学经典诠释中，诠释者总是凭借一定的诠释方法隐然建构起对话模式，并一步步将对话推向高处，而其诠释方法则由此逐步展开、发挥效用、彰显特性，使人从这一角度感受到对话模式透出的诠释方法之光。中国历代哲学经典诠释者，对此往往是有深切感受的，是有主动努力的。例如：

> 知人者智，自知者明。胜人者有力，自胜者强。（《老子》第三十三章）

> 知人者，智而已矣，未若自知者，超智之上也。胜人者，有力而已矣，未若自胜者，无物以损其力。用其智于人，未若用其智于己也。用其力于人，未若用其力于己也。明用于己，则无物避焉；力用于己，则无物改（攻）焉。（王弼《老子道德经注》）

老子的这四句话，蕴含着深厚的生存价值论与辩证法，主要凝聚在几个相对应的关键词语及其组合的语言逻辑之中，那就是"知人""智""自知""明""胜人""力""自胜""强"及其组合，要想真正领悟其中的精妙哲理，就得深入到特定的对话语境中发掘这几个关键词深处的意蕴。王弼深知这一道理，于是就努力运用语言诠释方法、体验诠释方法，隐然建构起与老子的对话模式，并逐步将对话推向高处，从而立足对话语境，以阐发这几个关键词及其组合深处的意蕴。譬如，他隐然向老子提出问题，何谓"知人者智"？然后又凭借对话而将老子的回答转化为设定的答案："知人者，智而已矣，未若自知者，超智之上也。"其妙处就在于，他依据其组合逻辑注明"而已"两字，就将老子对于"智"的评估揭示出来；他依据其内在逻辑注明"超智之上"四字，就将老子对于"明"的评价彰显出来。于是，超越时代，知己相逢，王弼不仅使对话越来越走向高处，而且还将老子的哲学思想加以发挥。又如：

> 子曰："知者不惑，仁者不忧，勇者不惧。"（《论语·子罕》）

> 明足以烛理，故不惑；理足以胜私，故不忧；气足以配道义，故不惧。从学之序也。（朱熹《论语集注》）

孔子的这一番话，是以格言的形式讲述人生哲理，其生存智慧主要也都凝聚在几个关键词语及其组合的语言逻辑之中。朱熹深知其妙，于是运用语言诠释方法、体验诠释方法和类推诠释方法隐然建构起对话模式，然后立足对话语境，一方面隐隐地解释词语，另一方面发掘其中的语言逻辑，并"以义理相接去"，从而将对话推向高处，做出富有一定创造性的诠释。譬如，他提出何谓"知者不惑"的问题，接着设定答案"明足以烛理"，这是解释"知者"，接上"故不惑"，点明一个"故"字，就彰显出了其中的语言逻辑。但是值得注意的是，所谓"明足以烛理"，强调对于"理"的透彻认识，颇有些宋代理学的味道，显然又是他与孔子视域融合的结果，这就又将其对话推向了高处。然而，还要特别关注最后一句"从学之序也"，这是对前面注文的总结，也是对孔子言意的发挥，同时还是对广大读者的提示与引导，想来也会让孔子"点头道是"的。从这里，我们不是已经感受到了哲学经典诠释对话模式中闪耀着的诠释方法之光吗？

　　第二方面，在哲学经典诠释中，诠释者总是运用适当的诠释方法隐然建构起对话模式，为诠释学经验的语言性获得恰当的视域，从而造就创造性的诠释成果，由此闪现出诠释方法的光彩。值得特别强调的是，这些正是中国历代哲人学者实现对相关哲学理论的再创造和对相关文化传统的再创造的关键。为此，不妨较为集中地分析一例：

　　　　景曰："吾有待而然者邪？吾所待又有待而然者邪？吾待蛇蚹蜩翼邪？恶识所以然！恶识所以不然！"（《庄子·齐物论》）

　　　　言天机自尔，坐起无待。无待而独得者，孰知其故，而责其所以哉？若责其所待而寻其所由，则寻责无极，卒至于无待，而独化之理明矣。……世或谓罔两待景，景待形，形待造物者。请问：夫造物者，有耶无耶？无也？则胡能造物哉？有也？则不足以物众形。故明众形之自物而后始可与言造物耳。是以涉有物之域，虽复罔两，未有不独化于玄冥者也。故造物者无主，而物各自造，物各自造而无所待焉，此天地之正也。故彼我相因，形景俱生，虽复玄

合，而非待也。（郭象《庄子注》）

在这里，庄子借景（影）之口提出了万事万物之间是否"有待"，亦即是否递相凭借与依赖的问题，提出了如何知道事物之间是否"有待"的问题。正是在这两个设定的问题中，反映出了庄子很有深度的哲学思考。而郭象在经典诠释过程中，不仅自觉地运用语言诠释方法、体验诠释方法以及类推诠释方法，开展了与景（影）实即与庄子的对话，而且主动以"言"的名义，回答了庄子提出的重要问题："言天机自尔，坐起无待。无待而独得者，孰知其故，而责其所以哉？"十分明显，他这是运用相应的诠释方法，凭借对话模式，并将对话推向高处，然后又以回答问题的方式进行诠释。但是他并未就此止步，而是沿着双方对话的逻辑继续前行，凭借类推方法做出了发挥性的诠释："若责其所待而寻其所由，则寻责无极，卒至于无待，而独化之理明矣。"这一诠释的重要性在于：它在对"待"的否定中，引出了"独化"，从而将事物之间的依赖问题转化为生成问题，并初步建构起了"独化"这一重要哲学范畴，创造出意义深远的诠释成果。紧接着，郭象又乘着文势，设立"请问"为标志，开展了与世人的对话，借机进一步论述了"独化"的普遍性："是以涉有物之域，虽复罔两，未有不独化于玄冥者也。"虽然这一论述是借机发挥，却也符合前文的对话逻辑，因而还能一气呵成。需要特别指出的是，中国哲学史的研究已经表明："作为哲学范畴的'独化'是郭象提出的。郭象玄学思想之标异于世，正是由于'独化'这一本体概念的确立；同时，郭象玄学之所以能成为魏晋玄学思想的巅峰，之所以能成为玄学思想逻辑发展的终结者，也正由于'独化'概念的阐发和运用。"① 我们由此欣然见到，郭象所创造的这一经典诠释成就，已经彪炳于中国哲学史册了。

第三方面，在哲学经典诠释中，诠释者通过相应的诠释方法造就对话模

---

① 康中乾：《从庄子到郭象——〈庄子〉与〈庄子注〉比较研究》，人民出版社 2013 年版，第 195 页。

式，使诠释成果得以自身可理解地呈现，而其诠释方法则又由此创造效应、闪现光彩。这既是历代经典诠释者的不懈追求，也是他们造就的诠释境界。例如：

> 其政闷闷，其民淳淳；其政察察，其民缺缺。（《老子》第五十八章）

> 言善治政者，无形、无名、无事、无政可举。闷闷然，卒至于大治。故曰"其政闷闷"也。其民无所争竞，宽大淳淳，故曰"其民淳淳"也。立刑名，明赏罚，以检奸伪，故曰"其政察察"也。殊类分析，民怀争竞，故曰"其民缺缺"。（王弼《老子道德经注》）

对于老子的政治哲学，姑且不做评论，可是对于他在这里运用的"闷闷""淳淳""察察""缺缺"诸词，我们却是感想良多。语词总是指称特定事物的，总是能够使所指称的事物"都能自身阐明、自身可理解地出现的"。然而我们透过"闷闷""淳淳""察察""缺缺"诸词，虽然可以看到它们所指称的事物，却又显得有些朦胧，诗意有余而逻辑性不足，难以顺利地准确把握。幸而有王弼运用适当诠释方法并用"故曰"做出提示以造就一种对话模式，通过对话模式而做出了解释，进而使其解释成果得以自身阐明、可理解地呈现出来，我们终于得以明了：所谓"其政闷闷"，就是"无形、无名、无事、无政可举"；所谓"其民淳淳"，就是"其民无所争竞，宽大淳淳"；所谓"其政察察"，就是"立刑名，明赏罚，以检奸伪"；所谓"其民缺缺"，就是"殊类分析，民怀争竞"。这样一来，我们清晰地感受到了诸词所指称的事物亦即诠释成果，消除了朦胧，彰显了逻辑性，甚至还能进而有所联想与评议。在这一过程中，哲学经典诠释对话模式中闪耀着的诠释方法之光，不是非常引人瞩目吗？又如：

> 子贡曰："贫而无谄，富而无骄，何如？"子曰："可也。未若贫而乐，富而好礼者也。"（《论语·学而》）

> 谄，卑屈也。骄，矜肆也。常人溺于贫富之中，而不知所以自守，故必有二者之病。无谄无骄，则知自守矣，而未能超乎贫富之外也。凡曰可者，仅可而有所未尽之辞也。乐则心广体胖而忘其贫，好礼则安处善，乐循理，亦不自知其富矣。子贡货值，盖先贫后富，而尝用力于自守者，故以此为问。而夫子答之如此，盖许其所已能，而勉其所未至也。（朱熹《论语集注》）

在《论语》的这一节文本中，有孔子与子贡的对话，孔子通过体验诠释而对子贡的问话进行了准确的解释，并且给予了颇有深意的回答；在《论语》的这一段诠释中，有朱熹与孔子、与子贡的对话，朱熹对孔子的论说进行了深入的诠释。毫无疑问，他们都是运用特定的诠释方法建构起了对话模式，并将对话推向了高处；然后又使其诠释成果得以自身可理解地呈现。具体就朱熹而言，首先，他运用语言诠释方法开展对话，对孔子论说中的关键词做出了准确地解释，如"谄，卑屈也"；其次，他运用体验诠释方法，对子贡问话的出发点和孔子论说的出发点都给予了揭示，如"尝用力于自守者"，如"仅可而有所未尽"；特别重要的是，他还运用类推诠释方法与贯通诠释方法，从子贡与孔子谈话的出发点出发，沿着隐含的语言逻辑前行，将对话推向高处，深入地发掘出孔子论说的基本目的，亦即"夫子答之如此，盖许其所已能，而勉其所未至也"，这就是孔子论说的主要意义及其引导作用之所在，现在已自身可理解地呈现了。分析至此，我们自然能够坚信，这正是经典诠释大师通过相应的诠释方法造就对话模式，使得诠释成果得以自身阐明、自身可理解地呈现的范例，其中闪烁着诠释方法之光。

综合以上三个方面的考察，我们终于感受到了中国古代哲学经典诠释对话模式彰显出来的诠释方法之光，并由此而开拓出认识中国古代哲学经典诠释方法的本质属性、独特风格和主要效应的新视角。

第二十四章　中国古代哲学经典诠释方法论的本质属性

　　多年以来，我们不断地考察中国古代哲学经典与哲学经典诠释的成长之路，不断地考察中国古代哲学经典诠释的典范著作，终于形成了对于中国古代哲学经典诠释方法论的真切而又初步的认识。立足于这样的基础，我们感到，现在很有必要也有可能由此深入下去，在体察其对话模式的同时，联系中国古典诠释学的本质属性以探讨中国古代哲学经典诠释方法论的本质属性——因为它是决定中国古代哲学经典诠释方法论性质、风貌和发展的根本属性。

第一节　考察哲学经典诠释方法论本质属性的基本视角

　　立足于既有的基础，探讨中国古代哲学经典诠释方法论的本质属性，是一个十分紧要而重大的问题，可惜能供借鉴的研究成果并不多，那么应该如何从适当的视角出发进行这种探讨呢？经过反复尝试，我们认为，最好还是尝试着从大处、从高处亦即哲学本身着眼，一步步摸索前行。

　　就其大处、高处而言，哲学乃是对人的生存方式、生存空间、生命意义以及人与世界融为一体之高远境界等最大最高最具普遍性问题进行探寻与认识的学问，而哲学史则是对这些最大最高最具普遍性问题进行探寻与认识的历史。这就有如英国哲学大师罗素指出的："提出普遍性问题就是哲学和科学的开始。"[1] 而人对于这些最大最高最具普遍性问题的探寻与认识，主要又是通过理解和解释得以实现的，其中主要就有对于哲学学问的理解和解释，而这种包括对哲学学问的理解和解释在内的，对于那些最大最高最具普遍性问题的理解和解释并且在其过程中进行的自我筹划，则构成了人所特有的存在方式和存在意义。

早在三千多年以前，中国哲人学者就初步开始了对于其生存方式、生存空间、生命意义以及人与世界融为一体之高远境界等最大最高最具普遍性问题的探寻与认识，并且着眼于不同的角度而将这些问题所反映的对象统称为"道"，有时也分别称为"天道""地道""人道"。从各自的角度探寻、认识与论说"道"或"天道""地道""人道"，也就成为中国古代哲学最高、最核心的课题。譬如，老子就曾描写："有物混成，先天地生。寂兮寥兮，独立而不改，周行而不殆，可以为天下母。吾不知其名，字之曰道。"（《老子》第二十五章）；孔子就曾誓言："君子道者三，仁者不忧，知者不惑，勇者不惧"（《论语·宪问》），"朝闻道，夕死可矣"（《论语·里仁》）。墨子就曾自述："尚欲祖述尧舜禹汤之道"（《墨子·尚贤上》）。庄子就曾申论："夫道，有情有信，无为无形，可传而不可受，可得而不可见。自本自根，未有天地，自古以固存。"（《庄子·大宗师》）孟子就曾抒发："立天下之正位，行天下之大道"（《孟子·滕文公下》）。荀子就曾小结："天有常道矣，地有常数矣，君子有常体矣。"（《荀子·天论》）按照台湾学者韦政通先生的归纳，春秋战国时期，诸子所探寻、所追求、所论述的"道"，既有"本体论的意义""宇宙论的意义"，又有"人生论的意义""政治论的意义"；[2] 在一定意义上，这种统称合论的"道"，正是中国古代哲学最高、

---

① ［英］罗素：《西方的智慧》上，文化艺术出版社1997年版，第14页。
② 韦政通：《中国哲学辞典》，王冰注解，吉林出版集团有限责任公司2009年版，第571—573页。

最核心的课题，也正是中国古代哲学的最大特色，同时还正是中国古代大多数哲人学者安身立命、实现自我价值的最好所在。

对于中国哲学和哲学史有了以上的一些基本认识之后，我们就能以此为基础，进而沿着这一路线去认识中国古代哲学经典、哲学经典诠释和哲学经典诠释方法论的本质属性。

概略言之，哲学经典，就是哲学学问的最高载籍，就是自上古时代以来，各个民族、各个时代、各种社会的文化精英对其生存方式、生存空间、生命意义以及人与世界融为一体之高远境界等最大最高最具普遍性问题进行探寻与认识之最大理论成果的最高载籍，它们大都具有公认的创始性、典范性和传承性。而在中国古代，哲学经典则是探寻与认识大"道"之最大理论成果的典籍，譬如《周易》《老子》《论语》《墨子》《孟子》《庄子》《荀子》《黄帝四经》《大学》《中庸》等，就是这样的哲学经典。

我们认为，就其最高意义而论，哲学经典诠释，就是诠释者自觉地加入向前代圣贤学习而对人的生存方式、生存空间、生命意义以及人与世界融为一体之高远境界等最大最高最具普遍性问题进行探寻与认识的行列，由此开展与特定哲学经典的互动，以实现对哲学经典之理论意义的探寻、认识与重构。而中国古代哲学诠释学的本质属性也就在这里凸显出来。在此之际，意大利诠释学大家贝蒂的论述可供借鉴："理解在这里就是对意义的重新认识和重新构造——而且是对那个通过其客观化形式而被认识的精神的重新认识和重新构造"；而诠释则有三种类型：一是"重新认识的"诠释，二是"重新创造的"诠释，三是"规范的应用"。利科尔的诠释学著名定义也足资参考："诠释学是关于与'文本'的解释相关联的理解程序的理论"①。以此为借鉴，再进一步从其深处言之，中国古代哲学经典诠释，其实也就是诠释者通过与特定哲学经典互动的途径，对其生存方式、生存空间、生命意义以及

---

① 转引自洪汉鼎主编：《理解与解释——诠释学经典文选》，东方出版社 2001 年版，第129、409 页。

人与世界融为一体之高远境界等最大最高最具普遍性问题亦即大"道"，进行探寻与认识，因此，它必然包含本体论、认识论、方法论三个层次的意义。而哲学经典与哲学经典诠释的基本关系，则又有如狄尔泰在其名文《对他人及其生命表现的理解》中所概括的：生命（体验）—表达—理解。

哲学经典诠释方法，自然就是诠释者开展与特定哲学经典的互动以实现对哲学经典之理论意义的探寻、认识与重构的方式法则，它是诠释者开展与特定哲学经典的互动以实现对哲学经典之理论意义的探寻、认识与重构之能力的主要标志。哲学经典诠释方法实际内含着三个相互联系、相互作用的要素，即指明诠释目的之方向的方法、达到诠释目的之途径的方法、达到诠释目的之策略的方法。作为诠释者与哲学经典的互动，必然总是要有其适当的、有效的、各具特色的诠释方法及其理论，那就是哲学经典诠释方法以及相关的方法论。譬如在中国古代，孟子首倡的"以意逆志"，庄子提出的"得意忘言"，郭象试行的"要其会归而遗其所寄"，都是古代哲学经典诠释方法论的范例。

当我们将关注的目光集中到哲学经典的诠释方法和方法论以后，有一个新的问题又凸显出来，使我们不能不做新的思考：人对于其生存方式、生存空间、生命意义以及人与世界融为一体之高远境界等最大最高最具普遍性问题的探寻与认识，总是呈现为"言说"和"对话"。世界在"言说"和"对话"中敞开自己，融入语言；人在"言说"和"对话"中走出原来的"旧我"，扩充为一个"新我"。因此，语词就被"理解为事物本身"，"被理解为事物的表现性存在"；语言则构成了人的存在与世界的全部关系，"语言是存在的寓所"。名与实、词与物、语言与事物之间的关系，乃是存在与存在显现的关系；人通过语言揭示存在，语言是存在的模式。"最后，事物的真实存在正是在它们的语言现象中——在被意指的东西的观念状态中——才变得可以理解。"① 这一研究成果深深地启迪着我们，必须在这一意义上进一

---

① 参见［德］伽达默尔：《哲学解释学》，上海译文出版社 1994 年版，第 77—78 页。

步认识哲学经典，认识哲学经典诠释，更必须在这一意义上进而认识哲学经典的诠释方法论。这主要是因为，哲学经典的语言正是这样的语言，哲学经典的诠释正是面对这样语言进行的诠释，哲学经典的诠释方法正是面对这样的语言、运用这样的语言而建构起来的诠释方法。这又正如狄尔泰早已指出的："只有在语言里，人的内在性才找到其完全的、无所不包的和客观可理解表达。因此，理解艺术的中心点在于对包含在著作中的人类此在留存物进行阐释或解释。"①

至此我们已经逐步看到：哲学经典诠释，既然主要就是诠释者自觉地加入对其生存方式、生存空间、生命意义以及人与世界融为一体之高远境界等最大最高最具普遍性问题进行探寻与认识的行列，由此开展与特定哲学经典的互动以实现对哲学经典之理论的探寻、认识与重构，那么这种自觉互动活动的方式亦即哲学经典诠释方法，必然就要在其互动对象、互动法则、最高目的等主要方面显示出固有的本质属性，而其互动对象、互动法则、最高目的等主要方面，自然也就成为考察中国古代哲学经典诠释方法论本质属性之最为适当的基本视角。

第二节　既是诠释文本的方法，又是诠释大道的方法

鉴于以上所论，我们首先就从诠释者与哲学经典互动之互动对象的这一基本视角，考察中国古代哲学经典诠释方法论的本质属性。

中国古代哲学经典，既然就是历代文化精英对于人的生存方式、生存空间、生命意义以及人与世界融为一体之高远境界等最大最高最具普遍性问题亦即大"道"进行探寻与认识之最大理论成果的载籍，而文化精英对于其生存方式、生存空间、生命意义以及人与世界融为一体之高远境界等最大最高

---

① 转引自洪汉鼎主编：《理解与解释——诠释学经典文选》，东方出版社 2001 年版，第77 页。

最具普遍性问题的探寻与认识，既然又总是呈现为"言说"和"对话"，并使大"道"在"言说"和"对话"中敞开自己，融入语言，那么中国古代哲学经典诠释的互动对象，理所当然的是既有哲学经典文本之语言，又有哲学经典文本所记录所彰显的人的生存方式、生存空间、生命意义以及人与世界融为一体之高远境界等最大最高最具普遍性问题亦即大"道"。简而言之，依层次而论，中国古代哲学经典诠释的互动对象，是既有哲学经典文本，又有哲学经典文本所记录所彰显的历代文化精英所探寻的大"道"。由此前行我们自然就能看到，中国古代哲学经典的诠释方法以及相应的方法论，本质上必然就既是诠释者与哲学经典文本互动的方式法则，又是诠释者与哲学经典文本所记录所彰显的历代文化精英所探寻的大"道"互动的方式法则。对于这一基本原理，利科尔还有另外一种表述，也能加深我们的认识："这种诠释学把对'文本'的理解置于对在'文本'中表达自身的另一人的理解的法则之下"①。

更使我们感到振奋的是，中国古代哲学经典的诠释大家们，不仅对于这一原理有着独特的揭示，并且率先努力使之有效地转化为诠释方法论，贯彻于哲学经典诠释活动之中。这里请先看一些较有代表性的论述：

> 《老子》之文，欲辩而诘者，则失其旨也；欲名而责者，则违其义也。故其大归也，论太始之原以明自然之性，演幽冥之极以定惑罔之迷。因而不为，损而不施；崇本以息末，守母以存子；贱夫巧术，为在未有；无责于人，必求诸己。此其大要也。（王弼《老子指略》）

> 鲲鹏之实，吾所未详也。夫庄子之大意，在乎逍遥游放，无为而自得，故极小大之致以明性分之适。达观之士，宜要其会归而遗其所寄，不足事事曲与生说。自不害其弘旨，皆可略之耳。（郭象

---

① ［法］利科尔：《诠释学的任务》，见洪汉鼎主编：《理解与解释——诠释学经典文选》，东方出版社 2001 年版，第 419 页。

《庄子注》）

故学者必因先达之言以求圣人之意，因圣人之意以达天地之理，求之自浅以及深，至之自近以及远，循循有序，而不可以欲速迫切之心求也。夫如是，是以浸渐经历，审熟详明，而无躐等空言之弊驯致其极，然后吾心得正，天地圣人之心不外是焉。（朱熹《答石子重》）

天下自有一个道理在，若大路然。圣人之言，便是一个引路底。（朱熹《朱子语类》卷一百一十四）

解释文义，使各有指归，正欲以语道耳。不然，则解释文义将何为邪？（朱熹《答胡广仲》）

凡学始乎离词，中乎辨言，终乎闻道。离词则舍小学故训无所藉，辨言则舍其立言之体无从相接以心。（戴震《沈学子文集序》）

唯空凭胸臆之卒无当于贤人圣人之理义，然后求之古经；求之古经而遗文垂绝，今古悬隔也，然后求之故训。故训明则古经明，古经明则贤人圣人之理义明，而我心之所同然者，乃因之而明。（戴震《题惠定宇先生授经图》）

经之至者道也，所以明道者其词也，所以成词者字也。由字以通其词，由词以通其道，必有渐。（戴震《与是仲明论学书》）

综合地看，在这些论述中，中国古代哲学经典的诠释大家们都在从各自的角度、以各自的风格而反复强调：哲学经典诠释的互动对象，首先是哲学经典文本亦即"古经"，接着便是哲学经典作者表达的意蕴亦即"圣人之理义"，最终便是历代经典作者精英所探寻的大"道"亦即"天地之理"；对于大"道"亦即"天地之理"来说，"圣人之言，便是一个引路底"。哲学经典诠释的本质，就是"必因先达之言以求圣人之意，因圣人之意以达天地之理，求之自浅以及深，至之自近以及远"，就是"由字以通其词，由词以通其道，必有渐"。而一切诠释方法，都由此而建构，都由此而运用，都由此而彰显出其本质属性。所以，郭象特别告诫："宜要其会归而遗其所寄，不足事事曲与生说"；戴震特别昭示："故训明则古经明，古经明则贤人圣人之理义明，而我心之所同然者，乃因之而明"；朱熹特别归纳："解释文义，使各有指归，正欲以语道耳"。可见在他们的心目中，如果离开与哲学经典文本的互动，如果离开与历代文化精英所探寻的大"道"的互动，"则解释文义将何为邪？"那是谈不上有效之哲学经典诠释的，更是谈不到有效之哲学经典诠释方法的。由此可见，在中国古代，哲学经典诠释方法，既是诠释经典文本的方法，也是诠释大道的方法。

而对于这一基本原理，中国古代哲学经典的诠释大家们，是这样反复揭示的，更是这样将其转化为诠释方法、贯彻于哲学经典诠释活动之中的。请看两则颇有代表性的实例：

> 将欲取天下而为之，吾见其不得已。天下神器，不可为也。为者败之，执者失之。（《老子》第二十九章）

> 神，无形无方也。器，合成也。无形以合，故谓之神器也。万物以自然为性，故可因而不可为也，可通而不可执也。物有常性，而造为之，故必败也。物有往来，而执之，故必失矣。（王弼《老子道德经注》）

在经典文本中，老子强调"天下"是"神器"，不能强力"为之"；这就是他作为经典作者所表达的主要"义理"。诠释者王弼首先便与老子表达的这种"义理"互动，以进行诠释："神，无形无方也。器，合成也。无形以合，故谓之神器也。"但是，王弼并未就此止步，而是"推而后尽其理"，进而与老子等哲人学者们所探寻的大"道"互动，并乘势阐发出"自然为性"的无为论：天地任自然，无为无造，以无为本，而万物则自生、自济、自足、自相治理，处于自我调节、自我满足、相互依存、相互制约的和谐状态，宇宙整体也就处在一种自组织的进程之中，既不需要任何外来的造作，更不需要任何外来的干预。在这里，"万物以自然为性"论与"以无为本"论巧妙地相互结合、相互说明，顺理成章滋生出一种颇具建设性的"自然为性"的无为论。

> 滕文公为世子，将之楚，过宋而见孟子。孟子道性善，言必称尧舜。（《孟子·滕文公上》）

> 道，言也。性善，人所禀于天以生之理也，浑然至善，未尝有恶。人与尧舜初无少异，但众人汩于私欲而失之，尧舜则无私欲之蔽，而能充其性尔。故孟子与世子言，每道性善，而必称尧舜以实之。欲其知仁义不假外求，圣人可学而至，而不懈于用力也。门人不能悉记其辞，而撮其大旨如此。（朱熹《孟子集注》）

在这里，朱熹运用适当的方法以诠释经典文本，可谓认真细致：他不仅体察到孟子"每道性善，而必称尧舜以实之"的有力理据，不仅揣摩出孟子与世子"道性善道性善"之"欲其知仁义不假外求，圣人可学而至，而不懈于用力也"的深刻用心，而且还能揭示出"门人不能悉记其辞，而撮其大旨如此"的写作缘故。所有这些，对于引导读者领悟经典文本意蕴，无疑大有作用。然而，这一则注文的重心却在"性善，人所禀于天以生之理也，浑然至善，未尝有恶"一句。这是因为，在春秋战国时期，孟子率先提出自成系统的人性善的理论，并且使之成为自己仁政学说的理论基础，这就是他所发展的儒家哲学大"道"。正是有鉴于此，朱熹将注文的重心放在诠释"性善"问题上。而他在诠释"性善"时，还综合运用语言诠释方法、体验诠释方法和贯通诠释方法，引出了"性善，人所禀于天以生之理也，浑然至善，未尝有恶"的结论，从而既开掘了孟子的思想，又发展了孟子的思想，巧妙地完成了诠释儒家大"道"的使命。就是这样，在他的一步步努力下，注文"因先达之言以求圣人之意，因圣人之意以达天地之理，求之自浅以及深，至之自近以及远"。与此相应，有关的诠释方法也就自然而然地，既成为诠释经典文本的方法，又成为诠释哲学大"道"的方法。

纵览这一节的分析可以知道：中国古代哲学经典诠释的互动对象，依层次而论，既有哲学经典文本，更有历代文化精英所探寻的大"道"，因此，中国古代哲学经典的诠释方法以及相应的方法论，本质上就既是诠释者与哲学经典文本互动的方式法则，又是诠释者与哲学经典文本所记录所彰显的历代文化精英所探寻的大"道"互动的方式法则，二者是完全统一的。

第三节　既是传承理论的方法，又是创建理论的方法

在前文的基础上，我们再从哲学经典诠释之互动法则的基本视角，考察中国古代哲学经典诠释方法论的本质属性。

中国古代哲学经典，既然就是历代文化精英对于人的生存方式、生存空间、生命意义以及人与世界融为一体之高远境界等最大最高最具普遍性问题亦即大"道"进行探寻与认识之最大理论成果的载籍，而文化精英对于这些最大最高最具普遍性问题的探寻、认识与论说，既然又总是呈现为"言说"和"对话"，并使大"道"在"言说"和"对话"中敞开自己，融入语言，那么从高处说，诠释者对哲学经典的诠释，自然就是自觉地加入对这些最大最高最具普遍性问题进行探寻与认识的行列，开展与特定哲学经典的互动以实现对哲学经典之理论意义的探寻、认识与重构。这就有如贝蒂指出的："理解在这里就是对意义的重新认识和重新构造——而且是对那个通过其客观化形式而被认识的精神的重新认识和重新构造。"① 沿着这一理路探察下去就能看到，中国古代哲学经典的诠释方法以及相应的方法论，在那些体验深切、志向高远的诠释者那里，最为根本最为重要的互动法则，就应该既是传承有关哲学理论的方式法则，又是创建相应哲学理论的方式法则，二者也是完全统一的。

---

① ［意］贝蒂：《作为精神科学一般方法论的诠释学》，见洪汉鼎主编：《理解与解释——诠释学经典文选》，东方出版社 2001 年版，第129 页。

可是初看上去，中国古代哲人学者似乎有太多的思古之幽情，少了一些勇于创新的气度，其实不然——关键在于我们能否做出更为深入的考察分析。即以孔子而论，他虽然曾经自言"述而不作，信而好古，窃比于我老彭"（《论语·述而》），似乎是在以"述"自任而未言创新。但是，朱熹在《论语集注》中却道破了孔子的秘密："当是时，作者略备，夫子盖集群圣之大成而折中之，其事虽述，而功倍于作矣。"的确，孔子的"述"，不仅是对经典著作进行传述与诠释，而且是在诠释过程中集其大成，理其系统，折中是非，创造出新的意义和理论，其本质是寓作于述，是以述为作。如果没有这种创造精神，他面对占筮之书《周易》而进行诠释时，为什么偏要别开生面地强调"不占而已"，为什么偏要自我作古地强调"观其德义耳"？而其他哲人学者更是如此，庄子敢于指出"夫《六经》，先王之陈迹也，岂其所以迹哉"（《庄子·天运》），孟子也能倡言"尽信书则不如无书"（《孟子·尽心下》）。更何况，从春秋战国时代开始，中国古代哲人学者大都就能够领悟时代使命，就具有了"士志于道"和"立言"以"不朽"的强烈意识，并且是将"志道""立言"意识融贯在诠释经典的过程之中，升华为在经典诠释中自觉追求创造新理论的精神！

先秦诸子开创的这种自觉追求创造新意的经典诠释精神，在后世社会文化变革浪潮的激荡下，得到了发扬光大。请看北宋理学开创者们思索与议论的片段：

学者要先会疑。（《河南程氏外书》卷十一）

义理有疑，则濯去旧见以来新意。（张载《经学理窟·学大原下》）

学贵心悟，守旧无功。（张载《经学理窟·义理》）

志于道者，能自出义理，则是成器。（张载《经学理窟·义理》）

思索经义，不能于简策之外脱然有独见，资之何由深？居之何

由安？非特误己，亦且误人也。(《河南程氏遗书》卷十八)

治经固学之事，苟非自有所得，则虽五经，亦空言耳。(《河南程氏粹言》卷一)

义有至精，理有至奥，能自得之，可谓善学矣。(《河南程氏粹言》卷一)

纵观这些对于哲学经典诠释的最为根本、最为重要之互动法则的呼唤，我们不难感受到北宋哲人学者在传承先圣先贤创立之哲学理论的同时，自觉追求创造新理论的经典诠释精神。"善疑"，就是勇于怀疑汉唐经学对于儒家经典的诠释方法与诠释结果，并予以全面清理和重新评价，即所谓"摆落汉唐"；"心解"就是"以意逆志"，就是在语言诠释之后努力使诠释者与创造者形成"视域融合"，即所谓"至伊洛而精"；"自得"，就是独具眼光，一空依傍，"能于简策之外脱然有独见"，从经典诠释中建构起独到的"大道精微之理"。而"善疑""心解""自得"相贯通，合成"志于道者，能自出义理，则是成器"的抱负与气概，从而也就显示出了一种自觉追求创造新理论的经典诠释精神与方法论。

到了清代，时移世变，许多哲人学者奋起寻求人文精神与思想启蒙，批评理学家的经典诠释方。可是恰恰又是他们，继承发扬了宋代理学家自觉追求创造新意的经典诠释精神，进行着经典诠释方法之新的改革。每当我们听到王夫之"六经责我开生面，七尺从天乞活埋"的声音，听到戴震"儒者之学，将以解蔽而已矣。解蔽斯能尽我生"的声音，他们自觉追求创造新理论的经典诠释精神，总是使我们的心情难以平静，研究中国古代经典哲学诠释方法论的决心就会更加坚定！

由以上所论可以看到，在中国古代哲人学者的追求中，哲学经典诠释方法，既是传承相关理论的方法，又是创建相关理论的方法，这正是最为根本、最为重要的经典诠释互动法则。可是具体说来，在实际的诠释过程中，中国古代哲学经典的诠释方法，究竟如何既能成为传承有关哲学理论的方式法则，又能成为创建相应哲学理论的方式法则呢？请看朱熹《四书集注》中的一个典型实例：

> 天命之谓性，率性之谓道，修道之谓教。（《中庸》）
>
> 命，犹令也。性，即理也。天以阴阳五行化生万物，气以成形，而理亦赋焉，犹命令也。于是人物之生，因各得其所赋之理，以为健顺五常之德，所谓性也。率，循也。道，犹路也。人物各循其性之自然，则其日用事物之间，莫不各有当行之路，是则所谓道也。修，品节之也。性道虽同，而气禀或异，故不能无过不及之差，圣人因人物之所当行者而品节之，以为法于天下，则谓之教，若礼、乐、刑、政之属是也。盖人之所以为人，道之所以为道，圣人之所以为教，原其所自，无一不本于天而备于我。学者知之，则其于学知所用力而自不能已矣。（朱熹注）

细细研读这一则注文就能体认到，首先，朱熹扣住文本中的几个纲领性的关键词"命""性""率""道""修""教"以做出诠释。而其诠释，又分为两步进行：第一步是运用语言诠释方法进行诠释，并使语言诠释符合哲学建构的需要；第二步则推开去，本其哲学思想，立足特定语境，而将体验诠释方法、类推诠释方法融入其中，从而阐发出深厚的哲学意义。譬如，他说"命，犹令也""性，即理也"，这是运用语言诠释方法诠释关键词"命"与"性"；但是他并未就此止步，而是接着又说"天以阴阳五行化生万物，气以成形，而理亦赋焉，犹命令也"，这是本其理气论进行类推，从而发掘出关键词"命""性"在各自语境中隐含的哲学意义，并且进而阐发出理气论的又一理论要素，亦即"气以成形，而理亦赋焉"。其次，朱熹将前面几处阐发出来的思想理论，如"气以成形，而理亦赋焉""人物之生，因各得其所赋之理""圣人因人物之所当行者而品节之"，依据其内在的理论逻辑贯通起来，从而推导出一个新的结论："盖人之所以为人，道之所以为道，圣人之所以为教，原其所自，无一不本于天而备于我。"而这一结论，则彰显出了"道"的必然性、"教"的合理性，既超越了《中庸》原文所表达的意思，又符合《中庸》原文所隐含的意思，既符合理气论的基本精神，又使理气论上升到了一个新的高度，于是也就从一个角度实现了在传承经典理论的同时创建相关新兴理论的宏愿。

举一反三可以知道，历代哲人学者在诠释经典的实践中，往往都是既能感应时代需要，虔诚地传承先圣先贤创立之哲学理论，又自觉地追求创造新的哲学理论。二者不仅并不矛盾，而且正是最为根本、最为重要的经典诠释互动法则。正因为如此，中国古代哲学经典的诠释方法以及相应的方法论，本质上也就成为既是传承有关哲学理论的方式法则，又是创建相应哲学理论的方式法则，二者在实际上相互发明、相互融合而高度统一。

第四节　既是为生民立命的方法，又是实现自我的方法

最后，我们从哲学经典诠释之最高目标这一基本视角，考察中国古代哲学经典诠释方法论的本质属性。

如所周知，中国古代哲学最大的特色，就在于它是生命的学问，是人生哲学，中国古代哲学经典，真正就是历代文化精英对于人的生存方式、生存空间、生命意义等最大最高最具普遍性问题亦即大"道"进行探寻与认识之最大理论成果的载籍。德国哲学家莱布尼茨对中国哲学与西方哲学的特长做过一番概略的比较："在思考的缜密和理性的思辨方面，显然我们要略胜一筹"，但"在实践哲学方面，即在生活与人类实际方面的伦理以及治国学说方面，我们实在是相形见绌了"。[①] 既然如此，一个重大问题自然也就凸显出来：对于具有如此最大特色的中国古代哲学经典热心进行不断地诠释，其诠释者抱有的最高目的又会是什么呢？

---

① ［德］夏瑞春编：《德国思想家论中国》，陈爱政等译，江苏人民出版社1995年版，第5页。

海德格尔曾在其经典著作《存在与时间》中强调，理解和解释乃是人类此在的生存结构，乃是此在对自身各种可能性进行自我筹划。这一理论给世人带来了巨大的启迪。然而，我们还必须特别指出，在古代，中国哲人学者在诠释哲学经典时，就注重从有益于改良社会出发，将经典诠释引向新的社会实践，而所确立、所抱有的最高目的，就是"为生民立命"与实现自我，它与海德格尔的这一理论虽然时隔一千多年，却有异曲同工之妙。在这方面，最为著名、影响最大、堪称杰出代表的当然是北宋理学开创者之一张载的"横渠四句"："为天地立心，为生民立命，为往圣继绝学，为万世开太平！"（《张子语录》中）当然，在这一领域里，就其论述的具体与深入而言，自然还是卓越的哲学经典诠释学家朱熹的倡议：

> "学问，就自家身己上切要处理会方是，那读书底已是第二义。"（《朱子语类》卷十）

> 今学者皆是就册子上钻，却不就本原处理会，只成讲论文字，与自家身心都无干涉。须是将身心做根柢！（《朱子语类》卷一百一十三）

> 读书穷理，当体之于身。凡平日所讲贯穷究者，不知逐日常见得在心目间否。（《朱子语类》卷十一）

> 学者当以圣贤之言反求诸身，一一体察。（《朱子语类》卷十一）

> 读书须是以自家之心体验圣人之心。少间体验得熟，自家之心便是圣人之心。（《朱子语类》卷一百二十）

按照朱熹的论述：在知识精英那里，读书只是"第二义"，而"第一义"则是在"为生民立命，为往圣继绝学"之外，"以自家之心体验圣人之心。少间体验得熟，自家之心便是圣人之心"；他又曾将这"第一义"名之曰"做工夫"。所以，他又反复教诲学人："孔子教人就事上做工夫，孟子教人心上做工夫"（《朱子语类》卷十九），"《大学》是修身治人底规模"

（《朱子语类》卷十四），《中庸》乃"致知工夫"（《朱子语类》卷六十二）。而理学家们特别是朱熹所称道的"第一义""做工夫"，其实就是一种在"为生民立命"的同时，对"自家之心便是圣人之心"的可能性进行自我筹划，一种自觉地身体力行合为一体的方式与能力，落实下来则是"修身治人"的无限事业。

总之，从中国古代哲人学者这些夫子自道式的心声里可以清楚地认识到，他们热心诠释哲学经典的最高目的，就是将诠释成果引向社会实践亦即"修身治人"，就是"为生民立命"与实现自我。然而，在诠释哲学经典的实际过程中，诠释者又是运用什么互动法则来切实实现这种最高目的呢？请看一个很有代表性的实例：

> 故君子尊德性而道问学，致广大而尽精微，极高明而道中庸。温故而知新，敦厚以崇礼。（《中庸》）

> 尊者，恭敬奉持之意。德性者，吾所受于天之正理。道，由也。温，犹燖温之温，谓故学之矣，复时习之也。敦，加厚也。尊德性，所以存心而极乎道体之大也。道问学，所以致知而尽乎道体之细也。二者修德凝道之大端也。不以一毫私意自蔽，不以一毫私欲自累，涵泳乎其所已知，敦笃乎其所已能，此皆存心之属也。析理则不使有毫厘之差，处事则不使有过不及之谬，理义则日知其所未知，节文则日谨其所未谨，此皆致知之属也。盖非存心无以致知，而存心者又不可以不致知。故此五句，大小相资，首尾相应，圣贤所示入德之方，莫详于此，学者宜尽心焉。（朱熹《中庸章句》）

这虽然只是一则注文，然而布局却独具匠心。朱熹明明已经告诉人们，"此五句，大小相资，首尾相应，圣贤所示入德之方，莫详于此"，可是他的注释，只紧扣"君子尊德性而道问学"一句而大加发挥。究其原因，他原来正是为了从理学理论更深处，阐发出一种"入德之方"亦即工夫论。而在诠释这一句时，他又进而将注意力再加集中，紧扣"尊德性""道问学"二语，从"道"的高处进行诠释，将其分别与"存心""极乎道体之大"和"致知""尽乎道体之细"联系起来，并标举"二者修德凝道之大端也"。接下来，他又顺势而下，扣住"存心""致知"二语而大加发掘，终于引领出一大段注文："不以一毫私意自蔽，不以一毫私欲自累，涵泳乎其所已知，敦笃乎其所已能，此皆存心之属也。析理则不使有毫厘之差，处事则不使有过不及之谬，理义则日知其所未知，节文则日谨其所未谨，此皆致知之属也。盖非存心无以致知，而存心者又不可以不致知。"而这一大段注文，强调"不以一毫私意自蔽，不以一毫私欲自累"，强调"析理则不使有毫厘之差，处事则不使有过不及之谬"，并且将其归为"修德凝道之大端"，正是他要突出的中心意思，正是一种对"自家之心便是圣人之心"的可能性进行的自我筹划，亦即工夫论的核心内容。至此我们看清，朱熹怎样在诠释互动中建构起适当的诠释方法以实现最高目的：在"为生民立命，为往圣继绝学"的同时，"以自家之心体验圣人之心。少间体验得熟，自家之心便是圣人之心"，从而"优入圣域"，获得一种新的存在方式以实现自我。

从中国古代哲学经典诠释实践中彰显出来的普遍性最高目的上看，中国古代哲学经典的诠释方法以及相应的方法论，对于作为知识精英的诠释者而言，本质上就既是力图由诠释经典而"为生民立命"的方式法则，又是努力由诠释经典而实现自我的方式法则，并且由此而彰显出一方面的本质属性。

通过前述分析我们可以看到，中国历代成就卓著的哲人学者，汲汲诠释中国哲学经典，不断创造、不断改进、不断运用哲学经典诠释方法，正是为了更好地与经典文本互动，与大"道"互动，与社会互动；正是为了更好地传承理论，建构理论，应用理论；正是为了将诠释成果引向新的社会实践，从而更好地"为生民立命"、实现自我。在这种意义上，中国古代哲学经典的诠释方法以及相应的方法论，对于知识精英而言，其本质属性主要就表现在：它既是诠释者与哲学经典文本互动的方式法则，又是诠释者与哲学经典文本所记录所彰显的大"道"互动的方式法则；它既是传承有关哲学理论的方式法则，又是创建相应哲学理论的方式法则；它既是诠释者力图"为生民立命"的方向法则，又是诠释者努力实现自我以获得一种新的高尚的存在方式的途径与法则。所有这些，就是中国古代哲学经典诠释方法论最为本质、最为重要的属性。

第二十五章　中国古代哲学经典诠释方法论的系统特性

沿着中国古代哲学经典诠释方法本质属性的方向前行，我们发现，受其本质属性的引导，在哲学经典诠释的历史进程中，渐次形成的各种主要哲学经典诠释方法，即语言诠释方法、体验诠释方法、类推诠释方法、贯通诠释方法及其相应的理论，很早就在诠释活动中相互配合，相互补充，相互发明，按一定关系自然地组合成了各种系统，时时以其相互结合的整体性发挥着强大的作用，而且在整体中形成了也提升了各自的特质与效应，由此彰显出哲学经典诠释方法论的系统特性。

第一节　哲学经典诠释方法论系统特性的形成

从根本上看，中国古代哲学经典诠释方法论的系统特性，既是植根于中国古代哲学经典诠释活动之现实属性的，又是在其现实属性中发挥效用的；既是渊源于它自身之本质属性的，又是完善着它自身之本质属性的。因此，为了认识中国古代哲学经典诠释方法论系统特性的形成，首先必须尽可能从以下两个方面进行细致的考察。

第一，考察中国古代哲学经典诠释活动的现实属性如何促使中国古代哲学经典诠释方法论系统特性的形成。

事实上，无论每个个人，每个民族，还是整个人类，都总是处于从过去到未来的时空流变之中，都总是不断地被那些可以理解和难以理解的因素组合而成的力量推向亟想探知而又无法确知的未来。因此，关心自己和群体的命运，探寻自己和群体的道路，激励自己和群体的精神，改善生存环境，改进生存方式，改革社会制度，建构未来蓝图，谋求精神与物质的幸福，都永远是每个知识精英、每个民族乃至整个人类深切关怀的普遍性问题，尤其是哲学所要永远探究的关键性问题。正是因为如此，在春秋战国时代"哲学突破"的进程中，中国古代哲学经典便以人为中心，逐步探究并逐步确立"天人之际"、阐发人本思想、弘扬经世精神的共同主题思想；而这些主题思想又必然地具有现实属性，参与中国社会的变革，具有永久的生命活力，而且从不停息地召唤着哲人学者和广大民众，对其进行日益深入的诠释活动，并将在诠释活动中获得的教益应用于现实生活的实践。永远关注现实、不离现实，乃是中国古代哲学经典之主题思想与诠释活动的最大特色。这就锻造了哲学经典诠释活动的现实属性。

然而，无论从哪一角度看，个人的现实生活，民族的现实生活，人类的现实生活，都是极其复杂的；任何人要想带着现实生活中产生的种种问题，对哲学经典进行深入的诠释活动，并将在诠释活动中获得的教益应用于现实生活的实践，同样都是极其复杂的。所以，对于多种多样的哲学经典进行复杂的诠释活动，必然不能只是运用单一的诠释方法，而要运用多种诠释方法，并且要促使所运用的多种诠释方法相互作用、相互补充，按一定关系组合成一种有序的整体，并以其整体性发挥强大的作用。这样一来，中国古代哲学经典诠释活动的现实属性，也就必然促进着诠释方法论之系统特性的逐步形成。事实也正是如此。请看《左传·襄公九年》记载的一段历史事实：

> 穆姜薨于东宫。始往而筮之，遇《艮》之八。史曰："是谓《艮》之《随》。《随》，其出也。君必速出！"姜曰"亡！是于

《周易》曰：'《随》，元、亨、利、贞，无咎。'元，体之长也；亨，嘉之会也；利，义之和也；贞，事之干也。体仁足以长人，嘉会足以合礼，利物足以和义，贞固足以干事。然，故不可诬也，是以虽《随》无咎。今我妇人，而与于乱。固在下位，而有不仁，不可谓元。不靖国家，不可谓亨。作而害身，不可谓利。弃位而姣，不可谓贞。有四德者，《随》而无咎。我皆无之，岂《随》也哉？我则取恶，能无咎乎？必死于此，弗得出矣。

穆姜阴谋除去鲁成公而立其奸夫侨如为君，事情败露，因此被迫迁于东宫，成天为自己的出路与命运而焦虑。为此她进行了卜筮，想要在《周易》中寻找启示，结果筮得了《艮》之《随》。随行史官首先运用"取义"的方法做了诠释，断言"君必速出"。然而，严峻的现实促使穆姜冷静下来，运用别样的新方法，做出了自己的诠释。首先，她引用了其卦辞"元、亨、利、贞，无咎"，进行语言诠释，引为伦理原则，阐发出只有在"不可诬"的前提下"虽《随》无咎"的大义；其次，她在语言诠释的基础上，结合自己的现实情况，进行了体验诠释和类推诠释，引出了"有四德者，《随》而无咎。我皆无之，岂《随》也哉？我则取恶，能无咎乎？必死于此，弗得出矣"的痛苦结论。更加值得注意的是，穆姜所做的语言诠释与体验诠释、类推诠释，是相互结合、相互作用的，前者是基础，是引导，后者是发挥，是前行，它们按其内在关系组合成了一种系统，并以其系统性发挥着强大的作用，引导她做出了自己"必死于此"的诠释结论。十分明显，两千五百多年以前，一个困在深宫的顶级贵妇人能对《周易》做出如此深刻的诠释，并在诠释中显露出诠释方法论的系统特性，这在很大程度上是由其诠释活动无可回避的现实属性"倒逼"出来的。

第二，考察中国古代哲学经典诠释方法的本质属性如何在诠释实践中导致其系统特性的必然形成。

所谓方法，就其极致而言，是关于认识世界、改造世界之目的、方向、途径、策略、工具及其操作程序的选择系统，具有主体能动性与客体必然性高度统一、层次有机性与功能互补性高度统一、系统的多样性与选择性高度统一等本质特征。① 因此人们运用的方法，往往总是多样的、互补的，总能呈现出某种系统特性。即以中国古代哲学经典诠释方法而论，它既是诠释者与哲学经典文本互动的方式法则，又是诠释者与哲学经典文本所表现的大"道"互动的方式法则；它既是传承有关哲学理论的方式法则，又是创建相应哲学理论的方式法则；它既是诠释者力图"为生民立命"的方式法则，又是诠释者努力为自己修身的方式法则，必然需要并能导致多种具体诠释方法形成层次有机性与功能互补性的高度统一、多样性与选择性的高度统一。正因为如此，中国古代哲学经典诠释方法的本质属性，必然导致了其系统特性的形成。请看一个较为典型的实例：

> 卫侯在楚，北宫文子见令尹围之威仪，言于卫侯曰："令尹似君矣，将有他志。虽获其志，不能终也。《诗》云：'靡不有初，鲜克有终。'令尹其将不免。"公曰："子何以知之？"对曰："《诗》云：'敬慎威仪，惟民之则。'令尹无威仪，民无则焉。民所不则，以在民上，不可以终。"公曰："善哉！何谓威仪？"对曰："有威而可畏谓之威，有仪而可象谓之仪。君有君之威仪，其臣畏而爱之，则而象之，故能有其国家，令闻长世。臣有臣之威仪，其下畏而爱之，故能守其官职，保族宜家。顺是以下皆如是，是以上下能相固也。《卫诗》曰，'威仪棣棣，不可选也'，言君臣、上下、父子、兄弟、内外、大小皆有威仪也。《周诗》曰，'朋友攸摄，摄以威仪'，言朋友之道必相教训以威仪也。《周书》数文王之德，曰'大国畏其力，小国怀其德'，言畏而爱之也。《诗》云，'不识不知，顺帝之则'，言则而象之也。纣囚文王七年，诸侯皆从之囚，纣于是乎惧而归之，可谓爱之。文王伐崇，再驾而降为臣，蛮夷帅

---

① 参见李志才主编：《哲学逻辑学方法》，南京大学出版社 2000 年版，第 5—15 页。

服，可谓畏之。文王之功，天下诵而歌舞之，可谓则之。文王之行，至今为法，可谓象之。有威仪也，故君子在位可畏，施舍可爱，进退可度，周旋可则，容止可观，作事可法，德行可象，声气可乐，动作有文，言语有章，以临其下，谓之有威仪也。"（《左传·襄公三十一年》）

卫侯在楚，北宫文子目睹令尹围之威仪，发现"令尹似君矣，将有他志。虽获其志，不能终也"，因而提醒卫君必须早做相应的准备。这就引起了卫君的高度重视，连忙探究"何谓威仪"，于是北宫文子通过经典诠释，论述了"威仪"的实质及其现实意义。首先，他引用《诗经》《周书》等经典，努力诠释"威仪"的现实意义，力图凭借它实现对于人的合理生存方式进行"筹划"。其次，他运用语言诠释方法，通过诠释关键语词"威仪"并发掘其造词理据，阐释出"有威而可畏谓之威，有仪而可象谓之仪"的深层意义。再次，他又运用类推诠释方法，勾画出一种国家的理想状态，"君臣、上下、父子、兄弟、内外、大小皆有威仪"，"朋友之道必相教训以威仪"。最后，他又引出周文王的事迹，使之与前面的诠释相补充、相映发，并顺势运用贯通诠释方法，推导出"故君子在位可畏，施舍可爱，进退可度，周旋可则，容止可观，作事可法，德行可象，谓之有威仪也"的结论。显然，这里的经典诠释，重在揭示出"威仪"的实质及其重大的现实意义，从而实现对于卫君等人之合理生存方式的"筹划"。而正是这种诠释的本质属性，促使他运用了多种相互配合、相互补充、相互发明的诠释方法，使之组合成一种有序的整体，以其整体性发挥强大的作用，因而成为经典诠释的佳话，至今仍然启示着广大学人。

经典诠释方法论系统特性的形成，大致如此。而把握好这一点之后，就有必要、也能更好地进而认识各种主要诠释方法在其系统中、在其诠释过程的相互作用中，不断形成、不断提升的特质与效应，从而促使对中国古代哲学经典诠释方法论系统特性的研究走向深入。

第二节　系统中语言诠释方法的特质与效应

在中国古代哲学经典诠释的发展历程中，语言诠释方法论是最早形成的。这首先是因为，当学人本着"索道于当世莫良于典"的认识而解读哲学经典时，最先呈现在眼前的，便是经典的语言文字，语言文字所表达的才是"道"；这同时又是因为，语言文字不仅是人类最重要的交际工具和思维工具，而且构成了人的存在与所属世界的全部关系，故而"语言是存在的家"。所以，中华哲人学者自商周时期以来就逐渐形成了语言的自觉，总是通过运用语言以表达存在，分析语言以揭示存在，促进了语言诠释方法论的最早形成，并造就自己独特的性质与风采。这突出地表现在以下三个方面。

第一，中国古代哲学经典语言诠释方法论，在理论与实践中，都注重逐层分析哲学经典的语言文字及其组合规则与修辞方式，由此以探讨经典的意义。有如朱熹所总结的："故学者必因先达之言以求圣人之意，因圣人之意以达天地之理，求之自浅以及深，至之自近以及远，循循有序。"（朱熹《答石子重》）例如：

> 子曰："志于道，据于德，依于仁，游于艺。"（《论语·述而》）

> 志者，心之所之之谓。道，则人伦日用之间所当行者是也。知此而心必之焉，则所适者正，而无他歧之惑矣。据者，执守之意。德者，得也，得其道于心而不失之谓也。得之于心而守之不失，则终始唯一，而有日新之功矣。依者，不违之谓。仁，则私欲尽去而心德之全也。功夫至此而无终食之违，则存养之熟，无适而非天理之流行矣。游者，玩物适情之谓。艺，则礼乐之文，射、御、书、数之法，皆至理所寓，而日用之不可阙者也。朝夕游焉，以博其义理之趣，则应务有余，而心亦无所放矣。此章言人之为学当如是

也。盖学莫先于立志，志道，则心存于正而不他；据德，则道得于心而不失；依仁，则德性常用而物欲不行；游艺，则小物不遗而动息有养。学者于此，有以不失其先后之序、轻重之伦焉，则本末兼该，内外交养，日用之间，无少间隙，而涵泳从容，忽不自知其入于圣贤之域矣。（朱熹《论语集注》）

这一则注文的最大特色就在于其语言诠释的详密有序。首先，朱熹注重解释词义，譬如"志者，心之所之之谓""道，则人伦日用之间所当行者是也"。朱熹解释词义，又紧扣它在特定语境中显示出来的特定意蕴，因而准确、深刻，还能引人入胜。其次，朱熹注重解释句义，譬如"知此而心必之焉，则所适者正，而无他歧之惑矣"。朱熹解释句义，既以对词语的解释为基础，又将句子置于段落乃至篇章之中，而且总是与体验诠释结合起来，因而正确、丰满，使人受到启发与引导。最后，朱熹注重归纳章旨，亦即"此章言人之为学当如是也"云云，既以对词语的解释、句义的解释为基础，又大力发掘词语之间、句子之间的逻辑联系，并且据此结合体验诠释方法以阐发经典的言外之意。

第二，中国古代哲学经典语言诠释方法论，在理论与实践中，都注重结合经典作者的历史语境与思想风貌，分析经典的语言文字及其组合规则与修辞方式，从而开展诠释者与创造者的对话，进而结合运用体验诠释等方法，以探讨经典蕴含的意义。譬如：

子张谓"执德不弘"，人多以宽大训"弘"字，大无意味，如何接连得"焉能为有，焉能为亡"，文义相贯。盖"弘"字有深沉重厚之意。横渠谓："义理，深沉方有造，非浅易轻浮所可得也。"此语最佳。（《朱子语类》卷十一）

朱熹认为，将语词"弘"解释为"宽大"是"大无意味"，因为它不能紧接"焉能为有，焉能为亡"以使文义相贯通，这里的"弘"应有"深沉重厚之意"，它是由必然具备的历史语境所补衬出来的。因此，他首先立足子张的历史语境与思想风貌，以探究该语词所表达的意义，然后又将该语词在不同小语境中表达出来的几个意义，置于更大的历史语境与学派语境之中，使之相互补充、相互发明，进而运用体验诠释方法以充实之。这就能够引导人们从中获得一种较为准确而全面的认识。

第三，中国古代哲学经典语言诠释方法论在理论与实践中，都注重把握好经典作者的哲学追求与思想流派，并结合体验诠释等方法，以分析经典的语言文字及其组合规则与修辞方式，进而由其言以通其"道"。请看戴震《孟子字义疏证》对于《孟子·告子上》"心之所同然者，谓理也，义也；圣人先得我心之所同然耳"的诠释：

> 心之所同然始谓之理，谓之义；则未至于同然，存乎其人之意见，非理也，非义也。凡一人以为然，天下万世皆曰"是不可易也"，此之谓同然。举理，以见心能区分；举义，以见心能裁断。分之，各有其不易之则，名曰理；如斯而宜，名曰义。是故明理者，明其区分也；精义者，精其裁断也。……人莫患乎蔽而自智，任其意见，执之为理义。吾惧求理义者以意见当之，孰知民受其祸之所终极也哉！

戴震善于把握经典作者的哲学追求与思想流派，紧扣关键词语并将其贯通起来而精心诠释。即如，他对"同然"的解释不仅细致周到，而且还翻转过来，引出"则未至于同然，存乎其人之意见，非理也，非义也"一句，为下文做了有力的铺垫。又如，"举理，以见心能区分；举义，以见心能裁断"，这一解释似乎有些突兀。可是，当人们看到接下来的一句"分之，各有其不易之则，名曰理；如斯而宜，名曰义"，就会佩服他对"理"与"义"的解释是既持之有故又深刻精妙。特别是他又顺着原文蕴含的理论逻辑，建构起了"明理者，明其区分也；精义者，精其裁断也"的全新观念。在此基础上，人们进而细读"吾惧求理义者以意见当之，孰知民受其祸之所终极也哉"一句，能不痛恨中国封建专制社会意识形态的痼疾吗？能不为戴震深厚的诠释功夫和强烈的人文关怀所感动吗?

更加值得关注的是,在中国诠释学史上,语言诠释方法论不但最早形成,具有其独特的性质,而且在经典诠释实践中造就了独特的效应。其效应主要表现在以下两个层面。

语言诠释方法第一个层面的效应,是揭示经典语言结构蕴含的各种特定意义及其关联,为正确把握经典作者之思想体系奠定坚实的基础。这是因为,中国经典的古代诠释者们,能在不同程度上体察到语言往往是事物的表现性存在,经典作者认识到的真理就存在于言语之中,故而总能做出相应的努力。例如:

> 人法地,地法天,天法道,道法自然。(《老子》第二十五章)
>
> 法,谓法则也。人不违地,乃得全安,法地也。地不违天,乃得全载,法天也。天不违道,乃得全覆,法道也。道不违自然,乃得其性,法自然也。法自然者,在方而法方,在圆而法圆,于自然无所违也。(王弼《老子道德经注》)

首先,王弼扣住关键词"法",将其解释为"法则",不仅十分正确,而且对于读者起到了引导的作用;接着,他在此基础上讲解每句之意蕴,揭示出其中蕴含的理论逻辑,补充出原文省略了的内容,使老子的思想得以完整地显示;最后,他又重点诠释了老子哲学理论的核心之一"法自然"的思想。综合言之,这样的语言诠释,释词,析句,揭示其理论逻辑,体验其作者之志,步步深入,深刻地揭示出特定语言结构蕴含的各种特定意义及其关联,为读者正确把握老子思想体系奠定了坚实的基础,其效应正在读者心中。

语言诠释方法第二个层面的效应,是将经典特定语言结构及其特定含义,置入更大的文化语境或理论语境之中,在发挥基础作用的同时,又进而与体验诠释方法、类推诠释方法、贯通诠释方法相结合,以更为有效地阐发哲学经典的思想理论。请看两个可以贯通的实例:

> 有子曰:"君子务本,本立而道生。孝弟也者,其为仁之本

与!"(《论语·学而》)

　　务，专力也。本，犹根也。仁者，爱之理，心之德也。为仁，犹曰行仁。与者，疑辞，谦退不敢质言也。（朱熹《论语集注》）

　　曾子曰："士不可以不弘毅，任重而道远。仁以为己任，不亦重乎？死而后已，不亦远乎？"（《论语·述而》）

　　仁者，人心之全德，而必欲以身体而力行之，可谓重矣。一息尚存，此志不容少懈，可谓远矣。（朱熹《论语集注》）

在前一例中，最为关键而引人注目的诠释是"为仁，犹曰行仁"。本来，在古代汉语里，"为"的基本意义与用法有二：一为系词"是"，一为动词"行"。皇侃等人都将这里的"为"解释为"是"，是强调有子之意乃"言孝弟是仁之本"。而朱熹则将这里的"为仁"置于儒家的理论语境之中，解释说"为仁，犹曰行仁"，强调"为"是行的意思，强调有子之意乃言仁是孝弟的根本。按照皇侃的解释，"仁"是出于孝弟，这其实是将"仁"建立在孝弟基础之上，建立在血缘关系基础之上，那么，"仁"就难以具有最为普遍性的意义；而按照朱熹的解释，孝弟是出于仁，"仁者，爱之理，心之德也"，因而"仁"不仅可"行"、应"行"，并且具有最为普遍性的意义。由此，自然也就能看出以上两种解释的高下，进而也就感受到了朱熹语言诠释方法的独特效应。在后一例中，曾子倡导"仁以为己任"，也是在强调行仁，却未说明"仁"为何物。朱熹同样是将"仁"置于儒家的理论语境之中，诠释说"仁者，人心之全德"；接着，他又在此基础上引入体验诠释方法、类推诠释方法，沿着文本蕴含的语言逻辑而进一步强调说，对于这样的"仁"，"必欲以身体而力行之，可谓重矣"，从而较为圆满地完成了此处的诠释，不仅具有较大的逻辑力量和说服力量，而且再一次突出了"仁"的最为普遍性的意义。如果将以上两例的诠释贯通起来就可以领悟到：如果说"哲学"就是对普遍意义的追寻，对普遍性问题的回答，那么"仁"就具有这样普遍性的意义，而孔子创立的哲学理论，主要也就是"仁"的哲学理论。

第三节　系统中体验诠释方法的特质与效应

在中国古代哲学经典诠释的历史进程中，体验诠释方法论的形成也是很早的，它既植根于当时的心理学思想、文艺学理论，又适应了经典诠释的新要求，标志着经典诠释上升到了一种新的境界。其自觉的首倡者乃是孟子："故说《诗》者，不以文害辞，不以辞害志；以意逆志，是为得之。"（《孟子·万章上》）在当时，它显示出了可贵的创造性和开拓性；对后世，它显示了深远的启示性与奠基性。继承"以意逆志"说并加以发展，从而建构起更为完善之体验诠释方法论的，代不乏人，较为突出的是朱熹。请看一例：

> 子曰："予欲无言。"子贡曰："子如不言，则小子何述焉？"子曰："天何言哉？四时行焉，百物生焉，天何言哉？"（《论语·阳货》）

> 学者多以言语观圣人，而不察其天理流行之实，有不待言而著者。是以徒得其言，而不得其所以言，故夫子发此以警之。子贡正以言语观圣人者，故疑而问之。四时行，百物生，莫非天理发现流行之实，不待言而可见。圣人一动一静，莫非妙道精义之发，亦天而已，岂待言而显哉？此亦开示子贡之切，惜乎其终不喻也。（朱熹《论语集注》）

就在这一则关乎孔子"欲无言"的注文之中，朱熹不禁痛切地指出，"学者多以言语观圣人，而不察其天理流行之实"，其弊病正在"徒得其言，而不得其所以言"，乃至"夫子发此以警之"。那么，如何才能透过圣人之言"而得其所以言"，进而"察其天理流行之实"呢？那就必须多用体验诠释方法。对此，他有更为精要的论述："读书之法，要当循序而有常，致一而不懈：从容乎句读文义之间，体验乎操存践履之实，然后心静理明，渐见意味。"（朱熹《答陈师德》）而朱熹倡导的"体验"，要求诠释主体以自家身心做根柢，以"将心比心"为方式，在"想象"中进入经典作者经历过、论述过的种种情景，使自己的视域与作者的视域相融合，由此识得"圣人之心"与"自然之理"，并且"积日累月，存验扩充"，从而"读了有兴起处"。由此不难想见，体验诠释方法具有多么独特的性质与微妙的境界，而在与其他各种诠释方法相互作用、相互发明的过程中，它又得到了怎样的补充、完善和提升。所有这些，主要表现在哲学经典诠释的以下三个方面。

第一，中国哲人学者运用体验诠释方法论，都注重以语言诠释为先导，与语言诠释相结合，因而显得秩序井然、有理有据、实实在在。例如：

> 子曰："学而时习之，不亦说乎？"（《论语·学而》）
>
> 说、悦同。学之为言效也。人性皆善，而觉有先后，后觉者必效先觉之所为，乃可以明善而复其初也。习，鸟数飞也。学之不已，如鸟数飞也。说，喜意也。既学而又时时习之，则所学者熟，而中心喜悦，其进自不能已矣。（朱熹《论语集注》）

在这里，朱熹首先逐一解释了"学""习""说"三个关键词，而且对动词"学"的解释还运用了追溯语源的方法，因而敢于断言"学之为言效也"①，彰显出了语言诠释方法的风采。接着他紧跟了一句"人性皆善，而觉有先后，后觉者必效先觉之所为，乃可以明善而复其初也"。其中的"效"字，既是对"学"的阐述与发挥，又隐含着"体验乎操存践履之实"；这是对前面论断的申述与补充，更是以体验诠释方法阐发出孔子倡导"学而时习之"的一番深意，并且将其归于"明善而复其初"，故而显得实在可信。显然，朱熹这样运用体验诠释方法，是注重以语言诠释为先导、与语言诠释相结合的。在下面，解释"说"字，先言"说，喜意也"，进而又言"既学而又时

---

① "教、学、效"本为一族同源词，故而朱熹解释说"学之为言效也"。参见周光庆：《"教"族词的形成发展及其文化意蕴》，《古汉语研究》2005 年第 4 期。

时习之，则所学者熟，而中心喜悦，其进自不能已矣"，其方法、其进程、其效应，同样也是如此；特别是其"中心喜悦"一句，真切描绘出了体验诠释的动人境界。

第二，中国经典体验诠释方法论，在理论与实践中，都注重让诠释主体怀着生活经验与主体意识并以"再体验"的方式，透过语言"表达"去体会经典作家的"原体验"，从而实现跨越历史距离的视域融合，此即"以自家之心体验圣人之心"，因而显得合理而透彻，经典诠释也就得以成为狄尔泰所向往的"一种返回，即由生命的客观化物返回到它们由之产生的富有生气的生命"①。例如：

> 子曰："不怨天，不尤人，下学而上达。知我者，其天乎？"（《论语·宪问》）
>
> 于土皆安，则不怨天；于物皆顺，则不尤人。此段心境，极是高深，难以人情测知者。人知夫子之"上达"，又见夫子之"下学"，却不能知"下学而上达"中间圣心自得处，要皆天理之自然，故唯天知之。（王夫之《论语笺解》）

王夫之明确提出："此段心境，极是高深，难以人情测知者"。其中至少蕴含着三层意思：（1）诠释经典作家的言论，必须"以人情测知"，亦即必须"以自家之心体验圣人之心"；（2）作为诠释对象，孔子此段心境，极是高深，却又难以凭借一般人情、一般方法而去测知；（3）为了正确而深入地阐发孔子此段心境以及类似的对象，就必须提升诠释者的"人情"亦即思想境界，从而找到跨越历史距离的"以人情测知"的更好方法。这就足以说明：王夫之对体验诠释方法论的探讨正在走向新的深入，中国古代经典体验诠释方法论正在走向新的成熟——尽管我们并未找到他关于上述问题的明确答案，却感知到他已经确实启示了后来的经典诠释学者继续探究的方向。

---

① 详见［德］狄尔泰：《对他人及其生命表现的理解》，见洪汉鼎主编：《理解与解释——诠释学经典文选》，东方出版社2001年版。

第三，中国哲学经典体验诠释方法论，在理论与实践中，都注重"时复玩味，庶几忽然感悟，到得义理与践履处融会"（《朱子语类》卷一百零五），"使自家意思便与古圣贤意思泯然无间，不见古今彼此之隔"（朱熹《答林思退》），进而达到"自然渐渍浃洽、心与理会"的境界，从而逐步实现"读了有兴起处"的高远目标，或者"唤起行动的能力"，或者实现思想理论的再创造。请看：

> 庄子之楚，见空髑髅……髑髅深矉蹙頞曰："吾安能弃南面王乐而复为人间之劳乎！"（《庄子·至乐》）
>
> 旧说云庄子乐死恶生，斯说谬矣。若然，何谓齐乎？所谓齐者，生时安生，死时安死，生死之情既齐，则无为常生而忧死耳。此庄子之旨也。（郭象《庄子注》）

有人认为，庄子杜撰自己与髑髅对话的故事，是为了抒发乐死恶生的情怀，而郭象则断然以为斯说谬矣。他善于从自己的人生体验出发进而换位思考，以庄子的"齐物论"充实自己的"前见"，然后本着这样的"前见"去体验庄子之心，从而另辟蹊径，透过这一奇特浪漫的故事而重新发现，"生时安生，死时安死，生死之情既齐，则无为常生而忧死耳。此庄子之旨也"。这就使得他自家意思便与庄子意思泯然无间，同时也不见古今彼此之隔阂，从而引导读者更加透辟地领悟到庄子的一种重要思想理论，显现出了中国哲学经典体验诠释方法论最为重要、最为本质的特征！

自上古以来，中国古代哲学经典诠的释者们，大都重视并且擅长体验诠释方法论的运用，使之不断地造就出非同一般的多层面诠释效应。

第一层面的诠释效应，是诠释者以"再体验"的方式，通过文本表达去认识经典作者之"原体验"，从而"以自家之心体验圣人之心"，形成亲切共鸣。当然，这就要求诠释者必须真正走过朱熹曾经探察过、实践过的那种

"唤醒""涵泳""浃洽""兴起"的实际进程，方能奏效。[1] 请看一则实例：

> 子曰："述而不作，信而好古，窃比于我老彭。"（《论语·述
> 而》）

> 述，传旧而已；作，则创始也。故作非圣人不能，而述则贤者
> 可及。窃比，尊之之辞。我，亲之之辞。老彭，商贤大夫，见《大
> 戴礼》，盖信古而传述者也。孔子删《诗》《书》，定礼乐，赞《周
> 易》，修《春秋》，皆传先王之旧，而未尝有作也，故其自言如此。
> 盖不唯不敢当作者之圣，而亦不敢显然自附于古之贤人；盖其德愈
> 盛而心愈下，不自知其辞之谦也。然当是时，作者略备，夫子盖集
> 群圣之大成而折衷之。其事虽述，而功则倍于作矣，此又不可不知
> 也。（朱熹《论语集注》）

孔子的这一番夫子自道，既抒发出自信，又流露出伤感，显示出动荡社会中
一位文化精英的独特人格气象。学人聆听之后，往往都能从中受到很大的感
染，却又苦于难以做出全面而确切的诠释。而朱熹则"以自家之心体验圣人
之心"，将孔子对自己有着合理定位"故其自言如此"的心迹发掘出来，将
孔子"德愈盛而心愈下，不自知其辞之谦也"的心境描摹出来，将孔子
"其事虽述，而功则倍于作"的历史作用总结出来，从而逐步"识得圣人气
象"，获得了体验诠释的很大成功。而且，这一则诠释文字，竟然仿佛一篇
微型论文，结构俨然，论据充分，论证有力，逐步迎来高潮，当然也是体验
诠释成功的表现。另外还须注意到，即使在一些细微的衬托之处，如"我，
亲之之辞"，朱熹也能精心体贴，深入发掘，诠释出前人从未诠释过的意义，
使人读来滋生出亲切、愉快之感，实属难能可贵！

　　第二层面的诠释效应，是杰出的诠释者往往能在体察到文本作者的心志
之后，从中受到启发，受到激励，发出共鸣，由此"积日累月，存验扩充"，

---

　　① 详见本书第十六章《朱熹〈四书集注〉体验诠释方法论》。

逐步实现"读了有兴起处"的根本目标，或者"唤起行动的能力"，或者实现思想理论的再创造，从而将读者引向更加深远的境界。例如：

> 子谓子夏曰："女为君子儒，无为小人儒。"（《论语·雍也》）
>
> "君子""小人"相对勘。盖天下自有一种"小人儒"，以儒为利，曲学阿世，自无真识真修。君子于道，自见其不可不学，求之必至，自处必严。"无为"者，不可夹带一分俗学也。（王夫之《论语笺解》）

在这里，王夫之是从分析文本的语言结构开始进行诠释的，然而其重点，则是结合社会现实以抒发对孔子言论的体验，并由此表达出自己对于天下"小人儒"的鄙弃和"不夹带一分俗学"的信念。今人如能由此出发环顾种种社会现实以及由此引发感慨，就更能理解他尖锐批判"以学为利""曲学阿世"的良苦用心。我们遥想鼎革时期王夫之一生艰辛的事迹，就更能感受到他"君子于道，自见其不可不学，求之必至，自处必严"的铮铮铁骨。这样的哲学经典诠释效应，首先生发在王夫之本人身上，接着又滋润到后世学人的心中，真正成为"读了有兴起处"的典范。

第四节　系统中类推、贯通诠释方法的特质与效应

在中国古代哲学经典诠释的历史进程中，具有另类特色的类推诠释方法和贯通诠释方法的兴起，既是对语言诠释方法、体验诠释方法的补充与发展，也是对中国古代哲学经典诠释历史进程的推动，同时还是对中国古代哲学经典诠释方法论系统特性的充实与完善。因此，探讨它们在诠释方法论系统中与语言诠释方法、体验诠释方法的相互作用、相互发明，以及由此而形成与提升的特质与效应，也就有着多方面的重要意义。

在这里，首先探讨中国古代哲学经典类推诠释方法。

所谓类推诠释方法，就是在诠释经典文本的过程中，对于其中具有普遍

共同特征的同一类事物（对象），因其所已知而及其所未知，因其所已达而及其所未达，由一个或几个判断推论出另一个新的判断，从而使人举一反三、逐层深入。对于类推诠释方法的特质，朱熹早已提示了观察的线索："因其所已知而及其所未知，因其所已达而及其所未达"（《朱子语类》卷十七），"是从已理会得处推将去。如此，便不隔越"（《朱子语类》卷十八），"今以十事言之，若理会得七八件，则那两三件触类可通。若四旁都理会得，则中间所未通者，其道理亦是如此"（《朱子语类》卷十八）。

在中国古代哲学经典诠释的历史进程中，类推诠释方法的兴起，有其深厚的渊源，其重要标志是，《大学》首章将"格物致知"视为修身、齐家、治国、平天下的基点，视为认识世界、发展自我的根本路线。可是，人生是短暂的，有着很多局限，事物是无限的，有着种种关联，人又如何能够即尽天下之物、穷尽天下之理呢？朱熹在《大学或问》里提出："格物，非欲尽穷天下之物，但于一事上穷尽，其他可以类推。……盖物各具一理，而万理同出一原，此所以可推而无不通也。"原来，随着逻辑思维能力的普遍增强，"格物"成为一条通往"致知"的认知路线，而"类推"则是隐含在这条认知路线中的跨越性步骤与方法。如果没有切实的"类推"功夫，"格物致知"则容易沦为口号；有了"类推"方法的正确运用，才能促使"格物致知"路线的完全畅达。

然而，类推诠释方法的兴起还有更为广泛的渊源。请看郭象对它的妙用：

> 天下之善人少而不善人多，则圣人之利天下也少而害天下也多。（《庄子·胠箧》）

> 信哉斯言！斯言虽信，而犹不可无圣者，犹天下之知未能都亡，故须圣道以镇之也。群知不亡而独亡圣知，则天下之害又多于有圣矣。然则有圣之害虽多，犹愈于亡圣之无治也。虽愈于亡圣，故未若都亡之无害也。（郭象《庄子注》）

根据"天下之善人少而不善人多"的事实，庄子运用类推方法，提出了一个惊世骇俗的论断，"则圣人之利天下也少而害天下也多"。而根据"天下之知未能都亡，故须圣道以镇之也"的共识，郭象运用类推诠释方法，在对原文进行诠释的过程中，提出了一个颇有说服力的论断："然则有圣之害虽多，犹愈于亡圣之无治也。"看到他这样用类推做诠释，以议论为诠释，深得逻辑思维之妙，取得了如此有力的诠释效应，学人不能不深深信服。更何况，这位玄学家运用类推方法进行诠释，与那位道家哲人运用类推方法进行论证，远隔一千多年而如此相映成趣，更是使人拍案叫绝！

沿着中国古代哲学经典诠释的历史进程做更加深入的考察，又能看到中国古代哲人学者建构的类推诠释方法论，实际上包含着两种相互结合、相互发明的诠释方法论，即以理类推的诠释方法论和以情类推的诠释方法论，二者相互结合，共同构成了哲学经典类推诠释方法论。

所谓"以理类推的诠释方法"，就是根据同类事物的共同特征或共同规律，由已知的某种事物之特征或规律，推知另一种事物之特征或规律，然后做出相应的解释，从而因其所已达而及其所未达。譬如：

> （孟子）曰："我知言，我善养吾浩然之气！"（《孟子·公孙丑上》）

> 盖唯知言，则有以明夫道义，而于天下之事无所疑；养气，则有以配夫道义，而于天下之事无所惧。此其所以当大任而不动心也。（朱熹《孟子集注》）

这则短短的注文，朱熹竟然三次运用了以理类推的诠释方法。第一次类推，因为孟子讲到自己"知言"，所以就由其"知言"的特征与规律，推知孟子"则有以明夫道义，而于天下之事无所疑"。连词"则"，正是进行类推的标志。第二次类推，是由孟子善"养气"，推知孟子"则有以配夫道义，而于天下之事无所惧"。同样以连词"则"作标志，并与第一次类推紧紧相连。第三次类推，是将前两次的结论作为已知条件而以"此其"二字标明，进而推知孟子"所以当大任而不动心"的缘故。这三次类推都是有"理"可据的，都是符合逻辑的，都是与语言诠释方法、体验诠释方法相互配合、相互发明的。不仅都将经典文本深处的意蕴发掘出来，而且将其意义提升到了新的境界。由此可以真切地感悟到其在哲学经典诠释方法论系统中造就的深远效应。

所谓"以情类推的诠释方法"，就是根据同类人物所具有的共同情感特征或共同心态，由已知的某种人物之情感特征或心态，推知另一种同类人物之情感特征或心态，然后做出相应的解释，从而因其所已达而及其所未达。用朱熹的话来说就是："须以此心比孔孟之心，将孔孟心作自己心。要须自家说时，孔孟点头道是，方得。"（《朱子语类》卷十九）例如：

> 孟武伯问孝。子曰："父母唯其疾之忧。"（《论语·为政》）
> 言父母爱子之心无所不至，唯恐其有疾病，常以为忧也。人子体此，而以父母之心为心，则凡所以守其身者，自不容于不谨矣，岂不可以为孝乎？（朱熹《论语集注》）

在这里，孔子对于孟武伯问孝的回答不是直接的，而是侧面的、启发式的，这就为诠释者留下了较大的空间。朱熹就利用这一空间，进行了两次以情类推。一是以自己之心比孔子之心，诠释出孔子回答的真意，乃是言父母爱子之心无所不至，唯恐其有疾病，常以为忧也。二是引导为人子者体察这些，以父母之心为心，懂得何为真正的孝道，"则凡所以守其身者，自不容于不谨矣"。这样的诠释，既揭示了文本蕴含的真实意义，又提升了这种真实意义的启示作用，因而非常成功。即使到了今天，我们读至此处，如果能再一次将心比心，就可以结合自己乃至当今社会的种种相关实际而有所深思。

现在，进而探讨中国古代哲学经典贯通诠释方法。

所谓贯通诠释方法，概括言之，就是在经典诠释过程中，或者整合同类经典相关理论使之渐成连贯之势，或者类聚史上各家相关注解使之渐成比较之势，然后"考其是非"，"兼取众善"，"发其精微"，使其相互发明、融会贯通，从而能够实现由个别到一般、由具体到抽象的升华，于万殊之理中识得一本之理，最后则由此提炼出新的解释，阐发出新的思想。这一诠释方法论之最为杰出的总结者和建构者是朱熹，而其理论根据则是"理一分殊"原理与"一以贯之"思想。所谓"理一分殊"，是对"万殊之所以一本""一本之所以万殊"原理的概括表述。"天下之理未尝不一，而语其分则未尝不殊，此自然之势也"，可是"圣人未尝言理一，多只言分殊"，故而"经书中所言只是这一个道理，都重三叠四说在里，只是许多头面出来"，却"未尝直指其体而名言之也"。面对经典文本往往实际如此的情况，那么学人应该如何努力，才能通过经典诠释而切实体察到"万物皆有此理，理皆同出一原"的那个"理"呢？这就需要与"理一分殊"事实相应的"一以贯之"方法：如果说"理一分殊"是不可改变的，那么"一以贯之"就是必须的，进而也就成为建构哲学经典之贯通诠释方法的合理根据。

在哲学经典诠释历程中，中国古代哲人学者对于贯通诠释方法的运用成就突出，并且进而兴起了两种贯通诠释方法，亦即整合同类经典相关理论的贯通诠释方法和类聚史上各家相关注解的贯通诠释方法。而且在实际需要的情况下，有时又将这两种贯通诠释方法结合起来进行运用，并且在经典诠释实践中使之与其他诠释方法相互作用、相互发明，从而造就了系统性的诠释效果。请先看一则运用前一种贯通诠释方法的实例：

> 尽其心者，知其性也。知其性，则知天矣。（《孟子·尽心上》）

> 心者，人之神明，所以具众理而应万事者也。性则心之所具之理，而天又理之所从以出者也。人有是心，莫非全体，然不穷理，则有所蔽而无以尽乎此心之量。故能极其心之全体而无不尽者，必其能穷夫理而无不知者也。既知其理，则其所从出，亦不外是矣。以《大学》之序言之，知性则物格之谓，尽心则知至之谓也。（朱熹《孟子集注》）

孟子主要是在论说学人之心性与人格的修养，是从尽心—知性—知天的逻辑出发，归向下文所谓"所以事天也""所以立命也"的目标。而朱熹在诠释它的过程中，则又强调"以《大学》之序言之"，从而有理有据地将孟子的主张与《大学》确立的"大学之纲领""大学之条目"整合在一起使之贯通起来，将孟子主张的"知性"与《大学》倡导的"格物"整合在一起使之贯通起来，将孟子主张的"尽心"与《大学》倡导的"致知"整合在一起使之贯通起来，使之相互融合、相互发明。经过这样几番贯通诠释，不仅深刻地阐发了孟子的主张，而且有效地丰富了孟子的思想，并为下文朱熹自己建构"尽心知性而知天，所以造其理也；存心养性以事天，所以履其事"的理学理论做了坚实的铺垫。这也就成为运用整合同类经典相关理论之贯通诠释方法诠的范例。

在中国哲学思想发展史上，儒、道等各家理论体系逐步形成之后，总是凝聚了历代众多后学的诚心诠释与研究发挥，并且围绕各家经典而相互讨论、相互补充，终于也就促使各家理论体系在其历史过程中不断有新的发展。但是，在这种有利的趋势之下，后来者如何又能通过经典诠释而更好地参与他们的讨论，扬弃他们的成果，更好地在诠释过程中阐发出新的思想意义、建构起新的思想理论呢？这就必须将前人的相关注解整合在一起，使之相互比较、相互贯通，也就是运用好类聚史上各家相关注解的贯通诠释方法。按照朱熹的论述，这种方法的基本特质有四：一是"会之于诸老先生之说，以发其精微"，重在发其精微；二是"以众说互相诘难，而求其理之所安，以考其是非"，重在考其是非；三是"先须逐条理其头绪而分之，然后比其类而合之"，重在发掘其逻辑关系；四是在考其是非、融会贯通的过程中不断使注文的立论、说理趋向周密，努力争取后出转精。这样一来，哲学经典诠释就能异彩纷呈、相得益彰。请看一个实例：

　　子曰："贤哉，回也！一箪食，一瓢饮，在陋巷。人不堪其忧，回也不改其乐。贤哉，回也！"（《论语·雍也》）

食，音嗣。乐，音洛。食，饭也。瓢，瓠也。颜子之贫如此，而处之泰然，不以害其乐，故夫子再言"贤哉，回也"以深叹美之。程子曰："颜子之乐，非乐箪瓢陋巷也，不以贫窭累其心而改其所乐也，故夫子称其贤。又曰："箪瓢陋巷非可乐盖自有其乐尔。'其'字当玩味，自有深意。"又曰："昔受学于周茂叔，每令寻仲尼颜子乐处，所乐何事？"愚按：程子之言，引而不发，盖欲学者深思而自得之。今亦不敢妄为之说。学者但当从事于博文约礼之诲，以至于欲罢不能而竭其才，则庶乎用以得之矣。（朱熹《论语集注》）

本来，这则集注的前段，有语言诠释，有体验诠释，已经简明扼要地诠释出了孔子直接说出的和并未明言的语意。可是为了与之配合而使其相互发明，接下来朱熹又引用程子之说，通过程子而引用周子之说，并在引用诸说之后再做申述，俨然邀集三代大师举行了一个跨越时空的小型哲学讨论会：周子的发言高屋建瓴，启发了学人的思路；程子的发言直击问题的要害，点明了关键的字眼；朱子的发言则又进一步开拓了新的思考空间，提出了有待进一步思考的问题。而三代大师的发言，传承孔子颜子的思想与精神，融入各自的真切体验，引出各自的深入思考，留下各自的殷殷期待，相互补充而又逐步深入。整个讨论一以贯之，新意迭出，既将问题引向深处，又将学人导入前沿，使之诚心向往。贯通诠释方法能够如此运用，使人不能不深为叹服！

第二十六章　古代哲学经典诠释方法
创造特性的形成之路

在中国古代哲学经典诠释方法论的多种固有的根本特性之中，最为重要、最为突出、也最有价值的，当然是其创造特性。它主要表现为在对于哲学经典意义进行重新发掘、重新认识的同时实现重新建构、重新发展；其最高效应，则是实现对相关哲学理论的再创造、对相关文化传统的再创造和对诠释主体的再提高。而哲学经典诠释方法的这种创造特性，既是源于哲学经典诠释的基本原理，往往又是哲学经典诠释者的自觉追求，同时还包含着各种主要诠释方法的独特贡献。以上所述种种，自然乃是当今必须着重探讨的关键性问题。而为了使之落到实处，最好还是首先探讨中国古代哲学经典诠释方法创造特性的形成之路，然后再行探讨其最高效应。

第一节　创造特性形成于经典诠释的基本原理

在任何民族文化的历史进程里，哲学经典诠释、哲学经典诠释方法论及其运用，总是有其基本原理的。无论各个民族文化的历史进程有着多么巨大的差异，其哲学经典以及哲学经典的诠释又有着多么不同的风格，哲学经典诠释的基本原理却又是大体相同的。正是哲学经典诠释这种大体相同的基本原理，首先决定了哲学经典诠释方法创造特性的形成。

对于哲学经典诠释的基本原理，中国历代哲人学者往往有其深刻的领悟与论述。即以宋代哲大学家朱熹而论，他的如下一系列论述就具有很大的启发性：

> 天下自有一个道理在，若大路然。圣人之言，便是一个引路底。（《朱子语类》卷一百一十四）

> 故学者必因先达之言以求圣人之意，因圣人之意以达天地之理，求之自浅以及深，至之自近以及远，循循有序，而不可以欲速迫切之心求也。夫如是，是以浸渐经历，审熟详明，而无躐等空言之弊驯致其极，然后吾心得正，天地圣人之心不外是焉。（朱熹《答石子重》）

> 解说圣贤之言，要义理相接去，如水相接去，则水流不碍。（《朱子语类》卷十九）

> 须是时复玩味，庶几忽然感悟，到得义理与践履处融会，方是自得。这个意思，与寻常思索而得不同。（《朱子语类》卷一百零五）

> 读书须是以自家之心体验圣人之心。少间体验得熟，自家之心便是圣人之心。（《朱子语类》卷一百二十）

> （读书如）园夫灌园。善灌之夫，随其蔬果，株株而灌之。少间灌溉既足，则泥水相和，而物得其润，自然生长。（《朱子语类》卷十）

只要深入体察并贯通分析就能知道，朱熹对于哲学经典诠释基本原理的这些论述，在体验之中有其独到的思考，在分散之中有其内在的系统，深刻地揭示了哲学经典诠释的创造特性，其巨大的启发性至今仍在发挥作用。当然，几百年后，在西方现代哲人学者那里，对于哲学经典诠释的基本原理，又有着更为深刻、更为系统的论述。即如伽达默尔在其经典著作《真理与方法》中就曾反复论述："我认为海德格尔对人类此在的时间性分析已经令人信服地表明：理解不属于主体的行为方式，而是此在本身的存在方式"；"文本的意义超越它的作者，这并不只是暂时的，而是永远如此的。因此，理解就不只是一种复制的行为，而始终是一种创造性的行为"；"理解其实总是这样一些被误认为是独自存在的视域的融合过程"；"理解按其本性乃是一种效果历史事件"。① 贝蒂《作为精神科学一般方法论的诠释学》中的论述更为深切："进行认识的主体的任务就在于重新认识这些客观化物里的激动人心的创造性思想……理解在这里就是对意义的重新认识和重新构造——而且是对那个通过其客观化形式而被认识的精神的重新认识和重新构造。"② 哲学诠释学家格朗丹也曾指出："理解一个来自过去的文本，意味着将它转换到我们的处境中，在它里面倾听一种对于我们时代的问题的回答"；"理解受某个特定问题的推动，但它不只是复制的活动，而是一种创造的活动，因为它包含有应用"。③

以上西方现代哲人学者与中国古代哲人学者关于哲学经典诠释基本原理的论述，完全可以相互解释、相互发明、相互补充，从而表明：

第一，人的此在是对存在本身的理解，并在理解中获得意义，从而进行自我筹划；因此，理解就"是此在本身的存在方式"，没有理解，也就不可能有人的真正存在。

第二，如果说，人文科学主要研究人的存在，研究人的自我筹划，人文科学的真理主要是意义；那么，理解便是探究人文科学真理的主要途径，便是人文科学研究的中心课题。

第三，人对存在的理解，领域广阔，理解哲学经典文本，便是其中最为

---

① ［德］伽达默尔：《真理与方法》，洪汉鼎译，上海译文出版社 1992 年版，第 6、380、393、497 页。

② 见洪汉鼎主编：《理解与解释——诠释学经典文选》，东方出版社 2001 年版，第 129 页。

③ ［加］格朗丹：《哲学解释学导论》，何卫平译，商务印书馆 2009 年版，第 184、185、186 页。

典型、最为重要的一种。而"理解一个来自过去的文本，意味着将它转换到我们的处境中，在它里面倾听一种对于我们时代的问题的回答"。

第四，在理解文本的实际过程中，文本的意义并不完全是由其作者决定的，而主要是由诠释者与文本在对话过程中相互作用而决定的，是文本视域与诠释者视域通过对话相互融合而生成的。

第五，"因此，理解就不只是一种复制的行为，而始终是一种创造性的行为"，并且"包含有应用"。

以上五点，就是哲学经典诠释的基本原理。只要时时重温哲学经典诠释的这些基本原理，自然能够想到：既然理解"是此在本身的存在方式"，而历史又已证明，人之此在的存在方式永远具有创造性；既然"理解一个来自过去的文本，意味着将它转换到我们的处境中，在它里面倾听一种对于我们时代的问题的回答"，而历史上的哲学经典对于我们时代的问题做出回答，本身就必然富有创造性；既然"理解其实总是这样一些被误认为是独自存在的视域的融合过程"，而视域融合就意味着创造；既然"理解按其本性乃是一种效果历史事件"，而"效果历史"总在产生"效果"，创造就在其中，所以我们必然深信，"理解就不只是一种复制的行为，而始终是一种创造性的行为"，对于哲学经典的理解尤其如此！这就足以说明，正是依据这样的基本原理，哲学经典诠释才必然成就了多方面极为可贵的创造特性。而对于具有三千多年历史进程并且总在不断发展的中国文化与中国哲学来说，则又更是如此。为了对此能有亲切而深刻的感知，请看两则实例：

> 人法地，地法天，天法道，道法自然。（《老子》第二十五章）
> 法，谓法则也。人不违地，乃得全安，法地也。地不违天，乃得全载，法天也。天不违道，乃得全覆，法道也。道不违自然，乃得其性，法自然也。法自然者，在方而法方，在圆而法圆，于自然无所违也……道法自然，天故资焉。天法于道，地故则焉。地法于天，人故象焉。王所以为主，其主之者一也。（王弼《老子道德经

注》）

　　子綦曰："夫天籁者，吹万不同，而使其自己也，咸其自取，怒者其谁邪！"（《庄子·齐物论》）

　　此天籁也。夫天籁者，岂复别有一物哉？即众窍比竹之属，接乎有生之类，会而共成一天耳。无既无矣，则不能生有；有之未生，又不能为生。然则生生者谁哉？块然而自生耳。自生耳，非我生也。我既不能生物，物亦不能生我，则我自然矣。自己而然，则谓之天然。天然耳，非为也，故以天言之。……故物各自生而无所出焉，此天道也。（郭象《庄子注》）

　　在第一例里，老子率先揭示"道法自然"，并以"自然"为其哲学精神；可是究竟何谓"自然"，他却引而不发，未尝作出界说。时隔八百多年，何晏《无名论》接着申言："夏侯玄曰：'天地以自然运，圣人以自然用。'自然者，道也。"可是仍然未能说明"自然"确指什么。而正是王弼，第一个在经典诠释中叩问老子，发掘其言外之意，这才明白地指出，"法自然者，在方而法方，在圆而法圆，于自然无所违也"，终于使人懂得"自然"是"道"的规定性亦即自然而然，也是事物在没有人为因素作用下的本来状态。这里就富有理论创造的成果。这条注的最后还特别强调："王所以为主，其主之者一也。"这一句点睛之笔，是紧紧承接"人故象焉"一句而来的，而"人故象焉"一句又是"人法地"的变化，所以它的出现有着老子原文理论逻辑的坚实根据，是老子本体论在社会方面的应用与延伸。而且，其中的"一"正是指"自然"，它所强调的乃是人世间王者应该因人物之性而使人物各得其所，"于自然无所违"，切忌动辄横加干预、专制不已——这不仅是老子所大力主张的，也是魏晋时期所需要的内圣外王之道。因此，这实际上是王弼感应时代的呼唤，本着老子的哲学精神，沿着老子的理论逻辑，以"自然"为枢纽建构起来的一种新的内圣外王之道，它是王弼基于哲学经典诠释之基本原理而发挥其创造特性的重要理论成果。

在第二例里，庄子继承和发展了老子的"自然"观，只是同样没有作出界说，以子綦的名义谈论"天籁"，正是为了宣讲其"自然"观，故而特别点出"使其自己""咸其自取"八个大字，以显示"自然"的要义。郭象对此心领神会，巧妙阐释。首先，他在解释"天籁"时，顺其思路提出了"岂复别有一物哉？"与"然则生生者谁哉？"两个问题。接着，他沿着这两个问题的指向做出了回答："块然而自生耳"。他的这一回答，跟庄子特别点出的"使其自己""咸其自取"八字既形似，又神似，昭示了"自然"的精神。更为重要的是，郭象又顺势紧扣"自生"概念做出了新的文章："自生耳，非我生也。我既不能生物，物亦不能生我，则我自然矣。"从而正式引出了"自然"这一重要范畴，并将其解说为"自己而然"。此举看似平常，实则非同小可，正如钱穆先生高度评价的："必至郭象注《庄》，乃始于此独造新论，畅阐自然之义，转用于宇宙创始，天地万物一切所从来之重大问题，澈始澈终，高举自然一义，以建立一首尾完整之哲学系统。"① 至此，学人就能看清楚郭象基于哲学经典诠释之基本原理而发挥其创造特性的重要理论成果。

举一可以反三，详察这类实例不难体会到，像王弼、郭象、朱熹、王夫之、戴震这样的中国古代哲学家们，是怎样本着其基本原理、运用其适当方法进行哲学经典诠释，并由此发挥其创造特性，从而创造出重要理论成果的。哲学经典诠释的创造特性确实形成于哲学经典诠释本身固有的基本原理。

第二节　创造特性来源于中华先哲的自觉追求

事实上，许多中国古代哲人学者，对于文本诠释特别是哲学经典诠释的

---

① 钱穆：《庄老通辨》，生活·读书·新知三联书店 2002 年版，第 369 页。

基本原理，不仅早已有着深切的感受，而且更为可贵的是，能够基于其深切感受而激励起对于哲学经典诠释之创造特性与创造效应的自觉追求。所以他们在各自特定的社会境遇中，总是自觉而又自然地完成着三重身份的崇高责任：既是哲学经典的诠释家，又是通过哲学经典诠释以建构新的哲学理论的思想家，同时还是应用哲学经典诠释成果于相关社会活动的实践家。而他们的心灵深处，又都隐然跃动着哲学经典诠释的基本原理，并且成为经典诠释的一种终极依据，故而能使其三重身份相互交融，共同发挥作用，在哲学经典诠释活动中努力追求着哲学经典诠释的创造特性与创造效应，使得中华民族哲学经典诠释的基本原理逐步上升到了文明世界中的很高境界。

在这方面，首先自然又不能不论及孔子。在时代精神的激励下，孔子选取《诗》《书》《礼》《乐》《易》《春秋》六部经典作为主要的解释文本与施教教材，最根本的理据在于它们蕴含着西周礼乐文化和文王周公之道，最根本的目的在于阐发出其中的礼乐文化精神和文武周公之道，然后加以损益重构，用于重建合理的人间秩序和理想的道德精神。为了实现这一崇高而又实用的经典诠释目标，他反复探索，终于创建起了八个大字的经典诠释纲领："述而不作，信而好古"（《论语·述而》）。其"信而好古"，实际是基于民族文化信念的"敏以求之"，凝聚着理性的损益精神；其"述而不作"，实际是关乎现实文化策略的"以述为作"，表现出理论的创造精神。譬如，他面对占筮之书《周易》而进行诠释时，却要强调"不占而已""观其德义耳"。对此，我们在《孔子创立的儒学诠释学之核心精神》一章中已有论述。而孔子对于文化经典的诠释，总是坚持以自己确立的诠释目标激励自己，以严肃的态度探求文化经典的本来意向，以合理的方式将其原意引申到更为广阔的现实语境，并且注入自己的体验，创发出新的思想意义，切实做到"告诸往而知来者"。正因为如此，他开创的"述而不作"实即"以述为作"的创造精神和诠释方法，在中华民族文化的历史进程中总是具有永久的超越性和启示性。

在这方面，还应该特别论及少年天才哲学家王弼，他是另一类型的杰出代表。汉末魏晋时期，风云际会，儒学衰落，"匹夫抗愤，处士横议"（《后汉书·党锢列传序》），"由是户异议，人殊论"（曹丕《典论》），人们的心灵、思想与学术获得了一次难能可贵的解放。就在这样的时代氛围里，王弼立志要反拨汉代经学，找到一种新的经典诠释方法和理论建构方法，以重新发挥哲学经典诠释的创造特性，并且通过诠释《老子》《周易》《论语》而为当时动乱的社会建构起一种新的内圣外王之道。譬如，他在《老子指略》中就特别强调：

> 然则，《老子》之文，欲辩而诘者，则失其旨也；欲名而责者，则违其义也。故其大归也，论太始之原以明自然之性，演幽冥之极以定惑罔之迷。因而不为，损而不施；崇本以息末，守母以存子。
>
> 《老子》之书，其几乎可一言而蔽之。噫，崇本息末而已矣。观其所由，寻其所归，言不远宗，事不失主。文虽五千，贯之者一；义虽广瞻，众则同类。解其一言而蔽之，则无幽而不识；每事各为意，则虽辩而愈惑。

王弼努力证明，《老子》全书的基本精神，就是"崇本息末"；诠释经典《老子》的主要方法，也就应该是"崇本息末"；而"崇本息末"，也就是崇尚本体以生发现象，发挥本体对于现象的统帅作用。在《老子》五千言中，虽然找不到"崇本息末"的提法，却能看到其思想渊源。东汉末年的思想家王符依据自己对于现实社会的观察与思考，在《潜夫论·务本》率先提出："故明君莅国，必崇本抑末，以遏乱危之萌。"而王弼正是强烈地感受到当时社会政治与思想理论的需要，诠释并发展了《老子》五千言的主要精神，借鉴并改造了开始流行的"崇本抑末"命题，提出了"崇本息末"的新理论。它既是哲学领域的本体论，也是政治领域的策略论，同时还是经典诠释学的目的论与方法论，在当时具有极大的创造性与针对性。

在孔子之后，最具典范性的诠释学家是朱熹。他经历了出入释老、泛滥诸子而回归儒家的思想历程，在特定社会背景下逐步形成了一套富有理想色彩的为学观念和经典诠释观念：在品性方面，要"日改月化"，学做圣贤，建构并坚守人文信仰；在学业方面，要肩负"道统"，传承并发展儒学理论；在事功方面，要阐发儒学人文信仰，以努力实现"国家化民成俗之意"！本着这样的理想与信念，他立志突破哲学经典诠释及其方法论的因循性，倡导哲学经典诠释及其方法论的创造性："读书之法，要当循序而有常，致一而不懈：从容乎句读文义之间，体验乎操存践履之实，然后心静理明，渐见意味"（朱熹《答陈师德》）；"这道理，须是见得是如此了，验之于物，又如此；验之吾身，又如此；以至见天下道理皆端的如此了，方得"（《朱子语类》卷一百零四），由此识得"圣人之心"，识得"自然之理"，并在相关社会实践中予以切实的验证，"扩而充之"，既能由此建构起适应新时代需要的新理论，又能由此加强"自我超越"。所以，他常常激励自己与同道："圣贤千言万语，无非只说此事。须是策励此心，勇猛奋发，拔出心肝与他去做！如两边擂起战鼓，莫问前头如何，只认卷将去！"（《朱子语类》卷八）所有这些，都从不同的方面，有力彰显出了朱熹对于哲学经典诠释创造性的自觉追求。

朱熹之后，我们特别不能忘记哲学家王夫之，会深深为他在国破家亡之际举兵抗击，失利之后艰难蛰居时期抒写的壮志"六经责我开生面"所感动！而他立志"开生面"，正是要自觉担当使命，开创六经诠释的新局面，充分发挥经典诠释的创造特性，在诠释六经的过程中创立起国家亟需的新的哲学理论，从而实现对于经典诠释方法创造效应的执着追求。此外，他还在《张子正蒙注》中论述过："此下四篇，皆释《论语》《孟子》之义，其说与程、朱异者。盖圣贤之微言大义，曲畅旁通，虽立言本有定指，而学者躬行心得，各有契合，要以取益于身心，非如训诂家拘文之小辨。读者就其异而察其同，斯得之矣。"他所反复强调的乃是"盖圣贤之微言大义，曲畅旁通，虽立言本有定指"，但是诠释者的主观条件不同、诠释方法各异，诠释出来的大义也就相异。而建构适当的诠释方法，关键是在"学者躬行心得，各有契合，要以取益于身心"。从这里，不是也能强烈地感受到他如何将"六经责我开生面"的使命落实到经典诠释方法论上吗？不是也能深入地感受到他追求建构诠释方法创造效应的自觉与执着吗？

当然，我们必须更加全面地看到，中国历代哲人学者，作为哲学经典诠释者，大都能不同程度地领悟哲学经典诠释的基本原理，大都能不同程度地自觉追求经典诠释方法论的创造特性与创造效应，并且不断地开创经典诠释的新局面，故而时有精彩的论述激励着广大学人。限于篇幅，这里仅举两个实例作为印证：

> 注者，征引事实，考究掌故，上自经史，以下逮于稗官杂说，靡不旁搜博取，以备注脚，使作者一字一句，皆有根据，是之谓注。意者，古人作诗之微旨，有时隐见于诗之中，有时侧出于诗之外，古人不能自言其意，而以诗言之；古人之诗亦有不能自言其意，而以说诗者言之。是必积数十年之心思，微气深息，以与古人相遇。（张英《问斋杜意》序）

> 然自孔子《系辞》以来，如郭象之注《庄》，王辅嗣之注《易》，旁通发挥，往往出于古人意言之外，亦何尝不用我也。曰：非我也，古人之意所在也。"书不尽言，言不尽意""以意逆志，是为得之"。（姚文燮《昌谷集注》自序）

这里的两位学者，在中国学术史和诠释学史上并非如雷贯耳，然而他们领悟经典诠释基本原理的深度，追求经典诠释的创造特性与创造效应的自觉，却也是很有代表性的。他们强调"古人之诗亦有不能自言其意，而以说诗者言之"，强调"微气深息，以与古人相遇"，强调经典诠释者"旁通发挥，往往出于古人意言之外"。其所揭示的，乃是哲学经典诠释的基本原理；其所宣言的，乃是经典诠释中的自我意识和担当精神；其所彰显的，乃是追求经典诠释之创造特性与创造效应的自觉；其所指向的，乃是中国经典诠释的不断提升！所有这些，都代表了历代广大学人的心声，很能给人以深深的启发。

诚然，中国历代哲人学者对于经典诠释的创造特性与创造效应的自觉追求，是难以一一追叙的，但是我们始终不能忘记，从总体上看，恰恰就是中国古代许多哲人学者基于对经典诠释原理的感悟和对时代呼唤的感应，培育起来的对经典诠释之创造特性与创造效应的自觉追求，促进了中国古代哲学和哲学经典诠释的演进、发展与应用，促进了许多哲学经典诠释者的自我超越。

第三节　创造特性成长于诠释方法的独特贡献

有如以上所论，中国古代哲学经典诠释方法论的创造特性，确实是基于哲学经典诠释的基本原理与广大诠释者的自觉追求并在其传统中逐步形成的，然而立足哲学经典诠释的具体活动，再深入一步体察又能发现，各种主要诠释方法创造特性的形成，又都是成长于各种诠释方法的独特贡献，正是因此才生成真正的哲学经典诠释方法论的创造特性。对此，我们必须进一步做重点的探讨。

第一，语言诠释方法之创造特性的形成。

初看上去，中国哲学经典的语言诠释方法，就是注重逐层分析哲学经典的语言文字及其组合规则与修辞方式，由此以探讨其语言所表达的经典意义。然而首先必须看到，语言文字不仅是人类最重要的交际工具和思维工具，而且构成了人的存在与世界的全部关系，"语言是存在的寓所"。即以词义而论，它就是"词作为民族人与其生存空间互动的中介符号所表达的全部内容，主要是人关于其所指事物的'印模'和人关于其所指事物的概念以及可能由此引发的评价态度或审美体验"①。同一个词即使指称着同一种对象，但在不同的语境里，它所表达的关于其所指事物的概念以及由此引发的评价态度或审美体验却又不尽相同，因而其词义的实际内容也就不尽相同。正如

---

① 参见周光庆：《汉语词汇认知·文化机制研究》，商务印书馆 2012 年版，第 18 页。

孔子心目中的"学"与朱熹、刘宝楠心目中的"学"不尽相同，也正如你心目中的"美"与她心目中的"美"不尽相同。因此，学人也总是不断努力运用语言以表达存在，分析语言以揭示存在，从而创造性地表现出了自己的存在与世界的关系。其次必须看到，语言文字最本己的存在是在对话之中，故而中国古代哲学经典语言诠释方法论，在理论与实践中都自然地注重从自己的语境出发，结合历史语境，分析经典的语言文字及其组合规则与修辞方式，从而开展与作者的对话，以探讨经典蕴含的意义，这同样也是既有其独特性又有其创造性的。譬如孔子曰："学而时习之，不亦说乎?"朱熹《论语集注》诠释说"学之为言效也"，刘宝楠《论语正义》诠释说"学之为言觉也"。两人的诠释尽管不尽相同，却又都有其理据与所获，都有其精彩之处，都是在与孔子的对话中分析语言以揭示存在，进而从一个角度创造性地表现出了自己的存在与世界的独特关系。这样一来，哲学经典语言诠释方法的创造特性，必然由此而逐步形成。再请看一则典型的例子：

> 致知在格物。(《大学》)
>
> 致，推极也。知，犹识也。推极吾之知识，欲其无所不尽也。格，至也。物，犹事也。穷至事物之理，欲其极处无不到也。(朱熹《大学章句》)
>
> 所谓致知在格物者，言欲致吾之知，在即物而穷其理也。盖人心之灵莫不有知，而天下之物莫不有理，唯于理有未穷，故其知有不尽也。是以《大学》始教，必使学者即凡天下之物，莫不因其已知之理而益穷之，以求至乎其极。至于用力之久，而一旦豁然贯通焉，则众物之表里精粗无不到，而吾心之全体大用无不明矣。此谓物格，此谓知之至也。(朱熹《大学章句》补)

朱熹曾经强调"《大学》是为学纲目"，"要紧只在'格物'两字"(《朱子语类》卷十四)，因此他此处的诠释也就格外要紧，而其起点与重点，则是语言诠释。首先，他是一个词一个词地在诠释，如"格，至也""物，犹事也"；他是一个短语一个短语地在诠释，如"穷至事物之理，欲其极处无不到也"；他是一个句子一个句子地在诠释，如"所谓致知在格物者，言欲致吾之知，在即物而穷其理也"。真可谓层次清晰，准确周密。其次，他在诠释每一个词、每一个短语、每一个句子时，又都总是着眼于与作者的对话，立足于具体的语境，因此每一个诠释，都是既准确清晰，又内涵丰富，还能引人思考。例如"格，至也。物，犹事也"，在古汉语里，"格"本来就有亲临的意思，而《大学》使之与"物"结合，就是意指亲临无穷事物而考察其"理"，它自然就另外含有不断地、无尽地之类的意思，这是语境对于词义的补充所致；"物"，本来就可以指称物体、事情或事物，朱熹在这里则特别体察作者心意，指明"物，犹事也"，正是为了强调此处之"物"乃是指天下无穷的事物，这也是立足语境对于词义的补充所致。更为重要的是，朱熹在诠释词与词、短语与短语的关系以及它们在句中的作用之后，进而又立足于与作者的对话，揭示其内在的逻辑关联，阐发出了句子的丰富意蕴。如他在诠释了"致"与"知"、"格"与"物"、"致知"与"格物"之后，分别阐发出了"推极吾之知识，欲其无所不尽也""穷至事物之理，欲其极处无不到也"的意蕴，最后又加以总结，终于引出了结论性意见："所谓致知在格物者，言欲致吾之知，在即物而穷其理也。"而他阐发的这一重要意见，既包含着《大学》本来要表达的精神，又成为宋代理学核心之处的认识论和修养论，同时也彰显出了中国古代哲学经典语言诠释方法的创造特性。

第二，体验诠释方法之创造特性的形成。

本书已经论证过，中国古代哲学经典诠释者，对于体验诠释方法之论述与运用的主要特性在于：一是注重以语言诠释为先导，与语言诠释相结合，依据语言分析体验，运用语言表达体验，因而显得有理有据、实实在在；二是注重以诠释主体"再体验"的方式，透过语言"表达"去体察经典作家的"原体验"，从而实现视域融合，此即孟子倡导的"以意逆志"，亦即朱熹阐发的"读书须是以自家之心体验圣人之心"（《朱子语类》卷一百二十），因而显得贴切透彻；三是注重"时复玩味，庶几忽然感悟，到得义理与践履处融会"（《朱子语类》卷一百零五），进而达到"自然渐渍浃洽、心与理会"的境界，从而逐步实现"读了有兴起处"的根本目标，实现特定思想理论的再创造。正是在这些诠释的紧要之处，哲学经典体验诠释方法之创造特性得以有力地形成和呈现。请看一例：

> 子曰："贤哉，回也！一箪食，一瓢饮，在陋巷。人不堪其忧，回也不改其乐。贤哉，回也！贤哉，回也！"（《论语·雍也》）

> 程子曰："颜子之乐，非乐箪瓢陋巷也，不以贫窭累其心而改其所乐也，故夫子称其贤。"又曰："箪瓢陋巷非可乐，盖自有其乐尔。'其'字当玩味，自有深意。"又曰："昔受学于周茂叔，每令寻仲尼颜子乐处，所乐何事？"（朱熹《论语集注》）

> 道乃义理之统名，其实一性而已。性原于天，而具于身，散见于万事万物，动静交养，知行交尽。行之既久，得之于身，自觉心旷神怡，天与人非远，而外物不足为加损，所谓乐也。乐之实唯自喻之，而自亦不能言之。其妙无穷，须一步步实践，则其乐之浅深自知。（刘沅《四书恒解》）

中国古代文化精英之乐，既在于对大道的体认，又在于德性的修养，还在于治国平天下理想的初步实现，所以孔子就予以特别关注，周敦颐也"每令寻仲尼颜子乐处"。然而，孔子乃至周子却都不曾对其所乐做出具体的说明或描写。而后来的诠释者要想真正诠释好孔颜乐处，就只能"以自家之心体验圣人之心"。程子强调"箪瓢陋巷非可乐，盖自有其乐尔"，其乐在于达道。显然，他的诠释融入了自己的人生体验，体现了当时的时代精神，故而具有实实在在的创造性，但是显然其中还留有补充和发展的空间。八百多年之后，清代学者刘沅不但在再次体验中认同孔颜之乐在于达道，而且依据自己的独特体会揭示出了它的理论根据，描写出了它的微妙情态，彰显出了它的深远意义，这就是其体验诠释之创造性的深刻而生动的表现。当人们读到他写下的"自觉心旷神怡""其妙无穷，须一步步实践，则其乐之浅深自知"等句子，不能不为之感染，深受启示，努力前行，从而自觉做好"一步步实践"的自我筹划，这些正是其体验诠释方法之创造特性实在效应的典型表现。

第三，类推诠释方法之创造特性的形成。

类推诠释方法，就是在诠释经典文本的过程中，对于其中具有普遍共同特征的同一类事物（对象），依据其本有的逻辑关系，因其所已知而推及其所未知，由一个或几个判断推论出另一个新的判断，由此做出具有创造性的新诠释，从而使人举一反三、逐层深入，有如朱熹已有初步揭示的："因其所已知而及其所未知，因其所已达而及其所未达"（《朱子语类》卷十八）。如果说"其所已知"乃是经典文本所明言的，那么"其所未知"则是经典文本所未明言而由诠释者运用类推方法诠释出来的，其创造特性的形成也就由此显示出来。譬如儒家经典《大学》首章，创立起了一种修身哲学，并进而提出了一条践行路线："欲修其身者，先正其心；欲正其心者，先诚其意；欲诚其意者，先致其知；致知在格物。"据此，"格物致知"是修身、齐家、治国、平天下的基点，是认识世界、发展自我的根本路线。可是，人生既是短暂又有着很多局限，而事物总是无限又有着种种关联，人生又如何能够即尽天下之物、穷尽天下之理呢？对此，《大学》皆未言及。而朱熹在《大学或问》里运用类推方法提出了一种创造性的诠释："格物，非欲尽穷天下之物，但于一事上穷尽，其他可以类推。……盖物各具一理，而万理同出一原，此所以可推而无不通也。"由此一来，有了"类推"诠释方法的正确运用，也就促使"格物"认知路线得以完全畅达。正是基于这一原理，在中国古代哲学经典诠释的历程中，类推诠释方法得到了广泛的应用，显示出了良好的创造特性。请看一例：

> 景曰："吾有待而然者邪？吾所待又有待而然者邪？吾待蛇蚹
> 蜩翼邪？恶识所以然！恶识所以不然！"（《庄子·齐物论》）
>
> 言天机自尔，坐起无待。无待而独得者，孰知其故，而责其所

以哉？若责其所待而寻其所由，则寻责无极，卒至于无待，而独化之理明矣。若待蚨蚹蜩翼，则无特操之所由，未为难识也。今所以不识，正由不待斯类而独化故耳。世或谓罔两待景，景待形，形待造物者。请问：夫造物者，有耶无耶？无也？则胡能造物哉？有也？则不足以物众形。故明众形之自物而后始可与言造物耳。是以涉有物之域，虽复罔两，未有不独化于玄冥者也。故造物者无主，而物各自造；物各自造而无所待焉，此天地之正也。（郭象《庄子注》）

细绎原文，庄子是通过景（影）提出了一个重大的哲学问题："吾有待而然者邪？吾所待又有待而然者邪？恶识所以然！恶识所以不然！"其中心概念是"待"。而这个中心概念所隐含的问题之实质则是：事物的运动发展，需要凭借（待）其他的事物吗？人们怎么能够知道为什么会是这样或为什么不会这样呢？对此，郭象在注解中首先就用一个"言"字，将原文问题背后的真实意图揭示出来："言天机自尔，坐起无待。"这是引导读者透过原文的委婉表述而感知到，庄子在提出问题的同时实际已经暗示出了答案。紧接着，他又乘势将笔锋一转，沿着本有的逻辑路线进行类推，因其所已知而推及其所未知，由一个问题推论出另一个问题："无待而独得者，孰知其故，而责其所以哉？"接下来，他又抓住"若责其所待而寻其所由"的线索，进一步再次因其所已知而推及其所未知，由一个或几个判断推论出另一个判断，自然而又有力地推引出了"则寻责无极，卒至于无待，而独化之理明矣"，"今所以不识，正由不待斯类而独化故耳"的重大结论——这实际就是他创建的"独化"理论的一个侧面。而从中国古代哲学发展史的角度看，他所创建的"独化"理论，强调事物都是独立自足地生生化化而并无所谓造物主操弄，则又是他贡献给魏晋玄学乃至中国哲学的一个重要的本体论理论。从这里，我们不难领悟到中国古代哲学经典诠释中类推诠释方法之创造特性的自然形成及其重要效应。

第四，贯通诠释方法之创造特性的形成。

贯通诠释方法，就是在哲学经典诠释的实践中，或者整合同部乃至同类经典的相关理论，或者类聚历史上各家的相关注解，"考其是非"，"兼取众善"，"发其精微"，在促使其相互发明、融会贯通的过程中，能够实现由个别到一般、由具体到抽象的升华，能够于万殊之理中识得一本之理，然后由此提炼出新的解释，阐发出新的思想，从而形成经典诠释的创造特性。这一诠释方法论的理论根据，乃是"理一分殊"原理与"一以贯之"思想。在哲学经典诠释过程中，特别是在各种"集注"中，中国古代哲人学者对于贯通诠释方法的运用较为普遍，成就突出，并且进而兴起了两类贯通诠释方法，亦即整合同类经典相关理论的贯通诠释方法和类聚史上各家相关注解的贯通诠释方法，从不同的角度造就哲学经典诠释的创造特性。关于后一种贯通诠释方法的运用及其效应，本书在《朱熹〈四书集注〉贯通诠释方法论》中已有具体的论述。这里请看对于前一种贯通诠释方法运用的典型例证：

> 无名天地之始，有名万物之母。（《老子》第一章）
>
> 凡有皆始于无，故未形无名之时，则为万物之始。及其有形有名之时，则长之、育之、亭之、毒之，为其母也。言道以无形无名始成万物，万物以始以成而不知其所以然，玄之又玄也。（王弼《老子道德经注》）

> 天下万物生于有，有生于无。（《老子》第四十章）
>
> 天下之物，皆以有为生。有之所始，以无为本。将欲全有，必反于无也。（王弼《老子道德经注》）

"道"是老子哲学的中心范畴，其整个哲学体系都是由"道"而逐步展开的。有时候，老子又起用"无"与"有"二词来指称"道"，借以表明"道"由无形质落实向有形质的运动变化过程。他的这一理论以及相应的论说方法，在《老子》第一章、第四十章里分别有着重要的表现。正是有鉴于

505

此，王弼运用贯通诠释方法，整合其第一章、第四十章的相关理论，使之相互发明、融会贯通，实现由具体到抽象的升华，于万殊之理中识得一本之理，然后提炼出新的解释，阐发出新的思想。具体说来，在诠释第一章时，王弼将其与第四十章的论述相贯通，并且进而依据文本中"始"与"母"二词的词义关联与差别，从"无名天地之始，有名万物之母"里引申出"凡有皆始于无"的命题。这一诠释的意义有三：一是阐发出了原文深处的要义，二是与第四十章的诠释相互发明，三是发挥了贯通诠释方法的创造特性，能够引申出"凡有皆始于无"的哲学命题。在诠释第四十章时，王弼又将其与第一章的论述相贯通，在二者的融会贯通、相互发明之中，有力地形成了"天下之物，皆以有为生。有之所始，以无为本"的诠释；而其诠释里"有之所始"的"始"，正是《老子》第一章里"无名天地之始"的"始"，这又使人更加信服。尤其值得注意的是，在这一新的诠释中，包含着"以无为本"的著名命题，强调无形无象的本体乃是有形有象之现象产生的根由；而这一命题既由《老子》的"有生于无"命题转化而来，又为魏晋玄学贡献出了一项重要理论，从而成就了魏晋玄学的哲学本体论，其历史意义可谓大矣！分析至此，再由点及面，就能感受到中国古代哲学经典诠释中贯通诠释方法之创造特性是如何形成并产生何等深远效应的。

第二十七章 古代哲学经典诠释方法
创造特性的最高效应

在初步考察了中国古代哲学经典诠释方法论创造特性形成之路的基础上，接下来最为重要的工作，自然便是既从具体的实际出发，又能放眼中国历史的辽阔境界，探究中国古代哲学经典诠释方法论创造特性之实实在在的最高效应。根据我们的考察与体会，中国古代哲学经典诠释方法论创造特性的最高效应，主要表现为它们在哲学经典诠释过程中，是如何逐步而又切实地实现对相关哲学理论的再创造、对相关文化传统的再创造和对诠释主体的再提高的。这是中国古代哲学经典诠释方法论意义的极致，因而也应该就是本项研究的落脚点。

第一节 在诠释中实现对于哲学理论的再创造

就其实际而言，中国古代哲学经典诠释方法论创造特性的最高效应，首先就突出地表现为，在诠释过程中传承相关哲学理论的同时，实现对中国哲学理论的再创造，亦即对于中国哲学理论的发展发挥其重要的创造作用。对此，我们在前面已经分别有所考察。而为了使研究更为全面深入，现在要做进一步的综合论述，下面拟从哲学、哲学经典、哲学经典诠释、哲学经典诠释方法论的互动关系说起。

何谓哲学？德国哲学大师卡西尔在其经典著作《人论》中起笔就曾指出："认识自我乃是哲学探究的最高目标"①。伽达默尔也曾进而强调：人不仅拥有存在，而且拥有对存在的理解；"理解逐渐被视为人的此在的基本结构，从而成了哲学的核心"。② 为此，就可以将哲学视为认识人、探究人的生存状况与生存方式以及由此而确立终极目标的学问，人的理解和解释问题则处于这一学问的核心。而中国古代哲学，正是这样的学问，正是理学创建者之一张载所倡导的"为天地立心，为生民立命，为往圣继绝学，为万世开太平"的最高学问。而哲学经典，自然就是哲学领域内具有传统性、根本性、创造性的著作；从本质上说，哲学经典乃是其创作者认识人、探究人的生存状况与生存方式以及由此而确立终极目标的思想结晶，是其创作者对这一切终极性问题进行诠释与建构的结晶。而哲学经典的闪光生命，就焕发在、延续在历代诠释者对它的创造性诠释进程中。至于哲学经典的诠释，就其本质而言，乃是诠释者在现实的感召下，在特定诠释方法的作用下，将来自过去的哲学经典文本转换到自己的生存处境里，从中倾听它对于自己生存问题乃至时代问题的观照、解答与召唤，进而由此筹划起一种新的存在方式。而在哲学经典诠释的进程中，相应的诠释方法论及其具体的诠释方法，总是发挥着关键性、具体性的再创造作用。

为了对于中国哲学、中国哲学经典、中国哲学经典诠释、中国哲学经典诠释方法论首先能有一些更为具体而亲切的认识，以便将其作为进一步探讨的有效起点，我们不妨仔细体察一些具有代表性的实例：

子曰："志于道，据于德，依于仁，游于艺。"（《论语·述而》）

志者，心之所之之谓。道则人伦日用之间所当行者是也。知此

---

① ［德］卡西尔：《人论》，甘阳译，上海译文出版社 1985 年版，第 3、8 页。
② 见［加］格朗丹《哲学解释学导论》伽达默尔序，何卫平译，商务印书馆 2009 年版。

而心必之焉，则所适者正，而无他歧之惑矣。据者，执守之意。德
者，得也，得其道于心而不失之谓也。得之于心而守之不失，则终
始唯一，而有日新之功矣。依者，不违之谓。仁，则私欲尽去而心
德之全也。功夫至此而无终食之违，则存养之熟，无适而非天理之
流行矣。游者，玩物适情之谓。艺，则礼乐之文，射御书数之法，
皆至理所寓，而日用之不可阙者也。朝夕游焉，以博其义理之趣，
则应务有余，而心亦无所放矣。此章言人之为学当如是也。盖学莫
先于立志，志道，则心存于正而不他；据德，则道得于心而不失；
依仁，则德性常用而物欲不行；游艺，则小物不遗而动息有养。学
者于此，有以不失其先后之序、轻重之伦焉，则本末兼该，内外交
养，日用之间，无少间隙，而涵泳从容，忽不自知其入于圣贤之域
矣！（朱熹《论语集注》）

孔子的这一段名言，强调人之为人当如是也，显然是他认识人、探究人的生
存状况与生存方式以及由此而确立终极目标的思想结晶，是他对这一根本性
问题进行最初诠释与建构的结晶，因而读来具有很大的亲切感和启示性。可
是，孔子并未说明"道""德""仁""艺"四个关键性范畴的含义，更未说
明它们之间的关系。倒是由此显露出了中国哲学、中国哲学经典注重意会的
风貌。而朱熹对于这一段名言的诠释，则是在现实的感召下，运用了特定的
诠释方法。首先，揭示这四个范畴的深刻含义，如"道则人伦日用之间所当
行者是也"；其次，发掘这四个范畴之间的内在关系，如"据德，则道得于
心而不失"；接着，将这四个范畴归结为本末、内外之理论，强调"本末兼
该，内外交养"；然后，将其转换到自己的生存处境里，从中倾听它对读书
人的生存问题乃至时代问题的观照、解答与召唤，并由此而筹划起一种新的
存在方式，即"本末兼该，内外交养，日用之间，无少间隙，而涵泳从容"；
最后，还进而由此确立起一种颇有感染力的终极目标，那就是"忽不自知其
入于圣贤之域矣"！就这样，朱熹不仅全面而深刻地诠释了孔子的思想，并

且还以此为基础，在诠释中创造出一种儒家哲学关于自我筹划生存方式、自我提升道德境界的新理论。

然而，对此还有必要进一步发掘下去，从中探寻到更多规律性的东西。譬如：孔子讲"志于道"，朱熹却诠释为"志道，则心存于正而不他"；孔子讲"据于德"，朱熹却诠释为"据德，则道得于心而不失"；孔子讲"依于仁"，朱熹却诠释为"依仁，则德性常用而物欲不行"；孔子讲"游于艺"，朱熹却诠释为"游艺，则小物不遗而动息有养"；而在孔子无言之处，朱熹还进而指出"本末兼该，内外交养，日用之间，无少间隙，而涵泳从容，忽不自知其入于圣贤之域矣"等。十分明显，就其理论内容而言，朱熹所诠释出来的，固然都是孔子名言所蕴含、所启示的内容，却又要比孔子所明白讲出来的内容更为丰富、更为深刻，其中洋溢着对于儒家哲学理论的再创造。而究其所以能够进行这种再创造的原因，则是类推等诠释方法在发挥着重要的作用。如果不对其类推等诠释方法如何发挥这等重要作用有着深透的了解，便不可能全面把握好朱熹在这里对于儒家哲学理论进行再创造的力量及其源泉。

其实，不仅朱熹能够如此，许多中国哲人学者的哲学经典诠释都能不同程度地如此——这正是中国古代哲学经典诠释的一种普遍规律。而中国古代哲学经典诠释之所以能够实现对于哲学理论的再创造，其主要原因正在于：就其本质而言，诠释者总是在特定诠释方法论的推动下，自觉不自觉地将来自过去的经典文本转换到自己的生存处境里，努力从中倾听它对于自己生存问题乃至时代问题的分析与解答，进而以此为引导，结合社会现实中的相关因素，融入自己的人生体验，筹划起一种新的存在方式，确立起一种新的终极目标。所以，成功的哲学经典诠释，绝非仅仅是复制文本原意的活动，而是在特定诠释方法的作用下结合实际进行哲学理论再创造的活动——这正是哲学经典诠释方法论所具有的一种历史意义。在此之际，不妨倾听朱熹自己的心声："解释文义，使各有指归，正欲以语道耳。不然，则解释文义将何为邪？"（《答胡广仲》）哲学经典诠释的关键，就是运用正确诠释方法对于哲学理论特别是其核心"道"论进行再度创造，"不然，则解释文义将何为邪？"

那么，在哲学经典诠释的进程中，特定诠释方法究竟如何发挥重要作用，能使诠释成为哲学理论的再创造活动呢？为了能对这一关键性问题进一步获得较为具体而深切的认识，还是回到对于具有典型意义之实例的分析与论证。请看将魏晋玄学理论推向高峰之哲学大师郭象在《庄子注》中的努力：

> 北冥有鱼，其名为鲲。鲲之大，不知其几千里也。化而为鸟，其名为鹏。……是鸟也，海运则将徙于南冥。（《庄子·逍遥游》）
>
> 鹏鲲之实，吾所未详也。夫庄子之大意，在乎逍遥游放，无为而自得，故极小大之致以明性分之适。达观之士，宜要其会归而遗其所寄，不足事事曲与生说。自不害其弘旨，皆可略之耳。（郭象注）

> 罔两问景曰："曩子行，今子止；曩子坐，今子起；何其无特操与？"景曰："吾有待而然者邪？吾所待又有待而然者邪？吾待蛇蚹蜩翼邪？恶识所以然！恶识所以不然！"（《庄子·齐物论》）
>
> 罔两，景外之微阴也。言天机自尔，坐起无待。无待而独得者，孰知其故，而责其所以哉？若责其所待而寻其所由，则寻责无极，卒至于无待，而独化之理明矣。若待蛇蚹蜩翼，则无特操之所由，未为难识也。今所以不识，正由不待斯类而独化故耳。世或谓罔两待景，景待形，形待造物者。请问：夫造物者，有耶无耶？无也？则胡能造物哉？有也？则不足以物众形。故明众形之自物而后始可与言造物耳。是以涉有物之域，虽复罔两，未有不独化于玄冥者也。故造物者无主，而物各自造，物各自造而无所待焉，此天地之正也。（郭象注）

　　庄子对于玄妙哲学的探讨，对于绝对自由的追求，尤其是那种"独与天地精神往来而不敖倪于万物"的气度，大都是通过自己创作的"寓言"以生动展现的。"庄子寓真于诞，寓实于玄，于此见寓言之妙"（刘熙载《艺概·文概》）。此处鲲化为鹏而徙于南冥、罔两与景讨论"待"的两则寓言，更是别有妙境。因此，诠释《庄子》关键是如何诠释好那些别有妙境的寓言。为此，郭象建构起了一种专门性的诠释方法论。首先，他特别指出："夫庄子推平于天下，故每寄言以出意"（《庄子·山木》注）。这便是将《庄子》一书最重要的写作特征总结为"寄言出意"，并将其作为创立新的诠释方法的重要根据，而"寓言"，正是"寄言出意"的典型。其次，他郑重提出："达观之士，宜要其会归而遗其所寄，不足事事曲与生说。"这里倡导的"要其会归而遗其所寄"，正是郭象所建构的、所实践的新的哲学经典诠释方法，它是紧紧针对《庄子》之"寄言出意"这一写作特征而创立起来的专门性哲学经典诠释方法，其真谛就在于运用特定诠释方法，透过"寄言"以"要其会归"，从而发掘出作者委婉表达的真"意"——那些运用一般言语难以表达的微妙哲理。

　　为了具体而清晰地说明郭象之"要其会归而遗其所寄"诠释方法论的实际作用，还有必要再就其两则寓言诠释做进一步的论析。在第一则寓言里，庄子以夸张而浪漫的文笔，绘声绘色地描写了大鹏"海运则将徙于南冥"的情景，气势极为壮观。郭象却冷静地看到，这不过是庄子为了表达自己参透的微妙哲理而凭借想象虚拟的浪漫画面，只是"寄言"而已。因此，他一方面坦率承认"鹏鲲之实，吾所未详也"，却不去做具体的考证；另一方面则穿透"寄言"而"要其会归"，指出"庄子之大意，在乎逍遥游放，无为而自得"。这里的"无为而自得"，既是"庄子之大意"，也是郭象在此基础上再创造的一种哲学理论，而"自得"还与"自然""自生"等范畴组成系统，成为郭象哲学乃至魏晋玄学的重要理论。在第二则寓言里，本来罔两与景正在围绕"特操"与"有待"的问题进行论辩，很是生动有趣，但是郭象却深知这不过是庄子巧妙编排一个"段子"，同样只是"寄言"而已；因此也就依然"遗其所寄"，只管顺着其语意蕴含的逻辑进行推理，在穿透"寄言"的过程中以"要其会归"，揭示出庄子欲"出"的真"意"，那就是"天机自尔，坐起无待。无待而独得者，孰知其故，而责其所以哉？"并且由此进而建构起了"不待斯类而独化"的理论。而其所谓的"独化"，就是指"造物者无主，而物各自造，物各自造而无所待焉"，也就是指天地万物各自无所"待"地独立存在和变化，同时也与庄子营造的"逍遥游"意境相合。就这样，郭象在诠释《庄子》的进程中，以庄子理论为基础，经过一番再创造而推出这种"独化"理论，并由此进而完成了魏晋玄学关于宇宙本体论的建构。这正是他对魏晋玄学乃至对中国哲学做出的重大贡献。

如果能够逐步拓宽视野，由这两则哲学经典诠释实例类推开去，我们就不难具体而清晰地领会到：第一，在一定的条件下，中国古代哲学经典诠释方法论究竟是如何通过哲学经典诠释而实现对于相关哲学理论之再创造的；第二，在中国历代哲学理论再创造的进程中，中国古代哲学经典诠释方法论究竟又是如何通过哲学经典诠释而发挥其无可替代的重要作用的。由此再进一步，则又不难从一个方面领悟到中国古代哲学经典诠释方法创造特性的最高效应。

第二节　在诠释中实现对于文化传统的再创造

关于文化传统，利科尔曾有一番生动的论述："任何'遗产'都必须在传递中一次又一次被'打开'，进行'解释'，重新增加新成分，而获得新生。正是靠这种传递过程中的持续的'解释'，付出了这个代价，'传'下来的'统'才是活生生地延续着。"① 真可谓亲切而深刻。而根据我们的考察，中国古代哲学经典诠释方法的创造特性，同时表现为在经典诠释中实现对于中国古代文化传统的传承和再创造，或曰对于中国文化传统发展所发挥

① 转引自高宣扬：《利科的反思诠释学》，同济大学出版社 2004 年版，第 63 页。

的重要创造作用。对此，本书前面已经分别有所考察；现在要做进一步探究和综合论述，最好也能从传统文化、文化传统与经典诠释方法论的互动关系说起。

大致说来，所谓传统文化，是指特定民族在历史上长期存在过并孕育了文化传统的种种物质的、制度的、精神的文化现象；所谓文化传统，是指特定民族在其进化历程中，在传统文化里，通过不断的选择、不断的阐扬而得到并传承的行为模式、思维方式、价值观念、道德观念、制度理念、生活情趣等关键性文化要素的融合，它往往发挥着潜移默化和导向性的作用，从而显示出该民族历史发展的主要倾向。文化传统的核心则是哲学理论与民族精神。在汉代以后，中国传统文化的主导部分，主要是儒家文化；核心部分，主要是儒学精神；文化经典，主要是儒家经典；经典诠释，最有代表性的仍然是儒家经典诠释。儒家之后，影响最深最大的则是道家文化、道家传统、道家精神、道家经典诠释。当然，儒家文化传统与道家文化传统又总是相互竞争、相互融合、竞相发展的，共同构成了中国传统文化的主导部分。

本来，中国文化传统是无时不在、无处不有的，是民族人时时都能感受、都能应用、都能传承的。但是，中国文化传统最为重要而关键的存在之处，竟然又偏偏不是为一般人所深悉、所亲近的，那就是民族人的哲学经典诠释。中国文化传统的精髓往往集中存在于哲学经典诠释之中，并因此而与哲学经典诠释方法论结成了不可分离的互动关系。这正是我们应该特别关注、重点探讨的问题。请看一个具有代表性的实例：

子曰："知者乐水，仁者乐山。知者动，仁者静。知者乐，仁者寿。"（《论语·雍也》）

包（咸）曰："知者乐运其才智以治世，如水流而不知已也。仁者乐如山之安固，自然不动而万物生焉。"（江熙《论语集解》）

知者达于事理而周流无滞，有似于水，故乐水；仁者安于义理而厚重不迁，有似于山，故乐山。动静以体言，乐寿以效言也。动

而不括故乐，静而有常故寿。（朱熹《论语集注》）

孔子基于对初步兴起的文化传统的深切感受，又融入当时的时代精神，建构起了"知者"与"仁者"两种读书人的人格理想，产生了有力的引导作用，从而为中国文化传统增添了一项可贵的要素。对此，汉代著名学者包咸本着特有的兴趣，运用体验方法和类推方法进行了诠释。而他在诠释中强调的"知者乐运其才智以治世，如水流而不知已也"，显然也是融进了独特的人生体验，因此也就不仅传承了孔子为中国文化传统增添的这项要素，而且显露出了一定的创造性，发挥了可贵的补充作用。到了宋代，朱熹又本着集成理学的使命对此做出了新的诠释。他运用类推诠释方法着重强调"知者达于事理""仁者安于义理"，不仅上升到了新理学之"理"的高度，而且在传承这一文化传统要素的同时，又使其得到了升华而富于新的时代特色。至此就能清楚地看到："知者"与"仁者"两种读书人的人格理想，乃是孔子为中国文化传统增添的一项新要素；而这项文化传统要素，不仅记录于哲学经典《论语》之中，而且激发起后世哲人学者不断诠释发挥的兴趣，因而也就存在于、发展于包咸、朱熹等哲人学者的经典诠释活动及其诠释方法运用之中。正是在这一永久性、规律性的进程中，文化传统的发展与哲学经典诠释方法论之间，也就形成了永远的内在关联与相互作用。

应该强调的是，在事实上，对于文化传统与哲学经典诠释方法论的内在关联与相互作用，古代哲人学者其实早已形成了难能可贵的理论认识与自觉精神，值得后人景仰与研习。即以朱熹而论，就曾经从一个角度对此有过深刻的论述："圣人作经，以诏后世，将使读者诵其文，思其义，有以知事理之当然，见道义之全体，而身体力行之，以入圣贤之域也。……故河南程夫子之教人，必先使之用力乎《大学》《论语》《中庸》《孟子》之书，然后及乎'六经'。盖其难易、远近、大小之序，固如此而不可乱也。"（朱熹《书临漳所刊四子后》）在他的心目中，所谓"事理之当然""道义之全体"，主要是指中华民族文化传统的核心要素；所谓"圣人作经"之"经"，主要是指儒家的哲学经典；创作哲学经典正是为了阐释传统文化、发展文化传统，故而应该强调"将使读者诵其文，思其义，有以知事理之当然，见道义之全体"。而他所谓"其难易、远近、大小之序"，讲述的其实就是程夫子倡导的经典诠释方法论之一。这一切都充分说明，像朱熹这类哲人学者，对于传统文化、文化传统、文化传统与经典诠释方法论的内在关联与相互作用，大都是有着深刻认识的，并由此生成了学术自觉。惟其如此，他们才能使"读书以观圣贤之意，因圣贤之意，以观自然之理"，"而身体力行之"（《朱子语类》卷十）这一优良传统，成为读书人的绳绳相继的追求。应该说，这些才是那个时代哲学经典诠释的最高境界。

再进一步专就文化传统与哲学经典诠释方法论的内在关联与相互作用而言，必须高度关注的其实应该是两个方面：一方面，优良的文化传统对于学人选用或创造较好的经典诠释方法具有隐含的引发作用；另一方面，优秀的哲学经典诠释方法在经典诠释过程中对于文化传统具有必然的创造作用；所以，文化传统的传播、弘扬与发展，还表现出了对于适当诠释方法的引发与凭借。对此，中国学术史的开山之作《庄子·天下》篇早已有过开创性的论述：

> 古之人其备乎！配神明，醇天地，育万物，和天下，泽及百姓，明于本数，系于末度，六通四辟，小大精粗，其运无乎不在。其明而在数度者，旧法世传之史，尚多有之。其在于《诗》《书》《礼》《乐》者，邹鲁之士缙绅先生，多能明之。……天下大乱，贤圣不明，道德不一，天下多得一察焉以自好。……是故内圣外王之道，闇而不明，郁而不发，天下之人各为其所欲焉以自为方。

作者是在着意强调，早在上古之世，华夏民族就已经形成了以"内圣外王之道"为核心的较为完备的文化传统；其主要功用在于能够"育万物，和天下，泽及百姓"，并且就跃动在《诗》《书》《礼》《乐》等文化经典之中，因而激励着邹鲁之士缙绅先生积极通过诠释经典予以阐扬。可惜后来天下大乱、传统割裂，"天下多得一察焉以自好"，"天下之人各为其所欲焉以自为方"，"是故内圣外王之道，闇而不明，郁而不发"。显然，作者在这里反复叹惜的乃是：天下学人虽然还在力图诠释经典以阐扬文化传统，但是由于缺少良好的诠释态度与诠释方法，所以只能"得一察焉以自好"，致使文化传统逐渐陷入分裂，致使"内圣外王之道"闇而不明。反过来说就是，要想文化传统在新的时代得到好的传承，要想"内圣外王之道"在新的时代昌明发达，就必须创建优秀的经典诠释方法进行新的创造性经典诠释。这就有力地说明：优秀的哲学经典诠释方法，在经典诠释过程中对于文化传统具有必然的传承作用特别是创造作用。由此可见，文化传统的传播、弘扬与发展，还表现出了对于优秀经典诠释方法的引发与凭借。

然而，一个更为重要的问题渐渐凸显出来：如果要想更进一步，着重论证中国古代哲学经典诠释方法论究竟如何对于中国古代文化传统的发展产生再创造的重要作用，在目前还缺乏显例的情况下，又该怎样进行具体考察、深入总结呢？最好还是以孔子的业绩为典范，由他的经典建构活动、经典诠释活动与经典诠释方法论入手，开始这种考察和总结，以便逐步引出更加具有说服力的结论。好在《史记·孔子世家》的宝贵记载为此提供了有益的线索：

> 孔子之时，周室微而礼乐废，《诗》《书》缺。追迹三代之礼，序《书传》，上纪唐虞之际，下至秦缪，编次其事。……古者《诗》三千余篇，及至孔子，去其重，取可施于礼义。……礼乐自此可得而述，以备王道，成六艺。孔子晚而喜《易》，序《彖》《系》《象》《说卦》《文言》。读《易》，韦编三绝。曰："假我数年，若是，我于《易》则彬彬矣。"孔子以诗书礼乐教，弟子盖三千焉，身通六艺者七十有二人。

从这些记载可以看到：第一，孔子是有感于周室微、礼乐废、中华文化传统沉沦而奋起遴选、编次、讲授《诗》《书》《礼》《乐》《易》《春秋》六部经典的，因而他对文化传统的认识是深刻的，行为是自觉的。第二，孔子奋起遴选、编次、讲授六部经典，有一种明确的意向，那就是要从文化传统中阐扬那些在当时社会里足以"施于礼义""以备王道"的要素，这就体现出了他对中华文化传统予以再选择、再创造的愿望。第三，孔子奋起遴选、编次、讲授六部经典，贯穿了特定诠释方法论，那主要就是他自己总结的"述而不作"与"不占而已""观其德义"；在一定意义上，这是他得以成功的主要凭借之一。所有这些都深刻地说明：孔子创造运用"述而不作"与"不占而已""观其德义"等经典诠释方法论，在很大程度上，使他得以实现继承和弘扬中华文化传统的宏伟志愿，使他得以实现选择和重构中华文化传统的宏伟志愿，进而使孔子得以成为孔子。这样看来，孔子一生事业的成功，岂不也在实际上彰显出了中国古代哲学经典诠释方法论对于中国文化传统的选择、继承与再创造的深远历史作用吗？

其实，历史事实早已证明，孔子本人就深深感受到了经典诠释方法论在文化传统发展进程中的再创造功用。请体察《礼记·经解》记述的他的一段名言：

> 孔子曰："入其国，其教可知也。其为人也，温柔敦厚，《诗》教也；疏通知远，《书》教也；广博易良，《乐》教也；絜静精微，《易》教也；恭俭庄敬，《礼》教也；属辞比事，《春秋》教也。故《诗》之失愚，《书》之失诬，《乐》之失奢，《易》之失贼，《礼》之失烦，《春秋》之失乱。其为人也，温柔敦厚而不愚，则深于《诗》者也；疏通知远而不诬，则深于《书》者也；广博易良而不奢，则深于《乐》者也；絜静精微而不贼，则深于《易》者也；恭俭庄敬而不烦，则深于《礼》者也；属辞比事而不乱，则深于《春秋》者也。

在这段名言里，关键词乃是一个"教"字，它是指教化，亦即教育感化。显然，在孔子看来，"教"的对象是人，是民众，而"教"的作为者，则是文化经典，则是经典所阐释所传载的文化传统，故而他强调"温柔敦厚，《诗》教也"云云，体现出来的主要还是他进行经典诠释的意向与经验。而孔子的这一意向与经验，正是形成于他此前对于文化经典进行诠释而获得的认知与成果。接下来的又一个重要问题则是，文化经典及其传载的文化传统如何能够适应各种社会条件，对人、对民众实施种种教育感化呢？首要的当然是凭借文化精英从当时的社会条件出发，运用特定的诠释方法对于特定经典进行适当的诠释。也正是因为如此，《礼记》的编著者经过深思熟虑才将孔子这段名言置于《经解》篇中，引导读者把握好二者的内在关联，真可谓深得孔子之心。

而更加值得关注的则又是，在这段名言里，孔子不仅热情地强调了文化经典及其传载的文化传统对人施"教"之得以成功的一面，如"温柔敦厚，《诗》教也"云云；同时也严肃地指出了它们对国人施"教"却又可能有失误的一面，如"《诗》之失愚"云云。为此，他还特意论及"温柔敦厚而不愚，则深于《诗》者也"云云。如此一来，人们又不能不进而认真思考：如何才能努力导致经典及其传载的文化传统对人施"教"走向成功而又避免失误呢？孔子似乎没有做出正面回答，但是他特意论及的一个"深"字却又引人寻味。孔子的本意是，要使经典及其传载的文化传统对人施"教"走向成功而不致失误，关键在于运用或创建正确的、优秀的经典诠释方法论，从而使经典诠释达到一种不仅正确而且"深"的境界。这其实也是《礼记》编著者将这段名言置于《经解》篇中的另一重要原因。

研读至此应该可以恍然大悟：既然要使文化经典及其传载的文化传统对人施"教"必然成功而不致失误，关键在于运用乃至创建正确的优秀的经典诠释方法论，使经典诠释达到一种不仅正确而且"深"的境界，这岂不也就正好有力地说明，中国古代哲学经典诠释方法论在经典诠释过程中能够发挥对于中国文化传统进行选择、传承与再创造的深远历史作用吗！而历代杰出的儒家后学，则心领神会，并且正是沿着这一重要途径，努力效法孔子，不断地重新诠释着中国的文化经典，不断地革新和创建哲学经典诠释方法论，从而推动着这一经典诠释规律在中国历史进程中不断地发展。

在此之际，还必须特别说明，根据我们的认识，中国古代哲学经典诠释方法论对于文化传统的选择、继承与再创造，中国古代哲学经典诠释方法论对于哲学理论的选择、继承与再创造，二者在很多时候、很多语境中其实是有其一致性的，可以分开论述，却又不能割裂看待。其根本原因就在于，不断发展着的文化传统的核心，正是不断发展着的哲学理论。对此，很有必要通过对典型实例的具体分析予以说明，防止在这一问题上发生认识的偏颇。

> 欲诚其意者，先致其知；致知在格物。（《大学》）

> 大抵格物之功，心官与耳目均用，学问为主，而思辨辅之，所思所辩者皆其所学问之事。致知之功则唯在心官，思辨为主，而学问辅之，所学问者乃以决其思辨之疑。"致知在格物"，以耳目资心之用而使其有所循也，非耳目全操心之权而心可废也。（王夫之《读四书大全说》卷一）

《大学》开宗明义即大力标举"格物"与"致知"，强调"致知在格物"，并且又以此作为文化精英"修身""齐家""治国""平天下"的根基，既为中国哲学创建起了一种认知理论，也为中国文化创立起了一种修养传统。从那以后，经过儒家学者的不断阐扬，"格物"与"致知"说不仅成为广大读书人信奉的人生哲学，而且也是中华民族共同发扬的文化传统。直到清末民初，为了实现"西学中用"而使中国文化传统更新内容、增添活力，一些哲人学者还在努力探寻西方自然科学与中华"格物致知"理论的结合点。可是，"格物致知"的真实精神何在、究竟应该如何"格物致知"呢？历代哲人学者的认识却又并不完全一致，而是总在不断发展。朱熹就在《四书集注》里诠释道："致，推极也；知，犹识也。推极吾之知识，欲其所知无不尽也。格，至也；物犹事也。穷至事物之理，欲其极处无不到也。"使之得到发展，既有认识论的意义，又有伦理学的意义。

而到了王夫之这里，他完全信从"格物致知"的哲学理论与文化传统，却又并不完全认同朱熹的诠释，因而运用新的诠释方法提出了新的诠释。具体说来，他是从大处与深处着眼，整合《中庸》"博学、审问、慎思、明辨"的著名思想以为参照，区分了"格物"与"致知"两种用功方法，建构起认知学上"思辨"这一全新的概念，强调格物以经验知识为主，心智的思辨为辅；致知以心智的思辨为主，但也借助经验和知识；格物与致知互为因果，学问与思辨互为辅正，不能割裂或偏废。① 这一全新诠释，富有辩证精神，促使传承了两千多年的"格物致知"说有了再创造和新发展，促使中国哲学的这一理论和中国文化的这一传统焕发出了新的生命活力。同时也再一次切实地证明了，在一定的条件下，正确创造和运用中国古代哲学经典诠释方法论，在哲学经典诠释进程中，对于哲学理论和文化传统，都能实现不同程度的再创造，并由此而造就其重要的历史意义。

第三节　在诠释中实现对于诠释主体的再提高

哲学经典诠释，固然是民族的事业，是国家的事业，在一定意义上还是人类的事业；然而，在绝大多数情况下，它首先又是诠释者个人的事业。诠释者作为诠释主体，选定某一哲学经典，全身心投入诠释进程，固然往往都是感受到了民族事业、国家事业的召唤，都是感受到了特定时代、特定社会的激励，然而在绝大多数情况下，他又必然同时都有其个人的自觉与期待。经典诠释者个人的自觉与期待，自然是不能一概而论的；然而检阅历史，在绝大多数情况下，诠释主体以毕生精力诠释哲学经典，往往都是为了实现自己精神境界以及相关哲学视野的再提高，往往也都能够实现这种再提高，而且，其经典诠释越是富于创造性，其精神境界及相关哲学视野的再提高往往也就越是自觉，越是显著。正是在这一意义上，必然也就彰显出了中国古代

---

① 参见陈来：《诠释与重建——王船山的哲学精神》，北京大学出版社 2004 年版，第 65 页。

哲学经典诠释方法创造特性对于诠释主体再提高而言的可贵效应。

早在九百多年以前，中国古代最伟大的诠释学家朱熹就曾反复告诫："读书须是以自家之心体验圣人之心。少间体验得熟，自家之心便是圣人之心"（《朱子语类》卷一百二十），"为学须觉今是而昨非，日改月化，便是长进"（《朱子语类》卷八），"今之学者，须是把圣人之言来穷究，见得身心要如此，做事要如此。天下自有一个道理若大路然，圣人之言，便是那引路的"（《朱子语类》卷一百二十）。他的这些谆谆告诫，亲切感人，既是基于哲学经典诠释的基本原理，也是源于自己一生从事哲学经典诠释的丰富经验。而同样是基于哲学经典诠释的这一原理，海德格尔在《存在与时间》中也曾强调指出：理解和解释乃是此在对自身各种可能性进行可贵的自我筹划。正是在这一意义上，伽达默尔在《科学时代的理性》中又进而指出："诠释学是哲学，而且是作为实践哲学的哲学"。① 而从实际出发，浏览中国古代哲学经典诠释的历史进程，更是能够亲切地感知到，中国古代哲学经典诠释方法创造特性的最高效应，更多地表现为实现诠释主体思想境界、人格境界的再提高，其中许多难能可贵的事迹，千百年后仍然使人感奋不已！

我们首先想到的是魏晋时代少年天才哲学诠释学家王弼。他生当动乱之世，二十四岁就去世了，短短一生并无惊天动地的大事业，然而品读《三国志·钟会传》裴松之注所引史学家何劭所著《王弼传》，却总也忘不了其中的一些动人情景：

> 弼幼而察惠，年十余，好老氏，通辩能言。时裴徽为吏部郎，弼未弱冠，往造焉。徽一见而异之，问弼曰："夫无者诚万物之所资也，然圣人莫肯致言，而老子申之无已者何？"弼曰："圣人体无，无又不可以训，故不说也。老子是有者也，故恒言无所不足。"
>
> 于时何晏为吏部尚书，甚奇弼，叹之曰："仲尼称后生可畏，

---

① 转引自洪汉鼎主编：《理解与解释——诠释学经典文选》编者引言，东方出版社 2001 年版。

若斯人者，可与言天人之际乎！"

淮南人刘陶善论纵横，为当时所推。每与弼语，尝屈弼。弼天才卓出，当其所得，莫能夺也。

性和理，乐游晏，解音律，善投壶。其论道，附会文辞不如何晏，自然有所拔得多晏也。

太原王济好谈，病老、庄，尝云："见弼《易注》，所悟者多。"

静心想来，王弼作为一名少年后进，为什么能使当时的名家何晏由衷地称许"若斯人者，可与言天人之际乎"？为什么能使能言善辩、好论纵横、为当时学人推重的刘陶屈服？为什么能使好清谈、善玄学的王济诚恳推崇"见弼《易注》，所悟者多"？王弼为什么能够以其"性和理，乐游晏，解音律，善投壶。其论道，附会文辞不如何晏，自然有所拔得多晏也"的才华与风度使人赞叹？最为主要的原因，正是他创造性地诠释《老子》《周易》《论语》等经典，为推进社会风尚、为发展玄学理论做出了卓越的贡献，使他的人生境界、人生价值不断提高，并且散发热能，在当时就形成了卓著的影响。

儒家经典最为卓越的诠释者朱熹，因为在政治逆境中坚持自己的信仰与立场，因为在知识界不断地发挥着思想影响，他既被逐出国门，又遭庆元党禁，旧友凋零，疾病交作，而到了暮年，他仍然在政治文化专制的炼狱中坚守着信仰，坚守着大节。在大限临头的日子里，他写过一首自悼的诗："苍颜已是十年前，把镜回看一怅然。履薄临深谅无几，且将余日付残编！"（《南城吴氏社仓书楼为余写真如此因题其上》）"且将余日付残编"，就是将创造性地诠释儒家经典的事业进行到底！他是这么抒写的，也是这么践行的。据蔡沉《朱文公梦奠记》所记，就在去世前的几天，他依然著述讲解不辍：

三月初二日，看沈《书集传》，说数十条及时事甚悉，诸舍诸生皆在。

初三日，在楼下改《书传》两章，又贴修《稽古录》。是夜，说《书》数十条。

初四日，是夜，说书至《太极图》。

初五日，是夜，说《西铭》。又言为学之要。

初六日，改《大学·诚意章》，令詹淳誊写，又改数字。

初八日，作范伯崇念德书，托写《礼书》。又作黄直卿干书，令收《礼书》底本。又作敬之在书，令早收拾文字。

而就在三月初八日写给黄幹的最后一封信里，他反复叮嘱的仍然还是："凡百更宜加勉力，吾道之托在此者，吾无憾矣！"① 正因为"吾道之托在此"，所以朱熹在感到大限临头的日子里，仍然著述讲解不辍，仍然反复叮嘱不息，仍然艰难思考不停，并且由此而感到"无憾"，这就是他的精神境界！应该说，一生富于创造性的儒家经典诠释工作，既使朱熹为儒家思想的发展、为中国哲学的发展做出了卓越的贡献，也使他为不断地提高自己的精神境界建造了阶梯。就此而言，在以经典诠释做出特大贡献的中国古代哲人学者群里，他是最有代表性者之一。后世学人在他晚年的精神境界里，自然能感受到中国古代哲学经典诠释方法论创造特性对于提升学人的境界而言的最高效应。

顺治五年（1648 年），清军大举南下，攻破浙江、福建诸地，王夫之走出书斋，与好友一起在衡山发动抗清起义，可惜旋即失败，但他并不就此灰心放弃。次年，他前往桂林投奔锐意恢复的瞿式耜，力图有所作为，可惜难以如愿，但他仍在坚守。稍后清军掩盖天下，船山誓死不剃发，辗转迁徙，危难备尝，甚至曾经改换姓名，变易衣着。清军的爪牙对船山暗中严加监视，"危机之触，接于几席"。也就是在这样艰难困苦的情况下，他仍然在发愤诠释哲学经典，并努力弘扬创造精神，写成了《周易外传》《老子衍》《读四书大全说》等书。顺治十七年（1660 年），他避居衡阳，脱离外界，

---

① 参见束景南《朱子大传》第二十四章，福建教育出版社 1992 年版。

潜心学术事业。康熙八年（1669 年），他筑庵"观生居"，自题堂联以激励心志："六经责我开生面，七尺从天乞活埋"！就在去世前两年，他自题墓石以自我定论："抱刘越石之孤愤，而命无从致；希张横渠之正学，而力不能企"，"六经责我开生面"，"希张横渠之正学"。在儒家经典的诠释中创造思想文化的全新境界，既是中文化精英的担当，更是王夫之的人生筹划。而事实正是，王夫之开创了儒家经典诠释的新生面，儒家经典诠释提高了王夫之的精神境界！为此，他赢得了历史的公正评价。清代著名学者刘献廷在《广阳杂记》里称颂道："其学无所不窥，于六经皆有发明。洞庭之南，天地元气，圣贤学脉，仅此一线耳。"清代学者段谔廷在《儒粹》中赞扬说："谔廷曩求得衡阳王船山先生《易》《诗》《书》《春秋稗疏》读之，知其志在集汉宋之大成，卒能身困而心亨，节坚而学粹，濂溪而后，于吾楚诸儒得不首屈一指哉！"① 我们由此深切地感受到王夫之人格精神的不断升华，又一次有力地证实了中国古代哲学经典诠释方法创造特性的最高效应。

---

① 参见张立文：《正学与开新——王船山哲学思想》，人民出版社 2001 年版，第 396 页。

申论篇

中国古代哲学经典诠释方法论发展特例探究

直到这里，我们已经初步完成了引论篇、考论篇、综论篇的研究，可是，我们的学术事业之心仍然不能轻松离去。这是因为，中国古代哲学经典诠释活动和诠释方法论总在不断地发展演变而异彩纷呈，特别是到了近现代，由于杰出学者开拓出了新的视野，汲取了西方文化哲学与经典诠释的某些精华，并使之与中国哲学经典诠释相互阐发，中国古代哲学经典诠释方法论发展史更是呈现出了一种引人瞩目的转折性而绽放光华，强烈地激励着我们的学术事业之心。当然在目前的情况下，我们还不可能对此进行系统的研究，然而为了能够与当代学人一起亲切目睹中国古代哲学经典诠释方法论在不断发展的历史进程中呈现出的多种异彩及其彰显的规律，我们还是尝试着别开生面设立"申论篇"，就其影响最为特别的特例进行初步的考察与描写，争取为这一领域的研究留下一个可持续的新开端。

第二十八章　梁启超《墨经》诠释方法论之转折意义

两千多年以来，中国古代哲学经典诠释方法论总是在不断地进步着、提高着，总在造就着自己曲折发展的历史；特别是到了近现代，更是呈现出了一种引人瞩目的转折性而绽放异彩，其主要标志就是诠释者不再只是沉浸在"因圣人之意以达天地之理"的探求中，而是立志"在吾国古籍中，欲求与今世所谓科学精神相悬契者"，"从而发明之，淬厉之"①。这一历史性的转折，意义重大，启示深刻，值得当今学人刮目相看、深入探究。为此，我们着意选取其中开创性最强、影响力最大的范例——近代哲人梁启超先生创建的《墨经》之新的诠释方法论，初步考察它所确立的全新诠释目标、创建的新型诠释方法，分析它在中国哲学经典诠释方法论转折性发展进程中的转折意义，既是为了阐发，也是为了开拓新的开端。

---

① 梁启超：《墨经校释》自序，载《饮冰室合集》之《饮冰室专集》三十八，中华书局1989 年版。本书所引《墨经校释》皆据此版本，只有个别标点符号不得不做了调整，不再另做注释。

第一节　感受时代精神以确立新的诠释目标

如果说，鸦片战争的失败，西方文化的东渐，使得中国当时的一些开明人士对西学的了解逐步加深，尤其是痛切地感到"器不如人"，由此而综合若干有利的社会条件，兴起了颇有声势的洋务运动，"中体西用"成为他们的不懈追求；那么，甲午战争的失败，"小日本"打败了"大清国"，在惨痛的教训中，既暴露出了"中体西用"观念的严重缺陷，又促使当时的先进中国学人熟悉了日本明治维新的新型范例，从而推动中国思想文化界发生了重要的转折，引导中国文化精英投入到自觉向外国先进文化学习的历史进程。由此一来，中国文化精英对于西学及其精神的认识，也从感性的"力"的层次，深入到理性的"智"的层次，表现出对近代文化精神亦即近代人文主义和启蒙精神的认同乃至推崇，进而引发了西方思想文化与中国传统思想文化艰难而初步的融合。加之一些社会条件的综合作用，终于促使维新思想得以产生，促使启蒙思想得以产生，促使社会风气为之骤变，并且促进了维新运动的兴起，使得许许多多学人的思想观念发生了深刻的变化。譬如1897年，杭州诂经精舍的主持人、著名学问家俞樾就曾对其生徒由衷慨叹："最近三年中，时局一变，风气大开，人人争言西学。我与各位同学抱着古老的遗经不放，这是前人所说的不通世变的鄙儒。"① 由此不难想见当时时代精神新风貌的强大魅力。进而论之，正如学者指出的："从某种意义上讲，维新志士的主要历史贡献或不在政治方面，而在文化方面，或不在戊戌变法，而在戊戌思潮。戊戌时期初步奠定的新文化结构体系，也在中华文明由古代转入近代的历程中发挥了具有决定意义的枢纽作用。"②

正是在维新思潮转化为启蒙思潮的过程中，作为这两个思潮的卓越推动

---

① 转引自袁行霈等主编：《中华文明史》第四卷，北京大学出版社2006年版，第427页。
② 参见袁行霈等主编：《中华文明史》第四卷，北京大学出版社2006年版，第423页。

者、领导者之一，梁启超先生深切地感受到国家命运的危机和时代精神的骤变，从变法的挫折中奋勇崛起，立志别开生面，重新诠释中国哲学经典，建构新的诠释方法论，要"在吾国古籍中，欲求与今世所谓科学精神相悬契者"，"从而发明之，淬厉之"，力图促进启蒙思潮走向持久而深入的境地。他极力实现其高远志向的重要举措之一，就是大胆地借鉴西方相关的学术思想与方法，创立新的哲学经典诠释方法，选取墨家经典《墨经》而诠释之，并于 1904 年写出《子墨子学说》和《墨子之论理学》，于 1922 年撰著成《墨经校释》，以学术专著的形式，率先发掘《墨子》本有的经济学说和社会实践理论，探究《墨经》蕴含的极为可贵的逻辑思想与科学精神，并且努力使之汇入伟大的维新思潮与启蒙思潮，使之能在中华文明跨入近代的历程中发挥继往开来的重要作用。

论述至此，必须沉下心来，具体而深入地探讨两个实在而严肃的问题：感受到上述的时代精神，决心实现上述的宏伟志愿，梁启超何以就会在中国古代万千典籍中特别看重千百年来并不居于主流地位的《墨经》而推崇之、而诠释之呢？他为诠释《墨经》确立的基本目标究竟又是什么呢？只有探察到这两个重要问题的真谛，才能真正理解梁启超"在吾国古籍中，欲求与今世所谓科学精神相悬契者"，"从而发明之，淬厉之"的伟大用心。

首先，在新的时代精神的激励下，梁启超早于一般人认识到："举凡西人今日所有之学，而强缘饰之，以为吾古人所尝有，此重诬古人，而奖励国民之自欺者也。虽然，苟诚为古人见及者，从而发明之，淬厉之，此又后起国民之责任也，且亦增长国民爱国心之一法门也。"这是在一种辩证的认识里，彰显出了一种庄严的历史责任。正是由此出发，他又进而感受到，"墨子之论理学，其不能如今世欧美治此学者之完备，固无待言；虽然，即彼土之亚里士多德，其缺点亦多矣，宁独墨子？故我国有墨子，其亦足以豪也！"（《墨子之论理学》）多么难能可贵的独到见解。更为难得的是，他还深情地抒写道："吾尝谛观思维，则墨学精神，深入人心，至今不坠，因以形成吾民族特性之一者，盖有之矣！"（《墨子学案》第二自叙）我们由此可以感受到，在梁启超的心灵深处："我国有墨子，其亦足以豪也"，"墨学精神，深入人心，至今不坠，因以形成吾民族特性之一者"，所以，身处清末民初这个特定时代，特别选取墨子之论理学（逻辑学）加以诠释，从而发明之，淬厉之，"增长国民爱国心"，促进"吾民族特性"的不断进步，乃是最为正确、最为必要的学术选择，乃是中国文化精英庄严的历史责任，他自己也就理所当然地率先行之。

其次，在西方逻辑学的有力参照下，梁启超更为深切地揭示出："墨子之论理学，非以骋辩才也，将据之以研究真理而树一坚确不拔之学说也。"（《墨子之论理学》）而且，"（《墨经》）含义甚精。例如蒸热之气，遇冷而降，此雨之所以然也。吾因偶有所见而明其理，是所以知也。设种种试验使人共明其理，是所以使人知之也。所谓科学精神者，不唯知其所以然，又须使人知之。我国言学问、言艺术，本已不甚求其所以然矣，再加以有所谓'能以意会不能以言传'者，此科学之所以不昌也。"（《墨经校释·经说下之上》）《墨子》则恰恰是既能知其所以然，又能"设种种试验使人共明其理，是所以使人知之也"，由此而具有这样伟大的科学精神。而这种伟大的科学精神，又必然会成为促使中国科学能够走向昌盛的基本力量。因此，梁启超看重《墨经》的重要理据，又在于它具有在中国特别应该予以大力倡导的科学精神，而他为诠释《墨经》确立的基本目标之一，正在于阐扬、淬厉并践行这种难能可贵的科学精神。

再次，以西方逻辑学作为有力借鉴，梁启超对于墨家的知识论与逻辑学有着深刻的分析和灵活的把握，故而能够登高倡言："墨子认论理学为知识之源泉，故最为重视之"（《墨经校释·经说上之下》）。他还进而抒写其心声："《墨子》全书，殆无一处不用论理学之法则；至专言其法则之所以成立者，则唯《经说上》《经说下》《大取》《小取》《非命》诸篇为特详。今引而释之，与泰西治此学者相印证焉。""呜呼！以全世界论理学一大祖师，而二千年来，莫或知之，莫或述之。若鲁胜者，其亦空谷足音也已。……顾吾草此篇，吾自信未尝有所丝毫缘饰傅会，以诬我先圣墨子，吾附以誓证！"

（《墨子之论理学》）。以此为基础，他又在诠释《经上》"力，形之所以奋
也"条时特别指出："形之所以奋在力，深合物理。奋，动也。物质恒动不
已以成众形"；又在诠释"化，徵易"条时特别指出："此当时物理学之发
轫也"。（《墨经校释·经说上之上》）其目的正是努力发掘和总结《墨经》
对于逻辑学法则灵活运用的历史经验。据此可以明白指出，梁启超看重《墨
经》的更为直接、更为具体的理据，就在于它创造性地倡言逻辑学法则，乃
至成为"全世界论理学一大祖师"，而他为诠释《墨经》确立的更为直接、
更为具体的目标，又在于阐扬其逻辑学法则而淬厉之，并以其"与泰西治此
学者相印证焉"，从而去开拓实现中西学术之逐步会通的先路。

　　总而言之，就是梁启超为了实现自己的宏伟志愿，而在中国古代万千典
籍中特别看重千百年来并不居于主流地位的《墨经》的基本理据；就是他深
深地感受时代精神，立足高处，立足践行，为诠释《墨经》率先确立的基本
目标。由此不难认识到，如果说孙诒让于 1894 年出版的《墨子间诂》是中
国两千年来传统墨学诠释与研究的成功总结，那么梁启超的《子墨子学说》
《墨子之论理学》和《墨经校释》，则是中国 20 世纪以来新型墨学诠释与研
究的有力发端。正是基于这样的原因，我们即使仅仅着眼于中国古典诠释
学，也能认定探寻梁启超《墨经》诠释方法论实际具有的历史性转折意义，
有益于揭示中国古代哲学经典诠释方法论在近代转折性发展的历史进程。

　　为了予以印证，且细看《墨经校释》中具有昭显法则意义的第一条：

　　【经】故，所得而后成也。

　　【说】故。小故，有之不必然，无之必不然。体也，若有端。
大故，有之必（无）然。若见之成见也。

　　【校】"大故，有之必无然"，孙诒让云：疑当作"有之不必
然，无之必不然"。启超案："无"字衍文，孙校删是也。"无之必
不然"五字不必增，文义即此已足。

　　"若见之成见也"，孙校改为"若得之成是也"，非是。本文不

误，孙不得其解耳。

"体也若有端"五字，张惠言谓为第二条之错简。孙从之。启超案：张孙说非是。此文言小故为大故之体，若尺之有端耳。

【释】《说文》："故，使为之也。"加热能使水蒸为气，加冷能使水凝为冰；气，得热而成，冰，得冷而成也。故曰："故，所得而后成也。"第七十七条《经说》云："故也者，必待所为之成也。"义与本条相发明。

此条论因果律，实论理学上最重要之问题也。"故"为事物所以然之故，即事物之原因。原因分为两种，总原因谓之"大故"，分原因谓之"小故"。例如见之所以能成见，其所需之故甚多：一，须有能见之眼；二，须有所见之物；三，须有传光之媒介物；四，须眼与物之间莫为之障；五，须心识注视此物。此五故者，仅有其一，未必能见，若缺其一，决不能见。故曰："小故，有之不必然，无之必不然。"盖小故者，分大故之一体也，其性质若尺之有端也。合诸小故，则成为大故，得大故则事物成。故曰："大故，有之必然。"例如前所举五故同时辏会，则"见之成见"也。佛典唯识俱舍诸论，皆言眼识待八缘而生，可知"见之成见"，其故实繁。

《大取》篇云："夫辞以故生，立辞而不明于其所生，妄也"；《小取》篇云："以名举实，以辞抒意，以说出故"；《非攻》下篇云："子未察吾言之类，未明其故也"。彼诸文之"故"，即本条所谓"所得而后成"者也。《孟子》云："天下之言性也，则故而已矣"，亦即此"故"字。

首先请看其诠释目标之新。他之所以要在"释"中特别指出，"此条论因果律，实论理学上最重要之问题也。'故'为事物所以然之故，即事物之原因"，这一方面固然是由于《墨经》此条本来确实蕴含着这种意义，另一方面更是因为如此阐述方能直奔诠释目标——阐扬其逻辑学法则而淬厉之，并以其"与泰西治此学者相印证焉"。而他所确立的这种诠释目标，在中国哲学经典诠释史上乃是全新的经典诠释目标。

其次请看其诠释体例之新。《墨经校释》是先列《墨经》之各条"经"文，并引《墨经》之各条"说"文以就"经"文，然后则对《墨经》之"经"与"说"有校有释。其"校"往往先引孙诒让等诸家校语，然后从高处辨其是非，引出自己的意见，并且将其融贯到后面的解释之中；其"释"则总是感应时代气息，立足学术前沿，在阐释文本的过程中，联系各种实际，博采中西诸家相关理论，发掘文本蕴含的科学精神与科学理论，熔铸中华自家相关新说。而这样可贵的诠释体例，在中国哲学经典诠释史上也是全新的。

然后请看其诠释方法之新。就读者而言，对于文本中"若见之成见也"一句的理解，难度不在其字词句，而在于其内在隐含的逻辑关联，因此梁启超有针对性地大力发掘其内在隐含的逻辑关联，并且加以申论："例如见之所以能成见，其所需之故甚多：一，须有能见之眼；二，须有所见之物；三，须有传光之媒介物；四，须眼与物之间莫为之障；五，须心识注视此物。此五故者，仅有其一，未必能见，若缺其一，决不能见。故曰：'小故，有之不必然，无之必不然'。"而在其申论的过程中，又融注了西方现代的科学观念，从而在相互对照、相互发明中，更好地揭示出了《墨经》文本所蕴含的中国古代的科学观念，并且有效浑厉之。而这样的诠释方法，在中国哲学经典诠释史上更是全新的经典诠释方法。

最后综合其诠释目标之新、其诠释体例之新、其诠释方法之新而申论之，我们就能看到，它们新就新在打破两千年来中国哲学经典诠释的惯性，而为之转换出新的诠释方向，其历史性转折意义就已经跃动在我们的认识之中。

有了以上四个方面的初步分析之后，我们就能进一步深入探讨梁启超《墨经》诠释方法论之转折意义。

第二节　会通中西学术以创建新的诠释方法

梁启超深深地感受时代精神，为诠释《墨经》率先确立起新的目标以后，又非常注重会通中西相关学术以创建并运用新的诠释方法论，对于《墨经》进行扎扎实实而又常常出人意表的诠释工作，以期实现他那激励人心的诠释目标，并将其贡献给国人。梁启超所创建并运用的诠释方法论的最为过人之处或曰主要特色，就是敢于自我作故，在阐释经典文本的过程中，运用贯通诠释方法，将其本有内在关联却又散处各处的经文在理念上聚合起来，彰显其本有的系统，阐发其蕴含的理论；然后创立会通诠释方法，大力会通中西学术，借鉴西方相关科学理论尤其是逻辑学理论以解说《墨经》文本的中心论点，以充实和发展其本有的科学性，并且将其放入中国哲学史进程中予以客观的总结和评说，从而在诠释中创新，以创新为诠释。梁启超如此创造运用贯通诠释方法和会通诠释方法，并且将其结合起来，在中国哲学经典诠释方法论两千年来的发展进程中，确实特别具有转折性的创新意义。

为了对此能够逐步做出具有说服力的论证，首先不妨驱轻车以就熟路，仍然就前文引述的在《墨经校释》里具有昭示法则以首先示范之意义的第一条，从这一角度进行新的分析，而重点关注的，当然是其诠释方法论的全新特色。

第一，梁启超常常引用《说文解字》等经典著作以解释经典文本字义，不仅解释正确，而且持之有故，能够使人信服。譬如此处就引用《说文解字》"故，使为之也"的解语以印证《墨经》相关论点。第二，他常常贯通《墨经》以及诸家相关理论以解说文本段意，不仅使之相互发明，而且让读者驰骋联想，受到启示。譬如他于此处就特地贯通《墨子》的《大取》《小取》《非攻》以及《孟子》乃至佛典中的相关理论以解说文本段意。以上这两种诠释方法，虽然运用自如，作用显著，但是并非他的创建，我们因此且不深究。第三，他敢于发明，常常运用能在现实生活中发挥作用的科学知识，以解释相关经典文本的句意，不仅使之易懂，使其理论融入实际，而且彰显出其中蕴含的科学精神。譬如此处就运用"加热能使水蒸为气，加冷能使水凝为冰"的浅显知识以说明《墨经》"故，所得而后成也"的深奥论点，使人由近及远，由浅入深，逐步理解，由衷认可。第四，更为难能可贵的是，他还勇于自开先例，创立新的会通诠释方法，会通中西学术，采用西方相关科学理论尤其是逻辑学理论以解说《墨经》文本的中心论点，不仅使之相互说明，相互映发，相得益彰，而且让读者能由此更好地领悟其中相关学科理论尤其是逻辑学理论的科学性和先进性，从而使其"在吾国古籍中，欲求与今世所谓科学精神相悬契者"的宏大愿望得以逐步实现，并且将其汇入澎湃的维新思潮之中，也在中华文明由古代转入近代的历程中发挥了难能可贵的作用。譬如此处就采用西方逻辑学理论以解说《墨经》文本的中心论点"故"与"小故""大故"，进而讲到"见之所以能成见，其所需之故甚多"，联系实际，相互对照，多所发挥，俨然成为对墨家逻辑理论的生动宣讲。

而特别需要说明的是，以上第三、第四两种诠释方法，不仅前无古人，就是近在乾嘉时期的学者也是难以想见的，主要都是梁启超的创建，因此在当时学界就产生了广泛的影响。而在中国古代哲学经典诠释方法论两千年来的进程中，其转折性的创新意义是不言而喻的。直到当今之世，他所着重指出的"此条论因果律，实论理学上最重要之问题也"，仍然能给中国学人以莫大的启迪与激励。现在的中国学者大都已经明了，在逻辑理论的创造方面，古希腊有亚里士多德"三段"（大前提、小前提、结论）论格式，古印度有陈那因明"三支"（宗、因、喻）论格式，而古中华则有墨家"三物"（故、理、类）论格式。正是墨家逻辑理论与亚氏逻辑理论、因明逻辑理论鼎足而立，共同组成了世界古代三大逻辑理论系统，并由此推进着世界文明的进化。饮水思源，这些能够开拓国人文化视野、增强民族自信心的可贵认识，之所以能够逐步形成并深入人心、激励人心，其中都有着梁启超勇开先河的重要贡献。

我们潜心研读梁先生的《墨经校释》，往往会在已经感知到其诠释方法论之新奇、之转折意义以后，却还意犹未足，决心再进一步由此探索下去，努力领略一种经典诠释的更高境界，进而领悟梁启超《墨经》诠释方法论在具有转折意义的同时又最能启人神思。请看其中四则具有代表性的释文：

【经】知，材也。

【说】知。知也者，所以知也，而不必知。若眼。

【释】本篇释知字之义凡四条：本条论知识之本能，第五条论知识之过程，第六条论知识之成立，第八十条论知识之方法。皆认识论中最有价值之文，宜比而观之。

材者，本能也。《孟子》云"非材之罪""不能尽其材"，与此同义。

此条言知识之第一要件，须有能知之官能。此官能，所恃以知也。然有之未必遂能知，例如目，所以见也，然有目未必即见。

【经】知，接也。

【说】知。知也者，以其知遇物而能貌之。若见。

【释】此条言知识之第二要件，须藉感觉。接者，感受也，即佛典"受想行识"之"受"。貌，状态也。貌之，摄其状态以成印象也。以其"所以知"之"知材"与外界之事物相遇，而能摄取其印象，谓之知。例如以目接物而成见，物之象印于吾目矣。

【经】智，明也。

【说】智。智也者，以其知论物而其知之也著，若明。

【释】此条言知识之第三要件，须将所知者加以组织成一明确之观念。

《释名》："论，伦也，有伦理也。"仅"遇物而能貌之"，犹不足以为知识。例如照相机，所得印象虽真，不能谓有知识也。必须将感觉所得之"知"，分类比较，有伦有脊，令此印象成为一观念，了然于胸中，则是"以其知论物而其知之也著"也。《小取》篇云："论求群言之比"，即是此论字。知之既著，则如目之见明，与瞽者所见唯暗，异矣，故曰若明。……

【经】知，闻、说、亲；名实合，为。

【说】知。传受之，闻也。方不庳，说也。身观焉，亲也。所以谓，名也。所谓，实也。名实耦，合也。志行，为也。

【释】此条论知识之由来，为《墨经》中最精要之语，今详释之。

人之所以能得有智识者，恃三术焉：一闻知，二说知，三亲知。亲知最凡近而最确实，说知次之，闻知又次之。今例释如下：

"身观焉，亲也"者，谓由五官亲历所得之经验而成智识也。……

"方不庳，说也"者，谓由推论而得之智识也。……

"传受之，闻也"者，谓由传闻而得之智识也。……

人类最幼稚之智识，多得自亲知。其最精密之知识，亦多得自亲知。人类最博深之智识，多得自闻知。其最谬误之知识，亦多得自闻知。而说知则在两者之间焉。中国秦汉以后学者，最尊闻知，次则说知，而亲知几在所蔑焉。此学之所以日癒下也。墨家则于此三者无畸轻畸重也。……墨家以知行合一为教，谓行为须由智识生，无行为则无以表示智识。故"名实合"谓之"为"，知而行之，则是"为"也。

这里所诠释的四则经文，为《墨经》中的第三条、第五条、第六条、第八十条，然而梁启超却将其在理念上聚合起来，贯通起来，使之依据其内在逻辑系统化，并且首先就明明白白地告诉读者："本篇释知字之义凡四条：本条论知识之本能，第五条论知识之过程，第六条论知识之成立，第八十条论知识之方法。皆认识论中最有价值之文，宜比而观之。"显然，他在这里所要强调的乃是：第一，这四则经文尽管散处《墨经》各处，却又本来就是相互分工、相互结合而自成系统的，十分难得；第二，以科学的眼光看，这四则经文所论，是墨家认知学理论中最具系统性、最有价值的部分，十分可贵；第三，正因为如此，所以读者诠释者对于它们，就应该格外重视、"比而观之"、合而论之，就应该在发掘其系统性的同时整理其认识论理论的方方面面；第四，当然，要实现以上诠释目标，诠释者则又必须尽可能会通中西相关学术，借鉴西方认知学理论之精华而加以比照，使之相互发明。如果学人都能像这样诠释哲学经典，那么要想实现在诠释中创新、以创新为诠释的志愿，就会是自然而又必然的。

正因为如此，所以梁启超能够发人之所未发，开掘出《墨经》深处蕴含的义理，并且加以整理，加以发展。譬如他指出：第三条"言知识之第一要件，须有能知之官能"，第五条"言知识之第二要件，须藉感觉"，第六条"言知识之第三要件，须将所知者加以组织成一明确之观念"，第八十条"论知识之由来，为《墨经》中最精要之语"。这是对于《墨经》原文的贯通性解释，也是对于原文所蕴含之理论的整理；这是对于《墨经》原文之系统性的揭示，也是对于原文所蕴含之理论的发展。即如他强调："仅'遇物而能貌之'，犹不足以为知识。例如照相机，所得印象虽真，不能谓有知识也。必须将感觉所得之'知'，分类比较，有伦有脊，令此印象成为一观念，了然于胸中，则是'以其知论物而其知之也著'也。"这是对于原文所蕴含之理论的发掘，也是对于原文所蕴含之理论的讲解，同时又是对于原文所蕴含之理论的整理与补充，因而得以标明"令此印象成为一观念"。所有这些解释，都是《墨经》深处蕴含的义理吗？基本都是的，但似乎又有些超出，所以使人能够理解得更为通畅、更为深刻。"例如照相机"云云，显然不是

《墨经》所能道的，可是读者却并不感到突兀或拔高，倒是觉得理所当然，因而理解更为顺畅；"令此印象成为一观念"云云，显然并非《墨经》所已道的，可是读者并不以为这是强加上去的，倒是以为此乃题中应有之义，因此还会对文本有更多更深的理解。这些正是梁启超诠释的妙处之所在：他往往在诠释过程中，对于《墨经》深处蕴含的义理，不仅加以发掘，而且加以如实的整理，加以正确的发展，并且将其引向现时代的社会实践，启发读者在不知不觉中愉快地认可，然后沿着他所启示的方向去做更新更深的思考。

特别引人瞩目的是，梁启超还尽可能在诠释中凭借会通中西学术而有所发挥，譬如："人类最幼稚之智识，多得自亲知。其最精密之知识，亦多得自亲知。人类最博深之智识，多得自闻知。其最谬误之知识，亦多得自闻知。而说知则在两者之间焉。中国秦汉以后学者，最尊闻知，次则说知，而亲知几在所蔑焉。此学之所以日瓴下也。墨家则于此三者无畸轻畸重也。"对于他所做的这些发挥应该如何评价呢？第一，这里所讲论的，既是从《墨经》深处蕴含之义理出发，又是对《墨经》深处蕴含之义理的运用，符合《墨经》倡导的理性精神；第二，这里所讲论的，不仅符合《墨经》倡导的理性精神，而且有助于读者理解、消化和运用《墨经》倡导的理性精神，是别一种富有特殊效用的诠释；第三，这里所论断的"中国秦汉以后学者，最尊闻知，次则说知，而亲知几在所蔑焉"，既合乎实际，又沉痛深刻，而且振聋发聩，能够促使广大学人对于墨家的认知论刮目相看，更加珍惜，更加努力将其贯彻于社会实践。因此，这些精彩的发挥，显然是一种学术风格更为独特、更为富有创意的经典诠释，既是在诠释中创新、以创新为诠释，又是将经典诠释成果引向历史反思，引向社会实践，引向现实中的维新思潮，故而境界卓越，影响深远！

对于梁启超先生《墨经校释》创建起来的诠释方法论的特色有了以上认识之后，如果能够进一步再将其置于中国哲学经典诠释的历史进程之中，实事求是地进行纵向的比较与横向的比较，特别是与孙诒让于1894年出版的《墨子间诂》相比较，与稍后胡适先生的《〈墨子·小取〉篇新诂》相比较，与百年之后亦即当今中国学界的一些同类著作相比较，并在比较中探寻中国哲学经典诠释历史进程的步履，那么我们就一定会更加清晰地认识到：在他的时代，他所创建的诠释方法风采卓异，是中国诠释学史上很难看到的；自此以后，他所创建的诠释方法效应凸显，并在中国诠释学史上逐步得到发扬光大。由此，我们不能不更加心悦诚服地推崇，在中国哲学诠释学史上，梁启超大力创建的《墨经》诠释方法论，确确实实造就了历史性的转折意义。①

---

① 周光庆：《梁启超〈墨经〉诠释方法论之转折意义》，《梁启超研究》第 26 期。

第二十九章　胡适《墨子·小取》 诠释
方法论之开创意义

初看起来，《小取》不过是《墨子》中的 "一篇关于逻辑的完整的论文"①，《〈墨子·小取〉篇新诂》不过是《胡适文存》中的一篇诠释《小取》的长文。而我们则专门从事《〈墨子·小取〉篇新诂》诠释方法论新探，是否有点小题大做之嫌？其实不然。这是因为：第一，《小取》作者为墨子的再传弟子，它虽然仅有 927 字，却是墨家创建的逻辑体系的简明纲要，是中国古代第一篇逻辑学的专论，在中国和世界思想史、逻辑学史上都有着重要的开创性地位；第二，正如胡适 "《中国哲学史大纲》其实是部深具开创性、革命性的著作"，"是建立 '典范' 的著作"，② 无论从中国哲学史还是从中国诠释学史的角度看，《〈墨子·小取〉篇新诂》都是富有创造意义、开拓意义的著作，故而至今仍然有其难以遮蔽的光亮；第三，以往虽然已经有学者进行过这方面的研究，并有一些宝贵启示，然而还是仍然留有亟待开发的广阔空间。所以，本章进行胡适先生《墨子·小取》诠释方法论新探，力图有序探讨其诠释目标、文本观念、诠释方法，尽可能在其本有的关联中彰显出胡适先生《墨子》诠释方法论的本质特征与开创意义，倒是有

---

① 胡适：《先秦名学史》，学林出版社 1983 年版，第 78 页。
② 余英时：《学术思想史的创建及流变——从胡适与傅斯年说起》，见余英时：《文史传统与文化重建》，生活·读书·新知三联书店 2004 年版，第 416 页。

一种力不胜任的惶恐感和兢兢业业的使命感。

第一节　以推进中国哲学发展为诠释目标

为了适应在那个新时代中国哲学重建与发展的需要，也为了取得诠释《墨子·小取》的突破性成就，胡适毅然为它当然也是为了整个墨学诠释确立了高远而又切实的诠释目标；而其全新诠释目标的确立，则又在一定意义上决定着其诠释方法论的创建。

在《先秦名学史·导论》中，胡适起笔即曰："哲学是受它的方法制约的，也就是说，哲学的发展是决定于逻辑方法的发展的"；接着慨叹："近代（唐朝以后）中国哲学与科学的发展曾极大地受害于没有适当的逻辑方法"。在《中国古代哲学史》台北版《自记》里，他又郑重地追叙："我这本书的特别立场是要抓住每一位哲人或每一个学派的'名学方法'（逻辑方法，即是知识思考的方法），认为这是哲学史的中心问题。"① 由此不难想见：正是因为看清了哲学与科学的发展很大程度上是取决于逻辑方法之发展的，正是因为感受到名学方法是哲学史的中心问题，正是因为力图抓住每一位哲人或每一个学派的名学方法，所以在一百多年前，胡适就凭着自己一贯特有的使命意识和前沿立场，最早地关注起墨学特别是其中《小取》所蕴含的逻辑方法，最早地以诠释墨学特别是其中的《小取》中的逻辑学理论为学术担当。这就清楚地表明，胡适所确立的《小取》诠释目标首先便是：发掘其固有的逻辑理论，揭示其本有的逻辑方法，引以为创新中国哲学科学、更新国人思维方式的借鉴。

那么，我们应该如何认识、评价胡适为诠释《小取》而确立的发掘其固有的逻辑理论、揭示其本有的逻辑方法并引为借鉴这一全新的诠释目标呢？

---

① 转引自耿云志、王法周：《中国哲学史大纲》导读，见胡适：《中国哲学史大纲》，上海古籍出版社1997年版，第10页。

首先，我们最好能领会一下同样具有使命意识和敏锐眼光而且同样对墨家学说有着精深研究之梁启超先生的公正论断。1922 年 3 月，梁启超到北京大学做学术演讲，题目即是《评胡适之〈中国哲学史大纲〉》。他恳切地赞扬道：

> 胡先生不认名家为一学派，说是各家有各家的名学。真是绝大的眼光！评各家学术，从他的名学上见出他治学的方术，令我们古代哲学在认识论部门占得极重要的位置。这一部分事业虽是章太炎先生引起端绪，却是胡先生才告成功。
>
> 胡先生观察中国古代哲学全从"知识论"方面下手，观察得异常精密。我对于本书这方面，认为是空前创作。①

其次，我们不妨听听当今学者耿云志、王法周先生细心论述的意见：

> 胡适是在广义上使用名学或逻辑这一概念的，指的是广泛意义上的哲学方法，相当于西方哲学中的知识论或方法论。……此书中名学或方法论包含两方面的内容：一是关于知识形式的规范，如概念、判断、推理及其相互关系的规定，它相当于我们今天所说的逻辑学。一是关于知识来源，获取知识的方法，知识的真伪与效用的检验等，这当于我们今天所说的知识论。
>
> 名学方法是中国古代哲学中固有的内容，从前治中国哲学史、思想史的人，未予充分注意。胡适在他的书里，抓住此一方法演变的线索，与其历史的方法表里相辉映，取得了很大的成功。②

以上评论之深刻到位，无需我们再做评议。当然，在获取巨大启示之余，更为重要的还是，我们必须从实际出发，深入体察《〈墨子·小取〉篇

---

① 梁启超：《评胡适之〈中国哲学史大纲〉》，见梁启超：《饮冰室合集》第五册，中华书局 1989 年版，第 38 集。
② 耿云志、王法周：《中国哲学史大纲》导读，见胡适：《中国哲学史大纲》，上海古籍出版社 1997 年版，第 11 页。

新诂》的诠释实践，具体而细致地察看胡适在诠释过程中实现的诠释目标的特有风貌。请看他对《小取》"以辞抒意"一语的诠释：

> "辞"即今人所谓"判断"。辭从亂辛，有决狱理辜之义，正合判断本义。判断之表示为"命辞"，或称"命题"，或称"词"。作"词"者甚不当，段玉裁曰，"积词而成辞"是也……合异实之名以表一意乃谓之辞，故曰"以辞抒意"。《荀子·正名》篇曰，"辞也者，兼异实之名以论一意也。"①

认真体察便可以领悟到：在这里，他或用校勘的方法以考证原文，或用训诂的方法以探究词义，或用引证的方法以阐述语意，都是如此深刻而正确，并且具有一定的科学精神。然而，更为突出、更为重要的却是，他勇于凭借着现代逻辑学的眼光，运用好比较参证的方法，别开经典诠释的生面，将其中的关键词"辞"解释为"判断"或"命题"。这样的新解释，不仅切合这一特定语境里"辞"的特定意义，而且得以乘势阐发出文本中深深蕴含的逻辑理念和名学方法，从而引导读者感受《小取》中初步具有因而特别难能可贵的科学精神，并且由此看到中国哲学史真正的中心问题。非常明显，这才是他想要达到的最高诠释目标，这才是此种最高诠释目标激励下的可贵诠释实践，确实有如梁启超所赞叹的，"真是绝大的眼光"，真是前所未有的创作！

至此，从实际考察出发，我们对于胡适为诠释《小取》而确立的发掘其固有的逻辑理论、揭示其本有的逻辑方法这一诠释目标，总算有了自己的一些真切体会。然而，这又是远远不够的，因为尚未深入考察这一诠释目标所蕴含的重要思想志趣和学术意义。所以，我们还必须从更为开阔的学术背景中，加深自己对于他确立的诠释目标的认识。

胡适在《先秦名学史·导论》里曾经反复感叹：

> 近代（唐朝以后）中国哲学与科学的发展曾极大地受害于没有

---

① 本书所引《〈墨子·小取〉篇新诂》原文，皆出自《胡适文集》2，北京大学出版社1998 年版。

适当的逻辑方法。

　　我们中国人如何能在这个骤看起来同我们的固有文化大不相同的新世界里感到泰然自若？……我们应该怎样以最有效的方式吸收现代文化，使它能同我们的固有文化相一致、协调和继续发展？……这个大问题的解决，就我所能看到的，唯有依靠新中国知识界领导人物的远见和历史连续性的意识，依靠他们的机智和技巧，能够成功地把现代文化的精华与中国自己的文化精华联结起来。

　　我认为非儒学派的恢复是绝对需要的，因为在这些学派中可望找到移植西方哲学和科学最佳成果的合适土壤。关于方法论问题，尤其如此。……因此，新中国的责任是借鉴和借助于现代西方哲学去研究这些久已被忽略了的本国的学派。

以上的深沉感叹，到了《中国哲学史大纲·导言》里，已经升华为一种有力呐喊：

　　我们今日的学术思想，有这两个大源头：一方面是汉学家传给我们的古书；一方面是西洋的新旧学说。这两大潮流汇合以后，中国若不能产生一种中国的新哲学，那就真是辜负了这个好机会了！

这虽然是一百多年前的呐喊，但是至今仍然震撼着中国学者的心灵，使我们更为深切地看到，在胡适为诠释《小取》确立的诠释目标深处，跃动着两种重要的思想志趣：第一，努力通过实现这样的诠释目标，逐步达到借鉴现代西方哲学去研究这些久已被忽略了的本国学派的目的，而墨家就是典型的这种本国学派；第二，努力通过实现这样的诠释目标，逐步达到把现代文化的精华与中国自己固有的文化精华联结起来以建构起中国新哲学、新科学之宏伟目的，而这两种重要的思想志趣，与那高远的诠释目标，是相互作用而融合在一起的。所以，更为全面、准确地说，胡适先生为诠释《小取》而确立的诠释目标，乃是发掘其固有的逻辑理论，揭示其本有的逻辑方法，使之焕发出新的生命力量，以建构起中国新哲学、新科学的理论元素，从而推进中国哲学、科学的健康发展。这不禁使人想起哲学天才尼采的名言："只有从现在的最高力量的立场出发，你才可以解释过去。"① 只要恳切地回顾一下中国哲学史、科学史，浏览一下西方哲学史、科学史，就能感知到确立这种宏大诠释目标的历史性意义。

可是，如此高远而又如此富有实际意义的诠释目标，如何能在诠释《小取》的过程中逐步得以真正实现呢？不妨运用取样的眼光，且看胡适对《小取》"援也者，曰，子然，我奚独不可以然也"一语的诠释：

> 《说文》"援，引也。"现今人说"援例"，正是此意。此即名学书所谓"类推"。援之法乃由此一事推知彼一事，由此一物推知彼一物。例如《墨辩》云，"辩，争彼也"；吾校云，彼当为伪之误，《广韵》引《论语》"子西伪哉"，今本《论语》作"彼哉"，可见伪字易误为彼。吾此校之根据乃是一种援例的论证；吾意若曰，《论语》之伪字可误为彼，则又安知《墨辩》之彼字非伪字之误耶？

> 辟，侔，援，三者同是由个体事物推到个体事物。然其间有根本区别。辟与侔仅用已知之事物说明他事物。此他事物在听者虽为未知，而在设譬之人则为已知。故此两法不能发明新知识，但可以使人了解我所已知之事物耳。援之法则由已知之事物推知未知之事物，苟用之得其道，其效乃等于归纳法。

在这里，仍然可以看到他怎样运用校勘的方法以考证原文，怎样运用训诂的方法以探究词义，怎样运用引证的方法以阐述语意。然而，更为重要的则是：第一，胡适再一次凭借着现代逻辑学的眼光，在会通中西学术的基础上，运用好比较参证的方法，率先将其中的关键词"援"解释为"援例"

---

① 转引自张世英：《哲学导论》，北京大学出版社 2002 年版，第 325 页。

与"类推"，并且进一步阐述道，"援之法乃由此一事推知彼一事，由此一物推知彼一物"，使人耳目一新，感受深刻。特别有趣的是，他还结合自己校正原文的实际，说明如何运用好"援例的论证"，让人读来感到亲切并跃跃欲试，能在愉快中领会并掌握"类推"的方法，真所谓"善教者现身说法"。第二，在以上诠释的基础上，胡适又立足那个时代最新的学术高度，将"辟，侔，援"三种逻辑方法进行了总结与比较，从中引出"援之法则由已知之事物推知未知之事物，苟用之得其道，其效乃等于归纳法"的结论。这样的诠释本身就具有很强的逻辑性，一方面使得读者加深了对于经典文本的理解，并感悟到经典文本那貌似零散之内容的真实系统性；另一方面则又引导读者增强了对于会通中西学术的向往，增强了对于新的哲学方法与科学方法的研习，加深了对于新的哲学理论与科学理论的思考。就是这样，它从一个方面开始实现了发掘其固有的逻辑理论、揭示其本有的逻辑方法以建构起中国新哲学、新科学之理论元素的全新诠释目标。

第二节　别具新文化眼光的文本观念

如所周知，孟子曾经纵论："圣王不作，诸侯放恣，处士横议，杨朱、墨翟之言盈天下。天下之言不归杨则归墨。"(《孟子·滕文公下》)而墨子之后，"墨离为三"，以《墨辩》著称的"别墨"应时而起，更是为战国后期的中国思想论坛增添了奇异的光彩。然而，让人扼腕痛惜的却是，随着两千年来中国社会文化变迁中消极面的扩大，《墨辩》蒙尘了，"墨学中绝"了。晋代虽有鲁胜的突起，却未能挽回既有的颓势。直到清代中后期，汪中、孙诒让起而奋进，墨学研究才又有了引人入胜的新成就。但是，墨学研究真正以新的态势兴起，却又是在清末民初，重要原因之一，有如郑杰文先生所论："具有进步思想的学人受到西方科技知识、逻辑理论的启发，在解读《墨辩》时加以比较对照，逐渐发现了其中诸多与西方科技、逻辑等学说相似的论说，因之运用西学知识比附论说，从而开启了一条能够逐渐接近《墨辩》原义的研究道路，使得这一尘封了 2000 年的古老典籍焕发出熠熠炫目的科学光芒。"①

而能够代表近百年来中国《墨经》研究最高成就的，应该就是胡适先生的《中国哲学史大纲》《墨辩新诂》和梁启超先生的《墨子之论理学》《墨经校释》。其成功的首要原因则是，他们感受到那个新时代中国文化发展的特别需要，吸取自己时代的学术精华，运用中西会通的眼光重新考察《墨经》，首先建构起了关于《墨经》的全新文本观念，使之成为诠释的全新起点。请先看胡适在《先秦名学史》中的论述：

> 最重要的，他们（别墨）是以同异原则为基础的一种高度发展的和科学的方法的创始人。他们发现了"合同异"法，而且对演绎和归纳具有相当时髦的概念。……别墨是伟大的科学家、逻辑学家和哲学家。
>
> 别墨作为科学研究和逻辑探讨的学派，大约活跃于公元前325-前250年期间。这是发展归纳和演绎方法的科学逻辑的唯一的中国思想学派。它还以心理学分析为依据提出了认识论。它继承了墨翟重实效的传统，发展了实验的方法。
>
> 《小取》是一篇关于逻辑的完整的论文。②

再看他在《中国哲学史大纲》中的论析：

> 《墨辩》六篇乃是中国古代第一奇书，里面除了论"知"论"辩"的许多材料之外，还有无数有价值的材料（如论算学、论几何学、论光学、论力学、论心理学、论人生哲学、论政治学、论经济学）……墨家的名学在世界的名学史上，应该占一个重要的位置。……墨家的名学虽然不重法式，却能把推论的一切根本观念，

---

① 郑杰文：《中国墨学通史》上，人民出版社 2006 年版，第 353 页。
② 胡适：《先秦名学史》，学林出版社 1983 年版，第 57、58、78 页。

如"故"的观念，"法"的观念，"类"的观念，"辩"的方法，都
说得很明白透彻。有学理的基本，却没有法式的累赘。这是第一长
处。印度希腊的名学多偏重演绎，墨家的名学却能把演绎归纳一样
看重。《小取篇》说"推"一段及论归纳的四种谬误一段，近世名
学书也不过如此说法。墨家因深知归纳法的用处，故有"同异之
辩"，故能成一科学的学派。这是第二长处。

　　儒家的正名论，老子、杨朱的无名论，都是极端派。"别墨"
于两种极端派之间，别寻出一种执中的名学。……这是墨家名学的
第一种贡献。中国的学派只有"别墨"这一派研究物的所以然之
故。根据同异有无的道理，设为效、辟、侔、援、推各种方法。墨
家名学的方法，不但可为论辩之用，实有科学的精神，可算得"科
学的方法"。试看《墨辩》所记各种科学的议论，可以想见这种科
学的方法应用。这是墨家名学的第二种贡献。墨家论知识，注重经
验，注重推论。看《墨辩》中论光学和力学的诸条，可见墨家学者
真能作许多实地试验。这是真正科学的精神，是墨学的第三种贡
献。墨家名学论"法"的观念，上承儒家"象"的观念，下开法
家"法"的观念。这是墨家名学的第四种贡献。——总而言之，古
代哲学的方法论，莫如墨家的完密。……从此以后，无论哪一派的
哲学，都受这种方法论的影响。①

　　只要将这些论述依照其本有的逻辑贯通起来就可以看到，对于《墨辩》
特别是《小取》，胡适主要是从以下几种角度，运用以下几种眼光进行有别
于前代学者的全新考察的。

　　第一，拓展历史比较的视角。从历史的角度考察并评论古代经典或学
派，这是很多学者都能做到的，但胡适却有其过人之处。即如在这里，他一
方面交代："别墨作为科学研究和逻辑探讨的学派，大约活跃于公元前325—

---

　　①　胡适：《中国哲学史大纲》，上海古籍出版社1997年版，第160—163页。

前250年期间";另一方面指出:"儒家的正名论,老子、杨朱的无名论,都是极端派。'别墨'于两种极端派之间,别寻出一种执中的名学";然后进而强调:"中国的学派只有'别墨'这一派研究物的所以然之故";最后又在上述基础上特别揭示:"古代哲学的方法论,莫如墨家的完密。……从此以后,无论哪一派的哲学,都受这种方法论的影响"。话虽不多,却给人留下了富有启发力的深刻印象。原来,他是运用了对比的方法拓展了历史的角度,又将二者有机地结合起来,因而就能在简练的几句话里,彰显出《墨辩》特别是《小取》在中国哲学史上的历史意义,从而引导读者从这一角度对它们进行新的考察与诠释。

第二,运用当代新文化的全新眼光。运用当代的眼光以考察并评论古代经典或学派,这也是很多学者都能做到的,有的学者还由此犯下了简单粗率的毛病,但是胡适却是运用了在新文化运动中锻造出来的新的科学眼光,考察并评论《墨辩》特别是《小取》。譬如,他高度赞扬:"《墨辩》六篇乃是中国古代第一奇书,里面除了论'知'论'辩'的许多材料之外,还有无数有价值的材料(如论算学、论几何学、论光学、论力学、论心理学、论人生哲学、论政治学、论经济学)。"又如,他大胆论断:"儒家的正名论,老子、杨朱的无名论,都是极端派。'别墨'于两种极端派之间,别寻出一种执中的名学。"在今天的读者看来,这或许并不稀奇,但在一百年前的读者那里,一定就能大开眼界。其原因就在于,作为新文化运动的发起者之一和科学、民主的倡导者之一的思想家,胡适是率先运用了在新文化运动中锻造出来的民主与科学的全新眼光,重新考察《墨辩》特别是《小取》篇的,故而能够发人之所未发,前所未有地强调其中"还有无数有价值的材料(如论算学、论几何学、论光学、论力学、论心理学、论人生哲学、论政治学、论经济学)"。

第三,着眼中外的贯通比较。因为总在不懈地思索"应该怎样以最有效的方式吸收现代文化,使它能同我们的固有文化相一致、协调和继续发展"的重大问题,所以胡适在考察并评论中国古代经典或学派的时候,非常注重着眼中外文化经典或学术流派的贯通、比较与参证，从中发掘其特征，彰显其地位，阐发其价值，引导人们"刮目相看"。你听："印度希腊的名学多偏重演绎，墨家的名学却能把演绎归纳一样看重。《小取篇》说'推'一段及论归纳的四种谬误一段，近世名学书也不过如此说法。墨家因深知归纳法的用处，故有'同异之辩'，故能成一科学的学派。"你看："《墨辩》六篇乃是中国古代第一奇书，里面除了论'知'论'辩'的许多材料之外，还有无数有价值的材料（如论算学、论几何学、论光学、论力学、论心理学、论人生哲学、论经济学）……墨家的名学在世界的名学史上，应该占一个重要的位置。"一百年前，他就能做出这样的论断，在当时已经有力地开拓了学人的视域，即使是到了今天，也还能在新的形势下进一步启发学人的神思。

第四，重在其科学精神与方法。鉴于秦汉以来中国文化的优势与弊端，鉴于清末民初中国社会与文化的特别需要，在考察并评论《墨辩》特别是《小取》的过程中，胡适总是格外注重因小见大，弘扬其科学精神，总结其科学方法，并将其置入世界文化发展的大背景之下，从而促使学人开拓学术视野、更新知识结构。他一则指出："中国的学派只有'别墨'这一派研究物的所以然之故。根据同异有无的道理，设为效、辟、侔、援、推各种方法。墨家名学的方法，不但可为论辩之用，实有科学的精神，可算得'科学的方法'。"他再则强调："最重要的，他们（别墨）是以同异原则为基础的一种高度发展的和科学的方法的创始人。他们发现了'合同异'法，而且对演绎和归纳具有相当时髦的概念。"胡适先生的这些论断，有据有理有力，永远地激励着后生！

第五，凸显其历史性长处与贡献。大家知道，自从汉代"罢黜百家，独尊儒术"以来，儒家学说独占中国的主流意识，造成了中国文化重伦理修养、轻科学创造的偏颇，加之专制制度在学术思想领域的长期危害，因此《墨辩》特别是《小取》也就长期受到遮蔽与冷落。正是痛感于此，胡适总是注意凸显《墨辩》特别是《小取》的历史性长处与贡献。他既强调："儒家的正名论，老子、杨朱的无名论，都是极端派。'别墨'于两种极端派之间，别寻出一种执中的名学。"他更推崇："墨家论知识，注重经验，注重推论。看《墨辩》中论光学和力学的诸条，可见墨家学者真能作许多实地试验。这是真正科学的精神。"他还具体地指出："《小取篇》说'推'一段及论归纳的四种谬误一段，近世名学书也不过如此说法。墨家因深知归纳法的用处，故有'同异之辩'，故能成一科学的学派。"只要平心静气地回味，学人是真能心悦诚服，拓展视野，亦欲跟随先生步入思想与人格的胜境。

就这样，胡适致力于拓展历史的视角，运用当代新文化的眼光，着眼中西学术的比较，重在其科学精神与科学方法，凸显其历史性长处与贡献，率先建构起了《墨辩》之《小取》的全新文本观念，使之抖落尘埃而闪现出两千三百年前"一篇关于逻辑的完整的论文"的本有光彩，不仅使他自己对它的新诠释有了较高的起点，而且也启迪着学人不断地更新学术眼光。

第三节　富有创造精神的诠释方法论

中国是经学特别发达的国家，两千多年来，历代学者对于十几部儒学经典一遍又一遍地诠释着。这样一来，一方面是积累起了许多有效的诠释方法与经验，另一方面又在重复地运用着一些诠释方法。因此，诠释方法论的革故创新，总是成为新时代、新文化、新学人的呼唤与努力。而让人振奋的是，胡适创建起来的《小取》诠释方法论，以其宏大的革故气派，以其鲜活的创新精神，以其焕然一新的诠释风采，不仅适应了诠释《小取》的需要，而且回应着新时代、新文化的呼唤，发挥了巨大而深远的启迪作用。他创建的《小取》诠释方法论及其创造精神，突出表现在以下三个方面。

第一，在校勘考证中开展具有实证特色的训诂，使训诂臻于科学。

训诂，是中国历代学人都十分看重的解释古代文化典籍的活动与方法，所以自古就有专门研究训诂的训诂学，到了乾嘉时代则更是越来越发达。胡适也十分看重训诂。在《中国哲学史·导言》中，他曾反复告诫学人，"古代哲学书籍，更不能不加整理的工夫"，而整理工夫约有三端，那就是校勘、训诂、贯通。在《先秦名学史·前言》里，他更是特别强调："因为通过训诂的研究，我们才能摆脱传统训释者的主观偏见，并对古籍的真实意义获得正确的理解。"然而，他的训诂工夫与方法，已经超越了前人而自有内涵、自成风格，那就是：在校勘考证中开展训诂，使训诂展现出新的实证特色而臻于科学境界，从而引导学人"对古籍的真实意义获得正确的理解"，并由此产生新的可贵联想。请看一例：

> "辟也者，举也物而以明之也。"王念孙云："也与他同。举他物以明此物，谓之譬。……《墨子》书通以也为他，说见《备城门》篇。"王说是也。毕沅删去第二也字，非也。《说文》"譬，谕也。"今引《说苑》一则如下：
>
> 梁王谓惠子曰，"愿先生言事则直言耳，无譬也。"
>
> 惠子曰，"今有人于此而不知弹者，曰，弹之状何若？应之曰，弹之状如弹，则谕乎？"
>
> 王曰，"未谕也。"
>
> "于是更应曰，弹之状如弓，而以竹为弦，则知乎？"
>
> 王曰，"可知矣。"
>
> 惠子曰，"夫说者固以其所知谕其所不知而使人知之。今王曰无譬，则不可矣。"
>
> 此节释譬与本文互相发明。

在这里，他首先引用了乾嘉时代训诂学大家王念孙的校勘考证成果，证明了原文"举也物"的"也"字实际就是"他"字，因而同时也就巧妙地做出了正确的解释，并由此指出了毕沅删去第二"也"字的错误，使读者知所是从。这就是在校勘考证中开展训诂，使训诂更加准确。在这里，对"辟"字的训诂就更有特色。他先是引用《说文》"譬，谕也"的解释，既说明"辟"字实际就是"譬"字，又指出了"譬"乃是"谕"的意思，这就已经做出了正确明晰

555

的解释。可是他并不以此为满足，而又别开生面，引用了《说苑》中的一则故事。这则故事，生动有趣，寓意深刻，有力地彰显出譬喻的表达功效，"说者固以其所知谕其所不知而使人知之"，这就使人不能不信服；更为重要的是，他将这样的故事引用到这样的语境里，则又不仅将文本中"辟也者，举也物而以明之也"一语的意义诠释得清楚、深刻，而且还引人联想，由此领悟到譬喻的方法与效用，因而同时也就更为深入地发掘出《小取》原文的本有的意蕴。应该说，在中国学术史上，这才是展现出实证精神而臻于科学的训诂，这才是既不烦琐更不枯燥并且又特别富于启发作用的训诂。

第二，在比较参证中做出具有引导作用的解释，使解释臻于建构。

在《先秦名学史》里，胡适曾经坦诚地夫子自道："在这种（诠释）工作中，最重要而又最困难的任务当然就是关于哲学体系的解释、建立或重建。在这一点上，我比过去的校勘者和训诂者较为幸运，因为我从欧洲哲学史的研究中得到了许多有益的启示。只有那些在比较研究中（例如在比较语言学中）有类似经验的人，才能真正领会西方哲学在帮助我解释中国古代思想体系时的价值。"正因为如此，他就更能感知新时代的学术使命，更能立定新文化运动的潮头以确立新颖而宏伟的学术目标："在于把各家的哲学融会贯通，要使他们各成有头绪条理的学说。我所用的比较参证的材料，便是西洋的哲学"；"我们若想贯通整理中国哲学史的史料，不可不借用别系的哲学，作一种解释演述的工具。此外别无他种穿凿附会、发扬国光、自己夸耀的心"。① 由此可见，在新时代的经典诠释中，他最为看重的经典诠释方法，乃是借用西洋的哲学作为解释演述的工具，在比较参证中进行关于中国古代哲学体系的解释，进而使解释引导着重建，使解释与重建自然地统一、共同地创发。一百多年来的中国哲学史已经不断地证明，他的这种诠释观念和诠释方法，是富有开创意义、建构意义和启示意义的。那么，具体到《小取》的诠释中，他又是如何既能在比较参证中做出解释，同时又能使其解释臻于

① 胡适：《中国哲学史大纲》，上海古籍出版社1997年版，第22页。

建构的呢？请看较为典型的一例：

> "效也者，为之法也。所效者，所以为之法也。故中效，则是
> 也。不中效，则非也。此效也。"欲明此段，须知效、法、故三字
> 皆墨家名学之术语。《说文》，"法，象也。"《荀子不苟》篇注，
> "法，效也。"效字有象法之意。《经上》云，"法，所若而然也。"
> 《经说》曰，"意，规，员，三也，俱可以为法。"凡仿效此物而能
> 成类此之物为"效"。此所谓"效"，即今人所谓演绎的论证。演
> 绎之根本学理曰，"凡一类所同具者，亦必为此类中各个体所皆
> 具。"《经下》云，"一法者之相与也，尽类，若方之相合也。"《经
> 说》曰，"一方尽类，俱有法而异，或木或石，不害其方之相合也。
> 尽类犹方也，物俱然。"此言法者必同类。此即演绎论理之根据。
> 以同法者必同类，故"效"之为用，但观所为之"法"是否能生
> 同类之结果，即知其是否为正确之故。

本来，《小取》这一段原文，在学理上无有同行者，少有后继者，是相
当难以把握的，所以至今仍然众说纷纭。在这一则诠释里，胡适首先强调，
"欲明此段，须知效、法、故三字皆墨家名学之术语"，这是在提振和引导读
者的注意力。接下来，除了运用《说文》《荀子》进行考释之外，最为引人
瞩目的就是，他借用西方哲学作为解释演述的工具，发掘出"效"字在此一
特定语境中的深层意义，并将二者进行比较参证，从而引出"凡仿效此物而
能成类此之物为'效'"的新颖见解，进而又做出"此所谓'效'，即今人
所谓演绎的论证"的有力论断。至此，读者不仅可以拨开迷雾，而且能够峰
回路转，领略其深厚的理论意义。可是，他却并未就此打住，而是带领读者
继续前行，又看到《经下》的相关言论，又看到《经说》的相关言论，终
于使读者在贯通中恍然大悟，"此即演绎论理之根据"。在此关键时刻，细心
的读者一定还会进一步想到，通过这样的诠释，可以看到《小取》对于演绎
推理，既做出了方法的说明，又开列了理论的根据，岂不就能依此做出一番

归纳推理的工夫，由此而重建一种逻辑学说吗？研读至此，我们只有深深叹服，通过胡适借用西方哲学以做比较参证，关于墨家哲学体系的解释与重建，真的就在这样的诠释中获得有机统一了，获得初步成功了，闪现着启迪来者的意义了！这样的诠释，确实臻于建构。

第三，在联系实际中做出具有实践价值的演述，使演述臻于实用。

1919 年，胡适先生向国人大力提倡："真正的哲学必须抛弃从前种种玩意儿的'哲学家的问题'，必须变成解决'人的问题'的方法"；"这个'解决人的问题的哲学方法'又是什么呢？自然是怎样使人能有那种'创造的智慧'，自然是怎样使人能根据现有的需要，悬想一个新鲜的将来，还要能创造方法工具，好使那个悬想的将来真能实现"。① 而根据我们所知，必须使哲学"变成解决'人的问题'的方法"，进而"使人能有那种'创造的智慧'"，如此高扬人的地位与人文精神，如此标举"人的问题"与"创造的智慧"，乃是他作为新文化运动的一位领导者独具慧眼的创见而又始终不渝的信念，从而使他在诠释《小取》的时候，创建起了联系"人的问题"做出具有实践价值的演述并使之臻于实用的全新诠释方法。请看一则别具风格的用例：

"其取之也，有所以取之。其取之也同，其所以取之不必同。"
有所选择谓之取。取即今言举例也。尝见洪宪元年为帝政事通告各地一文，中言共和之政仅可行诸小国寡民，而不适于地大物博之国，因历举瑞士、法兰西及中美、南美诸小国为例，及至美国，则以"北美新邦独为例外"八字轻轻放过。此正足为此条之例。盖吾人推论，往往易为私意成见所蔽。以故，每见肯定之例，则喜而举之；及见否定之例，则阳为不见，或指为不关紧要之例外而忽之。故曰"其取之也同，其所以取之不必同。"

欲救正此弊，莫如举否定之例以反诘之。墨家论辩最重此点，

① 胡适：《实验主义》，见胡适：《胡适文集》第 2 册，北京大学出版社 1998 年版，第 231 页。

故《墨辩》诸篇于此意不惮反复言之。《经说上》云："以人之有
黑者，有不黑者也，止黑人；与以人之有爱于人，有不爱于人，止
爱（于）人；是孰宜止？彼举然者，以为此其然也，则举不然者而
问之。"不然者即是否定之例。又《经说下》云："彼以此其然也，
说'是其然也'。我以此其不然也，疑'是其然也'。"此亦上文
"举不然"之意。①

这一则诠释的好处与奇处，就在于创造性地联系"人的问题"做出具有实践
价值的演述，使演述臻于亿万民众的人生实用。清末民初，特别是洪宪元年
（1916 年），中国政坛、论坛围绕中国向何处去——是要顺应广大民意以实
行民主共和政体，还是维护权贵利益而复辟君主专制政体——的特大问题，
展开了激烈的辩论。这场辩论，关乎国家命运、民族前途、世界格局，故而
持续很久、影响深远。因此，胡适在诠释《小取》时特别联系到这一严峻的
现实。他联系的方法自然而巧妙：当时官方的文告强说谬理，因而不可避免
地犯下了逻辑错误，一面声称民主共和政体"不适于地大物博之国"，一面
又谎称"北美新邦独立为例外"，正好成为批驳的靶子。胡先生重重拿起，
轻轻放下，以"正足为此条之例"一句点破其荒谬，使专制制度辩护者出尽
洋相，然后却又立即言归正传，顺势推论为私意成见所蔽的深刻危害以及救
正此弊的正确方法，并进而运用翔实的材料揭示出墨家论辩最重此点的良苦
用心，一切都是顺理成章，恰到好处。其深远效应是显而易见的：它不仅清
晰而生动地解释出文本蕴含的丰富意义，而且进一步引导学人由理解其意义
走向观照其现实，由观照其现实走向掌握其方法，由掌握其方法走向"解决
'人的问题'"，进而由科学的《墨经》诠释走向剧烈的政治斗争。这就能
使读者深受启发与激励。中国一百年前能有这样的诠释方法，真正具有实实
在在的开创意义，直到今天也仍然应该发扬光大！

---

① 胡适：《〈墨子·小取〉篇新诂》，见：《胡适文集》第 2 册，北京大学出版社 1998 年
版，第 196 页。

第三十章　中国训诂学本是中国
特色的经典诠释学

——中国训诂学起源与特质考察

按照中国古代学者们的看法，训诂学是研究训诂的学问，而训诂者，"通古今之异辞，辨物之形貌，则解释之义尽归于此"（孔颖达《毛诗正义》卷一）；那么，训诂学主要就是研究经典解释的学问。而在中国当今之世论及训诂学，学者们则又普遍认为，它源远流长，功用显著，地位重要，需要在中国新时代里有新的发展。可是，进而讨论到如何促进它在新时代里有新的发展，一种有代表性的意见却又常常强调，训诂学就是科学的汉语词义学的前身，"训诂学的生命力，维系在建立汉语语义学的需要上"，训诂学如果"固守自己作为解读技艺或经验的原来面貌，那么，它便无法在语言科学中找到自己的位置。"①

从根本上说，人是创造语言并运用语言对事物、对世界、对言语进行理解和解释的动物。运用语言对事物、对世界、对言语进行理解和解释，不仅是人与动物最为根本的区别，而且也是人类共有的、使其生存发展得以成功的事业。任何人，只要他努力在认知事物、进行交流、从事社会活动和文化活动，他就必然要不断地运用语言对事物、对世界、对言语进行理解和解

① 王宁：《试论训诂学在当代的发展及其旧质的终结》，《中国社会科学》1988 年第2 期。

释；任何国家，只要它真正致力于激发和整合民众的认识活动、社会活动和文化创造活动及其成果并使之健康发展，就总会有文化精英起而从事总结、改进、指导解释活动的事业。也正因为如此，世界上许多文明国家都曾在其发展的重要时代，建构起自己的诠释学。而其诠释学虽然各具特色，却都在一定程度上具有这样的基本特质：不断地总结和研究运用语言对事物、对世界、对言语进行的理解和解释活动，特别是总结和研究运用语言解释文化经典、哲学经典的解释活动，以拓展解释的人文目标，完善解释的基本方法，提高解释的社会文化效应，从而更好地激发和整合民众的认识活动、社会活动和文化创造活动及其成果，使之健康发展。在中国，这种诠释学的代表就是在诠释文化经典、哲学经典过程中形成的训诂学；在西方，这种诠释学固然可以追溯到古希腊神话中关于神谕的理解与解释，但其代表还是在诠释《圣经》过程中形成的解释学和后来的哲学解释学。在中国的当今之世，训诂学应该适应中华文化转型发展的需要，发扬它固有的诠释学精神，改进它已有的诠释方法，拓展它本有的发展方向，并以西方的解释学、哲学解释学的优秀成果作为新的借鉴，坚定地走向具有自己特色的当代中国诠释学。①

最近三十多年来，训诂学者都在为中国当代训诂学的发展前途而思虑、讨论，并且产生了种种不同的意见而难以统一。究其意见分歧的根本原因，还是在于对训诂学之真正的起源、高远的目标和基本的性质认识的不同。这又直接关系到当代训诂学发展的方向与前途，故而容不得丝毫的马虎。

---

① 参见周光庆：《中国经典解释学研究刍议》，华中师范大学学报 1993 年第 2 期；周光庆：《王弼老子解释方法论》，《中国社会科学》1998 年第 5 期；周光庆：《二十世纪训诂学研究的得失》，华中师范大学学报 1999 年第 3 期；周光庆：《由中国训诂学走向中国诠释学》，《长江学术》2009 年第 3 期。

第一节　中华先民的原初解释活动

因为训诂学是起源于对先民解释活动的总结与推进，所以为了全面考察训诂学在源头上的特色，首先必须深入了解中华先民不断发展的解释活动，尤其是其原初性的解释活动。而根据我们所见，中华先民的原初性解释活动，主要是植根于中华先民的生活反思和历史反思，在反思中进行解释，在解释中推进反思，因此，我们的考察应该由此开始。

植根于中华先民生活反思的原初性解释活动。所谓生活反思，是指三千多年以来，中华先民在不断进化的历程中，逐渐开始了对于自己现有的生活状态、生活方式、行为成败、事物利害、个人命运等具体问题的回顾性思考，在思考中做出一系列具体而独特的解释，并且由此产生一定的认识、筹划与追求，渐次形成了生活的自觉和思想的自觉。在这方面，有中华民族极为丰富的传世文献与地下文献为证。

譬如，在李圃先生编选的《甲骨文选注》中就记有这样的一些事例①：

（1）"己未卜，亘贞：逐豕，隻（获）？"（李圃译曰："己未日占卜，亘问道：追逐野猪，能捉到吗？"）这则记事简单，却表现出对于行为成败的热切关注，其中孕育着对行为与结果关系的思考与解释。

（2）"癸巳卜，殻贞：今载王德土方，受又？"（李圃译曰："癸巳占卜，殻问道：今载王向土方施德，将得到福佑吧？"）前后不过十三字，可是既有对于商王施德行为的反思，又有对于商王施德效果的预测，其中都隐含着对于商王治国施德之原因与结果的思考和解释。

（3）"丁丑卜，宾贞：父乙允术（述）多子？贞：父乙弗术（述）多子？"（李圃译曰："丁丑日占卜，宾问道：父乙答应使诸子的行为有所遵循

---

① 李圃选注：《甲骨文选注》，上海古籍出版社1989年版，第112、211、244页。

吗？又问道：父乙不允许使诸子的行为有所遵循吗？"）这是对生活方式之较为成熟的反思：面对复杂多变的现实生活，诸子的行为，乃至所有人的行为，是否应该有所遵循呢？应该遵循什么样的原则与法式呢？显然，这里已经产生了对于生活方式、生活法则的探讨与解释，已经萌发了对于礼制的呼唤。

又如，《诗经·魏风·伐檀》有云："坎坎伐檀兮，寘之河之干兮，河水清且涟猗。不稼不穑，胡取禾三百廛兮？不狩不猎，胡瞻尔庭有县貆兮？彼君子兮，不素餐兮！"在这首名诗里，诗人反思了自己的劳动生活，反思了官吏的剥削生活，在鲜明的对比中产生了对于现实生活的深刻解释和改变这种现实的强烈愿望。《诗经·小雅·正月》有云："瞻彼中林，侯薪侯蒸。民今方殆，视天梦梦。既克有定，靡人弗胜。"立足严酷的现实，诗人反思了国家的衰败和民生的凋敝，对其原因做出了自己的解释，由此认识到不能对上天一味幻想，而应将改变社会的希望寄托于"人"，故而率先发出了"靡人弗胜"的呐喊！

以上种种确实的事例，足以从不同方面彰显出植根于中华先民生活反思的原初性解释活动的多种风貌。

植根于中华先民历史反思的原初性解释活动。所谓历史反思，是指三千多年以来，中华先民在不断进化的历程中，逐渐开始了对于个人的历史、部族的历史、国家的历史的回顾性思考，并在思考中做出一系列独特的解释，由此产生了一定的认识和愿望，滋生出以史为鉴的观念，逐步形成了难能可贵的历史自觉。对此，同样可以在传世文献与地下文献中看到一些珍贵的存留。

譬如，《尚书·汤誓》记载了商汤在讨伐夏桀前所做的战斗动员报告，其中有云："夏王率遏众力，率割夏邑。有众率怠弗协，曰：'时日曷丧，予及汝皆亡！'夏德若兹，今朕必往！"显然，商汤对于夏朝后期的历史进行了反思，对于当时的民谣进行了深刻的解释，既抒发了克敌制胜的信心，又表达了以史为鉴、创新历史的观念。又如，周公在平定武庚之乱后，迁殷遗多士于洛邑，并对他们发表训诫："我不可不鉴于有夏，亦不可不鉴于有殷。我不敢知曰有夏服天命，惟有历年；我不敢知曰不其延，惟不敬厥德，乃早坠厥命。我不敢知曰有殷服天命，惟有历年，我不敢知曰不其延，惟不敬厥德，乃早坠厥命。今王嗣受厥命我亦惟兹二国命，嗣若功。"（《尚书·召诰》）周公谆谆地教导人们：夏朝末年的统治者，商朝末年的统治者，"惟不敬厥德乃早坠厥命"，这就留下了惨痛的历史教训。尽管周朝刚刚兴盛，也一定要引以为鉴，将其转化为历史经验，以便创造新的历史。特别值得注意的是：第一，这里的历史教训、历史经验，都蕴含着对历史的解释；而其对历史的解释，又根源于对生活的解释。第二，周公是这么解释的，也是这么践行的，他领导人们以夏商历史为鉴，建构起一种"以德配天"的天命神学，在周朝的"制礼作乐"过程中发挥了指导性的作用。

再如，《诗经·大雅·文王》有云："宜鉴于殷，骏命不易"；《诗经·大雅·荡》亦谓："殷鉴不远，在夏后之世"。这些都是西周初年的一些文化精英们，在不同的语境中，反复强调以史为鉴，反复表现对历史的解释。其中"殷鉴不远"一语，还凝为成语，广为流传，在中国三千多年的历史进程中不断地警示着国人，具有了极为可贵的思想深度和启示意义！

以上这类确实的事例，也能从多方面彰显出植根于中华先民历史反思的原初性解释活动的特异风貌。

纵观中华先民在生活反思和历史反思中进行的这些解释活动可以看到：第一，这些原初性解释活动，源于先民在现实问题触发下而对社会历史生活方方面面所做的观察与思考，因而具有极大的现实性、人文性和普遍性，是中华先民总结和改进现实生活所不可或缺的。第二，这些原初性解释活动，总是运用语言进行解释，总是对于表述特定对象的言语要素进行解释，譬如一则卜辞对于"王德"的解释和商汤对于民谣的解释，因此，其解释必然是语言的解释，并且蕴含着对于语言的观察与思考。第三，通过这种解释活动，能够形成对于解释对象的某种认识或某种观念，甚至有时还能形成相关行为的指导思想乃至相关理论。譬如，《正月》的作者就在解释中形成了

"靡人弗胜"的认识，《汤誓》里商汤就在解释中形成了"今朕必往"的决心。第四，在这些原初解释活动中，中华先民已经初步建构和运用了若干有效的解释方法，而这些解释方法，又得到了有效的传承。譬如，《伐檀》的作者就能通过生动的对比性描写，引出对现有社会生活的解释结论，使人受到感动与启发；而这一解释方法，便为后世所发扬光大。

第二节　中华先民的经典解释活动

自商周时代以后，随着华夏社会的不断演变与文化的逐步革新，在中华先民原初性解释活动的发展进程中，又渐渐兴起了更加富有历史意义的文化典籍、文化经典的建构与解释活动。而这些又正是中国训诂学公认的直接源头，所以必须对此进行追溯性的考察。

原来，中华先民的生活反思和历史反思以及由此形成的解释活动，不仅促使先民逐步形成了生活的自觉、历史的自觉和解释的自觉，而且也引起了先民自己高度的重视与珍惜；为此，他们提炼并记载了这些反思与解释，以供借鉴，以便流传，以促使社会文化活动的改进和发展，这就初步形成了相应的文化典籍。譬如，"庚午卜，丙贞：王乍（作）邑，帝若？八月。"（李圃译曰：　"庚午日占卜，丙问道：时王兴建城邑，上帝认为顺吧？八月。"）① 时王兴建城邑的举措是否适时、恰当？引起了人们的慎重反思，于是他们请求上帝做出解释，并且将其郑重地记录下来，留作历史档案，这就成为最初的文化典籍。又如，《尚书》中的《盘庚》三篇，就是盘庚为了顺利迁都，三次对臣下发表的演讲，其中充满了在反思中做出的解释以及由此形成的至理名言，而由史臣详细记录下来，是为早期的文化典籍。再如，周朝建国之初，周公在平定叛乱、营建洛邑之后，又以周王的名义发表了对庶殷遗民的一篇重要讲话，其中着重谈道："惟尔知：惟殷先人有册有典，

---

① 李圃选注：《甲骨文选注》，上海古籍出版社1989年版，第120页。

殷革夏命。"（《尚书·多士》）所谓"惟殷先人有册有典"，指的正是殷代留下的文化典籍，他当下就进行了认真的解释，既是为了展示自己讲话的可靠历史根据，也是为了唤起庶殷遗民之新的历史反思，有利于唤起亲和感，从而取得了文化典籍解释的特殊的效果，也为中国后来的文化经典《尚书·多士》所记录，并留下了深远的历史启示。

由于这种以典籍的形式记载中华先民的反思与解释并以此激起后世人们对其进行新的解释的事业，在社会生活中日益显现出重大而深远的意义，因而也就越来越受到中华先民的高度关注和重视。发展到西周中期，朝廷还专门设立了史官等类文化职官和"王官之学"以及档案制度，一方面大力收集夏代、商代遗留训典诰誓，如《甘誓》《盘庚》等，加以辑补润饰；另一方面从多方面记录并保存当时君王、诸侯言行，以便后来者进行新的反思与解释。这就是《礼记·礼运》所说的"王前巫而后史，卜筮瞽侑，皆在左右"，《礼记·玉藻》所说的"动则左史书之，言则右史书之"；也就是《左传·昭公二年》所记的"观书于大史氏"。这些典籍在长期流传的过程中，经过时间的检验与选择，经过解释的融合与提升，有的便升华成为民族文化经典、哲学经典，反过来再提供给各个时代的文化精英一次又一次地反复解释，对于中华民族精神的成长发挥了不同程度的引导作用。请看《国语·楚语上》记载的一则史实：

> 庄王使士亹傅太子箴，辞曰："臣不才，无能益焉。"……王卒使傅之。问于申叔时，叔时曰："教之《春秋》，而为之耸善而抑恶焉，以戒劝其心；教之《世》，而为之昭明德而废幽昏焉，以休惧其动；教之《诗》，而为之导广显德，以耀明其志；教之《礼》，使知上下之则；教之《乐》，以疏其秽而镇其浮；教之《令》，使访物官；教之《语》，使明其德，而知先王务用德于民也；教之《故志》，使知废兴者而戒惧焉；教之《训典》，使知族类，行比义焉……"

如何教育太子，关系到国家的兴衰和政权的命运，历来都是王室的头等大事。为此，庄王执意延请自己看好的士亹，士亹诚恳请教自己敬重的叔时，叔时坦然发布自己研习得来的主张：其基本精神就是以民族的文化经典为教材，从当时的视界出发进行新的讲解，以培育太子的品德与能力，使之将来堪担大任。而叔时所列举的文化经典，主要是《春秋》《世》《诗》《礼》《乐》《令》《语》《故志》《训典》。显然，叔时发布的主张，是对历代经典解释经验的总结与发扬，因而很快赢得了广泛的认同。由此，不难领悟到民族文化经典及其解释活动在那个时代的崇高地位、巨大功用及其深入人心的状况。

值得高度注意的还有，从商周时代到春秋时代，无论对于何种书籍，中华先民都不称之为"经"，而是称之为"书""籍"或"典""典籍"；而将经典性的书籍尊称为"经"，使之与一般书籍明显地区别开来，则是开始于战国时代中期。战国时代，哲人学者在"哲学突破"的历程中，已经增长了理性精神和致用观念。他们从对文化典籍解释效应的回顾中认识到，在历史上留下的许许多多的书籍中，只有那些"知通乎大道"的圣人留下的部分书籍，作用特别突出，值得予以特别的尊重、特别的解释和特别的称谓，于是选取了"经"作为其名称。原来，"经"与"纲"为同源词族，"经"的本义是"织从（纵）丝"，"纲"的本义是"网之索"，二者的作用都特别关键，在织则"必先有经而后有纬"，在网则"必纲能张众目"。① 所以"经"在后来逐渐引申出"法""常""常法""理""道""经营"等意义，引申出"常道"和表述"常道"的"纲纪之言"的意义。故而《左传·昭公十五年》有云："礼，王之大经也……言以考典，典以志经。忘经而多言，举典，将焉用之？"于是他们又进一步认为，如果直接启用"经"来称呼那些圣人"欲传其道于后世，是故书之竹帛"的著作，不就特别名副其实，不就能够彰显出它们特别具有的特征与作用吗？十分明显，他们对于经典的这般

---

① 参见王力：《同源字典》，商务印书馆1982年版，第320页。

尊崇，自然是源于对经典解释活动可贵效应的深入总结，更是包含着对于经典解释的高度评价与新的期待。

总之，纵观两千多年前中华先民的经典解释活动可以看到：第一，其经典解释活动，是对原初性解释活动的继承、发展与提升；而其直接动力，又是源自因解决现实问题需要，源自对经典著作的尊崇，源自对文化传统的尊重，因而是当时人们特别虔诚、特别慎重的行为方式。第二，其经典解释活动，既出自对经典著作的尊崇，更出自现实生活的实际需要，故而总是具有明确的人文目标，试行着多种的解释方法，追求着实用的社会效应，因此初步呈现出一种语言解释、心理解释、历史解释相互结合、相互发明的系统性状态。第三，其经典解释活动，动力来自现实生活，成果要运用于现实生活，并且必然会接受现实生活的多方检验，因此，一方面是现实生活的持续需要，另一方面是使命感的持续激励，促使那个时代的文化精英们总会不断地总结它、改进它，力图使它能不断地升华。第四，其经典解释活动，代代传承，在传承中提高，后来的解释者往往既整合了前人的解释方法和解释成果，又创造了新的解释方法和解释成果，从而使得中华民族的典解释活动必然总在发展，总在提升。

第三节　中华先民解释活动的提升

中华民族的经典解释活动总在发展，总在提升，而其关键时期，则是春秋后期到战国时代。在那个辉煌的"轴心时代"，同古代文明较为发达的印度、中东、希腊一样，中国也发生了一种意义重大、自具特色的"哲学突破"，激发出磅礴的创造精神，成为中国三千年历史进程的亮点。在我们看来，除了人的发现以及表现温和以外，中国"哲学突破"的主要特征有二。第一，在"突破"的过程中，那些勇敢的社会改革者和深沉的思想革新者们，总在有选择地援引文化经典，然后结合现实加以自己的解释，形成话语权的优势，以便开拓新的思想境界，从某一角度实现"哲学突破"。第二，在"哲学突破"的过程中，那些社会改革者和思想革新者们，不断诠释文化经典，从中探寻到那些能够超越时代的生命体验和历史经验，从中阐发出那些能够给予新时代以生命启示和历史借鉴的思想与方略，进而形成了对于人类处境本身及其意义之新的理解和解释，从而更为深入地实现新的"哲学突破"。由此一来，一方面，"哲学突破"既是经典解释活动的动力，又是经典解释活动的目标；另一方面，经典解释活动既是"哲学突破"的起点，又是"哲学突破"的途径。当时的"哲学突破"有着多么伟大的历史意义，经典解释活动也就随之而光芒闪烁。

在这样伟大的时代里，孔子对于文化经典解释活动有着异乎常人的感受和追求。他曾一往情深地慨叹："夏礼，吾能言之，杞不足征也；殷礼，吾能言之，宋不足征也。文献不足故也。足，则吾能征之矣！"（《论语·八佾》）他率先打破"官学"桎梏，开创私人讲学，为学生选定《诗》《书》《礼》《乐》作为基础教材，选取《周易》《春秋》作为高级教材。而且，他注重从现实出发，对典籍予以重新解释，阐发出往古的历史经验和新的思想理论，使之有利于重构社会文化的秩序与规则。为此，孔子建构起了自己的《诗经》解释观：解读的根本目的应该是"《诗》，可以兴，可以观，可以群，可以怨。迩之事父，远之事君；多识于鸟兽草木之名"（《论语·阳货》）；解释的正确角度应该是"一言以蔽之，曰思无邪"（《论语·为政》）；解释的主要方法应该是体验与联想，一切为了"兴于诗"。为此，孔子也建构起了自己的《周易》解释观：解释的正确角度应该是乐其辞义，"不占而已"（《论语·子路》）；解释的根本目的应该是"观其德义"，用以修身（帛书《要》）；解释的主要方法应该是撇开象数，紧扣辞义，发掘其中的义理（帛书《要》）。特别重要的是，孔子关于经典解释的理论，在分散的论述中却有一个总体的枢纽，那就是"述而不作"（《论语·述而》）。他的"述"，不仅是对文化经典进行传述与解释，而且还要在其过程里折中是非、自出理论，其本质是寓作于述，以述为作。① 在孔子的启示与激励下，墨子、孟子、庄子、荀子、韩非子等思想巨子，又努力在各自的社会文化环境里进行新的经典诠释活动，并且竞相争鸣，互相补充，建构起若干影响深远的经典诠释的理论与方法。

正是由于这些哲人学者的共同努力，中华民族经典解释活动发生了突破性的发展与提升，并且呈现出更加浓厚的诠释学特质，具有诠释"学"的风采：

第一，自觉确立人文目标。那些作为经典解释者的哲人学者，社会地位尽管不同，却大都有着关怀国事、关怀民生、变革现实、实现各自理想的宏大抱负与人文关怀。他们称引和解释经典，努力在经典解释中建构新的思想理论，都是由此出发，也都以此为归宿的。所以，他们的一次次经典解释活动，都有其具体的、或远或近的人文目标。

第二，注重诠释概念命题。随着"哲学突破"的渐渐兴起，同时也为了更好地解决现实问题，实现"哲学突破"，哲人学者们注重选择那些流传已久并积累起历史重力的天命神学核心概念，如"天命""天道"等，立足现实进行重新诠释，并在诠释过程中逐渐地剔除其"天"之人格神的含义，将"天命""天道"等范畴改造得富于哲学意味，用以概括自然变化、社会变革、文化演进等方面的知识，用以解决现实问题。

第三，自觉追求创造新意。作为经典解释者的哲人学者，总是受现实的激励而面向过去之经典的，故而敢于指出"夫《六经》，先王之陈迹也，岂其所以迹哉"（《庄子·天运》），也能倡言"尽信书则不如无书"（《孟子·尽心下》），更多的则是将"志道"、立言"与信用意识融贯在诠释经典的过程之中，并升华为在经典诠释中自觉追求创造新意的精神！

第四，不断建构诠释方法。为了实现所关切的人文目标，作为经典解释者的哲人学者，常常根据现实的需要，本其可贵的创造精神，参照经典的文

---

① 参见周光庆：《孔子创立的儒学解释学之核心精神》，《孔子研究》2005 年第 4 期。

本特征，完善旧的诠释方法，建构新的诠释方法，并且进行专门的论证，应用于新的经典解释实践。孟子就是其中的杰出代表。他为纠正和超越当时流行的"断章取义""以辞害志"的诠释方法，建构和兴起那种新的"知人论世""以意逆志"的诠释方法，实现诠释方法的变革，因而留下了历史性的重要启示。①

为了能在有限的篇幅内真切地认识这一历史时期中华民族经典解释活动的基本特色特别是其诠释"学"的风采，且看两个实例：

> （越王）遽兴师伐吴，至于五湖。吴人闻之，出而挑战，一日五反。王弗忍，欲许之……范蠡曰："臣闻古之善用兵者，嬴缩以为常，四时以为纪，无过天极，究数而止。天道皇皇，日月以为常，明者以为法，微者则是行。阳至而阴，阴至而阳，日困而还，月盈而匡。古之善用兵者，因天地之常，与之俱行……"（《国语·越语下》）

在西周的天命神学中，"天道"是其核心概念，指称某些自然现象所体现出来的上天意志，是完全不能测知的"最高指示"。然而，在吴越之战的关键时刻，范蠡为了论证其合理的战争策略，却毅然重新诠释了"天道"，使之既无神秘色彩，更非天神意志，而表征着日月更迭和四时代谢的基本规律，是可以测知、可以借鉴、可以"与之俱行"的，因此自然特别富有哲学意味，从而努力在一个关键点上实现了"哲学突破"。

> 子夏问曰："巧笑倩兮，美目盼兮，素以为绚兮，何谓也？"子曰："绘事后素。"曰："礼后乎？"子曰："起予者商也！始可与言《诗》矣。"（《论语·八佾》）

子夏以如此浅显的诗句向孔子发问，显然是有着追求人文目标、探询诠释方法的深意。孔子故而引譬连类，由具体的绘画活动程序诠释出普遍的绘画规

---

① 参见周光庆：《孟子"以意逆志"说考论》，《孔子研究》2004 年第 3 期。

律，却又引而不发，促其思考。子夏深受启示，又"因之以悟礼。则忠信其素地也，节文度数之饰，是犹之绘事也，所谓绚也"（全祖望《经史问答》）。他运用新的诠释方法做出的巧妙诠释，既是来自对于忠信与礼乐的体验，又是来自对于绘事与礼乐的联想，同时还表现出"兴于《诗》"的诠释意趣，进而建构起"礼"的一种观念，因此赢得了孔子的高度赞扬。这是在经典诠释中自觉追求创造新意、建构诠释方法的真实典范。

第四节　从训诂学的形成看其特质

以上的论述已经表明，从商周时代到战国时代，在社会转型、文化变革的历史进程中，中华先民不断地提升了原初性解释活动，开创了经典解释活动，推进了经典解释活动的发展与升华，而且造成了一种可以感知的历史趋向：为了在新的形势下更好地开展新的经典解释活动，并且使其目标更为清晰而远大，使其方法更为丰富而有力，使其效应更为正确而显著，从而有利于民族文化传统特别是民族经典文化的发扬光大，这就需要兴建起一种专门之学，集中对民族经典解释活动进行总结性、开拓性的研究，以期发挥引导的作用。而事实正是，中华民族文化精英感应了这种历史的趋向，激发起了这样的愿望，培育起了这样的能力，从多个方面协同努力，初步地建构起了偏重于对民族经典解释活动进行集成性总结和开拓性探讨的专门之学，那就是中国原初的"训诂学"——亦即"解释学"或"诠释学"。在后来的历史进程中，它又以汉代早期毛亨《诗诂训传》的问世与传播为其显著标志之一。

汉代初年，百废待兴，严酷的现实使最高统治者认识到，马上得天下却不可以马上治之，这就既要吸取秦王朝灭亡的惨痛教训，又要显示新王朝的合法性与权威性，更要在安定社会的进程中巩固政权。而治国不可专任刑法，必须注重仁义，则又成为当时人们的共识。这种种原因，促使最高统治者采用了"独尊儒术"的政策。于是，儒学成为官方认可的意识形态，《诗》《书》《礼》《乐》《易》《春秋》成为独尊的经典，偏重于诠释儒家经典的学问也逐渐形成并取得优势。《诗诂训传》正是在这样的时代背景下正式问世并开始传播的。

根据《汉书·艺文志》的记载，汉初诠释《诗经》成就较大、流传较广者凡六家。其中以"故"名书者，有《鲁故》《韩故》《齐后氏故》《孙氏故》；以"传"名书者，有《齐后氏传》《孙氏传》《韩内传》《韩外传》。而唯独毛亨将其著作称为《诗诂训传》。这些书名的不同，是经过了作者的精心撰构的，并反映出了作者诠释《诗经》的观念、方法、体式的不同。那么，究竟应该如何从实际出发，透视《诗诂训传》书名以及它所表现出来的训诂学之基本方法、体式与特质呢？唐代训诂学大师孔颖达已在《毛诗正义》卷一中率先指出：

> "诂训传"者，注解之别名。……传者，传通其义也……诂者古也，古今异言，通之使人知也；训者道也，道物之貌，以告人也。……然则"诂训"者，通古今之异辞，辨物之形貌，则解释之义尽归于此。

他明确地肯定了三点：第一，合而言之，"诂训传"是经典解释体式之整体，是注解之别名，而这个别名，难能可贵而又简单明了地标示出了经典解释的方法与体式。第二，分而言之，"诂训传"又是由三种经典解释方法与体式组合而成的，"诂"是古今异言通之使人知也，"训"是道物之貌以告人也，"传"是传通其义也，三者相互结合，共同发挥对于经典的诠释作用。第三，"诂训传"三种经典解释方法与体式组合起来，能在相互配合中发挥很好的经典解释作用，故而能使"解释之义尽归于此"——其实就是组成了"解释学"或"诠释学"。平心而论，这个论述是十分切实而又中肯的，有着很大的启发性。

而乾嘉训诂学大师马瑞辰则在《毛诗传笺通释》中特撰《毛诗诂训传

名义考》一文，吸取了孔颖达的研究成果，进而又别有一番新论：

> 盖"诂训"第就经文所言者而诠释之，"传"则并经文所未言者而引申之，此"诂训"与"传"之别也。……"诂"第就其字之义旨而证明之，"训"则兼其言之比兴而训导之，此"诂"与"训"之辨也。毛公传《诗》多古文，其释《诗》实兼诂、训、传三体，故名其书为《诂训传》。尝即《关雎》一诗言之：如"窈窕，幽闲也""淑善，逑匹也"之类，诂之体也；"关关，和声也"之类，训之体也；若"夫妇有别则父子亲，父子亲则君臣敬，君臣敬则朝廷正，朝廷正则王化成"，则传之体也。而余可类推矣。"训诂"不可以该"传"，而"传"可以统"训诂"。故标其总目为《诂训传》，而分篇则但言《传》而已。

他特别强调了三点：第一，毛亨诠释《诗经》，实际上是建构起了诂、训、传三种解释体式，故特地名其书为《诂训传》，使之彰明较著；第二，诂、训、传三种体式既各有功用，又相互结合，"盖'诂训'第就经文所言者而诠释之，'传'则并经文所言者而引申之"；第三，诂、训、传三种体式已经组合为经典解释体式之整体，但是为了简便，既可以称之为"训诂"，又可以称之为"传"，当然更可以称之为"诂训传"。由此可见，后世所谓的"训诂学"，其实也就是"诂训传学"，也就是经典解释学。此外，他还以《关雎》一诗的解释为例，对此进行了具体的讲解。应该说，马瑞辰的论述是具体、全面而又深刻的，有着乾嘉学术那种总结性的时代特征，因而值得高度重视。

在孔颖达、马瑞辰等训诂学家的启发下，我们可以思考更多、更深的问题：

第一，毛亨集思广益，建构起并全面地运用了诂、训、传三种经典解释体式，还特地名其书为《诂训传》，这说明了什么？不正说明了他有一种总结经典解释、创新经典解释并全面建构训诂学的意愿与自觉吗？而他这种应时而起的意愿与自觉，既表现在理论的思考上，更表现在诂、训、传等多种经典解释方法的建构和运用上，既是那个时代的产物，也是那个时代的代表。从此，中国训诂学的经典解释体式，就初步建构起来了，就显示出效应了，就不断发展下去了，直到两千多年以后。从这一角度看更能相信，中国训诂学，其实原本乃是中国经典解释学。所以，应该更多地依据毛亨建构起来并全面运用的诂、训、传三种经典解释体式及其经典解释效应，来分析训诂学固有的本质特征。

第二，一当进行这样的分析，就会碰到一个重要问题：如果说其"诂训"是第就经文所言者而诠释之，学人能够完全理解并感到深受启发，那么其"传"则是并经文所未言者而引申之，学人又该如何紧紧把握其经典解释的本质与效应呢？要想真正解决这类问题，只有进一步考察其实际情况。请看一个实例：

> 卢令令，其人美且仁。（《诗经·卢令》）
> 卢，田犬。令令，缨环声。言人君能有美德，尽其仁爱，百姓欣而奉之，爱而乐之。顺时游田，与百姓共其乐，同其获，故百姓闻而说之，其声令令然。（《诗诂训传》）

"卢，田犬。令令，缨环声"是"诂训"，第就经文所言者而诠释之，读后完全理解，感到很有收获。"言"字以下一段文字，则是"传"，乃并经文所未言者而引申之，应该如何看待呢？原来，这一段文字是联系社会背景，发掘了诗人的意图，揭示出百姓对主人公"欣而奉之"的原因，融进了诠释者的人生体验，说明了王公们"与百姓共其乐，同其获"的重要性。这不正是全诗的主旨及其社会意义吗？而最后一句"其声令令然"，还颇富于审美体验。由此我们不难理解，诠释者所确立的经典解释之人文目标，所追求的经典解释之社会效应，更多地蕴含在"传"里。所以，绝不能对"传"的解释本质及其效应视而不见，反而是应该更加重视、加深理解、予以全面认同，否则，对于毛亨《诗诂训传》的认识，对于早期训诂学的认识，就会是非常片面的。

第三，综合以上两点思考进而可以认识到，毛亨所参与建构、所特别标示的训诂学，已经实实在在地表明，它是在新的时代以独特的方式，确立经典解释的人文目标，建构经典解释的多种方法，追求经典解释的社会效应，以整合、提升《诗经》学研究成果并使之启迪后人；其基本特质，就在诂、训、传三种解释体式相互结合、相互补充、相互发明中彰显出来，乃是一种诠释学的早期形态。所有这些都能切实说明，中国训诂学，从起源与特质的角度看，确实蕴含着"科学的汉语词义学"的矿石，却又远非"科学汉语词义学的前身"所能包容的，而更多的乃是中国式的经典诠释学。

分析至此可以说明，中国训诂学的真正源头，是在中华先民的原初性解释活动，是在中华先民的经典解释活动，是在中华先民解释活动不断提升的进程之中，是在汉初训诂学逐渐正式形成的进程之中。而从中华先民的原初性解释活动开始，就孕育了诠释学特质的种子。它在中华先民的经典解释活动中萌芽，在其解释活动不断提升的进程中生发，在汉初训诂学逐渐形成的进程中茁壮成长。而训诂学的发展历史又确实表明，毛亨建构起来的诂、训、传三种解释体式，早已为广大经典诠释者所普遍继承，所不断改进，并且成为中国训诂学的主要指导思想和基本解释体式。这就全面地、有力地说明，就其大体而言，就其发展趋向而言，中国训诂学原本就具有经典诠释学的特质，原本就是中国特色的经典诠释学——无论它的名称是"训诂学"还是"诂训传学""解释学"或"诠释学"。它固然蕴含有"科学的汉语词义学"的矿藏，却又绝非"科学汉语词义学的前身"所能包容的。在21世纪的今天，要为中国当代训诂学的发展前途而思虑、而讨论，就不能不首先着力认识训诂学之真正的起源和基本的性质，就不能不使其诠释学特质不断发展、提升！为此，我们希望能以本章的考察论证，参与这次学术意义重大的讨论，并期待广大学者恳切指正。

结语: 中国古代哲学经典诠释方法论未来之断想

　　我们关于中国古代哲学经典诠释方法论的研究，至此已经告一段落。在这一漫长的进程中，笔者的以下四个层次的认识是越来越清晰而执着了：第一，中国古代的哲学经典，参与建构和表达了古代中华民族的生存方式、世界观念和人生观念，并为中华民族在新的形势下进一步筹划新的生存方式、世界观念和人生观念留下了巨大而深刻的启示，同时也为中华民族与世界各民族的精神交往开启了有效的途径，其无限的存在意义、生命活力与诠释价值，其一在于此。第二，适应新时代的新需要，创造和运用特定的诠释方法，对于哲学经典不断地进行诠释，由此而实现相关思想理论的传承、运用、发展和建构，是中国古代哲学经典诠释学的基本精神，是中国哲学经典发挥实际效用、激发生命活力的主要方式，是中国哲学不断发展的主要方式，同时也是中华民族的生存方式、世界观念和人生观念不断提升的重要方式之一，并为中华文化与世界文化的交流创造了丰富的经验，其存在价值与生命活力，其二在于此。第三，中国古代哲学经典诠释方法论，既是对于哲学经典不断地进行诠释使之发挥实际效用、激发生命活力的主要凭借，又是创建新的经典诠释方法的坚实基础，同时还能为中华民族在新的形势下进一步筹划新的生存方式、世界观念和人生观念提供借鉴与支持，并且也能参与为中华民族与世界各民族的精神交往拓展有效途径，其存在价值与生命活力，其三在于此。第四，在中华民族三千多年来艰难前进的历程中，特别是

577

在其历史转折的重要阶段，中华文化精英总在依据社会文化发展的需要，依据自己的社会文化感知，反思已有的经典诠释方法论，探寻新的经典诠释方法论，努力推动它的不断发展，并以此寄托自己的文化理想，做出自己的文化贡献，留下不可磨灭的历史启示。那么由此可以想见，中国古代哲学经典、中国古代哲学经典诠释和中国古代哲学经典诠释方法论，其生命活力必然也将永远伴随着中华民族生存与创造的活力，永远伴随着中华民族的生命历程。

在这种感觉油然而生之际，我们脑海里却又滋生出了另外一个新的问题：在未来的时代里，中国社会与文化必将发生前所未有的深刻变革，中国与世界、中华文化与世界文化必将形成前所未有的互动性关联，那么中国古代哲学经典，中国古代哲学经典诠释，中国古代哲学经典诠释方法论，面临着新的时代、新的社会、新的文化气象，又该会有着怎样的命运与意义呢？

首先，中国古代哲学经典，中国古代哲学经典诠释，中国古代哲学经典诠释方法论，其生命活力既然都永远伴随着中华民族的生命活力，那么它们必然也就能从历史走向现实，还有值得期待的璀璨未来。因此，中华民族文化精英的天职之一，应该就是共同努力，迎接并建设中国古代哲学经典、中国古代哲学经典诠释、中国古代哲学经典诠释方法论的璀璨未来。

其次，在未来的新时代里，中国社会必然会涌现出新的现实问题，中国与世界的交往必然会形成新的现实课题，中国学人必然会获得新的生命体验，因此，对于古代哲学经典必然有着新的诉求，对于古代哲学经典之诠释必然有着新的期待，同时也就要求古代哲学经典诠释方法论不断地有着新的改革与发展，从而由此出发筹划更加美好的生存方式，开拓更加宏伟的发展道路。所以，仅就古代哲学经典诠释方法论而言，它们要想更好地从历史走向现实并迎接璀璨的未来，永远成就经典诠释这种"创造性的行为"，关键就在于不断地立足新的时代实现新的变革与创造。而这又有赖于诸多哲人学者继续从学术前沿出发，多方面开展对它的精深研究，研究它的历史，研究它的特性，研究它的建构，研究它的发展规律，全面而深刻地揭示其优胜的一面和值得改进的地方以及相应的历史经验。从这一角度来看，现在从事中国古代哲学经典诠释方法论研究，只要能够形成一些自己真实而独到的见解，包括一些经验和教训，应该就能够汇集到这一永远跃动的文化洪流之中。

每每想到这些，作为华中师范大学的一名教授、博导，虽然已经年近八十，笔者心里总还是有着些许欣慰和新的向往：为了能够继续追随时贤之后，迎接并建设中国古代哲学经典诠释方法论的璀璨未来，笔者恳请广大学者对于拙著予以率直的批评指正，从而促使笔者得以更加明确并拓展今后前行的方向与路径。而只要自己将来的生命力尚可，笔者还是希望能够依旧燃放着生命之光，沿着这条独立探索的崎岖小路不断地继续前行！

参 考 书 目

（汉）董仲舒：《春秋繁露义证》，苏舆义证，中华书局1992年版。

（魏）王弼：《王弼集校释》，楼宇烈校释，中华书局1999年版。

（宋）朱熹撰：《四书章句集注》，中华书局1983年版。

（宋）黎靖德编：《朱子语类》，中华书局1986年版。

（清）王夫之注：《张子正蒙》，上海古籍出版社2000年版。

（清）戴震撰：《孟子字义疏证》，中华书局1982年版。

（清）焦循正义：《孟子正义》，《四部备要》本，上海中华书局据学海堂经解本校刊。

（清）郭庆藩集释：《庄子集释》，中华书局1997年版。

暴庆刚：《反思与重构——郭象〈庄子注〉研究》，南京大学出版社2013年版。

蔡方鹿：《朱熹经学与中国经学》，人民出版社2004年版。

曹海东：《朱熹经典解释学研究》，湖北人民出版社2007年版。

陈鼓应、赵建伟注译：《周易今注今译》，商务印书馆2005年版。

陈鼓应注译：《黄帝四经今注今译》，商务印书馆2007年版。

陈来：《诠释与重建——王船山的哲学精神》，北京大学出版社2004年版。

成中英主编：《本体与诠释》，生活·读书·新知三联书店2000年版。

程树德集释：《论语集释》，中华书局1990年版。

冯友兰：《中国哲学史》，华东师范大学出版社2000年版。

傅伟勋：《从西方哲学到禅佛教》，生活·读书·新知三联书店1989年版。

高宣扬：《利科的反思诠释学》，同济大学出版社 2004 年版。

何卫平：《通向解释学辩证法之途》，上海三联书店 2001 年版。

何卫平：《解释学之维——问题与研究》，人民出版社 2009 年版。

洪汉鼎：《诠释学——它的历史和当代发展》，人民出版社 2001 年版。

洪汉鼎主编：《理解与解释——诠释学经典文选》，东方出版社 2001 年版。

胡适：《中国哲学史大纲》，上海古籍出版社 1997 年版。

胡适：《胡适文集》，北京大学出版社 1998 年版。

黄俊杰编：《中国经典诠释传统：通论篇》，华东师大学出版社 2008 年版。

姜宝昌训释：《墨经训释》，齐鲁书社 2009 年版。

姜广辉：《义理与考据——思想史研究中的价值关怀与实证方法》，中华书局 2010 年版。

姜广辉主编：《中国经学思想史》，中国社会科学出版社 2003 年版。

姜国柱：《中国思想通史》，武汉大学出版社 2011 年版。

蒋丽梅：《王弼〈老子注〉研究》，中国社会科学出版社 2012 年版。

景海峰、赵东明：《诠释学与儒家思想》，东方出版中心 2015 年版。

康中乾：《从庄子到郭象——〈庄子〉与〈庄子注〉比较研究》，人民出版社 2013 年版。

劳思光：《新编中国哲学史》，广西师范大学出版社 2005 年版。

李明辉编：《儒家经典诠释方法》，华东师大学出版社 2008 年版。

李清良：《中国阐释学》，湖南师范大学出版社 2001 年版。

李泽厚：《中国古代思想史论》，人民出版社 1986 年版。

李泽厚：《己卯五说》，中国电影出版社 1999 年版。

梁启超：《饮冰室合集》，中华书局 1989 年版。

梁启雄简释：《荀子简释》，中华书局 1983 年版。

梁启雄解：《韩子浅解》，中华书局 1982 年版。

刘小枫、陈少明主编：《经典与解释的张力》，上海三联书店 2003 年版。

刘笑敢：《诠释与定向——中国哲学研究方法之探究》，商务印书馆 2009 年版。

刘笑敢主编：《中国哲学与文化——注释，诠释，还是创构》，广西师范大学出版社 2007 年版。

刘笑敢主编：《中国哲学与文化——经典诠释之定向》，广西师范大学出版社 2008 年版。

柳宏：《清代〈论语〉诠释史论》，社会科学文献出版社 2008 年版。

潘德荣：《西方诠释学史》，北京大学出版社 2013 年版。

皮锡瑞：《经学历史》，周予同注释，中华书局 2004 年版。

钱穆：《中国近三百年学术史》，中华书局 1986 年版。

钱穆：《国学概论》，商务印书馆 1997 年版。

任继愈主编：《中国哲学发展史》，人民出版社 1983 年版。

王葆玹：《今古文经学新论》，中国社会科学出版社 1997 年版。

王博：《易传通论》，中国书店 2003 年版。

韦政通：《中国思想史》，上海书店出版社 2003 年版。

尉利工：《朱子经典诠释思想研究》，中国社会科学出版社 2013 年版。

谢地坤：《走向精神科学之路——狄尔泰哲学思想研究》，江苏人民出版社 2003 年版。

辛华、任菁编：《内在超越之路——余英时新儒学论著辑要》，中国广播电视出版社 1992 年版。

徐复观：《徐复观论经学史二种》，上海书店出版社 2002 年版。

徐元诰集解：《国语集解》，中华书局 2002 年版。

杨立华：《郭象〈庄子注〉研究》，北京大学出版社 2010 年版。

杨乃乔主编：《中国经学诠释学与西方诠释学》，中西书局 2016 年版。

殷鼎：《理解的命运——解释学初论》，生活·读书·新知三联书店 1988 年版。

余敦康：《魏晋玄学史》，北京大学出版社 2004 年版。

余敦康：《何晏王弼玄学新探》，方志出版社 2007 年版。

余英时：《朱熹的历史世界》，生活·读书·新知三联书店 2004 年版。

袁行霈等主编：《中华文明史》，北京大学出版社 2006 年版。

张立文主编：《中国学术通史》，人民出版社 2004 年版。

张能为：《理解的实践——伽达默尔实践哲学研究》，人民出版社 2002 年版。

张汝伦:《意义的探究——当代西方释义学》,辽宁人民出版社 1986 年版。

章权才:《宋明经学史》,广东人民出版社 1999 年版。

周光庆:《中国古典解释学导论》,中华书局 2002 年版。

周裕锴:《中国古代阐释学研究》,上海人民出版社 2003 年版。

朱汉民、肖永明:《宋代〈四书〉学与理学》,中华书局 2009 年版。

朱谦之校释:《老子校释》,中华书局 1984 年版。

[德]伽达默尔:《哲学解释学》,夏镇平、宋建平译,上海译文出版社 1994 年版。

[德]伽达默尔:《真理与方法》,洪汉鼎译,上海译文出版社 1999 年版。

[德]海德格尔:《在通向语言的途中》,孙周兴译,商务印书馆 1997 年版。

[德]海德格尔:《海德格尔存在哲学》,孙周兴等译,九州出版社 2004 年版。

[德]卡西尔:《人论》,甘阳译,上海译文出版社 1985 年版。

[德]卡西尔:《语言与神话》,于晓等译,生活·读书·新知三联书店 1988 年版。

[法]利科尔:《解释学与人文科学》,陶远华等译,河北人民出版社 1987 年版。

[法]利科尔:《解释的冲突——解释学文集》,莫伟民译,商务印书馆 2008 年版。

[加]格朗丹:《哲学解释学导论》,何卫平译,商务印书馆 2009 年版。

[美]桂思卓:《从编年史到经典——董仲舒的春秋诠释学》,朱腾译,中国政法大学出版社 2010 年版。

[美]马克瑞尔:《狄尔泰传》,李超杰译,商务印书馆 2003 年版。

[美]帕尔默:《诠释学》,潘德荣译,商务印书馆 2012 年版。